Kompendien
für Studium, Praxis und Fortbildung

Sybille Fichte | Mattias G. Fischer | Tobias Wagner

Polizei- und Ordnungsrecht
Hessen

Begründet von Lothar Mühl, Rainer Leggereit und Winfried Hausmann

7. Auflage

Die Deutsche Nationalbibliothek verzeichnet diese Publikation in
der Deutschen Nationalbibliografie; detaillierte bibliografische
Daten sind im Internet über http://dnb.d-nb.de abrufbar.

ISBN 978-3-7560-0366-2 (Print)
ISBN 978-3-7489-3852-1 (ePDF)

7. Auflage 2026
© Nomos Verlagsgesellschaft, Baden-Baden 2026. Gesamtverantwortung für Druck und
Herstellung bei der Nomos Verlagsgesellschaft mbH & Co. KG. Alle Rechte, auch die des
Nachdrucks von Auszügen, der fotomechanischen Wiedergabe und der Übersetzung, vorbe-
halten. Gedruckt auf alterungsbeständigem Papier.

Vorwort

Die Buchreihe „Kompendien für Studium, Praxis und Fortbildung" verfolgt das Ziel, bedeutsame Rechtsgebiete systematisch darzustellen und für Studium und Praxis besonders aufzubereiten.

Das Polizei- und Ordnungsrecht ist ein wichtiger Teil dieser Reihe. Dem Recht der Gefahrenabwehr kommt nicht nur in der Praxis eine besondere Bedeutung zu, sondern es ist auch zentraler Bestandteil der verwaltungsrechtlichen Ausbildung mit hoher Prüfungsrelevanz. Dem folgend ist das vorliegende Buch auf die Bedürfnisse von Studierenden an Universitäten und Hochschulen zugeschnitten. Zugleich soll es als Ratgeber für die Rechtspraxis dienen.

Das Werk enthält eine fachlich umfassende Darstellung des hessischen Gefahrenabwehrrechts sowohl mit Blick auf Verwaltungs- und Ordnungsbehörden als auch auf die Polizei. Neben den klassischen Themen des materiellen Gefahrenabwehrrechts, etwa dem Begriff der Gefahr, den Schutzgütern der Gefahrenabwehr und den sich aus dem Hessischen Gesetz über die öffentliche Sicherheit und Ordnung (HSOG) ergebenden Befugnissen, wird auch das Nebeneinander von Verwaltungs-, Ordnungs- und Polizeibehörden veranschaulicht. Zudem erfährt das eingriffsintensive Zwangsrecht die ihm gebührende Aufmerksamkeit. Das Buch stellt Problemfelder und Hintergründe dar und bereitet anhand zahlreicher Beispiele auf die Rechtsanwendung in Studium, Prüfung und Praxis vor.

Die nunmehr 7. Auflage berücksichtigt die seit dem Erscheinen der Vorauflage erfolgten Entwicklungen im Polizei- und Ordnungsrecht des Landes Hessen, insbesondere mit Blick auf das HSOG sowie weitere einschlägige Gesetze, Verordnungen und Verwaltungsvorschriften. Auch aktuelle Entwicklungen in Rechtsprechung und Schrifttum wurden eingearbeitet.

Mit Erscheinen der Vorauflage schieden aus dem Bearbeiter-Team der Mitbegründer des Kompendiums, Regierungsdirektor Rainer Leggereit, sowie Ltd. Verwaltungsdirektor Jürgen Sommer aus. Ihnen sowie den weiteren Mitbegründern des Werkes, Regierungsdirektor Lothar Mühl und Abteilungsdirektor Winfried Hausmann, gebührt unser herzlicher Dank. Auf ihrer Arbeit baut dieses Werk nach wie vor auf.

Kassel/Wiesbaden, im März 2025

Sybille Fichte
Mattias G. Fischer
Tobias Wagner

Inhaltsübersicht

Abkürzungsverzeichnis		19
Verzeichnis der abgekürzt zitierten Literatur		23
A.	Einführung und Grundlagen	25
B.	Die Organisation der Gefahrenabwehr auf der Bundesebene	29
C.	Die Organisation der Gefahrenabwehr in Hessen	34
D.	Die Zuständigkeiten der hessischen Polizei- und Gefahrenabwehrbehörden	48
E.	Gefahrenabwehr	65
F.	Adressaten gefahrenabwehrender Maßnahmen	84
G.	Grundsätze gefahrenabwehrrechtlichen Handelns	98
H.	Maßnahmen der Gefahrenabwehr	107
I.	Die Befugnisse der Gefahrenabwehr- und Polizeibehörden	121
J.	Zwang	222
K.	Erstattungs- und Ersatzansprüche	269
L.	Kosten der Gefahrenabwehr	274
Stichwortverzeichnis		277

Inhaltsverzeichnis

Abkürzungsverzeichnis	19
Verzeichnis der abgekürzt zitierten Literatur	23

A. Einführung und Grundlagen ... 25
   I. Begrifflichkeiten ... 25
   II. Verfassungsrechtliche Grundlagen ... 25
      1. Gesetzgebungskompetenzen ... 25
         a) Ausschließliche Gesetzgebung des Bundes ... 26
         b) Konkurrierende Gesetzgebung ... 26
         c) Annexkompetenz des Bundes ... 26
      2. Verwaltungskompetenzen ... 27
      3. Besondere Gefahrenlagen (Art. 35 Abs. 2 und 3 GG sowie Art. 91 GG) ... 27

B. Die Organisation der Gefahrenabwehr auf der Bundesebene ... 29
   I. Polizeibehörden des Bundes ... 29
      1. Bundespolizei ... 29
      2. Bundeskriminalamt ... 30
      3. Polizei beim Deutschen Bundestag ... 30
   II. Ordnungsbehörden des Bundes ... 31
   III. Zollverwaltung ... 31
   IV. Nachrichtendienste ... 32
   V. Bundeswehr ... 33

C. Die Organisation der Gefahrenabwehr in Hessen ... 34
   I. Gefahrenabwehr als staatliche Aufgabe ... 34
   II. Organisation der Polizei in Hessen ... 34
      1. Landespolizeipräsidium ... 34
      2. Polizeibehörden ... 34
         a) Polizeipräsidien mit Untergliederungen ... 35
         b) Hessisches Landeskriminalamt ... 35
         c) Hessisches Polizeipräsidium Einsatz ... 36
         d) Hessisches Polizeipräsidium für Technik ... 36
         e) Hessische Hochschule für öffentliches Management und Sicherheit ... 36
      3. Polizeivollzugsdienst und weitere Formen der Aufgabenerfüllung ... 37
         a) Schutzpolizei und Kriminalpolizei ... 37
         b) Hilfspolizeibeamtinnen und -beamte ... 37
         c) Wachpolizei ... 38
         d) Freiwilliger Polizeidienst ... 38
         e) Funktionsvorbehalt (Art. 33 Abs. 4 GG) ... 39
   III. Gefahrenabwehrbehörden ... 39
      1. Allgemeine Verwaltungsbehörden ... 40
      2. Allgemeine Ordnungsbehörden ... 40
         a) Landesordnungsbehörden ... 41
         b) Bezirksordnungsbehörden ... 41
         c) Kreisordnungsbehörden ... 41

		d) Örtliche Ordnungsbehörden	41
		e) Aufsichtsbeziehungen	42
		f) Ordnungsbehördenbezirke	42
	3.	Sonderordnungsbehörden	43
	4.	Organisation der Gefahrenabwehr auf der kommunalen Ebene	43
IV.	Brand- und Katastrophenschutz, Rettungsdienst, Zivile Verteidigung		44
	1.	Brandschutz, Allgemeine Hilfe und Katastrophenschutz	44
	2.	Rettungsdienst	45
	3.	Zivile Verteidigung	45
V.	Gefahrenabwehr durch Private		45
	1.	Beliehene	46
	2.	Verwaltungshelfer	46
	3.	Private Sicherheitsdienste	46

D. Die Zuständigkeiten der hessischen Polizei- und Gefahrenabwehrbehörden 48
   I. Allgemeine Gefahrenabwehr (§ 1 Abs. 1 HSOG) 48
   II. Zugewiesene Aufgaben (§ 1 Abs. 2 HSOG) 50
      1. Aufgabenzuweisungen an die Polizeibehörden 50
         a) Verfolgung von Straftaten und Ordnungswidrigkeiten 50
         b) Straßenverkehrsrecht 50
         c) Versammlungsrecht 51
         d) Jugendschutzrecht 51
         e) Waffenrecht 52
         f) Hessisches Gesetz über Hilfen bei psychischen Krankheiten (PsychKHG) 52
         g) Aufenthaltsrecht 52
         h) Lebensmittel-, Bedarfsgegenstände- und Futtermittelgesetzbuch 52
         i) Überwachung der Gefahrgutbeförderung 53
      2. Aufgabenzuweisungen an die allgemeinen Verwaltungsbehörden 53
         a) Umweltrecht 53
         b) Gesundheitswesen / PsychKHG / Betäubungsmittel 54
         c) Tiergesundheit 54
         d) Friedhofs- und Bestattungswesen 54
         e) Gewerbe / Gaststätten / Spielhallen / Ladenöffnung 55
         f) Jugendschutz 55
         g) Bauaufsicht 55
         h) Meldewesen 55
      3. Aufgabenzuweisungen an die allgemeinen Ordnungsbehörden 56
         a) HSOG-DVO 56
            aa) Pass-, Personalausweis- und Ausländerwesen (§ 1 S. 1 Nr. 1 HSOG-DVO) 56
            bb) Versammlungswesen (§ 1 S. 1 Nr. 2 HSOG-DVO) 56
            cc) Waffenwesen (§ 1 S. 1 Nr. 3 HSOG-DVO) 56
            dd) Zulassung von Fahrzeugen und Personen zum Straßenverkehr sowie StVO-Angelegenheiten (§ 1 S. 1 Nr. 4 HSOG-DVO) 57
            ee) Überwachung des Straßenverkehrs (§ 1 S. 1 Nr. 5 HSOG-DVO) 57
            ff) Gefahrgutüberwachung (§ 1 S. 1 Nr. 6 HSOG-DVO) 58
            gg) Lärmbekämpfung (§ 1 S. 1 Nr. 7 HSOG-DVO) 58
            hh) Sperrzeit (§ 1 S. 1 Nr. 8 HSOG-DVO) 58

	ii)	Bekämpfung der verbotenen Prostitution (§ 1 S. 1 Nr. 9 HSOG-DVO)	58
	jj)	Halten gefährlicher Tiere (§ 43a HSOG, § 1 S. 2 HSOG-DVO)	58
	kk)	Kampfmittelbeseitigung (§ 1 S. 2 HSOG-DVO)	59
b)		Durchführung des Prostituiertenschutzgesetzes	59
c)		Veterinärwesen, Lebensmittelüberwachung, Ernährungssicherstellung und -vorsorge	59
d)		Hundeverordnung	59
e)		Hafenbehörde	59
f)		Feiertagsgesetz	60
g)		Hessisches Gesetz über Hilfen bei psychischen Krankheiten (PsychKHG)	60
h)		Ordnungswidrigkeiten	60

4. Aufgabenzuweisungen an Sonderordnungsbehörden 60
III. Schutz privater Rechte (§ 1 Abs. 3 HSOG) 60
IV. Vorbeugende Bekämpfung von Straftaten (§ 1 Abs. 4 HSOG) 62
 1. Verhütung von Straftaten 62
 2. Strafverfolgungsvorsorge 62
V. Vollzugshilfe (§ 1 Abs. 5 HSOG) 63
VI. Örtliche und instanzielle Zuständigkeit 63
 1. Polizeibehörden 63
 2. Gefahrenabwehrbehörden 64

E. Gefahrenabwehr 65
 I. Gefahrenabwehr als staatliche Pflichtaufgabe mit Verfassungsrang 65
 II. Abgrenzung zur Strafverfolgung und Verfolgung von Ordnungswidrigkeiten 66
 III. Rechtsfragen der Aufgabenüberschneidung 67
 IV. Die Schutzgüter der Gefahrenabwehr 69
  1. Öffentliche Sicherheit 69
   a) Unverletzlichkeit der Rechtsordnung 70
   b) Unverletzlichkeit der subjektiven Rechte und Rechtsgüter des Einzelnen 72
   c) Unverletzlichkeit des Bestandes, der Einrichtungen und Veranstaltungen des Staates oder sonstiger Träger der Hoheitsgewalt 73
  2. Öffentliche Ordnung 74
 V. Der Begriff der Gefahr 76
  1. Definition und Bedeutung 76
  2. Störungsbeseitigung und Gefahrenabwehr 76
  3. Das Problem der Eintrittswahrscheinlichkeit 77
   a) Bewertungsgrundlagen 77
   b) Die Bestimmung der hinreichenden Wahrscheinlichkeit 77
  4. Konkrete und abstrakte Gefahr 78
  5. Weitere Gefahrenbegriffe 78
   a) Anscheinsgefahr 79
   b) Gefahrenverdacht 79
   c) Scheingefahr (Putativgefahr) 81
  6. Gefahrenstufen 81
  7. Gefahrenvorsorge bzw. vorbeugende Gefahrenabwehr 82

F. Adressaten gefahrenabwehrender Maßnahmen ... 84
   I. Verantwortlichkeit ... 84
   II. Verursachung ... 85
   III. Verhaltensverantwortlichkeit ... 87
   IV. Zustandsverantwortlichkeit ... 88
   V. Mehrheit von Verantwortlichen ... 90
   VI. Sonderprobleme ... 92
      1. Verantwortlichkeit und Rechtsnachfolge ... 92
         a) Rechtsnachfolge bei abstrakt bestehender Verantwortlichkeit ... 92
         b) Rechtsnachfolge bei durch behördliche Verfügung konkretisierter Verantwortlichkeit ... 93
      2. Inanspruchnahme des sog. „Anscheinsstörers" ... 93
      3. Inanspruchnahme von Hoheitsträgern ... 94
   VII. Inanspruchnahme nicht verantwortlicher Personen ... 95

G. Grundsätze gefahrenabwehrrechtlichen Handelns ... 98
   I. Gesetzesvorbehalt ... 98
   II. Spezialität/Subsidiarität ... 99
   III. Grundsatz der Verhältnismäßigkeit ... 101
      1. Allgemeines ... 101
      2. Geeignetheit der Maßnahme ... 101
      3. Erforderlichkeit der Maßnahme ... 102
      4. Angemessenheit der Maßnahme ... 102
   IV. Opportunitätsprinzip ... 103
      1. Allgemeines ... 103
      2. Ermessensarten ... 104
      3. Ermessensausübung ... 104
      4. Pflicht zum Einschreiten ... 105

H. Maßnahmen der Gefahrenabwehr ... 107
   I. Allgemeines ... 107
   II. Verwaltungsakte zur Gefahrenabwehr, Gefahrenabwehrverfügung ... 108
      1. Begriffliches ... 108
      2. Rechtmäßigkeitsvoraussetzungen der Gefahrenabwehrverfügung ... 109
         a) Formelle Rechtmäßigkeitsvoraussetzungen ... 110
            aa) Zuständigkeit ... 110
            bb) Form- und Verfahrensvorschriften ... 111
         b) Materielle Rechtmäßigkeitsvoraussetzungen ... 111
            aa) Befugnisnorm ... 111
            bb) Adressat ... 112
            cc) Allgemeine Rechtmäßigkeitsanforderungen ... 112
      3. Rechtsschutz ... 112
   III. Unmittelbare Ausführung ... 113
      1. Allgemeines ... 113
      2. Rechtmäßigkeitsvoraussetzungen ... 114
      3. Kostenersatz ... 115
      4. Rechtsschutz ... 116
   IV. Gefahrenabwehrverordnungen ... 116
      1. Allgemeines ... 116

	2. Zuständigkeiten	118
	3. Formale und inhaltliche Anforderungen	118
	4. Rechtsschutz	120
I.	Die Befugnisse der Gefahrenabwehr- und Polizeibehörden	121
	I. Allgemeines	121
	II. Das Verhältnis der Befugnisgeneralklausel zu den Spezialermächtigungen	121
	III. Einzelmaßnahmen	124
	1. Befugnisgeneralklausel (§ 11 HSOG)	124
	2. Befragung (§ 12 HSOG)	125
	a) Begriff der Befragung	125
	b) Voraussetzungen	127
	c) Anhalten – nicht festhalten – zum Zwecke der Befragung	127
	d) Adressat der Befragung	129
	e) Besondere Verfahrensvorschriften	129
	3. Identitätsfeststellung und Prüfung von Berechtigungsscheinen (§ 18 HSOG)	132
	a) Begriff der Identitätsfeststellung	132
	b) Betroffene Grundrechte	132
	c) Gefahrenabwehr durch Identitätsfeststellung	132
	d) Identitätsfeststellung iVm Spezialgesetzen	133
	e) Identitätsfeststellung zum Schutz privater Rechte	133
	f) Identitätsfeststellung außerhalb konkreter Gefahren	134
	g) Rechtsfolgen des § 18 HSOG	140
	4. Erkennungsdienstliche Maßnahmen (§ 19 HSOG)	143
	a) Begriff und Voraussetzungen der erkennungsdienstlichen Maßnahmen	143
	b) § 19 Abs. 2 Nr. 1 HSOG	143
	c) § 19 Abs. 2 Nr. 2 und Abs. 3 S. 1 u. 3 HSOG	144
	d) Adressat erkennungsdienstlicher Maßnahmen	144
	e) Besondere Verfahrens- und Formvorschriften	145
	f) Zwangsweise Durchsetzung	145
	5. Vorladung (§ 30 HSOG)	145
	a) Begriff der Vorladung	145
	b) Voraussetzungen der Vorladung	146
	c) Verhältnismäßigkeit der Vorladung	146
	d) Besondere Verfahrens- und Formvorschriften	147
	e) Zwangsweise Durchsetzung der Vorladung	147
	6. Meldeauflagen (§ 30a HSOG)	148
	a) Begriff und Allgemeines zur Meldeauflage	148
	b) Voraussetzungen und Rechtsfolge des § 30a S. 1 HSOG	148
	c) Besondere Verfahrensvorschriften	149
	d) Zwangsweise Durchsetzung von Meldeauflagen	149
	7. Platzverweis, Aufenthaltsverbot, Kontaktverbot (§ 31 HSOG)	149
	a) Begriff und Allgemeines zum Platzverweis	149
	b) Voraussetzungen des § 31 Abs. 1 S. 1 HSOG	150
	c) Rechtsfolge des Platzverweises nach § 31 Abs. 1 S. 1 HSOG	150
	d) Richtiger Adressat iSd § 31 Abs. 1 S. 1 HSOG und die Bestimmungen der § 31 Abs. 1 S. 2 HSOG, § 164 StPO	151

	e) § 31 Abs. 2 HSOG – Eingriff in Art. 13 GG	152
	f) § 31 Abs. 3 HSOG – Aufenthaltsverbot	154
8.	Elektronische Aufenthaltsüberwachung – EAÜ (§ 31a HSOG)	155
	a) Begriff und Grundsätzliches zur EAÜ	155
	b) Voraussetzungen des § 31a Abs. 1 HSOG	155
	c) Rechtsfolgen des § 31a Abs. 1, 2 HSOG	157
	d) Verfahren und Form	157
	e) Datenverarbeitung	157
	f) Richtiger Adressat	158
9.	Gewahrsam (§§ 32 ff. HSOG)	158
	a) Begriff und Grundsätzliches zum Gewahrsam	158
	b) Schutzgewahrsam nach § 32 Abs. 1 Nr. 1 HSOG	159
	c) Sicherheitsgewahrsam nach § 32 Abs. 1 Nr. 2 HSOG	161
	d) Durchsetzungsgewahrsam nach § 32 Abs. 1 Nr. 3 HSOG	162
	e) Gewahrsam zum Schutz privater Rechte nach § 32 Abs. 1 Nr. 4 HSOG	164
	f) Gewahrsam zur Abwehr bestimmter Gefahren nah § 32 Abs. 1 Nr. 5 HSOG	164
	g) Gewahrsam Minderjähriger nach § 32 Abs. 2 HSOG	165
	h) Gewahrsam von Personen außerhalb der JVA	165
	i) Gewahrsam iVm dem HPsychKHG	166
	j) §§ 33–35 HSOG	167
10.	Durchsuchung und Untersuchung von Personen (§ 36 HSOG)	172
	a) Begriffe und Grundsätzliches zur Durchsuchung und Untersuchung nach § 36 HSOG	172
	b) Durchsuchung nach § 36 Abs. 1 Nr. 1 HSOG	173
	c) Durchsuchung nach § 36 Abs. 1 Nr. 2 HSOG	173
	d) Durchsuchung nach § 36 Abs. 2 Nr. 1 HSOG	174
	e) Durchsuchung nach § 36 Abs. 2 Nr. 2 u. 3 HSOG	174
	f) Durchsuchung nach § 36 Abs. 3 HSOG	175
	g) Besondere Verfahrens- und Formvorschriften für Durchsuchungen nach § 36 HSOG	176
	h) Untersuchung und andere Eingriffe nach § 36 Abs. 5 HSOG	177
11.	Durchsuchung von Sachen (§ 37 HSOG)	178
	a) Begriffe und Grundsätzliches zur Durchsuchung von Sachen nach § 37 HSOG	178
	b) Durchsuchung von Sachen nach § 37 Abs. 1 Nr. 1 HSOG	179
	c) Durchsuchung von Sachen nach § 37 Abs. 1 Nr. 2 HSOG	180
	d) Durchsuchung von Sachen nach § 37 Abs. 1 Nr. 3 HSOG	180
	e) Zuständigkeit, Voraussetzungen und Adressaten nach § 37 Abs. 2 HSOG	181
	f) Durchsuchung von Sachen nach § 37 Abs. 2 HSOG	181
	g) Besondere Verfahrens- und Formvorschriften für Durchsuchungen von Sachen	182
12.	Betreten und Durchsuchen von Wohnungen (§§ 38 f. HSOG)	183
	a) Begriffe und Grundsätzliches	183
	b) Betreten und Durchsuchen nach § 38 Abs. 2 Nr. 1 HSOG	185
	c) Betreten und Durchsuchen nach § 38 Abs. 2 Nr. 2 HSOG	186
	d) Sonstige Eingriffe nach § 38 HSOG	187

			e)	Besondere Verfahrens- und Formvorschriften für das Betreten und Durchsuchen von Wohnungen	188
		13.	Sicherstellung (§§ 40 ff. HSOG)		189
			a)	Begriffe und Grundsätzliches	189
			b)	Sicherstellung nach § 40 Abs. 1 Nr. 1 HSOG	191
			c)	Sicherstellung nach § 40 Abs. 1 Nr. 2 HSOG	192
			d)	Sicherstellung nach § 40 Abs. 1 Nr. 3 HSOG	192
			e)	Sicherstellung nach § 40 Abs. 1 Nr. 4 HSOG	193
			f)	Sicherstellung nach § 40 Abs. 2 HSOG	194
			g)	Besondere Verfahrens- und Formvorschriften für die Sicherstellung und § 43a HSOG	194
			h)	§ 43a HSOG – Halten gefährlicher Tiere	195
			i)	§ 43b HSOG – Strafvorschrift zu § 31 und § 31a HSOG	195
			j)	Opferschutzmaßnahmen nach § 43c HSOG	196
		14.	Moderne Datenerhebung		196
			a)	Begriffe und Grundsätzliches	196
			b)	Allgemeine datenschutzrechtliche Grundsätze	198
			c)	Wesentliche Eingriffsbefugnisse	201
			d)	Datenerhebung nach § 13 HSOG	201
			e)	Datenerhebung nach § 14 HSOG	202
			f)	Datenerhebung durch automatisierte Kennzeichenlesesysteme	205
			g)	Datenerhebung mittels Abschnittskontrolle	206
			h)	Rechtsgrundlagen der verdeckten Datenerhebungen	207
		15.	Moderne Datenweiterverarbeitung		210
			a)	§ 20 HSOG als „Generalklausel" der Datenweiterverarbeitung	210
			b)	Kennzeichnungspflicht nach § 20a HSOG	212
			c)	Allgemeine Regeln zur Datenübermittlung	213
			d)	konkrete Anwendungsfälle der Datenübermittlung	215
			e)	Einrichtung automatisierter Abrufverfahren	217
			f)	Datenabgleich	218
			g)	Automatisierte Anwendung zur Datenanalyse	219
			h)	Rasterfahndung	220
J.	Zwang				222
	I.	Grundlagen			222
		1.	Verwaltungszwang nach dem HSOG oder nach dem HVwVG?		223
		2.	Überblick über Inhalt und Aufbau des Zwangsrechts im HSOG (§§ 47–63)		223
		3.	Der Begriff des (Verwaltungs-)Zwangs und seine Abgrenzung zu Verwaltungsakten, die bereits Zwangselemente enthalten		224
	II.	Das gestreckte Zwangsverfahren gem. § 47 Abs. 1 HSOG			226
		1.	Vollstreckbarer (= befehlender) Verwaltungsakt		226
		2.	Unanfechtbarkeit des Grundverwaltungsakts oder Entfallen der aufschiebenden Wirkung von Rechtsbehelfen		227
		3.	Die sachliche Zuständigkeit für die Androhung und Anwendung von Zwang im getreckten Zwangsverfahren		229
	III.	Das verkürzte Zwangsverfahren gem. § 47 Abs. 2 HSOG (sofortiger Zwang)			230
		1.	Situation, in der die sofortige Zwangsanwendung zur Abwehr einer (gegenwärtigen) Gefahr erforderlich sein muss		230

	2.	Die Behörde muss innerhalb ihrer Befugnisse handeln	231
	3.	Abgrenzung zur unmittelbaren Ausführung gem. § 8 HSOG	233
IV.	Die Möglichkeit eines Wechsels zwischen den beiden Zwangsverfahren		234
V.	Die allgemeinen Voraussetzungen und Grenzen des Zwangsmitteleinsatzes		235
VI.	Der Rechtscharakter zwangsrechtlicher Maßnahmen		236
VII.	Die Androhung		237
VIII.	Die drei Zwangsmittel		241

        1. Ersatzvornahme   242
        2. Zwangsgeld   244
        3. Unmittelbarer Zwang   246
            a) Grundlagen   246
                aa) Die Grundrechtsrelevanz des unmittelbaren Zwangs   247
                bb) Die Befugnis(norm) zur Anwendung unmittelbaren Zwangs   247
                cc) Abgrenzung des unmittelbaren Zwangs zur Ersatzvornahme   248
                dd) Verbot der Anwendung unmittelbaren Zwangs zur Abgabe einer Erklärung   249
                ee) Die Kostentragungspflicht bei Maßnahmen des unmittelbaren Zwangs   249
                ff) Die Pflicht zur Hilfeleistung für verletzte Personen   250
                gg) Die Regelungen zur Art und Weise der Anwendung unmittelbaren Zwangs in §§ 54–63 HSOG   250
                hh) Die Anwendung repressiven Zwangs nach Maßgabe der §§ 55–62 HSOG   250
            b) Der Einsatz „einfacher" körperlicher Gewalt   251
            c) Der Einsatz nicht näher geregelter Hilfsmittel der körperlichen Gewalt   252
            d) Die Fesselung von Personen   253
            e) Der Einsatz nicht näher geregelter Waffen   255
            f) Der Einsatz von Schusswaffen   256
                aa) Die allgemeinen Voraussetzungen des Schusswaffengebrauchs (§ 60 HSOG)   257
                    (1) Schusswaffengebrauch als Ultima Ratio des unmittelbaren Zwangs   257
                    (2) Vorrang des Schusswaffengebrauchs gegen Sachen   258
                    (3) Angriffs- oder Fluchtunfähigkeit als Ziel des Schusswaffengebrauchs gegen Personen   258
                    (4) Der so genannte finale Rettungsschuss   259
                    (5) Der Schusswaffengebrauch gegen Kinder   261
                    (6) Der Schusswaffengebrauch bei einer Gefährdung unbeteiligter Personen   261
                bb) Der Schusswaffengebrauch gegen Personen (§§ 61, 62 HSOG)   262
    IX. Notwehr- und Notstandsrechte als zwangsrechtliche Befugnisnormen?   266
    X. Rechtsschutz   267

K. Erstattungs- und Ersatzansprüche   269
    I. Allgemeines   269
    II. Ausgleich bei rechtmäßigen Maßnahmen   269
        1. Ansprüche des Verantwortlichen   269
        2. Ansprüche Nichtverantwortlicher   269

	3. Ansprüche des Anscheinsstörers	270
III.	Ausgleich bei rechtswidrigen Maßnahmen	270
IV.	Inhalt, Art und Umfang des Ausgleichs	272
V.	Anspruchsgegner	272
VI.	Rechtsweg	273

L. Kosten der Gefahrenabwehr 274
    I. Kosten und Kostenträger 274
   II. Kostenersatz 274
      1. Kostenersatz nach dem HSOG 274
      2. Ersatz von Verwaltungskosten, Gebühren 275

Stichwortverzeichnis 277

Abkürzungsverzeichnis

a. A.	anderer Ansicht
Abs.	Absatz
AufenthG	Gesetz über den Aufenthalt, die Erwerbstätigkeit und die Integration von Ausländern im Bundesgebiet
AZRG	Gesetz über das Ausländerzentralregister
BayVBl.	Bayerische Verwaltungsblätter
BBodSchG	Bundesbodenschutzgesetz
BeckRS	Beck-Rechtsprechung
BefBedV	Verordnung über die Allgemeinen Beförderungsbedingungen für den Straßenbahnverkehr usw.
BGB	Bürgerliches Gesetzbuch
BGHSt	Entscheidungen des Bundesgerichtshofes in Strafsachen
BGHZ	Entscheidungen des Bundesgerichtshofes in Zivilsachen
BGS	Bundesgrenzschutz
BGSNeuRegG	Bundesgrenzschutzneuregelungsgesetz
BKA	Bundeskriminalamt
BImSchG	Bundesimmissionsschutzgesetz
BMG	Bundesmeldegesetz
BPolG	Gesetz über die Bundespolizei
BPolBG	Bundespolizei-Beamten-Gesetz
BremPolG	Bremisches Polizeigesetz
BtMG	Betäubungsmittelgesetz
BVerfG	Bundesverfassungsgericht
BVerwG	Bundesverwaltungsgericht
DAR	Deutsches Autorecht (Zeitschrift)
DÖV	Die Öffentliche Verwaltung (Zeitschrift)
DVBl	Deutsches Verwaltungsblatt (Zeitschrift)
DVP	Deutsche Verwaltungspraxis (Zeitschrift)
DS-GVO	Datenschutz-Grundverordnung
E	Entscheidung
EAÜ	Elektronische Aufenthaltsüberwachung
EGGVG	Einführungsgesetz zum Gerichtsverfassungsgesetz
EMRK	Europäische Menschenrechtskonvention
FamFG	Gesetz über das Verfahren in Familiensachen und in den Angelegenheiten der freiwilligen Gerichtsbarkeit
FrEntzG	Freiheitsentziehungsgesetz des Bundes
GastG	Gaststättengesetz
GewO	Gewerbeordnung
GG	Grundgesetz
GÜL	Gemeinsame elektronische Überwachungsstelle der Länder
GVBl.	Gesetz- und Verordnungsblatt
HessPolFHa	Polizei-Fach-Handbuch Ausgabe Hessen
h. M.	herrschende Meinung
HAltBodSchG	Hessisches Altlasten- und Bodenschutzgesetz
HBKG	Hessisches Gesetz über Brandschutz, die allgemeine Hilfe und den Katastrophenschutz

HBO	Hessische Bauordnung
HENatG	Hessisches Naturschutzgesetz
HGastG	Hessisches Gaststättengesetz
Hess AG VwGO	Hessisches Ausführungsgesetz zur VwGO
HessStGH	Hessischer Staatsgerichtshof
Hess VG Rspr.	Rechtsprechung der hessischen Verwaltungsgerichte
HGO	Hessische Gemeindeordnung
HMdI	Hessisches Ministerium des Innern, für Sicherheit und Heimatschutz
HMeldDüV	Hessische Meldedurchführungsverordnung
PsychKHG	Hessisches Psychisch-Kranken-Hilfe-Gesetz
HPR	Hessische Polizeirundschau (Zeitschrift)
HRDG	Hessisches Rettungsdienstgesetz
HSOG	Hessisches Gesetz über die öffentliche Sicherheit und Ordnung
HSOG-DVO	Verordnung zur Durchführung des HSOG und zur Durchführung des Hessischen Freiwilligen-Polizeidienst-Gesetzes
HStrG	Hessisches Straßengesetz
HVersFG	Hessisches Versammlungsfreiheitsgesetz
HVwKostG	Hessisches Verwaltungskostengesetz
HVwVfG	Hessisches Verwaltungsverfahrensgesetz
HWG	Hessisches Wassergesetz
IfSG	Infektionsschutzgesetz
JI-RL	Richtlinie (EU) 2016/680 zum Schutz natürlicher Personen bei der Verarbeitung personenbezogener Daten durch die zuständigen Behörden zum Zwecke der Verhütung, Ermittlung, Aufdeckung oder Verfolgung von Straftaten oder der Strafvollstreckung sowie zum freien Datenverkehr und zur Aufhebung des Rahmenbeschlusses 2008/977/JI des Rates
JuSchG	Jugendschutzgesetz
JuS	Juristische Schulung (Zeitschrift)
JVA	Justizvollzugsanstalt
Kap.	Kapitel
KG	Kommanditgesellschaft
LG	Landgericht
LT-Drs.	Landtagsdrucksache
MEPolG	Musterentwurf eines einheitlichen Polizeigesetzes des Bundes und der Länder
m. w. N.	mit weiteren Nachweisen
NJW	Neue Juristische Wochenzeitschrift (Zeitschrift)
NPOG	Niedersächsisches Polizei- und Ordnungsbehördengesetz
Nr.	Nummer, Nummern
NVwZ	Neue Zeitschrift für Verwaltungsrecht (Zeitschrift)
NVwZ-RR	NVwZ-Rechtsprechungsreport
OHG	Offene Handelsgesellschaft
OLG	Oberlandesgericht
OVG	Oberverwaltungsgericht
OWiG	Gesetz über Ordnungswidrigkeiten
Pr	Preußen, preußisch
Rn.	Randnummer
SGB X	Zehntes Buch Sozialgesetzbuch

SOG LSA	Gesetz über die öffentliche Sicherheit und Ordnung des Landes Sachsen-Anhalt
StAnz.	Staatsanzeiger für das Land Hessen
StGB	Strafgesetzbuch
StPO	Strafprozessordnung
StVO	Straßenverkehrsordnung
StVZO	Straßenverkehrszulassungsordnung
thür OBG	Thüringisches Gesetz über die Aufgaben und Befugnisse der Ordnungsbehörden
TierGesG	Tiergesundheitsgesetz
TKÜ	Telekommunikationsüberwachung
u. U.	unter Umständen
VBlBW	Verwaltungsblätter für Baden-Württemberg
VersG	Versammlungsgesetz
VG	Verwaltungsgericht
VGH	Verwaltungsgerichtshof
vgl.	Vergleiche
VVHSOG	Verwaltungsvorschrift zur Ausführung des HSOG
VwGO	Verwaltungsgerichtsordnung
VwKostO	Verwaltungskostenordnung
WaffG	Waffengesetz
WHG	Wasserhaushaltsgesetz
ZEVIS	Zentrales Verkehrsinformationssystem
ZSEG	Gesetz über die Entschädigung von Zeugen und Sachverständigen
ZVR	Zeitschrift für Verwaltungsrecht

Verzeichnis der abgekürzt zitierten Literatur

Achterberg, Norbert/Püttner, Günter/Würtenberger, Thomas (Hg.), Besonderes Verwaltungsrecht, Bd. II, 2. Auflage 2000 (zitiert: Achterberg/Püttner/Würtenberger)
Bader, Johann/Ronellenfitsch, Michael (Hg.), BeckOK VwVfG, 63. Edition 2024 (zitiert: BeckOK VwVfG)
Dürig, Günter/Herzog, Roman/Scholz, Rupert, Grundgesetz, Kommentar, 103. Auflage 2024 (zitiert: Dürig/Herzog/Scholz)
Dürig-Friedl, Cornelia/Enders, Christoph, Versammlungsrecht, Die Versammlungsgesetze des Bundes und der Länder, Kommentar, 2. Auflage 2022 (zitiert: Dürig-Friedl/Enders)
Epping, Volker/Hillgruber, Christian (Hg.), BeckOK Grundgesetz, 57. Edition 2024 (zitiert: BeckOK GG)
Fischer, Mattias, Reichsreform und „Ewiger Landfrieden", 2007 (zitiert: Fischer)
Fredrich, Dirk, Hessisches Gesetz über die öffentliche Sicherheit und Ordnung – HSOG, 13. Auflage 2021 (zitiert: Fredrich)
Göttert, Karl-Heinz, Neues Deutsches Wörterbuch, 2008 (zitiert: Göttert)
Götz, Volkmar/Geis, Max-Emanuel, Allgemeines Polizei- und Ordnungsrecht, 17. Auflage 2022 (zitiert: Götz/Geis)
Hermes, Georg/Reimer, Franz (Hg.), Landesrecht Hessen – Studienbuch, 10. Auflage 2022 (zitiert: Hermes/Reimer)
Hornmann, Gerhard, Hessisches Gesetz über die öffentliche Sicherheit und Ordnung (HSOG), Kommentar, 2. Auflage 2008 (zitiert: Hornmann)
Jarass, Hans/Pieroth, Bodo, Grundgesetz für die Bundesrepublik Deutschland, Kommentar, 18. Auflage 2024 (zitiert: Jarass/Pieroth)
Kjellsson, Rabea, Das Zwangsmittel der Ersatzvornahme, 2019 (zitiert: Kjellsson)
Knemeyer, Franz-Ludwig/Schmidt, Thorsten, Polizei- und Ordnungsrecht, 5. Auflage 2022 (zitiert: Knemeyer/Schmidt)
Kramer, Urs, Hessisches Polizei- und Ordnungsrecht, 3. Auflage 2021 (zitiert: Kramer)
Krüger, Ralf, Versammlungsrecht, 1994 (zitiert: Krüger)
Ley, Gerd/Burkart, Gerhard, Polizeilicher Schusswaffengebrauch, 5. Auflage 2001 (zitiert: Ley/Burkart)
Lisken, Hans/Denninger, Erhard, Handbuch des Polizeirechts, 7. Auflage 2021 (zitiert: Lisken/Denninger)
Lorei, Clemens, Der Schusswaffengebrauch bei der Polizei – Eine empirisch-psychologische Analyse, 1999 (zitiert: Lorei)
Maurer, Hartmut/Waldhoff, Christian, Allgemeines Verwaltungsrecht, 21. Aufl. 2023 (zitiert: Maurer/Waldhoff)
Meyer, Hans/Stolleis, Michael (Hg.), Staats- und Verwaltungsrecht für Hessen, 5. Auflage 2000 (zitiert: Meyer/Stolleis)
Möller, Manfred/Warg, Gunter, Allgemeines Polizei- und Ordnungsrecht, 6. Auflage 2011 (zitiert: Möller/Warg)
Möstl, Markus/Bäuerle, Michael (Hg.), BeckOK Polizei- und Ordnungsrecht Hessen, 32. Edition 2024 (zitiert: BeckOK PolR Hessen)
Neuwirth, Dietlind, Polizeilicher Schusswaffengebrauch gegen Personen, 2. Auflage 2006 (zitiert: Neuwirth)
Nölle, Alois/Werner, Hans, Polizeiliche Grundsätze und Begriffe – Polizeirecht für Schule und Praxis, 7. Auflage 1967 (zitiert: Nölle/Werner)
Polizei-Fach-Handbuch, Ausgabe Hessen, Erläuterungen zum Hessischen Gesetz über die öffentliche Sicherheit und Ordnung (HSOG), Werkstand 2. Aktualisierung April 2024 (zitiert: Polizei-Fach-Handbuch Hessen)

Rasch, Ernst/Schulze, Hartmut/Pöhlker, Johannes-Ulrich/Hoja, Andreas/Fischer, Herbert/Maier, Daniela/Weingarten, Dirk, Hessisches Gesetz über die öffentliche Sicherheit und Ordnung (HSOG), Gefahrenabwehrverordnung über das Halten und Führen von Hunden (HundeVO), Hessisches Versammlungsfreiheitsgesetz, Kommentar, 27. Aktualisierung 2024 (zitiert: Rasch/Schulze/Pöhlker/Hoja/Fischer/Maier/Weingarten)

Ridder, Helmut/Breitbach, Michael/Deiseroth, Dieter, Versammlungsrecht des Bundes und der Länder, Kommentar, 2. Auflage 2020 (zitiert: Ridder/Breitbach/Deiseroth)

Roelecke, Carsten/Voller, Britta, Erste Hilfe im Polizei-Einsatz, 2. Auflage 2018 (zitiert: Roelecke/Voller)

Rottmann, Verena, Wörterbuch der Rechtsbegriffe, 2007 (zitiert: Rottmann)

Schenke, Wolf-Rüdiger, Polizei- und Ordnungsrecht, 12. Auflage 2023 (zitiert: Schenke)

Schenke, Wolf-Rüdiger/Graulich, Kurt/Ruthig, Josef (Hg.), Sicherheitsrecht des Bundes, 2. Auflage 2019 (zitiert: Schenke/Graulich/Ruthig)

Schnur, Reinhold, Polizeilicher Zwang zur Gefahrenabwehr – Dargestellt am Beispiel des hessischen Rechts, 2000 (zitiert: Schnur)

Staller, Mario/Koerner, Swen (Hg.), Handbuch polizeiliches Einsatztraining, 2022 (zitiert: Staller/Koerner)

Stelkens, Paul/Bonk, Heinz-Joachim/Sachs, Michael, Verwaltungsverfahrensgesetz, Kommentar, 10. Auflage 2023 (zitiert: Stelkens/Bonk/Sachs)

Thiel, Markus, Polizei- und Ordnungsrecht, 5. Auflage 2023 (zitiert: Thiel)

Vogel, Joachim, Juristische Methodik, 1998 (zitiert: Vogel)

A. Einführung und Grundlagen

I. Begrifflichkeiten

Das **Polizei- und Ordnungsrecht** ist ein Teilgebiet des besonderen Verwaltungsrechts, das die Abwehr von Gefahren durch Polizeibehörden und andere Behörden zum Gegenstand hat. In Hessen ist das Polizei- und Ordnungsrecht insbesondere im Hessischen Gesetz über die öffentliche Sicherheit und Ordnung (HSOG) geregelt.

Dem Begriff der **Polizei** kann unterschiedliche Bedeutung zukommen. Man unterscheidet zwischen dem materiellen, dem institutionellen und dem formellen Polizeibegriff. Der **materielle Polizeibegriff** umfasst die Summe derjenigen staatlichen Tätigkeiten, die der Gefahrenabwehr dienen, und zwar unabhängig davon, welche Behörde diese Tätigkeiten wahrnimmt.[1] Hingegen stellt der **institutionelle Polizeibegriff** darauf ab, ob die handelnde Behörde den Polizeibehörden, also dem Organisationsbereich der Polizei, zuzuordnen ist. In Hessen sind nach § 1 Abs. 1 S. 1 HSOG die Aufgaben der Gefahrenabwehr den Gefahrenabwehrbehörden – also den Verwaltungsbehörden und den Ordnungsbehörden – sowie den Polizeibehörden gemeinsam zugewiesen. Die Gefahrenabwehrbehörden fallen nicht unter den institutionellen Polizeibegriff. Der **formelle Polizeibegriff** umfasst schließlich alle Aufgaben, die der Polizei im institutionellen Sinne zugewiesen sind. Hierzu zählen nicht nur Aufgaben der Gefahrenabwehr, sondern insbesondere auch Aufgaben der Strafverfolgung.

II. Verfassungsrechtliche Grundlagen

Sowohl die Gesetzgebungskompetenz, also die Zuständigkeit der Legislative, als auch die Verwaltungskompetenz, die Exekutivzuständigkeit, liegt im Bereich des Polizei- und Ordnungsrechts überwiegend bei den Ländern. Aspekte der Gefahrenabwehr spielen jedoch in zahlreichen Rechtsbereichen eine Rolle, sodass eine differenzierte Betrachtung der grundgesetzlichen Regelungen angezeigt ist.

1. Gesetzgebungskompetenzen

Art. 70 Abs. 1 GG regelt, dass die Länder das Recht der Gesetzgebung haben, soweit das Grundgesetz Gesetzgebungsbefugnisse nicht dem Bund verleiht. Der Bund hat Gesetzgebungskompetenzen mithin nur dort, wo sie ihm durch das Grundgesetz zugewiesen sind. Zu beachten sind hier insbesondere die ausschließliche Gesetzgebung des Bundes nach Art. 71, 73 GG sowie die konkurrierende Gesetzgebung nach Art. 72, 74 GG. Daneben kann sich eine Gesetzgebungskompetenz des Bundes kraft Sachzusammenhangs, als sog. Annexkompetenz oder aus der Natur der Sache ergeben.[2]

Im Bereich des Sicherheitsrechts sind – wie im Folgenden zu zeigen sein wird – zahlreiche **Einzelmaterien der Gesetzgebungskompetenz des Bundes** zugewiesen. Deutlich wird aber auch, dass **das allgemeine Polizei- und Ordnungsrecht** nicht zu den dem Bund zugewiesenen Materien gehört und somit – der Grundregel des Art. 70 Abs. 1 GG folgend – der **Gesetzgebungskompetenz der Länder** unterfällt.

---

1 Zur historischen Entwicklung des Begriffs siehe Schenke, Rn. 2 ff. mwN.
2 Siehe hierzu etwa Jarass/Pieroth/Kment, Art. 70 GG, Rn. 9 ff.

a) Ausschließliche Gesetzgebung des Bundes

6 Art. 71 GG regelt, was unter der ausschließlichen Gesetzgebung des Bundes zu verstehen ist. Danach haben die Länder die Befugnis zur Gesetzgebung in diesem Bereich nur, wenn und soweit sie hierzu in einem Bundesgesetz ausdrücklich ermächtigt werden. Die Materien, in denen dem Bund die ausschließliche Gesetzgebungskompetenz zukommt, zählt – insbesondere, aber nicht abschließend – Art. 73 GG auf. Dazu gehört nach Art. 73 Abs. 1 Nr. 1 GG etwa die Verteidigung einschließlich des Schutzes der Zivilbevölkerung. Nach Art. 73 Abs. 1 Nr. 5 GG besitzt der Bund die ausschließliche Gesetzgebungskompetenz für den Zoll- und Grenzschutz. Der internationale Terrorismus wird in Art. 73 Abs. 1 Nr. 9a GG adressiert. Danach besteht eine Gesetzgebungszuständigkeit des Bundes für die Abwehr von Gefahren des internationalen Terrorismus durch das Bundeskriminalpolizeiamt in Fällen, in denen eine länderübergreifende Gefahr vorliegt, die Zuständigkeit einer Landespolizeibehörde nicht erkennbar ist oder die oberste Landesbehörde um eine Übernahme ersucht. Aus Art. 73 Abs. 1 Nr. 10 GG ergibt sich eine Bundeskompetenz für die Zusammenarbeit des Bundes und der Länder in den Bereichen der Kriminalpolizei und des Verfassungsschutzes sowie für die Einrichtung eines Bundeskriminalpolizeiamtes und die internationale Verbrechensbekämpfung. Art. 73 Abs. 1 Nr. 12 GG weist des Weiteren das Waffen- und Sprengstoffrecht der ausschließlichen Gesetzgebungszuständigkeit des Bundes zu.

b) Konkurrierende Gesetzgebung

7 Art. 74 GG bestimmt die Gegenstände der konkurrierenden Gesetzgebung. Hierzu zählen etwa das Aufenthaltsrecht nach Art. 74 Abs. 1 Nr. 4 GG, das Gewerberecht nach Art. 74 Abs. 1 Nr. 11 GG und das Infektionsschutzrecht nach Art. 74 Abs. 1 Nr. 19 GG. Darüber hinaus seien das Lebensmittelrecht, Art. 74 Abs. 1 Nr. 20 GG, das Straßenverkehrsrecht, Art. 74 Abs. 1 Nr. 22 GG, sowie die Luftreinhaltung und Lärmbekämpfung nach Art. 74 Abs. 1 Nr. 24 GG genannt.

8 Gemäß Art. 72 Abs. 1 GG haben die Länder im Bereich der konkurrierenden Gesetzgebung die Befugnis zur Gesetzgebung, solange und soweit der Bund von seiner Gesetzgebungszuständigkeit nicht durch Gesetz Gebrauch gemacht hat. In bestimmten Bereichen hat der Bund das Gesetzgebungsrecht allerdings nur, wenn und soweit die Herstellung gleichwertiger Lebensverhältnisse im Bundesgebiet oder die Wahrung der Rechts- oder Wirtschaftseinheit im gesamtstaatlichen Interesse eine bundesgesetzliche Regelung erforderlich macht, Art. 72 Abs. 2 GG. Zu diesen Bereichen gehören unter anderem das Aufenthaltsrecht, das Lebensmittelrecht und das Straßenverkehrsrecht. Für einige der in die konkurrierende Gesetzgebung fallenden Materien sieht das Grundgesetz in Art. 72 Abs. 3 GG vor, dass die Länder von der Bundesgesetzgebung abweichen können, zB im Jagdrecht.

c) Annexkompetenz des Bundes

9 In denjenigen Rechtsbereichen, die in die Gesetzgebungskompetenz des Bundes fallen, hat der Bund als sog. Annexkompetenz auch die Kompetenz zum Erlass von Vorschriften, die der Aufrechterhaltung der öffentlichen Sicherheit und Ordnung in diesem Bereich dienen.[3] Dies kann indes nicht gelten, wenn die Aufrechterhaltung der öffentlichen Sicherheit und Ordnung den alleinigen und unmittelbaren Gesetzeszweck bildet.[4] Anschaulich wird die Annexkompetenz des Bundes beispielsweise im Bereich des Luftverkehrs, für den Art. 73 Abs. 1 Nr. 6 GG dem Bund die ausschließliche Gesetzgebungskompetenz zuweist. Als Annex dessen ist jedenfalls die

---

3 Vgl. BVerfGE 8, 143 (149 f.).
4 Vgl. BVerfGE 8, 143 (150).

II. Verfassungsrechtliche Grundlagen

Befugnis des Bundes umfasst, Regelungen zur Abwehr solcher Gefahren zu treffen, die gerade aus dem Luftverkehr herrühren.[5]

2. Verwaltungskompetenzen

Die Verwaltungszuständigkeit liegt auf dem Gebiet des Polizei- und Ordnungsrechts ganz überwiegend bei den Ländern. Als Grundregel gelten Art. 30 und 83 GG. Danach ist die Ausübung staatlicher Befugnisse und die Erfüllung staatlicher Aufgaben Sache der Länder, soweit das Grundgesetz keine andere Regelung trifft oder zulässt. Die Länder führen Bundesgesetze als eigene Angelegenheit aus, soweit das Grundgesetz nichts anderes bestimmt oder zulässt. Daraus ergibt sich zunächst, dass Landesgesetze immer durch die Länder selbst ausgeführt werden. Mit Blick auf die Ausführung von Bundesgesetzen sehen Art. 83 ff. GG eine Differenzierung zwischen dem Regelfall der Ausführung durch die Länder als eigene Angelegenheit (Art. 84 GG), der Ausführung durch die Länder im Auftrag des Bundes (Art. 85 GG) und der Ausführung durch den Bund selbst (Art. 86 ff. GG) vor. Zu beachten ist hier insbesondere Art. 87 Abs. 1 S. 2 GG, der dem Bund die Möglichkeit eröffnet, Bundesgrenzschutzbehörden, Zentralstellen für das polizeiliche Auskunfts- und Nachrichtenwesen, für die Kriminalpolizei und zur Sammlung von Unterlagen für Zwecke des Verfassungsschutzes und des Schutzes gegen Bestrebungen im Bundesgebiet, die durch Anwendung von Gewalt oder darauf gerichtete Vorbereitungshandlungen auswärtige Belange der Bundesrepublik Deutschland gefährden, einzurichten. Es besteht insoweit eine ausschließliche Bundesgesetzgebungskompetenz.[6] Das ehemalige Bundesgrenzschutzgesetz heißt seit 2005 Bundespolizeigesetz. Die in Art. 87 Abs. 1 S. 2 GG bezeichneten Zentralstellen sind im Bundeskriminalamt sowie im Bundesamt für Verfassungsschutz eingerichtet.

10

3. Besondere Gefahrenlagen (Art. 35 Abs. 2 und 3 GG sowie Art. 91 GG)

In besonderen Gefahrenlagen sieht das Grundgesetz die Möglichkeit vor, dass ein Land durch die Polizei eines anderen Landes, durch die Bundespolizei und ggf. auch durch die Streitkräfte unterstützt wird. Art. 35 Abs. 2 und 3 GG sowie Art. 91 GG regeln derartige Konstellationen, wobei hinsichtlich des Einsatzes der Streitkräfte zusätzlich Art. 87a Abs. 4 GG zu beachten ist.[7]

11

Nach Art. 35 Abs. 2 GG kann ein Land in besonderen Fällen zur Aufrechterhaltung oder Wiederherstellung der öffentlichen Sicherheit oder Ordnung Kräfte und Einrichtungen des Bundesgrenzschutzes (heute: Bundespolizei) zur Unterstützung seiner Polizei anfordern. Darüber hinaus können bei Naturkatastrophen und besonders schweren Unglücksfällen Polizeikräfte anderer Bundesländer, Kräfte und Einrichtungen anderer Verwaltungen sowie des Bundesgrenzschutzes (Bundespolizei) und der Streitkräfte angefordert werden. Art. 35 Abs. 3 GG betrifft Naturkatastrophen oder Unglücksfälle, die mehr als ein Land gefährden. In derartigen Situationen kann die Bundesregierung unterstützende Einheiten einsetzen und Landesregierungen die Weisung erteilen, Polizeikräfte zur Verfügung zu stellen.

12

Art. 91 GG hat Situationen zum Gegenstand, in denen der Bestand oder die freiheitliche demokratische Grundordnung des Bundes oder eines Landes gefährdet ist. Auch in einer derartigen Lage kann ein Land Polizeikräfte anderer Länder sowie Kräfte und Einrichtungen anderer Verwaltungen und des Bundesgrenzschutzes (Bundespolizei) anfordern, Art. 91 Abs. 1

13

---

5 Vgl. BVerfG, NVwZ 2012, 1239 (1240) zu §§ 13 ff. LuftSiG (Unterstützung und Amtshilfe durch die Streitkräfte).
6 Jarass/Pieroth/Kment, Art. 87 GG, Rn. 4 f.
7 Zum Tätigwerden der Bundeswehr in Ausübung der Amtshilfe nach Art. 35 Abs. 1 GG – also jenseits der hier thematisierten Konstellationen – vgl. etwa BVerwG, NJW 2018, 716.

Wagner

GG. Art. 91 Abs. 2 GG regelt Weisungs- und Einsatzzuständigkeiten der Bundesregierung, die dann greifen, wenn das betroffene Land nicht selbst zur Bekämpfung der Gefahr bereit oder in der Lage ist.

B. Die Organisation der Gefahrenabwehr auf der Bundesebene

I. Polizeibehörden des Bundes

Der Bund verfügt über die Bundespolizei, das Bundeskriminalamt (BKA) und die Polizei beim Deutschen Bundestag. Keine Polizeibehörden sind hingegen das Bundesamt für Verfassungsschutz (BfV), der Bundesnachrichtendienst (BND) und der Militärische Abschirmdienst (MAD). Das Trennungsgebot sieht eine organisatorische und funktionelle Trennung zwischen Polizei und Nachrichtendiensten vor.[1]

1. Bundespolizei

Die **Bundespolizei** wurde 1951 unter der damaligen Bezeichnung **Bundesgrenzschutz** eingerichtet. Angesichts einer sukzessiven Ausweitung der Aufgaben erfolgte 2005 die Umbenennung in Bundespolizei. Das Bundesverfassungsgericht hatte indes im Jahr 1998 festgehalten: „Die Entscheidung der Verfassung, die Polizeigewalt in die Zuständigkeit der Länder zu verweisen und aus Gründen der Rechtsstaatlichkeit, der Bundesstaatlichkeit und des Grundrechtsschutzes den Ausnahmefall einer Bundespolizei in der Verfassung zu begrenzen, macht es erforderlich, das Gepräge des Bundesgrenzschutzes […] zu wahren. Der Bundesgrenzschutz darf nicht zu einer allgemeinen, mit den Landespolizeien konkurrierenden Bundespolizei ausgebaut werden und damit sein Gepräge als Polizei mit begrenzten Aufgaben verlieren".[2]

Dem entsprechend kommen der Bundespolizei nach dem Gesetz über die Bundespolizei (BPolG) **nur punktuelle Aufgaben** zu. Neben der ursprünglichen Aufgabe des Grenzschutzes (§ 2 BPolG) zählt dazu nunmehr etwa die Aufgabe der Bahnpolizei nach § 3 BPolG. Es obliegt der Bundespolizei danach, auf Bahnanlagen des Bundes Gefahren für die öffentliche Sicherheit oder Ordnung abzuwehren. Aus §§ 4, 4a BPolG ergeben sich Aufgaben der Bundespolizei im Rahmen der Luftsicherheit und aus § 5 BPolG ihre Zuständigkeit für den Schutz von Bundesorganen. Darüber hinaus seien die Aufgaben auf See (§ 6 BPolG), Aufgaben im Notstands- und Verteidigungsfall (§ 7 BPolG) sowie die Unterstützung anderer Bundesbehörden (§ 9 BPolG) genannt. Aus § 8 BPolG ergibt sich unter engen Voraussetzungen eine mögliche Verwendung der Bundespolizei im Ausland, etwa zur Mitwirkung an internationalen Maßnahmen auf Ersuchen und unter Verantwortung der Vereinten Nationen oder der Europäischen Union. § 11 BPolG regelt die Verwendung der Bundespolizei zur Unterstützung eines Landes in besonderen Gefahrenlagen nach Art. 35 Abs. 2 und 3 GG sowie Art. 91 GG.[3]

Die Organisation der Bundespolizei ergibt sich insbesondere aus § 57 BPolG. Danach sind Bundespolizeibehörden das Bundespolizeipräsidium als Oberbehörde, die Bundespolizeidirektionen als dem Bundespolizeipräsidium unterstehende Unterbehörden sowie die Bundespolizeiakademie als zentrale Aus- und Fortbildungseinrichtung. Die Direktionen sind untergliedert in Bundespolizeiinspektionen. Für Hessen ist die Bundespolizeidirektion Koblenz örtlich zuständig. Eine Ausnahme gilt auf dem Flughafen Frankfurt am Main, wo eine eigene Bundespolizeidirektion eingerichtet ist, vgl. § 2 Abs. 1 Nr. 4 und 9 der Verordnung über die Zuständigkeit der Bundespolizeibehörden (BPolZV).

---

1 Siehe dazu Kap. B. IV.
2 BVerfG, NVwZ 1998, 495 (497).
3 Siehe hierzu Kap. A. II. 3.

5   Zur Bundespolizei gehören auch Spezialkräfte wie die GSG 9 und der Flugdienst der Bundespolizei. Auf See ist nach § 2 Abs. 1 Nr. 1 lit. b BPolZV die Bundespolizeidirektion Bad Bramstedt örtlich zuständig. Im Gemeinsamen Lagezentrum See (GLZ-See) arbeiten unter anderem die Bundespolizei, der Zoll, die Wasserschutzpolizeien der Länder, die Wasser- und Schifffahrtsverwaltung, der Fischereischutz und das Havariekommando zusammen.[4] Die Einrichtung des GLZ-See beruht auf einer Verwaltungsvereinbarung zwischen den beteiligten Bundesressorts und den Küstenländern.[5]

2. Bundeskriminalamt

6   Das **Bundeskriminalamt (BKA)** hat seinen Sitz in Wiesbaden. Seine Aufgaben ergeben sich aus dem Bundeskriminalamtgesetz (BKAG) und haben sowohl präventiven als auch repressiven Charakter. Nach § 2 Abs. 1 BKAG ist das Bundeskriminalamt Zentralstelle für das polizeiliche Auskunfts- und Nachrichtenwesen und für die Kriminalpolizei. Es unterstützt in dieser Eigenschaft die Polizeien des Bundes und der Länder bei der Verhütung und Verfolgung von Straftaten mit länderübergreifender, internationaler oder erheblicher Bedeutung.[6] Darüber hinaus kommen dem BKA Aufgaben der internationalen Zusammenarbeit zu. So ist das BKA gemäß § 3 Abs. 1 BKAG Nationales Zentralbüro der Bundesrepublik Deutschland für Interpol und nationale Stelle für Europol.[7] Die Aufgaben des Bundeskriminalamts auf dem Gebiet der Strafverfolgung sind in § 4 BKAG geregelt. Es ist zuständig in Fällen der internationalen und schweren Kriminalität, etwa des international organisierten Waffen-, Sprengstoff- und Betäubungsmittelhandels. Nach § 5 BKAG kann das Bundeskriminalamt in bestimmten Fällen die Aufgabe der Abwehr von Gefahren des internationalen Terrorismus wahrnehmen. Des Weiteren ist dem Bundeskriminalamt gemäß § 6 BKAG unbeschadet der Zuständigkeiten der Bundespolizei und der Länderpolizeien unter anderem der persönliche Schutz der Mitglieder der Verfassungsorgane des Bundes sowie der Schutz der Dienst- und Wohnsitze des Bundespräsidenten, der Mitglieder der Bundesregierung und ggf. ausländischer Staatsgäste anvertraut.

3. Polizei beim Deutschen Bundestag

7   Nach Art. 40 Abs. 2 S. 1 GG übt die Präsidentin oder der Präsident des Bundestags das Hausrecht und die Polizeigewalt in den Gebäuden des Bundestags aus. Der Bundestagspräsidentin bzw. dem Bundestagspräsidenten kommt hier die alleinige Kompetenz der polizeilichen Gefahrenabwehr zu.[8] Zu deren Ausübung kann sich die Präsidentin bzw. der Präsident eines eigenen **Polizeivollzugsdienstes des Deutschen Bundestags** bedienen.[9] Neben präventiven Befugnissen verfügt dieser auch über einen Ermittlungsdienst zur Strafverfolgung.[10] Nach § 9 Abs. 1 S. 1 Nr. 1 BPolG unterstützt die Bundespolizei die Bundestagspräsidentin oder den Bundestagspräsidenten bei der Ausübung des Hausrechts und der Polizeigewalt. Voraussetzung hierfür ist indes ein Amtshilfeersuchen.[11]

---

4 Lisken/Denninger/Rachor/Roggan, Kap. C, Rn. 158.
5 Lisken/Denninger/Rachor/Roggan, Kap. C, Rn. 157.
6 Vgl. hierzu Schenke/Graulich/Ruthig/Graulich, § 2 BKAG, Rn. 2 ff.
7 Siehe hierzu Schenke/Graulich/Ruthig/Ruthig, § 3 BKAG, Rn. 5 ff.
8 Lisken/Denninger/Rachor/Roggan, Kap. C, Rn. 93a; Schenke/Graulich/Ruthig/Graulich, § 9 BPolG, Rn. 15.
9 Nach § 1 Abs. 2 BPolBG gilt das Bundespolizeibeamtengesetz auch für die Vollzugsbeamtinnen und -beamten beim Deutschen Bundestag.
10 Thiel, § 3, Rn. 6.
11 Schenke/Graulich/Ruthig/Graulich, § 9 BPolG, Rn. 18.

II. Ordnungsbehörden des Bundes

Neben den Polizeibehörden des Bundes gibt es Bundesbehörden, die ordnungsbehördliche Aufgaben wahrnehmen. Sie betreiben Gefahrenabwehr, ohne Polizeibehörde zu sein. Dazu zählen etwa das Bundesamt für Logistik und Mobilität (bis Ende 2022: Bundesamt für Güterverkehr), die Bundesanstalt für Finanzdienstleistungsaufsicht (BaFin) sowie die Wasserstraßen- und Schifffahrtsverwaltung.

Das **Bundesamt für Logistik und Mobilität (BALM)** ist gemäß § 10 Abs. 1 des Güterkraftverkehrsgesetzes (GüKG) eine selbständige Bundesoberbehörde. Aus § 11 GüKG ergeben sich mannigfaltige Aufgaben bei der Überwachung des Güterkraftverkehrs. Wichtige Befugnisse des Bundesamts sind in § 12 GüKG geregelt. Beauftragte des Bundesamts können danach etwa Kraftfahrzeuge anhalten und die Identität des Fahrpersonals feststellen. Nach § 6 Nr. 6 des Gesetzes über den unmittelbaren Zwang bei Ausübung öffentlicher Gewalt durch Vollzugsbeamte des Bundes (UZwG) sind die Beauftragten des Bundesamts für Logistik und Mobilität Vollzugsbeamte des Bundes, soweit sie mit Überwachungsaufgaben nach §§ 11–13 GüKG betraut sind.

Nach Art. 87 Abs. 1 S. 1, Art. 89 Abs. 2 GG verwaltet der Bund die Bundeswasserstraßen und die Schifffahrt in bundeseigener Verwaltung mit eigenem Verwaltungsunterbau. Die Behörden der **Wasserstraßen- und Schifffahrtsverwaltung des Bundes (WSV)** führen nach § 45 Abs. 1 WaStrG das Bundeswasserstraßengesetz durch. Gemäß § 24 Abs. 1 WaStrG hat die WSV die Aufgabe, gefahrenabwehrende Maßnahmen zu treffen, um die Bundeswasserstraßen in einem für die Schifffahrt erforderlichen Zustand zu erhalten (sog. Strompolizei). Hinzu kommt ua die Aufgabe der Abwehr von Gefahren für die Sicherheit und Leichtigkeit des Schiffsverkehrs sowie der Verhütung von Gefahren, die von der Schifffahrt ausgehen (sog. Schifffahrtspolizei), vgl. § 1 Abs. 1 Nr. 2 BinSchAufgG für die Binnenschifffahrt und § 1 Nr. 2 SeeAufgG für die Seeschifffahrt.[12]

Im Geschäftsbereich des Bundesfinanzministeriums wurde im Jahr 2002 die **Bundesanstalt für Finanzdienstleistungsaufsicht (BaFin)** durch Zusammenlegung des Bundesaufsichtsamts für das Kreditwesen, des Bundesaufsichtsamts für das Versicherungswesen und des Bundesaufsichtsamts für den Wertpapierhandel errichtet, vgl. § 1 Abs. 1 des Finanzdienstleistungsaufsichtsgesetzes (FinDAG). Dementsprechend sieht § 4 Abs. 1 S. 1 FinDAG vor, dass die BaFin die diesen drei Bundesaufsichtsämtern zugewiesenen Aufgaben wahrnimmt. Sie übt insoweit unter anderem die Aufsicht nach dem Kreditwesengesetz, nach dem Versicherungsaufsichtsgesetz und nach dem Wertpapierhandelsgesetz aus. Ihre Aufgaben und Befugnisse nimmt die BaFin gemäß § 4 Abs. 4 FinDAG ausschließlich im öffentlichen Interesse wahr.

III. Zollverwaltung

Die Einordung der Zollverwaltung in das System der Gefahrenabwehrbehörden des Bundes ist nicht ganz eindeutig. Da es sich bei den Zollbehörden jedenfalls im organisationsrechtlichen Sinne nicht um Polizeibehörden handelt, liegt es nahe, sie als Ordnungsbehörden anzusehen.[13] Gleichzeitig weisen einige Organisationseinheiten der Zollverwaltung insbesondere mit Blick auf ihre Befugnisse starke Ähnlichkeiten mit Polizeibehörden auf, sodass sie zum Teil als „Bundesfinanzpolizei" bezeichnet werden.[14]

---

12 Zur Zuständigkeit für die Ausübung schifffahrtspolizeilicher Vollzugsaufgaben auf den Binnenwasserstraßen des Bundes durch die hessische Wasserschutzpolizei vgl. Rasch/Schulze/Pöhlker/Hoja/Fischer/Maier/Weingarten, § 93 HSOG, Ziffer 3.
13 So auch Thiel, § 3, Rn. 11.
14 Vgl. Lisken/Denninger/Rachor/Roggan, Kap. C, Rn. 82 ff., die darüber hinaus auf die enge Zusammenarbeit mit den Polizeibehörden sowie die besoldungsrechtliche Gleichstellung von Vollzugsbeamtinnen und -beamten des Zolls und der Polizei hinweisen.

13 Die Zollbehörden sind Bundesfinanzbehörden. Als Bundesoberbehörde ist die **Generalzolldirektion** eingerichtet, vgl. § 1 Nr. 2 des Gesetzes über die Finanzverwaltung (FVG). Sie leitet gemäß § 5a Abs. 1 FVG bundesweit die Durchführung der Aufgaben der Zollverwaltung und übt die Dienst- und Fachaufsicht über die Hauptzollämter und die Zollfahndungsämter aus. Zu den Direktionen der Generalzolldirektion gehören etwa das für den Zollfahndungsdienst zuständige Zollkriminalamt und die Zentralstelle für Finanztransaktionsuntersuchungen (Financial Intelligence Unit – FIU), die Aufgaben nach dem Geldwäschegesetz wahrnimmt, vgl. § 5a Abs. 2 FVG.

14 Gemäß § 12 Abs. 2 FVG sind die **Hauptzollämter** für die Verwaltung der Zölle, der bundesgesetzlich geregelten Verbrauchsteuern einschließlich der Einfuhrumsatzsteuer und der Biersteuer, der Luftverkehrssteuer, der Kraftfahrzeugsteuer, der Abgaben im Rahmen der Europäischen Gemeinschaften, für die zollamtliche Überwachung des Warenverkehrs über die Grenze, für die Grenzaufsicht, für die Bekämpfung der Schwarzarbeit und der illegalen Beschäftigung und für die ihnen sonst übertragenen Aufgaben zuständig. Bei den Hauptzollämtern sind unter anderem die Kontrolleinheiten Verkehrswege sowie die Finanzkontrolle Schwarzarbeit eingerichtet.[15] Letztere führt sowohl anlassbezogene als auch verdachtsunabhängige Kontrollen durch. Ihre Prüfungsaufgaben ergeben sich aus § 2 SchwarzArbG und umfassen etwa die Einhaltung der sozialversicherungsrechtlichen Meldepflichten des Arbeitgebers und die Beachtung des Mindestlohngesetzes.

15 Wie die Hauptzollämter sind auch die **Zollfahndungsämter** örtliche Bundesfinanzbehörden, § 1 Abs. 3 FVG. Sie bilden gemäß § 1 des Zollfahndungsdienstgesetzes (ZFdG) gemeinsam mit dem in die Generalzolldirektion eingegliederten **Zollkriminalamt** den **Zollfahndungsdienst**, der zum Teil als „Kriminalpolizei der Zollverwaltung"[16] bezeichnet wird. Dem Zollfahndungsdienst obliegt die Überwachung des grenzüberschreitenden Waren- und Geldverkehrs. Aufgabenschwerpunkte bilden etwa die Bekämpfung des Zigaretten- und Rauschgiftschmuggels sowie der Produktpiraterie. Eine zolleigene Spezialeinheit – die Zentrale Unterstützungsgruppe Zoll (ZUZ) – ist in das Zollkriminalamt eingegliedert. Sie ist mit den Spezialeinsatzkommandos der Polizeien vergleichbar und unterstützt den Zollfahndungsdienst bei der Bewältigung gefährlicher Lagen.[17]

IV. Nachrichtendienste

16 Von den Polizeibehörden zu unterscheiden sind die Nachrichtendienste. Das **Trennungsgebot**, das eine organisatorische und funktionelle Trennung zwischen Polizei und Nachrichtendiensten vorsieht, verhindert, dass nachrichtendienstliche Aufgaben mit polizeilichen Exekutivbefugnissen zusammenfallen.[18] Es kann als besondere Ausprägung des Grundsatzes der Gewaltenteilung angesehen werden und geht vor dem Hintergrund der Erfahrungen mit einer „Geheimen Staatspolizei" des NS-Regimes auf die Beratungen im Parlamentarischen Rat zur Ausarbeitung des Grundgesetzes zurück.[19] Einfachgesetzlich ist das Trennungsgebot etwa in § 2 Abs. 1 S. 3 des Bundesverfassungsschutzgesetzes (BVerfSchG) und § 1 Abs. 1 S. 2 des Hessischen Verfassungsschutzgesetzes (HVSG) sowie in § 1 Abs. 1 S. 2 des Gesetzes über den Bundesnachrichtendienst

---

15 Vgl. Lisken/Denninger/Rachor/Roggan, Kap. C, Rn. 89 f.
16 Vgl. Lisken/Denninger/Rachor/Roggan, Kap. C, Rn. 84.
17 Lisken/Denninger/Rachor/Roggan, Kap. C, Rn. 86.
18 Eingehend etwa Nehm, Das nachrichtendienstliche Trennungsgebot und die neue Sicherheitsarchitektur, NJW 2004, 3289.
19 Vgl. etwa Lisken/Denninger/Denninger, Kap. B, Rn. 43 ff.

(BNDG) verankert.[20] Aus dem Grundrecht auf informationelle Selbstbestimmung hat das Bundesverfassungsgericht auch ein informationelles Trennungsprinzip abgeleitet, das zwar kein vollständiges Verbot des Austauschs von Daten zwischen Nachrichtendiensten und Polizeibehörden beinhaltet, Einschränkungen der Datentrennung jedoch nur in Ausnahmefällen zulässt.[21]

Bei den Nachrichtendiensten des Bundes handelt es sich um das Bundesamt für Verfassungsschutz, den Bundesnachrichtendienst und den Militärischen Abschirmdienst. Auf Landesebene kommt das Landesamt für Verfassungsschutz hinzu.

Der **Verfassungsschutz** dient gemäß § 1 Abs. 1 BVerfSchG dem Schutz der freiheitlichen demokratischen Grundordnung sowie dem Schutz des Bestands und der Sicherheit des Bundes und der Länder. Hierzu arbeiten Bund und Länder nach § 1 Abs. 2 BVerfSchG zusammen. Aus § 3 BVerfSchG ergeben sich die Aufgaben der Verfassungsschutzbehörden des Bundes und der Länder, für das Landesamt für Verfassungsschutz Hessen gilt darüber hinaus § 2 HVSG. Zu nennen ist hier insbesondere die Sammlung und Auswertung von Informationen über Bestrebungen, die gegen die freiheitliche demokratische Grundordnung, den Bestand oder die Sicherheit des Bundes oder eines Landes gerichtet sind oder eine ungesetzliche Beeinträchtigung der Amtsführung der Verfassungsorgane des Bundes oder eines Landes oder ihrer Mitglieder zum Ziel haben, § 3 Abs. 1 Nr. 1 BVerfSchG, § 2 Abs. 2 Nr. 1 HVSG.

Der **Bundesnachrichtendienst (BND)** ist der deutsche „Auslandsgeheimdienst".[22] Gemäß § 1 Abs. 2 S. 1 BNDG sammelt er zur Gewinnung von Erkenntnissen über das Ausland, die von außen- und sicherheitspolitischer Bedeutung für die Bundesrepublik Deutschland sind, die erforderlichen Informationen und wertet sie aus. Der BND fällt – anders als der Verfassungsschutz – in den Geschäftsbereich des Bundeskanzleramts, vgl. § 1 Abs. 1 S. 1 BNDG. Der **Militärische Abschirmdienst (MAD)** ist ein militärischer Nachrichtendienst des Bundesministeriums der Verteidigung, dessen Rechtsgrundlagen sich im Gesetz über den militärischen Abschirmdienst (MADG) finden.

V. Bundeswehr

Gemäß Art. 87a Abs. 1 S. 1 GG stellt der Bund zur Verteidigung[23] Streitkräfte auf. Außer zur Verteidigung dürfen diese nach § 87a Abs. 2 GG nur eingesetzt werden, soweit es das Grundgesetz ausdrücklich erlaubt. Solche Zulassungsregelungen finden sich in Art. 87a Abs. 3 und 4 GG sowie in Art. 35 Abs. 2 und 3 GG.[24] Von dem Verfassungsvorbehalt des Art. 87a Abs. 2 GG nicht umfasst sind Verwendungen, die keinen Einsatz im Sinne einer „Verwendung der Streitkräfte mit ihren spezifisch militärischen Waffen als Mittel der vollziehenden Gewalt" darstellen,[25] zB im Rahmen der Amtshilfe nach Art. 35 Abs. 1 GG.

---

20 Zur Frage, ob dem Trennungsgebot Verfassungsrang zukommt, vgl. etwa Nehm, Das nachrichtendienstliche Trennungsgebot und die neue Sicherheitsarchitektur, NJW 2004, 3289 (3290 ff.); Schenke/Graulich/Ruthig/Roth, § 2 BVerfSchG, Rn. 8 f.; Schenke, Rn. 497.
21 BVerfGE 133, 277 (329). Siehe hierzu Lisken/Denninger/Bäcker, Kap. B, Rn. 260 ff.
22 Thiel, § 3, Rn. 9.
23 Zur Zivilen Verteidigung vgl. Kap. C. IV. 3.
24 Siehe hierzu auch Kap. A. II. 3.
25 Dürig/Herzog/Scholz/Depenheuer, Art. 87a GG, Rn. 169; ähnlich auch BeckOK GG/Epping, Art. 87a GG, Rn. 18.

C. Die Organisation der Gefahrenabwehr in Hessen

I. Gefahrenabwehr als staatliche Aufgabe

1 Ausgangspunkt der Betrachtung der Gefahrenabwehrorganisation in Hessen ist § 81 HSOG, der besagt, dass die Gefahrenabwehr Angelegenheit des Landes ist, soweit andere Rechtsvorschriften nichts Abweichendes bestimmen. Neben staatlichen Einrichtungen spielen – wie sich im Folgenden zeigen wird – insbesondere kommunale Behörden eine bedeutende Rolle bei der Abwehr von Gefahren.

2 § 1 Abs. 1 S. 1 HSOG weist die Aufgabe der Gefahrenabwehr den **Gefahrenabwehrbehörden** und den **Polizeibehörden** gemeinsam zu, wobei der Begriff der Gefahrenabwehrbehörden die **Verwaltungsbehörden** und die **Ordnungsbehörden** umfasst. Das HSOG enthält Regelungen über die Behörden der allgemeinen Verwaltung insbesondere in §§ 82 ff. Regelungen betreffend die Ordnungsbehörden finden sich in §§ 85 ff. HSOG; zu unterscheiden sind insoweit die allgemeinen Ordnungsbehörden (§§ 85–89 HSOG) und die Sonderordnungsbehörden (§ 90 HSOG). Die Polizeibehörden behandelt das HSOG in §§ 91 ff.

II. Organisation der Polizei in Hessen

3 Die Organisation der hessischen Polizeibehörden ergibt sich aus §§ 91 ff. HSOG und §§ 3 ff. der Verordnung zur Durchführung des Hessischen Gesetzes über die öffentliche Sicherheit und Ordnung und des Hessischen Freiwilligen-Polizeidienst-Gesetzes (HSOG-DVO). Gemäß § 91 Abs. 2 HSOG und § 3 HSOG-DVO ist die hessische Polizei **zweistufig aufgebaut**. Oberste Polizeibehörde ist das Hessische Ministerium des Innern als Landespolizeipräsidium. Alle weiteren Polizeibehörden sind in § 91 Abs. 2 Nr. 2 HSOG aufgezählt. Es handelt sich dabei um die Polizeipräsidien, das Hessische Landeskriminalamt, das Hessische Polizeipräsidium Einsatz, das Hessische Polizeipräsidium für Technik sowie die Hessische Hochschule für öffentliches Management und Sicherheit – Letztere allerdings nur, soweit sie polizeiliche Aufgaben nach § 95 Abs. 2 HSOG wahrnimmt.

1. Landespolizeipräsidium

4 Das **Landespolizeipräsidium (LPP)** ist organisatorisch in das Hessische Innenministerium eingegliedert. Es nimmt gemäß § 4 Abs. 1 HSOG-DVO die Aufgaben der obersten Polizeibehörde und des Lagezentrums der Hessischen Landesregierung wahr. Nach § 96 Abs. 1 HSOG übt das Landespolizeipräsidium die Dienst- und Fachaufsicht über die anderen Polizeibehörden aus, die ihm unmittelbar nachgeordnet sind. Für gemeinsame Einsätze von Polizeibehörden bestimmt das Landespolizeipräsidium die Einsatzleitung, § 2 Abs. 4 HSOG-DVO. Zudem kann es zur Bewältigung von Sonderlagen einzelne Polizeibehörden mit einer dienstbereichsübergreifenden Wahrnehmung von Aufgaben beauftragen, § 2 Abs. 5 HSOG-DVO. Nach § 4 Abs. 2 HSOG-DVO ist das Landespolizeipräsidium darüber hinaus für die Personenschutzaufgaben bei den Mitgliedern der Verfassungsorgane des Landes Hessen zuständig und kann auch den Schutz anderer Personen übernehmen. Strafsachen, die sich allein oder unter anderem gegen Polizeibedienstete richten, kann das LPP selbst bearbeiten, § 4 Abs. 3 HSOG-DVO.

2. Polizeibehörden

5 Alle weiteren Polizeibehörden des Landes Hessen ergeben sich aus den abschließenden Aufzählungen in § 91 Abs. 2 Nr. 2 HSOG und § 3 HSOG-DVO.

II. Organisation der Polizei in Hessen

a) Polizeipräsidien mit Untergliederungen

In Hessen sind sieben **Polizeipräsidien** mit regional abgegrenzten Dienstbereichen eingerichtet, vgl. § 3 Nr. 2 lit. a – lit. g sowie § 5 Abs. 2 HSOG-DVO. Die Polizeipräsidien sind nach § 5 Abs. 1 S. 1 HSOG-DVO in ihren jeweiligen Dienstbereichen für die Erfüllung aller polizeilichen Aufgaben zuständig, soweit keine Übertragung der Aufgabe auf eine andere Polizeibehörde erfolgt ist, vgl. auch § 94 S. 1 HSOG. Sie sind darüber hinaus grundsätzlich für die fachliche Ausbildung der Nachwuchsbeamtinnen und Nachwuchsbeamten der Polizei zuständig, § 94 S. 2 HSOG. Nach § 5 Abs. 1 S. 2 HSOG-DVO sind die Polizeipräsidien zur engen Zusammenarbeit mit den Kreisordnungsbehörden verpflichtet.

Die Untergliederung der Polizeipräsidien ergibt sich aus § 5 Abs. 3–7 HSOG-DVO.[1] Die Dienstbereiche der Polizeipräsidien, die sich im Einzelnen aus § 5 Abs. 2 HSOG-DVO ergeben, werden in regionale Dienstbezirke eingeteilt, für die jeweils eine **Polizeidirektion** zuständig ist. Jede kreisfreie Stadt und jeder Landkreis bildet in der Regel einen regionalen Dienstbezirk. Die Polizeidirektionen tragen in ihrer Behördenbezeichnung als Zusatz die Bezeichnung der kreisfreien Stadt oder des Landkreises, für die oder den sie zuständig sind (zB Polizeidirektion Kassel, Polizeidirektion Wiesbaden). In Frankfurt am Main gibt es aufgrund der Größe der Stadt mehrere Polizeidirektionen.

Weiter unterteilt werden die regionalen Dienstbezirke in örtliche Dienstbezirke, für die jeweils **Polizeistationen** oder **Polizeireviere** zuständig sind, § 5 Abs. 4 HSOG-DVO. Für die Wahrnehmung der polizeilichen Aufgaben auf Bundesautobahnen werden örtliche Dienstbezirke ausgewiesen, in denen **Polizeiautobahnstationen** eingerichtet werden, § 5 Abs. 5 HSOG-DVO.

Soweit zwingende polizeiliche Gründe bestehen, können schließlich die Polizeipräsidien als weitere Gliederungsstufe **Polizeiposten bzw. Polizeiautobahnposten** als Teile der Stationen und Reviere errichten. Alle anderen Organisationseinheiten werden nicht durch die Polizeipräsidien, sondern durch das Landespolizeipräsidium errichtet.

b) Hessisches Landeskriminalamt

Das **Hessische Landeskriminalamt (HLKA)** mit Sitz in Wiesbaden ist zentrale Dienststelle des Landes für Aufgaben der Kriminalitätsbekämpfung. Aus § 92 HSOG und § 6 HSOG-DVO ergeben sich zahlreiche Aufgabengebiete. So wirkt das HLKA etwa bei der Bearbeitung von Wirtschaftsstrafsachen in besonders umfangreichen oder schwierigen Fällen und bei der Verfolgung von Staatsschutzdelikten durch den Generalbundesanwalt mit. In bestimmten Fällen nimmt das Landeskriminalamt die Ermittlungen grundsätzlich selbst wahr. Hierzu gehören etwa Fälle des überörtlich organisierten, ungesetzlichen Handels mit Betäubungsmitteln, Waffen, Munition und Sprengstoff sowie Fälle der organisierten Herstellung und Verbreitung von Falschgeld. Gemäß § 92 Abs. 3 HSOG können dem Landeskriminalamt in bestimmten Konstellationen aber auch Aufgaben der Gefahrenabwehr zukommen – so etwa, wenn ein enger Zusammenhang mit seinem Tätigwerden in Strafverfahren besteht. Nach § 96 Abs. 2 S. 1 HSOG übt das Landeskriminalamt gegenüber den dem Landespolizeipräsidium nachgeordneten Polizeibehörden die Fachaufsicht aus, soweit die Polizeibehörden Aufgaben der Kriminalitätsbekämpfung erfüllen.

---

1 Vgl. außerdem den Erlass über die Organisation und Zuständigkeit der hessischen Polizeipräsidien, StAnz. 2017, S. 154 ff.

c) Hessisches Polizeipräsidium Einsatz

11 Zum 1.11.2023 erhielt das ehemalige Hessische Bereitschaftspolizeipräsidium die neue Bezeichnung **Hessisches Polizeipräsidium Einsatz (HPE)**.[2] In das neue Einsatzpräsidium integriert wurden zeitgleich hessische Spezialeinheiten, die zuvor unterschiedlichen Organisationseinheiten angegliedert waren. Hierzu gehören etwa Spezialeinsatzkommandos (SEK), Mobile Einsatzkommandos (MEK) und Verhandlungsgruppen.[3] Unverändert bleibt als zentrale Aufgabe des Hessischen Polizeipräsidiums Einsatz die Unterstützung der Polizeibehörden, insbesondere bei geschlossenen Einsätzen, vgl. § 93 Abs. 1 S. 1 HSOG.

12 Nach § 93 Abs. 2 HSOG obliegt dem Polizeipräsidium Einsatz als **Wasserschutzpolizei** außerdem die Erfüllung polizeilicher Aufgaben auf Wasserflächen, die in erheblichem Umfang mit Wasserfahrzeugen befahren werden oder auf denen Güterumschlag betrieben wird. Die Gliederung der Wasserschutzpolizei folgt aus § 7 Abs. 2 HSOG-DVO: Es bestehen eine Wasserschutzpolizeiabteilung sowie Wasserschutzpolizeistationen und Wasserschutzpolizeiposten, die jeweils für einen regionalen Dienstbezirk zuständig sind.

13 Zum Hessischen Polizeipräsidium Einsatz gehören außerdem die Polizeifliegerstaffel, die Polizeireiterstaffel und der Polizeiärztliche Dienst, § 7 Abs. 1 und 4 HSOG-DVO. Auch das Landespolizeiorchester und das Diensthundewesen sind dem HPE angegliedert.[4]

d) Hessisches Polizeipräsidium für Technik

14 Das **Hessische Polizeipräsidium für Technik (HPT)** ist die zentrale Dienststelle für die polizeiliche Informations- und Kommunikationstechnik, die sonstige Einsatztechnik und die Ausstattung, Beschaffung und Verwaltung sowie Landeskoordinierungsstelle und Autorisierte Stelle für den Digitalfunk der Behörden und Organisationen mit Sicherheitsaufgaben in Hessen, § 95 Abs. 1 S. 1 HSOG. Es ist gemäß § 8 Abs. 1 Nr. 2 und 3 HSOG-DVO außerdem zuständig für die polizeiliche Kostenerhebung und übt – etwa in Angelegenheiten der Informations- und Kommunikationssysteme und der technischen Ausstattung – nach § 8 Abs. 2 HSOG-DVO Aufgaben der Fachaufsicht über die dem Landespolizeipräsidium nachgeordneten Polizeibehörden aus.

e) Hessische Hochschule für öffentliches Management und Sicherheit

15 Zum 1.1.2022 wurde die **Hessische Hochschule für öffentliches Management und Sicherheit (HöMS)** gegründet. Ihre Konstruktion ist komplex, denn sie vereint mit der ehemaligen Hessischen Hochschule für Polizei und Verwaltung (HfPV), der ehemaligen Polizeiakademie Hessen (HPA) sowie der Zentralen Fortbildung Hessen sehr unterschiedliche Organisationen, insbesondere eine Hochschule nach dem Hessischen Hochschulgesetz (HHG) und eine Polizeibehörde.

16 Mit Beschluss vom 1.12.2023 hat der Staatsgerichtshof des Landes Hessen entschieden, dass die die HöMS betreffenden Normen des Hessischen Hochschulgesetzes in der damals geltenden Fassung teilweise nicht mit dem Selbstverwaltungsrecht der Hochschule aus Art. 60 Abs. 1 S. 2 der Verfassung des Landes Hessen (HV) iVm der in Art. 10 HV garantierten Wissenschaftsfreiheit

---

2 Vgl. Gesetz zur Änderung sicherheitsrechtlicher Vorschriften und zur Umorganisation der hessischen Bereitschaftspolizei vom 29.6.2023 (GVBl. 2003, S. 456).
3 Im Juni 2021 wurde das SEK Frankfurt aufgelöst und eine Neustrukturierung in die Wege geleitet, nachdem bekannt wurde, dass Mitglieder des SEK Frankfurt rechtsextreme und menschenverachtende Nachrichten in Chatgruppen verschickt hatten.
4 Zu den Aufgaben des HPE insgesamt BeckOK PolR Hessen/Göttlicher, § 93 HSOG, Rn. 3 ff.

vereinbar waren.[5] Die für verfassungswidrig erklärten Normen betrafen die Zusammensetzung der sogenannten Professorengruppe, die Bestellung und Abberufung des Präsidenten oder der Präsidentin sowie das Berufungsverfahren. Der Gesetzgeber hat inzwischen nachgebessert und Änderungen an den entsprechenden Stellen des Hessischen Hochschulgesetzes vorgenommen.[6]

Polizeibehörde ist die HöMS gemäß § 91 Abs. 2 Nr. 2 lit. e HSOG nur in begrenztem Umfang, nämlich, soweit sie Aufgaben nach § 95 Abs. 2 HSOG wahrnimmt. Hierzu gehört insbesondere die polizeiliche Aus- und Fortbildung der Polizeibediensteten, soweit sie nicht berufliche Grundqualifizierung oder Aus- und Fortbildung der Spezialeinheiten ist. Darüber hinaus seien das Nachwuchsmanagement und die Einstellung von Polizeianwärterinnen und -anwärtern sowie die Leistung polizeipsychologischer Dienste genannt.

3. Polizeivollzugsdienst und weitere Formen der Aufgabenerfüllung

Die Hessische Polizeilaufbahnverordnung (HPolLV) unterscheidet im Polizeivollzugsdienst zwischen den Laufbahnzweigen der Schutzpolizei und der Kriminalpolizei, vgl. § 1 Abs. 2 HPolLV. Daneben treten Hilfspolizeibeamtinnen und -beamte, die Wachpolizei sowie der Freiwillige Polizeidienst.

a) Schutzpolizei und Kriminalpolizei

Der hessische Polizeivollzugsdienst setzt sich aus der **Schutzpolizei** und der **Kriminalpolizei** zusammen. § 2 Abs. 1 HSOG-DVO sieht vor, dass die polizeilichen Aufgaben der Abwehr von Gefahren für die öffentliche Sicherheit und Ordnung sowie der Erforschung von Straftaten und Ordnungswidrigkeiten durch die Schutzpolizei und die Kriminalpolizei gemeinsam erfüllt werden. Gleichwohl liegt – etwas holzschnittartig dargestellt – der Fokus der Kriminalpolizei regelmäßig auf der Verfolgung von Straftaten, während bei der Schutzpolizei die Gefahrenabwehr häufig im Vordergrund steht. Beamtinnen und Beamte der Schutzpolizei, nicht aber der Kriminalpolizei, sind nach § 98 Abs. 2 HSOG grundsätzlich verpflichtet, im Dienst Dienstkleidung zu tragen. Ein Wechsel zwischen den beiden Laufbahnzweigen ist möglich, vgl. hierzu insbes. § 12 HPolLV.

b) Hilfspolizeibeamtinnen und -beamte

Die in § 99 HSOG und §§ 10 ff. HSOG-DVO verwendete Begrifflichkeit **Hilfspolizeibeamtinnen und -beamte** ist irreführend, weil es sich häufig nicht um Beamtinnen und Beamte im beamtenrechtlichen Sinne handelt.[7] Eine Bestellung zu Hilfspolizeibeamtinnen und -beamten ist nach § 99 Abs. 1 HSOG zur Wahrnehmung bestimmter Aufgaben der Gefahrenabwehr, welche in den Zuständigkeitsbereich der jeweiligen Behörde fallen, oder zur hilfsweisen Wahrnehmung bestimmter polizeilicher Aufgaben möglich. Aus der Verwaltungsvorschrift zur Ausführung des HSOG (VVHSOG) ergibt sich, dass die wahrzunehmenden Aufgaben in der Bestellungsverfügung zu bezeichnen sind, vgl. Nr. 99.1.2 VVHSOG. Die Bestellung führt nach § 99 Abs. 2 HSOG dazu, dass den bestellten Personen im Rahmen ihrer Aufgaben die Befugnisse von Polizeivollzugsbeamtinnen und Polizeivollzugsbeamten zukommen. Zur Anwendung unmittelbaren Zwangs durch Hilfsmittel der körperlichen Gewalt oder durch Waffen müssen sie jedoch besonders ermächtigt werden.

---

5 StGH Hessen, Beschluss vom 1.12.2023 – P.St. 2891.
6 Vgl. Gesetz zur Änderung des Hessischen Hochschulgesetzes und des Gesetzes für die hessischen Universitätskliniken vom 10.10.2024 (GVBl. 2024, Nr. 56).
7 Fenger/Tohidipur/Tuchscherer, Die hessische Stadtpolizei, LKRZ 2013, 451 (452); BeckOK PolR Hessen/Göttlicher, § 99 HSOG, Rn. 4.

21 Wer Hilfspolizeibeamtinnen und -beamte bestellen kann und wer bestellt werden kann, ergibt sich aus § 99 Abs. 3 HSOG. Danach können etwa die kreisfreien Städte und die Landkreise eigene Bedienstete bestellen; Landräte können sowohl eigene Bedienstete als auch Bedienstete kreisangehöriger Gemeinden bestellen. Vorgesehen ist aber auch die Möglichkeit, dass Polizeibehörden eigene Beschäftigte, die nicht dem Polizeivollzugsdienst angehören, zu Hilfspolizeibeamtinnen und -beamten bestellen. §§ 11–13 HSOG-DVO sehen vor, dass bestimmte Bedienstete auch ohne Bestellung im Einzelfall Hilfspolizeibeamtinnen und Hilfspolizeibeamte sind. Erfasst sind hiervon beispielsweise im Außendienst tätige Beschäftigte der Gewerbe- oder Lebensmittelüberwachung im Rahmen ihrer Vollzugsaufgaben auf dem Gebiet der Gefahrenabwehr sowie der hilfsweisen Wahrnehmung von Aufgaben der Verfolgung von Straftaten und Ordnungswidrigkeiten, vgl. § 12 HSOG-DVO.

22 Hilfspolizeibeamtinnen und -beamte können nach § 99 Abs. 1 HSOG in den Landkreisen und Gemeinden die Bezeichnung Ordnungspolizeibeamtin oder Ordnungspolizeibeamter führen. Dieser Begriff ist aufgrund der Rolle der Ordnungspolizei im Nationalsozialismus allerdings umstritten.[8] Einige Städte, zB Frankfurt am Main und Darmstadt, verwenden stattdessen die Bezeichnung Stadtpolizei.

23 Im Zusammenhang mit der Überwachung des ruhenden Verkehrs hat das OLG Frankfurt klargestellt, dass die Bestellung privater Personen, welche im Rahmen einer Arbeitnehmerüberlassung für eine Stadt tätig werden, zu Hilfspolizeibeamten der Stadtpolizei unzulässig ist.[9] Grundsätzlich gesetzeswidrig ist auch der Einsatz privater Dienstleister zur Überwachung des fließenden Verkehrs.[10]

c) Wachpolizei

24 Die **Wachpolizei** besteht aus Arbeitnehmerinnen und Arbeitnehmern des Landes Hessen. Sie sind bei den Polizeipräsidien tätig und nehmen Vollzugsaufgaben wahr, für die der Einsatz von Polizeivollzugsbeamtinnen und Polizeivollzugsbeamten nicht zwingend erforderlich ist, zB in den Bereichen Objektschutz oder Verkehrsüberwachung. Im Rahmen dieser Aufgaben sind auch die Bediensteten der Wachpolizei im Bereich der Gefahrenabwehr sowie bei der hilfsweisen Wahrnehmung von repressiven Aufgaben bei der Verfolgung von Straftaten und Ordnungswidrigkeiten **Hilfspolizeibeamtinnen und -beamte**, § 13 S. 1 HSOG-DVO. § 13 S. 2 HSOG-DVO ermächtigt – mit einigen Einschränkungen – auf der Grundlage von § 99 Abs. 4 Nr. 2 HSOG zur Anwendung unmittelbaren Zwangs durch Hilfsmittel der körperlichen Gewalt und durch Waffen. Sinn und Zweck der Wachpolizei ist es, den Polizeivollzugsdienst zu entlasten, vgl. Nr. 2.1 der Verwaltungsvorschrift zur Ausführung des § 13 HSOG-DVO (VVWaPol).

d) Freiwilliger Polizeidienst

25 Eine weitere Besonderheit stellt der **Freiwillige Polizeidienst** bei den Polizeibehörden dar. Er findet seine Grundlagen im Hessischen Freiwilligen-Polizeidienst-Gesetz (HFPG) sowie in §§ 19, 20 HSOG-DVO. Der Freiwillige Polizeidienst umfasst Personen, die sich freiwillig zur Verfügung stellen,[11] und unterstützt die Polizeibehörden bei der Erfüllung ihrer Aufgaben, § 1 Abs. 2 S. 2 HFPG. In den Kommunen werden die Angehörigen des Freiwilligen Polizeidienstes auf der Grundlage eines öffentlich-rechtlichen Vertrages zwischen dem Land Hessen und der Kommune eingesetzt, vgl. § 8 HFPG.

---

8 Vgl. hierzu etwa LT-Drs. 16/4641.
9 OLG Frankfurt, NJW 2020, 696.
10 Vgl. im Einzelnen aber OLG Frankfurt, NStZ 2017, 588.
11 Zu den Aufnahmeanforderungen und der Ausbildung vgl. §§ 3 und 6 HFPG.

§ 1 Abs. 3 HFPG definiert die Aufgaben des Freiwilligen Polizeidienstes wie folgt: 26

> Die Unterstützung durch den Freiwilligen Polizeidienst dient vorrangig dem Ziel, durch sichtbare Präsenz, durch das Beobachten und Melden von Wahrnehmungen betreffend die öffentliche Sicherheit und Ordnung sowie durch das vorbeugende Gespräch mit den Bürgerinnen und Bürgern die Sicherheitslage in den Kommunen zu verbessern. Der Freiwillige Polizeidienst soll zur Unterstützung insbesondere eingesetzt werden
> 1. bei der vorbeugenden Bekämpfung von Straftaten,
> 2. bei der Überwachung des Straßenverkehrs,
> 3. beim polizeilichen Streifendienst,
> 4. beim polizeilichen Ermittlungsdienst,
> 5. bei der Sicherung und dem Schutz von Gebäuden und öffentlichen Anlagen,
> 6. bei der Erforschung von Ordnungswidrigkeiten.

Die dem Freiwilligen Polizeidienst dabei zugewiesenen Befugnisse ergeben sich aus § 2 Abs. 1 27 HFPG, der unter anderem auf § 11 HSOG (Generalklausel), § 12 HSOG (Befragung und Auskunftspflicht), § 13 HSOG (Erhebung personenbezogener Daten), § 18 HSOG (Identitätsfeststellung und Prüfung von Berechtigungsscheinen) und § 40 HSOG (Sicherstellung) verweist. Die Anwendung unmittelbaren Zwangs durch Hilfsmittel der körperlichen Gewalt oder durch Waffen ist gemäß § 2 Abs. 1 S. 3 HFPG nicht gestattet.

e) Funktionsvorbehalt (Art. 33 Abs. 4 GG)

Vor dem Hintergrund des **Art. 33 Abs. 4 GG**, wonach die Ausübung hoheitsrechtlicher Befugnisse 28 als ständige Aufgabe in der Regel Angehörigen des öffentlichen Dienstes zu übertragen ist, die in einem öffentlich-rechtlichen Dienst- und Treueverhältnis stehen (sog. Funktionsvorbehalt), wird insbesondere die Konzeption des Freiwilligen Polizeidienstes[12] kritisiert.[13] Dem Freiwilligen Polizeidienst sind umfangreiche Befugnisse zugewiesen, aufgrund derer in Rechte des Einzelnen eingegriffen werden kann. Für die Ausübung derartiger Befugnisse[14] sieht Art. 33 Abs. 4 GG ein Regel-Ausnahme-Verhältnis vor, wonach im Rahmen ihrer ständigen Aufgaben in der Regel solche Personen tätig werden sollen, die in einem öffentlich-rechtlichen Dienst- und Treueverhältnis stehen. Ein solches besonderes Verhältnis besteht bei Beamtinnen und Beamten, Richterinnen und Richtern sowie Berufssoldatinnen und -soldaten, nicht aber bei Angehörigen des Freiwilligen Polizeidienstes.[15] Selbst wenn man das Regel-Ausnahme-Prinzip des Art. 33 Abs. 4 GG als gewahrt ansieht, sollte überdacht werden, ob der Umfang der Eingriffsbefugnisse nach § 2 Abs. 1 HFPV angesichts der lediglich mindestens 50 Stunden umfassenden Ausbildung der Angehörigen des Freiwilligen Polizeidienstes (§ 6 Abs. 2 HFPG) angemessen ist.

III. Gefahrenabwehrbehörden

Mit Blick auf die hessischen **Gefahrenabwehrbehörden**, denen gemeinsam mit den Polizeibehörden 29 die Aufgabe der Abwehr von Gefahren für die öffentliche Sicherheit oder Ordnung obliegt, wird zwischen Verwaltungsbehörden und Ordnungsbehörden unterschieden, vgl. § 1

---

12 Ähnliche Fragen stellen sich indes auch mit Blick auf die Wachpolizei und sonstige Hilfspolizeibeamtinnen und -beamte.
13 Vgl. hierzu etwa Fenger/Tohidipur/Tuchscherer, Die hessische Stadtpolizei, LKRZ 2013, 451 (452); Hornmann, Zur Unvereinbarkeit des Hessischen Freiwilligen-Polizeidienst-Gesetzes mit Art. 33 Abs. 4 GG, LKRZ 2008, 201; BeckOK PolR Hessen/Bäuerle, § 81 HSOG, Rn. 7; Lisken/Denninger/Rachor/Roggan, Kap. C, Rn. 54.
14 Zu der hier nicht relevanten Frage, ob hoheitsrechtliche Befugnisse iSv Art. 33 Abs. 4 GG auch die sog. Leistungsverwaltung umfassen, siehe etwa BeckOK GG/Hense, Art. 33 GG, Rn. 28.
15 Hornmann, Zur Unvereinbarkeit des Hessischen Freiwilligen-Polizeidienst-Gesetzes mit Art. 33 Abs. 4 GG, LKRZ 2008, 201 (204).

Abs. 1 S. 1 HSOG. Hinsichtlich der Ordnungsbehörden wird in §§ 85 ff. HSOG weiter zwischen allgemeinen Ordnungsbehörden und Sonderordnungsbehörden differenziert.

1. Allgemeine Verwaltungsbehörden

30 Die Gefahrenabwehr durch **Behörden der allgemeinen Verwaltung** betrifft vor allem die Landkreise und Gemeinden. Den Verwaltungsbehörden des Landes werden hingegen nur in einzelnen Bereichen Gefahrenabwehrzuständigkeiten zugewiesen.[16] Die Verwaltungsbehörde einer Gemeinde ist der Gemeindevorstand, § 66 Abs. 1 HGO. Er führt die laufende Verwaltung der Gemeinde, § 9 Abs. 2 S. 1 HGO. In den hessischen Städten trägt der Gemeindevorstand die Bezeichnung Magistrat, § 9 Abs. 2 S. 2 HGO. In den Landkreisen ist gemäß § 41 Abs. 1 S. 1 HKO der Kreisausschuss die Verwaltungsbehörde.

31 Aufgaben der Gefahrenabwehr nach § 2 S. 2 und 3 HSOG, die als allgemeine Verwaltungsaufgaben von den Landkreisen und Gemeinden zu erfüllen sind,[17] sind gemäß § 82 Abs. 1 S. 1 HSOG **Weisungsaufgaben** iSv § 4 Abs. 1 HGO bzw. § 4 Abs. 1 HKO. Sonstige Rechtsvorschriften, die den Landkreisen und Gemeinden Aufgaben der Gefahrenabwehr zuweisen, bleiben gemäß § 82 Abs. 2 S. 1 HSOG unberührt. Hierzu zählen beispielsweise[18] die Bauaufsicht nach § 60 Abs. 1 HBO und die Aufgaben der unteren Wasserbehörde nach § 64 Abs. 3 HWG.[19]

32 Die **Aufsichtsbehörden** der Kommunen im Bereich der Gefahrenabwehr ergeben sich – soweit in besonderen Rechtsvorschriften nichts anderes bestimmt ist – aus § 83 Abs. 1 HSOG. Aufsichtsbehörden über die Landkreise, kreisfreien Städte und Sonderstatus-Städte (§ 4a Abs. 2 HGO) sind das Regierungspräsidium und die zuständigen Ministerien. Für die übrigen Gemeinden wird die Aufsicht durch den Landrat, das Regierungspräsidium und die zuständigen Ministerien wahrgenommen. Für die Ausübung der Aufsicht gelten nach § 83 Abs. 2 HSOG die Regelungen über die Kommunalaufsicht.

33 An die Kreisausschüsse und Gemeindevorstände gerichtete Weisungen der Aufsichtsbehörden sind gemäß § 84 S. 1 HSOG zunächst allgemeine Weisungen, etwa in Form einer Verwaltungsvorschrift, eines Erlasses oder einer Rundverfügung.[20] Weisungen im Einzelfall sind nach § 84 S. 2 HSOG nur vorgesehen, wenn die Verwaltungsbehörde rechtswidrig handelt oder eine allgemeine Weisung nicht befolgt.

34 § 82 Abs. 1 S. 2 HSOG ermöglicht es Kommunen, Aufgaben der Gefahrenabwehr gemeinschaftlich zu erfüllen. Kommunen können zu diesem Zwecke in **örtlichen Verwaltungsbehördenbezirken** und **Kreisverwaltungsbehördenbezirken** zusammenarbeiten. Für die Modalitäten verweist § 82 Abs. 1 S. 2 HSOG auf die Vorschriften über die Zusammenarbeit im Bereich der allgemeinen Ordnungsbehörden (§ 85 Abs. 2 und 3 HSOG).[21]

2. Allgemeine Ordnungsbehörden

35 Regelungen betreffend die allgemeinen Ordnungsbehörden enthält das HSOG in §§ 85–89. Aus § 85 Abs. 1 S. 1 HSOG ergibt sich, welchen Behörden die Funktion einer allgemeinen Ordnungsbehörde zukommt.[22]

---

16 Siehe hierzu BeckOK PolR Hessen/Mühl/Fischer, § 2 HSOG, Rn. 13.
17 Vgl. dazu auch Kap. D. I.
18 Siehe eingehend BeckOK PolR Hessen/Bäuerle, § 82 HSOG, Rn. 9a.
19 Vgl. auch Kap. D. II. 2.
20 BeckOK PolR Hessen/Bäuerle, § 84 HSOG, Rn. 2.
21 Siehe dazu Kap. C. III. 2. f.).
22 Die Zuständigkeiten der allgemeinen Ordnungsbehörden werden in Kap. D behandelt.

Wagner

III. Gefahrenabwehrbehörden

a) Landesordnungsbehörden

Landesordnungsbehörden sind gemäß § 85 Abs. 1 S. 1 Nr. 1 HSOG die fachlich zuständigen Ministerien, wobei sich die Zuständigkeitsbereiche der Ministerien insbesondere aus einem Beschluss der Landesregierung nach Art. 104 Abs. 2 der Verfassung des Landes Hessen ergeben.[23]

36

b) Bezirksordnungsbehörden

Das Land Hessen ist in drei Regierungsbezirke (Darmstadt, Gießen und Kassel) unterteilt, vgl. § 2 Abs. 1 des Gesetzes über die Regierungspräsidien und Regierungsbezirke des Landes Hessen. Nach § 1 dieses Gesetzes sind die Regierungspräsidien Behörden der allgemeinen Landesverwaltung und vertreten die Landesregierung im Rahmen der übertragenen Aufgaben im jeweiligen Regierungsbezirk. Die drei Regierungspräsidien sind gemäß § 85 Abs. 1 S. 1 Nr. 2 HSOG Bezirksordnungsbehörden.

37

c) Kreisordnungsbehörden

Auf der Ebene der Landkreise und kreisfreien Städte sind die Landrätinnen/Landräte und die Oberbürgermeisterinnen/Oberbürgermeister allgemeine Ordnungsbehörden (Kreisordnungsbehörden), § 85 Abs. 1 S. 1 Nr. 3 HSOG. Die Funktion der Kreisordnungsbehörde ist damit nicht der Verwaltungsbehörde des Landkreises bzw. der kreisfreien Stadt (Kreisausschuss, Magistrat) zugeordnet, sondern einer Person. Die Landrätinnen und Landräte bzw. die Oberbürgermeisterinnen und Oberbürgermeister nehmen die Aufgabe als **Auftragsangelegenheit** und in alleiniger Verantwortung wahr, vgl. § 85 Abs. 1 S. 2 HSOG, § 4 Abs. 2 S. 1 und 4 HGO, § 4 Abs. 2 S. 1 und 4 HKO. Gemäß § 4 Abs. 2 S. 3 HKO bzw. § 4 Abs. 2 S. 3 HGO sind die Landkreise und kreisfreien Städte verpflichtet, die zur Erfüllung der Aufgaben erforderlichen Kräfte und Einrichtungen zur Verfügung zu stellen. Verwaltungsgerichtliche Klagen sind gegen den Landkreis, vertreten durch die Landrätin oder den Landrat, bzw. gegen die kreisfreie Stadt, vertreten durch die Oberbürgermeisterin oder den Oberbürgermeister, zu richten.[24]

38

d) Örtliche Ordnungsbehörden

Die Bürgermeisterinnen und Bürgermeister bzw. die Oberbürgermeisterinnen und Oberbürgermeister sind örtliche Ordnungsbehörden, § 85 Abs. 1 S. 1 Nr. 4 HSOG. Wie auf Landkreisebene handelt es sich auch hier um eine **Auftragsangelegenheit**, § 4 Abs. 2 S. 1 HGO. Auch im Übrigen gelten die Ausführungen betreffend die Kreisordnungsbehörden entsprechend. Klagen sind gegen die Gemeinde, vertreten durch die Bürgermeisterin, den Bürgermeister, die Oberbürgermeisterin oder den Oberbürgermeister, zu richten.

39

---

23 Zu Fragen des Tätigwerdens eines Ministeriums als Landesordnungsbehörde vgl. beispielsweise VG Gießen, Urteil vom 6.5.2010 – 9 K 1661/09.GI.
24 BeckOK PolR Hessen/Bäuerle, § 85 HSOG, Rn. 6a; Fredrich, § 85 HSOG, Rn. 4.

e) Aufsichtsbeziehungen

40 § 86 Abs. 1 HSOG regelt die Aufsichtsbeziehungen innerhalb des Systems der Ordnungsbehörden wie folgt:

- Das jeweils zuständige Ministerium ist Aufsichtsbehörde über die Bezirksordnungsbehörden, § 86 Abs. 1 Nr. 1 HSOG.
- Das fachlich zuständige Ministerium und das jeweilige Regierungspräsidium sind Aufsichtsbehörden über die Kreisordnungsbehörden sowie die örtlichen Ordnungsbehörden in kreisfreien Städten und in Sonderstatus-Städten (§ 4a Abs. 2 HGO), § 86 Abs. 1 Nr. 2 HSOG.
- Das fachlich zuständige Ministerium, das jeweilige Regierungspräsidium und die Landrätin oder der Landrat sind Aufsichtsbehörden über die örtlichen Ordnungsbehörden in den übrigen Gemeinden, § 86 Abs. 1 Nr. 3 HSOG.

41 § 86 Abs. 3–5 HSOG differenzieren weiter zwischen der Dienst- und der Fachaufsicht, die auf der Ebene der Ministerien als Aufsichtsbehörden dergestalt auseinanderfallen, dass dem fachlich zuständigen Ministerium die Fachaufsicht zukommt, die Dienstaufsicht aber durch das Innenministerium im Benehmen mit dem fachlich zuständigen Ministerium wahrgenommen wird. Für die örtlichen Ordnungsbehörden in Gemeinden, die keine kreisfreien Städte oder Sonderstatus-Städte sind, ergibt sich aus § 86 Abs. 5 HSOG, dass die Landrätin oder der Landrat auch Widerspruchsbehörde nach § 73 Abs. 1 S. 2 Nr. 1 VwGO und damit zuständig für den Erlass von Widerspruchsbescheiden bei Widersprüchen gegen Verwaltungsakte der örtlichen Ordnungsbehörden ist.

42 § 87 Abs. 1 HSOG regelt die **Weisungsbefugnisse** der Aufsichtsbehörde gegenüber den ihrer Aufsicht unterstellten allgemeinen Ordnungsbehörden. Zulässig sind danach Weisungen „auch" für den Einzelfall, was die Möglichkeit allgemeiner Weisungen einschließt.[25] § 87 Abs. 2 HSOG statuiert eine Berichtspflicht der allgemeinen Ordnungsbehörden gegenüber der jeweiligen Aufsichtsbehörde in Fällen wichtiger Ereignisse auf dem Gebiet der Gefahrenabwehr.

43 § 88 HSOG sieht vor, dass eine Ordnungsbehörde anstelle einer an sich zuständigen Behörde tätig werden kann, sog. **Selbsteintritt**. Sofern es erforderlich ist, kann gemäß § 88 Abs. 1 S. 1 HSOG zunächst eine Aufsichtsbehörde die Befugnisse einer allgemeinen Ordnungsbehörde ausüben, die ihr nachgeordnet ist oder die ihrer Aufsicht unterliegt.[26] Umgekehrt können Ordnungsbehörden im Falle gegenwärtiger Gefahr auch anstelle übergeordneter allgemeiner Ordnungsbehörden tätig werden. In beiden Fällen ist die an sich zuständige Behörde aber unverzüglich zu informieren, § 88 Abs. 1 S. 2 HSOG. Von diesen Konstellationen des vertikalen Selbsteintritts ist der horizontale Selbsteintritt nach § 88 Abs. 2 HSOG zu unterscheiden. Dieser betrifft das Einspringen einer allgemeinen Ordnungsbehörde für eine andere Behörde, der ebenfalls Gefahrenabwehraufgaben zukommen. Der horizontale Selbsteintritt ist zulässig, wenn die andere Behörde nicht oder nicht rechtzeitig tätig werden kann. Auch hier ist eine Unterrichtungspflicht vorgesehen. Außerdem kann die an sich zuständige Behörde von der handelnden Behörde verlangen, dass die getroffenen Maßnahmen aufgehoben werden, § 88 Abs. 2 S. 3 HSOG.

f) Ordnungsbehördenbezirke

44 Möglichkeiten gemeinsamer ordnungsbehördlicher Aufgabenerledigung sehen § 85 Abs. 2 und 3 HSOG vor. Die Regierungspräsidien können danach sowohl auf Ebene der Gemeinden als

---

25 Vgl. Fredrich, § 87 HSOG, Rn. 1.
26 Siehe beispielsweise VGH Kassel, Beschluss vom 11.9.2020 – 2 B 2254/20. In dem zugrundeliegenden Fall hatte das Regierungspräsidium Gießen versammlungsrechtliche Entscheidungen getroffen.

auch auf Landkreisebene **Ordnungsbehördenbezirke** bilden, in denen mehrere Kommunen zusammenarbeiten. Die Aufgaben der örtlichen Ordnungsbehörde bzw. der Kreisordnungsbehörde werden in diesen Fällen für den gesamten Bezirk durch die (Ober-)Bürgermeisterin oder den (Ober-)Bürgermeister bzw. die Landrätin oder den Landrat einer der beteiligten Kommunen wahrgenommen. Die Anordnung zur Bildung eines Ordnungsbehördenbezirks ist im Staatsanzeiger des Landes Hessen zu veröffentlichen, § 85 Abs. 2 S. 2, Abs. 3 S. 3 HSOG.[27] Über die Kostentragung schließen die beteiligten Kommunen einen öffentlich-rechtlichen Vertrag, vgl. § 106 Abs. 1 Nr. 4 HSOG.

3. Sonderordnungsbehörden

Von den allgemeinen Ordnungsbehörden zu unterscheiden sind die **Sonderordnungsbehörden**. Hierbei handelt es sich gemäß § 90 S. 1 HSOG um Behörden außerhalb der allgemeinen Verwaltung, denen durch besondere Rechtsvorschriften Aufgaben der Gefahrenabwehr zugewiesen sind. Zahlreiche frühere Sonderordnungsbehörden sind zwischenzeitlich in die allgemeine Verwaltung eingegliedert worden.[28]

Zu den Sonderordnungsbehörden werden etwa die Hessische Eichdirektion,[29] Hessen Mobil,[30] die Präsidentin oder der Präsident des Hessischen Landtags in Ausübung der Polizeigewalt im Landtagsgebäude[31] sowie die oder der Vorsitzende in Ausübung der Sitzungspolizeigewalt während der Sitzung von Gerichten[32] gezählt.[33] Keine Sonderordnungsbehörden sind grundsätzlich die Fischerei-, Jagd- und Forstbehörden.[34] Eine Ausnahme bildet das Nationalparkamt, welches im Nationalpark nach § 45 Abs. 3 S. 2 HFischG, § 38 Abs. 3 S. 2 HJagdG und § 23 Abs. 4 S. 3 HWaldG die Aufgaben der unteren Fischereibehörde, der Jagdbehörde sowie der unteren Forstbehörde wahrnimmt.[35]

4. Organisation der Gefahrenabwehr auf der kommunalen Ebene

Auf kommunaler Ebene treffen somit regelmäßig zwei Gefahrenabwehrbehörden zusammen:[36] In den Gemeinden ist der Gemeindevorstand bzw. der Magistrat allgemeine Verwaltungsbehörde. Hinzu tritt die Bürgermeisterin oder der Bürgermeister bzw. die Oberbürgermeisterin oder der Oberbürgermeister als örtliche Ordnungsbehörde. In den Landkreisen treffen der Kreisausschuss als allgemeine Verwaltungsbehörde und die Landrätin oder der Landrat als Kreisordnungsbehörde zusammen. Regelmäßig bündeln Kommunen Aufgaben im Bereich der Gefahrenabwehr in einem **Ordnungsamt**. Welche Sachgebiete von einem solchen bearbeitet werden und welche Themenbereiche anderen Verwaltungseinheiten zugeordnet werden, entscheidet die jeweilige Kommune, sodass sich die Zuschnitte der Ordnungsämter unterscheiden.[37]

Landkreise weisen in der Regel eine stärkere verwaltungsorganisatorische Differenzierung auf als Gemeinden. Hier werden etwa die Bereiche Veterinärwesen, Gesundheit, Bauen und

---

27 Vgl. beispielsweise StAnz. 2019, S. 368.
28 Vgl. hierzu Fredrich, § 90 HSOG, Rn. 3; BeckOK PolR Hessen/Bäuerle, § 90 HSOG, Rn. 3.
29 Siehe hierzu Hessische Eichdirektions-Verordnung (HEDV).
30 Vgl. hierzu § 46 Abs. 2 HStrG sowie Verordnung zur Bestimmung verkehrsrechtlicher Zuständigkeiten.
31 Art. 86 S. 4 der Verfassung des Landes Hessen.
32 § 176 GVG.
33 Siehe eingehend BeckOK PolR Hessen/Bäuerle, § 90 HSOG, Rn. 3 ff.; Fredrich, § 90 HSOG, Rn. 3; Rasch/Schulze/Pöhlker/Hoja/Fischer/Maier/Weingarten, § 90 HSOG, Ziffer 2.
34 BeckOK PolR Hessen/Bäuerle, § 90 HSOG, Rn. 4 ff.
35 BeckOK PolR Hessen/Bäuerle, § 90 HSOG, Rn. 6; Fredrich, § 90 HSOG, Rn. 3.
36 Siehe hierzu Kap. C. III. 1. und 2.
37 Vgl. hierzu Lisken/Denninger/Rachor/Roggan, Kap. C, Rn. 38.

Wasserschutz häufig in gesonderten Verwaltungseinheiten behandelt. Den kreisfreien Städten (Darmstadt, Frankfurt am Main, Kassel, Offenbach am Main und Wiesbaden) kommen neben ihren Aufgaben als Gemeinden alle Aufgaben der Landkreise zu, § 4a Abs. 1 S. 1 HGO. Die kreisangehörigen Sonderstatus-Städte (Bad Homburg v. d. Höhe, Fulda, Gießen, Hanau, Marburg, Rüsselsheim am Main und Wetzlar) erfüllen nur einzelne zusätzliche Aufgaben,[38] § 4a Abs. 2 S. 1 HGO.

IV. Brand- und Katastrophenschutz, Rettungsdienst, Zivile Verteidigung

49 In den Blick zu nehmen sind des Weiteren der Brand- und Katastrophenschutz, der Rettungsdienst sowie die zivile Verteidigung. Brandschutz, Allgemeine Hilfe, Katastrophenschutz und Rettungsdienst sind landesrechtliche Bereiche, während es sich bei der zivilen Verteidigung um eine Bundesangelegenheit handelt, die aber in großen Teilen im Auftrag des Bundes auf Landesebene ausgeführt wird.

1. Brandschutz, Allgemeine Hilfe und Katastrophenschutz

50 Vorschriften über den Brand- und Katastrophenschutz finden sich insbesondere im Hessischen Gesetz über den Brandschutz, die Allgemeine Hilfe und den Katastrophenschutz (HBKG). § 1 Abs. 1 HBKG beschreibt den Zweck des Gesetzes: Zum einen geht es um die Gewährleistung vorbeugender und abwehrender Maßnahmen gegen Brände und Brandgefahren (Brandschutz) sowie gegen andere Gefahren (Allgemeine Hilfe), zum anderen um die Vorbereitung der Abwehr und die Abwehr von Katastrophen (Katastrophenschutz). Nach § 1 Abs. 2 S. 2 HBKG haben die Aufgabenträger bei bestehender oder unmittelbar bevorstehender konkreter Gefährdung von Leben, Gesundheit, natürlichen Lebensgrundlagen, Sachen oder Tieren das Recht des ersten Zugriffs.

51 Die Aufgabenträger auf dem Gebiet des Brandschutzes, der Allgemeinen Hilfe und des Katastrophenschutzes werden in § 2 HBKG benannt. Danach sind für den Brandschutz und die Allgemeine Hilfe die Gemeinden zuständig, für überörtliche Angelegenheiten in diesen Bereichen die Landkreise und für die zentralen Aufgaben des Brandschutzes und der Allgemeinen Hilfe das Land Hessen. Die Gemeinden und Landkreise nehmen diese Aufgaben als Selbstverwaltungsangelegenheiten wahr. Aufgabenträger des Katastrophenschutzes sind die Landkreise, die kreisfreien Städte und das Land. Gemäß § 2 Abs. 3 HBKG haben alle Beteiligten bei der Gefahrenabwehr zusammenzuarbeiten, insbesondere sich gegenseitig zu unterrichten.

52 Hinsichtlich des abwehrenden **Brandschutzes** und der **Allgemeinen Hilfe** liegt nach § 20 Abs. 1 HBKG die Gesamteinsatzleitung bei dem Gemeindevorstand oder, sofern innerhalb eines Kreisgebietes mehrere Gemeinden betroffen sind, bei dem Kreisausschuss. Die Befugnisse der Gesamteinsatzleitung ergeben sich aus § 21 HBKG. Danach veranlasst die Gesamteinsatzleitung nach pflichtgemäßem Ermessen die zur Gefahrenabwehr erforderlichen Maßnahmen. Soweit Polizeibehörden oder andere Stellen erforderliche Sicherungsmaßnahmen nicht ergriffen haben, sorgt die Gesamteinsatzleitung für diese Maßnahmen, § 21 Abs. 1 S. 3 HBKG.

53 Im Bereich des **Katastrophenschutzes** nehmen die Landrätin oder der Landrat in den Landkreisen sowie die Oberbürgermeisterin oder der Oberbürgermeister in den kreisfreien Städten die Aufgaben der unteren Katastrophenschutzbehörde als Auftragsangelegenheit wahr, § 25 Abs. 1 Nr. 1, Abs. 3 HBKG. Als obere Katastrophenschutzbehörde fungiert das Regierungspräsidium und als oberste Katastrophenschutzbehörde das zuständige Ministerium.

---

38 Beispielsweise Aufgaben der unteren Bauaufsichtsbehörde nach § 60 Abs. 1 S. 1 Nr. 1 lit. a HBO.

Der Begriff der Katastrophe ist in § 24 HBKG definiert. Eine Katastrophe ist demnach ein Ereignis, das Leben, Gesundheit oder die lebensnotwendige Versorgung der Bevölkerung, Tiere, erhebliche Sachwerte oder die natürlichen Lebensgrundlagen in so ungewöhnlichem Maße gefährdet oder beeinträchtigt, dass zur Beseitigung die einheitliche Lenkung aller Katastrophenschutzmaßnahmen sowie der Einsatz von Einheiten und Einrichtungen des Katastrophenschutzes erforderlich sind. Im Katastrophenfall haben die Katastrophenschutzbehörden nach § 33 Abs. 1 HBKG diejenigen Maßnahmen zu treffen, die für die Abwehr der Katastrophe notwendig sind, wozu auch die Sperrung und Räumung von betroffenen Gebieten gehört.

2. Rettungsdienst

Nach § 3 Abs. 1 des Hessischen Rettungsdienstgesetzes (HRDG) umfasst der **Rettungsdienst** den bodengebundenen Rettungsdienst sowie die Berg-, Luft- und Wasserrettung. Der bodengebundene Rettungsdienst einschließlich der notärztlichen Versorgung sowie die Berg- und Wasserrettung sind den Landkreisen und kreisfreien Städten als Selbstverwaltungsangelegenheiten übertragen, § 5 Abs. 1 HRDG. Diese können zur Erfüllung dieser Aufgaben die in § 5 Abs. 2 HRDG bezeichneten Organisationen beauftragen, zB das Deutsche Rote Kreuz oder den Malteser-Hilfsdienst. Hingegen werden die Aufgaben der Zentralen Leitstelle gemäß § 6 Abs. 3 HRDG den Landkreisen und den kreisfreien Städten zur Erfüllung nach Weisung übertragen. Nach § 1 Abs. 3 der hessischen Verordnung zur Durchführung des Hessischen Rettungsdienstgesetzes (RettDGV) können Landkreise mit Sonderstatus-Städten (§ 4a Abs. 2 HGO) Vereinbarungen über die Einrichtung und den Betrieb einer Zentralen Leitstelle treffen.

3. Zivile Verteidigung

Zu den Verteidigungsaufgaben des Staates gehört nicht nur die militärische, sondern auch die **zivile Verteidigung**. Sie dient der Abwehr schwerwiegender Gefahren für den Staat und seine Bürgerinnen und Bürger im Zusammenhang mit einem Spannungs- oder Verteidigungsfall oder einem inneren Notstand. Zu ihren Zielen gehören die Aufrechterhaltung der Staatsfunktionen sowie der Schutz der Bevölkerung und ihrer Einrichtungen durch nichtmilitärische Maßnahmen, der sog. Zivilschutz. Dabei handelt es sich um eine Bundesangelegenheit, die ihre Verankerung in dem Gesetz über den Zivilschutz und die Katastrophenhilfe des Bundes (ZSKG) findet. Soweit dieses Gesetz Aufgaben der Länder, einschließlich der Gemeinden und Gemeindeverbände, vorsieht, handeln diese im Auftrag des Bundes, § 2 Abs. 1 S. 1 ZSKG. Die Zuständigkeit der Behörden richtet sich gemäß § 2 Abs. 1 S. 2 ZSKG nach den für den Katastrophenschutz geltenden Landesvorschriften. Das hessische Gesetz zur Regelung der sachlichen Zuständigkeit zur Ausführung von Bundesrecht im Rahmen der zivilen Verteidigung (ZivVertZustG) sieht in § 1 in den kreisfreien Städten die Zuständigkeit der Oberbürgermeisterin oder des Oberbürgermeisters als Kreisordnungsbehörde für Aufgaben der zivilen Verteidigung vor, die durch Bundesrecht den kreisfreien Städten oder den Behörden der allgemeinen Verwaltung auf Kreisebene übertragen sind.

V. Gefahrenabwehr durch Private

Zum Teil erfolgt die Abwehr von Gefahren auch durch Private. Insoweit sind Beliehene und Verwaltungshelfer zu unterscheiden. Darüber hinaus sind die privaten Sicherheitsdienste in den Blick zu nehmen.

1. Beliehene

58 **Beliehene** sind natürliche oder juristische Personen des Privatrechts, denen durch Gesetz oder aufgrund eines Gesetzes Verwaltungsaufgaben zur Erledigung im eigenen Namen übertragen sind.[39] Sie werden durch die Beleihung zum Amtsträger und üben Staatsgewalt aus, bleiben statusmäßig aber Privatrechtssubjekte.[40] Im Außenverhältnis werden Beliehene als Behörde iSv § 1 Abs. 4 HVwVfG verstanden.[41] Durch Beleihung sollen insbesondere der fachliche und technische Sachverstand von Privaten genutzt werden.[42] Beliehene sind beispielsweise Jagdaufseher nach § 25 Abs. 2 BJagdG[43] und Luftsicherheitsassistenten zur Fluggastkontrolle,[44] vgl. § 16a LuftSiG. Mitarbeitende von Verkehrsbetrieben (zB RMV oder NVV) oder der Deutschen Bahn AG, die Fahrscheinkontrollen durchführen, sind hingegen keine Beliehenen. Sie nehmen keine übertragenen hoheitlichen Aufgaben wahr, sondern überprüfen die Einhaltung der jeweiligen Beförderungsbedingungen.[45]

2. Verwaltungshelfer

59 Von Beliehenen zu unterscheiden sind **Verwaltungshelfer**. Sie werden im Auftrag und nach Weisung einer Behörde tätig und haben keine eigenen Entscheidungsbefugnisse. Ihr Handeln wird der beauftragenden Behörde zugerechnet. Verwaltungshelfer selbst sind keine Hoheitsträger. Beispielsweise werden Schülerlotsen oder Bauunternehmer, die auf Anweisung der Straßenverkehrsbehörde Straßen absperren, als Verwaltungshelfer angesehen.[46] Gleiches gilt für private Unternehmen, die Schwertransporte zur Gewährleistung eines sicheren Verkehrsflusses begleiten, ohne dass ihnen dabei eine eigene Befugnis zur Verkehrsregelung zukommt.[47]

60 Unzulässig ist der eigenverantwortliche Einsatz privater Dienstleister bei der Überwachung des fließenden Verkehrs, denn die Verfolgung und Ahndung von Ordnungswidrigkeiten gehört als typische Hoheitsaufgabe zum Kernbereich staatlicher Hoheitsausübung. Solange die Behörde jedoch Herrin des Verfahrens bleibt, kann sie sich etwa der technischen Hilfe Privater bedienen.[48]

3. Private Sicherheitsdienste

61 In die Betrachtung einzubeziehen sind schließlich private Sicherheitsunternehmen, die insbesondere im Auftrag Privater tätig werden, beispielsweise bei Veranstaltungen oder im Einzelhandel.[49] Ihnen kommen keine hoheitlichen Befugnisse zu. Vielmehr üben sie das Hausrecht aus, das ihnen durch den Auftraggeber übertragen wird. Darüber hinaus können sie sich auf die sog. Jedermannsrechte berufen. Hierzu werden etwa die zivilrechtlichen Selbsthilferechte aus § 859 BGB und § 229 BGB, das strafrechtliche Notwehrrecht nach § 32 StGB sowie das Festnahmerecht aus § 127 StPO gezählt.[50]

---

39 Vgl. etwa BeckOK VwVfG/M. Ronellenfitsch/L. Ronellenfitsch, § 1, Rn. 70 ff.
40 Stelkens/Bonk/Sachs/Schmitz, VwVfG, § 1, Rn. 246.
41 BeckOK PolR Hessen/Bäuerle, § 81 HSOG, Rn. 18b.
42 Vgl. Stelkens/Bonk/Sachs/Schmitz, VwVfG, § 1, Rn. 246.
43 BeckOK PolR Hessen/Bäuerle, § 81 HSOG, Rn. 18b.
44 BeckOK PolR Hessen/Bäuerle, § 81 HSOG, Rn. 18b; Lisken/Denninger/Buchberger, Kap. I, Rn. 330; Schenke/Graulich/Ruthig/Buchberger, § 16a LuftSiG, Rn. 2 ff.
45 Eingehend BeckOK PolR Hessen/Bäuerle, § 81 HSOG, Rn. 18.1 f.
46 BeckOK PolR Hessen/Bäuerle, § 81 HSOG, Rn. 19 mwN.
47 Vgl. BeckOK PolR Hessen/Bäuerle, § 81 HSOG, Rn. 19a.
48 OLG Frankfurt, NStZ 2017, 588 (588 f.). Zur Unzulässigkeit der Bestellung überlassener Arbeitnehmer zu Hilfspolizeibeamten zur Überwachung des ruhenden Verkehrs vgl. OLG Frankfurt, NJW 2020, 696.
49 Zur Entwicklung des Bewachungsgewerbes Miller, Bewachungsgewerbe auf dem Prüfstand, NVwZ 2019, 1637.
50 BeckOK PolR Hessen/Bäuerle, § 81 HSOG, Rn. 16b.

V. Gefahrenabwehr durch Private

Umstritten ist, ob die Jedermannsrechte privater Sicherheitsdienste eingeschränkt werden sollten.[51] Hierfür wird vorgebracht, diese Rechte seien auf außergewöhnliche, nicht vorhersehbare Notsituationen zugeschnitten und nicht auf die Tätigkeit von Dienstleistern, die gezielt zum Umgang mit derartigen Situationen eingesetzt werden. Diese Überlegung ist nicht von der Hand zu weisen, insbesondere, wenn man berücksichtigt, dass bei einem Bewachungsunternehmer unter den Voraussetzungen des § 28 WaffG ein Bedürfnis zum Erwerb, Besitz und Führen von Schusswaffen anerkannt werden kann. Der Gesetzgeber scheint indes einen anderen, ebenfalls vertretbaren[52] Weg zu gehen und zu versuchen, über das Gewerberecht sicherzustellen, dass allein zuverlässige und sachkundige Personen in der Überwachungsbrache tätig werden. So sieht § 34a GewO für das Überwachungsgewerbe eine Erlaubnispflicht vor und formuliert Zuverlässigkeitsanforderungen für Antragsteller und einzelne Wachpersonen. Auf der Grundlage von § 11b GewO wurde ein Bewacherregister eingeführt, das etwa auch über eine Schnittstelle zum Bundesamt für Verfassungsschutz verfügt.[53]

62

Die staatliche Aufgabe der Gefahrenabwehr ändert sich durch Inanspruchnahme privater Sicherheitsdienste nicht. Soweit staatliche Stellen eine Gefahr für die öffentliche Sicherheit abwehren können, tritt die Anwendung der Notrechte durch Private zurück.[54] Besondere Herausforderungen ergeben sich mit Blick auf die längerfristige Kooperation von Polizeibehörden und privaten Sicherheitsunternehmen.[55]

63

---

51 Vgl. zum Ganzen Lisken/Denninger/Bäcker, Kap. B, Rn. 273 mwN.
52 So auch Lisken/Denninger/Bäcker, Kap. B, Rn. 273.
53 Siehe hierzu Miller, Bewachungsgewerbe auf dem Prüfstand, NVwZ 2019, 1637 (1640 f.).
54 Lisken/Denninger/Bäcker, Kap. B, Rn. 273.
55 Siehe hierzu etwa Lisken/Denninger/Bäcker, Kap. B, Rn. 285 ff.; Lisken/Denninger/Rachor/Roggan, Kap. C, Rn. 177 f.; Eisenmenger, Zur Neuregelung des Sicherheitsgewerberechts aus rechtswissenschaftlicher Perspektive, NVwZ 2018, 1768; Stober, Zur Neuregulierung der Sicherheitswirtschaft – Ein altes Thema in neuem Gewand, GSZ 2020, 141 und 193.

D. Die Zuständigkeiten der hessischen Polizei- und Gefahrenabwehrbehörden

1 § 1 HSOG weist den Gefahrenabwehrbehörden und den Polizeibehörden **Aufgaben** zu. Eingriffsbefugnisse werden damit aber nicht verliehen; sie ergeben sich vielmehr aus §§ 11 ff. HSOG oder aus spezialgesetzlichen Regelungen. § 1 HSOG betrifft also die **sachliche Zuständigkeit** der Behörden im Bereich der Gefahrenabwehr, nicht aber die Frage, ob und wie eine Behörde zum Zwecke der Gefahrenabwehr in Grundrechte von Bürgerinnen und Bürgern eingreifen darf.

2 § 1 Abs. 6 HSOG sieht vor, dass alle Behörden, die in Hessen Aufgaben der Gefahrenabwehr wahrnehmen, zusammenzuarbeiten haben. Insbesondere haben sie sich gegenseitig unverzüglich zu unterrichten, wenn sie über Informationen verfügen, die für eine andere Behörde bedeutsam erscheint. Als spezielle Form der Zusammenarbeit sieht § 1 Abs. 6 HSOG die Bildung von Kriminalpräventionsräten vor.[1]

3 Neu in das HSOG eingefügt[2] wurde § 1 Abs. 7. Danach kommen im Rahmen der Aufgabenwahrnehmung der Gefahrenabwehr- und Polizeibehörden der Kriminalprävention, der Demokratieförderung, der Extremismusprävention und der Stärkung des Sicherheitsgefühls der Bevölkerung besondere Bedeutung zu.

I. Allgemeine Gefahrenabwehr (§ 1 Abs. 1 HSOG)

4 Der erste Satz des HSOG, § 1 Abs. 1 S. 1, enthält eine **Aufgabengeneralklausel**.[3] Danach kommt den Gefahrenabwehrbehörden (Verwaltungsbehörden und Ordnungsbehörden) und den Polizeibehörden die gemeinsame Aufgabe zu, Gefahren für die öffentliche Sicherheit oder Ordnung abzuwehren, soweit das HSOG nichts anderes bestimmt. Der Gefahrenbegriff in § 1 Abs. 1 S. 1 HSOG ist weit auszulegen, denn es handelt sich hier lediglich um eine Aufgabenzuweisung, nicht aber um eine zu Grundrechtseingriffen ermächtigende Norm. An die Wahrscheinlichkeit eines Schadenseintritts sind daher keine hohen Anforderungen zu stellen. Es genügt, dass die behördliche Tätigkeit allgemein der Gefahrenabwehr dient.[4]

5 Die **Abgrenzung der Zuständigkeiten** zwischen den in § 1 Abs. 1 S. 1 HSOG genannten Behörden ergibt sich insbesondere aus § 2 HSOG, welcher einen grundsätzlichen Vorrang der Verwaltungsbehörden und eine nur subsidiäre Zuständigkeit der Polizei- und Ordnungsbehörden vorsieht. So normiert § 2 S. 1 HSOG, dass sowohl die Ordnungsbehörden als auch die Polizeibehörden nur tätig werden, soweit die Abwehr der Gefahr durch andere Behörden – damit sind grundsätzlich die Verwaltungsbehörden gemeint – nicht oder nicht rechtzeitig möglich erscheint.

6 Normiert ist damit insbesondere die **Eilfallkompetenz** der Polizei- und Ordnungsbehörden. Eine sachliche Zuständigkeit ergibt sich, wenn die Gefahrenabwehr durch die Verwaltungsbehörden wegen zeitlicher Dringlichkeit nicht rechtzeitig möglich erscheint. Das kann beispielsweise an Wochenenden oder nachts der Fall sein, wenn Beschäftigte der Verwaltungsbehörden nicht im Dienst sind. Eine besondere Eilbedürftigkeit kann sich aber auch während der üblichen Behördendienstzeiten ergeben. Die Polizei- und Ordnungsbehörden sind dann zuständig für unaufschiebbare[5] Maßnahmen der Gefahrenabwehr. Zur Eilfallzuständigkeit der Polizei gehören

---

1 Siehe dazu BeckOK PolR Hessen/Mühl/Fischer, § 1 HSOG, Rn. 143 ff.
2 Vgl. Gesetz zur Stärkung der Inneren Sicherheit in Hessen vom 13.12.2024 (GVBl. 2024, Nr. 83).
3 Polizei-Fach-Handbuch Hessen/Wittgruber, § 1 HSOG, Rn. 5.
4 BeckOK PolR Hessen/Mühl/Fischer, § 1 HSOG, Rn. 66.
5 Siehe hierzu BeckOK PolR Hessen/Mühl/Fischer, § 2 HSOG, Rn. 9.

I. Allgemeine Gefahrenabwehr (§ 1 Abs. 1 HSOG)

auch Situationen, in denen eine Ordnungsbehörde originär zuständig ist, die Abwehr der Gefahr durch diese aber nicht rechtzeitig möglich erscheint.[6]

Neben den Eilfällen ergibt sich aus § 2 S. 1 HSOG auch dann eine Zuständigkeit der Polizei- und Ordnungsbehörden, wenn die Gefahrenabwehr durch die primär zuständige Behörde unabhängig von der zeitlichen Dringlichkeit nicht möglich erscheint (vgl. die Formulierung „nicht oder nicht rechtzeitig" in § 2 S. 1 HSOG). Hierunter fallen etwa Fallkonstellationen, in denen die Verwaltungsbehörde nicht befugt oder aus tatsächlichen Gründen – beispielsweise wegen fehlender Fachkenntnisse – nicht in der Lage ist, die zur Gefahrenabwehr erforderliche Maßnahme zu treffen.

Wie sich aus der in § 2 S. 1 HSOG gewählten Formulierung „erscheint" ergibt, kommt der handelnden Behörde ein gewisser **Beurteilungsspielraum** zu. Es ist nicht entscheidend, ob eine andere Behörde die Gefahr tatsächlich nicht oder nicht rechtzeitig hätte abwehren können. Vielmehr genügt es, dass die handelnde Polizei- oder Ordnungsbehörde die Lage *ex ante* aufgrund verständiger Würdigung entsprechend einschätzt. Ist das der Fall, so ändert sich an der sachlichen Zuständigkeit auch dann nichts, wenn sich im Nachhinein herausstellt, dass die primär zuständige Behörde die Gefahr hätte abwehren können.

Ergibt sich aufgrund der in § 2 S. 1 HSOG vorgesehenen Kompetenzabgrenzung eine Zuständigkeit der Polizei- und Ordnungsbehörden, so stehen beide Behörden gleichberechtigt nebeneinander. Eine weitere Abgrenzung der Zuständigkeiten zwischen den Polizeibehörden einerseits und den Ordnungsbehörden andererseits sieht das Gesetz nicht vor. Es gilt insoweit der **Grundsatz der Erstbefassung**,[7] wonach diejenige Behörde zuständig ist, die zuerst mit dem Sachverhalt befasst war, vgl. auch Nr. 2.2 VVHSOG.

Besonders zu beachten sind diejenigen Befugnisnormen, die der Polizei eine sog. **Exklusivkompetenz** zuschreiben. So sieht beispielsweise § 32 HSOG in seinen Absätzen 1–3 vor, dass ausschließlich die Polizeibehörden eine Person in Gewahrsam nehmen können. Die Befugnis gilt also nicht für die Gefahrenabwehrbehörden. Keine Exklusivzuständigkeit ergibt sich hingegen aus § 32 Abs. 4 HSOG, da hier sowohl die örtlichen Ordnungsbehörden als auch die Polizeibehörden zu entsprechenden Maßnahmen ermächtigt werden. In Fällen der polizeilichen Exklusivzuständigkeit kommt es nicht darauf an, ob ein Eilfall vorliegt oder nicht.

Aus § 2 S. 2 und 3 HSOG ergibt sich, dass die Gefahrenabwehr primär als allgemeine Verwaltungsaufgabe gilt, welche vorrangig durch die Gemeinden und Landkreise zu erfüllen ist. Behörden der Landesverwaltung sind nur zuständig, soweit dies durch Rechtsvorschrift vorgesehen ist. Unter § 2 S. 2 und 3 HSOG fallen diejenigen Aufgaben der Gefahrenabwehr, die nicht bestimmten Behörden übertragen sind. Es ergibt sich daraus eine „Grundzuständigkeit der Verwaltungsbehörden auf kommunaler Ebene".[8] Gemäß § 82 Abs. 1 S. 1 HSOG handelt es sich um Aufgaben zur Erfüllung nach Weisung im Sinne von § 4 Abs. 1 HGO und § 4 Abs. 1 HKO. Zu den sonstigen Aufgaben der Gefahrenabwehr nach § 2 S. 2 HSOG gehört etwa die Bekämpfung der Obdachlosigkeit. Für Maßnahmen auf diesem Gebiet ist grundsätzlich der Gemeindevorstand als allgemeine Verwaltungsbehörde zuständig, soweit kein Eilfall nach § 2 S. 1 HSOG vorliegt.[9]

Im Rahmen der allgemeinen Gefahrenabwehr haben die Gefahrenabwehr- und die Polizeibehörden gemäß § 1 Abs. 1 S. 2 HSOG auch **Vorbereitungen** zu treffen, die für die Hilfeleistung in Gefahrenfällen erforderlich sind. Hierunter fällt beispielsweise das Pflegen von Listen von

---

6 BeckOK PolR Hessen/Mühl/Fischer, § 2 HSOG, Rn. 4.
7 Vgl. hierzu etwa BeckOK PolR Hessen/Mühl/Fischer, § 2 HSOG, Rn. 7.
8 BeckOK PolR Hessen/Mühl/Fischer, § 2 HSOG, Rn. 11.
9 VGH Kassel, NVwZ 1992, 503; VG Frankfurt a. M., Beschluss vom 06.07.2011 – 8 L 1809/11.

Abschleppunternehmen oder medizinischen Notfalldiensten.[10] Die Aufgabe der Vorbereitung für die Hilfeleistung in Gefahrenfällen ist von der Subsidiaritätsregelung des § 2 S. 1 HSOG explizit ausgenommen.

II. Zugewiesene Aufgaben (§ 1 Abs. 2 HSOG)

13   Gemäß § 1 Abs. 2 HSOG haben die Gefahrenabwehr- und die Polizeibehörden die ihnen durch andere Rechtsvorschriften zugewiesenen weiteren Aufgaben zu erfüllen. Die Anwendungsfälle sind mannigfaltig und umfassen sowohl Aufgabenzuweisungen an die Polizeibehörden als auch an die Gefahrenabwehrbehörden. Zum Teil ergibt sich die Zuständigkeit einer Behörde auch aus der Zuweisung einer Eingriffsbefugnis, aus der auf das Bestehen einer Zuständigkeit geschlossen werden kann.

1. Aufgabenzuweisungen an die Polizeibehörden

14   Den Polizeibehörden werden zahlreiche und vielfältige Aufgaben zugewiesen. Hierzu gehören nicht nur Aufgaben der Prävention, sondern auch der Repression, namentlich der Verfolgung von Straftaten und Ordnungswidrigkeiten. Auf einige der wichtigsten den Polizeibehörden zugewiesenen Aufgaben sei im Folgenden hingewiesen.[11]

a) Verfolgung von Straftaten und Ordnungswidrigkeiten

15   § 163 Abs. 1 S. 1 StPO weist der Polizei die Aufgabe der Verfolgung von **Straftaten** zu. Im Rahmen dieser Aufgabe wird die Polizei als „verlängerter Arm der Staatsanwaltschaft"[12] tätig und unterliegt deren Weisung.[13] Eingriffsbefugnisse der Polizei ergeben sich insoweit nicht aus dem HSOG, sondern aus der StPO. Im Unterschied zu polizeilichem Tätigwerden zur Gefahrenabwehr gilt bei der Erforschung von Straftaten das Legalitätsprinzip. Repressive polizeiliche Maßnahmen werden durch die ordentlichen Gerichte überprüft, während polizeiliche Gefahrenabwehrmaßnahmen der Kontrolle der Verwaltungsgerichte unterliegen, § 40 VwGO.

16   Auch die Aufgabe der Verfolgung von **Ordnungswidrigkeiten** ist den Polizeibehörden zugewiesen, vgl. § 53 Abs. 1 S. 1 OwiG. Im Gegensatz zum Tätigwerden zur Verfolgung von Straftaten gilt insoweit aber nicht das Legalitätsprinzip. Vielmehr verfolgt die Polizei Ordnungswidrigkeiten nach pflichtgemäßem Ermessen.

b) Straßenverkehrsrecht

17   § 44 Abs. 2 S. 1 der Straßenverkehrs-Ordnung (StVO) ermächtigt die Polizei, den Straßenverkehr zu regeln. Bei Gefahr im Verzug kann sie außerdem anstelle der zuständigen Straßenverkehrsbehörde zur Aufrechterhaltung der Sicherheit oder Ordnung des Straßenverkehrs tätig werden und vorläufige Maßnahmen treffen, § 44 Abs. 2 S. 2 StVO. Es handelt sich bei § 44 Abs. 2 StVO um eine Befugnisnorm und zugleich um eine aufgabenzuweisende Norm.[14] Gemäß § 36 Abs. 1 StVO sind die Zeichen und Weisungen von Polizeibeamtinnen und -beamten im Straßenverkehr

---

10 Polizei-Fach-Handbuch Hessen/Wittgruber, § 1 HSOG, Rn. 5.
11 Sammlungen von den Polizeibehörden zugewiesenen Aufgaben finden sich darüber hinaus etwa bei BeckOK PolR Hessen/Mühl/Fischer, § 1 HSOG, Rn. 116 ff.; Polizei-Fach-Handbuch Hessen/Wittgruber, § 1 HSOG, Rn. 72; Fredrich, § 1 HSOG, Rn. 26.
12 Polizei-Fach-Handbuch Hessen/Wittgruber, § 1 HSOG, Rn. 68.
13 Vgl. eingehend BeckOK PolR Hessen/Mühl/Fischer, § 1 HSOG, Rn. 104 ff.
14 Vgl. BeckOK PolR Hessen/Mühl/Fischer, § 1 HSOG, Rn. 116.

zu befolgen. Der Polizei kommt nach § 36 Abs. 5 StVO die Befugnis zu, Verkehrsteilnehmer zu Verkehrskontrollen und zu Verkehrserhebungen anzuhalten.

c) Versammlungsrecht

Für das Versammlungswesen ergibt sich aus § 1 S. 1 Nr. 2 HSOG-DVO eine grundsätzliche Zuständigkeit der allgemeinen Ordnungsbehörden. Daneben kommen aber auch den Polizeibehörden Aufgaben und Befugnisse zu. 18

Im April 2023 ist das **Hessische Versammlungsfreiheitsgesetz (HVersFG)** in Kraft getreten, welches in Hessen das Versammlungsgesetz des Bundes (VersG) abgelöst hat. Bereits mit der Föderalismusreform I war die Gesetzgebungskompetenz für das Versammlungsrecht auf die Länder übergegangen. Bis zum Inkrafttreten des HVersFG galt das VersG nach Art. 125a Abs. 1 GG fort. 19

Das HVersFG sieht nur an wenigen Stellen eine explizite Befugnis und Zuständigkeit der Polizeibehörden vor. So kann die Polizei gemäß § 16 Abs. 1 HVersFG auf den Wegen zu einer öffentlichen Versammlung unter freiem Himmel Kontrollstellen einrichten, wenn tatsächliche Anhaltspunkte dafür bestehen, dass Waffen mitgeführt werden oder der Einsatz von sonstigen gefährlichen Gegenständen, Uniformen, Schutzausrüstungs- oder Vermummungsgegenständen die öffentliche Sicherheit oder Ordnung bei Durchführung der Versammlung unmittelbar gefährdet. Im Zusammenhang mit Versammlungen in geschlossenen Räumen richtet sich die Einrichtung von Kontrollstellen nach § 23 Abs. 1 HVersFG. 20

§ 17 HVersFG regelt Aufnahmen – gemeint sind Echtzeitübertragungen – und Aufzeichnungen von Bild und Ton im Zusammenhang mit öffentlichen Versammlungen unter freiem Himmel. Sowohl § 17 Abs. 1 HVersFG als auch § 17 Abs. 2 HVersFG gehen von einer ausschließlichen Zuständigkeit und Befugnis der Polizeibehörden aus. Absatz 2 betrifft dabei die Zulässigkeit von Übersichtsaufnahmen zur Lenkung und Leitung eines Polizeieinsatzes sowie deren Aufzeichnung. Mit Blick auf Versammlungen in geschlossenen Räumen ergeben sich die Voraussetzungen von Bild- und Tonaufnahmen sowie von Bild- und Tonaufzeichnungen durch die Polizei nicht aus § 17 HVersFG, sondern aus § 24 HVersFG. 21

Für die Entgegennahme der Anzeige einer Versammlung unter freiem Himmel sind die Polizeibehörden nur im Eilfall zuständig. § 12 Abs. 5 HVersFG sieht für sog. Eilversammlungen vor, dass diese entweder bei der Versammlungsbehörde oder bei der Polizeibehörde angezeigt werden können. 22

Weitere versammlungsrechtliche Maßnahmen weist das HVersFG der „zuständigen Behörde" zu.[15] Hierzu gehört beispielsweise die Auflösung einer Versammlung unter freiem Himmel nach deren Beginn nach § 14 Abs. 2 HVersFG und der Ausschluss von Teilnehmenden aus einer Versammlung unter freiem Himmel nach § 15 Abs. 2 HVersFG. Den Polizeibehörden kommt insoweit eine Eilzuständigkeit zu. 23

d) Jugendschutzrecht

Auch im Bereich des Jugendschutzrechts sind den Polizeibehörden Zuständigkeiten zugewiesen. Aus § 49 S. 1 des Hessischen Kinder- und Jugendhilfegesetzbuchs (HKJGB) ergibt sich die polizeiliche Aufgabe, die Einhaltung der Vorschriften des Jugendschutzgesetzes (JuSchG) zu überwachen. Hierzu gehören insbesondere die Regelungen zum Jugendschutz in der Öffentlich- 24

---

15 Vgl. hierzu etwa Ridder/Breitbach/Deiseroth/Deiseroth, § 15 VersG, Rn. 561 ff.; Dürig-Friedl/Enders/Dürig-Friedl, § 15 VersG, Rn. 151; Lisken/Denninger/Kniesel/Poscher, Kap. J, Rn. 331 ff.

keit betreffend Gaststätten (§ 4 JuSchG), Tanzveranstaltungen (§ 5 JuSchG), Spielhallen und Glücksspiel (§ 6 JuSchG), Alkohol (§ 9 JuSchG) und Tabakwaren (§ 10 JuSchG).

25 § 13 Abs. 1 Nr. 1 der Verordnung zur Ausführung des HKJGB und über Zuständigkeiten nach dem Jugendschutzgesetz und dem Achten Buch Sozialgesetzbuch (Kinder- und Jugendhilfeverordnung – KJHV) regelt darüber hinaus eine Zuständigkeit der Polizeibehörden für Maßnahmen zum Schutz von Kindern und Jugendlichen an jugendgefährdenden Orten nach § 8 JuSchG.

26 Das HKJGB sieht in einigen Fallkonstellationen eine Zusammenarbeit von Polizeibehörden und Jugendämtern vor, vgl. hierzu § 49 S. 2 und § 50 HKJGB.

e) Waffenrecht

27 Mit Blick auf das Waffenrecht ergeben sich Abweichungen von der grundsätzlichen Zuständigkeit der allgemeinen Ordnungsbehörden nach § 1 S. 1 Nr. 3 HSOG-DVO insbesondere aus der hessischen Verordnung zur Durchführung des Waffengesetzes (WaffGDV). Deren § 2 Abs. 1 Nr. 4 sieht als zuständige Behörden im Sinne des § 42c Satz 1 WaffG (Kontrollbefugnis zur Durchsetzung von Verboten etwa bei öffentlichen Veranstaltungen und in Verbotszonen) neben den örtlichen Ordnungsbehörden auch die Polizeibehörden vor.

f) Hessisches Gesetz über Hilfen bei psychischen Krankheiten (PsychKHG)

28 Auch im Geltungsbereich des Hessischen Gesetzes über Hilfen bei psychischen Krankheiten (PsychKHG) sind den Polizeibehörden – gleichrangig mit den örtlichen Ordnungsbehörden – Befugnisse und Aufgaben zugewiesen. Vermittelt werden diese indes durch § 32 Abs. 4 HSOG, sodass nicht von einer klassischen Aufgabenzuweisung iSv § 1 Abs. 2 HSOG gesprochen werden kann.

29 § 32 Abs. 4 HSOG unterscheidet drei Fallkonstellationen: § 32 Abs. 4 S. 1 Var. 1 HSOG betrifft die vorläufige Ingewahrsamnahme und Verbringung in ein psychiatrisches Krankenhaus, Var. 2 die vorläufige Ingewahrsamnahme zur Verbringung in ein Allgemeinkrankenhaus bei somatischer Behandlungsbedürftigkeit. Für beide Fälle verweist § 32 Abs. 4 S. 1 HSOG auf die Voraussetzungen der sofortigen vorläufigen Unterbringung nach § 17 Abs. 1 S. 1 PsychKHG. Als dritte Konstellation kommt das Zurückbringen einer untergebrachten Person, die sich ohne Erlaubnis außerhalb des psychiatrischen Krankenhauses aufhält, nach § 32 Abs. 4 S. 2 HSOG hinzu.

g) Aufenthaltsrecht

30 Zuständigkeitszuweisungen im Bereich des Aufenthaltsrechts finden sich in § 71 AufenthG. Dessen Absatz 4 weist den Polizeivollzugsbehörden der Länder – neben anderen Behörden – eine Zuständigkeit für verschiedene ausweisrechtliche und erkennungsdienstliche Maßnahmen nach §§ 48, 48a und 49 Abs. 2–9 AufenthG zu. Aus § 71 Abs. 5 AufenthG ergibt sich eine polizeiliche Zuständigkeit für die Zurückschiebung, die Durchsetzung der Verlassenspflicht nach § 12 Abs. 3 AufenthG sowie die Durchführung von Abschiebungen, einschließlich erforderlicher Festnahme und Beantragung von Haft.

h) Lebensmittel-, Bedarfsgegenstände- und Futtermittelgesetzbuch

31 § 42 Abs. 2 des Lebensmittel-, Bedarfsgegenstände- und Futtermittelgesetzbuchs (LFGB) ermächtigt Polizeibeamtinnen und Polizeibeamte bei Gefahr im Verzug – neben den mit der Überwachung beauftragten Personen – zum Betreten von Grundstücken, Betriebsräumen

II. Zugewiesene Aufgaben (§ 1 Abs. 2 HSOG)

und Transportmitteln und weiteren Maßnahmen, die zur Überwachung der einschlägigen Regelungen erforderlich sind.

i) Überwachung der Gefahrgutbeförderung

Gemäß § 33 Nr. 3 der hessischen Verordnung zur Bestimmung verkehrsrechtlicher Zuständigkeiten (StVRZustV) kommen den Polizeibehörden Mitzuständigkeiten bei der Überwachung der Beförderung gefährlicher Güter während der Ortsveränderung auf öffentlichen Straßen, Wegen und Plätzen sowie in den Binnenhäfen zu. 32

2. Aufgabenzuweisungen an die allgemeinen Verwaltungsbehörden

Auch den allgemeinen Verwaltungsbehörden werden Aufgaben der Gefahrenabwehr explizit zugewiesen. Einige dieser Zuweisungen sollen im Folgenden aufgezeigt werden. Darüber hinaus ist zu beachten, dass gemäß § 2 S. 2 und 3 HSOG die sonstigen Aufgaben der Gefahrenabwehr allgemeine Verwaltungsaufgaben sind, die von den Landkreisen und Gemeinden zu erfüllen sind, soweit nicht die Zuständigkeit einer Behörde der Landesverwaltung durch Rechtsvorschrift begründet ist. 33

a) Umweltrecht

Im Bereich des Umweltschutzes spielen etwa das Naturschutzrecht, das Abfallrecht, das Bodenschutzrecht, das Wasserrecht und das Immissionsschutzrecht eine Rolle. 34

Die Aufgaben der unteren **Naturschutzbehörde** werden in § 42 Abs. 3 des Hessischen Naturschutzgesetzes (HeNatG) dem Kreisausschuss sowie in den kreisfreien Städten und Sonderstatus-Städten dem Magistrat zur Erfüllung nach Weisung übertragen. Obere Naturschutzbehörde ist das Regierungspräsidium und oberste Naturschutzbehörde das zuständige Ministerium, § 42 Abs. 1 und 2 HeNatG. Gemäß § 43 Abs. 1 S. 1 HeNatG ist die untere Naturschutzbehörde zuständig für den Vollzug des Naturschutzrechts, soweit durch Rechtsvorschrift nichts anderes bestimmt ist. 35

Abfallbehörden sind gemäß § 18 des Hessischen Ausführungsgesetzes zum Kreislaufwirtschaftsgesetz (HAKrWG) das für die Kreislauf- und Abfallwirtschaft zuständige Ministerium, das Regierungspräsidium sowie der Gemeindevorstand bzw. Magistrat. Letztere sind nach § 20 Abs. 1 S. 1 HAKrWG zuständig für die abfallrechtliche Überwachung von Abfällen außerhalb von Deponien und außerhalb von sonstigen zulassungs- oder genehmigungspflichtigen Anlagen, soweit die Abfälle ausschließlich gelagert oder abgelagert werden. 36

Die Zuständigkeiten nach dem **Bundes-Immissionsschutzgesetz (BImSchG)** sind in Hessen in der Immissionsschutz-Zuständigkeitsverordnung (ImSchZuV) geregelt. § 1 Abs. 1 ImSchZuV sieht eine grundsätzliche Zuständigkeit des Regierungspräsidiums für den Vollzug des Bundes-Immissionsschutzgesetzes vor. In § 4 ImSchZuV finden sich davon abweichende Zuständigkeiten des Kreisausschusses in den Landkreisen bzw. des Magistrats in den kreisfreien Städten. 37

Regelungen zum **Schutz des Wassers** sind in erster Linie im Wasserhaushaltsgesetz des Bundes (WHG) und im Hessischen Wassergesetz (HWG) getroffen. Gemäß § 64 Abs. 3 HWG werden die Aufgaben der unteren Wasserbehörde in den Landkreisen dem Kreisausschuss und in den kreisfreien Städten dem Magistrat zur Erfüllung nach Weisung übertragen. Obere Wasserbehörde ist das jeweilige Regierungspräsidium und oberste Wasserbehörde das für die Wasserwirtschaft zuständige Ministerium, § 64 Abs. 1 und 2 HWG. Nach § 65 Abs. 1 HWG ist für die Aufgaben nach dem WHG und dem HWG grundsätzlich die untere Wasserbehörde zuständig. Allerdings hat das Land aufgrund der §§ 65 Abs. 2, 76 Abs. 1 HWG eine Zuständigkeitsverordnung erlassen, 38

Wagner

die zahlreiche wasserrechtliche Zuständigkeiten auf die obere Wasserbehörde überträgt, vgl. § 1 WasserZustVO.

39   Die hessischen **Bodenschutzbehörden** sind gemäß § 15 des Hessischen Gesetzes zur Ausführung des Bundes-Bodenschutzgesetzes und zur Altlastensanierung (HAltBodSchG) das zuständige Ministerium als oberste Bodenschutzbehörde, das Regierungspräsidium als obere Bodenschutzbehörde sowie der Kreisausschuss in den Landkreisen bzw. der Magistrat in den kreisfreien Städten. Letzteren werden die Aufgaben der unteren Bodenschutzbehörde zur Erfüllung nach Weisung übertragen. Die grundsätzliche Zuständigkeit liegt bei der oberen Bodenschutzbehörde, § 16 Abs. 1 HAltBodSchG. In § 1 der Verordnung über Zuständigkeiten nach dem Hessischen Altlasten- und Bodenschutzgesetz (BodSchZustV) sind abweichend davon Zuständigkeiten der unteren Bodenschutzbehörde geregelt.

b) Gesundheitswesen / PsychKHG / Betäubungsmittel

40   Im Bereich der **Abwehr von Gesundheitsgefahren** für die Bevölkerung ist ua das Hessische Gesetz über den öffentlichen Gesundheitsdienst (HGöGD) einschlägig. § 1 HGöGD definiert die Ziele und Kernaufgaben des öffentlichen Gesundheitsdienstes. Untere Gesundheitsbehörde (Gesundheitsamt) ist gemäß § 2 Abs. 2 Nr. 1 HGöGD der Kreisausschuss bzw. der Magistrat. Die untere Gesundheitsbehörde nimmt ihre Aufgabe zur Erfüllung nach Weisung wahr, § 2 Abs. 3 HGöGD. Sie ist gemäß § 4 Abs. 1 S. 1 HGöGD zuständig, soweit nichts anderes bestimmt ist.

41   Nach § 16 Abs. 1 und 2 des Hessischen Gesetzes über Hilfen bei psychischen Krankheiten (PsychKHG) ist das Gesundheitsamt auch zuständig für Anträge auf Einleitung eines gerichtlichen Verfahrens über die Unterbringung nach §§ 151 Nr. 7, 312 Nr. 4 des Gesetzes über das Verfahren in Familiensachen und in den Angelegenheiten der freiwilligen Gerichtsbarkeit (FamFG).

42   Zuständige Behörde für die Überwachung von Drogenkonsumräumen nach § 19 Abs. 1 S. 4 BtMG ist in den Landkreisen der Kreisausschuss und in den kreisfreien Städten der Magistrat, vgl. § 4 Abs. 3 der Verordnung zur Bestimmung von Zuständigkeiten nach dem Arzneimittelrecht, nach dem Heilpraktikerrecht sowie in der staatlichen Gesundheitsverwaltung (GesVwZustV). Die Erlaubnis zum Betrieb dieser Räume wird gemäß § 4 Abs. 2 Nr. 1 GesVwZustV von dem für das Gesundheitswesen zuständigen Ministerium erteilt.

c) Tiergesundheit

43   Die Vorbeugung gegen Tierseuchen und deren Bekämpfung ist im Tiergesundheitsgesetz des Bundes (TierGesG) geregelt. Das Hessische Ausführungsgesetz zum Tiergesundheitsgesetz (HAGTierGesG) weist den Gemeinden in § 13 die Durchführung von Tierseuchenbekämpfungsmaßnahmen als Aufgabe zur Erfüllung nach Weisung zu.

d) Friedhofs- und Bestattungswesen

44   Im hessischen Friedhofs- und Bestattungsgesetz (FBG) finden sich in §§ 9 ff. gefahrenabwehrrechtlich geprägte Regelungen, etwa zum Umgang mit Leichen. Sorgemaßnahmen zum Schutz der Gesundheit und der Totenruhe sind grundsätzlich durch die Angehörigen der verstorbenen Person zu veranlassen. Auf den Gemeindevorstand geht diese Aufgabe nach § 13 Abs. 4 FBG über, wenn weder Angehörige noch Vertreter einer Einrichtung, in der die Person verstorben ist, vorhanden oder in der Lage sind, die Maßnahmen zu veranlassen. Gemäß § 16 Abs. 2 FBG kann der Gemeindevorstand in bestimmten Fällen eine vorzeitige Bestattung anordnen, zum Beispiel, wenn die verstorbene Person unter einer schweren, übertragbaren Krankheit litt. Die Umbettung einer Leiche bedarf nach § 26 Abs. 2 S. 1 FBG der im Einvernehmen mit dem Gesundheitsamt

Wagner

erteilten Erlaubnis des Gemeindevorstands. Gemäß § 26 Abs. 2 S. 3 FBG können Vorgaben über die Art und Weise der Umbettung gemacht werden.

e) Gewerbe / Gaststätten / Spielhallen / Ladenöffnung

Im Bereich des **Gewerbe- und Gaststättenrechts** finden sich Zuständigkeitsregelungen in der hessischen Verordnung über Zuständigkeiten nach der Gewerbeordnung und dem Hessischen Gaststättengesetz (GewZustV). Sie sieht in § 1 Abs. 1 eine grundsätzliche Zuständigkeit des Gemeindevorstands vor. Abweichend hiervon ist beispielsweise gemäß § 1 Abs. 4 S. 1 Nr. 2 GewZustV das Regierungspräsidium zuständig für Gewerbeuntersagungsverfahren nach § 35 GewO; der Kreisausschuss, bzw. der Magistrat in kreisfreien Städten und Sonderstatus-Städten, gemäß § 1 Abs. 6 Nr. 2 und 3 GewZustV für die Erteilung der Erlaubnis zur Ausübung eines Bewachungsgewerbes sowie für die Untersagung der Beschäftigung einer Wachperson. 45

Seit Ende 2022 nicht mehr von der GewZustV umfasst sind die **Spielhallen**. Hier ist der Gemeindevorstand nunmehr gemäß § 11 Abs. 1 des Hessischen Spielhallengesetzes (HSpielhG) zuständig für die Erteilung von Erlaubnissen, deren Überwachung und den Vollzug des HSpielhG, insbesondere für das Vorgehen gegen illegale Spielstätten. 46

Die Überwachung der **Ladenöffnung** nach dem Hessischen Ladenöffnungsgesetz (HLöG) wird in § 10 Abs. 2 HLöG in Gemeinden mit mehr als 7.500 Einwohnern dem Gemeindevorstand und im Übrigen dem Kreisausschuss, jeweils zur Erfüllung nach Weisung, übertragen. Regelungen über die Fachaufsicht finden sich in § 11 HLöG. 47

f) Jugendschutz

Im Bereich des Jugendschutzes[16] ist der Gemeindevorstand gemäß § 13 Abs. 1 Nr. 2 lit. b KJHV zuständig für Anordnungen nach § 7 JuSchG. Dieser betrifft Fälle, in denen von einer öffentlichen Veranstaltung oder von einem Gewerbebetrieb eine Gefährdung für das körperliche, geistige oder seelische Wohl von Kindern oder Jugendlichen ausgeht. Die Behörde kann in derartigen Konstellationen etwa anordnen, dass Kindern und Jugendlichen die Anwesenheit nicht gestattet werden darf. 48

g) Bauaufsicht

Eine weitere wichtige Zuständigkeit der allgemeinen Verwaltungsbehörden besteht im Baurecht, wo die Bauaufsichtsbehörden gemäß § 61 Abs. 2 der Hessischen Bauordnung (HBO) bei der Errichtung, Änderung, Nutzungsänderung und Beseitigung sowie bei der Nutzung und Instandhaltung von Anlagen für die Einhaltung der öffentlich-rechtlichen Vorschriften und der aufgrund dieser Vorschriften erlassenen Anordnungen zu sorgen haben, soweit nicht andere Behörden zuständig sind. In erster Linie obliegt die Bauaufsicht den unteren Bauaufsichtsbehörden, § 60 Abs. 1 S. 3 HBO. Hierbei handelt es sich gemäß § 60 Abs. 1 S. 1 Nr. 1 HBO um den Gemeindevorstand oder den Kreisausschuss. Die Aufgabe der unteren Bauaufsichtsbehörde wird nach § 60 Abs. 1 S. 2 HBO als Aufgabe zur Erfüllung nach Weisung wahrgenommen. 49

h) Meldewesen

Gemäß § 1 Abs. 1 des Hessischen Ausführungsgesetzes zum Bundesmeldegesetz (BMGAG) werden die Aufgaben nach dem Bundesmeldegesetz von den Gemeinden zur Erfüllung nach 50

---

16 Zu den Zuständigkeiten der Polizeibehörden im Bereich des Jugendschutzrechts siehe Kap. D. II. 1. d).

Weisung wahrgenommen. Der Gemeindevorstand ist danach als Gefahrenabwehrbehörde für die Aufgaben der Meldebehörde zuständig.

3. Aufgabenzuweisungen an die allgemeinen Ordnungsbehörden

51 Auch den allgemeinen Ordnungsbehörden werden durch Rechtsvorschriften bestimmte Aufgaben zugewiesen, § 1 Abs. 2 HSOG. Gemäß § 89 Abs. 1 S. 1 HSOG werden die durch die allgemeinen Ordnungsbehörden zu erfüllenden Aufgaben der Gefahrenabwehr durch Rechtsverordnung bestimmt. Die Landesregierung hat Regelungen hierzu in § 1 HSOG-DVO vorgenommen. Die dort zu findende Auflistung der Aufgaben ist indes nicht abschließend. Weitere Zuständigkeiten der allgemeinen Ordnungsbehörden ergeben sich aus speziellen Rechtsvorschriften.

52 Nach § 89 Abs. 2 HSOG sind die örtlichen Ordnungsbehörden (Bürgermeisterinnen und Bürgermeister bzw. Oberbürgermeisterinnen und Oberbürgermeister) zuständig, soweit Regelungen nicht die Zuständigkeit einer anderen allgemeinen Ordnungsbehörde (Ministerium als Landesordnungsbehörde, Regierungspräsidium als Bezirksordnungsbehörde, Landrätin oder Landrat bzw. Oberbürgermeisterin oder Oberbürgermeister als Kreisordnungsbehörde) vorsehen.

a) HSOG-DVO

53 § 1 HSOG-DVO sieht vielfältige Aufgaben der Gefahrenabwehr vor, welche von den allgemeinen Ordnungsbehörden wahrgenommen werden.

aa) Pass-, Personalausweis- und Ausländerwesen (§ 1 S. 1 Nr. 1 HSOG-DVO)

54 § 1 S. 1 Nr. 1 HSOG-DVO bestimmt als hessische Passbehörden (vgl. § 19 Abs. 1 S. 1 PassG) die allgemeinen Ordnungsbehörden. Diese sind demgemäß auch Personalausweisbehörden nach § 7 Abs. 1 des Personalausweisgesetzes (PAuswG).

55 Die Zuständigkeiten im Bereich des Ausländerwesens ergeben sich in Hessen aus der Verordnung über die Zuständigkeiten der Ausländerbehörden und zur Durchführung des Aufenthaltsgesetzes und des Asylgesetzes (AuslBehZustV). Nach § 1 S. 1 und 2 dieser Verordnung werden die Aufgaben der Ausländerbehörde von den allgemeinen Ordnungsbehörden erfüllt. Zuständig sind danach – soweit nichts anderes bestimmt ist – die Kreisordnungsbehörden. In den Sonderstatus-Städten nach § 4a Abs. 2 HGO nimmt nicht die Kreisordnungsbehörde, sondern die örtliche Ordnungsbehörde die Aufgaben der Ausländerbehörde wahr. Neben dieser Grundregel sieht die Verordnung in §§ 2 und 3 Zuständigkeiten der Regierungspräsidien als Bezirksordnungsbehörden vor.

bb) Versammlungswesen (§ 1 S. 1 Nr. 2 HSOG-DVO)

56 Das Versammlungswesen ist gemäß § 1 S. 1 Nr. 2 HSOG-DVO Aufgabe der allgemeinen Ordnungsbehörden.[17] Nicht die örtliche Ordnungsbehörde, sondern die Kreisordnungsbehörde ist in Gemeinden mit weniger als 7.500 Einwohnern zuständige Versammlungsbehörde.

cc) Waffenwesen (§ 1 S. 1 Nr. 3 HSOG-DVO)

57 Aus § 1 S. 1 Nr. 3 HSOG-DVO ergibt sich die Zuständigkeit der allgemeinen Ordnungsbehörden für das Waffenwesen, soweit es Erwerb, Führung, Besitz und Einfuhr von Waffen und Munition

---

17 Zu den Zuständigkeiten der Polizeibehörden auf dem Gebiet des Versammlungsrechts vgl. Kap. D. II. 1. c).

betrifft und nicht durch besondere Rechtsvorschriften anderen Behörden übertragen ist, sowie für die Entgegennahme der Anzeige von Sprengungen. Gemäß § 1 der Verordnung zur Durchführung des Waffengesetzes (WaffGDV) ist grundsätzlich die Kreisordnungsbehörde für die Durchführung des Waffengesetzes zuständig. In § 2 der Verordnung sind Abweichungen von dieser Grundregel normiert.

dd) Zulassung von Fahrzeugen und Personen zum Straßenverkehr sowie StVO-Angelegenheiten (§ 1 S. 1 Nr. 4 HSOG-DVO)

Zu den Aufgaben der allgemeinen Ordnungsbehörden gehören nach § 1 S. 1 Nr. 4 HSOG-DVO darüber hinaus die Zulassung von Personen und Fahrzeugen zum Straßenverkehr sowie Angelegenheiten der Straßenverkehrs-Ordnung (StVO), soweit nicht besondere Rechtsvorschriften die Zuständigkeit anderer Behörden vorsehen.

Die Verordnung zur Bestimmung verkehrsrechtlicher Zuständigkeiten (StVRZustV) regelt in §§ 12 ff. die Zuständigkeiten nach der Straßenverkehrs-Zulassungs-Ordnung (StVZO) und in §§ 18 ff. die Zuständigkeiten nach der Fahrzeug-Zulassungsverordnung (FZV). Zulassungsbehörde ist gemäß §§ 13, 19 StVRZustV in der Regel die Landrätin bzw. der Landrat und in den kreisfreien Städten die Oberbürgermeisterin bzw. der Oberbürgermeister. Abweichend hiervon ist in der Stadt Hanau die Oberbürgermeisterin oder der Oberbürgermeister als örtliche Ordnungsbehörde zuständig. Fahrerlaubnisbehörde ist in Hessen gemäß § 7 Nr. 2 StVRZustV in den Landkreisen die Landrätin oder der Landrat sowie in den kreisfreien Städten die Oberbürgermeisterin oder der Oberbürgermeister als Kreisordnungsbehörde.

Die Aufgaben der Straßenverkehrsbehörde nach § 44 Abs. 1 S. 1 StVO entfallen auf die örtlichen Ordnungsbehörden, die Kreisordnungsbehörden oder auf Hessen Mobil – Straßen- und Verkehrsmanagement, vgl. § 10 Abs. 1 StVRZustV.

ee) Überwachung des Straßenverkehrs (§ 1 S. 1 Nr. 5 HSOG-DVO)

Die örtlichen Ordnungsbehörden sind – unbeschadet der Zuständigkeit der Polizeibehörden – auch für die Überwachung des Straßenverkehrs zuständig, § 1 S. 1 Nr. 5 HSOG-DVO. Diese Zuständigkeit betrifft insbesondere die Überwachung der Einhaltung der vorgeschriebenen Geschwindigkeit mittels technischer Geräte.[18]

Aus § 3 StVRZustV ergeben sich auch repressive Aufgaben, nämlich die Verfolgung und Ahndung von Ordnungswidrigkeiten nach §§ 24, 24a und 24c des Straßenverkehrsgesetzes (StVG). Zuständig ist für ganz Hessen das Regierungspräsidium Kassel als Bezirksordnungsbehörde (Zentrale Bußgeldstelle), § 3 Abs. 1 Nr. 2 StVRZustV. Unbeschadet dieser zentralen Zuständigkeit sind gemäß § 3 Abs. 2 StVRZustV auch die örtlichen Ordnungsbehörden für die Verfolgung der Ordnungswidrigkeiten zuständig. In Frankfurt am Main ist allein die Oberbürgermeisterin oder der Oberbürgermeister als örtliche Ordnungsbehörde zuständig, § 3 Abs. 1 Nr. 1 StVRZustV. Die Zuständigkeit der örtlichen Ordnungsbehörden wird in § 3 Abs. 3 StVRZustV in bestimmten Fällen ausgeschlossen, etwa im Falle von auf Bundesautobahnen begangenen Ordnungswidrigkeiten.

---

18 Siehe dazu auch Erlass des Hessischen Innenministeriums zur Verkehrsüberwachung durch örtliche Ordnungsbehörden und Polizeibehörden, StAnz. 2015, S. 182 ff.

ff) Gefahrgutüberwachung (§ 1 S. 1 Nr. 6 HSOG-DVO)

63   Aus § 1 S. 1 Nr. 6 HSOG-DVO ergibt sich die grundsätzliche Zuständigkeit der allgemeinen Ordnungsbehörden für die Aufsicht über die Beförderung radioaktiver Stoffe sowie über die Beförderung und Lagerung gefährlicher Güter. Im Einzelnen sind §§ 33 ff. StVRZustV einschlägig.

gg) Lärmbekämpfung (§ 1 S. 1 Nr. 7 HSOG-DVO)

64   Auch die Lärmbekämpfung gehört gemäß § 1 S. 1 Nr. 7 HSOG-DVO zu den Aufgaben der allgemeinen Ordnungsbehörden, soweit die Zuständigkeit nicht durch besondere Rechtsvorschriften anderen Behörden übertragen ist. Zu beachten ist insoweit die hessische Immissionsschutz-Zuständigkeitsverordnung (ImSchZustV), welche in §§ 1–6 die Zuständigkeiten nach dem Bundes-Immissionsschutzgesetz (BImSchG) und den hierzu erlassenen Verordnungen regelt. Nach § 4 Abs. 1 Nr. 1 lit. d ImSchZustV ist der Kreisausschuss im Hinblick auf Musik- und Theaterveranstaltungen zuständig. An die Stelle des Kreisausschusses tritt der Magistrat in kreisfreien Städten sowie in kreisangehörigen Städten ab 30.000 Einwohnern. Der Gemeindevorstand ist gemäß § 5 ImSchZustV zuständig für die Überwachung des Betriebs von Geräten und Maschinen in Wohngebieten nach § 7 Abs. 1 der Geräte- und Maschinenlärmschutzverordnung (32. BImSchV).

hh) Sperrzeit (§ 1 S. 1 Nr. 8 HSOG-DVO)

65   Nach § 1 S. 1 Nr. 8 HSOG-DVO sind die allgemeinen Ordnungsbehörden zuständig für die Festsetzung der Sperrzeit. Die Sperrzeit für Gaststätten und öffentliche Vergnügungsstätten ist in der hessischen Sperrzeitverordnung (SperrV) geregelt. Zuständig für die Ausführung dieser Verordnung sind gemäß § 5 Abs. 1 SperrV die örtlichen Ordnungsbehörden. In Fällen gemeinde- oder kreisübergreifender Ausnahmen von der Sperrzeit ergibt sich aus § 5 Abs. 2 SperrV eine Zuständigkeit der Kreis- oder Bezirksordnungsbehörden.

ii) Bekämpfung der verbotenen Prostitution (§ 1 S. 1 Nr. 9 HSOG-DVO)

66   Des Weiteren ist auch die Bekämpfung der verbotenen Prostitution Aufgabe der allgemeinen Ordnungsbehörden, § 1 S. 1 Nr. 9 HSOG-DVO. In Art. 297 des Einführungsgesetzes zum Strafgesetzbuch (EGStGB) findet sich die Grundlage für den Erlass von Verordnungen über Sperrgebiete, in welchen es verboten ist, der Prostitution nachzugehen. Von der in Art. 297 Abs. 2 EGStGB vorgesehenen Möglichkeit, die Verordnungsermächtigung von der Landesregierung auf eine oberste Landesbehörde oder andere Behörden zu übertragen, wurde in Hessen durch § 2 der Delegationsverordnung Gebrauch gemacht, der die Übertragung auf die Regierungspräsidien vorsieht. Bei dem Verstoß gegen ein Verbot aus einer Sperrgebietverordnung handelt es sich um eine Ordnungswidrigkeit nach § 120 OWiG, bei beharrlicher Zuwiderhandlung um eine Straftat nach § 184f StGB.

jj) Halten gefährlicher Tiere (§ 43a HSOG, § 1 S. 2 HSOG-DVO)

67   Das nicht gewerbsmäßige Halten von gefährlichen Tieren einer wildlebenden Art ist nach § 43a Abs. 1 S. 1 HSOG verboten. Die in diesem Zusammenhang bestehenden Gefahrenabwehraufgaben werden gemäß § 1 S. 2 HSOG-DVO von den Regierungspräsidien als Bezirksordnungsbehörden erfüllt.

II. Zugewiesene Aufgaben (§ 1 Abs. 2 HSOG)

kk) Kampfmittelbeseitigung (§ 1 S. 2 HSOG-DVO)

§ 1 S. 2 HSOG-DVO sieht außerdem die hessenweite Zuständigkeit des Regierungspräsidiums Darmstadt für die Kampfmittelbeseitigung vor. Gemäß § 89 Abs. 1 S. 3 und 4 HSOG können Dritte mit dieser Aufgabe beauftragt werden, wenngleich die Verantwortlichkeit für die Erfüllung der Pflichten bei dem Regierungspräsidium Darmstadt verbleibt.

68

b) Durchführung des Prostituiertenschutzgesetzes

Neben § 1 HSOG-DVO bestehen weitere Rechtsvorschriften, welche den allgemeinen Ordnungsbehörden Zuständigkeiten zuweisen. Zu nennen ist hier zunächst die hessische Verordnung zur Bestimmung von Zuständigkeiten für den Vollzug des Prostituiertenschutzgesetzes (ProstSchG-ZustV), welche in § 1 Abs. 1 die Zuständigkeit der Bürgermeisterinnen und Bürgermeister bzw. der Oberbürgermeisterinnen und Oberbürgermeister als örtliche Ordnungsbehörden vorsieht. In Gemeinden mit weniger als 7.500 Einwohnerinnen und Einwohnern wird die Aufgabe hingegen von den Landrätinnen und Landräten als Kreisordnungsbehörden wahrgenommen. Aus § 2 ProstSchGZustV ergibt sich die Zuständigkeit der gleichen Behörden auch für die Verfolgung und Ahndung von Ordnungswidrigkeiten nach § 33 Prostituiertenschutzgesetz (ProstSchG).

69

c) Veterinärwesen, Lebensmittelüberwachung, Ernährungssicherstellung und -vorsorge

Nach § 1 Abs. 1 S. 1 des Gesetzes zum Vollzug von Aufgaben auf den Gebieten des Veterinärwesens, der Lebensmittelüberwachung und der Ernährungssicherstellung und -vorsorge (VLEVollzG) sind für den Vollzug der Vorschriften in den genannten Rechtsbereichen in den Landkreisen die Landrätinnen und Landräte und in den kreisfreien Städten die Oberbürgermeisterinnen und Oberbürgermeister als Kreisordnungsbehörden zuständig, soweit nicht etwas anderes geregelt ist.

70

d) Hundeverordnung

Regelungen über das Halten und Führen von Hunden finden sich in der hessischen Hundeverordnung (HundeVO). Zuständige Behörden für die Durchführung dieser Verordnung sind gemäß § 16 Abs. 1 HundeVO die Bürgermeisterinnen und Bürgermeister bzw. die Oberbürgermeisterinnen und Oberbürgermeister als örtliche Ordnungsbehörden.

71

e) Hafenbehörde

Mit Blick auf die hessischen Häfen[19] ergeben sich Aufgaben der allgemeinen Ordnungsbehörden aus der hessischen Gefahrenabwehrverordnung für Häfen (HafenGefabwVO). Oberste Hafenbehörde ist gemäß § 3 Abs. 1 HafenGefabwVO das für die Binnenschifffahrt zuständige Ministerium als Landesordnungsbehörde. Obere Hafenbehörde ist das jeweilige Regierungspräsidium als Bezirksordnungsbehörde und die Aufgaben der Hafenbehörde werden von der Bürgermeisterin oder dem Bürgermeister bzw. der Oberbürgermeisterin oder dem Oberbürgermeister als örtliche Ordnungsbehörde wahrgenommen. Die Gefahrenabwehraufgaben der Hafenbehörde werden in § 3 Abs. 2 HafenGefabwVO bezeichnet.

72

---

19 Vgl. hierzu Bekanntmachung der Häfen und Umschlagstellen, StAnz. 2012, S. 156 ff.

f) Feiertagsgesetz

73 Das Hessische Feiertagsgesetz (HFeiertagsG) regelt den Schutz der Feiertage und verbietet an diesen Tagen bestimmte Tätigkeiten und Veranstaltungen. Gemäß § 14 Abs. 1 HFeiertagsG kann die örtliche Ordnungsbehörde Befreiungen von Beschränkungen und Verboten nach §§ 5 ff. HFeiertagsG erteilen. Die örtliche Ordnungsbehörde ist außerdem hinsichtlich der Ordnungswidrigkeiten des Feiertagsrechts zuständig, § 16 Abs. 4 HFeiertagsG.

g) Hessisches Gesetz über Hilfen bei psychischen Krankheiten (PsychKHG)

74 Im Anwendungsbereich des Hessischen Gesetzes über Hilfen bei psychischen Krankheiten (PsychKHG) bestehen gemeinsame Aufgaben und Befugnisse der örtlichen Ordnungsbehörden und der Polizeibehörden.[20]

h) Ordnungswidrigkeiten

75 § 1 der Verordnung über Zuständigkeiten für die Verfolgung und Ahndung von Ordnungswidrigkeiten im Geschäftsbereich des Hessischen Innenministeriums weist den allgemeinen Ordnungsbehörden Zuständigkeiten für die Verfolgung und Ahndung einiger Ordnungswidrigkeiten zu, der örtlichen Ordnungsbehörde etwa hinsichtlich unzulässigen Lärms nach § 117 OWiG. Weitere Zuständigkeiten der Ordnungsbehörden mit Blick auf Ordnungswidrigkeiten sehen beispielsweise § 16 Abs. 4 HFeiertagsG oder § 3 StVRZustV vor.

4. Aufgabenzuweisungen an Sonderordnungsbehörden

76 Sonderordnungsbehörden sind bereits nach der Definition in § 90 S. 1 HSOG solche Behörden außerhalb der allgemeinen Verwaltung, denen durch besondere Rechtsvorschriften Aufgaben der Gefahrenabwehr zugewiesen werden. Siehe hierzu Kap. C. III. 3.

III. Schutz privater Rechte (§ 1 Abs. 3 HSOG)

77 § 1 Abs. 3 HSOG betrifft die Zuständigkeit der Gefahrenabwehr- und Polizeibehörden zum Schutz privater Rechte. Zu beachten ist, dass es sich dabei nicht um eine zuständigkeitsbegründende Norm handelt. Vielmehr ist § 1 Abs. 3 HSOG eine **Aufgabenbeschränkungsnorm**, welche den Vorrang gerichtlichen Schutzes und die Subsidiarität des Tätigwerdens von Gefahrenabwehr- und Polizeibehörden anordnet.

78 Zu den privaten Rechten werden zum einen gegenüber jedermann geltende absolute Rechte gezählt – zum Beispiel Eigentum, Persönlichkeitsrecht und Gesundheit. Zum anderen gehören auch zivilrechtliche Ansprüche, die nur gegenüber bestimmten Personen wirken, zu den privaten Rechten, etwa Ansprüche aus Vertrag oder Schadensersatzansprüche aufgrund unerlaubter Handlung.[21] Als subjektive Rechte unterfallen die privaten Rechte der **öffentlichen Sicherheit**, deren Schutz gemäß § 1 Abs. 1 S. 1 HSOG gemeinsame Aufgabe der Gefahrenabwehr- und der Polizeibehörden ist. Mit Blick auf die Polizei- und Ordnungsbehörden ist ergänzend § 2 S. 1 HSOG zu beachten, wonach sich eine Zuständigkeit nur ergibt, soweit die Gefahrenabwehr durch andere Behörden nicht oder nicht rechtzeitig möglich erscheint.

79 Eine so hergeleitete sachliche Zuständigkeit der Gefahrenabwehr- oder Polizeibehörden wird durch § 1 Abs. 3 HSOG beschränkt, sofern es ausschließlich um den Schutz privater Rechte geht.

---

20 Siehe dazu Kap. D. II. 1. e).
21 Vgl. BeckOK PolR Hessen/Mühl/Fischer, § 1 HSOG, Rn. 121.

III. Schutz privater Rechte (§ 1 Abs. 3 HSOG)

Soweit jedoch – was häufig der Fall ist – neben den privaten Rechten auch **andere Aspekte der öffentlichen Sicherheit** betroffen sind, ist § 1 Abs. 3 HSOG nicht anzuwenden und es bleibt bei der Zuständigkeit aus § 1 Abs. 1 S. 1 iVm § 2 S. 1 HSOG. Droht beispielsweise die Beschädigung einer fremden Sache, so ist die öffentliche Sicherheit einerseits in Gestalt der privaten Rechte sowie andererseits hinsichtlich der geschriebenen Rechtsordnung (drohende Sachbeschädigung nach § 303 Abs. 1 StGB) tangiert. § 1 Abs. 3 HSOG ist deshalb nicht anzuwenden.

Ist die Aufgabenbeschränkungsnorm des § 1 Abs. 3 HSOG anzuwenden, so ergibt sich daraus ein **Vorrang gerichtlichen Schutzes** von privaten Rechten. Eine – subsidiäre – sachliche Zuständigkeit der Gefahrenabwehr- und Polizeibehörden setzt danach voraus, dass gerichtlicher Schutz nicht rechtzeitig zu erlangen ist und die Verwirklichung des Rechts ohne gefahrenabwehrbehördliche oder polizeiliche Hilfe vereitelt oder wesentlich erschwert werden würde. 80

Gerichtlicher Schutz kann nur dann nicht rechtzeitig erlangt werden, wenn dem Eilbedürfnis auch durch einstweiligen Rechtsschutz nach §§ 916 ff., 935 ff. ZPO (dinglicher oder persönlicher Arrest bzw. einstweilige Verfügung) nicht Rechnung getragen wird. Hinzukommen muss eine drohende Rechtsvereitelung oder wesentliche Erschwerung der Verwirklichung des Rechts im Falle ausbleibenden behördlichen Einschreitens. Dies kann etwa dann der Fall sein, wenn der Gläubiger die Identität des Schuldners nicht kennt. 81

Bsp.: A beschädigt im Gedränge eines Weihnachtsmarkts mit einer brennenden Zigarette fahrlässig die Jacke des B. B hat deshalb gegen A einen Anspruch auf Zahlung von Schadensersatz. Jedoch weigert sich A, dem B seine Personalien zu nennen. In Unkenntnis der Personalien des A kann B keinen gerichtlichen Schutz in Anspruch nehmen. Die Verwirklichung seines Rechts wäre also vereitelt oder wesentlich erschwert, wenn nicht die herbeigerufenen Polizeibeamtinnen X und Y die Identität des A feststellen würden.

In einzelnen Befugnisnormen des HSOG wird ausdrücklich auf den Schutz privater Rechte Bezug genommen. In vorstehendem Beispielsfall ergibt sich die Befugnis zur Identitätsfeststellung etwa aus § 18 Abs. 1 Var. 3 HSOG, wonach Gefahrenabwehr- und Polizeibehörden die Identität einer Person feststellen können, wenn dies zum Schutz privater Rechte erforderlich ist. § 32 Abs. 1 Nr. 4 HSOG ermächtigt die Polizeibehörden, eine Person in Gewahrsam zu nehmen, wenn dies unerlässlich ist, um private Rechte zu schützen und eine Festnahme und Vorführung nach den Regelungen des BGB über die Selbsthilfe ohne polizeiliches Einschreiten zulässig wäre. Nach § 40 Abs. 1 Nr. 2 HSOG können die Gefahrenabwehr- und die Polizeibehörden eine Sache sicherstellen, um die Eigentümerin oder den Eigentümer bzw. die rechtmäßige Inhaberin oder den rechtmäßigen Inhaber der tatsächlichen Gewalt vor Verlust oder Beschädigung einer Sache zu schützen. Je nach Fallkonstellation können zum Schutz privater Rechte durch die Gefahrenabwehr- und Polizeibehörden aber auch die Generalklausel des § 11 HSOG oder andere als die hier genannten Standardmaßnahmen zur Anwendung kommen. 82

Behördliches Einschreiten zum Schutz privater Rechte dient nicht der endgültigen Klärung eines zivilrechtlichen Sachverhalts, sondern lediglich der **Sicherung privatrechtlicher Positionen.** Gefahrenabwehrbehördliche und polizeiliche Maßnahmen beschränken sich deshalb auf die zur Sicherung eines Anspruchs und zur Ermöglichung des gerichtlichen Schutzes erforderlichen Maßnahmen.[22] Eines Antrags des Berechtigten bedarf es dazu nicht;[23] das Tätigwerden der Behörden muss aber mit dessen Zustimmung erfolgen oder zumindest in dessen Interesse liegen. Außerdem muss das private Recht glaubhaft gemacht werden bzw. sein Bestehen plausibel erscheinen. 83

---

22 Vgl. Lisken/Denninger/Bäcker, Kap. D, Rn. 16; BeckOK PolR Hessen/Mühl/Fischer, § 1 HSOG, Rn. 123 f.
23 BeckOK PolR Hessen/Mühl/Fischer, § 1 HSOG, Rn. 124; aA Lisken/Denninger/Bäcker, Kap. D, Rn. 14.

IV. Vorbeugende Bekämpfung von Straftaten (§ 1 Abs. 4 HSOG)

84 § 1 Abs. 4 HSOG weist den Polizeibehörden die exklusive Zuständigkeit für die vorbeugende Bekämpfung von Straftaten zu. Sie haben zu erwartende Straftaten zu verhüten und für die Verfolgung künftiger Straftaten vorzusorgen.

1. Verhütung von Straftaten

85 Die Verhütung von Straftaten ist ein klassischer Teilbereich der Gefahrenabwehr.[24] Dem Schutzgut der öffentlichen Sicherheit ist unter anderem die Wahrung der objektiven Rechtsordnung zuzuordnen. Im Verhältnis zu der allgemeinen Gefahrenabwehr nach § 1 Abs. 1 HSOG erweitert § 1 Abs. 4 HSOG den Aufgabenbereich der Polizeibehörden, denn er verlangt keine zeitliche Nähe der bevorstehenden Straftat und bezieht auch das Vorfeld konkreter Gefahren ein.[25] Darüber hinaus betrifft § 1 Abs. 4 HSOG nicht nur die Verhütung konkreter Straftaten. Es genügt, dass mit der Begehung von Straftaten gerechnet werden muss, auch wenn deren Einzelheiten noch nicht feststehen oder bekannt sind.[26]

86 Der Straftatenverhütung dienen zunächst polizeiliche Maßnahmen, die nicht mit Eingriffen in Grundrechte verbunden sind, zB die bloße polizeiliche Präsenz oder Beratungen, etwa zur Sicherung einer Wohnung gegen Wohnungseinbruch. Daneben spielen insbesondere datenrelevante Maßnahmen wie Befragungen, Identitätsfeststellungen, Observationsmaßnahmen oder Videoüberwachung eine Rolle. Auch Aufenthaltsverbote nach § 31 Abs. 3 HSOG und Sicherstellungen nach § 40 Abs. 1 Nr. 4 HSOG können der Straftatenverhütung dienen.

2. Strafverfolgungsvorsorge

87 An der Schnittstelle zwischen Gefahrenabwehr und Strafverfolgung steht die Vorsorge für die Verfolgung zukünftiger Straftaten gemäß § 1 Abs. 4 Var. 2 HSOG. „Die Verfolgungsvorsorge erfolgt in zeitlicher Hinsicht präventiv, betrifft aber gegenständlich das repressiv ausgerichtete Strafverfahren" – so das BVerfG.[27] Maßnahmen der Strafverfolgungsvorsorge fallen demnach in den Bereich der konkurrierenden Gesetzgebung nach Art. 72, 74 Abs. 1 Nr. 1 GG,[28] sodass die Länder die Befugnis zur Gesetzgebung nur haben, solange und soweit der Bund von seiner Gesetzgebungszuständigkeit nicht durch Gesetz Gebrauch gemacht hat. Bundesrechtliche Regelungen bestehen etwa in § 81b StPO oder in § 81g StPO, der Bundesgesetzgeber hat aber keine abschließenden Regelungen hinsichtlich der Strafverfolgungsvorsorge getroffen.[29] Der Landesgesetzgeber kann demzufolge bundesrechtliche Lücken im Bereich der Vorsorge für die Verfolgung künftiger Straftaten füllen. Auch die polizeiliche Zuständigkeit für Maßnahmen der Strafverfolgungsvorsorge beurteilt sich nicht nach der StPO, sondern nach den Polizeigesetzen der Länder.[30]

---

24 Vgl. BVerfG, NJW 2005, 2603 (2605); BVerwG, NVwZ 2012, 757 (759).
25 BeckOK PolR Hessen/Mühl/Fischer, § 1 HSOG, Rn. 127.
26 Vgl. Fredrich, § 1 HSOG, Rn. 41.
27 BVerfG, NJW 2005, 2603 (2605).
28 BVerfG, NJW 2005, 2603 (2605); BVerwG, NVwZ 2012, 757 (760).
29 BVerwG, NVwZ 2012, 757 (760).
30 Vgl. BVerwG 2006, 1225 (1226); Fredrich, § 1 HSOG, Rn. 43; BeckOK PolR Hessen/Mühl/Fischer, § 1 HSOG, Rn. 134.

V. Vollzugshilfe (§ 1 Abs. 5 HSOG)

§ 1 Abs. 5 HSOG weist den Polizeibehörden die Aufgabe zu, anderen Behörden Vollzugshilfe zu leisten. Wie § 1 Abs. 4 HSOG begründet auch § 1 Abs. 5 HSOG ausschließlich eine Zuständigkeit der Polizeibehörden, nicht aber der Gefahrenabwehrbehörden. 88

In §§ 44–46 HSOG ist die Vollzugshilfe näher geregelt. Ergänzend gelten nach § 44 Abs. 3 S. 2 HSOG die §§ 4 ff. HVwVfG über die Amtshilfe.[31] Gemäß § 44 Abs. 3 S. 1 HSOG sind die Polizeibehörden nur für die Art und Weise der Durchführung der Vollzugshilfe verantwortlich. Vollzugshilfe setzt also eine eigenständige Entscheidung einer anderen Behörde voraus. Sie erfolgt nur auf Ersuchen. 89

§ 44 HSOG differenziert zwischen Vollzugshilfe **zugunsten der allgemeinen Ordnungsbehörden** nach Absatz 1 und Vollzugshilfe **zugunsten anderer Behörden** nach Absatz 2. Den allgemeinen Ordnungsbehörden leisten die Polizeibehörden Vollzugshilfe, wenn zur Durchführung ihrer Maßnahmen Vollzugshandlungen erforderlich sind, welche die Ordnungsbehörde mangels eigener befugter Bediensteter nicht selbst vornehmen kann, § 44 Abs. 1 S. 1 Nr. 1 HSOG. Gleichermaßen leistet die Polizei den allgemeinen Ordnungsbehörden Vollzugshilfe, wenn zur Identitätsfeststellung erkennungsdienstliche Maßnahmen angeordnet worden sind, § 44 Abs. 1 S. 1 Nr. 2 HSOG. Anderen Behörden leisten die Polizeibehörden unter den Voraussetzungen des § 44 Abs. 2 HSOG Vollzugshilfe. Erfasst sind insoweit Fälle des unmittelbaren Zwangs (Nr. 1), des Schutzes von Personen bei zu erwartendem Widerstand (Nr. 2) sowie der erkennungsdienstlichen Maßnahmen zur Feststellung der Identität (Nr. 3). 90

Das Ersuchen um Vollzugshilfe ist gemäß § 45 Abs. 1 HSOG grundsätzlich schriftlich und unter Benennung des Grundes und der Rechtsgrundlage der Maßnahme zu stellen; in eiligen Fällen kann davon nach § 45 Abs. 2 HSOG abgewichen werden. Bei Vollzugshilfe, die mit einer Freiheitsentziehung einhergeht, sind die Regelungen des § 46 HSOG hinsichtlich der richterlichen Entscheidung zu beachten. Gemäß § 46 Abs. 3 HSOG gelten auch die Vorschriften über die Behandlung festgehaltener Personen nach § 34 HSOG sowie die Vorschriften über die Dauer der Freiheitsentziehung nach § 35 HSOG. 91

VI. Örtliche und instanzielle Zuständigkeit

Von der sachlichen Zuständigkeit der Polizei- und Gefahrenabwehrbehörden sind die örtliche Zuständigkeit sowie die instanzielle Zuständigkeit zu unterscheiden. 92

1. Polizeibehörden

Die örtliche Zuständigkeit der Polizeibehörden richtet sich nach § 101 HSOG. Gemäß § 101 Abs. 1 S. 1 HSOG sind die Polizeibehörden grundsätzlich im ganzen Landesgebiet[32] zuständig. Jedoch sollen die Polizeipräsidien und die Wasserschutzpolizei nach § 101 Abs. 1 S. 2 HSOG in der Regel in ihrem jeweiligen Dienstbereich tätig werden. Den Polizeibehörden werden Dienstbereiche in § 5 Abs. 2 HSOG-DVO zugewiesen. § 101 Abs. 2 zählt – nicht abschließend – Konstellationen auf, in denen ein Tätigwerden außerhalb des eigenen Dienstbereiches möglich ist. Hierzu gehören die Abwehr einer gegenwärtigen Gefahr (Nr. 1), die Verfolgung von Straftaten oder Ordnungswidrigkeiten, insbesondere zur Vernehmung von Personen (Nr. 2), die Verfolgung und Wiederergreifung entwichener Personen (Nr. 3) sowie das Tätigwerden auf Weisung, Anforderung oder mit Zustimmung der zuständigen Stelle (Nr. 4). Über Maßnahmen außerhalb 93

---

31 Zum Teil wird die Vollzugshilfe als besondere Form der Amtshilfe angesehen, vgl. BeckOK PolR Hessen/Mühl/Fischer, § 1 HSOG, Rn. 136; Fredrich, § 1 HSOG, Rn. 44.
32 Zum Tätigwerden außerhalb des Landes Hessen vgl. § 103 HSOG.

des eigenen Dienstbereiches ist die zuständige Polizeibehörde unverzüglich zu unterrichten, § 101 Abs. 2 S. 2 HSOG.

94 In instanzieller Hinsicht ist insbesondere § 5 Abs. 1 S. 1 HSOG-DVO zu beachten, wonach in ihren Dienstbereichen die Polizeipräsidien für die Erfüllung aller polizeilichen Aufgaben zuständig sind, soweit sie nicht einer anderen Polizeibehörde übertragen sind. Zu den Aufgabenbereichen des Landespolizeipräsidiums und der weiteren hessischen Polizeibehörden vgl. Kap. C. II.

2. Gefahrenabwehrbehörden

95 § 100 HSOG enthält Regelungen über die örtliche Zuständigkeit der Gefahrenabwehrbehörden. Grundsätzlich ist die örtliche Zuständigkeit einer Gefahrenabwehrbehörde gemäß § 100 Abs. 1 HSOG auf ihren Amtsbereich beschränkt, wobei diejenige Behörde zuständig ist, in deren Amtsbereich die Gefahrenabwehraufgabe wahrzunehmen ist. Hingegen kommt es nicht darauf an, in welchem Amtsbereich ein Störer seinen Wohnsitz oder ständigen Aufenthalt hat.[33]

96 Welchen räumlichen Bereich ein Amtsbereich umfasst, bestimmt sich nach dem für die Gefahrenabwehrbehörde maßgeblichen Organisationsrecht. Wird ein Landesministerium als Gefahrenabwehrbehörde tätig, so umfasst sein Amtsbereich das gesamte Landesgebiet. Der Amtsbereich der hessischen Regierungspräsidien entspricht dem Gebiet des jeweiligen Regierungsbezirks nach § 2 des Gesetzes über die Regierungspräsidien und Regierungsbezirke des Landes Hessen. Gefahrenabwehrbehörden auf der Ebene der hessischen Landkreise werden im Kreisgebiet tätig, vgl. § 13 HKO. Auf Gemeindeebene ergibt sich der Amtsbereich der allgemeinen Verwaltungsbehörde und der örtlichen Ordnungsbehörde aus dem Gebietsbestand der Gemeinde nach § 15 HGO. Der Amtsbereich einer Sonderordnungsbehörde richtet sich nach deren Organisationsrecht.

97 Unter den Voraussetzungen des § 100 Abs. 2 S. 1 HSOG kann eine Gefahrenabwehrbehörde auch außerhalb ihres Amtsbereiches Gefahrenabwehrmaßnahmen treffen, etwa bei Gefahr im Verzug. § 100 Abs. 3 HSOG eröffnet die Möglichkeit, dass Bedienstete einer Gefahrenabwehrbehörde mit Zustimmung der zuständigen Gefahrenabwehrbehörde Amtshandlungen in deren Amtsbereich wahrnehmen. Diese Regelung ermöglicht es insbesondere Kommunen, sich bei Großveranstaltungen gegenseitig auszuhelfen. Eine dauerhafte Zusammenarbeit ist hiervon indes nicht umfasst.[34]

98 In instanzieller Hinsicht ist in der Regel die unterste Behördenebene zuständig. Mit Blick auf die allgemeinen Ordnungsbehörden ist dies in § 89 Abs. 2 HSOG normiert.[35] Häufig ergibt sich aus den Regelungen über die sachliche Zuständigkeit auch, auf welcher Behördenebene die Zuständigkeit liegt. So sieht etwa § 1 der Verordnung zur Durchführung des Waffengesetzes (WaffGDV) die grundsätzliche Zuständigkeit der Kreisordnungsbehörden in waffenrechtlichen Angelegenheiten vor. Im Versammlungsrecht ist die Zuständigkeit der allgemeinen Ordnungsbehörden gemäß § 89 Abs. 2 S. 1 HSOG, § 1 S. 1 Nr. 2 HSOG-DVO geteilt: In Gemeinden mit weniger als 7.500 Einwohnerinnen und Einwohner ist die Kreisordnungsbehörde zuständig, in Gemeinden mit Einwohnerzahlen ab 7.500 die örtliche Ordnungsbehörde.

---

33 BeckOK PolR Hessen/Bäuerle, § 100 HSOG, Rn. 12; Fredrich, § 100 HSOG, Rn. 1.
34 Vgl. eingehend BeckOK PolR Hessen/Bäuerle, § 100 HSOG, Rn. 21 ff.
35 BeckOK PolR Hessen/Mühl/Fischer, § 11 HSOG, Rn. 32.

E. Gefahrenabwehr

I. Gefahrenabwehr als staatliche Pflichtaufgabe mit Verfassungsrang

Die Gefahrenabwehr – genauer: die „Abwehr von Gefahren für die öffentliche Sicherheit und Ordnung" (§ 1 Abs. 1 S. 1 HSOG) – bildet den Regelungsgegenstand des HSOG. Dementsprechend kann man den Inhalt des Gesetzes zusammenfassend als **Gefahrenabwehrrecht** bezeichnen. Das HSOG enthält keine abschließende Regelung dieser Rechtsmaterie, sondern das *allgemeine* Gefahrenabwehrrecht, welches durch *besondere* gefahrenabwehrrechtliche Vorschriften anderer Gesetze ergänzt wird (Bsp.: Hessisches Versammlungsfreiheitsgesetz, Aufenthaltsgesetz), die dem HSOG grundsätzlich vorgehen (§ 3 Abs. 1 S. 2 HSOG).

Unter Zugrundelegung des sogenannten materiellen Polizeibegriffs werden die Rechtsgrundlagen allen gefahrenabwehrenden Verwaltungshandelns unabhängig davon, welche Behörde die Aufgabe der Gefahrenabwehr wahrnimmt, traditionell unter dem Begriff **Polizeirecht** zusammengefasst. Vor dem Hintergrund organisationsrechtlicher Begrifflichkeiten – ua sind auch die Ordnungsbehörden für die Gefahrenabwehr zuständig (§ 1 Abs. 1 S. 1 HSOG) –, wird auch vom Polizei- und Ordnungsrecht gesprochen; inhaltliche Erweiterungen sind damit nicht verbunden.

Die Gefahrenabwehr ist eine *staatliche* Kernaufgabe (§ 81 HSOG) und steht als solche an erster Stelle allen Verwaltungshandelns, leitet der Staat aus der Gewährleistung von Sicherheit und Ordnung doch seine „eigentliche und letzte Rechtfertigung" her.[1] Keineswegs handelt es sich bei der Gefahrenabwehr um eine „nur" einfachgesetzliche Aufgabe, die zur Disposition des Gesetzgebers stünde. Vielmehr ist der Staat mit allen seinen drei Gewalten von Verfassungs wegen dazu verpflichtet, „die nach den tatsächlichen Umständen größtmögliche Sicherheit herzustellen".[2] Was für die gesetzgebende Gewalt gilt, gilt erst recht für die ausführende Gewalt. Dass die Aufgabe der Gefahrenabwehr für die zuständigen Behörden eine verpflichtende ist, folgt auch aus § 1 Abs. 1 S. 1 HSOG, wonach die Behörden diese Aufgabe „haben". Die *verfassungsrechtliche* Pflicht zur Gefahrenabwehr wird vom Bundesverfassungsgericht aus den **grundrechtlichen Schutzpflichten** hergeleitet.[3] Die grundrechtlichen Schutzpflichten gebieten dem Staat, „das Leben, die körperliche Unversehrtheit und die Freiheit des Einzelnen zu schützen, das heißt vor allem, auch vor rechtswidrigen Eingriffen von Seiten anderer zu bewahren".[4]

Gefahrenabwehr ist Rechtsgüterschutz: Bei der Gefahrenabwehr und damit der Gewährleistung von Sicherheit und Ordnung geht es darum, Schäden an Rechtsgütern zu verhindern oder zumindest Schadensbegrenzung bzw. -beseitigung zu betreiben. Deshalb wird auch von **Prävention** (von lat. praevenio = zuvorkommen, verhindern, vorbeugen, verhüten) gesprochen.

Die Aufgabe, **Straftaten zu verhüten** – insoweit sind die Polizeibehörden exklusiv zuständig – ist als Unter- bzw. Spezialfall der Gefahrenabwehr anzusehen[5] und darf nicht mit der Aufgabe der Strafverfolgung verwechselt werden. Die Aufgabe der Straftatenverhütung wird wegen ihrer herausgehobenen Bedeutung im HSOG neben der allgemeinen Aufgabe der Gefahrenabwehr (§ 1 Abs. 1 S. 1) ausdrücklich erwähnt (§ 1 Abs. 4 Alt. 1).

---

1 BVerfGE 49, 24/56 f.
2 BVerfGE 115, 320/358. Unzutreffend daher Kugelmann, DÖV 2003, 781/782, nach dem der Staat lediglich dazu „berechtigt" sei, die Sicherheit seiner Bürger zu gewährleisten.
3 Zu den grundrechtlichen Schutzpflichten grundlegend: BVerfGE 39, 1/42; 46, 160/164 f.; 88, 203/251 ff.
4 BVerfGE 141, 220/268.
5 BVerfGE 113, 348/368.

II. Abgrenzung zur Strafverfolgung und Verfolgung von Ordnungswidrigkeiten

6   Die Aufgabe der Gefahrenabwehr muss von der Aufgabe der **Strafverfolgung** und der Aufgabe der **Verfolgung von Ordnungswidrigkeiten** unterschieden werden. Diese Differenzierung ist schon deshalb erforderlich, weil für die zuletzt genannten Aufgaben grundsätzlich andere Rechtsgrundlagen einschlägig sind: die StPO und das OWiG. Auch das Verfahrensrecht verlangt nach dieser Unterscheidung, ist das HVwVfG doch auf Maßnahmen der Strafverfolgung und der Ahndung von Ordnungswidrigkeiten nicht anwendbar (§ 2 Abs. 2 Nr. 2 HVwVfG). Deshalb ändert auch der Umstand, dass den Polizeibehörden nicht nur die Aufgabe der Gefahrenabwehr, sondern zugleich die Aufgaben der Strafverfolgung (§ 163 StPO) und der Verfolgung von Ordnungswidrigkeiten (§ 53 OWiG) obliegt, nichts an der Notwendigkeit einer strikten Unterscheidung. Diese kommt auch im Polizeirecht zum Ausdruck, das die Verfolgungsaufgabe als eine unbenannte „weitere Aufgabe" ansieht (§ 1 Abs. 2 HSOG), bei deren Erfüllung nur unter engen Voraussetzungen auf das HSOG zurückgegriffen werden darf (§ 3 Abs. 1 u. Abs. 3 HSOG). Alle polizeipraktischen Versuche, die beiden Kernaufgaben der Polizei zusammenzufassen – etwa unter dem Begriff „**Eingriffsrecht**" – kommen hier an ihre rechtlichen Grenzen.

7   Die Aufgabe der Verfolgung von Straftaten oder von Ordnungswidrigkeiten stellt sich immer dann, wenn bereits eine entsprechende Rechtsverletzung (Straftat oder Ordnungswidrigkeit) im Raum steht. Insoweit **ist die Verfolgungsaufgabe** grundsätzlich **vergangenheitsbezogen**, während die Gefahrenabwehr – zukunftsbezogen – den Eintritt von Rechtsverletzungen gerade verhindern will.

8   Die Abgrenzung darf allerdings nicht so verstanden werden, dass sich ab dem Zeitpunkt, in dem ein Delikt begangen wird, nur noch die Aufgabe der Strafverfolgung stellt, gefahrenabwehrende Maßnahmen also von vornherein ausscheiden. Es gibt zahlreiche Straftaten (sog. Dauerdelikte), bei denen nicht nur die Herbeiführung eines rechtswidrigen Zustandes, sondern auch dessen Aufrechterhaltung den gesetzlichen Tatbestand verwirklicht.

Bsp.: Trunkenheit im Verkehr gem. § 316 StGB, Freiheitsberaubung gem. § 239 StGB, Hausfriedensbruch gem. § 123 StGB.

9   So liegt ein Hausfriedensbruch gem. § 123 StGB nicht nur mit einem widerrechtlichen Eindringen, sondern so lange vor, wie der Aufenthalt andauert. Mit fortlaufender Zeit vergrößert sich der Schaden; die Straftat wird gewissermaßen fortwährend erneuert. In dieser Situation kommen daher trotz bereits vollendeter Tat noch gefahrenabwehrende Maßnahmen in Betracht, sind unter Umständen sogar geboten: Beispielsweise kann ein Platzverweis gem. § 31 Abs. 1 Alt. 1 HSOG angeordnet werden, um die permanente Erneuerung des Hausfriedensbruchs zu verhindern.

10 Hinsichtlich der Strafverfolgung und der Verfolgung von Ordnungswidrigkeiten findet häufig der – gesetzesferne – Begriff der **Repression** Verwendung (von lat. reprimo = zurückdrängen, unterbinden). Diese Begrifflichkeit ist insofern nicht unproblematisch, als das Unterbinden einer Straftat, die sich im Versuchsstadium befindet oder das Unterbinden eines Dauerdelikts – wie dargelegt – der Aufgabe der Gefahrenabwehr unterfällt – ganz unabhängig davon, ob daneben auch Maßnahmen der Strafverfolgung angezeigt sind. Gefahrenabwehrendes Handeln wirkt insoweit repressiv. Gleichwohl wird hier aus didaktischen Gründen an der Verwendung des Begriffs der Repression für die Aufgabe der Strafverfolgung und der Verfolgung von Ordnungswidrigkeiten festgehalten.

Fischer

III. Rechtsfragen der Aufgabenüberschneidung

Da den Polizeibehörden nicht nur die Aufgabe der Prävention, sondern auch die Aufgabe der Repression obliegt – sog. **Doppelfunktion der Polizei**[6] –, kommt der Problematik des Zusammenfallens gefahrenabwehrender und (straf-)verfolgender Aufgaben – insoweit wird auch von **Gemengelagen** gesprochen – besondere Bedeutung zu. Aufgabenüberschneidungen können sich (wie soeben aufgezeigt) bereits hinsichtlich eines Dauerdelikts und damit eines Einzelgeschehens ergeben. Darüber hinaus verlangen insbesondere komplexe Einsatzlagen oft sowohl nach Gefahrenabwehr als auch nach Strafverfolgung.

In der polizeilichen Praxis gelingt die doppelte Aufgabenerfüllung regelmäßig ohne nennenswerte Probleme auch dann, wenn sie im Rahmen eines einzigen Einsatzes erforderlich ist. So genügt es zur Einleitung der Strafverfolgung oft, zunächst nur die Identität des Verdächtigen festzustellen (§ 163b Abs. 1 StPO). Diese und andere Maßnahmen sind regelmäßig unproblematisch vor oder nach der Gefahrenabwehr oder auch parallel zu dieser durchführbar. Eine Identitätsfeststellung steht zudem nicht selten am Anfang auch des gefahrenabwehrenden Handelns (§ 18 HSOG), so dass mit ein und derselben Maßnahme beide Aufgaben verfolgt werden können.

Derartige Maßnahmen, die aufgrund ihrer inhärenten Doppelwirkung nach ihrem äußeren Erscheinungsbild keine klare Zuordnung zu einer präventiven oder repressiven Zielrichtung erkennen lassen, werden als **doppelfunktionale Maßnahmen** bezeichnet.[7] Da die präventive und repressive Aufgabe nach ihren einfachgesetzlichen Regelungen gleichrangig nebeneinanderstehen,[8] soll der Polizei bei doppelfunktionalen Maßnahmen grundsätzlich ein **Wahlrecht** zukommen, ob sie diese auf präventive oder repressive Rechtsgrundlagen stützen will. Eine „sowohl-als-auch"-Entscheidung soll ebenfalls möglich sein,[9] so dass eine sog. Dominanzentscheidung nach einem festzulegenden Schwerpunkt der Zweckverfolgung insoweit als rechtlich nicht erforderlich angesehen wird.

Bei einer doppelten Zweckverfolgung – diese liegt bereits in der Natur der doppelfunktionalen Maßnahme – soll es unter bestimmten Umständen nicht zwingend erforderlich sein, dass ausnahmslos alle Voraussetzungen nicht nur der gefahrenabwehrrechtlichen, sondern auch der strafprozessualen Befugnis erfüllt sind.[10] Diese Frage der rechtlichen Verankerung einer doppelfunktionalen Maßnahme ist vor allem deshalb bedeutsam, weil polizeirechtliche Befugnisse niedrigere **Eingriffsschwellen** aufweisen können als strafprozessuale. Freilich soll es rechtsmissbräuchlich und damit rechtswidrig sein, „wenn Gefahrenabwehrrecht zur Legitimierung einer in Wahrheit bezweckten Strafverfolgungsmaßnahme vorgeschoben wird, weil in Wirklichkeit keine Gefahrenabwehr bezweckt wird. Entsprechendes gilt, wenn eine gefahrenabwehrrechtliche Maßnahme nur deswegen gewählt wird, weil eine vergleichbare Maßnahme nach der Strafprozessordnung nicht möglich wäre, zB weil die Annahme bestanden hätte, dass ein Ermittlungsrichter einen nach der Strafprozessordnung erforderlichen Beschluss (…) nicht erlassen hätte".[11]

Diese Ausführungen des Bundesgerichtshofs dürfen allerdings nicht zu der Annahme führen, die Polizei könne frei darüber entscheiden, ob sie (auch) gefahrenabwehrend tätig werden soll oder nicht. Ein solches Wahlrecht besteht schon deshalb nicht, weil auch die Aufgabe der Gefahrenabwehr eine verpflichtende ist, wie ihre Verankerung in den grundrechtlichen

---

6 Vertiefend Dreier, JZ 1987, 1009/1009 f.
7 BGH, Urt. v. 26.4.2017, 2 StR 247/16, Rn. 20; zu den doppelfunktionalen Maßnahmen instruktiv Schoch, Jura 2013, 1115 ff.
8 BGH, Urt. v. 26.4.2017, 2 StR 247/16, Rn. 25, 27; BVerwG, NVwZ 2001, 1285/1286.
9 Schenke, NJW 2011, 2838/2842; Schoch, Jura 2013, 1115/1118.
10 Dazu im Einzelnen BGH, Urt. v. 26.4.2017, 2 StR 247/16, Rn. 38 ff.
11 BGH, Urt. v. 26.4.2017, 2 StR 247/16, Rn. 41.

Schutzpflichten und in § 1 Abs. 1 S. 1 HSOG zeigt, nach dem die Gefahrenabwehrbehörden die Aufgabe der Gefahrenabwehr „haben".[12] Zudem kann insbesondere der Grundsatz des **Vorrangs der Prävention vor der Repression**[13] im Kollisionsfall dazu führen, dass die Gefahrenabwehr der Strafverfolgung vorgeht.[14]

16 Besondere Probleme entstehen für den Bürger, wenn dieser die gegen ihn gerichtete doppelfunktionale Maßnahme gerichtlich überprüfen lassen will. Denn hinsichtlich präventiv-polizeilicher Maßnahmen ist gem. § 40 Abs. 1 S. 1 VwGO der **Rechtsweg** zu den Verwaltungsgerichten eröffnet, während für solche der Strafverfolgung gem. § 23 Abs. 1 S. 1 EGGVG oder in unmittelbarer oder analoger Anwendung von § 98 Abs. 2 S. 2 StPO[15] die ordentlichen Gerichte zuständig sind. Die Bestimmung des Rechtswegs gegen doppelfunktionale Maßnahmen wird vor diesem Hintergrund kontrovers diskutiert. Bezugnehmend auf eine Entscheidung des Bundesverwaltungsgerichts aus dem Jahr 1974[16] wird oft die Auffassung vertreten, dass sich der einschlägige Rechtsweg nach dem **Schwerpunkt des polizeilichen Handelns** richten soll.[17] Diese Ansicht birgt praktische Probleme, ist doch schon unklar, nach welchen Kriterien ein solcher Schwerpunkt überhaupt rechtssicher bestimmt werden kann. Vor allem aber können mit einer doppelfunktionalen Maßnahme präventive und repressive Zwecke gleichberechtigt nebeneinander verfolgt werden, ohne dass es zu einer Schwerpunktsetzung kommen muss.[18]

17 In dem genannten Urteil hat das Bundesverwaltungsgericht allerdings auch darauf hingewiesen, dass „man davon ausgehen" dürfe, „dass die Polizei dem Betroffenen (...) den Grund ihres Einschreitens von sich aus oder auf Verlangen angibt".[19] Rechtspraktisch liegt in diesem Hinweis ein Schlüssel zur Klärung des richtigen Rechtswegs: Schon vor dem Hintergrund des angesprochenen Wahlrechts[20] richtet sich der Rechtsweg im Zweifelsfall nach der **Begründung der handelnden Beamten**, also danach, ob die Polizei ihr Handeln polizeirechtlich (Rechtsweg zu den Verwaltungsgerichten) oder strafprozessrechtlich (Rechtsweg zu den ordentlichen Gerichten) verortet. Stützt die Polizei ihr Handeln sowohl auf das Gefahrenabwehrrecht als auch die StPO, ist ein doppelter Rechtsweg zu beschreiten.[21] Aus dem Verwaltungsverfahrensrecht (§§ 37 Abs. 2, 39 Abs. 1 HVwVfG) und dem Rechtsstaatsprinzip ergeben sich für die handelnden Beamten entsprechende **Informationspflichten** gegenüber den Betroffenen.[22]

18 In der polizeilichen Praxis kann es beim Zusammenfallen gefahrenabwehrender und (straf-)verfolgender Aufgaben schließlich auch vorkommen, dass – jedenfalls zunächst – **nur eine der beiden Aufgaben erfüllt** werden kann, die Polizei sich also für Gefahrenabwehr *oder* Strafverfolgung entscheiden muss.

> **Bsp.:** Die am Tatort eines Messerangriffs eintreffenden Beamten müssen entscheiden, ob sie die gerade flüchtenden Täter verfolgen oder schwer verletzte Opfer versorgen sollen.

19 In einem solchen Kollisionsfall stellt sich die Frage des **Aufgabenvorrangs**, die allerdings – wie das Beispiel zeigt – in der Praxis oft unschwer zu beantworten ist. Nach dem einfachgesetzlichen Recht stehen beide Aufgaben gleichrangig nebeneinander; im Übrigen kommt nicht nur der

---

12 Siehe dazu Kap. E Rn. 3.
13 BVerfGE 39, 1/44.
14 Siehe dazu Kap. E Rn. 19.
15 Dazu Schenke, NJW 2011, 2838/2839 ff.
16 BVerwG, NJW 1975, 893.
17 Vgl. OVG Lüneburg, NVwZ-RR 2014, 327/327 f.
18 Vgl. Schenke, NJW 2011, 2838/2842.
19 BVerwG, NJW 1975, 893/895.
20 Siehe Kap. E Rn. 13.
21 Schenke, NJW 2011, 2838/2844.
22 So ansatzweise bereits BVerwG, NJW 1975, 893/895; vgl. auch VGH Kassel, NVwZ-RR 1994, 652/654.

Fischer

IV. Die Schutzgüter der Gefahrenabwehr

Gefahrenabwehr Verfassungsrang zu,[23] sondern auch der Strafverfolgung.[24] Die Entscheidung, welche Aufgabe vorrangig zu erfüllen ist, verlangt deshalb nach einer Abwägung. Bei dieser Abwägungsentscheidung wird insbesondere der vom Bundesverfassungsgericht formulierte **„Leitgedanke des Vorranges der Prävention vor der Repression"**[25] zu beachten sein. Die Gefahrenabwehr geht der Aufgabe der Strafverfolgung grundsätzlich vor.[26] So auch im Beispielsfall. Ein Vorrang der Gefahrenabwehr gilt jedenfalls dann, wenn (weitere) Schäden an den Rechtsgütern Leben, körperliche Unversehrtheit oder Freiheit einer Person unmittelbar bevorstehen. Die Strafverfolgung muss dann zurücktreten. Diese Bewertung kommt auch im Polizeirecht zum Ausdruck, zeigt doch die Regelung des sogenannten finalen Rettungsschusses in § 60 Abs. 2 S. 2 HSOG, dass die Gefahrenabwehr äußerstenfalls sogar mit strafverfolgungs*verhindernder* Wirkung erfolgen darf.[27]

Die (Kriminal-)Polizei ist hinsichtlich aller Strafverfolgungsmaßnahmen Ermittlungsorgan der Staatsanwaltschaft und unterliegt insoweit deren Weisungsbefugnis (§§ 161 Abs. 1 StPO, 152 GVG). Deshalb muss der Entscheidung über den Aufgabenvorrang erforderlichenfalls und soweit möglich eine enge **Abstimmung zwischen Polizei und Staatsanwaltschaft** vorausgehen. Da die Polizei eine Doppelfunktion zu erfüllen hat, obliegt ihr allerdings die Letztentscheidung, wenn das anzustrebende Einvernehmen nicht hergestellt werden kann.[28]

IV. Die Schutzgüter der Gefahrenabwehr

Die Gefahrenabwehr zielt – wie § 1 Abs. 1 S. 1 HSOG zeigt – auf den Schutz sowohl der öffentlichen Sicherheit als auch der öffentlichen Ordnung ab. **Sicherheit und Ordnung sind damit die beiden Schutzgüter der Gefahrenabwehr**, die (im Unterschied zum umgangssprachlichen Gebrauch) rechtlich nicht in eins gesetzt werden dürfen. Rechtspraktisch ist zunächst zu prüfen, ob das Schutzgut der öffentlichen Sicherheit betroffen ist. Erst im Fall einer Verneinung stellt sich die Frage nach der Betroffenheit der öffentlichen Ordnung.

1. Öffentliche Sicherheit

Primäres Schutzgut ist die öffentliche Sicherheit. Was darunter zu verstehen ist, wird im HSOG nicht näher ausgeführt. Gesetze anderer Bundesländer (Sachsen-Anhalt, Thüringen, Bremen) enthalten aber – in der Sache übereinstimmende – Legaldefinitionen.[29] Diese gehen auf entsprechende Begriffsbestimmungen in der Rechtsprechung und polizeirechtlichen Literatur zurück, durch welche der unbestimmte Rechtsbegriff „öffentliche Sicherheit" einen „hinreichend klaren Inhalt erlangt" hat.[30] Die Legaldefinitionen sind daher auch für das hessische Polizeirecht maßgeblich.

Definition: „Öffentliche Sicherheit" bedeutet „die Unverletzlichkeit der Rechtsordnung, der subjektiven Rechte und Rechtsgüter des Einzelnen sowie des Bestandes, der Einrichtungen und Veranstaltungen des Staates oder sonstiger Träger der Hoheitsgewalt" (§ 3 Nr. 1 SOG LSA).

---

23 Dazu oben Kap. E Rn. 3.
24 BVerfGE 133, 168/199 f. (mwN). Der Verfassungsrang der Strafverfolgung wird vom Bundesverfassungsgericht allerdings unter dem Aspekt des Rechtsgüterschutzes und damit letztlich auch aus der Perspektive der Gefahrenabwehr betont.
25 BVerfGE 39, 1/44.
26 So überzeugend Kniesel, in: Bull (Hrsg.), Sicherheit durch Gesetze?, 1987, S. 105/106 f., 119 f.
27 Zu finalen Rettungsschuss näher Kap. J Rn. 155 ff.
28 Siehe dazu die Richtlinien für das Strafverfahren und das Bußgeldverfahren (RiStBV), Anlage A, B III.
29 § 3 Nr. 1 SOG LSA, § 54 Nr. 1 ThürOBG; § 2 Nr. 2 BremPolG.
30 BVerfGE 69, 315/352; ähnlich bereits BVerfGE 54, 143/144 f.; 14, 245/253.

Fischer

24 Die (1) Unverletzlichkeit der Rechtsordnung, die (2) Unverletzlichkeit der subjektiven Rechte und Rechtsgüter des Einzelnen und (3) die Unverletzlichkeit des Bestandes, der Einrichtungen und Veranstaltungen des Staates oder sonstiger Träger der Hoheitsgewalt können als die **drei Teilschutzgüter** des Schutzguts „öffentliche Sicherheit" bezeichnet werden. Sie überschneiden sich und sind ihrerseits erläuterungsbedürftig.

a) Unverletzlichkeit der Rechtsordnung

25 Wo Recht ist, ist auch Rechtsverletzung. „Unverletzlichkeit" der Rechtsordnung ist daher nicht als Seinsaussage zu verstehen, sondern als „Sollensgebot",[31] als unbedingte Schutzpflicht: Die öffentliche Sicherheit zu schützen heißt, die **Verletzung von Rechtsnormen** (Ge- und Verbotsnormen) **zu verhindern**. Jeder Rechtsverstoß beeinträchtigt die öffentliche Sicherheit. Geschützt werden Rechtsnormen, also alle hoheitlichen Anordnungen, die für eine unbestimmte Vielzahl von Personen und Fälle allgemein verbindliche Regelungen enthalten (sogenannte Gesetze im materiellen Sinn). Erfasst werden damit nicht nur **Parlamentsgesetze** (Bsp.: StGB, OWiG) sondern auch **Rechtsverordnungen** (Bsp.: StVO, HBO) und **Satzungen** (Bsp.: Abfallsatzung der Stadt Frankfurt am Main).

26 Da die gesamte Rechtsordnung geschützt wird, erstreckt sich die Unverletzlichkeit auf **alle Rechtsgebiete**, also nicht etwa nur auf das Straf- und Ordnungswidrigkeitenrecht, sondern auch auf das gesamte Verwaltungsrecht, das Privatrecht[32] sowie das Europa- und Völkerrecht.

27 *Absolute* Sicherheit setzt voraus, dass ausnahmslos jeder Rechtsnormverstoß verhindert wird. Ein solcher Zustand ist schon vor dem Hintergrund der Fülle tagtäglicher Normverstöße eine Utopie,[33] angesichts des erforderlichen Überwachungsaufwands und -umfangs sogar eine Dystopie. Das realistische Ergebnis sicherheitsbehördlicher Arbeit kann daher nur die Herstellung *relativer* Sicherheit, noch defensiver formuliert: die *Reduktion von Unsicherheit* sein.

28 Die viel diskutierte Normenflut und immer komplexere Regelungen führen dazu, dass Normverstöße oft gar nicht erkannt, jedenfalls aus Kapazitätsgründen nicht mehr geahndet und erst recht nicht verhindert werden können. Doch die „Unverletzlichkeit der Rechtsordnung" gilt unbedingt. Daher sind Priorisierungen angezeigt: Vorrangig sind Verstöße gegen Normen zu verhindern, die dem Schutz besonders wichtiger Individual- und Kollektivrechtsgüter dienen. Damit geraten **Straftatbestände** in den Fokus – und es ist kein Zufall, dass das Bundesverfassungsgericht das Schutzgut der öffentlichen Sicherheit vor allem dann als betroffen ansieht, wenn es darum geht, strafbewehrte Verhaltensweisen zu verhindern.[34] Diese Priorisierung nimmt das Bundesverwaltungsgericht ebenfalls vor.[35] Und sie kommt nicht zuletzt im Gesetz zum Ausdruck, indem das HSOG die Aufgabe der Straftatenverhütung aus der allgemeinen Aufgabe der Gefahrenabwehr heraus- und damit besonders hervorhebt (§ 1 Abs. 4 Alt. 1 HSOG). **Schutz vor Rechtsverstößen heißt** also **in erster Linie: Verhinderung drohender Straftaten.**

29 Bei Straftaten ist gefahrenabwehrrechtlich die Frage ihrer Sanktionierung unerheblich; der Schutzauftrag stellt sich bei jedem (drohenden) straftatbestandlich-rechtswidrigen Verhalten. Darauf, ob schuldhaftes Handeln oder – bei Antragsdelikten[36] – ein Strafantrag vorliegt, kommt es also jedenfalls zunächst nicht an.[37]

---

31 Erbel, DVBl. 2001, 1714/1720.
32 Der Schutzauftrag der Gefahrenabwehr- und Polizeibehörden ist hinsichtlich privater Rechte aber eingeschränkt, wie § 1 Abs. 3 HSOG zeigt – dazu näher Kap. E Rn. 37 ff.
33 Erbel, DVBl. 2001, 1714/1720.
34 BVerfGE 69, 315/352.
35 BVerwG, NVwZ 2007, 1439/1440.
36 Bsp.: Hausfriedensbruch, § 123 StGB, Beleidigung, § 185 BGB.
37 BVerwG, NJW 1982, 1008/1009.

Fischer

IV. Die Schutzgüter der Gefahrenabwehr

Unterschiedlich beantwortet wird, ob auch die **Grundrechte**, die als Kerninhalt des Grundgesetzes und der Hessischen Verfassung selbstverständlich Teil der Rechtsordnung sind, zum Schutzgut „öffentliche Sicherheit" zählen.[38] Dabei geht es vor allem um die Frage, ob und inwieweit Grundrechte nicht nur durch Träger öffentlicher Gewalt (vgl. Art. 1 Abs. 3 GG), sondern auch durch Privatpersonen („Dritte") verletzt werden und damit gefahrenabwehrende Maßnahmen nicht nur begrenzen, sondern auch begründen können. Das sächsische Polizeigesetz weist den Behörden ausdrücklich die Aufgabe zu, „die ungehinderte Ausübung der Grundrechte und der staatsbürgerlichen Rechte zu gewährleisten", ohne darin eine Erweiterung der tradierten Schutzgüter zu sehen.[39]

Hinsichtlich der Frage nach der Schutzgutrelevanz der Grundrechte verbieten sich pauschale Antworten. Zunächst ist der Grundsatz des **Anwendungsvorrangs des einfachen Rechts** zu beachten: Nur wenn einfachrechtliche Regelungen Lücken aufweisen, kann die Heranziehung von Grundrechten überhaupt in Betracht kommen. Schon deshalb ist die gefahrenabwehrbehördliche Verhinderung eines Diebstahls auf § 242 StGB und nicht auf die Eigentumsgarantie (Art. 14 Abs. 1 S. 1 GG) zu stützen. Dem Problem der Schutzgutrelevanz der Grundrechte kommt daher praktisch nur begrenzte Bedeutung zu.

Im Übrigen ist die Schutzgutrelevanz für jedes Grundrecht gesondert zu prüfen. So betont das Bundesverfassungsgericht etwa hinsichtlich der Garantie der **Unantastbarkeit der Menschenwürde** (Art. 1 Abs. 1 S. 1 GG), dass dieses Grundrecht nicht nur vor Übergriffen des Staates, sondern auch vor Übergriffen Dritter schützt.[40] Auf Art. 1 Abs. 1 S. 1 GG gestützte gefahrenabwehrende Maßnahmen sind also nicht ausgeschlossen. Entsprechendes soll für das durch Art. 1 iVm Art. 2 Abs. 1 GG geschützte **allgemeine Persönlichkeitsrecht** gelten.[41] Auch der **Koalitionsfreiheit** (Art. 9 Abs. 3 S. 1 GG) wird im Hinblick auf Art. 9 Abs. 3 S. 2 GG unmittelbare Drittwirkung zugesprochen,[42] gleiches dem Grundrecht auf **ungestörte Religionsausübung** aus Art. 4 Abs. 2 GG[43] und der **Meinungsfreiheit** aus Art. 5 Abs. 1 S. 1 GG.[44] Demgegenüber soll der **allgemeine Gleichheitssatz** (Art. 3 Abs. 1 GG) grundsätzlich nicht unmittelbar zwischen Privatpersonen wirken[45] und kann deshalb insoweit auch keine gefahrenabwehrenden Maßnahmen auslösen.

Bei einer etwaigen Heranziehung von Grundrechten als polizeirechtliche Schutzgüter sind schließlich **Grundrechtskollisionen** zu beachten, denn auch der Adressat der Maßnahme ist Grundrechtsträger.[46] Insoweit verbietet sich von vornherein einseitiges Eingreifen zugunsten einer Seite.

Daran wird exemplarisch deutlich, dass die Feststellung, ob tatsächlich eine Rechtsverletzung im Raum steht, oft nicht nur gute Rechtskenntnisse voraussetzt, sondern auch nach komplexen Prüfungen verlangen kann, die – typisch für gefahrenabwehrende Maßnahmen – auch noch im Rahmen zeitkritischen Handelns erfolgen müssen.

---

38 Vgl. zum Folgenden Mühl/Fischer, BeckOK § 1 HSOG, Rn. 18.
39 § 1 Abs. 1 S. 2 Nr. 1 SächsPolG; ähnlich § 1 Abs. 1 S. 2 BWPolG.
40 BVerfGE 115, 118/153.
41 VGH Mannheim, NVwZ-RR 2008, 700/701.
42 BVerfGE 57, 220/245.
43 Götz/Geis PolR § 4 Rn. 18; implizit BVerfGE 102, 370/393; 93, 1/16.
44 Implizit BVerfGE 25, 256/268.
45 BVerfGE 148, 267/283.
46 Vgl. BVerfGE 148, 267/280.

b) Unverletzlichkeit der subjektiven Rechte und Rechtsgüter des Einzelnen

35 Vom Schutzgut der öffentlichen Sicherheit sind auch die subjektiven Rechte und Rechtsgüter des Einzelnen erfasst. Das folgt bereits aus den grundrechtlichen Schutzpflichten, die dem Staat gebieten, insbesondere „das Leben, die körperliche Unversehrtheit und die Freiheit des Einzelnen zu schützen, das heißt vor allem, auch vor rechtswidrigen Eingriffen von Seiten anderer zu bewahren".[47] Zu den subjektiven Rechten zählen sog. *absolute Rechte* (diese wirken gegen jedermann) wie **Würde, Leben, Körper, Gesundheit, Ehre, Freiheit, Eigentum** und weitere **Persönlichkeitsrechte** wie zB der Schutz der Privatsphäre oder das Recht am eigenen Bild sowie Immaterialgüterrechte (zB Urheberrechte) sowie *relative Rechte* (diese richten sich gegen bestimmte Personen) wie insbesondere **schuldrechtliche Ansprüche**. Die subjektiven Rechte überschneiden sich begrifflich mit den Rechtsgütern des Einzelnen.

36 Hervorzuheben ist, dass die subjektiven Rechte und Individualrechtsgüter zugleich Teil der gesamten Rechtsordnung sind. Rechtsnormen existieren nicht um ihrer selbst willen, sondern zum Schutz bestimmter Güter.[48] Daher gilt: Wird eine Rechtsnorm verletzt oder steht ihre Verletzung bevor, erübrigt sich praktisch eine besondere Prüfung der durch die Norm geschützten Rechtsgüter.[49] Allerdings ist das Teilschutzgut „subjektiven Rechte und Rechtsgüter des Einzelnen" nicht etwa entbehrlich. Es kommt insbesondere immer dann zum Tragen, wenn **Naturereignisse** (Bsp.: Überschwemmungen, Bergrutsche) die Sicherheit bedrohen, denn von der Natur können keine Rechtsverstöße ausgehen. Ein weiteres Anwendungsbeispiel ist die **unfreiwillige Obdachlosigkeit** im Hinblick auf die Rechtsgüter Leben und Gesundheit.[50]

37 Zahlreiche subjektive Rechte und Rechtsgüter – namentlich Leben, Körper, Gesundheit, Freiheit, Ehre und Eigentum – sind durch strafrechtliche Normen, teilweise auch durch Normen des Ordnungswidrigkeitenrechts (Bußgeldvorschriften) sowie andere öffentlich-rechtliche Normen geschützt. Greift eine solche Norm, so greift auch der polizeirechtliche Schutz uneingeschränkt.[51] Lassen sich subjektive Rechte hingegen **ausschließlich privatrechtlich begründen** – insoweit ist etwa an Zahlungsansprüche zu denken, die (nur) aus dem BGB hergeleitet werden können –, kommt polizeirechtlicher Schutz nur in den von **§ 1 Abs. 3 HSOG** normierten Grenzen in Betracht.

38 Diese sog. **Privatrechtsklausel** besagt, dass der Schutz privater Rechte, also aller subjektiver Rechte, die ausschließlich privatrechtlich begründet sind, vorrangig den Gerichten der ordentlichen Gerichtsbarkeit bzw. den ihnen zugeordneten Zwangsvollstreckungsorganen und nur nachrangig (subsidiär) den Gefahrenabwehr- und Polizeibehörden obliegt. Letztere sind nur dann gefordert, wenn gerichtlicher Schutz nicht rechtzeitig erreichbar ist und ohne gefahrenabwehrbehördliche oder polizeiliche Hilfe die Verwirklichung des Rechts vereitelt oder wesentlich erschwert werden würde. Insoweit wirkt § 1 Abs. 3 HSOG also als „Aufgabenbeschränkungsnorm" (Nr. 1.3 VVHSOG).

39 Die vereinzelt vertretene Auffassung, ein (vorläufiger) polizeirechtlicher Schutz privater Rechte setze ein gesondert zu prüfendes „öffentliches Interesse" an ihrer Sicherung voraus, findet weder in § 1 Abs. 1 S. 1 HSOG noch in § 1 Abs. 3 HSOG eine Stütze. Der staatliche Schutz privater Rechte, primär zu gewährleisten durch die Justiz, bei drohenden Rechtsverlusten subsidiär durch die Gefahrenabwehr- und Polizeibehörden, ist die rechtslogische Voraussetzung des grundsätzlichen Verbots jeder Selbsthilfe, die nur gestattet ist, „wenn obrigkeitliche Hilfe nicht rechtzeitig

---

47 BVerfGE 141, 220/268.
48 Vgl. Thiel, Die „Entgrenzung" der Gefahrenabwehr, 2011, S. 54.
49 Drews/Wacke/Vogel/Martens, S. 236.
50 VGH Kassel, NVwZ-RR 2011, 474.
51 Vgl. nur OLG Saarlouis, NJW 1994, 878/879.

Fischer

zu erlangen ist" (§ 229 BGB). In dem Umfang, in dem der Staat die Selbsthilfe durch ein staatliches Gewaltmonopol ersetzt, steht dem Einzelnen ein uneingeschränkter Schutzanspruch gegenüber dem Staat zu.[52] Dem zivilgerichtlichen Schutz entsprechend – insoweit gilt die sog. Dispositionsmaxime (§ 253 Abs. 1 ZPO), nach der es in der Hand der Parteien liegt, ob eine Klage erhoben werden soll oder nicht – ist allerdings zu fordern, dass Betroffene ausdrücklich nach (vorläufigem) Schutz verlangen; **ein Tätigwerden der Sicherheitsbehörden von Amts wegen scheidet** insoweit also **aus**.

Wenn die Voraussetzungen des § 1 Abs. 3 HSOG erfüllt sind, gefahrenabwehrbehördliches bzw. polizeiliches Handeln also insoweit möglich ist, verlangt der Subsidiaritätsgrundsatz zudem, dass die zu ergreifenden Maßnahmen grundsätzlich nur zu einer **vorläufigen Sicherung des privaten Rechts** führen bzw. nur so weit reichen, wie dies zur Vorbereitung einer gerichtlichen Entscheidung unbedingt erforderlich ist. Diesen Vorgaben wird entsprochen, wenn sich die (Polizei-)Behörde beispielsweise darauf beschränkt, gem. § 18 Abs. 1 Alt. 3 HSOG die Identität der Beteiligten festzustellen und diese personenbezogenen Daten anschließend gem. § 23 Abs. 1 Nr. 1 HSOG an den jeweils anderen Beteiligten weiterleitet. Die Angabe ladungsfähiger Anschriften als Grundvoraussetzung eines gerichtlichen Rechtsschutzes (vgl. § 130 Nr. 1 ZPO) ist damit ohne weiteres möglich, Vorentscheidungen in der Sache werden aber vermieden. 40

Das Schutzgut der öffentlichen Sicherheit ist hingegen von vornherein nicht betroffen in Fällen einer eigenverantwortlichen **Selbstgefährdung bzw.-schädigung**, die zu keinerlei Rechtsverstößen führt und auch keine weiteren Personen beeinträchtigt. Eine solche Selbstgefährdung oder -schädigung unterliegt vielmehr grundrechtlichem Schutz. 41

Bsp.: Übermäßiger Alkoholkonsum, gefährliche Sportarten, *freiwillige* Obdachlosigkeit

Allerdings ist zu Recht anerkannt, dass die Gefahrenabwehr- bzw. Polizeibehörden bei **Suizidversuchen** zum Schutz des Rechtsguts „Leben" eingreifen können, unter Umständen eingreifen müssen.[53] Zwar hat das Bundesverfassungsgericht aus Art. 2 Abs. 1 iVm Art. 1 Abs. 1 GG für jedermann das Recht abgeleitet, „selbstbestimmt die Entscheidung zu treffen, sein Leben eigenhändig bewusst und gewollt zu beenden".[54] Potenzielle Selbstmörder befinden sich aber erfahrungsgemäß oft in einer Ausnahmesituation, die an einem vollumfänglichen eigenverantwortlichen Handeln zweifeln lässt. Wenn die Behörden von Versuchen der Selbsttötung erfahren, sollten sie deshalb grundsätzlich von der Annahme ausgehen, dass sich die betroffene Person „in einem die freie Willensbildung ausschließenden Zustand oder sonst in hilfloser Lage befindet",[55] also annehmen, dass gerade kein Fall der eigenverantwortlichen Selbstschädigung vorliegt. 42

c) Unverletzlichkeit des Bestandes, der Einrichtungen und Veranstaltungen des Staates oder sonstiger Träger der Hoheitsgewalt

Schließlich zählen zur öffentlichen Sicherheit der Bestand des Staats (Bund, Länder und Kommunen) sowie der Schutz hoheitlicher Einrichtungen und Veranstaltungen. Dabei geht es um den Schutz von Parlamenten, Gerichten, Behörden oder von anderen hoheitlichen, auch kommunalen Institutionen. Schützenswerte Veranstaltungen sind temporäre Ereignisse wie Wahlen, Staatsbesuche, staatliche Konferenzen oder soldatische Gelöbnisse. 43

Die hoheitlichen Einrichtungen und Veranstaltungen sind nicht nur in ihrer Existenz geschützt, sondern auch im Hinblick auf ihr **ungestörtes Funktionieren**. Das Teilschutzgut umfasst 44

---
52 Vgl. P. Kirchhof, DÖV 1976, 449/455.
53 Vgl. zum Folgenden Mühl/Fischer, BeckOK § 1 HSOG, Rn. 27.
54 BVerfG, NJW 2020, 905 Rn. 203.
55 Vgl. § 32 Abs. 1 Nr. 1 HSOG.

damit auch die ungehinderte Durchführung hoheitlicher Aufgaben. Wenn also unbeteiligte Dritte eine ordnungsbehördliche oder polizeiliche Maßnahme stören oder behindern, ist das Teilschutzgut betroffen.[56] Eine solche Verletzung wird in der **Warnung vor einer versteckten Radarkontrolle** gesehen.[57]

45 Da der Bestand des Staates und die Funktionsfähigkeit seiner Einrichtungen durch zahlreiche Strafvorschriften geschützt wird (§§ 80 ff., 105 ff. StGB), greift auch insoweit vorrangig das Teilschutzgut der Unverletzlichkeit der Rechtsordnung.

2. Öffentliche Ordnung

46 Die öffentliche Ordnung ist das **sekundäre Schutzgut**. Auch insoweit fehlt im HSOG eine Legaldefinition. Inhaltlich übereinstimmende Begriffsbestimmungen finden sich in Landesgesetzen Sachsen-Anhalts und Thüringens (§ 3 Nr. 2 SOG LSA, § 54 Nr. 2 ThürOBG).

47 **Definition:** „Öffentliche Ordnung" bedeutet „die Gesamtheit der im Rahmen der verfassungsmäßigen Ordnung liegenden ungeschriebenen Regeln für das Verhalten des Einzelnen in der Öffentlichkeit, deren Beachtung nach den jeweils herrschenden Anschauungen als unerlässliche Voraussetzung eines geordneten staatsbürgerlichen Zusammenlebens betrachtet wird" (§ 3 Nr. 2 SOG LSA).

48 Diese Definition des unbestimmten Rechtsbegriffs „öffentliche Ordnung" greift in ihrem Kern auf eine lange Tradition in der Rechtsprechung und polizeirechtlichen Literatur zurück, so dass das Bundesverfassungsgericht – wie schon bezüglich des Schutzguts der öffentlichen Sicherheit – von einem „hinreichend klaren Inhalt" gesprochen hat.[58] Sie kann damit auch dem hessischen Recht zugrunde gelegt werden.[59] Gleichwohl weicht die Begriffsbestimmung der „öffentlichen Ordnung", die das Bundesverfassungsgericht in dem zitierten Urteil vorgenommen hat, teilweise von den landesgesetzlichen Umschreibungen ab. So spricht das Gericht von den ungeschriebenen Regeln, deren Befolgung als „unerlässliche Voraussetzung eines geordneten *menschlichen* Zusammenlebens *innerhalb eines bestimmten Gebiets* angesehen wird".[60] Die Tragweite dieser Unterschiede soll hier nicht näher erläutert werden, fehlt es dem Schutzgut der öffentlichen Ordnung doch weitgehend an rechtspraktischer Relevanz.[61]

49 Da die öffentliche Ordnung definitionsgemäß nicht etwa schon beim Vorliegen einer anerkannten ungeschriebenen Verhaltensregel – man spricht auch von einer Sozialnorm –, sondern erst dann betroffen ist, wenn die Einhaltung der Regel als unerlässliche (!) Voraussetzung des Zusammenlebens anzusehen ist, sind entsprechende Fundamentalregeln bzw. Ordnungsnormen in einer offenen Gesellschaft von vornherein rar.

Bsp.: Ein sogenannter Islamist führt seine vollverschleierte Ehefrau an einer Kette durch die Fußgängerzone.[62]

50 Dieser Vorfall tangiert die öffentliche Ordnung, denn in ihm kommt – ungeachtet eines möglichen Einverständnisses der Ehefrau – ein Verhalten zum Ausdruck, das gesellschaftliche Elementarvorstellungen eines (im doppelten Sinn) menschlichen Auftritts in der Öffentlichkeit geradezu negiert.

---

56 Vgl. OVG Rheinland-Pfalz, Urteil v. 27.3.2014, 7 A 10993/13, Rn. 29.
57 OVG Münster, NJW 1997, 1596/1596.
58 BVerfGE 69, 315/352.
59 Vgl. VGH Kassel, NJW 1989, 1448/1448.
60 BVerfGE 69, 315/352 – Hervorhebungen nur hier.
61 Siehe dazu Kap. E Rn. 52.
62 WAZ-online v. 20.11.2017.

Fischer

IV. Die Schutzgüter der Gefahrenabwehr

Das Schutzgut „öffentliche Ordnung" sieht sich in der polizeirechtlichen Literatur gelegentlich **Kritik** ausgesetzt.[63] Die Kritik mündet letztlich in den Vorwurf der Verfassungswidrigkeit.[64] Ein solcher Vorwurf ist freilich schon deshalb problematisch, weil das Grundgesetz das Schutzgut der öffentlichen Ordnung explizit kennt (Artt. 13 Abs. 7, 35 Abs. 2 S. 1 GG) und damit anerkennt. Dementsprechend hat auch das Bundesverfassungsgericht bisher keinerlei Bedenken hinsichtlich der Verfassungsmäßigkeit dieses Schutzguts geäußert.[65]

51

Aus rechtspraktischer Sicht ist vor allem darauf hinzuweisen, dass dem Schutzgut der öffentlichen Ordnung allenfalls noch eine **Reservefunktion** zukommt. „Ungeschriebene Verhaltensregeln", die als „unerlässliche Voraussetzungen" des Zusammenlebens anzusehen sind, gibt es kaum noch, da derartige Fundamentalregeln im Zuge der Verrechtlichung unserer Gesellschaft in der geschriebenen Rechtsordnung aufgegangen sind, also bereits dem Schutzgut der öffentlichen Sicherheit unterfallen (Teilschutzgut „Unverletzlichkeit der Rechtsordnung"). Gewissermaßen als „Staubsaugernorm" wirkt insoweit **§ 118 OWiG**, der Beeinträchtigungen der öffentlichen Ordnung unter bestimmten Voraussetzungen als Ordnungswidrigkeit bewertet, so dass entsprechende Verhaltensweisen nicht dem (sekundären) Schutzgut der öffentlichen Ordnung, sondern dem (primären) Schutzgut der öffentlichen Sicherheit unterfallen.

52

Bsp. für Verstöße gegen § 118 Abs. 1 OWiG: „Nacktjoggen";[66] „Nacktradeln";[67] Ausspruch „ACAB" („all cops are bastards") gegenüber Polizeibeamten.[68]

Auch das genannte Beispiel des Ausführens der Ehefrau an einer Kette betrifft nur dann das Schutzgut der öffentlichen Ordnung, wenn man in diesem Verhalten nicht eine grob ungehörige Handlung gem. § 118 Abs. 1 OWiG sehen will, die geeignet ist, die Allgemeinheit zu belästigen.

53

Übersicht: Schutzgüter

Schutzgüter der Gefahrenabwehr	Schutzbereich
Öffentliche Sicherheit	**Objektive Rechtsordnung**
	Verstöße gegen Gesetze, Rechtsverordnungen, Satzungen
	Subjektive Rechte und **Rechtsgüter des Einzelnen**
	z. B. Leben, Gesundheit, Freiheit, Eigentum
	Einrichtungen und Veranstaltungen des Staates und sonstiger Hoheitsträger
	z. B. Behinderung von Wahlen, Warnung vor Radarkontrollen
Öffentliche Ordnung	Gesamtheit der verfassungsmäßigen **ungeschriebenen Regeln**, deren Befolgung nach **mehrheitlicher Auffassung** für **ein geordnetes Zusammenleben** unerlässlich ist.

---

63 Vgl. etwa Kingreen/Poscher, POR, § 7 Rn. 44 ff.; Kritik an dieser Kritik wiederum bei Erbel, DVBl. 2001, 1714/1717 f.
64 Kingreen/Poscher, POR, § 7 Rn. 49.
65 BVerfGE 69, 315/352; vgl. ferner BVerfGE 111, 147/155 f.; BVerfG, NJW 2001, 2069/2071.
66 VGH Baden-Württemberg, NJW 2003, 234.
67 VG Karlsruhe, NJW 2005, 3658.
68 OLG Frankfurt am Main, Beschluss v. 23.5.2018, 2 Ss-OWi 506/17.

V. Der Begriff der Gefahr

1. Definition und Bedeutung

54 Der Begriff der Gefahr ist der **Schlüsselbegriff des gesamten Polizeirechts**. Im Unterschied zu Polizeigesetzen anderer Bundesländer (zB § 2 Nr. 1 NPOG; § 3 Nr. 3 a SOG LSA) wird die Gefahr im HSOG nicht definiert. Die Legaldefinitionen greifen auf die tradierten Begriffsklärungen durch Rechtsprechung und polizeirechtliche Literatur zurück,[69] so dass diese auch für das hessische Recht einschlägig sind.

55 **Definition:** „Gefahr" ist eine Sachlage, bei der die hinreichende Wahrscheinlichkeit besteht, dass in absehbarer Zeit ein Schaden für die öffentliche Sicherheit oder Ordnung eintreten wird.

56 Bei der Feststellung einer Gefahr geht es also darum, ein in der Zukunft liegendes Schadensereignis zu prognostizieren; verlangt wird eine **Prognoseentscheidung** aus der ex-ante-Sicht. Entscheidend ist also der Zeitpunkt des behördlichen Handelns. Zu diesem Zeitpunkt muss – objektiv nachvollziehbar – die hinreichende Wahrscheinlichkeit eines Schadens bestehen.

57 Von einem Schaden an einem der Schutzgüter „öffentliche Sicherheit" oder „öffentliche Ordnung" kann erst dann gesprochen werden, wenn die zu erwartende Beeinträchtigung eine gewisse **Intensität** erreicht. Bloße Belästigungen, Unbequemlichkeiten oder Geschmacklosigkeiten reichen insoweit noch nicht aus.[70]

58 Dem Gefahrenbegriff kommt in seiner Verwendung sowohl in Aufgabennormen (§ 1 Abs. 1 S. 1 HSOG) als auch in Befugnisnormen (insbesondere in § 11 HSOG, der Befugnisgeneralklausel) traditionell und bis heute gültig zunächst eine **Begrenzungsfunktion** zu:[71] Die Gefahrenabwehr- und Polizeibehörden sind insoweit nicht etwa allgemein zur „Gewährleistung von Sicherheit" oder gar zur allgemeinen Wohlfahrtspflege zuständig und zu diesbezüglichen Grundrechtseingriffen berechtigt, sondern dürfen erst dann tätig werden, wenn die „hinreichende Wahrscheinlichkeit" eines Schadens an einem der beiden Schutzgüter besteht. Diese Eintrittswahrscheinlichkeit eines Schadens ist das maßgebliche Definitions- und damit Begrenzungsmerkmal des Gefahrenbegriffs.[72]

59 Allerdings hat der Gefahrenbegriff zugleich eine **handlungseröffnende Funktion**, bestimmt § 1 Abs. 1 S. 1 HSOG doch, dass die Behörden die Aufgabe der Gefahrenabwehr „haben". Die ihnen zugewiesenen Aufgaben haben die Behörden „zu erfüllen" (§ 1 Abs. 2 HSOG). Daher besteht insoweit eine **Handlungspflicht**, als die Behörden mögliche Gefahren proaktiv erkennen und ihr tatsächliches Vorliegen näher prüfen müssen. Auf dieser Erkenntnisgrundlage besteht – wenn eine Gefahr bejaht wird – sodann die weitere Verpflichtung, in ermessensfehlerfreier Weise zu klären, ob und inwieweit gefahrenabwehrende Maßnahmen zu ergreifen sind.[73]

2. Störungsbeseitigung und Gefahrenabwehr

60 Gefahrenabwehr zielt auf die Schadensvermeidung bzw. Schadensverhinderung (Prävention). Der Schaden hat sich in der Regel noch nicht realisiert.

Bsp.: Ein morscher Baum droht auf die Straße zu fallen und Pkw und Passanten zu schädigen.

---

69 Vgl. BVerfGE 115, 320/364; BVerwG, NVwZ 2003, 95/96; Voßkuhle, JuS 2007, 908; Brandt/Smeddinck, Jura 1994, 225/227.
70 BVerwG, DVBl. 1969, 586/586 f.
71 Bäuerle, Polizeirecht in Deutschland, in: APuZ 48/2008, S. 15.
72 BVerwGE NVwZ 2003, 95/96.
73 Schenke, Rn. 99.

V. Der Begriff der Gefahr

Mit dem Eintritt eines Schadens – insoweit wird auch von einer Störung gesprochen – hat sich die Gefahrenabwehr keineswegs von vornherein erledigt. So gehört auch die Störungsbeseitigung zur Gefahrenabwehr, wenn von der Störung noch weitere Gefahren ausgehen. 61

Bsp.: Der morsche Baum ist bereits umgefallen; es ist zu befürchten, dass Autos in ihn hineinfahren.

Wenn das schädigende Ereignis allerdings abgeschlossen ist und kein weiterer Schaden mehr droht, bleibt für präventive Maßnahmen kein Raum mehr. Dann kommen nur noch **repressive Maßnahmen** in Betracht (Einleitung eines Straf- oder Ordnungswidrigkeitsverfahrens). 62

3. Das Problem der Eintrittswahrscheinlichkeit

a) Bewertungsgrundlagen

Die Beantwortung der Frage, ob eine Eintrittswahrscheinlichkeit im Sinne des Gefahrenbegriffs besteht, setzt zunächst gesicherte relevante **Tatsachen** – also nachprüfbare und damit beweisbare Fakten – als Prognosebasis voraus; teilweise wird insoweit auch von „Umständen" oder „Anhaltspunkten" gesprochen. Die Annahme einer Gefahr allein aufgrund „bloße[r] Vermutungen"[74] oder „ins Blaue hinein",[75] aufgrund willkürlicher Behauptungen oder aus einem bloßen „Gefühl" heraus wäre also von vornherein rechtswidrig. 63

Die ermittelten Tatsachen müssen dann in Verbindung mit nachvollziehbaren **Erfahrungssätzen** gebracht werden. Unter Erfahrungssätzen, die auch als Kausalwissen bezeichnet werden, sind Erkenntnisse darüber zu versehen, dass bestimmte Tatsachen regelmäßig bestimmte Schadensereignisse zur Folge haben. Die bloße Beurteilung eines tatsächlichen Zustands als „ungewöhnlich" ist deshalb für die Feststellung der Wahrscheinlichkeit eines Schadenseintritts unerheblich. Auch Vorurteile sind keine relevanten Erfahrungssätze. 64

Erfahrungssätze können sich aus wissenschaftlichen Untersuchungen über Kausalzusammenhänge ergeben oder aus der allgemeinen Berufs- oder Lebenserfahrung. Kommen wissenschaftliche Untersuchungen zu dem Ergebnis, dass angenommene Kausalzusammenhänge nicht gesichert nachweisbar sind, fehlt es also an dem erforderlichen Kausalwissen, so kann von einer „Risikolage" oder einem „Gefahrenpotential" gesprochen werden, nicht aber von einer Gefahr im Sinne des Gefahrenabwehrrechts. 65

Ein anschauliches Beispiel für die Ermittlung der Eintrittswahrscheinlichkeit einer Gefahr als Vorgang der Verknüpfung von bestimmten Tatsachen mit nachvollziehbaren Erfahrungssätzen bietet die „Kampfhunde"-Entscheidung des Bundesverfassungsgerichts.[76] 66

b) Die Bestimmung der hinreichenden Wahrscheinlichkeit

Nachdem geklärt ist, dass die Eintrittswahrscheinlichkeit durch eine Verknüpfung von bestimmten Tatsachen mit nachvollziehbaren Erfahrungssätzen zu ermitteln ist, stellt sich die Frage nach dem rechtlich geforderten **Grad der Eintrittswahrscheinlichkeit**. Gefordert ist eine **hinreichende Wahrscheinlichkeit eines Schadenseintritts**.[77] Das bedeutet: Ein Schadenseintritt muss nicht gewiss sein; allerdings reicht eine nur theoretische Möglichkeit nicht aus. Dabei gilt folgender Grundsatz (sog. Je-desto-Formel): Je gewichtiger das Rechtsgut oder je größer der Schaden, desto geringer die Anforderungen an die Wahrscheinlichkeit.[78] Allerdings muss auch dann, wenn ein schwerwiegender Schaden befürchtet wird, nach allgemeiner Lebenserfahrung 67

---
74 BVerfGE 115, 320/364.
75 BVerfGE 115, 320/361.
76 BVerfGE 110, 141, insbes. S. 159–163.
77 Zur Wahrscheinlichkeit vgl. Drews/Wacke/Vogel/Martens, S. 223 mwN.
78 Vgl. BVerwGE 88, 348/351; OLG Frankfurt am Main, NVwZ 2002, 626/627.

Fischer

und Sachkunde eine Wahrscheinlichkeit für den Schadenseintritt sprechen, die über eine nur theoretische Möglichkeit hinausgeht.

4. Konkrete und abstrakte Gefahr

68 Die im Gesetz angelegte Unterscheidung zwischen der konkreten und der abstrakten Gefahr kommt primär eine rechtstechnische Bedeutung zu: Wenn einzelne polizeiliche Maßnahmen das Vorliegen einer Gefahr verlangen, ist stets eine konkrete Gefahr gemeint, während Rechtsverordnungen abstrakte Gefahren regeln.

69 Die „im einzelnen Falle bestehende Gefahr" (§ 11 HSOG) wird als **konkrete Gefahr** bezeichnet.

   Bsp.: Der Schäferhund des Hundehalters H. hat bereits mehrfach Kinder angesprungen und gebissen. Er rennt erneut auf ein Kleinkind zu.

70 Der Begriff der **abstrakten Gefahr** knüpft an die allgemeine Lebenserfahrung an, wonach damit zu rechnen ist, dass bestimmte Geschehnisse, Handlungen oder Zustände in einer Vielzahl von Fällen **typischerweise** zu einem Schaden führen können.

   Bsp.: Von bestimmten Hunden können typischerweise Gefahren für Menschen ausgehen.
   Das Betreten von dünnen Eisflächen birgt die typische Gefahr, dass Menschen einbrechen können.

71 Konkrete und abstrakte Gefahr **unterscheiden sich** entgegen einer immer wieder anzutreffenden Ansicht **nicht in der Wahrscheinlichkeit eines Schadenseintritts**, sondern lediglich hinsichtlich der Gefahrensituation: Bei der konkreten Gefahr geht es um den Einzelfall, bei der abstrakten Gefahr um eine Vielzahl vergleichbarer Fälle.[79] Auch die abstrakte Gefahr verlangt eine **abgesicherte Prognose**. Es muss – bei abstrakt-genereller Betrachtung – die hinreichende Wahrscheinlichkeit eines Schadenseintritts bestehen.[80]

72 So verneint die Rechtsprechung regelmäßig eine abstrakte Gefahr bei Alkoholkonsum im öffentlichen Raum, da keine sichere Prognose gegeben werden kann, dass Personen, die Alkohol konsumieren, regelmäßig gewalttätig werden. Es fehlt hier idR an einem zwingenden Zusammenhang zwischen dem Alkoholkonsum und der Gefährdung der öffentlichen Sicherheit.[81] Es existieren aber auch Urteile, die eine differenzierte Betrachtung unter Berücksichtigung der besonderen örtlichen Verhältnisse vornehmen und dabei die hinreichende Wahrscheinlichkeit eines Schadenseintritts und damit eine Gefahrenlage bejahen.[82]

73 Sowohl die konkrete als auch die abstrakte Gefahrenlage sind Gefahren iS der Aufgabenbeschreibung in § 1 Abs. 1 S. 1 HSOG. Beide eröffnen den Handlungsrahmen bzw. die Zuständigkeit der Behörden.

74 Praktische Bedeutung hat die abstrakte Gefahr nur im Zusammenhang mit **Gefahrenabwehrverordnungen** gem. §§ 71 ff. HSOG.[83]

5. Weitere Gefahrenbegriffe

75 Die Entscheidung darüber, ob eine Gefahr vorliegt, ist eine Prognoseentscheidung und damit regelmäßig mit Unsicherheiten behaftet. Später kann sich herausstellen, dass tatsächlich gar keine Gefahrenlage bestand. In diesen Fällen stellt sich die Frage, ob dennoch eine Gefahr im Sinne des

---

79 BVerwG, DÖV 1970, 713/715.
80 BVerwG, DÖV 2003, 81/82.
81 Vgl. VGH Mannheim NVwZ-RR 2010, 55.
82 OVG Lüneburg, Urt. v. 30.11.2012, 11 KN 187/12 zum Alkoholverbot; OVG Münster, Beschl. v. 10.2.2010, 5 B 119/10 zum Verbot des Mitführens von Glasbehältnissen im Kölner Karneval.
83 Zu diesen näher Kap. H Rn. 76 ff.

Fischer

V. Der Begriff der Gefahr

Gesetzes angenommen werden durfte oder nicht. Zur Beantwortung dieser Frage wurden in der Rechtsprechung und Literatur gesetzesferne Gefahrenbegriffe entwickelt, welche die Prüfung, ob eine Gefahr im Sinne des Gesetzes vorliegt – nur darum geht es –, nicht immer erleichtern.

a) Anscheinsgefahr

Von einer Anscheinsgefahr wird gesprochen, wenn bei objektiver Betrachtung Tatsachen vorliegen, nach denen die Behörde zum Zeitpunkt ihres Handelns von einer Gefahr ausgehen musste oder konnte, sich aber im Nachhinein herausstellt, dass die Gefahr in Wirklichkeit nie bestand.

Bsp.: Die Polizei vernimmt Hilferufe aus einer Wohnung, die auf eine Gewalttat hindeuten, sich aber nachträglich als schlechter Scherz herausstellen.

Bezüglich gefahrenabwehrender Einzelmaßnahmen ist die Anscheinsgefahr wie eine tatsächliche Gefahr zu behandeln.[84] Der Begriff der Anscheinsgefahr ist insoweit also entbehrlich.[85]

Das Vorliegen einer Anscheinsgefahr berechtigt nicht nur zum Eingreifen, sondern grundsätzlich auch zur Inanspruchnahme des Verantwortlichen als sog. **Anscheinsstörer**, der als Verantwortlicher im Sinne der §§ 6 ff. HSOG gilt.[86]

b) Gefahrenverdacht

Von einem Gefahrenverdacht wird gesprochen, wenn zwar gewisse Anhaltspunkte für eine Gefahr sprechen, diese aber für eine abschließende Prognoseentscheidung, ob eine hinreichende Wahrscheinlichkeit des Schadenseintritts vorliegt, (noch) nicht als ausreichend angesehen werden.[87]

Bsp.: Bei der Polizei geht eine anonyme Bombendrohung ein. Die Polizei nimmt die Drohung ernst, hält aber einen Fehlalarm durchaus für möglich.
Verdacht auf Bodenverunreinigung und Grundwassergefährdung durch Altlasten.

Die Situation des sog. Gefahrenverdachts tritt gerade bei **Verdacht von Umweltgefahren** (Altlasten) häufig auf.[88]

Die Situation ist insoweit problematisch, als auch bei einem Verdacht die Verwaltung in der Lage sein sollte, zu handeln und ggf. einzugreifen, da nicht reparable Schäden eintreten können, auf der anderen Seite Eingriffe in Rechte von Bürgern allein aufgrund von Verdachtsmomenten fraglich sind. Vor diesem Hintergrund sind hohe Anforderungen an die Sachverhaltsermittlung und die Prognoseentscheidung zu stellen.[89]

Insbesondere wenn schwerwiegende Schäden im Raum stehen, müssen Gefahrenabwehr- bzw. Polizeibehörden die Möglichkeit haben, Maßnahmen zu ergreifen. Auf der Tatbestandsseite erfüllt der Gefahrenverdacht die Eingriffsvoraussetzungen. Einschränkungen können sich aber auf der Rechtsfolgenseite ergeben.

Fraglich bleibt, wie weit solche Maßnahmen gehen und an wen sich Verwaltung oder Polizei wenden kann. Maßstab für solche Überlegungen muss vor allem der **Grundsatz der Verhältnismäßigkeit** sein.[90]

---

84 Vgl. BVerwGE 45, 51/58; 49, 36/42, 44; Schoch, JuS 1994, 667/668.
85 Vgl. Brandt/Smeddinck, Jura 1994, 225/230 f.
86 Dazu näher Kap. F, Rn. 84 ff.
87 Vgl. BVerwG, DVBl. 2002, 1562.
88 Dazu Weiß, NVwZ 1997, 737 ff.; Götz, NJW 1990, 725 ff.
89 Vgl. OVG Münster, NJW 88, 2968.
90 Vgl. Drews/Wacke/Vogel/Martens, S. 227; zur Verhältnismäßigkeit siehe Rn. 412 ff.

Fischer

84 Unproblematisch sind reine **Aufklärungsmaßnahmen**, die Rechte Dritter nicht beeinträchtigen. Sie sind durch die Aufgabenzuweisung gedeckt und entsprechen dem Untersuchungsgrundsatz des § 24 HVwVfG.

> **Bsp.:** Probeentnahmen durch die Verwaltung, Aufklärung der Bevölkerung

85 Darüber hinaus sind gewisse Beeinträchtigungen Dritter im Rahmen sog. **Gefahrenerforschungseingriffe** anerkannt.[91]

> **Bsp.:** Betreten fremder Grundstücke, Bodenentnahme auf fremden Grundstücken, eventuelle Sicherstellung von Sachen

86 Dabei handelt es sich vorrangig um **vorläufige Maßnahmen** zur Aufklärung, Vorbereitung oder Sicherung.

87 Endgültige Maßnahmen sind grundsätzlich nicht gedeckt, sollen aber ausnahmsweise zulässig sein, wenn sie die einzige Möglichkeit zum Schutz besonders wichtiger Rechtsgüter darstellen.[92]

88 Wenn auch weitgehend Einigkeit besteht, dass im Verdachtsfalle behördliche Maßnahmen möglich sein müssen, sind die dogmatische Einordnung, insbesondere die rechtliche Grundlage und die Reichweite (Eingriffe in Rechte Dritter) nicht ganz klar.

89 Einige sehen den Gefahrenverdacht (wie oben vertreten) als speziellen Fall einer Gefahr iS der gefahrenabwehrrechtlichen Generalklause (§ 11 HSOG), die dann die direkte Grundlage für Maßnahmen bildet.[93]

90 Andere lehnen die Gleichstellung von Gefahr und Gefahrenverdacht ab, betonen die Vorläufigkeit von Gefahrenerforschungseingriffen, die in sinngemäßer Anwendung der Generalklausel möglich sein sollen.[94]

91 Diese unterschiedliche Betrachtung mag unbefriedigend sein, letztlich kann die Praxis aber damit leben. Hilfreich sind hier gesetzgeberische Klarstellungen, wie sie für den Bereich des Bodenschutzes durch Spezialgesetze erfolgt sind (vgl. § 9 Abs. 2 BBodSchG). Dort sind bestimmte Maßnahmen ausdrücklich bereits bei **hinreichendem Verdacht** möglich.

92 Eng verbunden mit der Frage der Rechtsgrundlage ist die, ob in Verdachtsfällen die Verwaltung den Bürger als **Verantwortlichen**[95] in Anspruch nehmen kann oder ob sich die Verwaltung auf von ihr selbst durchzuführende Maßnahmen beschränken muss. Vor allem bei der Altlastenproblematik entscheidet sich daran, ob die Behörde zB den Grundstückseigentümer zu Sicherungs- oder Erforschungsmaßnahmen verpflichten kann,[96] oder ob die Verwaltung selbst derartige Maßnahmen vornehmen muss und der Bürger lediglich zur Duldung verpflichtet ist.[97]

93 Solange nur ein Verdacht besteht, sollte auf der **Eingriffsebene** der betroffene Bürger noch nicht als Verantwortlicher iS §§ 6 ff. HSOG gesehen werden. Damit ist behördliches Handeln nicht ausgeschlossen, unterliegt aber ua den besonderen Voraussetzungen von § 9 HSOG, Inanspruchnahme des Nichtverantwortlichen. Damit ist mit Blick auf § 9 Abs. 1 Ziff. 3 HSOG vorrangig zunächst die Verwaltung selbst gefordert. Bestätigt sich der Verdacht, kann der Betroffene auf der **Kostenebene** als Verantwortlicher angesehen werden und ihm die Kosten uU gemäß § 8 Abs. 2 HSOG auferlegt werden.

---

91 Vgl. Schoch, JuS 1994, 667; Papier, DVBl. 1985, 873/875; Weiß, NVwZ 1997, 737 ff.
92 BVerwGE 39, 190, 196.
93 Vgl. Drews/Wacke/Vogel/Martens, S. 226; Weiß, NJW 1997, 737, 742.
94 Vgl. Götz/Geis, § 6 Rn. 31; kritisch Schenke, Rn. 88 ff.; ebenso Kniesel, DÖV 1997, 905, 907.
95 Dazu näher Kap. F.
96 Vgl. VGH Mannheim, NVwZ-RR 1991, 24, 25.
97 Vgl. VGH Kassel, NVwZ 1991, 498; Schoch, JuS 1994, 699.

Fischer

V. Der Begriff der Gefahr

Umgekehrt darf in Fällen, in denen auf der Eingriffsebene ausnahmsweise die Inanspruchnahme eines „Verdächtigen" zulässig war, dieser bei nicht bestätigtem Verdacht auf der Kostenebene nicht herangezogen werden; gegebenenfalls kann ihm ein Entschädigungsanspruch nach § 64 HSOG zustehen.[98]

Auch bei der Verantwortlichkeit für Umweltgefahren und vor allem Altlasten ist zu beachten, dass in diesen Bereichen das HSOG teilweise durch spezielle gesetzliche Regelungen – zB HWG, HAltBodSchG, BBodSchG – verdrängt wird. So sieht das HAltBodSchG bei **Altlastenverdacht** Mitwirkungspflichten (§ 4 HAltBodSchG) sowie eine Duldungspflicht des Berechtigten und ein Betretungsrecht für die Behörden vor.[99] Ebenso sieht das BBodSchG bereits in Verdachtsfällen vor, Dritte in Anspruch zu nehmen (vgl. § 9 Abs. 2 iVm § 4 BBodSchG).

Bsp.: Begründen ausgelaufene Fässer den Verdacht einer Bodenverunreinigung, können nach § 9 Abs. 2 iVm § 4 Abs. 3 BBodSchG Eigentümer verpflichtet werden, Untersuchungen durchzuführen.

c) Scheingefahr (Putativgefahr)

Hier liegen weder objektive Anhaltspunkte für einen Schadenseintritt vor noch stellt sich die Situation für einen objektiven Betrachter als gefährlich dar. Die Annahme einer Gefahr beruht allein auf der **irrigen Annahme** des Beamten.

Bsp.: Polizeibeamter P. sieht ein sich umarmendes Liebespaar und geht – obwohl objektiv kein Anlass dazu besteht – von einer Gewalttat gegen die Frau aus.

Eine derartige Fallkonstellation ist einer tatsächlichen Gefahrenlage, anders als bei der sog. Anscheinsgefahr, nicht gleichgestellt. Bei pflichtgemäßer Beurteilung hätte man erkennen können, dass objektiv keine Gefahr vorliegt. Ein Eingreifen ist hier **rechtswidrig** und kann Ausgleichsansprüche nach § 64 Abs. 1, S. 2 HSOG auslösen.

6. Gefahrenstufen

Neben den genannten Gefahrenbegriffen enthält das HSOG unterschiedliche – an der Schadensnähe oder Richtung (bedrohte Rechtsgüter) orientierte – **Gefahrenstufen**.

Zu nennen sind:

Gegenwärtige Gefahr	Die Verletzung eines Schutzgutes ist bereits eingetreten oder steht unmittelbar mit an Sicherheit grenzender Wahrscheinlichkeit bevor (vgl. § 9 Abs. 1 Ziff. 1, § 38 Abs. 2 Ziff. 2 und § 40 Abs. 1 Nr. 1 HSOG).
Erhebliche Gefahr	Diese stellt auf besonders wichtige Rechtsgüter (Leben, Gesundheit, Freiheit, bedeutsame Sachwerte) ab (vgl. § 9 Abs. 1 Ziff. 1 HSOG).
Dringende Gefahr	Darunter wird eine Gefahr für besonders wichtige Rechtsgüter verstanden, verbunden mit einer erhöhten Wahrscheinlichkeit des Schadenseintritts (vgl. Artikel 13 Abs. 4 u. 7 GG; § 38 Abs. 6 HSOG).
Gemeine Gefahr	Eine Gefahr für eine unbestimmte Anzahl von Personen oder Sachen, zB bei Naturkatastrophen, Feuergefahr, Seuchengefahr (vgl. Artikel 13 Abs. 4 u. 7 GG).

---

98 Vgl. Fredrich, HSOG, § 1 Rn. 11.
99 § 5 HAltBodSchG, vgl. auch Kochensburger, NVwZ 1986, 249 ff.

Gefahr im Verzug — Diese liegt vor, wenn zur Schadensabwendung ein sofortiges Einschreiten geboten ist. Entsprechende Vorschriften rechtfertigen ein sofortiges Einschreiten, ohne die ansonsten erforderliche Zustimmung anderer Stellen (vgl. §§ 15 Abs. 3; 39 Abs. 1 HSOG).

Neben den genannten Gefahrenstufen enthält das HSOG Vorschriften, in denen insbesondere bei gravierenden Eingriffen in Grundrechtspositionen eine Gefahr für bestimmte hochwertige Rechtsgüter bestehen muss. So wird eine **Gefahr für Leib oder Leben** zB in § 32 Abs. 1 Nr. 1, § 38 Abs. 2 Nr. 2 und § 61 Abs. 1 Nr. 1 HSOG gefordert – eine aus der Perspektive des Bestimmtheitsgebots und des Verhältnismäßigkeitsprinzips nicht unproblematische Voraussetzung. Eine solche Gefahr soll vorliegen, wenn eine „**nicht nur leichte Körperverletzung oder der Tod einzutreten droht**" (so die Legaldefinition in § 2 Abs. 1 Nr. 3 d BremPolG und § 2 Nr. 5 NPOG).

7. Gefahrenvorsorge bzw. vorbeugende Gefahrenabwehr

100 Bedingt durch neue Formen der Bedrohung und eines erhöhten Bedrohungspotentials (zB durch organisiertes Verbrechen, Terrorismus) verlagern sich polizeiliche Aufgaben zunehmend in den Bereich der sog. **Gefahrenvorsorge** bzw. **vorbeugenden Gefahrenabwehr**.

101 Damit erweitern sich zwangsläufig auch der bisherige Gefahrenbegriff und die einengenden Voraussetzungen für behördliches Einschreiten.[100]

102 Zwar enthält § 1 Abs. 4 HSOG nur eine Aufgabenzuweisung, für Eingriffe in Rechte Dritter sind entsprechende Befugnisnormen erforderlich, die aus Gründen der Bestimmtheit an den speziellen Vorfeldmaßnahmen ausgerichtet sein müssen.[101] Diese werden zwangsläufig geschaffen bzw. bestehende Befugnisnormen der Aufgabenstellung angepasst. So hat der Gesetzgeber im September 2002[102] das Erfordernis einer gegenwärtigen Gefahr bei der Rasterfahndung (§ 26 HSOG) gestrichen, so dass eine Fahndung auch ohne gegenwärtige Gefahrenlage möglich ist.[103]

103 Auch andere sog. Standardmaßnahmen tragen der vorbeugenden Gefahrenabwehr Rechnung und formulieren Eingriffsvoraussetzungen unterhalb des klassischen Gefahrenbegriffs (vgl. § 18 Abs. 2 Ziff. 6 HSOG).

104 Mit Blick auf die besonderen Gefahren des Terrorismus und der Möglichkeit vorbeugender Maßnahmen gibt es zunehmend Forderungen, Eingriffe auch bei zukünftigen, **drohenden Gefahren** zu ermöglichen. So hat Bayern mit der Novellierung des PAG im Juli 2017 in § 11 PAG die neue Kategorie der drohenden Gefahr unter Hinweis auf die Rechtsprechung des BVerfG[104] aufgenommen.

105 Auch im Zusammenhang mit Gefahrenabwehrverordnungen gab und gibt es Forderungen nach vorbeugenden Verordnungen. Dies resultiert daraus, dass die Rechtsprechung die für Verordnungen erforderliche abstrakte Gefahrenlage zB bei Gefahren von Hunden und Gefahren infolge Alkoholkonsums nicht als erfüllt ansieht. Es gehe dabei nicht um die Abwehr abstrakter Gefahren, sondern um **Gefahrenvorsorge**, die einer gesonderten Ermächtigung durch den Gesetzgeber bedürfe – so das Bundesverwaltungsgericht.[105]

---

100 Vgl. Kugelmann, DÖV 2003, 782; vgl. auch Pausch/Dölger, S. 97; kritisch zur Ausweitung Hornmann, § 9 Rn. 45 ff.
101 Vgl. BVerwGE 129, 142.
102 GVBl. I, S. 546.
103 Vgl. VGH Kassel NVwZ 2003, 755.
104 Urt. v. 16.4.2016 – 1 BvR 966/09.
105 BVerwG DÖV 2003, 81.

Fischer

V. Der Begriff der Gefahr

Übersicht: Gefahrenbegriffe

Gefahrenbegriff	Merkmale / Voraussetzung	Folge
Gefahr	Bei ungehinderten Geschehensablauf ist mit hinreichender Wahrscheinlichkeit ein Schaden für die geschützten Rechtsgüter zu erwarten	Zuständigkeit der Gefahrenabwehr und Polizeibehörde ist gegeben; Handlungsrahmen ist grundsätzlich eröffnet
Konkrete Gefahr	Die im Einzelfall bestehende Gefahr	Konkrete Abwehrmaßnahme gegen Verantwortliche ist möglich zB: Gefahrenabwehrverfügung nach § 11 HSOG
Abstrakte Gefahr	Aufgrund allgemeiner Erfahrungen sind bestimmte Geschehnisse; Handlungen oder Zustände dazu angetan, einen Schaden im Einzelfall eintreten zulassen	Abstrakt/generelle Maßnahme ist möglich, zB: Erlass einer GefahrenabwehrVO (§§ 71 ff. HSOG)
Anscheinsgefahr	Tatsächlich liegt keine Gefahr vor; aufgrund obj. Anhaltspunkte gehen obj. Beobachter von einer Gefahr aus	Gefahr im Sinne des Gefahrenabwehrrechts liegt vor; auch eine Inanspruchnahme des sog. Anscheinsstörers ist möglich
Gefahrenverdacht	Bestehende Unsicherheit in Tatsachenbild und/oder Beurteilung; dies ist der Behörde bewusst	Grundsätzlich sind nur vorläufige Maßnahmen zur weiteren Aufklärung und Sicherung zulässig
Scheingefahr (Putativgefahr)	Weder obj. Anhaltspunkte, noch stellt sich Situation für einen obj. Beobachter als gefährlich dar; Annahme beruht auf irriger Vorstellung des Beamten	Gefahr im Sinne des Gefahrenabwehrrechts liegt nicht vor; Maßnahmen sind rechtswidrig

F. Adressaten gefahrenabwehrender Maßnahmen

I. Verantwortlichkeit

1 Die Befugnisnormen (§§ 11 ff.) des HSOG nennen die Voraussetzungen, unter denen polizeiliches oder gefahrenabwehrbehördliches Handeln möglich ist, bestimmen aber in der Regel nicht, gegen wen sich die erforderlichen Maßnahmen zu richten haben.

2 Ausnahmen bilden einige **Standardmaßnahmen**, die auch die Maßnahmenadressaten vorgeben (vgl. zB § 18 Abs. 2, § 30 Abs. 1, § 31 Abs. 2, § 32 Abs. 1 Nr. 1, § 36 Abs. 2 Nr. 2 HSOG).

Bsp.: An einer Kontrollstelle nach § 18 Abs. 2 Nr. 5 HSOG können die Personen angehalten und nach Ausweispapieren befragt werden, die dort angetroffen werden.

Ein Wohnungsverweis nach § 31 Abs. 2 HSOG ist immer gegen die Person zu richten, von der die Gefahr ausgeht.

3 Von diesen Ausnahmen abgesehen ergibt sich der Adressat einer behördlichen Maßnahme aus **§ 6 und § 7 HSOG**, die die **Verantwortlichkeit von Personen** (sog. Polizeipflicht) regeln. Die in § 6 und § 7 HSOG für das Gefahrenabwehrrecht vorgesehene Anknüpfung an die Verantwortlichkeit entspricht dabei allgemeinen Verwaltungsrechtsgrundsätzen. Die Regelungen sind, soweit keine spezialgesetzlichen Regelungen bestehen (vgl. zB § 31 IfSG) auf Gefahrenabwehrmaßnahmen außerhalb des HSOG übertragbar bzw. haben Ergänzungsfunktion.[1]

4 Enthält ein Spezialgesetz eigene Verantwortlichkeiten, verdrängen diese die Verantwortlichkeit nach dem HSOG. So ist der Kreis der Verantwortlichen zB in § 4 BBodSchG abschließend geregelt.[2]

5 Die §§ 6 ff. HSOG geben der Behörde eine gewisse **Rangfolge** vor. Dies gilt im Verhältnis der Verantwortlichen zu den Nichtverantwortlichen (vgl. § 9 Abs. 1 Nr. 2 HSOG), aber auch im Verhältnis der Inanspruchnahme Verantwortlicher zur Gefahrenabwehr durch die Behörde selbst (vgl. § 8 Abs. 1 HSOG). Für beide genannten Fälle postuliert das Gesetz einen **Vorrang für die Inanspruchnahme der Verantwortlichen**.

Gefahrenabwehr durch

1. Inanspruchnahme der Verantwortlichen nach §§ 6, 7 HSOG
↓
2. Behörde selbst bzw. beauftragte Dritte, § 8 Abs. 1 HSOG
↓
3. Inanspruchnahme Nichtverantwortlicher nach § 9 HSOG

---

6 Weiter haben die Vorschriften über die Verantwortlichkeit Bedeutung für die **Kostenpflicht** sowie **Ersatz- bzw. Entschädigungsfragen**. Der Verantwortliche hat seine Kosten in der Regel selbst zu tragen. Er kann die Kosten behördlicher Maßnahmen auferlegt bekommen (vgl. § 8 Abs. 2, § 43 Abs. 3 HSOG) und hat keinen Anspruch auf Ausgleich bzw. Entschädigung nach § 64 HSOG.[3]

---

1 ZB im Wasserrecht, vgl. § 63 Abs. 5 HWG; für das Baurecht vgl. VGH Kassel, NVwZ-RR 1989, 137; für das Versammlungsrecht vgl. Krüger, S. 36.
2 Vgl. VG Frankfurt, NVwZ 2000, 107, 109.
3 Dazu Kap. K, Rn. 5 ff.

Fischer

Das HSOG verwendet den Begriff der Verantwortlichkeit und unterscheidet zwischen der **Verantwortlichkeit für Verhalten (§ 6 HSOG)** und für den **Zustand von Sachen und Tieren** (§ 7 HSOG). Der im Polizeirecht und in der Praxis traditionell verwendete Begriff des **Störers** entspricht dem gesetzlichen Begriff der Verantwortlichkeit (Verhaltensstörer, § 6 HSOG; Zustandsstörer, § 7 HSOG).

Die Verantwortlichkeit setzt weder Schuld- noch Geschäftsfähigkeit voraus, sie ist grundsätzlich **verschuldensunabhängig**. Im Vordergrund steht der Gedanke der Effektivität. Damit können auch schuld- oder geschäftsunfähige Personen in Anspruch genommen werden.[4] Auch die wirtschaftliche Leistungsfähigkeit ist nicht Voraussetzung, kann aber bei der Auswahl zwischen mehreren Verantwortlichen relevant sein.[5]

Neben **natürlichen Personen** können auch **juristische Personen des Privatrechts** und die ihnen gleichgestellte OHG, KG und der nicht rechtsfähige Verein[6] verantwortlich sein (zur Problematik bei juristischen Personen des öffentlichen Rechts näher Rn. 367 ff.).

Die gefahrenrechtliche Verantwortlichkeit löst eine öffentlich-rechtliche Verpflichtung aus, die grundsätzlich **nicht verjährt**. Dies gilt für Verhaltens- und Zustandsverantwortlichkeit. Für die Verhaltensverantwortlichkeit führt dies zu einer **„Ewigkeitshaftung"**.[7] Auch die Zustandsverantwortlichkeit verjährt nicht, sie kann aber zB durch Übertragung des Eigentums oder Besitzverlust enden. Von der Verjährung zu unterscheiden ist die Frage des Übergangs der Verantwortlichkeit im Wege der Rechtsnachfolge.[8]

II. Verursachung

Die Verantwortlichkeit von Personen braucht ein **Zurechnungskriterium**, damit klar ist, wer verantwortlich ist. Das HSOG stellt dabei auf die **Verursachung** der Gefahr ab. Diese beurteilt sich objektiv, sie ist **verschuldensunabhängig** (s. oben). Entscheidend ist der **Ursachenzusammenhang, Kausalität**, zwischen dem Verhalten (bei § 6 HSOG) bzw. dem Zustand (§ 7 HSOG) und der Gefahrenlage. Auch die Zustandsverantwortlichkeit kennt die Verursachung; § 7 HSOG fordert, dass die Gefahr von der Sache ausgeht, eine Zurechnung der Gefahr ist damit erforderlich.

Der Frage, wann Ursächlichkeit gegeben ist und welche Faktoren maßgeblich sind, nehmen sich die in der Rechtswissenschaft entwickelten **Kausalitätstheorien** an.

Nach der vor allem im Strafrecht herrschenden **Äquivalenztheorie** ist jedes Verhalten, das nicht hinweggedacht werden kann, ohne dass der Erfolg entfiele, als ursächlich anzusehen (sog. conditio sine qua non-Formel).

Diese für das Strafrecht entwickelte Formel ist nach einhelliger Meinung für das Polizei- und Ordnungsrecht zu weit und damit ungeeignet.[9]

Auch die im Zivilrecht herrschende sog. **Adäquanztheorie**, die darauf abstellt, ob nach allgemeiner Lebenserfahrung eine Bedingung generell geeignet ist, einen Erfolg herbeizuführen, wird als teilweise zu eng, teilweise zu weit angesehen und abgelehnt.[10]

---

4   Vgl. auch VG Berlin NJW 2001, 2489.
5   Vgl. auch OVG MV, Beschl. v. 23.7.2009, 3 M 92/09.
6   Vgl. VGH Mannheim, VBlBW 1993, 298, 301; OVG Lüneburg, NJW 79, 735.
7   Götz/Geis § 9, Rn. 52.
8   Dazu Kap. F Rn. 74 ff.
9   Vgl. Schenke, Rn. 241.
10 Vgl. Schoch, JuS 1994, 932.

16 Für das Gefahrenabwehrrecht haben sich deshalb **zwei Ansätze** herausgebildet, die den Besonderheiten des Gefahrenabwehrrechts eher Rechnung tragen. Zum einen die **Theorie der rechtswidrigen Verursachung**.[11] Diese Theorie stellt auf das rechtswidrige Handeln ab. Nur wer die Rechtsordnung verlasse, könne ordnungspflichtig sein.

17 Dieser Ansatz ist sicher dort geeignet, wo Gebots- oder Verbotsnormen bestehen; fehlt es daran, zeigen sich die Grenzen dieses Ansatzes.[12]

18 Herrschend im Polizei- und Ordnungsrecht ist die sog. **Theorie der unmittelbaren Verursachung**. Danach ist das Verhalten oder die Bedingung kausal, das bzw. die unmittelbar den Gefahrenherd in sich birgt bzw. die Gefahrengrenze überschreitet.[13]

19 Von mehreren Ursachen ist in der Regel die letzte in der Kausalkette polizeirechtlich relevant, wobei objektive Gesichtspunkte im Vordergrund stehen.

20 Dieser Ansatz erfährt aber in der Praxis durchaus eine **wertende Betrachtung,** in die Wertungszusammenhänge zwischen Verhalten und Gefahr als auch Effektivitätsüberlegungen einfließen.[14] Die Praxis hat bei der Anwendung der Theorie der unmittelbaren Verursachung auch das Ergebnis im Auge, was dazu führt, dass Billigkeitsüberlegungen (der eine Räumung betreibende Wohnungseigentümer nimmt nur sein Recht wahr und wird als Nichtstörer betrachtet) und insbesondere Effektivitätsgesichtspunkte einfließen. Die strenge Betrachtung der unmittelbaren Verursachung wird so zum Teil durchbrochen.

21 In diesem Zusammenhang ist die Figur des sog. **Zweckveranlassers** zu nennen. Zweckveranlasser ist derjenige, der das Verhalten des unmittelbaren Verursachers **bezweckt**.

22 Neben dem sog. „Borkumlied-Fall"[15] – eine Kapelle spielte eine „harmlose" Melodie, worauf Zuhörer regelmäßig ein antisemitisches Lied anstimmten – dient vor allem der Fall einer durch auffällige Schaufensterwerbung verursachte Verkehrsbeeinträchtigung[16] als Schulbeispiel zur Figur des Zweckveranlassers.

23 Es geht in diesen Fällen darum, ob die Behörde gegen die vorgehen muss, die die letzte (dh unmittelbare) Ursache setzen (zB singende Zuhörer, Passanten vor dem Schaufenster), oder ob auch die „Hintermänner" (zB Kapelle, Ladenbesitzer) herangezogen werden können, die das letztlich die Gefahr auslösende Verhalten anderer „bezwecken".

24 Dabei ist die Frage, ob das „Bezwecken" objektiv und/oder subjektiv zu sehen ist, strittig. Der subjektive Ansatz bringt die Vorsatzfrage mit ins Spiel, indem es auf Wissen und Wollen des Hintermannes ankommen soll.[17]

25 Der objektive Ansatz stellt auf den Wirkungs- und Verantwortungszusammenhang ab und fragt, ob sich eine typische Folge der Veranlassung realisiert.[18]

26 Der VGH Kassel hat in einer Entscheidung aus dem Jahr 1992,[19] in der ein Bordellwirt als Zweckveranlasser und damit Verantwortlicher für die verbotene Ausübung der Prostitution angesehen wird, objektive und subjektive Aspekte mit einfließen lassen und eine **wertende Betrachtung** vorgenommen. Entscheidend ist auch hier der Gedanke, dass Einzelverfügungen gegen unzählige Prostituierte keinen Erfolg versprechen, dh ineffektiv sind. Letztlich ist die

---

11 Schnur, DVBl. 1962, 1.
12 Vgl. Schenke, Rn. 243.
13 Vgl. Götz/Geis, § 9 Rn. 11; VGH Kassel, NJW 1986, 1829.
14 Vgl. VGH Kassel, NJW 1986, 1829; VGH Kassel, NVwZ 1992, 1111.
15 Pr OVGE 80, 176.
16 Vgl. Pr OVGE 85, 270; Knemeyer, Rn. 329.
17 Vgl. VGH München, DVBl. 1979, 737, 738; Knemeyer, Rn. 328.
18 Vgl. Götz/Geis, § 9 Rn. 21; OVG Lüneburg, NVwZ 1988, 638, 639.
19 Vgl. VGH Kassel, NVwZ 1992, 1111.

Fischer

Figur des Zweckveranlassers jedenfalls in Praxis und Rechtsprechung weitgehend anerkannt, allerdings nicht unumstritten.[20]

Entscheidend in diesen Fällen ist, dass der mittelbare Verursacher zum Verantwortlichen wird, indem ihm das unmittelbare Verhalten, das die Gefahrengrenze überschreitet, zugerechnet wird.

Der Zweckveranlasser ist deshalb kein weiterer Störer neben dem Verhaltens- und Zustandsstörer, sondern Ergebnis einer modifizierten Anwendung der Theorie der unmittelbaren Verursachung.

Ob diese Zurechnung über den Begriff der Zweckveranlassung erfolgt oder eine erweiterte Auslegung der Unmittelbarkeit ist, ist dabei nebensächlich. Die Rechtsprechung gelangt zT auch ohne die Figur des Zweckveranlassers ausdrücklich zu bemühen zu einer Verantwortlichkeit für das Verhalten Dritter, wenn Sie einen unmittelbaren Wirkungszusammenhang feststellen kann.

Bsp.: Verantwortlichkeit des Gastwirts für Lärm, der von Gästen auch vor der Gaststätte ausgeht, wenn der Lärm mit dem Betrieb verbunden ist[21]

III. Verhaltensverantwortlichkeit

Diese knüpft an das Verhalten von Personen an, durch das die Gefahr verursacht wird. Zu unterscheiden ist zwischen der Verantwortlichkeit für **eigenes Verhalten** (§ 6 Abs. 1 HSOG) und für **fremdes Verhalten** (§ 6 Abs. 2 und 3 HSOG).

Mit Blick auf die geforderte Unmittelbarkeit ist verhaltensverantwortlich grundsätzlich die Person, die die Gefahr oder Störung unmittelbar verursacht. Bei Prognoseentscheidungen muss sich diese nicht nur auf die Gefahrenlage beziehen, sondern auch auf die Frage der Verantwortlichkeit. Bei drohenden Rechtsverstößen setzt eine Verantwortlichkeit voraus, dass gerade von der Person des Adressaten die Gefahr von Verstößen ausgeht.[22]

Die Verhaltensverantwortlichkeit beschränkt sich dabei nicht auf positives Tun, sondern erfasst auch **Unterlassen**. Dies begründet aber nur dann eine Verantwortlichkeit, wenn eine Rechtspflicht zur Gefahrenabwehr besteht.[23]

Bsp.: Verletzung von Räumungspflichten, Sicherungspflichten bei Flughäfen und baulichen Anlagen.[24]

Eine Handlungspflicht kann sich auch aus vorherigem Tun ergeben, durch welches eine Sache in einen gefährlichen Zustand versetzt wird.[25] Allein aus dem Eigentum und der allgemeinen Pflicht, von einer Sache ausgehende Gefahren zu vermeiden, folgt noch keine Verhaltensverantwortlichkeit. Hier greift allein die Zustandsverantwortlichkeit.

Bei der Verantwortlichkeit für **fremdes Verhalten** begründet § 6 Abs. 2 HSOG eine Verantwortlichkeit für Personen, denen die **Aufsicht** über **Kinder** obliegt, die eine Gefahr verursachen.

Bsp.: Ein 10-jähriges Kind legt eine gefährliche Rutschbahn an. Der vorbeikommende Polizeibeamte kann sich an das Kind wenden, aber auch die aufsichtspflichtigen Eltern in Anspruch nehmen.

Ferner eröffnet § 6 Abs. 2 HSOG in **Fällen einer Betreuung** nach dem Betreuungsgesetz die Möglichkeit, neben der die Gefahr verursachenden betreuten Person auch die Betreuerin oder den Betreuer in die Verantwortung zu nehmen.

---

20 Vgl. Erbel, JuS 1985, 257, 261 ff.; Muckel, DÖV 1998, 18 ff.
21 Vgl. VG Wiesbaden NVwZ-RR 2011, 444.
22 Vgl. OVG Lüneburg, NJW 2006, 391, 399.
23 Vgl. Schenke, Rn. 239 mwN.
24 Vgl. BVerwG, DVBl. 1986, 360, 362; OVG Münster, NVwZ-RR 1988, 20, 21.
25 Vgl. Götz/Geis, § 9 Rn. 43 ff.

Fischer

36 § 6 Abs. 3 HSOG geht von der Figur des sog. **Verrichtungsgehilfen** (vgl. § 831 BGB) aus und begründet eine zusätzliche polizeiliche Verantwortlichkeit des Auftraggebers bzw. Geschäftsherrn.[26] Verrichtungsgehilfe ist, wer zur Ausübung der Tätigkeit von anderen dazu bestellt wird und dessen Weisung unterliegt.

> **Bsp.:** Ein Dachdeckergehilfe wirft Ziegel auf den Bürgersteig. Der vorbeikommende Polizeibeamte kann sich an den Gehilfen (§ 6 Abs. 1 HSOG), aber auch an den Dachdeckerunternehmer nach § 6 Abs. 3 HSOG wenden.

37 Eine Verantwortlichkeit des Geschäftsherrn entfällt allerdings in Fällen, in denen der Verrichtungsgehilfe außerhalb der ihm übertragenen Tätigkeiten und außerhalb der Weisungen des Geschäftsherrn handelt.

> **Bsp.:** Der Dachdeckergehilfe verlässt seinen Arbeitsplatz und verursacht an anderer Stelle eine Gefahrensituation, die mit seiner Dachdeckertätigkeit nicht im Zusammenhang steht. Ein Rückgriff auf den Unternehmer scheidet hier aus.

38 Entscheidend ist, wie oben festgestellt, die objektive Verursachung, Fragen des Verschuldens sind unerheblich. Damit besteht bei § 6 Abs. 2 und Abs. 3 HSOG **keine Exkulpationsmöglichkeit** (wie bei § 831 Abs. 1 S. 2 BGB). Die Formulierung in § 6 Abs. 2 und Abs. 3 HSOG („auch") macht deutlich, dass eine **zusätzliche Verantwortlichkeit** (neben der Verantwortlichkeit des Verursachers) geschaffen wird.

IV. Zustandsverantwortlichkeit

39 Es geht um die **Verantwortlichkeit für den Zustand von Sachen und Tieren.** Den Sachen (beweglichen und unbeweglichen, vgl. § 90 BGB) werden die Tiere gleichgestellt. Die Verantwortlichkeit greift, wenn von Sachen oder Tieren eine Gefahr ausgeht, wobei auch hier eine Zurechnung im Sinne eines unmittelbaren Kausalzusammenhanges erforderlich ist. Dabei kann sich die Gefahr aus der **Beschaffenheit der Sache** selbst ergeben (zB verdorbene Lebensmittel, bissiger Hund, tollwütige Katze) oder aus der **Lage der Sache** im Raum.[27]

40 Das Gesetz knüpft die Zustandsverantwortlichkeit an die **tatsächliche Gewaltherrschaft** nach § 7 Abs. 1 und an das **Eigentum** oder eine andere Berechtigung, § 7 Abs. 2 HSOG.

41 **Inhaber der tatsächlichen Gewalt** ist, wer die tatsächliche Sachherrschaft über die Sache ausübt (vgl. Besitz § 854 BGB), unabhängig vom Recht auf Besitz. Entscheidend sind die tatsächliche Einwirkungsmöglichkeit auf die Sache und der damit verbundene Gesichtspunkt, Nutzen und Vorteile aus der Sache zu ziehen.[28] Auf die tatsächliche Einwirkungsmöglichkeit kommt es zB auch bei Hundehaltergemeinschaften an, wobei bei ehelichen oder eheähnlichen Lebensgemeinschaften idR beide Partner als Hundehalter verantwortlich sind.[29]

42 Ferner erlaubt § 7 Abs. 2 HSOG Maßnahmen **auch gegen den Eigentümer oder andere Berechtigte** (zB Nießbraucher/Pfandgläubiger). Dies klingt nach einem Vorrang für den Inhaber der tatsächlichen Gewalt. Allerdings kann daraus keine zwingende Reihenfolge entnommen werden; fallen Sachherrschaft und Eigentum auseinander, steht die Auswahl im pflichtgemäßen Ermessen der Behörde.[30]

43 Der Gesichtspunkt der Einwirkungsmöglichkeit auf die Sache hat auch für die Verantwortlichkeit des Eigentümers Bedeutung. Er ist in der Regel rechtlich und tatsächlich in der Lage, auf die Sache

---

26 Vgl. VGH Kassel, NVwZ-RR 1993, 320.
27 ZB verkehrswidrig abgestelltes Fahrzeug, vgl. VGH Kassel, NVwZ 1988, 655.
28 BVerwG, NVwZ 1991, 457.
29 Vgl. VGH Mannheim NVwZ-RR 2011, 725.
30 Dazu näher Kap. F Rn. 65 ff.

IV. Zustandsverantwortlichkeit

einzuwirken und eine Gefahr zu beseitigen.[31] Die Verantwortlichkeit des Eigentümers stellt eine Inhalts- und Schrankenbestimmung im Sinne des Art. 14 Abs. 1 S. 2 GG dar, sie ist Ausdruck der dem Eigentum nach Art. 14 Abs. 2 GG immanenten Sozialbindung. Entscheidend für die Verantwortlichkeit des Eigentümers ist seine rechtliche oder tatsächliche Einwirkungsmöglichkeit.[32]

Fehlt diese Möglichkeit, vgl. **§ 7 Abs. 2 S. 2 HSOG**, entfällt die Verantwortlichkeit (Ausübung der Sachherrschaft durch Dritte gegen den Willen des Eigentümers). Danach ist der Eigentümer einer Sache nicht mehr verantwortlich, wenn ihm die Sache gestohlen wurde.

Allerdings kann die Verantwortlichkeit wieder aufleben, wenn zB der Dieb seinerseits die Sachherrschaft aufgibt.

Bsp.: Ein Autodieb lässt das gestohlene Fahrzeug stehen.

Solange der Dieb mit dem Fahrzeug unterwegs ist und die Sachherrschaft ausübt, ist der Eigentümer nach § 7 Abs. 2 S. 2 HSOG nicht verantwortlich. Lässt der Dieb das Fahrzeug stehen, lebt die Zustandsverantwortlichkeit des Eigentümers wieder auf; er kann zur Beseitigung bzw. zu eventuellen Kosten (vgl. § 8 Abs. 2, § 43 Abs. 3 HSOG) herangezogen werden.[33]

Dafür spricht der Wortlaut von § 7 Abs. 2 HSOG („ausübt") und der Gedanke, dass wirtschaftlicher Nutzen und die Vorteile vom Eigentümer gezogen werden sowie die Sozialpflichtigkeit des Eigentums.

In derartigen Fällen – der Dieb ist in der Regel nicht mehr greifbar – steht meist die Kostenfrage im Vordergrund (zB die Kosten der Sicherstellung oder unmittelbaren Ausführung) und damit die Frage, ob der Eigentümer oder letztlich die Allgemeinheit die Kosten zu tragen hat.[34]

Der Eigentümer bleibt Zustandsverantwortlicher, wenn er die Sache an Dritte weitergibt, auch wenn die Störung eigentlich von dem Dritten ausgeht.

Bsp.: Verantwortlichkeit des Eigentümers bei illegaler Nutzung einer baulichen Anlage durch den Mieter.[35]

Für die Verantwortlichkeit ist nicht das **Alleineigentum** Voraussetzung, auch Miteigentümer – jeweils für sich – sind verantwortlich und können in Anspruch genommen werden. Selbst wenn Miteigentümer zivilrechtlich gebunden sind und ihre Verfügungsmöglichkeiten von der Mitwirkung anderer abhängen, ist eine Inanspruchnahme möglich. Jedenfalls berührt dies nicht die Rechtmäßigkeit der Maßnahme gegen einen Miteigentümer. In diesem Fall besteht allenfalls ein **Vollstreckungshindernis**.[36]

Dieses kann durch **Duldungsverfügungen** an die anderen Miteigentümer oder Berechtigten ausgeräumt werden.

Die Eigentümerhaftung endet mit dem **Verlust des Eigentums** durch Veräußerung, Verbindung, Vermischung oder Verarbeitung nach § 964 ff. BGB, nicht aber durch **Eigentumsaufgabe**, Dereliktion, nach § 959 BGB.

In beiden Beispielfällen bleibt die Verantwortlichkeit nach § 7 HSOG erhalten. Die in der Literatur umstrittene Frage, ob bei Dereliktion auf den früheren Eigentümer zurückgegriffen werden kann, ist in Hessen durch § 7 Abs. 3 HSOG eindeutig beantwortet.[37]

---

31 Vgl. OVG Hamburg, NJW 1992, 1909 ff.
32 BVerwG, NJW 1999, 231.
33 Vgl. VGH Kassel, Urt. v. 18.5.1999, 11 UE 4648/96, NJW 1999, 3650; VG Berlin NJW 2000, 603.
34 Vgl. auch OVG Hamburg, NJW 1992, 1909, 1910; OVG Koblenz, NVwZ-RR 1989, 300; anders als hier Pausch/Dölger, S. 117; VGH Hannover, DAR 1976, 167.
35 VG Darmstadt, Beschl. v. 12.9.2011, 2 L 795/11.DA.
36 Vgl. Hess VGH, Beschl. v. 25.9.1990 Beilage zum StAnz. Nr. 44 vom 24.10.1990.
37 Zur Zustandsverantwortlichkeit nach Eigentumsaufgabe vgl. auch BVerwG, NJW 1998, 231 mwN.

Fischer

54 Der Zustandshaftung kommt insbesondere im Zusammenhang mit Grundstücken und hier mit **Umweltschäden** (Altlasten, Gewässerverunreinigung, Mineralölunfälle) besondere Bedeutung zu.

55 Probleme ergeben sich zum Teil daraus, dass im Gefahrenabwehrrecht Fragen der Rechtswidrigkeit und des Verschuldens für die Verantwortlichkeit grundsätzlich nicht relevant sind. Dies kann im Einzelfall zu Ergebnissen führen, die unbillig erscheinen.

56 **Bsp.:** E. kauft, ohne davon Kenntnis zu haben, ein kontaminiertes Grundstück.
Ein Öltanklastzug verunglückt auf der Wiese des Bauern B.

57 In diesen Fällen sind die Eigentümer selbst „Opfer", gleichwohl nach allgemeinen gefahrenabwehrrechtlichen Gesichtspunkten Zustandsverantwortliche.

58 Es gibt Stimmen, die in derartigen Fällen die Zustandsverantwortlichkeit einschränken wollen.[38]

59 Für den Bereich der sog. **Altlasten und des Bodenschutzes** hat der Gesetzgeber dem Rechnung getragen. So schränkt § 4 Abs. 5 und 6 BBodSchG, unter dem Aspekt des Vertrauensschutzes die Verantwortlichkeit zum Teil ein.

60 Daneben bewirkt das BBodSchG aber auch eine **Ausweitung der Verantwortlichkeit**. Zum einen auf den Gesamtrechtsnachfolger (vgl. § 4 Abs. 3, 1 BBodSchG), ferner auf frühere Eigentümer (§ 4 Abs. 6 BBodSchG) und auf den, der aus handelsrechtlichem oder gesellschaftsrechtlichem Grund für eine juristische Person einzustehen hat.[39]

61 Gegen eine generelle Beschränkung (außerhalb bestehender Regelungen) bestehen Bedenken. Die rechtlichen Grundlagen (HSOG) geben für eine solche Interpretation keinen Anlass, es ist nicht erkennbar, dass der Gesetzgeber diese Einschränkungen wollte. Sie widersprechen auch den Grundsätzen der Zustandsverantwortlichkeit[40]

62 Zudem besteht bei der Störerauswahl sowie bei Fragen der Kostenerstattung und Kostenverteilung, die oft im Vordergrund stehen, im Rahmen der Ermessensausübung eher Raum für Billigkeitsüberlegungen.[41]

63 Nach der Rechtsprechung des BVerfG[42] muss bei der Inanspruchnahme von Grundstückseigentümern die **Zumutbarkeit** der (finanziellen) Belastung beachtet werden. Diese berührt zwar nicht die Frage der Verantwortlichkeit, wohl aber den Umfang der Pflichten. Die Begrenzung der Kostenlast wird aus dem Eigentumsrecht (Art. 14 Abs. 1 GG) und dem Verhältnismäßigkeitsgrundsatz hergeleitet. Wichtiger Anhaltspunkt für die Zumutbarkeit soll der Verkehrswert des Grundstücks sein.[43]

64 Die Überlegungen des BVerfG dürften nicht nur für den Grundstückseigentümer gelten, sondern auch für andere Zustandsverantwortliche.[44]

V. Mehrheit von Verantwortlichen

65 Es kommt vor, dass **mehrere Personen** für einen Gefahrenzustand verantwortlich sind. Dabei können mehreren Verhaltensverantwortliche, aber auch Verhaltens- und Zustandsverantwortlichen bzw. mehreren Zustandsverantwortlichen vorhanden sein.

---

38 Vgl. Schwerdtner, NVwZ 1992, 141, 143; Kohl, JuS 1992, 864.
39 § 4 Abs. 3.4 BBodSchG; zur Sanierungsverantwortlichkeit vgl. Ginsky, DVBl. 2003, 169 ff. mwN.
40 Vgl. BVerwG, NJW 1999, 231.
41 Vgl. Schoch, JuS 1994, 1026; Götz, NVwZ 1994, 657; BVerwG, NVwZ 1991, 475.
42 BVerfGE 102, 1 ff.
43 Vgl. OVG Lüneburg NVwZ-RR 2006, 397 f.; Jochum, NVwZ 2003, 526 ff.
44 BVerfG, NVwZ 2001, 65.

V. Mehrheit von Verantwortlichen

Bsp.: Illegale Abfallentsorgung durch den Fahrer F. (vgl. § 6 Abs. 1 HSOG) des Unternehmers U. (vgl. § 6 Abs. 3 HSOG) auf dem Grundstück des Eigentümers E. (vgl. § 7 HSOG). 66
Geparktes Kfz im absoluten Halteverbot, Fahrer und Halter des Kraftfahrzeugs sind nicht identisch.

In diesen Fällen ist zu entscheiden, wen die Behörde in Anspruch nehmen kann. Das HSOG enthält keine klare Aussage im Sinne einer Rangfolge (auch das BBodSchG legt in § 4 keine Rangfolge fest). Die **Auswahl** steht vielmehr – dies ist allgemein anerkannt – im **pflichtgemäßen** (Auswahl-)**Ermessen** der Gefahrenabwehr- bzw. Polizeibehörden.[45] 67

Die Ermessensentscheidung hat unter Beachtung von § 40 HVwVfG vor allem zwei Gesichtspunkte zu berücksichtigen: 68
- **Effektivität der Gefahrenabwehr**
  Dabei geht es darum, wer von mehreren Verantwortlichen die Gefahr am wirkungsvollsten und schnellsten beseitigen kann, wobei Aspekte wie Leistungsfähigkeit, Sach- und Schadensnähe, aber auch Fragen des Verwaltungsaufwandes zu berücksichtigen sind.[46]
- **Verhältnismäßigkeit**
  Hier können die jeweilige Belastung der Verantwortlichen, aber auch Zumutbarkeitsgesichtspunkte und Billigkeitsaspekte berücksichtigt werden.[47]

Es gibt Versuche, Regeln der Ermessensbetätigung aufzustellen. Dazu gehört der Grundsatz, Verhaltensstörer vorrangig vor Zustandsstörern in Anspruch zu nehmen.[48] Eine solche Regel findet allerdings keine Stütze im Gesetz. Sie kann als Grundregel gelten, entbindet aber nicht davon, im Einzelfall zu fragen, ob nicht sachliche Gründe vorliegen, von ihr abzuweichen.[49] 69

Im Auswahlermessen steht nicht nur, wer richtiger Adressat einer Gefahrenabwehrmaßnahme ist (Primärebene), sondern auch, wer bei bereits vollzogenen Maßnahmen die **Kosten** zu tragen hat (Sekundärebene, vgl. §§ 8 Abs. 2, 43 Abs. 3 HSOG). Dabei gelten die gleichen Überlegungen wie auf der primären Ebene,[50] wobei der Grundsatz der Effektivität der Gefahrenabwehr zurücktritt. Kriterien sind die Leistungsfähigkeit, die sachliche Nähe und eventuelle Nachteile der Verantwortlichen.[51] 70

Die in § 8 Abs. 2 und § 43 Abs. 3 HSOG vorgesehene **gesamtschuldnerische Haftung** bedeutet nicht, dass die Behörde von der Ermessensentscheidung entbunden ist, wen sie von mehreren Verantwortlichen in welcher Höhe in Anspruch nimmt. Der Verweis auf die Gesamtschuld stellt lediglich klar, dass die Behörde grundsätzlich berechtigt ist, die gesamten Kosten – nach vorheriger Ermessensausübung – auch von einem Verantwortlichen zu fordern. Daraus folgt nicht, dass die Auswahl nicht mehr anhand der genannten öffentlich-rechtlichen Kriterien, sondern nur nach zivilrechtlichen Grundsätzen erfolgen kann.[52] 71

Der Verweis in den genannten Vorschriften auf die gesamtschuldnerische Haftung beinhaltet auch eine gesetzgeberische Aussage zum **Innenausgleich**, dh den finanziellen Lastenausgleich zwischen mehreren Verantwortlichen (vgl. § 426 BGB). Sachlich spricht einiges dafür, diese Regelung generell auf den Innenausgleich mehrerer Verantwortlicher untereinander zu übertragen.[53] 72

---

45 Götz/Geis, § 9 Rn. 91; VGH Kassel, NVwZ 1992, 1111/1113.
46 VGH Mannheim, NVwZ 1990, 179/180; OVG Lüneburg, NVwZ 1990, 786.
47 Vgl. BVerfGE 102, 1; VGH Mannheim, NVwZ 1990, 781; VGH Kassel, NJW 1995, 2123; VGH München, NJW 2004, 2768.
48 VGH Kassel, NJW 1984, 1368/1369.
49 Vgl. VG Darmstadt, Beschl. v. 12.9.2011, 2 C 795/11.DA.
50 OVG Lüneburg, NVwZ 1990, 786.
51 Vgl. Fredrich, § 43 Rn. 7.
52 So aber wohl Pausch/Dölger S. 253.
53 So die hM, vgl. Götz/Geis, § 9 Rn. 96.

73 Zwar hat der Bundesgerichtshof die Anwendung des § 426 BGB auf das Verhältnis mehrerer Störer abgelehnt.[54] Diese Rechtsprechung ist jedoch auf breite Kritik gestoßen.[55] In § 24 Abs. 2 BBodSchG ist explizit ein Gesamtschuldnerausgleich vorgesehen.

VI. Sonderprobleme

1. Verantwortlichkeit und Rechtsnachfolge

74 Hier geht es darum, ob die Verantwortlichkeit im Sinne des Polizei- und Ordnungsrechts auf eine andere Person übergehen kann. Damit verbunden ist die Frage, ob ein Rechtsnachfolger (zB Käufer, Erbe) eine gegen den „Vorgänger" erlassene Verfügung gegen sich gelten lassen muss.

75 Das HSOG enthält dazu keine Aussagen. Für das **Bauordnungsrecht** stellt § 53 Abs. 5 HBO fest, dass bauaufsichtsbehördliche Verfügungen auch gegen den Rechtsnachfolger gelten. Für Altlasten sieht § 4 Abs. 3 BBodSchG eine Verantwortlichkeit für Gesamtrechtsnachfolger der Verursacher vor.

76 Soweit gesetzliche Regelungen fehlen, ist die Problematik komplex. Es ist zu unterscheiden hinsichtlich der **Art der Verantwortlichkeit** (abstrakte Verantwortlichkeit aufgrund des Gesetzes, durch eine Verfügung konkretisierte Verantwortlichkeit, Zustands- bzw. Verhaltensverantwortlichkeit) und der **Art der Rechtsnachfolge**, Gesamtrechts- oder Einzelrechtsnachfolge.

a) Rechtsnachfolge bei abstrakt bestehender Verantwortlichkeit

77 Im Rahmen der **Zustandsverantwortlichkeit** ist die Sache unproblematisch, für eine besondere Rechtsnachfolgediskussion einer abstrakten Ordnungspflicht besteht kein Bedarf. Mit dem Eigentumsübergang bzw. dem Erwerb wird der Erwerber automatisch selbst Zustandsverantwortlicher nach § 7 HSOG im Sinne einer originären **eigenen** Verantwortlichkeit; die Frage des Übergangs stellt sich damit letztlich nicht.[56]

Bsp.: Geht von einem Tier eine Gefahr aus, wird ein Käufer oder Erbe des Tieres selbst (originär) Zustandsverantwortlicher nach § 7 HSOG.

78 Bei der **Verhaltensverantwortlichkeit** ist zu differenzieren. In Fällen der **Einzelrechtsnachfolge** findet, von speziellen Regelungen abgesehen, kein Übergang der abstrakten Verantwortlichkeit statt.[57] In Fällen der **Gesamtrechtsnachfolge** (bedeutsam insbesondere im Altlastenbereich) geht es vor allem darum, Verantwortlichkeiten (zB bei Firmenübernahmen oder -Umwandlungen) zu erhalten. Die überwiegende Meinung bejaht bei **vertretbaren Handlungen** einen Übergang.[58]

Bsp.: Die X GmbH verursacht Umweltschäden. Bei Übernahme der X GmbH durch eine neue Firma bleibt bzw. wird die neue Firma verantwortlich für die durch die X GmbH begangene Umweltbeeinträchtigung.

79 Heute findet sich eine Regelung in § 4 Abs. 3 BBodSchG, wonach eine Sanierungspflicht auf den Gesamtrechtsnachfolger des Verursachers übergeht.[59]

---

54 Vgl. BGH, NJW 1981, 2457/2458.
55 Vgl. VGH Kassel, NJW 1984, 1197/1199; Spannowsky, DVBl. 1994, 560/563; Schoch, JuS 1994, 1026/1029; Siebert, DVBl. 1992, 664/673.
56 Vgl. aber VGH Kassel, NJW 1993, 611 zur Altlastenproblematik und Sonderregelung für die Sanierungsverantwortlichkeit.
57 Vgl. Schenke, Rn. 296.
58 Vgl. BVerwGE 125, 325.
59 Vgl. dazu auch Ginsky, DVBl. 2003, 169/176.

b) Rechtsnachfolge bei durch behördliche Verfügung konkretisierter Verantwortlichkeit

Hier geht es darum, ob der Rechtsnachfolger die gegen den Rechtsvorgänger erlassene Verfügung gegen sich gelten lassen muss (aus Sicht der Behörde darum, ob sie aus der Verfügung heraus vorgehen kann oder ggf. eine neue Verfügung erlassen muss). Dabei ist zunächst zu klären, ob die Verpflichtung überhaupt rechtsfolgefähig ist, was nur bei **vertretbaren Handlungen** möglich ist.[60]

Im Bereich der **Zustandsverantwortlichkeit** sieht die herrschende Meinung[61] eine Bindung des Rechtsnachfolgers unabhängig davon, ob Einzel- oder Gesamtrechtsnachfolge vorliegt. Begründet wird dies mit der sog. „Dinglichkeit" der Zustandsverantwortlichkeit und des sie konkretisierenden Verwaltungsaktes.[62]

Bsp.: Wird dem Eigentümer eines Fahrzeugs aufgegeben, das Fahrzeug zu beseitigen, muss der Käufer (Einzelrechtsnachfolger) des Fahrzeugs als auch im Falle einer Erbschaft der Erbe (Gesamtrechtsnachfolger) die Verfügung gegen sich gelten lassen.

Diese Auffassung ist allerdings aus rechtsdogmatischen Gründen bei Fällen der Einzelrechtsnachfolge nicht unumstritten.[63] Für den in der Praxis wichtigen Bereich des Bauordnungsrechts hat der Gesetzgeber in Hessen reagiert und mit § 53 Abs. 5 HBO Klarheit geschaffen.

Im Rahmen der **Verhaltensverantwortlichkeit** erfolgt ein Übergang einer konkretisierten Pflicht nach herrschender Meinung nur in Fällen der Gesamtrechtsnachfolge und vertretbarer Handlungspflicht.[64] In Fällen der Einzelrechtsnachfolge scheidet dagegen der Übergang einer durch Verfügung konkretisierten Verhaltensverantwortlichkeit – von gesetzlichen Regelungen abgesehen – aus.[65]

2. Inanspruchnahme des sog. „Anscheinsstörers"

Die Anscheinsgefahr[66] eröffnet gefahrenabwehrrechtliches Handeln. Damit korrespondiert die Frage, ob der sog. „Anscheinsstörer" verantwortlich im Sinne des HSOG und richtiger Adressat eventueller Maßnahmen ist. **Anscheinsstörer** ist, wer aus ex ante-Sicht bei verständiger Würdigung eine (Anscheins)gefahr hervorgerufen hat, wobei sowohl Handlungs- als auch Zustandsverantwortlichkeit denkbar sind.[67]

Bsp.: A., der den Haustürschlüssel vergessen hat, steigt in sein Haus ein und erweckt den Eindruck eines Einbruchs.
Der Hund des B. zeigt deutliche Tollwutanzeichen, die sich im Nachhinein als „falsch" herausstellen.

Aus der Überlegung, die die Anscheinsgefahr der tatsächlichen Gefahrenlage bei der Frage der Eingriffsberechtigung gleichsetzt, wird nach hM der Anscheinsstörer dem tatsächlichen Störer – jedenfalls im Rahmen der Eingriffsfrage – gleichgestellt. Bei der Anscheinsgefahr besteht, im Gegensatz zum sog. Gefahrenverdacht, für die handelnde Verwaltung gerade keine Unsicherheit, die Situation ist erst bei einer nachträglichen Betrachtung auflösbar. Im Sinne einer effektiven

---

60 BVerwGE 1964, 105, 110; VGH Kassel, NVwZ 1985, 281.
61 Vgl. BVerwG, NJW 1971, 1624, Knemeyer, Rn. 298; VGH Mannheim, NVwZ 1992, 392.
62 Kritisch Schenke, Rn. 293 f.
63 Vgl. Schoch, JuS 1994, 1031; Drews/Wacke/Vogel/Martens, S. 299 f.; VGH Kassel, NJW 1976, 1910.
64 BVerwG, NJW 71, 624; BVerwGE 125, 325.
65 Drews/Wacke/Vogel/Martens, S. 301.
66 Zu dieser Kap. E Rn. 76 ff.
67 Vgl. Schoch, JuS 1994, 934 mwN; kritisch zum Begriff des Anscheinsstörers Götz/Geis, § 7 Rn. 43 und vor allem Schenke, Rn. 252 u. 254 ff.

Gefahrenabwehr sollte es deshalb möglich sein, den vermeintlich Verantwortlichen in Anspruch zu nehmen.[68]

86 Für die Rechtmäßigkeit der Inanspruchnahme kommt es nicht darauf an, ob der Anscheinsstörer den **Anschein in vorwerfbarer Weise** gesetzt hat.

87 Eine andere Frage ist, ob die Gleichsetzung von Störer und Anscheinsstörer zu einem späteren Zeitpunkt bei der Entscheidung zur **Kostenpflicht** (zB im Rahmen von § 8 Abs. 2 HSOG) bzw. bei **Ersatz- oder Entschädigungsfragen** im Rahmen von § 64 HSOG[69] gerechtfertigt ist. Diese Fragen erfordern nicht zwingend eine ex ante-Betrachtung; es ist sachgerecht, zB im Rahmen einer unmittelbaren Ausführung nur denjenigen für die Kosten nach § 8 Abs. 2 HSOG in Anspruch zu nehmen, der den Anschein in zurechenbarer Weise gesetzt und damit dafür einzustehen hat.[70]

Bsp.: Bei einem Volksfest wird durch Parken in drei Reihen ein Fahrzeug „eingeparkt". Um das eingeparkte Fahrzeug zu „befreien", lässt die Polizei das Fahrzeug abschleppen, das nach Zeugenaussagen zuletzt abgestellt wurde und damit die Situation unmittelbar herbeigeführt hat. Die Abschleppanordnung ist gemäß § 8 Abs. 1 HSOG gerechtfertigt, da nach dem objektiven Anschein der Fahrer dieses Fahrzeuges die Rechtsbeeinträchtigung herbeigeführt hat.

Stellt sich später heraus, dass nicht das abgeschleppte Fahrzeug, sondern ein anderes Fahrzeug zuletzt kam, kann der Fahrer des abgeschleppten Fahrzeugs nicht für die Abschleppkosten gemäß § 8 Abs. 2 HSOG herangezogen werden.

88 Auch im Rahmen eventueller **Ersatz- oder Erstattungsansprüche** kann der Anscheinsstörer bei nachträglicher Betrachtung wie ein Nichtstörer (vgl. § 64 Abs. 1 S. 1 HSOG) behandelt werden mit der Folge, dass ihm Ansprüche zustehen.[71]

89 Anders als bei der Anscheinsgefahr und beim Anscheinsstörer ist bei bloßem Gefahrenverdacht bzw. beim „**Verdachtsstörer**" eine Verantwortlichkeit und damit eine Inanspruchnahme als Verantwortlicher abzulehnen[72]. Hier muss die Behörde vorrangig selbst Maßnahmen ergreifen, ein „Verdächtiger" kann allenfalls unter den Voraussetzungen des § 9 HSOG als Nichtverantwortlicher herangezogen werden.[73]

90 Zu beachten sind aber auch hier bestehende gesetzliche Regelungen. So sieht zB § 9 Abs. 2 iVm § 4 BBodSchG die Möglichkeit vor, bereits im Verdachtsfalle die „Verdächtigen" zu verpflichten.

3. Inanspruchnahme von Hoheitsträgern

91 Gefahren können auch von juristischen Personen des öffentlichen Rechts (durch Mitarbeiter, Anlagen, Grundstücke) ausgehen. Dabei stehen zwei Fragen im Vordergrund:

92 Unterliegen Hoheitsträger überhaupt dem Landespolizei- und Ordnungsrecht? Können Sie polizeipflichtig sein? (Frage nach der sog. materielle Polizeipflicht).

Darf eine Gefahrenabwehrbehörde oder die Polizei gegen einen anderen Hoheitsträger vorgehen oder überschreitet sie dabei ihre Kompetenzen?[74]

93 Frage 1 beantwortet sich aus Artikel 20 Abs. 3 GG, wonach auch Verwaltungsträger dem Polizei- und Ordnungsrecht unterliegen. Sie unterliegen damit grundsätzlich auch der polizei- und

---

68 VGH Mannheim, NVwZ 1991, 491, 492.
69 Vgl. BGH, DVBl. 1992, 1158 ff.
70 Vgl. VGH Mannheim, NVwZ-RR 1991, 24, 26; OVG Hamburg, NJW 1996, 2005, 2006; BGH, NJW 1994, 2355; vgl. auch Kap. H Rn. 64 ff.
71 Dazu näher Kap. K Rn. 12 ff.
72 Dazu Kap. E Rn. 92.
73 Vgl. Schenke, Rn. 263.
74 Frage nach der sog. formellen Polizeipflicht, vgl. dazu BVerwGE 25, 52, 50; OVG Lüneburg, OVGE 12, 340.

Fischer

ordnungsrechtlichen Verantwortlichkeit.[75] Dieser Grundsatz steht nach der Rechtsprechung unter dem Vorbehalt, dass im Einzelfall kollidierende öffentliche Interessen gegeneinander abzuwägen sind.[76]

Dagegen verneint zu Frage 2 die herrschende Meinung[77] eine Kompetenz (Zuständigkeit) der Gefahrenabwehr- und Polizeibehörden, gegen andere Hoheitsträger vorzugehen.[78]

Dies gilt dort, wo ein behördliches Einschreiten einen Eingriff in den hoheitlichen Tätigkeitsbereich des anderen Verwaltungsträgers darstellt. Es gilt der Grundsatz, dass jeder Hoheitsträger zwar materiell polizeipflichtig ist, aber selbst zur Gefahrenabwehr in seinem Bereich berufen ist.[79] Von diesem Grundsatz sind **Ausnahmen** zu machen:

- im Eilfall, dh wenn der Hoheitsträger selbst nicht oder nicht rechtzeitig tätig werden kann (vgl. VV 6.1. zu § 6 HSOG);
- wenn der tangierte Hoheitsträger rein fiskalisch oder erwerbswirtschaftlich handelt (zB Vermietung gemeindeeigener Wohnungen durch die Gemeinde);
- wenn der spezielle hoheitliche Tätigkeitsbereich des anderen Verwaltungsträgers nicht beeinträchtigt wird.[80]

Bsp.: Bei unzulässiger Lärmbeeinträchtigung der Nachbarschaft durch Übungen der Bereitschaftspolizei ist die örtliche Ordnungsbehörde nicht befugt (nicht zuständig), gegen die Polizei bzw. das Land vorzugehen. Anders beurteilt sich der Fall, wenn das Land Teile des Polizeigeländes regelmäßig Vereinen für Feierlichkeiten überlässt und dies zu Lärmbeeinträchtigungen führt.

Anders allerdings nach Rechtsprechung des BVerwG bei Maßnahmen der Immissionsschutzbehörde gegenüber einer Gemeinde unter Hinweis auf §§ 24, 22 BImSchG.[81] Überhaupt wird der oben genannte Grundsatz zunehmend in Frage gestellt bzw. eingeschränkt.[82]

VII. Inanspruchnahme nicht verantwortlicher Personen

§ 9 HSOG schließt die Lücke im System der Gefahrenabwehr, in dem neben der Gefahrenabwehr durch eigene behördliche Mittel und der Inanspruchnahme des Verantwortlichen der Handlungsspielraum von Verwaltung und Polizei durch die **Möglichkeit der Inanspruchnahme nichtverantwortlicher Personen** erweitert wird. Das Gesetz schreibt gleichzeitig die Grenzen fest und macht damit deutlich, dass die Inanspruchnahme Nichtverantwortlicher nur als ultima ratio unter den engen **Voraussetzungen von § 9 HSOG** rechtlich zulässig ist. Eine solche Situation wird auch als „**polizeilicher Notstand**" bezeichnet.[83] Ferner knüpft das Gesetz in § 64 Abs. 1 HSOG bei Entschädigungs- bzw. Ersatzansprüchen an die Inanspruchnahme des Nichtverantwortlichen an.

Für eine rechtmäßige Inanspruchnahme des Nichtverantwortlichen müssen die Voraussetzungen in § 9 Abs. 1 HSOG **kumulativ** vorliegen. Erforderlich ist eine **gegenwärtige, erhebliche Gefahr**. Im Gegensatz zur allgemeinen konkreten Gefahrenlage, die für eine Inanspruchnahme

---

75 Vgl. Götz/Geis, § 9 Rn. 80 mwN.
76 BVerwGE 29, 52, 58.
77 Vgl. BVerwGE 29, 52, 59; Schoch, JuS 1994, 849, 852.
78 Vgl. auch § 73 HVwVG, wonach eine **Vollstreckung gegen Behörden** und juristische Personen des öffentlichen Rechts nur in ausdrücklich zugelassenen Fällen möglich ist.
79 VGH Kassel, JuS 1997, 859.
80 OVG Lüneburg, OVGE 12, 340; VGH Kassel, DÖV 1992, 752.
81 BVerwG, NVwZ 2003, 346.
82 Vgl. BVerwG, NVwZ 2003, 1252; Götz/Geis, § 9 Rn. 82.
83 Vgl. Fredrich, § 9 Rn. 1; Götz/Geis, § 10 Rn. 2.

des Verantwortlichen ausreicht, ist eine besondere zeitliche Nähe[84] sowie die Bedrohung bedeutender Rechtsgüter erforderlich. Ferner darf **keine andere Möglichkeit** bestehen, die Gefahr abzuwehren, weder durch eine Inanspruchnahme des Verantwortlichen nach § 6 bzw. § 7 HSOG, noch durch die Behörde selbst bzw. einen beauftragten Dritten. Derartige Fallkonstellationen sind vor allem bei Unfällen oder Naturkatastrophen denkbar.

Bsp.: Polizeibeamter P. fordert einen nicht am Unfall beteiligten Autofahrer auf, einen Verletzten ins Krankenhaus zu fahren.

Polizeibeamter P. fordert einen Passanten auf, ihm zu helfen, eine wegen starken Windes umgestürzte Werbetafel zu befestigen.

99   Bedeutung erlangt § 9 HSOG in der Praxis vor allem in Fällen der **Unterbringung von Obdachlosen** und **versammlungsrechtlicher Entscheidungen**.

Bsp.: Einweisung einer von Obdachlosigkeit bedrohten Familie in ihre bisherige Wohnung unter Inanspruchnahme des Vermieters.

Verbot einer Versammlung, weil durch gewalttätige Gegendemonstrationen Gefahren für Leib und Leben der Versammlungsteilnehmer bestehen und Verwaltung und Polizei sich nicht in der Lage sehen, eine Gewaltanwendung zu verhindern.

100 Dabei ist im Rahmen der Prüfung von § 9 Abs. 1 HSOG ein **strenger Maßstab** anzulegen. Es muss feststehen, dass Maßnahmen gegen die Verantwortlichen, zB die Obdachlosen selbst bzw. die Gegendemonstranten nicht möglich sind bzw. keinen Erfolg versprechen.

101 So ist im Falle der **Obdachlosigkeit** der Obdachlose zwar selbst Verantwortlicher und als solcher verpflichtet, die Obdachlosigkeit durch intensive eigene Bemühungen zu vermeiden;[85] häufig sind die betroffenen Personen dazu aber nicht in der Lage. Allein dies rechtfertigt noch nicht die Inanspruchnahme des nichtverantwortlichen Vermieters. Zu klären ist weiter, ob die Verwaltung selbst die drohende Obdachlosigkeit beheben kann, zB durch die Bereitstellung von Obdachlosenunterkünften, Anmietung von Wohnungen oder Hotels.[86] Erst wenn dies nicht möglich ist, kann eine Einweisung in die bisherige Wohnung erflogen.[87]

102 In **versammlungsrechtlichen Fällen** sind vorrangig die verantwortlichen Gegendemonstranten in Anspruch zu nehmen. Ist dies nicht möglich, muss die Polizei versuchen, die Versammlung durch eine Verstärkung ihrer Kräfte zu schützen. Dabei bestehen erhöhte Anforderungen, notfalls ist die Bereitschaftspolizei anderer Bundesländer bzw. Bundespolizei im Wege der Amtshilfe anzufordern.[88]

103 Schließlich darf die sog. **Opfergrenze** (§ 9 Abs. 1 Ziff. 4 HSOG) nicht überschritten werden. Dies ist der Fall, wenn die Inanspruchnahme des Nichtverantwortlichen mit einer erheblichen **eigenen Gefährdung** des Betroffenen verbunden ist.

Bsp.: Polizeibeamter P. – selbst Nichtschwimmer – gibt einem vorbeikommenden Passanten auf, in ein gefährliches Gewässer zu springen, um einen Menschen zu retten.

104 Ziff. 4 ist Ausfluss des Verhältnismäßigkeitsgrundsatzes (Grundsatz der Angemessenheit, vgl. auch § 4 Abs. 2 HSOG).

105 Ausfluss des Verhältnismäßigkeitsgrundsatzes (vgl. § 4 Abs. 3 HSOG) ist auch **§ 9 Abs. 2 HSOG**, der ein **Übermaßverbot** beinhaltet und die Inanspruchnahme des Nichtverantwortlichen zeitlich und sachlich begrenzt.

---

84 Bereits eingetretene Störung oder in aller nächster Zeit mit großer Wahrscheinlichkeit bevorstehende Beeinträchtigung, vgl. BVerwGE 45, 51, 58.
85 Vgl. VGH Kassel, Urt. v. 7.3.2011, 8 B 217/11; Ruder, NVwZ 2012, 1283, 1285.
86 Vgl. VG Frankfurt, Beschl. v. 6.6.2011, 8 L 1441/11.F.
87 Vgl. Fredrich, § 9 Rn. 7 mit zahlreichen Rechtsprechungshinweisen.
88 Vgl. dazu BVerfG, NJW 1985, 2395, 2400; VGH Kassel, NVwZ-RR 1994, 86, 87; Krüger, S. 103 ff. mwN; Mühl/Fischer in Möstl/Bäuerle, § 9 Rn. 32 ff.

VII. Inanspruchnahme nicht verantwortlicher Personen

Sind die Voraussetzungen für eine Maßnahme nach § 9 Abs. 1 nicht mehr gegeben, darf die Behörde die Maßnahme nicht aufrechterhalten, § 9 Abs. 2 HSOG.

Damit ist zB in den genannten Obdachlosenfällen zu klären, wie lange eine Einweisung aufrechterhalten werden darf. Zum einen nur solange, wie keine andere Unterbringungsmöglichkeit besteht. Ob unabhängig davon eine feste zeitliche Zumutbarkeitsgrenze für den Eigentümer existiert (so zB nach § 33 Abs. 3 Polizeigesetz von Baden-Württemberg) lässt das HSOG offen. Für Fälle der Obdachlosenunterbringung hat sich allerdings in der Rechtsprechung eine zeitliche Beschränkung auf ca. sechs Monate durchgesetzt.[89] Die Einweisung begründet für die Eingewiesenen keinen Besitzstand und keinen Anspruch auf Verbleiben in der Wohnung. Die Behörde kann im Rahmen ihrer Ermessensausübung die Betroffenen zB in eine andere Unterkunft einweisen, wenn diese den Anforderungen an eine menschenwürdige Unterkunft genügt.[90]

Damit korrespondiert ein Anspruch des Inanspruchgenommenen auf Beseitigung der Inanspruchnahme und ihrer tatsächlichen Folgen im Sinne eines **Folgenbeseitigungsanspruchs** (dabei ist in den Fällen der Obdachloseneinweisung wegen der dort bestehenden „Dreiecksbeziehung" die rechtsdogmatische Einordnung eines derartigen Anspruchs nicht unumstritten).[91]

Unabhängig davon steht dem Wohnungseigentümer ein Anspruch auf Nutzungsentschädigung in Höhe der ortsüblichen Miete zu. Dieser **Ausgleichsanspruch** ergibt sich aus § 64 Abs. 1 S. 1 HSOG.

Übersicht: Inanspruchnahme/Verantwortlichkeit

Anknüpfung	Gefahrenverursachung
	Ursächlich ist, wer letzte Ursache setzt, die Gefahrenherd in sich birgt bzw. Gefahrengrenze überschreitet;
	Theorie der unmittelbaren Verursachung (hM), erweitert um Figur des sog. Zweckveranlassers
Verhaltensverantwortlichkeit gem. § 6 HSOG	**eigenes Verhalten**, Abs. 1
	Verhalten von **Kindern** oder betreuten Personen, Abs. 2
	Verhalten von Verrichtungsgehilfen, Abs. 3
Zustandsverantwortlichkeit für Sachen und Tiere gem. § 7 HSOG	**Inhaber der tatsächlichen Gewalt**, Abs. 1
	Eigentümer oder sonst berechtigte Person, Abs. 2
	Früherer Eigentümer nach Eigentumsaufgabe bei herrenlosen Sachen, Abs. 3
Mehrheit von Verantwortlichen	Erfordert „Störerauswahl" nach pflichtgemäßem Ermessen (Auswahlermessen)
Nichtverantwortliche gem. § 9 HSOG	Inanspruchnahme ausnahmsweise möglich unter Voraussetzungen von § 9 Abs. 1 Nr. 1–4
Sonderprobleme	Inanspruchnahme des **Anscheinstörers** grds. möglich (mit differenzierter Betrachtung auf der Ebene von Kostensatz/Ersatzansprüchen)
	Inanspruchnahme von **Hoheitsträgern**, nur ausnahmsweise möglich
	Verantwortlichkeit und **Rechtsnachfolge** (differenzierte Betrachtung geboten)

---

89 Vgl. BGHZ 35, 27, 31; VG Frankfurt, NVwZ 1990.
90 VGH Kassel, NVwZ-RR 2011, 474.
91 Vgl. OVG Berlin, NVwZ 1992, 501; Schoch, JuS 1995, 35.

G. Grundsätze gefahrenabwehrrechtlichen Handelns

I. Gesetzesvorbehalt

1 Gefahrenabwehrmaßnahmen haben idR Eingriffscharakter. Nach dem **Grundsatz vom Vorbehalt des Gesetzes** (Art. 20 Abs. 3 GG) bedürfen sie einer Ermächtigung, einer sog. **Befugnisnorm**.

2 Dies gilt insbesondere für **Gebote und Verbote**, die als Verwaltungsakte unmittelbaren Eingriffscharakter haben. Bei tatsächlichem Verwaltungshandeln (Realakten) hängt das Erfordernis einer Befugnisnorm vom **Eingriffscharakter** ab.

3 Soweit tatsächliches Verwaltungshandeln nicht in Rechte von Bürgern eingreift, auch nicht mittelbar, bedarf es keiner besonderen Ermächtigung im Sinne des Gesetzesvorbehaltes. Hier kann sich die Behörde auf die **Aufgabenzuweisung des § 1 HSOG** stützen.[1]

   Bsp.: Allgemeine Auskünfte durch die Verwaltung, Streifengänge bzw. Streifenfahrten der Polizei; Warnungen der Polizei vor Einbrüchen, Empfehlungen zur Wohnungssicherung.

4 Auch Realakte können Rechte Betroffener berühren bzw. in diese eingreifen.

   Bsp.: Neben einer allgemeinen Warnung vor Einbrüchen gibt die Polizei konkrete Empfehlungen zu Firmen im Sicherheitsgewerbe.
   Warnung der Behörden vor einem bestimmten Produkt einer konkreten Firma.[2]
   Warnung in einem Flugblatt vor Jugendsekten.[3]

5 In derartigen Fällen reicht die Aufgabenzuweisung des § 1 HSOG als Handlungsgrundlage nicht aus, es bedarf einer Ermächtigungsnorm.[4]

6 Grundlage für solche **Warnungen** können die Generalklausel, § 11 HSOG, bzw. spezielle Normen, zB § 8 ProduktsicherungsG, sein.

7 Gleiches gilt in Fällen sog. **Gefährdungsanschreiben oder Gefährdungsansprachen**.

   Bsp.: Polizeiliches Schreiben, in dem dem Adressaten nahegelegt wird, sich nicht an einer Demonstration zu beteiligen.[5]
   Mündlicher Hinweis an einen Geschäftsführer eines Inkassounternehmens auf ein Ermittlungsverfahren.[6]

8 Auch derartige Maßnahmen stellen mangels Regelung zwar keine Verwaltungsakte, sondern Realakte dar. Sie sind aber geeignet, in grundrechtlich geschützte Positionen (zB freie Willensbildung, an Demonstrationen teilzunehmen, Artt. 5 Abs. 1, 8 Abs. 1 GG) einzugreifen und bedürfen daher einer Befugnisnorm.

9 Die Notwendigkeit einer Befugnisnorm zeigt sich vor allem dort, wo tatsächliches Handeln unmittelbar in die Grundrechte eingreift. So berührt etwa die **Datenerhebung bzw. Datenverarbeitung** unmittelbar das **Recht auf informelle Selbstbestimmung** und bedarf daher einer Befugnis (vgl. §§ 12 ff. HSOG).

10 Selbstverständlich muss eine Befugnisnorm ihrerseits verfassungsrechtlichen Anforderungen genügen, insbesondere hinsichtlich der Bestimmtheit und des Verhältnismäßigkeitsgrundsatzes.

---

1 Mühl/Fischer, in: BeckOK § 1 HSOG, Rn. 2.
2 Vgl. LG Stuttgart, NJW 1989, 2257.
3 VGH Mannheim, DÖV 1989, 169 ff.; BVerwG, NJW 1991, 1770.
4 Vgl. Mühl/Fischer, in: BeckOK § 1 HSOG, Rn. 2.
5 OVG Lüneburg, NJW 2006, 391 ff.
6 VGH Kassel, Beschl. v. 28.11.2011, 8 A 199/11.Z.

II. Spezialität/Subsidiarität

Befugnisnormen für Maßnahmen der Gefahrenabwehr finden sich im HSOG (§§ 11 ff.), aber auch außerhalb des HSOG in zahlreichen Spezialgesetzen, wobei bundes- und landesrechtliche Regelungen bestehen.

Beispiele aus dem Bereich des Bundesrechts sind: § 3 VereinsG (Verbot von Vereinen)
§ 35 GewO (Gewerbeuntersagung)
§ 45 StVO (verkehrsregelnde Anordnungen)
§§ 53, 58 AufenthG (Ausweisung, Abschiebung)

Beispiele landesgesetzlicher Ermächtigungen sind: § 72 HBO (Nutzungsverbot, Beseitigungsverfügung),
§§ 16, 47, 63 HWG (Maßnahmen der Wasseraufsicht),
§ 55 Hess. Forstgesetz (Maßnahmen von Forstbehörden),
§ 17a HStrG (Beendigung illegaler Sondernutzung),
§ 4 Hessisches Gaststättengesetz (Untersagung).

Nach dem **Grundsatz der Spezialität** gehen diese speziellen gesetzlichen Regelungen einer allgemeinen Regelung und damit dem HSOG vor (siehe auch § 3 HSOG).

Bsp.: Die Abschiebung von Ausländern setzt voraus, dass die Voraussetzungen der §§ 58 ff. AufenthG vorliegen.

In diesen Fällen ist ein **Rückgriff auf** die Befugnisnormen des **HSOG nicht möglich**. Dies folgt aus dem Grundsatz der Spezialität und der Tatsache, dass den speziellen Gesetzen in der Regel ein **abschließender Regelungscharakter** zukommt (vgl. § 3 Abs. 1 HSOG).

Das HSOG greift, wenn es an einer spezialgesetzlichen Regelung fehlt bzw. ist ergänzend anwendbar, wenn spezielle Rechtsvorschriften keine abschließende Regelung enthalten (vgl. § 3 Abs. 1 S. 3 HSOG), **Grundsatz der Subsidiarität**.

Ob bzw. inwieweit die abschließende Regelung des Spezialgesetzes geht, ist im Einzelfall durch **Auslegung**[7] zu ermitteln, wobei zwischen den Eingriffsvoraussetzungen und der Rechtsfolgenseite differenziert werden sollte.[8] In Fällen **ausschließlicher Gesetzgebung** des Bundes (vgl. Art. 73 GG), in der Regel auch bei **konkurrierender Gesetzgebung** (Art. 72 GG), ist von einer abschließenden Regelung auszugehen.[9]

In dem für die Praxis wichtigen **Bereich des Versammlungsrechts** stellt das Hessische Versammlungsfreiheitsgesetz (HVersFG) grundsätzlich eine abschließende Regelung dar. Der spezielle Charakter des HVersFG ist allerdings auf sog. **versammlungsspezifische Gefahren** beschränkt. Bei versammlungsunspezifischen Gefahren ist nach überwiegender Meinung ein Rückgriff auf das allgemein Polizei- und Ordnungsrecht möglich.[10]

Bsp.: Auflösung eines Skinheadkonzertes wegen Brandgefahr.[11]
Zieht eine Giftwolke in Richtung Versammlungsort, können polizeiliche Maßnahmen zum Schutz der Bevölkerung und der Teilnehmer der Versammlung auf das allgemeine Gefahrenabwehrrecht gestützt werden.

Das hessische Versammlungsrecht erfasst auch nichtöffentliche Versammlungen (§ 2 Abs. 3 HVersFG). Das HSOG ist insoweit also grundsätzlich nicht anwendbar (beachte aber § 10 HVersFG).

---

7 BVerfG NJW 2005, 2603, 2606.
8 Vgl. Schoch, JuS 1994, 479, 480 mwN.
9 Fredrich § 3 Rn. 4 mwN.
10 Vgl. Schoch, JuS 1994, 480; Krüger, S. 38.
11 VGH Mannheim, DVBl 2010, 1254.

18 Zu beachten ist ferner, wie weit die Sperrwirkung des **Spezialgesetzes in örtlicher bzw. zeitlicher Hinsicht** reicht. Im Verhältnis Versammlungsrecht zum allgemeinen Gefahrenabwehrrecht bedeutet dies, dass das HVersFG nur während der Versammlung gilt. Vor bzw. nach der Versammlung kann grundsätzlich auf das allgemeine Polizei- und Ordnungsrecht zurückgegriffen werden.

Bsp.: Errichtung einer örtlich und zeitlich vor der eigentlichen Versammlung liegenden Kontrollstelle zur Kontrolle anreisender Versammlungsteilnehmer auf der Grundlage von § 18 Abs. 2 Nr. 5 HSOG.[12]

Nach einer Auflösung einer Versammlung nach dem HVersFG kann ein anschließender Platzverweis auf § 31 HSOG gestützt werden.

19 Bei einer Auslegung ist ferner die Zielrichtung zu bedenken, insbesondere welche Gefahren das Spezialgesetz im Auge hat und ob eventuell Unterschiede zur allgemeinen Gefahrenabwehr bestehen. So ist es möglich, Meldeauflagen zB gegenüber gewaltbereiten Fußballfans trotz Regelungen im PassG auf die polizeirechtliche Generalklausel zu stützen, wenn Ziel die Verhütung von Straftaten ist. Schutzziel der Regelungen des PassG ist vorrangig das Ansehen der Bundesrepublik im Ausland.[13]

20 Daneben gibt es Bereiche, die zwar abschließend geregelt sind, diese Gesetze aber eine **entsprechende Anwendung** bestimmter Vorschriften des HSOG vorsehen (zB § 74 Abs. 2 HWG).

21 Fehlt es an einer abschließenden Regelung im Spezialgesetz, ist das HSOG **ergänzend anzuwenden**, § 3 Abs. 1 S. 2 HSOG, und zwar **unmittelbar**.[14]

Bsp.: Mangels eigener Regelungen in der HBO ist bei Gefahrenabwehrmaßnahmen der Bauaufsicht die Verantwortlichkeit nach §§ 6 ff. HSOG zu beurteilen.

22 Enthält ein Spezialgesetz **keine eigenen Befugnisnormen**, kann und muss in der Regel auf das allgemeine Polizei- und Ordnungsrecht zurückgegriffen werden. Dies gilt insbesondere dort, wo ein Spezialgesetz nur **Gebote oder Verbote** normiert, eventuell noch Bußgeldtatbestände enthält, aber keine eigenen Befugnisnormen für behördliches Einschreiten (zB HessFeiertagsG, LadenschlussG). Hier kommt insbesondere der gefahrenabwehrrechtlichen Generalklausel (§ 11 HSOG) eine besondere Funktion zu, da die Verletzung gesetzlicher Gebots- bzw. Verbotsnormen eine Beeinträchtigung der öffentlichen Sicherheit darstellt (vgl. Kap. E, Rn. 25 ff.).

23 Neben dem Verhältnis Spezialgesetz/HSOG ist der Grundsatz der Spezialität auch **innerhalb des HSOG** zu beachten. So beim Verhältnis der **Generalklausel**, § 11 HSOG, zu den sog. **Standardmaßnahmen** der §§ 12 ff. HSOG. Diese wiederkehrenden typischen Maßnahmen nennen nicht nur die konkrete Rechtsfolge, sondern enthalten auf der Tatbestandsseite besondere, häufig engere Eingriffsvoraussetzungen bzw. beschreiben besondere Situationen.[15]

24 Nach der Rechtsprechung des VGH Kassel[16] ist auch bei den Standardmaßnahmen von einer abschließenden Regelung auszugehen. Liegen die dort genannten Voraussetzungen nicht vor, kann die Maßnahme nicht auf die Generalklausel gestützt werden. Auch kann eine in der speziellen Regelung nicht vorgesehene Rechtsfolge nicht auf § 11 HSOG gestützt werden.

Bsp.: Sieht die Standardmaßnahme nur einen vorübergehenden Platzverweis vor, kann nicht über die gefahrenrechtliche Generalklausel ein Aufenthaltsverbot ausgesprochen werden.[17]

---

12 Vgl. Fredrich § 18 Rn. 23; zum Streitstand ferner Schoch, JuS 1994, 479, 485 mwN.
13 BVerwGE 129, 142, 150.
14 Vgl. Hornmann, § 3 Rn. 8 mwN.
15 Zur Frage der Notwendigkeit einer speziellen Ermächtigung in Form einer Standardmaßnahme vgl. BVerwGE 129, 142.
16 VGH Kassel, NVwZ 2003, 1392, 1400; vgl. auch Hecker, NVwZ 2003, 1334 ff.
17 VGH Kassel, NVwZ 2003, 1392; aA OVG Bremen, NVwZ 1999, 314.

Fischer

Somit ergibt sich eine Dreiteilung der Eingriffsbefugnisse.[18] Für die Anwendung der Generalklausel des § 11 HSOG bedeutet dies eine **„doppelte Subsidiaritätsprüfung"**.[19]

III. Grundsatz der Verhältnismäßigkeit

1. Allgemeines

Der Grundsatz der Verhältnismäßigkeit gilt als **allgemeiner Rechtsgrundsatz** für das gesamte Verwaltungshandeln. Er ist gewohnheitsrechtlich anerkannt, ergibt sich aber auch aus Einzelgrundrechten und dem Rechtsstaatsprinzip. Ihm kommt im Rahmen von Eingriffsverwaltung und Ermessensentscheidungen und damit im Polizei- und Ordnungsrecht eine besondere Bedeutung zu, weshalb der Grundsatz in **§ 4 HSOG** ausdrücklich normiert ist. Dem Grundsatz unterliegen nach § 4 HSOG alle Maßnahmen der Gefahrenabwehr; er gilt für Realakte, Verwaltungsakte, Gefahrenabwehrverordnungen und die Zwangsanwendung. Dabei beinhaltet der Verhältnismäßigkeitsgrundsatz **drei Teilaspekte**:

- **Geeignetheit** der Maßnahme
- **Erforderlichkeit** der Maßnahme
- **Angemessenheit** der Maßnahme (Verhältnismäßigkeit ieS).

2. Geeignetheit der Maßnahme

Die behördliche Maßnahme muss zur Gefahrenabwehr geeignet sein, sie darf kein untaugliches Mittel darstellen.

Bsp.: Zur Vermeidung nächtlichen Hundegebells im Hinterhof ist die Anordnung, den Hund anzuleinen, nicht geeignet.

Geeignet ist auch eine Maßnahme, die zur Gefahrenabwehr beiträgt, ohne sie vollständig zu beseitigen.

Geeignetheit beinhaltet, dass der Adressat in der Lage ist, der Anordnung nachzukommen. Ist ihm dies nicht möglich, ist die Anordnung in der Regel nicht die geeignete Maßnahme. Die **Möglichkeit** (der Maßnahme) wird deshalb vielfach unter dem Aspekt der Geeignetheit abgehandelt.[20] Die tatsächliche oder rechtliche Möglichkeit als Rechtmäßigkeitsvoraussetzung einer Gefahrenabwehrmaßnahme kann allerdings auch gesondert neben der Verhältnismäßigkeit geprüft werden.

Klar ist, dass eine **tatsächliche Unmöglichkeit** der Ausführung die Ungeeignetheit der Anordnung bedingt.

Bsp.: Der Aufforderung an eine gelähmte Person, ein bauliches Hindernis selbst aus dem Wege zu schaffen, kann diese nicht nachkommen; die Anordnung ist deshalb nicht geeignet, die Gefahrensituation zu beseitigen.

Weniger klar ist die Situation bei der sog. **rechtlichen Unmöglichkeit**. Diese liegt vor, wenn der Adressat der behördlichen Anordnung zB aus privatrechtlichen Gründen nicht befugt ist, der Anordnung nachzukommen.[21]

Bsp.: Baubehördliche Anordnung an einen Gartenpächter, die nur gepachtete Gartenhütte zu beseitigen.

---

18 Vgl. Schoch, JuS 1994, 479.
19 Vgl. Möller/Warg, Rn. 67.
20 Vgl. Pausch/Dölger, S. 134 f.; Reichert/Ruder, Rn. 141 a.
21 Vgl. Drews/Wacke/Vogel/Martens, S. 418 ff.

32 In den Fällen, in denen das rechtliche Hindernis durch die Zustimmung/Genehmigung des Berechtigten bzw. Mitberechtigten beseitigt werden kann (zB Zustimmung eines Miteigentümers), ist die Maßnahme rechtmäßig, wenn sich das Unvermögen durch die Zustimmung vor der Vollstreckung noch beheben lässt.[22] Das nur zeitweilige Unvermögen führt nicht zur Rechtswidrigkeit der behördlichen Anordnung, sondern **hindert ihre Vollstreckung**.[23]

3. Erforderlichkeit der Maßnahme

33 Gibt es mehrere geeignete Maßnahmen, hat die Behörde die Maßnahme zu wählen, die den Einzelnen oder die Allgemeinheit am wenigsten beeinträchtigt, vgl. § 4 Abs. 1 HSOG, **Grundsatz des geringstmöglichen Eingriffs** oder Prinzip des **mildesten Mittels**.

Bsp.: Lassen sich die von einer Veranstaltung ausgehenden Gefahren durch eine Auflage vermeiden, ist ein Verbot der Veranstaltung nicht erforderlich und wäre unverhältnismäßig.

Ist der Fahrer eines verbotswidrig geparkten Pkws feststellbar und kann veranlasst werden, das Fahrzeug kurzfristig wegzuzufahren, ist ein Abschleppen nicht erforderlich[24]

34 Im Rahmen der sog. **Störerauswahl**[25] bedingt dieser Grundsatz, dass bei mehreren Verantwortlichen die Person in Anspruch zu nehmen ist, die die Maßnahme mit dem geringsten Aufwand durchführen kann.

Bsp.: Soll ein abgestelltes Fahrzeug weggefahren werden und ist der Fahrer im Ort erreichbar, wäre es unverhältnismäßig, den auswärtigen Halter des Fahrzeugs zu verpflichten.

35 Die Erforderlichkeit beinhaltet auch ein zeitliches Übermaßverbot. Aus dem Verhältnismäßigkeitsgrundsatz folgt, dass eine Maßnahme solange zulässig ist, bis ihr Zweck erreicht ist oder sich zeigt, dass der Zweck nicht erreicht werden kann (vgl. § 4 Abs. 3 HSOG).

Bsp.: Liegen die Voraussetzungen einer Sicherstellung nicht mehr vor, ist die Sache grundsätzlich herauszugeben.

Ein Platzverweis wegen Bombendrohung ist nach Entwarnung aufzuheben

36 Dieser Grundsatz findet sich auch in § 9 Abs. 3 und § 5 Abs. 1 Nr. 1 HSOG wieder.

4. Angemessenheit der Maßnahme

37 Nach § 4 Abs. 2 HSOG darf eine Maßnahme nicht zu einem Nachteil führen, der zu dem erstrebten Erfolg erkennbar außer Verhältnis steht, **Verhältnismäßigkeit im engeren Sinne**.

38 Dieser Grundsatz erteilt dem Prinzip „Der Zweck heiligt die Mittel" eine Absage; er erfordert eine **Rechtsgüterabwägung** im Einzelfall. Dabei sind Gesichtspunkte wie die Bedeutung des **bedrohten Rechtsgutes** und die **Schadensnähe** mit dem drohenden **Nachteil beim Adressaten** in Relation zu setzen. Auch ein drohender wirtschaftlicher Nachteil beim Betroffenen kann gewertet werden, tritt aber in der Regel hinter dem Interesse an der Einhaltung der Rechtsordnung zurück.

Bsp.: Der gebotene Abriss einer illegalen Anlage führt zu einem wirtschaftlichen Schaden. Dennoch ist eine Beseitigung in der Regel verhältnismäßig, da das öffentliche Interesse an der Einhaltung baurechtlicher Vorschriften das wirtschaftliche Individualinteresse überwiegt.

39 Allerdings kann im Einzelfall durchaus ein anderes Abwägungsergebnis herauskommen.

Bsp.: Der Abriss eines Wohnhauses wegen minimaler Überschreitung der gebotenen Grenzabstände kann sich als unangemessen darstellen.

---

22 Vgl. Schoch, JuS 1994, 754, 757 mwN; VGH Kassel, Hess. VG Rspr. 1990, 73.
23 VGH Kassel, NJW 1983, 2282 mwN.
24 Vgl. BVerwG, DÖV 1989, 428; VGH Kassel, NVwZ 1990, 406.
25 Dazu näher Kap. F Rn. 65 ff.

IV. Opportunitätsprinzip

Diesem Aspekt der Verhältnismäßigkeit kommt auch beim **Abschleppen von Fahrzeugen** besondere Bedeutung zu, wenn in der Praxis auf die Erheblichkeit des verkehrsrechtlichen Normverstoßes abgestellt wird.

So lässt die Rechtsprechung bei einem Verstoß gegen ein Halteverbot (Zeichen 238 der StVO) allein den Normverstoß ausreichen, um ein Kraftfahrzeug abschleppen zu lassen,[26] während bei einem eingeschränkten Halteverbot der rein formale Verstoß in der Regel nicht ausreicht. Beim Überschreiten der Parkzeit an Parkuhren soll unter dem Aspekt der Verhältnismäßigkeit auf die Dauer der Parküberschreitung abgestellt werden.[27]

Übersicht: Grundsatz der Verhältnismäßigkeit (§ 4 HSOG)

Anforderungen an Maßnahme	Begriff	Beispiele positiv	negativ
Geeignetheit	Maßnahme muss geeignet sein, erstrebtes Ziel zu erreichen	Abriss eines Hauses ist geeignet, baurechtswidrigen Zustand zu beenden	Verunreinigung durch Hunde lässt sich nicht durch Maulkorbverbot verhindern
Erforderlichkeit	Maßnahme ist zu treffen, die den Adressaten und die Allgemeinheit am wenigsten belastet (§ 4 Abs. 1 HSOG), Prinzip des mildesten Mittels	Schusswaffeneinsatz gegen bewaffneten Angreifer	Vollständiger Abriss eines Hauses, wenn Teilabriss möglich und Rechtsbeeinträchtigung dadurch beseitigt wird
Angemessenheit (Verhältnismäßigkeit ieS)	Maßnahme darf zu keinem Nachteil führen, der zum erstrebten Erfolg außer Verhältnis steht (§ 4 Abs. 2 HSOG)	Abschleppanordnung bei Parken in gefährlicher Kurve. Die Sicherheit der Verkehrsteilnehmer überwiegt die durch Abschleppkosten tangierten finanziellen Interessen	Schusswaffeneinsatz gegen Personen zur Beendigung einer Ordnungswidrigkeit

IV. Opportunitätsprinzip

1. Allgemeines

Im Bereich der Gefahrenabwehr gilt das sog. **Opportunitätsprinzip**.[28] Danach treffen die Gefahrenabwehr- und die Polizeibehörden ihre Entscheidungen nach **pflichtgemäßem Ermessen**. Dies ergibt sich zum einen aus **§ 5 Abs. 1 HSOG**, folgt aber auch aus den einzelnen Befugnisnormen, wonach Gefahrenabwehr- bzw. Polizeibehörden Maßnahmen ergreifen „können" (vgl. § 11 ff. HSOG).

Dabei bezieht sich Ermessen immer auf die **Rechtsfolgeseite**, nie auf den Tatbestand. Das Vorliegen einer Gefahr für die öffentliche Sicherheit und Ordnung unterliegt als **unbestimmter Rechtsbegriff** zwar einer Einschätzung bzw. Prognoseentscheidung durch die Behörde; die Entscheidung darüber ist aber gerichtlich voll überprüfbar, sie beinhaltet keine Ermessensausübung. Im Ermessen liegt allein die Frage, ob und ggf. welche Maßnahmen bei Vorliegen des Tatbestandes ergriffen werden.

---

26 VGH Kassel, NVwZ-RR 1995, 29; OVG Münster, NJW 1990. 2835.
27 Vgl. OVG Hamburg, DVBl. 1983, 1066.
28 Anders bei Maßnahmen der Strafverfolgung, § 163 StPO, wo das sog. Legalitätsprinzip gilt.

2. Ermessensarten

45 Bei der Entscheidung, Maßnahmen zu treffen, gibt es für die Behörden ein **doppeltes Ermessen**. Zunächst kann die Behörde entscheiden, **ob** sie tätig wird, sog. **Erschließungsermessen**. In einem zweiten Schritt ist zu entscheiden, **wie**, dh mit welchen Mitteln (Art und Weise), ggf. auch **gegen wen** (bei Adressatenmehrheit[29]) die Behörde vorgeht, sog. **Auswahlermessen**.

46 **Übersicht: Ermessensarten**

Ermessen	
Entschließungsermessen:	Auswahlermessen:
Entscheidung über „**ob**", dh soll Maßnahme ergriffen werden, ja oder nein	Entscheidung über „**wie**", dh über Art und Weise der Maßnahme, insbesondere: Mittelauswahl Adressatenauswahl
Beispiele	
Die Behörde schreitet nicht gegen einen Gartenbesitzer ein, der in der Mittagszeit entgegen einer Lärmschutzverordnung den Rasen mäht.	Bei nächtlichem Radiolärm aus einer Wohnung kann der anwesende Polizist den Wohnungsinhaber auffordern, die Musik leiser zu stellen oder das Fenster geschlossen zu halten (soweit beide Mittel geeignet sind, den Lärm zu reduzieren).
Die Polizei unternimmt nichts gegen Autofahrer, die sich nach einem Fußballspiel an einem nächtlichen „Autokorso" beteiligen und dabei die Verkehrsregeln missachten.	Ein spielendes Kind legt auf einem privaten, aber öffentlich genutzten Gehweg eine gefährliche Rutschbahn an. Ein vorbeikommender Polizeibeamter könnte das Kind (nach § 6 Abs. 1 HSOG), evtl. die Eltern des Kindes (nach § 6 Abs. 2 HSOG), aber auch den Eigentümer des Weges (§ 7 Abs. 2 HSOG) zum Abstreuen der Rutschbahn auffordern.

3. Ermessensausübung

47 Die Behörde hat nach pflichtgemäßen Ermessen zu entscheiden (§ 5 Abs. 1 HSOG). Ermessen muss stets sachlich und zweckgebunden ausgeübt werden, es darf nicht **willkürlich** erfolgen (vgl. Art. 3 GG).

Bsp.: Polizei toleriert bei einer Sportveranstaltung falsch parkende Fahrzeuge, lässt aber Sportwagen eines bestimmten Fabrikats abschleppen (fehlerhafte Ermessensausübung).

48 Die Ermessensausübung muss sich am **Grundsatz der Verhältnismäßigkeit** (§ 4 HSOG) ausrichten.

49 Die Behörde muss ihr Ermessen ferner am **Zweck** der **Ermächtigungsnorm** orientieren, **§ 40 HVwVfG**.[30]

50 Überschreitet die Ermessensausübung die genannten Grenzen, übt die Verwaltung ihr Ermessen **fehlerhaft** aus. Dies führt zur Rechtswidrigkeit der Maßnahme; eine **gerichtliche Überprüfung** ist möglich (vgl. § 114 VwGO). § 114 VwGO eröffnet dabei eine gerichtliche Überprüfbarkeit, schränkt diese aber auch auf Ermessensfehler ein. Das Gericht kann nicht das eigene Ermessen an die Stelle des behördlichen Ermessens setzen.

---

29 Dazu Kap. F Rn. 65 ff.
30 VGH Kassel, NVwZ 1987, 902.

Anerkannte typische **Ermessensfehler** sind: 51

Begriff	Erklärung	Beispiel
Ermessensüberschreitung	Die Behörde überschreitet die gesetzlichen Grenzen der Ermächtigungsnorm (vgl. § 40 HVwVfG) oder die Grenzen der Verfassung	Festsetzung eines Zwangsgeldes in Höhe von 100.000 Euro
Ermessensnichtgebrauch	Die Behörde macht von einem ihr eingeräumten Ermessens keinen Gebrauch, sie erkennt ihr Ermessen nicht	Polizeibeamter meint, bei Gefahr sei eine Anhörung nach § 28 Abs. 1 HVwVfG zwingend zu unterlassen
Ermessensfehlgebrauch	Die Behörde lässt sich nicht vom Zweck der Ermächtigung leiten (vgl. § 40 HVwVfG). Die Behördenentscheidung beruht zB auf sachfremden Erwägungen oder falschen Tatsachenannahme	Die Behörde verweigert eine Sondernutzungserlaubnis (§ 16 HStrG) für einen Informationsstand, weil ihr die politische Richtung nicht passt

Die **Wahl der Mittel** steht – wie oben ausgeführt – grundsätzlich im Auswahlermessen, wobei 52
dem Grundsatz der Verhältnismäßigkeit eine besondere Bedeutung zukommt. Kommen danach
mehrere Mittel in Betracht, genügt es, eines davon zu bestimmen (§ 5 Abs. 2 S. 1 HSOG). Die
Vorschrift verbietet nicht, evtl. mehrere geeignete Mittel dem Adressaten zu benennen, allerdings
muss die Verfügung hinreichend bestimmt bleiben.[31]

Nach § 5 Abs. 2 S. 2 HSOG ist es einer in Anspruch genommenen Person auf Antrag zu gestatten, 53
ein anderes, ebenso wirksames Mittel anzuwenden, sog. **Austauschmittel**.

Bsp.: Die Behörde gibt einem Grundstückseigentümer auf, eine die freie Sicht versperrende und damit
verkehrsgefährdende Hecke zu kürzen. Der Eigentümer bietet an, die Hecke ganz zu entfernen und durch
einen niedrigen Zaun zu ersetzen.

4. Pflicht zum Einschreiten

Gefahrenabwehr und Polizeibehörden entscheiden nach pflichtgemäßem Ermessen, ob und 54
wie sie eingreifen. Dies schließt nicht aus, dass im Einzelfall unter Beachtung der genannten
Ermessensgrundsätze ein behördliches Einschreiten nicht nur geboten ist, sondern geradezu
zwingend erscheint. In solchen Fällen reduziert sich das Ermessen der Verwaltung bis hin zur
Ermessensreduzierung auf null, bei der nur noch eine einzige Entscheidung rechtmäßig ist.[32]

Ob dieser Fall vorliegt, hängt von der **Bedeutung des bedrohten Rechtsgutes** bzw. vom Ausmaß 55
des zu erwartenden Schadens ab. Sind zB Leben, körperliche Unversehrtheit oder Freiheit
bedroht, sind Schutzmaßnahmen in der Regel geboten.

Neben dem Rechtsgut kommt es auf den **Grad der Gefährdung** an. 56

Schließlich dürfen beim Eingreifen der Verwaltung keine anderen, vordringlichen Aufgaben 57
vernachlässigt werden[33]

Bsp.: Verweigerung einer Unfallaufnahme durch die Polizei, um dringendere Aufgaben wahrzunehmen.

---

31 Fredrich, HSOG, § 5 Rn. 8.
32 Vgl. Drews/Wacke/Vogel/Mertens, S. 396 ff.; BVerwGE 11, 95, 97.
33 Vgl. Fredrich, § 5 Rn. 4.

Pflicht zum Einschreiten/Ermessensreduzierung auf Null
Voraussetzungen:
Zulässigkeit des Einschreitens
Bedrohung eines gewichtigen Rechtsgutes/erheblicher Schaden
erhöhter Grad der Gefährdung
keine Vernachlässigung anderer wichtiger Aufgaben

58 Mit der Pflicht zum Einschreiten korrespondiert die Frage, ob der Bürger im Einzelfall einen durchsetzbaren **Anspruch auf ein Einschreiten** der Verwaltung hat. Allein aus der Pflicht der Verwaltung erwächst ein solcher Anspruch freilich nicht.[34] Ein Anspruch setzt ein **subjektiv öffentliches Recht** voraus, was nur gegeben ist, wenn die die Handlungspflicht der Verwaltung begründete Norm (zB § 11 HSOG) auch **Individualinteressen** schützen will.

59 Da zum Schutzgut der öffentlichen Sicherheit auch die subjektiven Rechtsgüter Einzelner gehören, ist eine **individualschützende Wirkung der polizeilichen Generalklausel** anerkannt.[35]

60 Damit besteht in Fällen der Bedrohung hochwertiger Individualrechtsgüter nicht nur eine objektive Pflicht zum Einschreiten, sondern auch ein **durchsetzbarer Anspruch** des Bürgers auf Tätigwerden der Verwaltung. Dabei hängt die Durchsetzung von der Art der geforderten Maßnahme ab. Handelt es sich um tatsächliches Handeln iS eines **Realaktes**, ist ein Anspruch auf Einschreiten mit der **Leistungsklage** vor den Verwaltungsgerichten durchzusetzen. Stellt die begehrte Maßnahme einen Verwaltungsakt dar (zB Gebot/Verbot gegenüber einem Störer), kommen als Rechtsbehelfe **Widerspruch** (§ 68 Abs. 2 VwGO) bzw. **Verpflichtungsklage** (§ 42 VwGO) – eventuell in Form der **Untätigkeitsklage** (§ 75 VwGO) – in Betracht.

61 Geht es nicht mehr um Maßnahmen zur Gefahrenabwehr, sondern hat sich ein Schaden bereits realisiert, steht die Frage nach **Schadensersatzansprüchen infolge pflichtwidriger Untätigkeit** der Behörde im Vordergrund.

62 Hier kommen vorrangig **Amtshaftungsansprüche** nach § 839 BGB iVm Art. 34 GG in Betracht. Ansprüche aus § 64 Abs. 1 S. 2 HSOG greifen – jedenfalls nach herrschender Auffassung – bei bloßer Untätigkeit nicht.[36]

---

34 Drews/Wacke/Vogel/Martens, S. 403.
35 Vgl. Schenke, Rn. 104; Schoch, JuS 1994, 774, 758 mwN.
36 Dazu Kap. K Rn. 19 f.

Fischer

H. Maßnahmen der Gefahrenabwehr

I. Allgemeines

Die Aufgabe der Gefahrenabwehr kann durch unterschiedliche behördliche Handlungsweisen bewältigt werden. Davon geht auch das HSOG aus, wenn allgemein von **Maßnahmen** der Gefahrenabwehr die Rede ist (vgl. zB § 4, § 5, § 11 HSOG). Neben ausdrücklich vorgesehenen Maßnahmen (zB unmittelbare Ausführung, § 8 HSOG, Standardmaßnahmen in §§ 12 ff. HSOG, Gefahrenabwehrverordnung, § 71 HSOG), kommen weitere in Betracht.

Wie beim Verwaltungshandeln allgemein ist dabei zwischen sog. **Realakten** und **Rechtsakten** zu unterscheiden. Während Rechtshandlungen auf eine unmittelbare Rechtswirkung zielen (Verwaltungsakte, Verordnungen), fehlt diese den **Realakten**. Sie werden auch als schlichtes Verwaltungshandeln, faktisches Verwaltungshandeln, schlichthoheitliche Tätigkeit, Eigenhandeln bezeichnet.[1]

Bsp.: Überwachende Tätigkeit der Polizei (zB Kontrollgänge, Streifenfahrten, Beobachtungen, Ermittlung, Filmaufnahmen)

Beseitigung von Hindernissen (zB Abstreuen einer Ölspur, Beseitigung von Glasscherben)

Auskünfte, Informationen, Warnungen

Gefährdungsanschreiben, Gefährdungsansprache

Die Unterscheidung von Rechts- und Realakten hat **Bedeutung für** Fragen des **Rechtsschutzes** (Möglichkeit des Widerspruchs nur bei Verwaltungsakten, Klagearten), aber auch hinsichtlich der **Rechtmäßigkeitsanforderungen** (Bsp.: Beachtung von Verfahrens- und Formvorschriften des HVwVfG).

Dabei ist die Zuordnung von Maßnahmen nicht immer klar. Häufig werden tatsächliche Handlungen der Verwaltung, die in Rechte der Bürger eingreifen, zu Verwaltungsakten erklärt. So zB Maßnahmen der Gefahrenabwehrbehörden oder Polizei im Wege der unmittelbaren Ausführung, § 8 Abs. 1 HSOG.[2]

Ähnlich ist es bei der Qualifizierung bestimmter Standardmaßnahmen bzw. Zwangsanwendungen.

Bsp.: Filmen, Datenerhebungen, Schlag mit dem Polizeistock,[3] Einsatz von Reizstoffen durch die Polizei.[4]

Die Annahme eines Verwaltungsaktes erscheint in diesen Fällen fragwürdig, fehlt es doch an einer Regelung im Sinne von § 35 S. 1 HVwVfG. Allein aus einer unmittelbaren Betroffenheit folgt kein Regelungscharakter.

Die Annahme eines Verwaltungsaktes scheint zum Teil immer noch geprägt vom Gedanken eines effektiven Rechtsschutzes durch Anfechtung. Dabei beschränkt sich der Rechtsschutz nicht auf Verwaltungsakte. Meist geht es in diesen Fällen um eine nachträgliche Rechtmäßigkeitsüberprüfung und damit um die Frage, ob dies im Wege einer sogenannten Fortsetzungsfeststellungsklage (bei Annahme eines Verwaltungsaktes) oder ggf. im Wege einer allgemeinen Feststellungsklage (bei Realakten) erfolgt. So kommt nach der Rechtsprechung in Fällen einer sog. Gefährdungsansprache, die zu Recht als Realakt qualifiziert wird, eine Feststellungsklage in Betracht.[5]

---

[1] Vgl. Rasch, DVBl. 1992, 207; Maurer/Waldhoff, § 15 Rn. 1 ff.
[2] Vgl. Pausch/Dölger, S. 175; Schoch, JuS 1995, 218, vgl. dazu auch Kap. H, Rn. 54.
[3] BVerwGE 26, 161, 164.
[4] VGH München, NVwZ 1988, 1055; VG Hamburg, NVwZ 1987, 829.
[5] OVG Lüneburg, NJW 2006, 391 ff.; VGH Kassel, Beschl. v. 28.11.2011, 8 A 199/11.Z.

Fischer

8 **Rechtsakte** im Bereich der Gefahrenabwehr sind Verwaltungsakte, vor allem Gebote und Verbote (sog. Gefahrenabwehrverfügungen), Erlaubnisse und Gefahrenabwehrverordnungen. Denkbar sind auch öffentlich-rechtliche Verträge (§§ 54 ff. HVwVfG).

9 **Öffentlich-rechtliche Verträge** können als Instrument der Gefahrenabwehr anstelle eines Verwaltungsaktes (vgl. § 54 S. 2 HVwVfG) in Betracht kommen, was in der Praxis (jedenfalls im Bereich der Gefahrenabwehr) selten geschieht. Öffentlich-rechtliche Verträge zur Gefahrenabwehr haben insbesondere im polizeilichen Bereich kaum praktische Bedeutung erlangt. Der öffentlich rechtliche Vertrag eignet sich eher in komplexen Fällen, in denen langfristig im Wege einvernehmlicher Lösungen Gefahrenabwehr erfolgen soll, so zB im Bereich des Bodenschutzes, wo das Gesetz **Sanierungsverträge** (§ 13 Abs. 4 BBodSchG) vorsieht oder im Bereich des Immissionsschutzes, wo in Hessen im Rahmen der sog. Umweltallianz Hessen an Stelle von Anordnungen Verträge zwischen den Aufsichtsbehörden und beteiligten Unternehmen geschlossen werden.

II. Verwaltungsakte zur Gefahrenabwehr, Gefahrenabwehrverfügung

1. Begriffliches

10 Der Verwaltungsakt ist das **klassische Instrument** der Verwaltung, wenn es darum geht, hoheitlich verbindliche Entscheidungen zu treffen, die gegebenenfalls auch zwangsweise durchgesetzt werden können (vgl. dazu Kap. L). Diesem Instrument kommt gerade in der Eingriffsverwaltung und damit im Bereich der Gefahrenabwehr besondere Bedeutung zu.

11 **Begriff und formale Anforderungen** an einen Verwaltungsakt sind in den Verwaltungsverfahrensgesetzen (in Hessen im HVwVfG) geregelt, eine **Legaldefinition** findet sich in § 35 HVwVfG.

12 Verwaltungsakte können unterschiedliche rechtliche Regelungen beinhalten. Sie können den Adressaten begünstigen oder belasten, sie können Rechte gewähren oder entziehen und damit gestaltend wirken, Feststellungen enthalten usw..[6]

13 Im Bereich der Gefahrenabwehr stehen Verwaltungsakte im Vordergrund, die **Verbote oder Gebote** (einschließlich Duldungsgebote) enthalten. Solche Verwaltungsakte wurden früher unter den Begriffen der „Polizeiverfügung" gefasst und als spezielle Gefahrenabwehrmaßnahme normiert (vgl. § 6 Abs. 1 HSOG aF). Die gesetzliche Normierung und damit auch die Beschränkung zB der gefahrenabwehrrechtlichen Generalklausel auf solche Verfügungen sind entfallen; Gebote und Verbote fallen unter den heute verwandten weiteren Begriff der **Maßnahmen** zur Gefahrenabwehr im HSOG. Für die in der Praxis nach wie vor typische Maßnahme der Gefahrenabwehr wird der **Begriff der Gefahrenabwehrverfügung** (Gebot/Verbot) aber nach wie vor verwandt.

14 Die Gefahrenabwehrverfügung ist das klassische Mittel der Gefahrenabwehr. Diese Maßnahme zur Abwehr einer konkreten Gefahr kann entweder auf Grundlage der Generalklausel, § 11 HSOG, als sog. Standardmaßnahme, § 12 ff. HSOG, sowie auf spezialgesetzlicher Grundlage (zB HessVersFG) ergehen.

15 Enthält ein Spezialgesetz bzw. eine Rechtsverordnung lediglich Gebote oder Verbote, selbst aber keine eigene Befugnisnorm, ist bei der Tatbestandsverwirklichung der speziellen Norm ein Rückgriff auf die Generalklausel des HSOG geboten und möglich, da die Verletzung der Spezialnorm eine Verletzung der öffentlichen Sicherheit im Sinne von § 11 HSOG darstellt. Die konkrete Gefahr erwächst aus dem konkreten Gesetzesverstoß.

---

6 Zu unterschiedlichen Arten vgl. Maurer/Waldhoff, Rn. 44 ff.

Fischer

II. Verwaltungsakte zur Gefahrenabwehr, Gefahrenabwehrverfügung

Bsp.: Parkbesucher P lässt entgegen § 1 der GefahrenabwehrVO gegen das Aufsteigenlassen von ballonartigen Leuchtkörpern[7] einen Ballon aufsteigen.

Hierin liegt ein Verstoß gegen § 1 der Verordnung. Die Verordnung enthält allerdings keine eigene Befugnisnorm für die Durchsetzung des Verbotes. Will die Behörde gegen P einen im Wege des Verwaltungszwangs durchsetzbaren Verwaltungsakt erlassen, kann sie dies nur über § 11 HSOG. Die konkrete Gefahr liegt im Verstoß gegen die Verordnung und der darin liegenden Beeinträchtigung der objektiven Rechtsordnung.

Die Gefahrenabwehrverfügung ergeht als Einzelfallregelung idR an eine verantwortliche Person, sie ist Adressat der Maßnahme. Ebenso wie im allgemeinen Verwaltungsrecht kann aber auch im Bereich der Gefahrenabwehr eine **Allgemeinverfügung** iS von § 35 S. 2 HVwVfG in Betracht kommen. So kann ein Verwaltungsakt an einen bestimmten oder bestimmbaren Personenkreis zum Zwecke der konkreten Gefahrenabwehr ergehen.[8]

Bsp.: Verkaufsverbot an alle Händler im Bezirk.[9]

Allgemeinverfügungen zur Gefahrenabwehr können ferner die Nutzung einer Sache (vgl. § 35 S. 2 Alt. 3 HVwVfG) regeln.

Bsp.: Anordnung von Halteverboten oder Geschwindigkeitsbeschränkungen durch entsprechende Verkehrszeichen.

Voraussetzung für eine Regelung im Wege einer Allgemeinverfügung ist eine im Einzelfall bestehende Gefahr (konkrete Gefahr). Soll eine abstrakte Gefahr abgewehrt bzw. ihr vorgebeugt werden, kommt nur eine Gefahrenabwehrverordnung[10] in Betracht.

2. Rechtmäßigkeitsvoraussetzungen der Gefahrenabwehrverfügung

Die Gefahrenabwehrverfügung stellt einen belastenden Verwaltungsakt dar. Die Rechtmäßigkeit beurteilt sich nach den allgemeinen Rechtmäßigkeitsanforderungen belastender Verwaltungsakte. Insofern ist bei **gutachterlicher Prüfung** auf die dazu entwickelten Aufbauschemata zurückzugreifen, wobei sich unter Berücksichtigung gefahrenabwehrrechtlicher Besonderheiten das folgende **Prüfungsschema** anbietet:

Rechtmäßigkeit einer Gefahrenabwehrverfügung

Vorüberlegung

- Handelt es sich um einen Verwaltungsakt (Gebot/Verbot) auf dem Gebiet der Gefahrenabwehr?
- Welche Befugnisnorm kommt in Betracht (Spezialgesetz oder Spezialbefugnis aus dem HSOG oder Befugnisgeneralklausel, § 11 HSOG)?

Formelle Rechtmäßigkeit

- Zuständigkeit
  - sachlich (Spezialgesetz oder HSOG, insbes. § 2 HSOG; siehe auch § 89 HSOG iVm HSOG DVO)
  - örtlich (Vgl. §§ 100, 101 HSOG)
  - instanziell (vgl. zB für Ordnungsbehörden § 89 Abs. 2 HSOG)

---

7 Vom 16.7.2009, GVBl. I, S. 275.
8 Vgl. Götz/Geis, § 22 Rn. 14 ff.; zur Bestimmtheit des Adressenkreises vgl. VG Darmstadt BeckRS 2016, 45720.
9 Vgl. dazu den „Endiviensalatfall", BVerwGE 12, 87.
10 Dazu näher Kap. H Rn. 76 ff.

- Form- und Verfahrensvorschriften
  - besondere Anforderungen aus Spezialgesetz oder HSOG, zB bei Standardmaßnahmen)
  - allgemeine Anforderungen an Verwaltungsakte nach dem HVwVfG (vgl. §§ 10, 37 Abs. 2 HVwVfG), ferner:
  - eventuelle Begründung bei schriftlicher Verfügung, § 39 HVwVfG,
  - Anhörung nach § 28 HVwVfG
  - (beachte Heilungsmöglichkeiten nach § 45 HVwVfG)
- Ordnungsgemäße Bekanntgabe, § 41 HVwVfG

Materielle Rechtmäßigkeit
- Befugnisnorm
  - Verfassungsmäßigkeit (nur zu prüfen, wenn Anlass besteht)
  - Tatbestandsvoraussetzungen (zB konkrete Gefahr für öffentliche Sicherheit bei § 11 HSOG)
- Adressat der Verfügung (nach Spezialgesetz oder §§ 6 ff. HSOG)
- Allgemeine Rechtmäßigkeitsvoraussetzungen
  - inhaltliche Bestimmtheit der Verfügung (§ 37 HVwVfG)
  - rechtliche und tatsächliche Möglichkeit
  - Verhältnismäßigkeit, § 4 HSOG:
    - Geeignetheit
    - Erforderlichkeit
    - Angemessenheit
- Ermessensausübung (vgl. § 5 HSOG)
  - Entschließungs- und Auswahlermessen (Mittel, Adressat)
  - Keine Ermessensfehler (Nichtgebrauch, Überschreitung, Fehlgebrauch)

a) Formelle Rechtmäßigkeitsvoraussetzungen

aa) Zuständigkeit

23   Die eine Gefahrenabwehrverfügung erlassende Behörde muss sachlich, örtlich und instanziell zuständig sein. Hier ist auf die Aufgabenverteilung und Zuständigkeitsabgrenzung zwischen den Gefahrenabwehrbehörden und den Polizeibehörden einzugehen.

24   Die **sachliche Zuständigkeit** liegt dabei vorrangig bei den allgemeinen Verwaltungsbehörden, vgl. § 1 Abs. 1 und § 2 HSOG. Zuständigkeiten von Ordnungs- und Polizeibehörden können sich aus speziellen Zuweisungen (zB HSOG-DVO) oder der sog. **Eilzuständigkeit** (§ 2 S. 1 HSOG) ergeben.

25   Zum Teil enthalten auch einige Standardmaßnahmen (§§ 12 ff. HSOG) Aussagen zur Zuständigkeit. So sind zB bestimmte Datenerhebungen (§§ 14 ff. HSOG), die Durchführung erkennungsdienstlicher Maßnahmen (§ 19 Abs. 2 HSOG), die Ingewahrsamnahme (§ 32 HSOG) und Durchsuchungen (§ 36 Abs. 2, § 37 Abs. 2 HSOG) ausschließlich den Polizeibehörden vorbehalten.

26   Aussagen zur **örtlichen Zuständigkeit** enthält § 100 HSOG für die Gefahrenabwehrbehörden und § 101 HSOG für die Polizeibehörden.

27   Die **instanzielle Zuständigkeit** knüpft an die Aufgabenverteilung innerhalb eines Instanzenzuges (zB obere, mittlere, untere Behörde) eines sachlich zuständigen Behördenbereichs an. Sie folgt oft der sachlichen Zuständigkeitsregelung. Zuständig ist idR die unterste Instanz; für die Ordnungsbehörden ist dies in § 89 Abs. 2 HSOG klargestellt; auch § 88 HSOG enthält Aussagen zur instanziellen Zuständigkeit.

Fischer

II. Verwaltungsakte zur Gefahrenabwehr, Gefahrenabwehrverfügung

bb) Form- und Verfahrensvorschriften

Die Gefahrenabwehrverfügung unterliegt als Verwaltungsakt den **Form- und Verfahrensvorschriften des HVwVfG**. Damit gilt grundsätzlich **Formfreiheit** (§ 10, § 37 Abs. 2 HVwVfG). Die Verfügung kann schriftlich, mündlich oder in anderer Weise (zB durch Zeichen) erlassen werden. 28

In der Praxis arbeiten die Gefahrenabwehrbehörden idR mit **schriftlichen Verwaltungsakten** (Bescheiden). Es sind deshalb die Vorschriften des § 37 Abs. 2 und § 39 HVwVfG zu beachten. Polizeiliche Verfügungen ergehen häufig mündlich oder durch Zeichen. 29

Bei Anwendung spezialgesetzlicher Grundlagen sind gegebenenfalls dort genannte besondere formale Anforderungen zu beachte (zB Schriftform für Verfügungen nach § 77 AufenthG). 30

Gleiches gilt bei **Standardmaßnahmen** nach dem HSOG, von denen einige **besondere Form- bzw. Verfahrensvorschriften** enthalten. 31

So sieht das HSOG **richterliche Entscheidungen** (zB beim Gewahrsam, § 33 HSOG), interne **Zustimmungsverfahren** (zB bei der Anordnung von Kontrollstellen, § 18 Abs. 2 Nr. 5 HSOG) und vor allem **Belehrungs- bzw. Unterrichtungspflichten** (zB Auskunftsverweigerungsrecht, § 12 Abs. 2 HSOG; Bekanntgabe des Grundes der Maßnahme, § 34 Abs. 1 und § 39 Abs. 3 HSOG) vor. 32

Im Übrigen gelten für das Verfahren die allgemeinen Verfahrensvorschriften des HVwVfG. Zu nennen sind insbesondere der **Untersuchungsgrundsatz**, § 24 HVwVfG, das **Recht auf Akteneinsicht**, § 29 HVwVfG und vor allem die Pflicht zur **Anhörung Beteiligter** nach § 28 HVwVfG. 33

Gefahrenabwehrverfügungen greifen regelmäßig in Rechte der Adressaten ein, so dass grundsätzlich eine **vorherige Anhörung** gem. § 28 Abs. 1 HVwVfG geboten ist. Die Anhörung kann mündlich erfolgen, so dass auch bei mündlichen vollzugspolizeilichen Anordnungen eine Anhörung möglich ist. Da sich polizeiliche Aufgaben im Rahmen der Gefahrenabwehr idR auf eilbedürftige Maßnahmen beschränken oder Vollstreckungshandlungen betreffen, ist häufig ein Verzicht auf eine vorherige Anhörung zulässig (vgl. § 28 Abs. 2 Nr. 1 und Nr. 5 HVwVfG). Die in § 28 Abs. 2 HVwVfG genannten Ausnahmetatbestände bewirken aber keinen Automatismus, sondern lassen einen Verzicht auf die Anhörung nach pflichtgemäßem Ermessen zu. 34

Bei Form- bzw. Verfahrensfehlern ist zu beachten, dass einige Fehler (zB fehlende Begründung, fehlende Anhörung) mit **heilender Wirkung nachgeholt** werden können (siehe § 45 HVwVfG). 35

b) Materielle Rechtmäßigkeitsvoraussetzungen

aa) Befugnisnorm

Als belastende, in die Rechte der adressierten Personen eingreifende Maßnahme bedarf eine Gefahrenabwehrverfügung einer **Befugnisnorm**. Dabei gehen eventuelle spezialgesetzliche Befugnisse denen des HSOG vor. Bei (formell) gesetzlichen Befugnisnormen – etwa aus dem HSOG – werden regelmäßig keine Bedenken an ihrer Wirksamkeit bestehen. Basiert die Maßnahme auf einer im Range unter dem formellen Gesetz liegenden Grundlage (zB Rechtsverordnung), ist bei Zweifeln an deren Rechtmäßigkeit gegebenenfalls auch die Rechtsgrundlage an dieser Stelle zu überprüfen. 36

Ansonsten steht die **Prüfung der Tatbestandsvoraussetzungen** der jeweiligen Ermächtigungsnorm im Vordergrund (zB Vorliegen einer konkreten Gefahr für die öffentliche Sicherheit oder Ordnung, § 11 HSOG). 37

bb) Adressat

38 Die Rechtmäßigkeit der Gefahrenabwehrverfügung setzt voraus, dass sie sich an den richtigen Adressaten wendet. Dies ist vorrangig der Verantwortliche nach § 6 bzw. § 7 HSOG. Die Inanspruchnahme Nichtverantwortlicher ist nur unter den Voraussetzungen von § 9 HSOG möglich. Sind mehrere nach §§ 6, 7 HSOG Verantwortliche vorhanden, hat die Behörde nach pflichtgemäßen Ermessen eine Auswahl zu treffen.

cc) Allgemeine Rechtmäßigkeitsanforderungen

39 Eine Gefahrenabwehrverfügung muss dem **Bestimmtheitsgebot** genügen (vgl. § 37 Abs. 1 HVwVfG). Aus der Verfügung muss ersichtlich sein, **wer, was** (gegebenenfalls wie) tun bzw. unterlassen soll.[11] Im Vordergrund steht, was der Adressat tun bzw. unterlassen soll. Wie ein Erfolg erreicht wird, kann idR dem Adressaten frei gestellt werden.[12]

40 Mit der Bestimmtheit korrespondiert die Vollstreckbarkeit der Verfügung. Soll eine Verfügung zwangsweise durchgesetzt werden, muss klar sein, was durchgesetzt werden soll.[13] Bestehen Zweifel oder Unklarheiten, spricht dies für die Unbestimmtheit der Verfügung.

41 Voraussetzung ist ferner, dass es dem Adressaten möglich ist, einer Anordnung nachzukommen. Dies bedingt die Prüfung der **tatsächlichen und rechtlichen Möglichkeit**. Die fehlende Möglichkeit führt idR zur Rechtswidrigkeit der Verfügung, im Falle objektiver Unmöglichkeit sogar zur Nichtigkeit (vgl. § 44 Abs. 2 Nr. 4 HVwVfG). Stellt die Unmöglichkeit lediglich ein Hindernis dar, das beseitigt werden kann, führt dies nach der Rechtsprechung des VGH Kassel nicht zur Rechtswidrigkeit, sondern stellt lediglich ein **Vollstreckungshindernis** dar.[14]

42 Zu prüfen ist ferner die **Verhältnismäßigkeit** der Verfügung (§ 4 HSOG). Danach muss die Verfügung geeignet, erforderlich und angemessen sein.

43 Schließlich muss die Verfügung auf einer **pflichtgemäßen Ermessensausübung** beruhen (§ 5 HSOG). Die Behörde muss sich von sachgerechten Gesichtspunkten leiten lassen (vgl. 40 HVwVfG), sie darf keine **Ermessensfehler** begehen.

3. Rechtsschutz

44 Gefahrenabwehrverfügungen sind belastende Verwaltungsakte. Dagegen ist grundsätzlich als Rechtsbehelf der **Widerspruch** in Form des **Anfechtungswiderspruchs** möglich (vgl. § 68 Abs. 1 iVm § 42 Abs. 1 VwGO). Mit dem Widerspruch beginnt das sog. **Vorverfahren** nach § 68 VwGO. Für bestimmte Bereiche hat der hessische Gesetzgeber allerdings ein Vorverfahren ausgeschlossen (vgl. § 16a Hess AG VwGO iVm der Anlage zu § 16a).

45 Gegenstand des Vorverfahrens (Widerspruchverfahrens) ist die Überprüfung der **Recht- und Zweckmäßigkeit der Gefahrenabwehrverfügung** durch die erlassende Behörde (vgl. § 72 VwGO) bzw. die Widerspruchsbehörde (vgl. § 73 VwGO).

46 Bleibt das Vorverfahren aus Sicht des Adressaten erfolglos, besteht die Möglichkeit einer **Anfechtungsklage** (§ 42 VwGO) vor dem **Verwaltungsgericht** mit dem Ziel, die Verfügung gerichtlich aufheben zu lassen (vgl. § 113 Abs. 1 VwGO).

---

11 Zur Bestimmtheit vgl. Schmitz, DVP 1991, 39 mit Beispielen; zur Bestimmtheit einer Auflösungsverfügung vgl. OLG Celle NVwZ-RR 2006, 254.
12 Vgl. Möller/Warg, S. 92 mwN.
13 Vgl. Hess. VGH E 7, 40.
14 Vgl. VGH Kassel, NJW 1992, 2282.

Fischer

Hat sich die Gefahrenabwehrverfügung bereits erledigt – was gerade bei Gefahrenabwehrver- 47
fügungen häufig der Fall ist –, tritt an Stelle einer Anfechtungsklage die sog. **Fortsetzungsfeststellungsklage** (vgl. § 113 Abs. 1 S. 4 VwGO). Sie hat das Ziel, nachträglich feststellen zu lassen, dass die Verfügung rechtswidrig war. Dabei geht § 113 Abs. 1 S. 4 VwGO von einer Erledigung nach einer Klage vor Urteilsverkündung aus. Dabei bedarf es der Klärung, ob tatsächlich eine Erledigung eingetreten ist. Dies ist nur der Fall, wenn von dem Verwaltungsakt keine unmittelbare Wirkung mehr ausgeht. Eine Vollstreckung eines Verwaltungsaktes (zB durch Ersatzvornahme) führt nicht zu dessen Erledigung, da von dem Grundverwaltungsakt weiterhin Rechtswirkungen für das Vollstreckungsverfahren ausgehen.[15]

Im Bereich der Gefahrenabwehr tritt die Erledigung des Verwaltungsaktes häufig nicht erst in 48
einem gerichtlichen Verfahren, sondern bereits vor Klageerhebung ein.

Bsp.: Nachträgliche Überprüfung eines Platzverweises; einer erfolgten Versammlungsauflösung usw.

In diesen Fällen bedarf es keiner vorherigen Nachprüfung in einem Vorverfahren; ein Wider- 49
spruch ist nach hM unzulässig. Hier kann direkt die Fortsetzungsfeststellungsklage (§ 113 Abs. 1 S. 4 VwGO analog) erhoben werden, wobei grundsätzlich keine Klagefrist gilt.[16]

Weitere Klagevoraussetzung für eine Fortsetzungsfeststellungsklage ist, dass der Kläger ein 50
besonderes Feststellungsinteresse (anerkannt sind Wiederholungsgefahr, Rehabilitationsinteresse) geltend machen kann. Ein Rehabilitationsinteresse ist insbesondere bei schweren Eingriffen in Grundrechtspositionen gegeben.[17]

III. Unmittelbare Ausführung

1. Allgemeines

Das Rechtsinstitut der unmittelbaren Ausführung (§ 8 Abs. 1 HSOG) eröffnet der Behörde die 51
Möglichkeit, eine Maßnahme der Gefahrenabwehr ohne eine Beteiligung der verantwortlichen Person **selbst** oder **durch einen beauftragten Dritten** (zB Unternehmer) auszuführen.

Bsp.: Die Polizei lässt ein in einer Kurve geparktes Fahrzeug abschleppen.
Das Gartenamt beseitigt einen umgefallenen Baum, während der Grundstückseigentümer urlaubsbedingt abwesend ist.

Da es in diesen Fällen an einem Grundverwaltungsakt gegen den Verantwortlichen fehlt, 52
stellt die Maßnahme keine Vollstreckungshandlung dar und kann nicht auf die vorhandenen vollstreckungsrechtlichen Grundlagen (zB § 49 HSOG, Ersatzvornahme) gestützt werden. Der Gesetzgeber hat die unmittelbare Ausführung (früher § 14a) mit Gesetz vom 11.5.1988[18] in das HSOG eingefügt, um die nach der früheren Rechtsprechung des Hessischen VGH[19] bestehende Regelungslücke insbesondere für Kostenanforderungen infolge von Abschleppfällen (heute § 8 Abs. 2 HSOG) zu schließen.[20] Aus der Entstehungsgeschichte und dem Sinn und Zweck der Norm folgt, dass für die unmittelbare Ausführung nur Raum ist, wenn noch keine Verfügung gegen den Verantwortlichen vorliegt, eine Inanspruchnahme des Verantwortlichen nicht möglich ist bzw. keinen Erfolg verspricht und deshalb unterbleibt.[21]

---

15 Vgl. Schenke, Rn. 512; BVerwG, NVwZ 2009, 122.
16 BVerwG NJW 2000, 63; anders noch BVerwGE 26, 165 ff.
17 Vgl. BVerwG, NVwZ 1999, 991.
18 GVBl. I, S. 191.
19 VGH Kassel, NJW 1987, 904.
20 Vgl. LT-Drs. 12/1482, S. 4.
21 Dazu ausführlich VGH Kassel, NVwZ-RR 1999, 23, 24; Pausch/Dölger, S. 174 f.

53 Trotz dieser klaren Ausgangssituation beschäftigt das Institut der unmittelbaren Ausführung immer wieder Literatur und Rechtsprechung. Insbesondere aus der Nähe zu den Zwangsmitteln ergeben sich **Abgrenzungsfragen** (vgl. Kap. J, Rn. 52 ff.). Teilweise wird in der Regelung der unmittelbaren Ausführung eine eigenständige Befugnisnorm gesehen.[22] Dagegen spricht schon die systematische Einordnung der Regelung in die §§ 6 ff. HSOG und nicht in die Befugnisnormen (§§ 11 ff. HSOG). § 8 Abs. 1 HSOG ermöglicht zwar Maßnahmen, ohne zuvor den Verantwortlichen in die Pflicht zu nehmen, die Maßnahme selbst bedarf aber einer Befugnis nach §§ 11 ff. HSOG. Dementsprechend erfolgt bei der Rechtmäßigkeitsprüfung auch eine hypothetische Prüfung, ob bei unterstellter Anwesenheit eine Anordnung hätte ergehen können (vgl. VV HSOG Nr. 8.1.1.).

54 Umstritten ist ferner der **Rechtscharakter** der unmittelbaren Ausführung. So wird ausgehend von Rechtsschutzüberlegungen die unmittelbare Ausführung zT als Verwaltungsakt qualifiziert, der den durchzusetzenden Verwaltungsakt und den Verwaltungszwang in sich vereine.[23]

55 Dabei handelt es sich um eine Fiktion. Die unmittelbare Ausführung zeichnet sich gerade dadurch aus, dass mangels geeigneten Ansprechpartners kein Verwaltungsakt ergehen kann. Ein Verwaltungsakt setzt aber einen Adressaten voraus, dem der Verwaltungsakt bekannt zu geben ist (vgl. §§ 41, 43 HVwVfG).

56 Die unmittelbare Ausführung stellt sich sowohl für die handelnden Beamten als aus Sicht eines außenstehenden Betrachters daher als Realakt dar.[24]

57 Für eine rechtliche Konstruktion eines Verwaltungsaktes fehlt es zudem an einem Bedürfnis, da auch bei Realakten, soweit Rechtspositionen beeinträchtigt werden, Rechtsschutz möglich ist.

2. Rechtmäßigkeitsvoraussetzungen

58 Da die unmittelbare Ausführung nach hier vertretener Auffassung keinen Verwaltungsakt darstellt, können Form- und Verfahrensvorschriften des Hessischen Verwaltungsverfahrensgesetzes unberücksichtigt bleiben.

59 § 8 Abs. 1 HSOG normiert als **eigene Verfahrensvorschrift** die Verpflichtung, die betroffenen Personen unverzüglich zu **unterrichten**. Dies kann schriftlich oder mündlich bzw. fernmündlich erfolgen. Bei den in der Praxis häufigsten Fällen des Abschleppens von Fahrzeugen kann sie erfolgen, wenn sich der Betroffene meldet, um nach dem Verbleib des Kraftfahrzeugs zu fragen (vgl. VV HSOG Nr. 8.1.2 zu § 8 HSOG). Eine unterlassene Benachrichtigung führt aber nicht zur Rechtswidrigkeit der unmittelbaren Ausführung.

60 In **materieller Hinsicht** setzt die Rechtmäßigkeit der unmittelbaren Ausführung nach § 8 Abs. 1 HSOG voraus, dass eine – hypothetische – Inanspruchnahme des Verantwortlichen möglich wäre (hätte bei unterstellter Anwesenheit eine Anordnung rechtmäßig ergehen können, vgl. VV HSOG Nr. 8.1.1 zu § 8 HSOG). Da die Behörde anstelle des eigentlich Verantwortlichen handelt, müssen die Voraussetzungen der entsprechenden Befugnisnorm – zB § 11 HSOG – vorliegen.

61 Daneben müssen die besonderen Voraussetzungen des § 8 Abs. 1 HSOG erfüllt sein, dh der Zweck der Maßnahme **darf durch Inanspruchnahme des Verantwortlichen nicht oder nicht rechtzeitig erreicht werden können.**

62 § 8 HSOG stellt klar, dass die Inanspruchnahme des Verantwortlichen Vorrang genießt. Nur wenn die verantwortliche Person nicht da ist, nicht rechtzeitig erreichbar oder sonst zur

---

22 Vgl. Möller/Warg Rn. 235.
23 Pausch/Dölger S. 175; Fredrich § 8 Rn. 10; wohl auch VGH Kassel NVwZ-RR 2008, 784.
24 Maurer/Waldhoff, Rn. 26; Götz/Geis, § 12 Rn. 20.

Gefahrenabwehr nicht in der Lage ist,²⁵ kann die **Behörde anstelle des Verantwortlichen** handeln bzw. **Dritte beauftragen**. Dies bedingt, dass im Wege der unmittelbaren Ausführung nur **vertretbare Handlungen** ausgeführt werden können.

Schließlich muss die unmittelbare Ausführung **verhältnismäßig** (§ 4 HSOG) und das Ergebnis einer **pflichtgemäßen Ermessensausübung** (§ 5 HSOG) sein.

63

3. Kostenersatz

§ 8 Abs. 2 HSOG verpflichtet den eigentlich Verantwortlichen zum Ersatz der durch die unmittelbare Ausführung entstandenen Kosten. Die Vorschrift bietet damit die Befugnisnorm für einen entsprechenden **Kostenbescheid** der Behörde. Dabei stellt § 8 Abs. 2 HSOG für die Kosten der unmittelbaren Ausführung eine abschließende Regelung dar, die einen Rückgriff zB auf die Regeln der **Geschäftsführung ohne Auftrag** ausschließt.²⁶

64

ZT wird aus der klaren Kostenzuweisung eine Verpflichtung der Behörde gefolgert, die Kosten geltend zu machen. Die Geltendmachung soll nicht im Ermessen der Behörde stehen.²⁷

65

Dieser Schluss überzeugt nicht. Das Opportunitätsprinzip bestimmt das Gefahrenabwehrrecht; die Maßnahmen, dazu zählen grundsätzlich auch auf das HSOG gestützte Kostenbescheide, sind gem. § 5 HSOG nach pflichtgemäßem Ermessen zu treffen. Es muss möglich sein, auch bei der Kostenerhebung Billigkeitsgesichtspunkte im Rahmen einer Ermessensentscheidung zu berücksichtigen.²⁸ Auch bei Annahme einer grundsätzlichen Verpflichtung zur Kostenerhebung muss diese dem Verhältnismäßigkeitsgrundsatz genügen. Dabei sind die Grenzen der Zumutbarkeit zu beachten. Danach kann zB die Heranziehung eines nach dem Bestattungsgesetz bestattungspflichtigen Angehörigen zu den Kosten einer im Wege der unmittelbaren Ausführung erfolgten Bestattung durch die Behörde ausnahmsweise unzumutbar sein.²⁹

66

Zuständig ist in der Regel die Behörde, die die unmittelbare Ausführung vorgenommen hat. Bei unmittelbarer Ausführung durch die Polizei liegt die Zuständigkeit für den Kostenbescheid beim Hessisches Polizeipräsidium für Technik.

67

Materielle Rechtmäßigkeitsvoraussetzung ist, dass die unmittelbare Ausführung nach § 8 Abs. 1 rechtmäßig erfolgte.

68

Adressat des Kostenbescheides sind die nach §§ 6 oder 7 **Verantwortlichen**, wobei **mehrere Verantwortliche gesamtschuldnerisch** haften (vgl. §§ 421 ff. BGB). Sind mehrere Verantwortliche vorhanden, liegt es im pflichtgemäßen Ermessen der Behörde, welchen Verantwortlichen sie in welcher Höhe für die Kosten heranzieht (zum Auswahlermessen vgl. Kap. F, Rn. 65 ff.).

69

Da beim Kostenbescheid weder Eile geboten ist noch die Effektivität der Gefahrenabwehr im Vordergrund steht, hat die Behörde hier anders als bei der Maßnahme selbst eine differenzierte Betrachtung vorzunehmen. Dabei ist nicht die Sicht zum Zeitpunkt der Maßnahme entscheidend, sondern es ist auf die wirkliche Sachlage abzustellen.³⁰

70

Bsp.: Wird ein Fahrzeug durch zwei Fahrzeuge eingeparkt, kann die Polizei das nach Zeugenaussagen zuletzt gekommene Fahrzeug im Wege der unmittelbaren Ausführung abschleppen lassen. Stellt sich nachträglich heraus, dass die Zeugenaussagen unzutreffend waren, ist dies bei der Kostenfrage zu berücksichtigen. Die Kosten der unmittelbaren Ausführung dürfen nicht dem Halter bzw. Fahrer des abgeschleppten Fahrzeugs auferlegt werden, da dieser sich nach jetzt bekannter Sachlage korrekt verhalten hat.

---

25 Vgl. Fredrich, § 8 Rn. 4, 5.
26 Vgl. BGH, DVBl 2004, 516.
27 Vgl. Schenke, Rn. 703.
28 So auch Hornmann, § 8 Rn. 12; VGH Kassel, Urt. v. 20.8.1996, 11 UE 284/96.
29 Vgl. VGH Kassel, Urt. v. 26.10.2011, 5 A 1245/11.
30 Vgl. OVG Münster, NJW 1993, 2698.

Fischer

71 Gleiches gilt gegenüber einem „Verdachtsstörer", wenn sich später der Verdacht als unbegründet herausstellt und der Betroffene die verdachtsbegründeten Umstände nicht zu verantworten hat.[31]

Bsp.: Durch beidseitiges Parken auf einer Straße entsteht eine Blockierung des Durchgangverkehrs. Verantwortlich sind die Autofahrer, die ihre Fahrzeuge zuletzt abstellen und damit die Blockierung unmittelbar verursachen. Ist für die Behörde nicht erkennbar, welcher Fahrer die Störung verursacht hat und lässt sie auf Verdacht ein Fahrzeug abschleppen, können dem „Verdächtigen" bei nachträglicher Entlastung nicht die Abschleppkosten aufgegeben werden.

4. Rechtsschutz

72 Sieht man in der unmittelbaren Ausführung einen Realakt,[32] kann der durch die Maßnahme betroffenen Bürger eine **Feststellungsklage nach § 43 VwGO** vor dem Verwaltungsgericht erheben. Ziel der Klage ist es, die Rechtswidrigkeit der unmittelbaren Ausführungen feststellen zu lassen.

73 Das dafür erforderliche Feststellungsinteresse dürfte in der Regel gegeben sein.

74 Besteht die Möglichkeit, die Maßnahmen rückgängig zu machen, kommt eine **Leistungsklage** in Betracht.[33]

75 In der Praxis wird es dem Betroffenen vorrangig um die **Kostenfrage** gehen. Da der Kostenbescheid nach § 8 Abs. 2 einen Verwaltungsakt darstellt, steht dem Betroffenen der **Widerspruch bzw. die Anfechtungsklage** offen. Da die Rechtmäßigkeit der unmittelbaren Ausführung nach § 8 Abs. 1 HSOG Voraussetzung für einen rechtmäßigen Kostenbescheid nach § 8 Abs. 2 HSOG ist, erfolgt auf diesem Wege in jedem Fall eine **inzidente Überprüfung** der Maßnahme selbst.

IV. Gefahrenabwehrverordnungen

1. Allgemeines

76 Neben Einzelfallmaßnahmen enthält das HSOG in den §§ 71ff. eine Ermächtigung zum Erlass von Gefahrenabwehrverordnungen und damit ein weiteres Instrument der Gefahrenabwehr.

77 Nach § 71 enthalten Gefahrenabwehrverordnungen **Gebote und Verbote**, die zur Gefahrenabwehr erforderlich sind. Im Unterschied zur Gefahrenabwehrverfügung ist die Rechtsverordnung für eine **unbestimmte Anzahl von Fällen** an eine **unbestimmte Anzahl von Personen** gerichtet, also eine **abstrakt generelle Regelung** (im Gegensatz zur konkret individuellen Regelung bei der Gefahrenabwehrverfügung).

78 Die Gefahrenabwehrverordnung kommt in Betracht, wenn ein Bedürfnis nach genereller Gefahrenabwehr bei **abstrakten Gefahren**[34] besteht.

79 Ein bloßer Gefahrenverdacht reicht nicht aus.[35] Das BVerwG hat vor dem Hintergrund der niedersächsischen Regelungen eine Verordnung über **„Kampfhunde"** nicht als Maßnahme der abstrakten Gefahrenabwehr, sondern als **Vorsorgemaßnahme im Verdachtsfalle** gesehen, die einer gesonderten gesetzgeberischen Grundlage bedürfe.

80 Dem Vorsorgegedanke bei vermuteter Gefährlichkeit bestimmter Hunde trägt **§ 71a HSOG** Rechnung, der eine Ermächtigung zur Vorsorge gegen von Hunden ausgehenden Gefahren schafft. Mit dieser Vorschrift folgte der Gesetzgeber zum einen der Rechtsprechung des VGH

---

31 Vgl. OVG Münster, Beschl. v. 14.6.2000, 5 A 95/00, mit Anmerkung von Vahle, DVP 2002, 299.
32 Daz Kap. H Rn. 56.
33 Vgl. Maurer/Waldhoff, § 20 Rn. 26.
34 Siehe Kap. E Rn. 70ff.
35 Vgl. BVerwG, DÖV 2003, 81.

IV. Gefahrenabwehrverordnungen

Kassel,[36] wonach eine an die Zugehörigkeit zu bestimmten Hunderassen anknüpfende **unwiderlegliche** Vermutung der Gefährlichkeit nicht gerechtfertigt sei,[37] zum anderen der Forderung des BVerwG nach einer speziellen Ermächtigung für vorsorgliche Regelungen.

Die auf § 71a HSOG basierende GefahrenabwehrVO über das Halten und Führen von Hunden (HundeVO) vom 22.01 2003[38] hat der Hessische Verwaltungsgerichtshof mit Entscheidung vom 27.01 2004, Az. 11N 520/03 und 11N 910/03 als rechtmäßig erachtet. Der VGH betont dabei, dass die HundeVO keine Verordnung zur Gefahrenabwehr, sondern eine **Verordnung zur Gefahrenvorsorge** darstellt. Dabei soll sowohl die Ermächtigung zur **Listung von Hunderassen** als auch die in der VO erfolgte Auflistung bestimmter Hunderassen rechtens sein. 81

Mit der Zulässigkeit und den Grenzen von Hundeverordnungen musste sich die Rechtsprechung immer wieder auseinandersetzen, bis hin zum BVerfG.[39] 82

Neben der Abwehr von Hundegefahren geht es in den letzten Jahren vor allem um die Problematik des **Alkoholkonsums im öffentlichen Raum** und dessen Folgen.[40] Städte und Gemeinden sehen sich zunehmend mit negativen Auswirkungen des übertriebenen Alkoholkonsums (Lärm, Verunreinigung, Straftaten) konfrontiert. Einige Kommunen versuchen, der Problematik mit Alkoholverboten im öffentlichen Raum im Wege einer Gefahrenabwehrverordnung zu begegnen. 83

Die rechtliche Problematik besteht dabei vor allem darin, dass Gefahrenabwehrverordnungen eine abstrakte Gefahrenlage voraussetzen, die von Literatur und Rechtsprechung aber in diesen Fällen überwiegend abgelehnt wird.[41] 84

So hatte die Stadt Freiburg per Verordnung ein nächtliches Verbot ausgesprochen, zu bestimmten Zeiten auf öffentlichen Flächen der Stadt Alkohol zu konsumieren bzw. zum Konsum mit sich zu führen. In seiner viel beachteten Entscheidung vom 8.7.2009 sieht der VGH Baden-Württemberg ein solches Verbot nicht von der Ermächtigung des Polizeirechts gedeckt. Eine abstrakte Gefahr verlange in tatsächlicher Hinsicht eine abgesicherte Prognose, dass diejenigen, die Alkohol konsumieren, auch regelmäßig gewalttätig werden. Da eine solche sichere Prognose nicht möglich sei, fehle es an einer Gefahrenlage iSd Polizeirechts. Nach Ansicht des VGH handelt es sich um eine Vorsorgemaßnahme, die im Wege einer Rechtsverordnung nur geregelt werden kann, wenn der Gesetzgeber tätig wird und eine entsprechende Ermächtigung vorsieht. Dagegen nimmt das OVG Lüneburg[42] unter besonderer Berücksichtigung der örtlichen Verhältnisse einen ausreichend kausalen Zusammenhang zwischen Alkoholkonsum und Störung der Nachtruhe und damit die zum Erlass einer Gefahrenabwehrverordnung erforderliche abstrakte Gefahr an.[43] 85

Auch für die Ermächtigung zum Erlass von Gefahrenabwehrverordnungen (§ 71ff. HSOG) gilt, dass spezialgesetzliche Regelungen vorgehen. So sind vom Gesetzgeber erkannte typische Gefahrensituationen auch spezialgesetzlich geregelt (zB Sperrzeitverordnung auf der Grundlage des GastG). Damit reduziert sich die Bedeutung der §§ 71ff. HSOG auf Bereiche, in denen spezialgesetzliche Regelungen fehlen.[44] 86

---

36 NVwZ-RR 2002, 650.
37 Zur Einstufung von Mischlingshunden vgl. VGH Kassel, NVwZ-RR 2006, 794 ff.
38 GVBl. I, S. 54.
39 BVerfG, NVwZ 2004, 597, 602 zum Zuchtverbot und BVerfG NVwZ 2004, 975 zur Unfruchtbarmachung.
40 Vgl. Stein in Möstl/Bäuerle, § 71 Rn. 15.
41 Vgl. Hecker NVwZ 2009, 1016; VGH Mannheim, NVwZ-RR 2010, 55.
42 Urt. v. 30.11.2012, 11 KN 187/12.
43 Zur Vertiefung: Kohl, NVwZ 1992, 620 ff.; Holzkämper, NVwZ 1994, 146 ff.; Götz, NVwZ 1994, 652 ff.; Bindzus/Lange, JuS 1998, 696 ff.; Fassbender, NVwZ 2009, 563; Hecker, NVwZ 2009, 1016.
44 ZB Verbot des Taubenfütterns, vgl. VGH Mannheim, NVwZ-RR 2006, 398.

Fischer

87 Der Erlass einer Gefahrenabwehrverordnung unter den Voraussetzungen der §§ 71 ff. HSOG liegt im **pflichtgemäßen Ermessen** des jeweils zuständigen Verordnungsgebers.[45]

88 Nach **§ 79 HSOG** soll die **Geltungsdauer** in der Verordnung geregelt sein soll. Im Gesetz ist eine Beschränkung der Geltungsdauer auf **30 Jahre** festgeschrieben. Nach Ablauf dieser Zeit tritt die Verordnung außer Kraft.

2. Zuständigkeiten

89 §§ 72–74 HSOG ermächtigen das Hessische Ministerium des Innern, die Regierungspräsidien sowie die Landkreise und Gemeinden und beschränken damit die Kompetenz auf die **Gefahrenabwehrbehörden**. Polizeibehörden können keine Gefahrenabwehrverordnung erlassen.

90 Bei Verordnungen im kommunalen Bereich liegt die **Organkompetenz** beim Kreistag (§ 73 HSOG) bzw. der Gemeindevertretung (§ 74 HSOG).

91 Das HSOG enthält ein **Rangverhältnis**, das insbesondere bei kommunalen Verordnungen von Bedeutung ist. Neben dem Hinweis auf das allgemeine Rangverhältnis – Gesetz vor Rechtsverordnung in § 75 Abs. 1 S. 1 HSOG – dürfen Rechtsverordnungen nicht im Widerspruch zu Rechtsverordnungen „höherrangiger" Gefahrenabwehrbehörden stehen, § 75 Abs. 1 S. 2 HSOG. Ferner schränkt eine vorhandene Regelung auf höherer Ebene die Regelungsbefugnis der nachgeordneten Gefahrenabwehrbehörden ein, vgl. § 75 Abs. 2 HSOG.

Bsp.: Durch den Erlass der Hessischen HundeVO bleibt kein Raum für kommunale Gefahrenabwehrverordnungen über gefährliche Hunde.

92 Im kommunalen Bereich sind „Konkurrenzen" zu **kommunalen Satzungen** möglich. Kommunen können ihre Selbstverwaltungsangelegenheiten durch Satzung regeln (§ 5 HGO, § 5 HKO). Dagegen ist Gefahrenabwehr staatliche Aufgabe (vgl. § 81 HSOG), die damit nicht durch Satzung, sondern durch Rechtsverordnung nach § 71 ff. HSOG zu regeln ist.

93 Trotz dieser zunächst klar erscheinenden Abgrenzung kann es zu Überschneidungen kommen.[46] So können zB Nutzungen für öffentliche Einrichtungen (§ 19 HGO), aber auch für Straßen (vgl. §§ 16, 37 HStrG) durch kommunale Satzungen geregelt werden.

94 Vor diesem Hintergrund versuchen einige Kommunen, unerwünschte Verhaltensweisen im städtischen Bereich (Alkoholkonsum, „Stadtstreicher") als Sondernutzung zu deklarieren.[47] Andere sehen darin Maßnahmen der Gefahrenabwehr und fassen entsprechende Verbote in kommunale Gefahrenabwehrverordnungen.[48]

3. Formale und inhaltliche Anforderungen

95 Gefahrenabwehrverordnungen unterliegen den **Formerfordernissen des § 78 HSOG**. Dabei handelt es sich um **zwingende** Erfordernisse, deren Nichtbeachtung zur Nichtigkeit der Rechtsverordnung führt.[49] Dies mutet sehr formal an, dient aber der Normenklarheit und Rechtssicherheit und soll die Behörde zwingen, sich über Art und Inhalt ihres Tuns klar zu sein und die Grenzen der Normsetzungsbefugnis der Exekutive im Auge zu behalten.

96 Da bei kommunalen Gefahrenabwehrverordnungen Beschlüsse von Kreistag (§ 73 HSOG) bzw. Gemeindevertretung (§ 74 HSOG) erforderlich sind, sind neben den formalen Anforderungen

---

45 Vgl. VGH Kassel, NVwZ-RR 1990, 472, 474.
46 Vgl. Fredrich, HSOG, § 71 Rn. 6.
47 Vgl. Fahl, DÖV 1996, 955.
48 Zur Problematik oben Kap. H Rn. 83 ff.
49 Fredrich, § 78, Rn. 6.

IV. Gefahrenabwehrverordnungen

des HSOG auch die **kommunalrechtlichen Form- bzw. Verfahrensvorschriften** zu beachten (zB: Ladung, § 58 HGO; Beschlussfähigkeit, § 53 HGO; Mitwirkungsverbote, § 25 HGO). Einer früher erforderlichen Genehmigung durch die Kommunalaufsichtsbehörde bedarf es nicht mehr.

Gefahrenabwehrverordnungen sind zu **verkünden**.[50] 97

Gefahrenabwehrverordnungen enthalten **Gebote und Verbote** (vgl. § 71 HSOG). Dabei ist zu beachten, dass nur Regelungen möglich sind, die der **Abwehr abstrakter Gefahren** (vgl. Kap. E, Rn. 70 ff.) dienen. 98

Diese Schutzgüter müssen gefährdet sein, wobei dies im Lichte der Grundrechte zu entscheiden ist. Nach VGH Mannheim[51] ist ein Verbot, „sich nach Art eines Land- oder Stadtstreichers herumzutreiben", nicht von der Ermächtigung gedeckt. 99

Bestimmte Verhaltensarten mögen als lästig empfunden werden, sie gefährden aber in der Regel noch nicht die öffentliche Sicherheit oder Ordnung. 100

Gebote und Verbote tangieren die allgemeine Handlungsfreiheit, Art. 2 Abs. 1 GG. Auch Verhaltensweisen wie **Betteln**[52] und **Alkoholkonsum**, die einige Kommunen gern unterbinden würden, fallen grundsätzlich unter den Schutz von Art. 2 Abs. 1 GG; für ein Verbot durch Verordnung fehlt es in der Regel an Rechtfertigungsgründen (siehe Kap. H, Rn. 83 ff.). 101

Vereinzelt finden sich in Rechtsverordnungen neben Geboten und Verboten auch **Befugnisnormen**,[53] was mit Blick auf den Ermächtigungsumfang der §§ 71 ff. nicht unproblematisch erscheint. 102

Soweit dagegen – was die Regel ist – die Rechtsverordnung nur Gebote und Verbote enthält, ist die Rechtsverordnung selbst bei Verstößen gegen ihre Normen nicht Befugnisnorm für die konkrete Gefahrenabwehrmaßnahme, sondern zB § 11 HSOG. 103

In diesem Zusammenhang können Zweifel bei der Zuständigkeit auftreten. Enthält eine Rechtsverordnung **eigene Zuständigkeitsregeln** für „die Durchführung" der Rechtsverordnung (vgl. § 16 HundeVO), stellt sich die Frage, ob damit auch Maßnahmen erfasst sind, die aus einem Verstoß gegen die Rechtsverordnung resultieren, letztlich ihre Grundlage aber in § 11 HSOG haben. 104

Bsp.: Generelle Untersagung der Hundehaltung auf der Grundlage von § 11 HSOG.

Stellt man auf den engen Wortlaut von § 16 der HundeVO ab, so müsste die Frage der Zuständigkeit nach den Vorschriften des HSOG beurteilt werden, da Grundlage der Entscheidung § 11 HSOG ist. Der Hess. VGH hält allerdings – in der Sache sicher richtig – in derartigen Fällen die spezielle Zuständigkeitszuweisung in der Rechtsverordnung für einschlägig.[54] 105

Das HSOG eröffnet die Möglichkeit, Gefahrenabwehrverordnungen mit **Ordnungswidrigkeitstatbeständen** zu bewehren, vgl. § 77 **HSOG** und damit der Behörde Ahndungsmöglichkeiten im Wege eines Ordnungswidrigkeitsverfahrens. 106

---

50 Vgl. für das Land Gesetz über die Verkündung von Rechtsverordnungen, Organisationsanordnungen und Anstaltsanordnungen vom 2.11.1971 GVBl. I, S. 258, zuletzt geändert durch Gesetz vom 4.2.2006, GVBl. I. S. 619 bzw. für den kommunalen Bereich die Verordnung über öffentliche Bekanntmachungen der Gemeinden und Landkreise vom 12.10.1977, GVBl. I, S. 409, geändert durch Gesetz vom 16.12.2011, GVBl. I. S. 786.
51 NJW 1984, 507, 508.
52 Vgl. VGH Mannheim, DÖV 1998, 1015.
53 ZB § 1 Abs. 4 der HundeVO, Untersagung, einen Hund zu halten; § 9 Abs. 3 HundeVO, Anordnung von Leinenzwang.
54 Vgl. VGH Kassel, zitiert in Hess. Städte- und Gemeindebund Nr. 5 – ED 36 vom 25.4.1994; VGH Kassel, Beschl. v. 29.6.2009, 8 B 1034/09.

107 Die Gefahrenabwehrverordnungen müssen – was ihren Inhalt angeht – den **allgemeinen Rechtmäßigkeitsanforderungen** an Rechtsverordnungen genügen. Sie müssen zum einen hinreichend **bestimmt** sein, vgl. § 76 Abs. 1 HSOG; sie müssen den Grundsätzen der Normklarheit und Justiziabilität genügen.[55]

108 Ferner muss der Grundsatz der **Verhältnismäßigkeit** beachtet sein, dh die Gebote/Verbote der Verordnung müssen zur Gefahrenabwehr geeignet, erforderlich und angemessen sein (§ 4 HSOG).

109 Der Verordnungsgeber hat nach pflichtgemäßem **Ermessen** (§ 5 HSOG zu entscheiden. Dabei ist der Grundsatz der **Gleichbehandlung** (Art. 3 GG) zu beachten. Soweit Rechtsverordnungen differenzieren, sind sachliche Gründe erforderlich.[56]

110 Schließlich dürfen Gefahrenabwehrverordnungen nicht gegen **höherrangiges Recht**, insbesondere Grundrechte verstoßen.[57]

4. Rechtsschutz

111 Es gelten die allgemeinen Grundsätze für die Überprüfbarkeit von Rechtsverordnungen. Gefahrenabwehrverordnungen können zum einen Gegenstand eines **Normenkontrollverfahrens** nach § 47 VwGO in Verbindung mit § 16 Hessisches Ausführungsgesetz zur VwGO vor dem Verwaltungsgerichtshof sein. Verstößt eine Gefahrenabwehrverordnung gegen materielle oder formelle Anforderungen, ist sie ungültig und damit nichtig. Eine entsprechende Entscheidung des Verwaltungsgerichtshofs ist allgemein verbindlich, § 47 Abs. 6 VwGO.

112 Daneben besteht die Möglichkeit der inzidenten Prüfung durch Verwaltungsgerichte, eventuell auch durch ordentliche Gerichte im Rahmen von Ordnungswidrigkeitsverfahren. Die Gerichte sind im Rahmen der Überprüfung einer Einzelfallentscheidung, die ihre Grundlage in der Rechtsverordnung hat bzw. deren Rechtmäßigkeit von der Rechtsverordnung abhängt, berechtigt, die Rechtmäßigkeit der Rechtsverordnung selbst zu überprüfen.

Bsp.: Ein Hundehalter klagt im Wege einer Anfechtungsklage gegen einen Verwaltungsakt, mit dem ihm aufgegeben wird, seinen Hund nur angeleint auszuführen. Bei Überprüfung der Rechtmäßigkeit dieses Verwaltungsaktes wird das Verwaltungsgericht gegebenenfalls auch die Rechtmäßigkeit der der Entscheidung der Behörde zugrundeliegenden Hundeverordnung prüfen.

113 Die Gerichtsentscheidung hat hier keine allgemeinverbindliche Wirkung. Die Gefahrenabwehrbehörden sollten allerdings in derartigen Fällen mit einer Änderung bzw. Aufhebung der Rechtsverordnung reagieren.

114 Eine Besonderheit ergibt sich, wenn es um die **Vereinbarkeit einer Verordnung mit hessischem Verfassungsrecht** geht. Für diesen Fall postuliert Art. 132 HV ein **Überprüfungsmonopol** des Hessischen Staatsgerichtshofs. Nach Art. 133 HV besteht eine **Vorlagepflicht** der Gerichte an den Staatsgerichtshof.

---

55 BVerfGE 65, 1/62 ff.
56 Vgl. zur Differenzierung bei Hunderassen VGH Kassel, NVwZ-RR 2002, 650 und die Entscheidung vom 27.1.2004, Az. 11 N 520/03 und 11 N 910/03.
57 Vgl. VGH Kassel, NVwZ-RR 1990, 472/475.

Fischer

I. Die Befugnisse der Gefahrenabwehr- und Polizeibehörden

I. Allgemeines

Das **Prinzip des Vorbehalts des Gesetzes**, welches sich aus dem Rechtsstaatsprinzip herleiten lässt und ein Bestandteil des Grundsatzes der Gesetzmäßigkeit der Verwaltung ist, besagt, dass Eingriffe in Grundrechte durch den Staat auf einem formellen Gesetz oder einer hierauf beruhenden anderen Rechtsvorschrift (Rechtsverordnung bzw. Satzung) basieren müssen. Der Vorbehalt des Gesetzes verlangt nach der Rechtsprechung des Bundesverfassungsgerichts auch, dass der Gesetzgeber alle wesentlichen Entscheidungen im Bereich der Grundrechtsausübung selbst zu treffen hat.[1] Die hiernach erforderlichen gesetzlichen **Ermächtigungsgrundlagen** (oder auch: Eingriffsbefugnisse oder Befugnisnormen)[2] für das hessische allgemeine Polizeirecht für die **sog. Standardmaßnahmen** hat der Landesgesetzgeber mit den Bestimmungen der §§ 11 ff. HSOG geschaffen.

Diese Ermächtigungsgrundlagen unterscheiden sich von den sogenannten Aufgabenzuweisungen, welche die Zuständigkeit der nach dem HSOG handelnden Behörden regeln, vgl. § 1 HSOG. Die Ermächtigungsgrundlagen räumen den Behörden (Gefahrenabwehr- und Polizeibehörden) eine nach Inhalt, Zweck und Ausmaß des Eingriffs **hinreichend bestimmte Befugnis** zum Eingriff in die Grundrechte des Bürgers ein.[3] Der Gesetzgeber ermächtigt also die jeweilig in der Norm angesprochene Behörde unter Einhaltung der Voraussetzungen zu einem bestimmten Verhalten, welches in Grundrechte eingreift. Bei schlicht hoheitlichem Handeln der Behörde, welches in keine Grundrechte des Bürgers eingreift (zB bei der Streifenfahrt eines Polizeibeamten) ist ein Tätigwerden allein aufgrund der Aufgabenzuweisungsnormen iSd § 1 Abs. 1 oder Abs. 4 HSOG zulässig, ohne dass es hierfür einer Ermächtigungsgrundlage bedarf.[4]

Ermächtigungsgrundlagen weisen sich dadurch aus, dass sie Auskunft darüber geben, welche staatliche Stelle unter welchen Voraussetzungen welche konkrete Maßnahme ergreifen darf. Dies bedeutet, dass sich Ermächtigungsgrundlagen in Tatbestands- und Rechtsfolgeseite unterscheiden. Auf der Tatbestandsseite werden die Voraussetzungen beschrieben, die vorliegen müssen, damit die angesprochene Behörde die gesetzliche Befugnis hat, das auf der Rechtsfolgeseite beschriebene Handeln zu ergreifen.

Beispiel: Unter der Voraussetzung, dass xy vorliegt, kann (die staatliche Stelle) dafür die Maßnahme z ergreifen. Lesen Sie zum besseren Verständnis § 18 Abs. 1, 1. Alt. HSOG. Dort steht: Die Gefahrenabwehr- und Polizeibehörden können zur Abwehr einer Gefahr die Identität einer Person feststellen. Anders ausgedrückt bedeutet dies: Wenn die Gefahrenabwehr- und Polizeibehörden zur Abwehr einer Gefahr (Voraussetzung) handeln, dann können sie die Identität einer Person feststellen (Rechtsfolge = zu treffende Maßnahme, hier die Feststellung der Identität). Durch diese „**Wenn-dann-Formel**" unterscheiden sich Ermächtigungsgrundlagen von anderen gesetzlichen Regelungen.

II. Das Verhältnis der Befugnisgeneralklausel zu den Spezialermächtigungen

Von grundsätzlicher Bedeutung für das Auffinden der für die jeweilig zutreffende Ermächtigungsgrundlage ist die Unterscheidung zwischen der **Befugnisgeneralklausel** (dem Gesetzeswortlaut nach „Allgemeine Befugnisse" genannt, § 11 HSOG) und den **Spezialermächtigungen**

---

1 Vgl. BVerfG, Urt. v. 5.11.2014 – 1 BvF 3/11.
2 Dieser Teil der Bearbeitung wird von Ermächtigungsgrundlagen sprechen.
3 Vgl. Möller/Warg/ Klein Rn. 65.
4 Vgl. Beck OK PolR Hessen, Möstl/ Bäuerle, § 1 HSOG Rn. 1.

Fichte

(ab §§ 12 ff. HSOG). Letztere gehen ersterer vor (vgl. § 11 letzter Hs.). Dort heißt es, dass Maßnahmen auf § 11 HSOG gestützt werden können, soweit nicht die folgenden Vorschriften die Befugnisse der Gefahrenabwehr- und Polizeibehörden besonders regeln. Dies bedeutet, dass die Maßnahmen, die in § 12 ff. HSOG geregelt sind, der Anwendung der Befugnisgeneralklausel vorgehen. Ist eine andere **Spezialermächtigungsgrundlage** einschlägig, ist § 11 HSOG gesperrt.[5] Dies ist auch dann der Fall, wenn sich bei näherer Betrachtung herausstellen sollte, dass die tatbestandlichen Voraussetzungen der Spezialermächtigungsklausel nicht gegeben sind. Ein Rückgriff auf § 11 HSOG verbietet sich dann.

Durch einen Rückgriff auf § 11 HSOG in einem solchen Fall, würden die gesetzgeberischen Wertungen umgangen werden. Der Gesetzgeber hat entschieden eine konkrete Maßnahme (Rechtsfolge) unter den Vorbehalt konkreter tatbestandlicher Voraussetzungen zu stellen. Sollten diese nicht gegeben sein, und sollte ein Rückgriff auf § 11 HSOG zulässig sein, hätte der Gesetzgeber die Spezialermächtigungsklausel gar nicht zu schaffen brauchen. Der Vorbehalt des Gesetzes und das Bestimmtheitsgebot würden umgangen werden.

4 Dieser beschriebene sogenannte **Subsidiaritätsgrundsatz** existiert nicht nur im Verhältnis einzelner Normen eines Gesetzes zueinander, wie in Bezug zu der Befugnisgeneralklausel aus § 11 HSOG zu den Spezialermächtigungsklauseln in §§ 12 ff. HSOG, vielmehr kann auch die Anwendung ganzer Gesetze ausgeschlossen werden. Das HSOG stellt hierbei das allgemeine Ordnungsrecht da und fungiert daher wie die Befugnisgeneralklausel im Vergleich zu spezielleren Gesetzen, wie zB dem Hessischen Versammlungsfreiheitsgesetz, dem Jugendschutzgesetz, dem Straßenverkehrsgesetz. Dies ergibt sich aus § 3 Abs. 1 HSOG. Ist ein spezielleres Ordnungsgesetz als das HSOG einschlägig, etwa weil zur Abwehr einer versammlungsspezifischen Gefahr gehandelt wird, dann ist das HSOG generell gesperrt, nicht nur die Befugnisgeneralklausel aus § 11 HSOG (sog. Polizeifestigkeit des Versammlungsrechts).

Ein **Rückgriff auf die Befugnisgeneralklausel** des § 11 HSOG ist nur dann zulässig, wenn der Gesetzgeber die hoheitliche Maßnahme nicht in speziellen Gesetzen oder in den (spezielleren) Standardmaßnahmen des HSOG abschließend geregelt hat – leges speciales derogat legi generali. Das gilt selbstverständlich – wie oben bereits beschrieben – unabhängig davon, ob die Voraussetzungen der in Betracht gezogenen Spezialermächtigung vorliegen oder nicht.

5 Bei „neuen" Maßnahmen wurde in der Vergangenheit des Öfteren zunächst die Befugnisgeneralklausel als Ermächtigungsgrundlage herangezogen. So konnte etwa eine Dauerobservation eines entlassenen Sicherungsverwahrten – wenn auch nur übergangsweise – auf die polizeiliche Generalklausel gestützt werden.[6] Allerdings hat der jeweilige Landesgesetzgeber zu prüfen, ob für die Zukunft eine Spezialermächtigungsklausel zu schaffen ist. Dies ist in der Vergangenheit regelmäßig geschehen, wie zB durch die Einführung der §§ 30a und 31a HSOG.

So können aber zB mit Blick auf die Regelungen zu Platzverweis, Aufenthaltsverbot und Kontaktverbot aus § 31 HSOG Aufenthaltsverbote nicht (mehr) auf § 11 HSOG gestützt werden, wie es noch bis 6.12.2003 üblich war, weil § 31 Abs. 3 HSOG nun für diesen Bereich abschließende Regelungen enthält. Umgekehrt kann in manchen Bundesländern (immer noch) eine Meldeauflage gegen Personen, bei denen die konkrete Gefahr besteht, dass von ihnen Gefahren für zB Veranstaltungen im Ausland ausgehen uU auf die Generalklausel gestützt werden, soweit eine Spezialregelung für solche Maßnahmen nicht normiert ist.[7]

Das Verbot an einen Fußballverein als Nichtstörer (FC St. Pauli) Eintrittskarten an den Gastverein (FC Hansa Rostock) abzugeben, um damit Gewaltausschreitungen zu verhindern,

---

5 Beck OK PolR, Hessen, Mühl/ Fischer, § 11, Einf.
6 Vgl. OVG Münster, DVBl 2013, 1267 (Ls.); BVerfG, LKV 2013, 30.
7 Vgl. BVerwG, NVwZ 2007, 1439, vgl. aber in Hessen § 30a HSOG.

Fichte

II. Das Verhältnis der Befugnisgeneralklausel zu den Spezialermächtigungen

kann unter bestimmten Voraussetzungen auf die Generalklausel gestützt werden.[8] Ebenso kommt die entsprechende Befugnisgeneralklausel als Ermächtigungsgrundlage für ein Verbot in Betracht, während der Kölner Karnevalsfeiern Glasbehältnisse mitzuführen und zu benutzen.[9] Die Generalklausel kann auch greifen, wenn mit ihrer Hilfe eine Versammlung aufgelöst werden soll, um nicht-versammlungsspezifische Gefahren (zB Brandgefahr) abzuwehren[10] oder um ein Wahlplakat der NPD zu entfernen, das gegen die Menschenwürde verstößt.[11]

Fraglich ist jedoch, ob diese Grundsätze – also der Rückgriff auf § 11 HSOG als Befugnisgeneralklausel – Anwendung finden, wenn die Polizei- oder Ordnungsbehörde zB **aufgrund eines Eilfalls (vgl. § 2 S. 1 HSOG) für eine andere Behörde handelt** und dieser an sich zuständigen Behörde eine spezialgesetzliche Ermächtigungsgrundlage zur Verfügung stünde. Nach überwiegender, aber mit gewichtigen Gründen bestrittener Auffassung hat die Polizei- bzw. Ordnungsbehörde sich in solchen Fällen der ersatzweisen Zuständigkeit nach der – soweit vorhanden – spezialgesetzlichen Ermächtigungsgrundlage und den sie ergänzenden Bestimmungen zu richten. Das soll jedenfalls dann gelten, wenn die in Rede stehende Vorschrift den zu regelnden Sachverhalts abschließend darstellt.[12]

6

Das kann im Einzelfall dazu führen, dass dann, wenn das Spezialgesetz überhaupt keine Ermächtigungsgrundlage für die avisierte Maßnahme beinhaltet, diese aufgrund des abschließenden Charakters des Spezialgesetzes nicht ergehen darf. Zu derartigen **abschließenden Vorschriften** zählen insbesondere die **Versammlungsgesetze**.

Lange galt für Hessen das Bundes-Versammlungsgesetz fort (Art. 125a Abs. 1 GG), welches jedoch durch das am 4.4.2023 in Kraft getretene **Hessische Versammlungsfreiheitsgesetz**[13] abgelöst wurde. Dies ändert jedoch nichts an der sog. **„Polizeifestigkeit" von Versammlungen** und der damit einhergehenden strikten Anwendbarkeit versammlungsrechtlicher Normen auf versammlungsspezifische Gefahren, so das BVerwG damals noch in Bezug auf das Bundesversammlungsgesetz.[14] Aufgrund der Bedeutung der Versammlungsfreiheit aus Art. 8 GG darf das allgemeine Polizei- und Ordnungsrecht nicht auf versammlungsspezifische Gefahren angewendet werden. Diese Normen sind gesperrt, oder anders ausgedrückt: Versammlungen sind „polizeifest". Normen des allgemeinen Polizei- und Ordnungsrechts sind daher nur anwendbar wenn es um die Abwehr anderer als versammlungsspezifischer Gefahren geht oder die Versammlung beendet ist, aufgelöst wurde oder auf Teilnehmer, die aus der Versammlung ausgeschlossen wurden.

Auch das **Pressewesen**, dessen „Polizeifestigkeit" in erster Linie aus der sonderrechtlichen Regelung der eine spätere Einziehung vorbereitenden Presse-Beschlagnahme nach § 111q StPO herzuleiten ist, enthält diese Besonderheit, vgl. § 2 Abs. 1 HPresseG.

Bsp.: Zum Zwecke der Beendigung einer Versammlung kesselt die hessische Polizei sämtliche Versammlungsteilnehmer über eine längere Zeit ein, ohne die Versammlung vorher nach § 14 Hessisches Versammlungsfreiheitsgesetz iVm aufzulösen. Da das spezialgesetzliche und die Befugnisse der Gefahrenabwehr- und Polizeibehörden insoweit abschließend regelnde Hessische Versammlungsfreiheitsgesetz keine Ermächtigungsgrundlage für die Einschließung enthält, ist ein Rückgriff auf § 32 HSOG oder gar die Generalklausel des § 11 HSOG unzulässig.[15] Nach Auflösung der Versammlung ist der Schutz der Versammlungsfreiheit aufgehoben, sodass das HSOG (wieder) anwendbar wäre. Dies bedeutet, dass nach Auflösung einer Versammlung unter engen Voraussetzungen eine Einkesselung auf der Grundlage des § 32 HSOG möglich wäre.

---

8 Vgl. OVG Hamburg, NJW 2012, 1975.
9 OVG Münster, NVwZ-RR 2012, 470.
10 Vgl. VGH Mannheim, DVBl 2010, 1254.
11 Vgl. BVerfG, NJW 2009, 3503.
12 Vgl. HessPolFHa-Wittgruber, § 3 HSOG Rn. 2, 11; vgl. zur Thematik im Ganzen: Götz/Geis, § 21, Rn. 1 ff.
13 GVBl. Nr. 10.
14 BVerwG, NVwZ 1988, 250, 251 mwN.
15 Vgl. dazu Frenz: Polizei- und Versammlungsrecht – Abgrenzung und Zusammenspiel, JA 2007, 334.

Fichte

III. Einzelmaßnahmen

1. Befugnisgeneralklausel (§ 11 HSOG)

7 Abgesehen von dem oben beschriebenen und in § 11, 2. Hs. HSOG niedergelegten **Grundsatz der Subsidiarität** der Befugnisgeneralklausel („soweit nicht die folgenden Vorschriften die Befugnisse der Gefahrenabwehr- und der Polizeibehörden besonders regeln"), hat die Befugnisgeneralklausel allein zur Voraussetzung, dass eine im **„einzelnen Falle bestehende Gefahr für die öffentliche Sicherheit oder Ordnung"** abzuwehren ist. Anders als in der Aufgabenzuweisungsnorm (§ 1 HSOG), die „nur" von einer Gefahr spricht und damit den **sog. „weiten" Gefahrenbegriff** nutzt,[16] verlangt der Gesetzgeber in § 11 HSOG das Vorliegen einer **konkreten Gefahr**. Der Gesetzgeber hat den Begriff der „Gefahr", wie er ihn in den folgenden Ermächtigungsgrundlagen immer wieder verwendet wird, weiter ausformuliert.[17]

Zu unterscheiden ist diese konkrete Gefahr von der „Gefahrenabwehr" aus der Aufgabenzuweisungsnorm, die der Gesetzgeber in § 1 Abs. 1 S. 1 HSOG legaldefiniert hat und die eine **abstrakte Gefahr** meint. Sie ist etwa für die sachliche Zuständigkeit nach § 1 Abs. 1 S. 1 HSOG, das schlichte Verwaltungshandeln ohne Eingriffscharakter, oder für das Betreten von „Wohnungen" iSd § 38 Abs. 7 HSOG (vgl. den Wortlaut dort) erforderlich, aber auch ausreichend (vgl. zum Begriff der öffentlichen Sicherheit und zur öffentlichen Ordnung sowie zu den weiteren Gefahrenbegriffen vgl. Kap. E Rn. 54 ff.).

8 Von der **konkreten Gefahr** werden selbstverständlich auch die Fälle der bereits eingetretenen (und noch andauernden) Störung erfasst. Überdies schließt sie die Fälle der sogenannten **Anscheinsgefahr** ein (bei der der Beamte irrigerweise eine Gefahr annimmt, ein objektiver Beobachter an seiner Stelle hätte allerdings genauso geurteilt) sowie den sogenannten **Gefahrenverdacht** (der Beamte hat Anhaltspunkte dafür, dass die Möglichkeit einer Gefahr besteht, weiß aber, dass seine Erkenntnisse lückenhaft sind und beschränkt sich deshalb idR auf Gefahrenerforschungsmaßnahmen). Die sogenannte **Schein- oder Putativgefahr**, bei der der Beamte wie bei der Anscheinsgefahr irrigerweise von einer Gefahrenlage ausgeht, ein objektiver Beobachter aber an seiner Stelle anders geurteilt hätte, wird vom Gefahrenbegriff des § 11 HSOG hingegen nicht erfasst. Maßnahmen, die sich auf die Annahme einer Schein- oder Putativgefahr stützen, sind immer rechtswidrig.[18]

9 Auch wenn es immer mehr speziellere Regelungen und spezielle Ermächtigungsgrundlagen geschaffen werden (wie beispielsweise durch die Einführung von § 31 Abs. 3 HSOG), behält die Befugnisgeneralklausel dennoch ihre Berechtigung. Zum einen gibt es eine Vielzahl von Anordnungen aus dem polizeilichen Alltag, die auf die Befugnisgeneralklausel gestützt werden, wie zB die Aufforderung „Stopp! Stehen bleiben! Polizei!" Sie spielt eine wichtige Rolle bei gefahrenabwehrbehördlichen oder polizeilichen Maßnahmen. In Betracht kommt sie auch zum Zwecke der Konkretisierung genereller Ge- und Verbote – also zur Durchsetzung formeller Gesetze, Verordnungen und Satzungen – durch Verwaltungsakt. Ein klassisches Beispiel hierfür ist die **sog. Gefährderansprache** oder das sog. **Gefährderanschreiben**.[19]

Auch wird die Befugnisgeneralklausel in der Regel zur **Durchsetzung von Gefahrenabwehrverordnungen** benötigt. Gefahrenabwehrverordnungen enthalten regelmäßig keine eigenen

---

16 BeckOK, PolR, Hessen, Mühl/Fischer, § 1 Rn. 51 ff.
17 Vgl. zu derartigen Gefahren: VG Frankfurt/M, NVwZ 2003, 1407 f.; VG München, NVwZ 2000, 461, 462 ff.; zum Verbot öffentlichen Alkoholkonsums: OLG Hamm, Beschl. v. 4.5.2010 – III-3 RBs 12/10; VG Karlsruhe, NVwZ-RR, 2009, 22 ff.; zur Erzeugung eines künstlichen Staus durch die Polizei: LG Bückeburg, Beschl. v. 5.1.2005 – Qs 77/04; Rechtmäßigkeit von Meldeauflagen ggb. Hooligans: VG Meiningen, Urt. v. 8.2.2011 – 2 K 453/09 Me.
18 Vgl. HessPolFHa-Wittgruber, § 1 HSOG Rn. 22.
19 Vgl. Götz/Geis, § 21 Rn. 7 f.; vgl. auch OVG Magdeburg, NVwZ-RR 2012, 720; OVG Lüneburg, NJW 2006, 391.

Fichte

Ermächtigungsgrundlagen zum Ergreifen von konkreten Maßnahmen zur ihrer Durchsetzung. Wenn jedoch Regelungen einer Gefahrenabwehrverordnung nicht beachtet werden, ist die öffentliche Sicherheit gefährdet, da diese ua die objektive Rechtsordnung als zu schützendes Rechtsgut umfasst. Dies bedeutet, dass bei einem Verstoß immer die Voraussetzung der Befugnisgeneralklausel gegeben ist.

Bsp.: Nach einem Fußballspiel werfen Hooligans des unterlegenen Fußballvereins Steine auf Anhänger des siegreichen Gegners. Im Vorfeld der Einleitung repressiver Maßnahmen fordert die Polizei die Störer auf, das Werfen sofort einzustellen. Hier dient die Unterlassungsverfügung der Polizei der Durchsetzung des Verbots der gefährlichen Körperverletzung iSd §§ 223 Abs. 1, 224 Abs. 1 StGB, der seinerseits keine präventive Ermächtigung zur Durchsetzung seines Verhaltensverbots enthält.

Bürger A geht mit seinem Hund Rex in einem öffentlichen Park der Stadt Kassel spazieren. An jedem Eingang der öffentlichen Parkfläche wird auf die sogenannte „Hundeanlein-Verordnung" der Stadt Kassel hingewiesen, die auch in dieser öffentlichen Parkanlage Anwendung findet. Bürger A hat Rex jedoch nicht an der Leine. Dadurch verstößt er gegen die Hundeanlein-Verordnung und verursacht damit eine Störung der objektiven Rechtsordnung und folglich der öffentlichen Sicherheit. Damit kann auf der Grundlage des § 11 HSOG die Aufforderung ergehen, Rex anzuleinen.

Rechtsfolge des § 11 HSOG ist es, dass die Gefahrenabwehr- und die Polizeibehörden die erforderlichen Maßnahmen treffen können. Die Maßnahme steht also – wie es typisch ist für polizeiliche Ermächtigungsgrundlagen ist – im **Ermessen** (Entschließungs- und Auswahlermessen) der Beamten. Darauf weist das Wort „können" in der Ermächtigungsgrundlage hin. Dabei erfasst der Begriff der Maßnahme jede Form von Verwaltungsakten iSd § 35 HVwVfG und nicht etwa – wie es der alte Begriff der Polizeiverfügung verlangte (vgl. § 6 Abs. 1 HSOG aF) – lediglich Ge- oder Verbote enthaltende Verwaltungsakte.[20] Auch Realakte mit Eingriffscharakter können auf diese Norm gestützt werden.

2. Befragung (§ 12 HSOG)

a) Begriff der Befragung

§ 12 HSOG ermächtigt die Gefahrenabwehr- und Polizeibehörden zur **Befragung** von Personen. Dabei ist unter Befragung jedes Verhalten zu verstehen, das auf die Erlangung von Informationen durch Auskünfte des Befragten zielt.[21] Rein private Gespräche – darunter fällt auch die Möglichkeit, den Bürger um Auskünfte zu bitten, die nicht polizeilicher Natur sind – fallen nicht unter den Regelungsbereich des § 12 HSOG. Das unverbindliche Gespräch der Polizei mit dem Bürger wollte der Gesetzgeber mit der Vorschrift nicht reglementieren. Sofern der Bürger – ohne dass ihn eine Auskunftspflicht trifft, freiwillig mit der Polizei redet und keinerlei – vermeintlichen – hoheitlichen Anordnung unterliegt, liegt kein Grundrechtseingriff vor.[22]

Wird allerdings **gezielt nach polizeirelevanten Informationen** gefragt, so ist der Bürger zur Duldung der Befragung verpflichtet.[23] Nach der Vorstellung des Gesetzgebers stellt dies einen Eingriff in die Grundrechte des Betroffenen dar und zwar in sein Recht auf allgemeine Handlungsfreiheit.[24] Allerdings muss bei den zu erlangenden polizeirelevanten Informationen unterschieden werden zwischen **personenbezogenen Daten** und **sachbezogenen Daten**. Unter personenbezogenen Daten sind, angelehnt an die Legaldefinition des Art. 4 Nr. 1 der europäischen Datenschutz-Grundverordnung (DS-GVO), Einzelangaben über persönliche und sachliche Verhältnisse einer bestimmten oder bestimmbaren natürlichen Person, zu verstehen.

---

20 Vgl. HessPolFHa-Wittgruber, § 11 HSOG Rn. 15.
21 BeckOK, PolR, Hessen, Möstl/ Bäuerle, § 12, Rn. 6 mit Verweis auf Rachor/Graulich in Lisken/ Denninger Auflage 2018, Rn. 262.
22 Vgl. Graulich in: Lisken/Denninger, Rn. 313.
23 BeckOK, PolR, Hessen, Möstl/Bäuerle, § 12, Rn. 7.
24 So auch Peitsch, Die Polizei 1993, S. 67 ff., 67.

Fichte

Wichtig zur Abgrenzung von rein sachbezogenen Daten ist, dass bei personenbezogenen Daten die Person, auf die sich die Daten beziehen, identifiziert werden kann. Sachbezogene Daten sind hingegen Daten, Tatsachen oder Bewertungen von Sachverhalten, ohne Bezug zu einer identifizierbaren Person.

Weiter ist zwischen den Personalien und den personenbezogenen Daten zu unterscheiden. Fragen Polizeibeamte (oder Amtswalter anderer Gefahrenabwehrbehörden) nach Personalien, dann findet eine **Identitätsfeststellung** nach § 18 HSOG und keine Befragung nach § 12 HSOG statt. Die Abgrenzung zwischen Personalien und anderer personenbezogener Daten orientiert sich an § 111 Abs. 1 OwiG. Die dort genannten Informationen sind Personalien, andere Daten einer natürlichen Person, wie zB die Schuhgröße, sind personenbezogene Daten.

Werden bei einer Befragung personenbezogene Daten erhoben, wird nicht nur in die allgemeine Handlungsfreiheit gem. Art. 2 Abs. 1 GG des Befragten, sondern auch in das allgemeine Persönlichkeitsrecht gem. Art. 2 Abs. 1 iVm Art. 1 Abs. 1 GG, in Form des Rechts auf informationelle Selbstbestimmung, der Person eingegriffen, über die die personenbezogenen Daten erhoben werden.[25] Wichtig ist hierbei, dass die Grundrechtseingriffe in die allgemeine Handlungsfreiheit und in das allgemeine Persönlichkeitsrecht in Bezug auf den Grundrechtsträger auseinander fallen können.

Beispiel: Person A wird zu dem Aufenthaltsort von Person B befragt. Person A gibt den Aufenthaltsort von Person B preis. Damit wird in die allgemeine Handlungsfreiheit von Person A und in das allgemeine Persönlichkeitsrecht von Person B eingegriffen.

Des Weiteren sollte in einem Fall, in dem personenbezogene Daten erhoben werden, § 13 HSOG als „allgemeine Befugnisnorm für die Erhebung personenbezogener Daten" im Rahmen der Prüfung der Voraussetzungen der Ermächtigungsgrundlage mit beachtet werden.[26] Für eine zusätzliche Anwendung von § 13 HSOG bei der Befragung nach personenbezogenen Daten spricht, dass der Gesetzgeber in § 12 HSOG nicht zwischen sachbezogenen und personenbezogenen Daten unterscheidet. Der Grundrechtseingriff des Staates ist aber unstreitig gravierender, wenn personenbezogene und nicht nur sachbezogene Daten – ohne Bezug zu einer natürlichen Person – erhoben werden. Nach dem Vorbehalt des Gesetzes ist diesem Umstand Rechnung zu tragen, so dass bei der Erhebung personenbezogener Daten mehr Voraussetzungen gegeben sein müssen, als bei der Erhebung rein sachbezogener Daten.

12 Kein Fall des § 12 HSOG und auch keine Erhebung personenbezogener Daten iSd §§ 13 ff. HSOG liegt hingegen vor, wenn der Bürger ungefragt Informationen an die Behörde weitergibt **(sog. aufgedrängte Daten)**. Hier fehlt es an der erforderlichen Zielgerichtetheit des behördlichen Verhaltens[27] und folglich einem erforderlichen Grundrechtseingriff.

13 Für den Anwendungsbereich des § 12 HSOG spielt es hingegen zunächst keine Rolle, ob die Befragung auf die Erlangung sach- oder personenbezogener Daten abzielt; beide Fallkonstellationen werden von der Bestimmung erfasst.[28]

---

25 BeckOK, PolR, Hessen, Möstl/Bäuerle, § 12, Rn. 9.
26 Dies wird teilweise aber vertreten, dass die Voraussetzungen von § 13 HSOG nicht mit vorliegen müssen.
27 Vgl. BeckOK, PolR, Hessen, Möstl/ Bäuerle, § 12, Rn. 21.
28 Peitsch, Dietmar, Polizeiliche Datenerhebung durch Befragung, Die Polizei, 1993, 67.

Fichte

III. Einzelmaßnahmen

b) Voraussetzungen

Die **Befragung** nach § 12 Abs. 1 HSOG ist streng von der **Auskunftspflicht**, welche in § 12 Abs. 2 HSOG geregelt ist, zu unterscheiden. Die Tatbestandsvoraussetzungen der Befragung ergeben sich aus § 12 Abs. 1 HSOG.

Unter den dort genannten **gefahrenabwehrbehördlichen und polizeilichen Angelegenheiten** versteht man alle Aufgaben der Gefahrenabwehr- und Polizeibehörden iSd § 1 HSOG. Zudem muss es sich um eine bestimmte Angelegenheit handeln, dh, es darf nicht mit unbestimmtem Ziel befragt oder gar ausgeforscht werden.

Die Polizei muss darüber hinaus nach **sachdienlichen** (also der Gefahrenabwehr förderlichen) **Angaben** zur Aufklärung eines Sachverhalts fragen. Dazu zählt auch die Aufklärung darüber, ob die in Rede stehende Gefahr überhaupt gegeben ist.[29]

Schließlich müssen tatsächliche Anhaltspunkte die Annahme rechtfertigen, dass die Person, die befragt wird, auch solche **sachdienlichen Angaben** machen kann.

Was unter der im HSOG häufig zu findenden Formulierung „**tatsächliche Anhaltspunkte die Annahme rechtfertigen**" zu verstehen ist, wird in der Literatur nicht ganz einheitlich beantwortet.[30] Der Begriff der tatsächlichen Anhaltspunkte ist einerseits unterhalb der Schwelle einer konkreten Gefahr anzusiedeln; andererseits ist er von der ebenfalls häufig im HSOG anzutreffenden Formulierung „Tatsachen die Annahme rechtfertigen" abzugrenzen.[31] Die bloße Vermutung, dass die Person sachdienliche Angaben machen wird, reicht nicht aus. Es muss nach objektiver Betrachtungsweise in tatsächlicher Hinsicht ein Anlass gegeben sein, dass die Person die in der Ermächtigungsgrundlage geforderten Angaben machen kann.[32]

Insbesondere sollte der Begriff der **tatsächlichen Anhaltspunkte** und der Begriff der **Tatsachen** nicht miteinander verwechselt werden. Tatsächliche Anhaltspunkte rechtfertigen eine Annahme immer dann, wenn ein bestimmter Sachverhalt nach gefahrenabwehrbehördlicher oder polizeilicher Erfahrung möglich erscheint und im konkreten Einzelfall hierfür bestimmte Indizien sprechen. Tatsachen hingegen sind dem Beweis zugängliche Fakten, die das Vorliegen eines gewissen Sachverhaltes stützen.[33]

Bsp.: Befragt der Polizeibeamte einen aus einem brennenden Haus kommenden Mann, ob sich noch weitere Personen in dem Gebäude aufhalten, so liegen tatsächliche Anhaltspunkte dafür vor, dass der Befragte tatsächlich sachdienliche Angaben machen kann. Es liegen hingegen keine Tatsachen für diese Annahme vor, da der Umstand, dass der Mann aus einem brennenden Haus kommt, lediglich ein Indiz für die Annahme ist, dass er die Frage, ob sich noch andere Personen in dem Haus befinden, beantworten könnte. Das bedeutet, dass der Beamte den Mann befragen darf – die Voraussetzungen der Ermächtigungsgrundlage, hier § 12 Abs. 1 S. 1 HSOG, liegen vor.

c) Anhalten – nicht festhalten – zum Zwecke der Befragung

Im Falle einer **konkreten Gefahr** kann die zu befragende Person gemäß § 12 Abs. 1 S. 2 HSOG zum Zwecke der Befragung auch **angehalten** werden. Hier muss strikt zwischen einem „Anhalten" und einem „Festhalten" unterschieden werden. Unter **Anhalten** (vgl. auch § 18 Abs. 3) versteht der Gesetzgeber des HSOG im Gegensatz zum Festhalten (vgl. insbesondere § 18 Abs. 4, § 25 Abs. 1 S. 4 HSOG) mit seinem Spezialfall des Gewahrsams (§ 32 ff. HSOG) keine Freiheitsentziehung iSd Art. 104 Abs. 2 GG, sondern lediglich eine **Freiheitsbeschränkung**

---

29 Vgl. Hornmann, § 12 HSOG, Rn. 9.
30 Vgl. Fredrich, § 12 HSOG, Rn. 1; Hornmann, § 12 HSOG, Rn. 10.
31 Vgl. VG Frankfurt/M., Urteil vom 1.12.2014 – 5 K 2486/13.F.
32 Vgl. Fredrich, § 12 HSOG, Rn. 1.
33 Lesenswerte Entscheidung zur Unterscheidung zwischen „tatsächlichen Anhaltspunkten" und „Tatsachen" und der Bedeutung für die Praxis: VG Frankfurt, Urteil vom 1.12.2014, Az.: 5 K 2486/13.F.

Fichte

iSd Art. 104 Abs. 1 S. 1 GG. Das bloße Anhalten ist demzufolge in den besonderen Verfahrens- und Formvorschriften der §§ 33 ff. HSOG nicht erwähnt und bedarf insbesondere keiner richterlichen Entscheidung. Einfach ausgedrückt, erlaubt der Gesetzgeber eine Freiheitsbeschränkung, wenn er vom „Anhalten" spricht; spricht er vom „Festhalten", erlaubt er eine **Freiheitsentziehung**. Im letzteren Fall müssen dann die besonderen Verfahrensvorschriften einer Freiheitsentziehung, insbesondere der **Richtervorbehalt** aus Art. 104 Abs. 2 S. 1 GG, der sich in § 33 HSOG wiederfindet, eingehalten werden.

18 Daher ist es wichtig die Freiheitsbeschränkung, das Anhalten, von der Freiheitsentziehung, dem Festhalten, unterscheiden zu können. Der Unterschied ist teilweise gradueller Natur. Die Abgrenzung bestimmt sich nach der Intensität (bzw. der Dauer) des Eingriffs, bedarf aber auch einer wertenden Beurteilung des Eingriffs.[34]

Während ein Anhalten für die Durchführung der eigentlichen Maßnahme – zB des Befragens, einer Identitätsfeststellung oder eines Datenabgleichs – idR unabdingbare Voraussetzung ist, gehen das Festhalten und der Gewahrsam darüber hinaus und stellen einen besonders gravierenden Eingriff in die Freiheit der Person iSd Art. 2 Abs. 2 S. 2 GG dar. Dabei liegt ein Gewahrsam insbesondere dann vor, wenn gerade die Freiheitsentziehung Sinn und Zweck (also Intention) der ordnungsbehördlichen oder polizeilichen Maßnahme ist.[35]

Bsp.: A, der sinnlos betrunken ist, wird von der Polizei in einer kalten Winternacht zur Dienststelle sistiert und dort gegen seinen Willen bis zum nächsten Morgen untergebracht (Gewahrsam iSd § 32 Abs. 1 Nr. 1 HSOG). Hier liegt eindeutig eine Freiheitsentziehung vor.

Für eine reine Befragung dürfte eine Person nicht mit auf die Dienststelle genommen werden, da die Ermächtigungsgrundlage des § 12 Abs. 1 HSOG keine freiheitsentziehende Maßnahme erlaubt. Es wird im Gesetzestext nur von einem Anhalten und nicht von einem Festhalten gesprochen. Soll ein Bürger mit zu einer Dienststelle genommen werden, kommt in einem Fall der Befragung auf der Dienststelle nur eine Vorladung nach § 30 HSOG in Betracht.

19 Allerdings kann ein Anhalten auch zu einem Festhalten werden. Dies ist idR dann der Fall, wenn die Freiheitsbeschränkung, die zur Durchführung der jeweiligen Maßnahme – hier die Durchführung der Befragung – dient, die übliche Dauer der Maßnahme überschreitet **(Intensität der Maßnahme)**.

Eine allgemeingültige Zeitangabe, wann ein Anhalten zu einem Festhalten erstarkt, ist kaum möglich. Bei der Bewertung sollte als Orientierung auf die **übliche Dauer** der durchzuführenden Maßnahme abgestellt werden. So kann idR bei der Befragung (§ 12 HSOG), der Identitätsfeststellung (§ 18 Abs. 3 HSOG) und des Datenabgleichs (§ 25 HSOG) von einer üblichen Dauer in Höhe von etwa **15 Minuten** ausgegangen werden. Bei Überschreiten dieser Dauer kann bereits ein Festhalten gegeben sein mit der Folge, dass nicht nur eine besondere Ermächtigungsgrundlage hierfür erforderlich ist – die im Falle der Befragung nicht existiert – sondern auch die besonderen Verfahrensvorschriften der §§ 33 ff. HSOG erfüllt sein müssen.[36]

Bsp.: A soll in seine jordanische Heimat abgeschoben werden und wird zu diesem Zwecke von Polizeibeamten um 7.00 Uhr morgens in seiner Wohnung abgeholt, um ihn unmittelbar der Flughafenwache zuzuführen. Dabei nehmen der Transport von der Wohnung zum Flughafen und der Aufenthalt in der Flughafenwache von insgesamt mehreren Stunden nicht mehr Zeit in Anspruch als üblicherweise bei einer Flugreise nach Jordanien von einem Fluggast aufgebracht werden muss. Daher bleibt es hier bei einer Freiheitsbeschränkung.

20 Zwar ist in diesem Beispielsfall eine verhältnismäßig lang andauernde Freiheitsbeschränkung des A gegeben, das Bundesverwaltungsgericht verneinte dennoch eine Freiheitsentziehung, weil

---

34 Also der Frage nach der Intention des Eingriffs, vgl. BVerwGE 62, S. 325, 327 f.
35 Ähnlich zum Ganzen: Götz/Geis, § 8, Rn. 32 ff.
36 Vgl. dazu ähnlich Götz/Geis, § 8, Rn. 32 ff.

Fichte

die wertende Beurteilung des Vorgangs aufgrund des auch für andere Flugreisende üblichen Zeitablaufs gegen einen besonders intensiven Eingriff in die Fortbewegungsfreiheit des Ausländers spreche.[37]

d) Adressat der Befragung

Sind die Voraussetzungen für einen Eingriff nach § 12 Abs. 1 S. 1 und/oder 2 HSOG erfüllt, so ist es unerheblich, ob die befragte oder angehaltene Person im Übrigen **polizeipflichtig** iSd §§ 6 ff. HSOG ist. Das ergibt sich im Umkehrschluss (Argumentum e Contrario) aus § 12 Abs. 2 S. 1 HSOG, dessen ausdrückliche Begründung einer Auskunftspflicht lediglich für Personen iSd §§ 6 ff. HSOG ansonsten überflüssig wäre.

§ 12 Abs. 1 HSOG enthält einen **sog. Normadressaten**.

e) Besondere Verfahrensvorschriften

Die **Auskunftspflicht** ist von der Frage, wer der rechtmäßige Adressat der Befragung ist, strikt zu trennen. Die Frage nach dem rechtmäßigen Adressaten beantwortet, wen der Amtswalter der Gefahrenabwehr- oder Polizeibehörde befragen darf, hier jede Person, bei der tatsächliche Anhaltspunkte bestehen, dass sie sachdienliche Angaben für einen gefahrenabwehrbehördlichen oder polizeilichen Sachverhalt machen kann (Normadressat).

Die Prüfung bzgl. einer möglicherweise bestehenden Auskunftspflicht beantwortet die Frage, ob die befragte Person antworten muss.[38] In § 12 Abs. 2 S. 1 HSOG regelt der Gesetzgeber die Voraussetzungen der **Auskunftspflicht** der befragten Person. Danach sind **alle Verhaltens- und Zustandsstörer, alle Personen, die nach den Regeln des polizeilichen Notstands (§ 9 HSOG)** in Anspruch genommen werden können, sowie alle Personen nach § 13 Abs. Nr. 1–3 HSOG auskunftspflichtig.

§ 12 Abs. 2 S. 2 HSOG sieht davon **Ausnahmen** unter den Voraussetzungen der §§ 52 ff. StPO vor. Dies setzt allerdings voraus, dass die befragte Person nicht für die Gefahr verantwortlich ist (sog. Nicht-Störer). Danach hat der **sog. Nicht-Störer** keine Auskunftspflicht, wenn ihm nach der Maßgabe der Vorschriften der StPO ein **Auskunftsverweigerungsrecht** zusteht. § 12 Abs. 2 S. 3 HSOG statuiert für bestimmte Fallgestaltungen wiederum eine **Gegenausnahme** unter der Prämisse, dass die Auskunft nicht für die Abwehr einer Gefahr für Leib, Leben oder Freiheit einer Person erforderlich ist. Das bedeutet, dass Befragte, die nach den Regeln des Polizeirechts sog. Nicht-Störer sind und denen nach den Regeln der StPO ein Aussageverweigerungsrecht zu kommt, nur bei Bestehen einer Gefahr für Leib, Leben oder Freiheit einer Person eine Auskunftspflicht nach dem HSOG haben. In diesem Fall dürfen die Beamten die Auskünfte allerdings – um die Harmonie zur (bundesrechtlichen) StPO zu wahren – nur zum Zwecke der Gefahrenabwehr verwenden.[39]

Ausgenommen hiervon sind allerdings gem. § 12 Abs. 2 S. 3 HSOG **Rechtsanwälte**, für Auskünfte etwaige Mandatsverhältnisse betreffend, Geistliche, bzgl. jener Auskünfte, die sie in ihrer Funktion als Seelsorger erlangt haben, Verteidiger eines Beschuldigten, was ihnen in dieser Eigenschaft anvertraut wurde, Mitglieder des Deutschen Bundestages, der Bundesversammlung, des Europäischen Parlaments aus der Bundesrepublik Deutschland oder eines Landtages über Personen, die ihnen in ihrer Eigenschaft als Mitglieder dieser Organe oder denen sie in dieser Eigenschaft Tatsachen anvertraut haben, sowie über diese Tatsachen selbst und Personen, die

---

37 BVerwGE 62, 325, 327 ff.
38 Fredrich, § 12 HSOG, Rn. 7 ff.; Hornmann, § 12, HSOG Rn. 16 ff.
39 Fredrich, § 12 HSOG, Rn. 10 aE.

bei der Vorbereitung, Herstellung oder Verbreitung von Druckwerken, Rundfunksendungen, Filmberichten oder der Unterrichtung oder Meinungsbildung dienenden Informations- und Kommunikationsdiensten berufsmäßig mitwirken oder mitgewirkt haben. Für diese Personen besteht nach dem HSOG auch bei einer Gefahr für Leib, Leben oder Freiheit einer Person keine Auskunftspflicht.

23 Die Formulierungen des § 12 Abs. 2 S. 2–4 HSOG könnten den Eindruck erwecken, der Verursacher einer Gefahr, der nach dem Wortlaut des § 12 Abs. 2 S. 1 HSOG (Argumentum e Contrario) auskunftspflichtig und gem. § 12 Abs. 1 S. 3 HSOG nicht von der Gegenausnahme erfasst ist, falle nicht unter **das Zweckbindungsgebot** des § 12 Abs. 2 S. 4 HSOG. Die Folge wäre, dass ein Straftäter (der zugleich eine noch andauernde Gefahr verursacht hat) auskunftspflichtig wäre und diese Auskünfte in einem anschließenden Strafverfahren gegen ihn verwendet werden dürften. Das ist in dieser Allgemeinheit mit dem verfassungsrechtlichen Prinzip (Menschenwürde, Rechtsstaatsprinzip) des „**nemo tenetur se ipsum accusare**" (wörtlich übersetzt bedeutet das: Niemand ist verpflichtet, sich selbst anzuklagen; bzw. freier übersetzt bedeutet das: niemand ist verpflichtet sich selbst zu belasten) nicht vereinbar.[40]

24 § 12 Abs. 2 S. 5 HSOG enthält eine besondere Verfahrens- und Formvorschrift, die die Beamten zur **Belehrung** verpflichtet für den Fall, dass dem Betroffenen ein Recht zur Auskunftsverweigerung zusteht. Auch diese Vorschrift dient dazu den rechtsstaatlichen Regelungen der StPO auch im HSOG Rechnung zu tragen.

25 Allerdings ist der Hinweis in **§ 12 Abs. 3 HSOG** missverständlich formuliert. Es dürfte unstreitig sein, dass bei Befragungen zur Erlangung personenbezogener Daten die besonderen Verfahrens- und Formvorschriften des § 13 Abs. 5–9 HSOG anzuwenden sind (vgl. Kap. I, Rn. 255 ff.). Es ist hingegen nicht ohne Weiteres klar, warum der Wortlaut dieser Bestimmung allein auf die Verwendung personenbezogener Daten abstellt. Vielmehr ist davon auszugehen, dass die Vorschriften der §§ 13 ff. HSOG insgesamt anzuwenden sind, wenn im Rahmen einer Befragung personenbezogene Daten erhoben werden.[41] Unklar bleibt auch, ob die Bestimmungen aus § 13 HSOG die Vorschrift des § 12 HSOG ergänzen oder ersetzen sollen, sofern personenbezogene Daten im Rahmen einer Befragung erhoben werden. Bei Beantwortung dieser Frage ist zu berücksichtigen, dass je nach Inhalt der Befragung unterschiedliche Rechtsgüter der betroffenen Personen beeinträchtigt werden.

Bsp.: Der Polizeibeamte P fragt den Hausmeister H, ob ihm ein bestimmter gefährlicher Gegenstand im Haus aufgefallen sei.

26 Hier wird lediglich in das Recht des H auf allgemeine Handlungsfreiheit iSd Art. 2 Abs. 1 GG eingegriffen, weil er nur zur Duldung der Befragung verpflichtet ist. Als Ermächtigungsgrundlage für die Befragung kommt allein § 12 Abs. 1 S. 1 HSOG in Betracht. Anders liegt der Fall dann, wenn bei der Befragung auch personenbezogene Daten erhoben werden.

Bsp.: Der Polizeibeamte P fragt den Hausmeister H, ob er beobachtet habe wie der A einen gefährlichen Gegenstand in das Haus gebracht habe.

27 Hier reicht § 12 Abs. 1 S. 1 HSOG – wie bereits oben beschrieben allein als Ermächtigungsgrundlage nicht mehr aus, denn es wird neben dem Recht des H auf allgemeine Handlungsfreiheit auch das Recht des A auf informationelle Selbstbestimmung iSd Art. 2 Abs. 1 iVm Art. 1 Abs. 1

---

[40] Vgl. dazu auch im Detail: BeckOK PolR Hessen/Bäuerle HSOG § 12 Rn. 11–17, 39; HessPolFHa-Wittgruber, § 12 HSOG Rn. 13.

[41] Immerhin spricht auch die amtliche Begründung, LT-Drs. 12/5794, S. 62 vom umfassenden Begriff der *Verarbeitung* personenbezogener Daten, so auch Fredrich, § 12 HSOG, Rn. 13.

GG als Teil des allgemeinen Persönlichkeitsrechts beeinträchtigt. Für diesen Eingriff ist eine Ermächtigungsgrundlage erforderlich, die sich nicht allein aus § 12 HSOG ergeben kann.[42]

Verbotene Vernehmungsmethoden (zB die Beeinträchtigung der Willensentschließung und -betätigung durch Verabreichung von Mitteln, Drohung mit unzulässigen Maßnahmen usw) iSd § 136a StPO sind ein Verstoß gegen die Menschenwürde iSd Art. 1 GG und auch im Rahmen der Befragung gemäß § 12 Abs. 1 HSOG unzulässig. Das stellt § 12 Abs. 4 HSOG ausdrücklich klar. Des Weiteren ergibt sich aus § 52 Abs. 2 HSOG, dass die Durchsetzung einer Befragung in Form einer Auskunftsabgabe mit den Mitteln des unmittelbaren Zwangs per se unzulässig ist. Dort heißt es, dass unmittelbarer Zwang zur Abgabe einer Erklärung ausgeschlossen ist.

Bsp.: Der Polizeibeamte, der den Entführer eines Kindes vernimmt, das sich noch an einem nur dem Entführer bekannten Ort aufhält und das zu verdursten droht, darf dem Entführer keine Gewalt androhen für den Fall, dass er nicht alsbald den Aufenthaltsort des Kindes bekannt gibt.[43]

Da sowohl die Pflicht zur Duldung der Befragung als auch zur Befolgung einer etwaigen Auskunftspflicht höchstpersönlicher Natur ist, scheidet auch eine Ersatzvornahme iSd §§ 49 HSOG und 74 HVwVG zur Durchsetzung dieser Pflichten aus, sodass letztlich als **Zwangsmittel** lediglich das – jedenfalls in eilbedürftigen Fällen – relativ stumpfe Schwert des Zwangsgeldes in Betracht kommt.[44] Ob darüber hinaus zur Erzwingung einer Erklärung die Ersatzzwangshaft iSd § 50 HSOG bzw. § 76 HVwVG in Frage kommt, ist umstritten, jedoch als Ultima Ratio wohl zu bejahen.[45] Anderenfalls könnte der Auskunftsverweigerer auf der Grundlage des Zivilrechts noch schadensersatzpflichtig sein. Dies bliebe im Einzelfall dann zu prüfen und ist keine Frage des Gefahrenabwehrrechts.

Der mit Gesetz vom 23.6.2023 neu eingeführte **§ 12a HSOG** regelt den **Schutz zeugnisverweigerungsberechtigter Berufsgeheimnisträger**. Sinn der Vorschrift ist es, die Geltung der berufsbezogenen strafprozessualen Zeugnisverweigerungsrechte in Bezug auf die verdeckten polizeilichen Datenerhebungen im HSOG in einer Norm zusammen zu fassen.[46] Kernaussage dieser Regelung ist, dass Datenerhebungen aus der Observation, bzw. dem Einsatz technischer Mittel, der Telekommunikationsüberwachung inklusive der Telekommunikationsüberwachung an informationstechnischen Systemen, dem verdeckten Eingriff an informationstechnischen Systemen, der Datenerhebung durch V-Personen und verdeckte Ermittler und der polizeilichen Beobachtung in bestimmten Fällen unzulässig ist, wenn die Datenerhebung voraussichtlich Erkenntnisse erbringen würde, über die die betroffene Person das Zeugnis verweigern dürfte. Solche Erkenntnisse dürfen nicht verwertet werden. Die Tatsache deren Erlangung sowie deren Löschung ist zu dokumentieren.

§ 12a HSOG stellt allerdings auch klar, dass Maßnahmen der verdeckten Datenerlangung auch bei der Möglichkeit der Erkenntniserlangung solche Erkenntnisse zulässig sind. Dabei handelt es sich jedoch nur um einen kleinen Anwendungsbereich der verdeckten Maßnahmen mit sehr hohen Eingriffsvoraussetzungen, wie zB § 15a Abs. 4 HSOG. Danach können die Polizeibehörden auch solche Erkenntnisse verwerten, wenn Telekommunikationsüberwachung zur Abwehr einer gegenwärtigen Gefahr für Leib, Leben oder Freiheit der Person oder für solche Güter der Allgemeinheit, deren Bedrohung die Grundlagen des Bundes oder eines Landes oder die Grundlagen der Existenz der Menschen berührt, durchgeführt wird.

---

42 Vgl. zum Ganzen auch Peitsch, aaO, S. 67 ff.
43 NJW Spezial 2005, 524; EGMR zur Androhung von Folter im strafrechtlichen Ermittlungsverfahren, NWJ 2007, 2461.
44 Fredrich, § 12HSOG, Rn. 12.
45 So auch HessPolFHa-Wittgruber, § 12 HSOG Rn. 23; dagegen Hornmann, § 12 HSOG, Rn. 35 f.
46 BeckOK PolR Hessen/Bäuerle HSOG § 12a, Rn. 1.

Fichte

3. Identitätsfeststellung und Prüfung von Berechtigungsscheinen (§ 18 HSOG)

a) Begriff der Identitätsfeststellung

31 Die **Identitätsfeststellung** iSd § 18 HSOG dient dem Zweck, aus gefahrenabwehrrechtlichen Aspekten zu ermitteln, welche **Personalien** einer bestimmten unbekannten Person zuzuordnen sind oder ob eine Person mit einer anderen, der Polizei bereits bekannten Person, identisch ist.[47] Dabei umfassen die festzustellenden Personalien alle Merkmale einer Person, die erforderlich sind, die Identität einer Person festzustellen. In Anknüpfung an **§ 111 OWiG** kommen hierzu in Betracht: Vor- und Familien-, ggf. Geburtsname, Ordens- oder Künstlername, Doktorgrad, Datum und Ort der Geburt, Geschlecht, Größe, Farbe der Augen, Familienstand, Beruf, Wohnort und Wohnung sowie die Staatsangehörigkeit (vgl. auch die Abgrenzung zu personenbezogenen Daten, Kap. I, Rn. 255 ff.).[48]

Es ergibt sich aus dem **Grundsatz der Verhältnismäßigkeit** – und versteht sich von selbst –, dass nur solche Feststellungen zu treffen sind, die für die im Einzelfall abzuwehrende Gefahr nötig sind und somit dem Grundsatz des mildesten von mehreren gleich geeigneten Eingriffen in die Grundrechte des Betroffenen entsprechen. So wird das Ermitteln des Berufs eines Adressaten für die gefahrenabwehrende Behörde regelmäßig von zweitrangigem Interesse sein.

32 Die Identitätsfeststellung darf nicht mit Maßnahmen nach § 18 Abs. 7 HSOG verwechselt werden. § 18 Abs. 7 HSOG ermächtigt die Gefahrenabwehr- und die Polizeibehörden zu verlangen, dass ihnen **Berechtigungsscheine**, Bescheinigungen, Nachweise oder sonstige Urkunden zur Prüfung ausgehändigt werden (wenn der Adressat verpflichtet ist, diese Urkunden mitzuführen). Diese Urkunden dienen nicht der Identitätsfeststellung, sondern dienen allein der Überprüfung bestimmter Berechtigungen, wie zB der Jagd- oder Angelschein, oder die Berechtigung auf Schwerbehinderten-Parkplätzen zu parken. Daher stellt dies eine andere Maßnahme als eine Identitätsfeststellung dar.

§ 18 Abs. 7 HSOG ist eine eigene Ermächtigungsgrundlage. Eine Mitführpflicht wird durch § 18 Abs. 7 HSOG nicht begründet, sie muss sich aus anderen gesetzlichen Normen, wie zB aus § 16 Abs. 1 Hessisches Fischereigesetz für das Mitführen von Fischereierlaubnisscheinen bei der Fischereiausübung ergeben.

b) Betroffene Grundrechte

33 Zur Feststellung der Identität können sich die zuständigen Behörden unterschiedlicher Mittel bedienen, wie die Absätze 3 und 4 des § 18 HSOG zeigen. Dementsprechend lässt § 18 HSOG auch **unterschiedliche Grundrechtseingriffe** zu: Neben dem in erster Linie betroffenen Grundrecht auf informationelle Selbstbestimmung (Art. 2 Abs. 1 iVm Art. 1 GG) kommt insbesondere auch ein Eingriff in die Freiheit der Person in Betracht, und zwar sowohl beim **Anhalten** nach § 18 Abs. 3 HSOG in Form einer Freiheitsbeschränkung (Art. 2 Abs. 2 S. 2 iVm Art. 104 Abs. 1 GG) als auch beim **Festhalten** nach § 18 Abs. 4 HSOG in Form einer Freiheitsentziehung (Art. 2 Abs. 2 S. 2 iVm Art. 104 Abs. 2 GG).

c) Gefahrenabwehr durch Identitätsfeststellung

34 § 18 Abs. 1 HSOG knüpft als Voraussetzung für eine Identitätsfeststellung zunächst an eine konkrete **Gefahr** oder eine vergleichbare Gefahr, wie den Gefahrenverdacht oder der Ancheins-

---

47 Vgl. Fredrich, § 18 HSOG, Rn. 1.
48 Vgl. Fredrich, § 18 HSOG, Rn. 1; Hornmann, § 18 HSOG, Rn. 10.

III. Einzelmaßnahmen   133

gefahr an.⁴⁹ Hierbei ist jedoch zu bedenken, dass eine Identitätsfeststellung nur in wenigen Fällen geeignet sein wird, eine Gefahr zu beseitigen. Vielmehr dient sie regelmäßig der **Gefahrenerforschung** im Rahmen eines Gefahrenverdachts, um weitere gefahrenabwehrende Maßnahmen erst zu ermöglichen, die dann endgültigen Charakter haben mögen.⁵⁰

> **Bsp.:** Überprüft die Polizei den Ausländer A, weil sie über Erkenntnisse verfügt, wonach sich A illegal in der Bundesrepublik Deutschland aufhält, so kann sie allein mit der Identitätsfeststellung eines Mannes, auf den die Beschreibung des A passt, die Gefahr eines Verstoßes gegen das AufenthG nicht abwehren, wohl kann sie jedoch (für den Grundsatz der Geeignetheit erforderlich aber auch ausreichend) die Gefahrenabwehr dadurch fördern, dass sie sich Klarheit über die Identität des polizeilichen Gegenübers verschafft, um so möglicherweise weitere Maßnahmen bis hin zur Abschiebung des A durchführen zu können.

Eine Identitätsfeststellung kann allerdings uU auch geeignet sein, eine Gefahr ohne weitere 35
Folgemaßnahmen abzuwehren. So wäre sie in bestimmten Fallkonstellationen durchaus als **Mittel der Abschreckung** denkbar, indem etwa die Polizei bei herumgrölenden, die Nachtruhe störenden Passanten neben der Aufforderung, Ruhe zu geben, Identitätsfeststellungen vornimmt, um diese von zukünftigem rechtswidrigem Vorgehen abzuhalten. Mit der Maßnahme kann es gelingen, einen Störer aus einer Anonymität zu nehmen, sodass ihm fortan klar ist, dass er „für jede weitere ihm zuzurechnende Störung verantwortlich gemacht werden kann".⁵¹

d) Identitätsfeststellung iVm Spezialgesetzen

Außer zum Zwecke der Gefahrenabwehr kann eine Identitätsfeststellung ua auch vorgenommen 36
werden zur Erfüllung der den Gefahrenabwehr- und Polizeibehörden zugewiesenen weiteren Aufgaben (vgl. § 18 Abs. 1, 2. Alt. HSOG). Gemeint sind hiermit Fälle iSd § 1 Abs. 2 HSOG, wie beispielsweise Maßnahmen nach § 8 JuSchG iVm § 13 Abs. 1 Nr. 1 KJHV. Denn für die Anwendung des JuSchG muss zunächst geklärt werden, ob der Adressat möglicher weiterer Maßnahmen in den Anwendungsbereich des JuSchG fällt. Dies ist nämlich nur der Fall, wenn der Adressat unter 18 Jahren alt ist.

Bei dieser Variante der Identitätsfeststellung sind keine weiteren Voraussetzungen zu prüfen, als die Feststellung, dass die Beamten für ihnen durch andere Rechtsvorschriften zugewiesenen weiteren Aufgaben tätig werden und eine Identitätsfeststellung – ganz nach dem Prinzip des Verhältnismäßigkeitsgrundsatzes geeignet, erforderlich und angemessen ist.

> **Bsp.:** Die Polizeibeamten sehen zwei Raucherinnen auf einem Platz in der Innenstadt und sind unsicher, ob diese schon 18 Jahre alt sind. Um das zu klären, führen sie eine Identitätsfeststellung durch nach § 18 Abs. 1, 2. Alt. HSOG iVm § 1 Abs. 2 HSOG iVm § 13 Abs. 1 Nr. 1 KJHV.

e) Identitätsfeststellung zum Schutz privater Rechte

Nach der dritten Alternative des § 18 Abs. 1 HSOG ist eine Identitätsfeststellung auch zum 37
Schutz privater Rechte zulässig. Die besondere Erwähnung dieser Fallgruppe lässt aber nicht etwa den Umkehrschluss zu, wonach im Rahmen solcher Ermächtigungsgrundlagen, die den Schutz privater Rechte nicht erwähnen, Maßnahmen zu diesem Zwecke unzulässig wären. Vielmehr verdeutlicht die ausdrückliche Erwähnung dieser Fallgruppe, dass der Gesetzgeber wegen der geringen Eingriffsintensität einer Identitätsfeststellung grundsätzlich keine überzogenen Anforderungen an die Schutzgüter einer Maßnahme iSd § 18 Abs. 1 HSOG stellen will, während im Rahmen derjenigen Ermächtigungsgrundlagen, die den Schutz privater Rechte nicht

---
49 Zu den Gefahrenbegriffen s. Kap. E, Rn. 54 ff.
50 Vgl. Hornmann, § 18 HSOG, Rn. 1; Lisken/Denninger, E, Rn. 320.
51 Vgl. VGH Mannheim, Urt. v. 14.12.2010 – 1 S 338/10.

Fichte

ausdrücklich erwähnen, der Amtswalter besondere Sorgfalt bei der Verhältnismäßigkeitsprüfung zu walten hat.[52]

38 Für die Praxis spielt die Identitätsfeststellung zum Schutz privater Rechte in erster Linie in den Fällen der „**fahrlässigen Sachbeschädigung**" eine Rolle. Da dies keinen Straftatbestand erfüllt, wären dem Beamten ohne das Schutzgut des privaten Rechts die Hände gebunden. Der Amtswalter dürfte dann nicht einschreiten, wenn gleichwohl zumindest eine Identitätsfeststellung geboten wäre. Diese ist immer dann geboten, wenn dem Bürger die Personalien des Schädigers nicht bekannt sind und eine vollständige Begleichung des Schadens vor Ort nicht in Frage kommt. Denn ohne die Personalien des Schädigers wird der Geschädigte nicht in die Lage versetzt nötigenfalls Schutz vor den Zivilgerichten zu erlangen.

Bei dieser Variante ist keine weitere Voraussetzung zu prüfen, als dass die Beamten gem. § 1 Abs. 3 HSOG (zulässigerweise) zum Schutz privater Rechte tätig werden.

Bsp.: A geht sein Pferd unvorhersehbar durch, und es beschädigt das Fahrzeug des B. A, der dem B unbekannt ist, will keinen Schadensersatz leisten und weiter reiten. Deshalb bittet B den sich auf einem Streifengang befindlichen Polizeikommissar P, die Personalien des A festzustellen.

Hier geht es allein um den Schutz privater Rechte, denn Gefahren für die öffentliche Sicherheit oder Ordnung sind nicht feststellbar. Lediglich die Durchsetzung der sich für B aus § 833 BGB (Tierhalterhaftung) ergebende privatrechtlichen Anspruch gegen A kann noch gesichert werden. Damit B seine Ansprüche – ggf. auch gerichtlich – geltend machen kann, wird P eine Identitätsfeststellung gem. § 18 Abs. 1, 3. Alt. HSOG durchführen und anschließend die personenbezogenen Daten des A gem. § 22 Abs. 3 S. 1 iVm Abs. 2 S. 1 Nr. 1 HSOG an B übermitteln. Dabei wird P lediglich dann einschreiten, wenn auch die Voraussetzungen der sachlichen Zuständigkeit iSd § 1 Abs. 3 HSOG erfüllt sind.

39 Grundsätzlich können auch **Zeugen** „fahrlässiger Sachbeschädigungen" einer Identitätsfeststellung unterzogen werden. Da der Zeuge jedoch kein Störer ist, kann er allenfalls Verantwortlicher iSd der Vorschrift des § 9 HSOG sein. Die Voraussetzungen dieser Bestimmung – insbesondere eine gegenwärtige erhebliche Gefahr – dürften aber nur in besonders gelagerten Fällen zu bejahen sein. Bei Zeugen von Straftaten ist eine Identitätsfeststellung schon nach den Regeln der StPO zulässig.

40 Auch im Bereich des Rechtes am eigenen Bild sind Fälle denkbar, in denen mittels Identitätsfeststellung zum Schutz privater Rechte eingeschritten wird.

Bsp.: Bei der Polizei beschwert sich A, dass in der Fußgängerzone in Kassel ein Mann unberechtigt offenbar Porträtaufnahmen von Passanten fertigt. Der Fotograf gibt das gegenüber den Beamten zu und versichert glaubhaft, er werde die Aufnahmen weder verbreiten noch öffentlich zur Schau stellen, sondern sie lediglich zu Hause anschauen. Hier ist ein bevorstehender Verstoß gegen das KunstUrhG (vgl. insbesondere den Straftatbestand des § 33 Abs. 1 KunstUrhG) oder sonstige öffentlich-rechtliche Vorschriften zunächst nicht herleitbar, weil der Fotograf deren Voraussetzungen glaubhaft verneint. Allein über das allgemeine Persönlichkeitsrecht des A, das ihn als ein privates Recht auch vor dem bloßen Fertigen von Porträtaufnahmen schützt (Art. 2 Abs. 1 iVm Art. 1 GG), kann eine Gefahr bejaht werden, die ein polizeiliches Einschreiten im Wege der Identitätsfeststellung und/oder Sicherstellung erlaubt.[53]

f) Identitätsfeststellung außerhalb konkreter Gefahren

41 Die **Ermächtigungsgrundlagen des § 18 Abs. 2 HSOG** ermächtigen allein die Polizeibehörden, Identitätsfeststellungen unter den dort genannten Voraussetzungen vorzunehmen. Sämtliche Nummern des Absatzes 2 bewegen sich in ihren Anforderungen außerhalb einer konkreten Gefahr. Folgerichtig verlangen diese Ermächtigungsgrundlagen auch keinen Verhaltensstörer, Zustandsstörer oder sog. „Nichtstörer" iSd §§ 6–9 HSOG (die sämtlich zumindest konkrete

---

52 Fredrich, § 18 HSOG, Rn. 3.
53 Vgl. VGH Mannheim, NVwZ-RR, 1995, S. 527, 528; VGH Mannheim, NVwZ-RR 2008, 700 f.

Fichte

III. Einzelmaßnahmen

Gefahren voraussetzen), sondern enthalten Spezialregelungen über den richtigen Adressaten der jeweiligen Maßnahme, auch „**Normadressat**" genannt.[54]

§ 18 Abs. 2 Nr. 1 HSOG beinhaltet die sog. **Ortshaftung**. Dies bedeutet, dass die Polizeibehörden bei jeder Person eine Identitätsfeststellung durchführen dürfen, die sich an dem in § 18 Abs. 2 Nr. 1 HSOG benannten Ort aufhält, ohne dass von dieser Person überhaupt eine irgendwie geartete Gefahr ausgeht.

§ 18 Abs. 2 Nr. 1 HSOG legaldefiniert die **sog. „gefährlichen Orte"** (oder auch „verrufener Ort" oder „kriminalitätsbelasteter Ort"[55]). Dies sind typischerweise solche Straßen, Plätze oder Räumlichkeiten, auf oder in denen „die Häufung dunkler Existenzen zu einer polizeilichen Gefahr wird". In Betracht kommen Parkplätze, U-Bahnhöfe, Parks, Großstadtbahnhöfe bzw. deren Vorplätze und ähnliche Orte. Allerdings muss die Gefährlichkeit mit tatsächlichen Anhaltspunkten belegt sein und von einer gewissen Dauer sein.[56] Das bedeutet, dass ein Fußballstadion nicht für ein Spiel zu einem gefährlichen Ort iSd § 18 Abs. 2 Nr. 1 HSOG wird, nur weil dort ein Fußballspiel stattfindet, während dessen rivalisierende Fans aufeinandertreffen können.

Nach § 18 Abs. 2 Nr. 1 HSOG müssen tatsächliche Anhaltspunkte vorliegen, aufgrund derer anzunehmen ist, dass die Örtlichkeit gefährliche Merkmale des Buchstaben a) aufweist oder an dem im Sinne des Buchstaben b) der **(verbotenen) Prostitution** nachgegangen wird. Bzgl. des Buchstaben „b" muss es sich hier folgerichtig um die verbotene Prostitution handeln, hat der Gesetzgeber doch mit der Einführung des Gesetzes zur Regelung der Rechtsverhältnisse der Prostitution im Jahr 2001 die Prostitution generell legalisiert.

Mit Änderungsgesetz vom 14.12.2024[57] hat der Gesetzgeber § 18 Abs. 2 Nr. 1 und eine weitere Unterkategorie des sog. gefährlichen Ortes erweitert. Die Polizeibehörden können nun auch die Identität einer Person feststellen, wenn die Person sich an einem Ort aufhält, für den durch eine Gefahrenabwehrverordnung nach § 71 HSOG das Führen von gefährlichen Gegenständen verboten oder beschränkt worden ist, wie zB die **sog. Waffenverbotszonen**.

Tatsächliche Anhaltspunkte für die Annahme eines **sog. gefährlichen Ortes** sind dann gegeben, wenn aufgrund objektiver, der Nachprüfung zugänglicher Kriterien sich an dem Ort nach Erkenntnissen der Polizei die im Gesetz genannten Vorgänge erfahrungsgemäß zu ereignen pflegen.[58] Es müssen daher nicht tatsächlich Straftaten verabredet werden usw, sondern die Bestimmung knüpft an die Erfahrungen der Polizei an, während im konkreten Einzelfall die Sachlage ungewiss ist. Die Identitätsfeststellung an gefährlichen Orten ist also ereignisunabhängig.

Umgekehrt reichen aber bloße Vermutungen nicht aus, sondern der Begriff „**tatsächliche Anhaltspunkte**" verlangt objektivierbare Erkenntnisse der Polizei, die sich aus eigenen Beobachtungen der Polizei, der Kriminalitätsstatistik, Anzeigen der Bevölkerung oder Mitteilungen anderer Behörden ergeben können, wobei Einzelbeobachtungen idR nicht für die Annahme ausreichen dürften, dass an dem in Rede stehenden Ort strafrechtlich Relevantes geschieht oder sich zB das Verbergen von Straftätern erfahrungsgemäß zu ereignen pflegt.

Bsp.: Die Polizei erhält einen anonymen Anruf aus der Bevölkerung, wonach in einer bestimmten Gaststätte mit Drogen gehandelt werde.

In solchen Fällen werden regelmäßig objektive, der Nachprüfung zugängliche Kriterien fehlen, dass es sich bei der genannten Stelle um einen gefährlichen Ort iSd § 18 Abs. 2 Nr. 1 HSOG handelt. Eine

---

54 Vgl. HessPolFHa-Wittgruber, § 18 HSOG Rn. 11.
55 So Fredrich, § 18 HSOG, Rn. 9.
56 Fredrich, § 18, HSOG Rn. 10.
57 GVBl. Nr. 83.
58 Vgl. OVG Berlin NJW 1986, 3223 = JuS 1987, S. 750, Fredrich, § 18 HSOG, Rn. 10.

Fichte

Identitätsfeststellung von Personen in der Gaststätte wäre ohne weitere Anhaltspunkte und allein aufgrund der Ortshaftung nicht auf § 18 Abs. 2 Nr. 1 a) aa) HSOG zu stützen.

44 Schließlich müssen sich die Personen an dem Ort „aufhalten", sie müssen also ein verweilendes Moment nach außen manifestieren, ein bloßes Passieren des Ortes reicht nicht aus.[59]

Die Vorschrift wird weiter als die zentrale **Rechtsgrundlage für Razzien** angesehen, die allerdings zumeist aber noch Maßnahmen nach §§ 25 Abs. 1 S. 3 (Datenabgleich), 36 Abs. 2 Nr. 2 und § 37 Abs. 2 Nr. 2 HSOG (Durchsuchungen von Personen und Sachen) beinhalten.

45 § 18 Abs. 2 Nr. 1 a) cc) HSOG bezieht sich allein auf Straftäter, die bereits verurteilt sind und zur Strafvollstreckung gesucht werden.[60] Das ergibt sich bereits aus der rein präventiven Zielrichtung der Bestimmung, die nicht der Strafverfolgung dient; bei noch nicht verurteilten Straftätern kommen allein strafprozessuale Bestimmungen in Betracht.

46 Nach **§ 18 Abs. 2 Nr. 2 HSOG** sind die Polizeibehörden auch dann zur Identitätsfeststellung ermächtigt, wenn dies zur **Vollzugshilfe** (§ 1 Abs. 5 HSOG) erforderlich ist. Diese Bestimmung ermöglicht auch im Rahmen von Vollzugshilfehandlungen Gefahrenerforschung zu betreiben, bevor endgültige Maßnahmen getroffen werden.[61] Hauptsächlicher Anwendungsbereich der Vorschrift ist, das Eröffnen der Möglichkeit die Identität des Adressaten der Vollzugshilfehandlung festzustellen, um sicher zu gehen, dass die richtige Person von der polizeilichen Vollzugshandlung betroffen wird. Unterstützt die Polizei beispielsweise bei einer von der Ausländerbehörde durchgeführten Abschiebung, so kann die Polizei auf der Grundlage des § 18 Abs. 2 Nr. 2 HSOG die Identität feststellen, damit die richtige Person abgeschoben wird.[62]

47 **§ 18 Abs. 2 Nr. 3 HSOG** schützt sog. **gefährdete Objekte oder Orte** und dient in erster Linie der Verhinderung von Anschlägen auf Einrichtungen, die für die Versorgung der Bevölkerung von besonderer Bedeutung sind. Geschützt sind nach dem Wortlaut der Bestimmung zum einen Verkehrsanlagen, dh Bus-, U- und S-Bahnanlagen und -bahnhöfe, Flughäfen, wie auch deren vorgelagerte Voreinflugzeichen, Parkhäuser usw, zum anderen Versorgungsanlagen wie Kernkraft-, Gas- und Wasserwerke, Schlachthöfe, öffentliche Verkehrsmittel wie Busse und Bahnen, Züge, Flugzeuge oder Schiffe und schließlich Amtsgebäude (sämtliche Bauwerke, die Behörden oder Gerichte beherbergen). Als Beispiel mag hier der wohl nur durch einen Zufall gescheiterte Angriff der RAF („Rote-Armee-Fraktion") mit einem Raketenwerfer auf das Gebäude der Generalbundesanwaltschaft im Jahre 1977 dienen.

48 Die Formulierung des § 18 Abs. 2 Nr. 3 HSOG „oder einem anderen besonders gefährdeten Objekt" zeigt, dass die Aufzählung nicht abschließend ist. In Betracht kommen des Weiteren Einrichtungen der öffentlichen Medien, noch nicht fertiggestellte Amtsgebäude[63] oder Energieversorgungsanlagen sowie Konsulate oder Privatwohnungen Prominenter.[64] Sofern sich die zu überprüfende Person nicht in dem Objekt selbst aufhält, muss sie sich zumindest in dessen „unmittelbarer Nähe" befinden. Dieser Begriff ist flexibel auszulegen und in seiner Bedeutung von der Beschaffenheit und Umgebung des im konkreten Einzelfall betroffenen Objekts sowie von der Art des jeweils befürchteten Anschlags abhängig. Entscheidend ist dabei, dass der Ort, an dem die Identität der Person festgestellt wird, auch noch ernsthaft als Aufenthalt eines

---

59 Vgl. mit überzeugenden Argumenten: OVG Hamburg, NVwZ-RR 2003, 276 f.; Fredrich, § 18 HSOG, Rn. 12a.; aA HessPolFHa-Wittgruber, § 18 HSOG Rn. 14, wobei auch hier irgendein Bezug zum Ort gegeben sein muss.
60 Vgl. BeckOK PolR Hessen/Bäuerle HSOG § 18, Rn. 60; vgl. auch Nr. 18.2.1 VVHSOG.
61 Vgl. HessPolFHa-Wittgruber, § 18 HSOG, Rn. 16.
62 Vgl. Fredrich, § 18 HSOG, Rn. 14.
63 Vgl. Anschlag auf die JVA Weiterstadt 1993.
64 Fredrich, § 18 HSOG, Rn. 16.

Fichte

potenziellen Täters in Betracht kommt, er also von dort innerhalb kürzester Zeit das gefährdete Objekt erreichen oder den Anschlag von seinem Aufenthaltsort aus durchführen kann.[65]

Bsp.: Befürchtet die Polizei einen Brandanschlag mittels Molotowcocktails auf ein bestimmtes, besonders gefährdetes Objekt in einer dicht bebauten Gegend, so wären Identitätsfeststellungen im Umkreis mehrerer hundert Meter mit § 18 Abs. 2 Nr. 3 HSOG kaum zu rechtfertigen. Anders wäre der Fall dann zu beurteilen, wenn etwa ein Sprengstoffanschlag mittels Funksteuerung geplant wäre und sich das Objekt auf weit einsehbarem Gelände im Außenbereich befinden würde.

Die in oder an den gefährdeten Objekten zu befürchtenden Straftaten müssen Personen in oder an den Objekten oder die Objekte selbst **unmittelbar** gefährden. 49

Bsp.: Eine unmittelbare Gefährdung des Amtsgebäudes, das mit einer Fotokamera von einem potenziellen Straftäter ausspioniert werden soll, ist nicht gegeben. Die Polizei könnte sich bei einer Identitätsfeststellung nicht auf § 18 Abs. 2 Nr. 3 HSOG berufen.

Darüber hinaus muss sich die Straftat auf die Funktionsfähigkeit des gefährdeten Objekts beziehen.[66] 50

Bsp.: Bei einer Identitätsfeststellung des A, der sich auf dem Flughafen anschickt, sich als Taschendieb zu profilieren, greift die Bestimmung des § 18 Abs. 2 Nr. 3 HSOG nicht, weil der Flughafen selbst in seiner Funktionsfähigkeit nicht beeinträchtigt wird.

Weiterhin müssen „**tatsächliche Anhaltspunkte die Annahme rechtfertigen**", dass Straftaten 51 iSd § 18 Abs. 2 Nr. 3 HSOG begangen werden sollen. Diese Formulierung ist zu unterscheiden von der Formulierung „**aufgrund tatsächlicher Anhaltspunkte anzunehmen ist**" iSd § 18 Abs. 2 Nr. 1 HSOG. Sie knüpft vielmehr unmittelbar an ein konkretes Geschehen an, während § 18 Abs. 2 Nr. 1 HSOG die Erfahrungen der Polizei zugrunde legt. Die Formulierung in § 18 Abs. 2 Nr. 3 setzt eine Prognose voraus, die **ereignisabhängig** sein muss. Dh, es reicht zB nicht aus, dass sich in einer bestimmten Stadt auf dem Großmarkt abends Schlägereien oder in bestimmten U-Bahn-Stationen wiederholt Randaliererein ereignet haben.

Für dieses Verständnis der in § 18 Abs. 2 Nr. 3 HSOG verwendeten Formulierung spricht auch der letzte Halbsatz dieser Norm, der sich auf einen konkreten Sachverhalt und eine konkrete Person bezieht. Angesichts der von den §§ 6–9 HSOG losgelösten Polizeipflichtigkeit des Normadressaten weist der Gesetzgeber nämlich ausdrücklich auf die Erforderlichkeit einer solchen Maßnahme hin, die entweder mit Blick auf die Gefährdungslage und/oder auf die Person bezogene Anhaltspunkte bestehen muss.[67] Das macht zudem eine gewissenhafte Prüfung des Verhältnismäßigkeitsgrundsatzes bei Anwendung dieser Vorschrift erforderlich.[68] Tatsächliche Anhaltspunkte rechtfertigen eine Annahme demnach immer dann, wenn ein bestimmter Sachverhalt nach gefahrenabwehrbehördlicher oder polizeilicher Erfahrung möglich erscheint und im konkreten Einzelfall hierfür bestimmte Indizien sprechen.

Ähnlich wie § 18 Abs. 2 Nr. 3 HSOG stellt auch **§ 18 Abs. 2 Nr. 4 HSOG** auf tatsächliche Anhalts- 52 punkte ab, erfordert aber eine Person, die sich im räumlichen Umfeld einer **im besonderen Maße gefährdeten Person** aufhält. Unter räumlichem Umfeld iSd Vorschrift wird man jede Entfernung zählen müssen, die eine Gefährdung der Person durch eine andere Person erlaubt.

Bsp.: Ein international berühmter Rockstar, gegen den Morddrohungen ausgesprochen wurden, kann ggf. auch dadurch geschützt werden, dass man etwa die Identität verdächtiger Mitarbeiter auf der Grundlage des § 18 Abs. 2 Nr. 4 HSOG im Rahmen eines Konzerts feststellt.

---

65 Vgl. Fredrich, § 18 HSOG, Rn. 17.
66 Vgl. Fredrich, § 18 HSOG, Rn. 18.
67 Vgl. amtl. Begründung, LT-Drs. 12/5794, S. 67.
68 Hornmann, § 18 HSOG, Rn. 32.

53 Besonders gefährdete Personen iSd § 18 Abs. 2 Nr. 4 HSOG – also sogenannte Risikopersonen – können etwa sein Politiker, Wirtschaftskapitäne, Medienstars,[69] aber auch nicht im öffentlichen Interesse stehende Personen, wenn sie im konkreten Fall als besonders gefährdet erscheinen, wie zB eine Person, die sich ohne ersichtlichen Grund ernsthaften Bedrohungen in Leib und Leben ausgesetzt sieht.

Auch bei § 18 Abs. 2 Nr. 4 HSOG ist ein Adressat nach §§ 6–9 HSOG nicht vonnöten, vielmehr ist jede Person polizeipflichtig, die sich in den Fallkonstellationen der Bestimmung im räumlichen Umfeld der Risikoperson aufhält. Das bedeutet, wie auch schon beim gefährlichen Ort, dass der Adressat der Maßnahme die Person nicht nur bloß passieren darf. Das „Aufhalten" muss sich durch ein verweilendes Moment nach außen manifestieren.[70]

54 Mit Einführung des **Hessischen Versammlungsfreiheitsgesetzes** am 4.4.2023[71] wurde der Gesetzestext des § 18 Abs. 2 Nr. 5 HSOG dahingehend verändert, als dass die zweite Alternative ersatzlos gestrichen wurde. Dies bedeutet, dass aufgrund des § 18 Abs. 2 Nr. 5 HSOG nun mehr nur eine Kontrollstelle **zur Verhütung von Straftaten nach 100a StPO** eingerichtet werden darf.[72] Schwerpunkt der Bestimmung ist nicht die Einrichtung der Kontrollstelle selbst, die mangels Rechtseingriffs keiner Ermächtigungsgrundlage bedarf.[73] Die Eigenschaft als Kontrollstelle setzt lediglich die Anordnung und die Anwesenheit von Polizeivollzugsbeamten voraus. Einer besonderen Ausstattung bedarf es nicht. Der Gesetzgeber regelt allein die Durchführung einer Identitätsfeststellung unter den hier genannten Voraussetzungen.[74] Sie soll an einer solchen Kontrollstelle unter erleichterten Voraussetzungen zulässig sein. Zu den Voraussetzungen zählt insbesondere, dass die Kontrollstelle eingerichtet wurde, um eine Begehung (oder Fortsetzung) der in der Vorschrift genannten Straftaten zu verhüten.

Dabei stellt sich die Frage, wie hoch der Wahrscheinlichkeitsgrad sein muss, dass an der Kontrollstelle tatsächlich Personen angetroffen werden, die unter das strafrechtliche Profil der Bestimmung fallen und mittels einer Identitätsfeststellung die Straftat verhütet werden kann. § 18 Abs. 2 Nr. 5, 1. Hs. HSOG schweigt dazu, jedoch ist anerkannt, dass Kontrollstellen iSd Vorschrift nicht willkürlich eingerichtet werden dürfen.[75] Richtigerweise sollten aufgrund eines systematischen Vergleichs mit den Ermächtigungsgrundlagen des § 18 Abs. 2 Nr. 1, 3 und 4 HSOG – **tatsächliche Anhaltspunkte**, dass solche Straftaten begangen werden sollen, ausreichen; denn hinsichtlich der Eingriffstiefe der Maßnahme, sowie des Aspekts der Verhältnismäßigkeit lassen sich keine wesentlichen Unterschiede zu diesen Ermächtigungsgrundlagen erkennen.[76]

Weiter darf die Kontrollstelle nur auf öffentlichen Straßen oder Plätzen oder an anderen öffentlich zugänglichen Orten eingerichtet werden. Dazu zählen namentlich alle dem öffentlichen Verkehr gewidmeten Straßen und Plätze wie Bundesstraßen, Autobahnen, Bahnhöfe einschließlich sogenannter tatsächlicher öffentlicher Wege, die unabhängig von ihren zivilrechtlichen Eigentumsverhältnissen der Öffentlichkeit zur Benutzung zur Verfügung gestellt sind. Schließlich ist nach § 18 Abs. 2 Nr. 5 HSOG die Einrichtung der Kontrollstelle außer bei **Gefahr**

---

[69] Vgl. Fredrich, § 18 HSOG Rn. 20.
[70] Vgl. mit überzeugenden Argumenten: OVG Hamburg, NVwZ-RR 2003, 276 f.; Fredrich, § 18 HSOG, Rn. 12a.; aA HessPolFHa-Wittgruber, § 18 HSOG Rn. 14.
[71] GVBl. Nr. 10.
[72] Zur Verweisungsproblematik des § 18 Abs. 5 HSOG auf § 100a StPO näher: BeckOK, PolR, Hessen, Möstl/Bäuerle, § 18, Rn. 85ff.
[73] Vgl. zum Parallelfall der repressiven Kontrollstelle nach § 111 StPO: BGH NJW 1989, 114.
[74] Vgl. HessPolFHa-Wittgruber, § 18 HSOG Rn. 23.
[75] Vgl. Wittgruber § 18 Rn. 23; so zur Kontrollstelle iSd § 111 StPO: BGH NJW 1989, S. 114.
[76] Ebenso: HessPolFHa-Wittgruber, § 18 HSOG Rn. 23; abweichend Fredrich, § 18 HSOG, Rn. 23: „hinreichende Wahrscheinlichkeit".

Fichte

III. Einzelmaßnahmen 139

im Verzug nur mit Zustimmung des zuständigen Ministeriums oder einer von ihm benannten Stelle zulässig.[77]

Wie bei allen Ermächtigungsgrundlagen des § 18 Abs. 2 HSOG ist auch im Rahmen des § 18 Abs. 2 Nr. 5 HSOG die Prüfung eines Adressaten nach §§ 6–9 HSOG nicht erforderlich, weil die Vorschrift den Polizeipflichtigen selbst spezialgesetzlich regelt. Die Identität kann bei jeder Person, die an der Kontrollstelle angetroffen wird, festgestellt werden.

Mit Änderungsgesetz vom 22. 05. 2000[78] hat der Gesetzgeber § 18 Abs. 2 Nr. 6 HSOG aufgenommen. Diese Vorschrift ermöglicht Identitätsfeststellungen im Rahmen von verdachts- und ereignisunabhängigen Kontrollen zur Bekämpfung der **grenzüberschreitenden Kriminalität**.[79] Die Maßnahme setzt im Gegensatz zu § 18 Abs. 2 Nr. 5, 2. Hs. HSOG keine Einrichtung einer Kontrollstelle voraus; allerdings ist jede Polizeibehörde verpflichtet, die Örtlichkeiten, die die Voraussetzungen des Gesetzes erfüllen, für ihren Zuständigkeitsbereich unter Angabe der Gründe in einem ständig zu aktualisierendem Verzeichnis zu benennen.[80]

55

Auch bei der Regelung des **§ 18 Abs. 2 Nr. 6 HSOG** ist weder die Prüfung einer konkreten Gefahr noch die Feststellung einer Störereigenschaft des Adressaten nach §§ 6, 7, 9 HSOG erforderlich. Vielmehr ist jede Person, die an einer in § 18 Abs. 2 Nr. 6 HSOG genannten Örtlichkeit angetroffen wird, polizeipflichtig.

Nach **§ 18 Abs. 2 Nr. 7 HSOG** ist eine Identitätsfeststellung schließlich zulässig, wenn sich die betroffene Person in einem Fahrzeug befindet, das zur **Gezielten Kontrolle** ausgeschrieben ist. Die Möglichkeit einer solchen Gezielten Kontrolle hat der hessische Gesetzgeber mit Gesetz vom 28.9.2015[81] geschaffen. Ihre grundlegenden Voraussetzungen finden sich in § 17 HSOG.

56

Während die Polizeiliche Beobachtung nach § 17 Abs. 1 S. 1, 1. Alt. HSOG als Rechtsfolge auf die Meldung von Erkenntnissen, insbesondere über das Antreffen der Person, etwaiger Begleitpersonen, des Kraftfahrzeugs und dessen Führers abzielt, geht es bei der Gezielten Kontrolle um weitere Maßnahmen vor Ort, deren Voraussetzungen gem. § 17 Abs. 3 HSOG im einzelnen Fall vorliegen müssen. Aus diesem Grund wurden nicht nur § 18 Abs. 2 Nr. 7 HSOG, sondern auch § 36 Abs. 2 Nr. 5 HSOG und § 37 Abs. 2 Nr. 5 HSOG als neue Ermächtigungsgrundlage in das HSOG eingefügt.

Tatbestandsvoraussetzung des § 18 Abs. 2 Nr. 7 HSOG ist also zunächst, dass sich die kontrollierte Person in einem Fahrzeug befindet. Das kann der Fahrzeugführer sein, in Betracht kommen aber ebenso etwaige Begleitpersonen. Außerdem muss das Fahrzeug zur Gezielten Kontrolle ausgeschrieben sein. Dabei ist es ohne Bedeutung, ob das Fahrzeug nach § 17 HSOG zur Gezielten Kontrolle ausgeschrieben ist oder nach entsprechenden Vorschriften des Bundes oder der Länder.

57

Richtiger Adressat der Maßnahme ist die Person, die sich in dem ausgeschriebenen Fahrzeug befindet. Eine Prüfung der Adressatenvorschriften §§ 6–9 HSOG ist nicht erforderlich.

58

---

77 In Hessen gem. § 2 Abs. 3 HSOG-DVO die Behördenleitung der die Kontrollstelle einrichtenden Polizeibehörde oder ein von dieser beauftragter Bediensteter.
78 GVBl. I, S. 278.
79 Vgl. zur Verfassungswidrigkeit der **sog. Schleierfahndung** in Mecklenburg-Vorpommern: MVVerfG, NVwZ 2000, 429, 430; zur Verfassungsgemäßheit in Bayern: BayVerfGH, NVwZ, 2003, 1375 ff.; zu verdachtsunabhängigen Kontrollen durch den BGS: Soria, NVwZ 1999, 270 ff.; Zur Schleierfahndung im Allgemeinen: Götz/Geis, § 17, Rn. 17 ff.; vgl. zu verfassungsrechtlichen Bedenken gegen die Norm: BeckOK PolR Hessen/Bäuerle HSOG § 18 Rn. 92 ff.
80 Vgl. VVHSOG Ziff. 18.2.3.
81 GVBl. I 346; BeckOK, PolR, Hessen, Bäuerle, § 18, Rn. 104.

Fichte

g) Rechtsfolgen des § 18 HSOG

59 Die **Rechtsfolgen** des § 18 HSOG ergeben sich aus den Absätzen 3 und 4, wobei die weniger eingriffsintensiven Maßnahmen – vielleicht mit Ausnahme der Anordnung erkennungsdienstlicher Maßnahmen – in Absatz 3 enthalten sind. Zu beachten ist zunächst, dass die in Absatz 3 enthaltenen Rechtsfolgen sowohl den Gefahrenabwehr- als auch den Polizeibehörden erlaubt sind. Werden sie im Rahmen der Zuständigkeitsbestimmung des § 1 Abs. 1 S. 1 HSOG tätig, so muss folglich gem. § 2 S. 1 HSOG ein Eilfall (bzgl. der Polizeibehörden) bzw. ein Fall der Erstbefassung (bzgl. der Ordnungsbehörden) vorliegen. Maßnahmen iSd Absatzes 4 hingegen dürfen allein von den Polizeibehörden veranlasst werden. Im Falle des § 1 Abs. 1 S. 1 HSOG ist demzufolge weder ein Eilfall iSd § 2 S. 1 HSOG noch eine Erstbefassung erforderlich.

60 Die Maßnahmen des **§ 18 Abs. 3 HSOG** sind – wie der Inhalt des Absatzes 3 S. 1 sowie die Formulierung „insbesondere" im dortigen S. 2 deutlich machen – **nicht abschließend** zu verstehen. Neben den dort genannten Möglichkeiten sind auch Maßnahmen, wie zB die **Datenübermittlung** durch Meldebehörden, Einholung von Informationen bei Dritten oder Anfragen bei Kfz-Zulassungsstellen oder dem Kraftfahrt-Bundesamt zur Ermittlung der Identität einer Person zulässig.[82] Soweit diese Maßnahmen spezialgesetzlich geregelt sind, gehen solche Vorschriften dem § 18 HSOG vor.

61 Wenn beispielsweise **Erkundigungen über Dritte** eingeholt werden, ist allerdings umstritten, ob § 18 HSOG auch solche Maßnahmen zulässt oder ob hier die §§ 12, 13 HSOG anzuwenden sind. Für eine Beschränkung von Identitätsfeststellungen auf Maßnahmen direkt beim Betroffenen gibt der Wortlaut des § 18 HSOG allerdings nichts her. Vielmehr spricht die Formulierung der besonderen Verfahrensvorschrift des § 18 Abs. 6 HSOG gegen eine solche Beschränkung, wenn dort die Hinweispflicht nur für den Fall angenommen wird, dass die Identität bei der betroffenen Person selbst (und nicht bei Dritten) festgestellt wird. Diese Formulierung wäre dann überflüssig, wenn auf letzteren Fall die §§ 12, 13 HSOG anwendbar wären, da in deren Rahmen der § 18 Abs. 6 HSOG ohnehin keine Anwendung fände.

Im Übrigen spricht auch der Grundsatz leges speciales derogat legi generali (übersetzt bedeutet das: das speziellere Gesetz geht dem allgemeineren Gesetz vor) für die hier vertretene Auffassung, da die Einholung von Erkundigungen bei Dritten zwecks Identitätsfeststellung einen Spezialfall der Befragung über sachverhaltsbezogene Daten oder über personenbezogene Daten darstellt, die nicht der Identitätsfeststellung dienen sollen. Daher können Daten zur Identitätsfeststellungen bei Dritten auch auf Grundlage des § 18 HSOG eingeholt werden. Dies trifft allerdings dann nicht mehr zu, wenn Daten über Dritte eingeholt werden, die nicht mehr der Identifikation dienen.[83]

62 Von den in **§ 18 Abs. 3 S. 2, 1. Alt. HSOG** explizit genannten Maßnahmen ist zunächst namentlich das **Anhalten** hervorzuheben. Im **Unterschied zum Festhalten** iSd § 18 Abs. 4 HSOG erlaubt das Anhalten nur einen Eingriff in das Grundrecht auf Freiheit der Person iSd Art. 2 Abs. 2 S. 2 GG insoweit, als lediglich eine Freiheitsbeschränkung gem. Art. 104 Abs. 1 S. 1 GG durchgeführt werden darf. Das kurzfristige Anhalten im Sinne der Vorschrift stellt nämlich noch keine Freiheitsentziehung gem. Art. 104 Abs. 2 GG dar.[84]

Der Gesetzgeber gestattet einen solchen Eingriff in die grundrechtlich geschützte Sphäre des Bürgers, der regelmäßig unabdingbare Voraussetzung für die Durchführung der Identitätsfest-

---

82 Fredrich, § 18 HSOG, Rn. 27.
83 So auch Fredrich, § 18 HSOG, Rn. 30.
84 Fredrich, § 18 HSOG, Rn. 28.

stellung ist. Man wird hier in der Regel von **etwa 15 Minuten** ausgehen dürfen.[85] Ist ersichtlich, dass die Durchführung der Identitätsfeststellung erheblich länger dauert als 15 Minuten, so muss von einer Freiheitsentziehung gem. Art. 104 Abs. 2 GG ausgegangen werden, was dann bedeutet, sodass die besonderen Verfahrensvorschriften der Ingewahrsamnahme, §§ 33–35 HSOG, zu beachten sind. Ausschlaggebend bei der Abgrenzung ist, dass die Maßnahme – hier die Identitätsfeststellung – erheblich länger als das übliche Maß dauert.

Ausnahme von dieser zeitlichen Regel können jedoch Identitätsfeststellungen sein, die (erheblich) länger dauern, deren Dauer aber in den Umständen der Maßnahme liegt und es für jeden ersichtlich ist, dass die ordnungsgemäße Durchführung dieser Maßnahme selbstverständlich länger andauert als 15 Minuten.[86] Dies kann ggf. bei **Razzien** der Fall sein, wenn zunächst der Status quo hergestellt wird und keiner die Örtlichkeit verlassen darf, nachdem von den anwesenden Personen die Identität festgestellt wurde.

Die Gefahrenabwehr- und Polizeibehörden können des Weiteren verlangen, dass die Person **mitgeführte Ausweispapiere aushändigt**. Dabei ist zu berücksichtigen, dass zwar gem. § 1 Abs. 1 PAuswG grundsätzlich alle Deutschen einen Ausweis besitzen müssen (ein Pass ist ausreichend, vgl. § 1 Abs. 2 S. 2 PAuswG). Auch sind sie nach dieser Bestimmung verpflichtet, den Ausweis auf Verlangen einer zur Prüfung ermächtigten Behörde vorzulegen. Eine Pflicht, den Ausweis auch mit sich zu führen, begründet dies allerdings nicht.[87]   63

Bei den in § 18 Abs. 3 HSOG genannten Ausweispapieren muss es sich nicht um amtliche, zur Identifikation einer Person bestimmte Ausweispapiere wie Personalausweis oder Pass handeln; möglich ist auch das Verlangen nach anderen zur Identitätsfeststellung tauglichen Sachen, wie etwa dem Führerschein oder der Kreditkarte. Allerdings sollte das Dokument mit einem Lichtbild versehen sein.

Schließlich sind die Gefahrenabwehr- und die Polizeibehörden nach § 18 Abs. 3 HSOG ermächtigt, **erkennungsdienstliche Maßnahmen** zum Zwecke der Identitätsfeststellung **anzuordnen**. Deren Durchführung bleibt allerdings ausweislich des Wortlauts des § 19 Abs. 2 HSOG allein den Polizeibehörden vorbehalten.   64

§ 18 Abs. 4 HSOG enthält als Rechtsfolge idR **eingriffsintensivere Maßnahmen als § 18 Abs. 3 HSOG**. So ist beispielsweise eine **Freiheitsentziehung** iSd Art. 104 Abs. 2 GG in Form des Festhaltens zulässig. Dieses Mittel zur Identitätsfeststellung wird jedoch – wie auch die anderen Rechtsfolgen des Absatzes 4 – nur unter strenger Beachtung des Verhältnismäßigkeitsprinzips in Betracht kommen. Weiterhin sind in dem Fall die Verfahrensvorschriften zur Ingewahrsamnahme, §§ 33–35 HSOG, zu beachten.   65

Bsp.: Zur Verhinderung einer geplanten Straftat beabsichtigt die Polizei, die Identität einer verdächtigen Person festzustellen. Da sich die Person unkooperativ zeigt, darf sie ggf. bis zur Feststellung der Identität festgehalten werden.

Insbesondere muss – je nach Fallkonstellation – die richterliche Entscheidung nach § 33 Abs. 1 HSOG eingeholt werden. Ferner darf die absolute Zeitgrenze für Freiheitsentziehungen zum Zwecke der Identitätsfeststellung nicht überschritten werden. Gem. § 35 Abs. 2 HSOG beträgt sie zwölf Stunden.   66

Des Weiteren darf die Polizei nach § 18 Abs. 4, 2. Var. HSOG die Person und die von ihr **mitgeführten Sachen nach Gegenständen durchsuchen**, die zur Identitätsfeststellung dienen. Die Befugnis ist strikt von den anderen Zwecken dienenden Durchsuchungen nach §§ 36, 37 HSOG   67

---

85 Im Weiteren wird der Unterschied zwischen dem Anhalten und Festhalten bei der Befragung, Kap. I, Rn. 579 erläutert.
86 BeckOK, PolR, Leggereit/ Müller. J., § 32, Rn. 7.
87 Hornmann, § 18 HSOG, Rn. 63.

zu trennen. Personen iSd § 18 Abs. 4 HSOG sind alle lebenden Personen einschließlich ihrer am Körper getragenen Kleidung. Mitgeführte Sachen sind mit Ausnahme der am Körper getragenen Kleidung alle körperlichen Gegenstände (§ 90 BGB), auf die der Adressat unmittelbaren Zugriff hat, also zB auch sein Kraftfahrzeug.

Sobald Sachen aufgefunden wurden, die sich zur Identitätsfeststellung eignen, ist das Ziel der nach § 18 Abs. 4, 2. bzw. 3. Var. HSOG möglichen Maßnahme erreicht. Eine weitere Durchsuchung darf nicht durchgeführt werden – zumindest nicht auf dieser Ermächtigungsgrundlage. Weitergehende Durchsuchungen wären aber beispielsweise auf der Grundlage des § 36 HSOG für Personen oder § 37 HSOG für Sachen zulässig.

Bsp.: Soll der von A getragene Mantel nach Ausweispapieren durchsucht werden, so handelt es sich um die Durchsuchung einer Person. Hängt der Mantel jedoch nur über dem Unterarm des A oder hat er ihn in einem Lokal an die Garderobe gehängt, so handelt es sich um die Durchsuchung einer mitgeführten Sache.

68 Auf Durchsuchungen nach § 18 Abs. 4, 2. bzw. 3. Var. HSOG sind die **besonderen Verfahrens- und Formvorschriften des § 36 Abs. 4 und des § 37 Abs. 3 HSOG** anzuwenden.

69 Schließlich nennt § 18 Abs. 4, 4. Var. HSOG die Möglichkeit, die Person zur Dienststelle zu bringen. Selbstverständlich darf auch diese Maßnahme nur dann durchgeführt werden, wenn der Verhältnismäßigkeitsgrundsatz dies gebietet.

Bsp.: So wäre etwa eine Sistierung zur Dienststelle dann unzulässig, wenn die fehlende Beleuchtung am Ort des Geschehens auch dadurch behoben werden könnte, dass die Person zum vorhandenen Streifenwagen verbracht wird, wenn dort ebenfalls eine Identitätsfeststellung möglich wäre.[88]

Bsp.: Die Identität des polizeipflichtigen Zuhälters – A – soll im Rotlichtviertel der Stadt X festgestellt werden. Wegen des unkooperativen Verhaltens des A und eines sich anbahnenden Solidarisierungsverhaltens anderer Szenemitglieder sistiert die Polizei den A zur Dienststelle, um dort ungestört die Identität des A festzustellen. Diese Sistierung zur Dienststelle dürfte im Vergleich zu der oben genannten verhältnismäßig sein.

70 § 18 Abs. 5 S. 1 HSOG stellt **keine selbstständige Ermächtigungsgrundlage** zur Durchführung einer erkennungsdienstlichen Behandlung mit dem Ziel der Identitätsfeststellung dar. Die Regelung beinhaltet lediglich die Anordnung erkennungsdienstlicher Maßnahmen sowie die in § 18 Abs. 4 HSOG beschriebenen Rechtsfolgen als letztes Mittel einer Identitätsfeststellung. Erforderlich ist, dass die Identität auf andere Weise nur unter erheblichen Schwierigkeiten festgestellt werden kann. Damit ist die erkennungsdienstliche Behandlung zum Zweck der Identitätsfeststellung subsidiär zu allen anderen Maßnahmen der Identitätsfeststellung.

Ermächtigungsgrundlage für die erkennungsdienstliche Behandlung ist § 19 HSOG. **Nicht nach §§ 6 oder 7 HSOG Verantwortliche** können nach **§ 18 Abs. 5 S. 2 HSOG** gegen ihren Willen nur dann erkennungsdienstlich behandelt werden, wenn sie Angaben über ihre Identität verweigern oder der begründete Verdacht einer Täuschung über ihre Identität besteht. Diese Voraussetzung ist – wie die gesamte Bestimmung des Absatzes 5 – Ausfluss des Verhältnismäßigkeitsgrundsatzes und soll an der Gefahrenverursachung Unbeteiligten in besonderem Maße vor überzogenen Eingriffen in das Recht auf informationelle Selbstbestimmung iSd Art. 2 Abs. 1 und Art. 1 GG schützen.

71 § 18 Abs. 6 HSOG beinhaltet eine **besondere Verfahrensvorschrift** und schreibt den Gefahrenabwehr- und Polizeibehörden grundsätzlich vor, dass im Falle der Identitätsfeststellung bei der betroffenen Person, diese auf den Grund für die Identitätsfeststellung hinzuweisen ist. Der Bürger soll erkennen können, warum seine personenbezogenen Daten erhoben werden. Diese Pflicht ergäbe sich eigentlich zumindest mittelbar schon aus der auch im Rahmen der Identitätsfeststellung geltenden allgemeinen Bestimmung des § 13 Abs. 8 HSOG, wird aber hier nochmals gesondert formuliert.

---

88 Vgl. auch OLG Hamm, NJW 1978, 231.

III. Einzelmaßnahmen

Es sind aber eine Vielzahl von Fällen denkbar, in denen der Hinweis auf den Grund purer Formalismus wäre, wenn nämlich dem Adressaten der Maßnahme aus seinem Vorverhalten klar sein muss, aus welchem Grunde gegen ihn eingeschritten wird.[89] In solchen Fällen kann der Hinweis entfallen.

Bsp.: Die Polizeibeamten A und B beobachten an einem späten Abend, wie eine Gruppe von 10 offensichtlich erheblich alkoholisierten Jugendlichen in der Fußgängerzone laut grölend umherzieht und dabei Passanten belästigt. Nachdem sich einer der Fußgänger bei den Beamten beschwert, stellt die Polizei die Identität der Jugendlichen fest, um sie aus der Anonymität herauszuholen und damit eine Hemmschwelle für künftiges Verhalten an dem Abend aufzubauen.

4. Erkennungsdienstliche Maßnahmen (§ 19 HSOG)

a) Begriff und Voraussetzungen der erkennungsdienstlichen Maßnahmen

Mit § 19 HSOG stellt der Gesetzgeber eine weitere Ermächtigungsgrundlage für Eingriffe in das Recht auf informationelle Selbstbestimmung (Art. 2 Abs. 1 iVm Art. 1 Abs. 1 GG) in Form der erkennungsdienstlichen Behandlung zur Verfügung.

§ 19 Abs. 1 HSOG legaldefiniert, was der Gesetzgeber unter einer erkennungsdienstlichen Behandlung versteht. Zulässig sind nur die in § 19 Abs. 1 HSOG genannten Datenerhebungen im Rahmen erkennungsdienstlicher Maßnahmen. Demnach können Fingerabdrücke und Abdrücke „anderer Körperpartien" genommen werden. Dies können beispielsweise Handflächen, Fußsohlen oder Ohren sein.[90] Gem. § 19 Abs. 1 Nr. 2 können auch Aufnahmen von Abbildungen zulässig sein. Damit sind in der Regel Abbildungen in Form von Fotografien gemeint. Sie können auf den Kopf beschränkt sein, aber auch den gesamten Körper der betroffenen Person zeigen.[91] Weitere erkennungsdienstliche Maßnahmen können sein die Messung und Feststellung äußerer körperlicher Merkmale nach § 19 Abs. 1 Nr. 3 HSOG wie etwa Körpergröße und -gewicht, Tätowierungen, Narben usw.

Die eigentlichen Ermächtigungsgrundlagen finden sich in § 19 Abs. 2 und 3 HSOG. Danach sind allein die Polizeibehörden zu den Maßnahmen befugt.

b) § 19 Abs. 2 Nr. 1 HSOG

Die Bestimmung erlaubt **erkennungsdienstliche Maßnahmen** zum einen, wenn sie nach § 18 Abs. 3 HSOG zur Feststellung der Identität angeordnet sind (§ 19 Abs. 2 Nr. 1 HSOG). Dies kann geschehen, weil die Polizeibehörde die erkennungsdienstlichen Maßnahmen selbst angeordnet hat; möglich ist ein Einschreiten aber auch auf Ersuchen einer anderen Behörde, die auch gemäß § 18 Abs. 3 HSOG erkennungsdienstliche Maßnahmen anordnen (vgl. den dortigen Wortlaut „Gefahrenabwehr- und Polizeibehörden"), nicht aber selbst vornehmen darf (vgl. den Wortlaut des § 19 Abs. 2 HSOG „Polizeibehörden").

Bsp.: Die Passbehörde, die die Identität des A nicht klären kann, weil dieser keine Ausweispapiere besitzt, kann gem. § 18 Abs. 3 und Abs. 4 HSOG erkennungsdienstliche Maßnahmen anordnen, sie dürfen aber auf Ersuchen allein von der Polizeibehörde nach § 19 HSOG vorgenommen werden.

---

89 BeckOK, PolR, Hessen, Bäuerle, § 18, Rn. 113.
90 Vgl. BeckOK PolR Hessen/Bäuerle HSOG § 19 Rn. 23.
91 Vgl. BeckOK PolR Hessen/Bäuerle HSOG § 19 Rn. 24.

c) § 19 Abs. 2 Nr. 2 und Abs. 3 S. 1 u. 3 HSOG

75 Die Regelung des § 19 Abs. 2 Nr. 2 HSOG soll der **vorbeugenden Bekämpfung von Straftaten** dienen und **gleicht somit von der Zielrichtung her § 81b 2. Alt. StPO**.[92] Da nach dem Grundsatz „Bundesrecht bricht Landesrecht" grundsätzlich § 81b 2. Alt. StPO anzuwenden ist, bleibt für § 19 Abs. 2 Nr. 2 HSOG nur dann Raum, wenn und soweit erstgenannte Vorschrift nicht greift. Das ist jedoch nur dann der Fall, wenn keine Beschuldigteneigenschaft bejaht werden kann, wenn also nicht einmal ein nur vager Tatverdacht und Anhaltspunkte erkennbar sind, dass der Beschuldigte zukünftig strafrechtlich in Erscheinung treten wird. Ansonsten „sperrt" die Gesetzgebung des Bundes für die StPO landespolizeirechtliche Regelungen für erkennungsdienstlichen Behandlung.

Bsp.:

- Der 13-jährige K wird von der Polizei verdächtigt, serienmäßig Wohnungseinbrüche begangen zu haben. Ein konkreter Beweis kann aber nicht geführt werden. Es bestehen auch Anhaltspunkte dafür, dass K weiterhin solche Taten begehen wird.
  Hier wären erkennungsdienstliche Behandlungen nach § 163b und § 81b StPO nicht zulässig, da K strafunmündig ist. Erkennungsdienstliche Behandlungen kämen aber nach § 19 Abs. 2 Nr. 2 HSOG in Betracht.
- Der 45-jährige K besucht eine Rede der Bundeskanzlerin auf dem Kasseler Königsplatz. Der Polizei fällt auf, dass K sich recht auffällig um die Bühne bewegt, um offensichtlich auf sie zu gelangen, ohne dass klar wird, was K genau vorhat. Die Beamten vermuten aber, dass K die Bundeskanzlerin angreifen will. Eine Identitätsfeststellung scheitert; K gibt an, ohne festen Wohnsitz zu sein.
  Hier käme eine erkennungsdienstliche Behandlung nach § 19 Abs. 2 Nr. 1 iVm § 18 Abs. 2 Nr. 4 HSOG in Betracht, wenn die Anhaltspunkte nicht für einen Verdacht nach § 163b StPO oder § 81b 2. Alt. StPO ausreichen.
- C sitzt wegen einer Straftat in Haft. Daher kann er wegen dieser Straftat keinen Beschuldigtenstatus mehr erlangen. Daher kann bei Annahme einer Wiederholungsgefahr nötigenden falls eine erkennungsdienstliche Behandlung nach § 19 HSOG und nicht nach § 81b 2. Alt. StPO angeordnet werden.

76 Nach § 19 Abs. 3 S. 1 HSOG können bei Personen, die noch nicht vierzehn Jahre alt sind[93] auch die **Entnahme von Körperzellen zur Feststellung des DNA-Identifizierungsmusters** (§ 19 Abs. 3 S. 3 HSOG) angeordnet werden. Voraussetzung dafür ist aber in erster Linie, dass das Kind eine Straftat mit erheblicher Bedeutung (vgl. § 13 Abs. 3 S. 1 HSOG) – also insbesondere ein Verbrechen oder bandenmäßig oder sonst in organisierter Form – begangen hat und wegen der Art oder Ausführung die Gefahr besteht, dass es auch künftig eine solche Straftat begehen wird. Weiter muss festgestellt werden, dass andere, weniger eingreifende Maßnahmen keinen Erfolg versprechen.[94]

d) Adressat erkennungsdienstlicher Maßnahmen

77 Der Adressat der erkennungsdienstlichen Maßnahme iSd § 19 Abs. 2 Nr. 1 HSOG ist immer die Person, gegen die sich auch die Anordnung der erkennungsdienstlichen Maßnahme nach § 18 Abs. 3 (iVm Abs. 5) HSOG richtet, also ein spezialgesetzlich geregelter **Normadressat**; §§ 6, 7, 9 HSOG sind demzufolge nicht zu prüfen. Vergleichbares gilt für den Adressaten iSd § 19 Abs. 2 Nr. 2 HSOG: Spezialgesetzlich geregelter Normadressat ist hier die Person, die der in der Vorschrift genannten Straftat verdächtig ist.

---

92 „für die Zwecke des Erkennungsdienstes", dh zur Hilfe bei künftigen Strafverfahren; vgl. dazu OVG Münster, NJW 1999, 2689; OVG Lüneburg, NVwZ-RR 2004, 346 f.; VGH Mannheim, NVwZ-RR 2004, 572 ff.; VG Braunschweig, NVwZ-RR, 2008, 30 ff.
93 Die nicht schuldfähig sind und für die demzufolge namentlich die sonst einschlägige Bestimmung des § 81g StPO – DNA-Identitätsfeststellung – nicht greift.
94 OLG Frankfurt, NStZ-RR 2011,- 188 (Ls.).

III. Einzelmaßnahmen

e) Besondere Verfahrens- und Formvorschriften

Die **Aufbewahrung der Unterlagen** aus der erkennungsdienstlichen Behandlung muss nach den besonderen Verfahrens- und Formvorschriften des **§ 19 Abs. 4 HSOG** beendet werden, wenn dafür kein angemessener Grund mehr ersichtlich ist. Weiter ist die betroffene Person entsprechend zu belehren, vgl. § 19 Abs. 5 S. 1 HSOG.[95]

Besondere Verfahrens- und Formvorschriften speziell für die **DNA-Analyse** sind insbesondere zum einen die grundsätzliche Pflicht zur Einholung einer **richterlichen Anordnung** (vgl. § 19 Abs. 3 S. 2 und 4 HSOG) und die Pflicht zur unverzüglichen Vernichtung der Körperzellen (vgl. § 19 Abs. 3 S. 5 HSOG). § 19 Abs. 6 HSOG nimmt Bezug auf das HDSIG und die DS-GVO. Es sind bei erkennungsdienstlichen Maßnahmen, soweit sie sich auf besondere Kategorien personenbezogener Daten beziehen, Art. 9 DS-GVO sowie §§ 20 und 43 HDSIG zu beachten. Dies sind insbesondere Gesundheitsdaten.

Spezialgesetzlich geregelte Maßnahmen zur erkennungsdienstlichen Behandlung enthalten: § 49 AufenthaltsG,[96] § 16 AsylG,[97] § 24 BPolG, § 6 PassG und § 9 PAuswG.

f) Zwangsweise Durchsetzung

Im äußersten Fall kann die erkennungsdienstliche Behandlung iSd § 19 HSOG mit Zwangsmitteln iSd §§ 47 ff. HSOG durchgesetzt werden. In Betracht kommt lediglich der unmittelbare Zwang iSd §§ 52, 55 HSOG und das Zwangsgeld iSd § 50 HSOG.

5. Vorladung (§ 30 HSOG)

a) Begriff der Vorladung

Eine **Vorladung** ist die Aufforderung, zu einem bestimmten Zeitpunkt und über einen bestimmten Zeitraum an einem bestimmten Ort zu erscheinen und bis zum Abschluss einer Befragung oder erkennungsdienstlicher Maßnahmen zu verbleiben. § 30 HSOG erlaubt also den Gefahrenabwehr- und Polizeibehörden, verbindlich das Erscheinen von Personen – insbesondere – auf der Dienststelle anzuordnen, um sachdienliche Angaben zu erhalten oder um erkennungsdienstliche Maßnahmen durchzuführen.[98]

Nach hM greift die Vorladung nur in die allgemeine Handlungsfreiheit des Art. 2 Abs. 1 GG, nicht aber in die Freiheit der Person nach Art. 2 Abs. 2 S. 2 GG ein.[99] Daher steht die Maßnahme grundsätzlich nicht unter einem Richtervorbehalt.[100] Es könnte aber auch eine Freiheitsbeschränkung in der Maßnahme der Vorladung gesehen werden, die mangels Möglichkeit eine übliche Dauer festzulegen, nur dann zu einer Freiheitsentziehung erstarken kann, wenn die Maßnahme zur deren Durchführung vorgeladen wird, ihre übliche Länge überschreitet. Allerdings muss bei dieser Frage § 30 Abs. 4 HSOG beachtet werden, der die zwangsweise Durchführung einer Vorladung, außer bei Gefahr im Verzug, unter einen **Richtervorbehalt** stellt.

Die Bestimmung ist auf eine Erhebung von Daten zum Zwecke der Gefahrenabwehr gerichtet, da die Vorladung entweder eine Befragung oder die Durchführung einer erkennungsdienstlichen

---

[95] Zu weiteren Verfahrens- und Formvorschriften bzgl. erkennungsdienstlicher Maßnahmen vgl. VG Gießen, NVwZ 2002, 1531 ff.
[96] Gem. § 71 Abs. 4 AufenthaltsG sind hier auch die Polizeibehörden zuständig.
[97] Gem. § 19 Abs. 2 AsylG sind hier auch die Polizeibehörden zuständig.
[98] Vgl. VG Gießen, NVwZ-RR 1999, 376.
[99] AA und im Einzelnen vgl. BeckOK PolR Hessen/Leggereit HSOG § 30 Rn. 5 f.
[100] BeckOK PolR Hessen, Leggereit/Müller J. HSOG § 30 Rn. 5 f.

Fichte

Behandlung ermöglichen soll. Das ist der systematischen Stellung im HSOG nicht ohne Weiteres zu entnehmen. § 30 HSOG ermächtigt zwar nicht dazu, Daten auch zu erheben,[101] sondern ermöglicht dies nur. Das bedeutet, dass andere Regelungen, zB solche, die das Bestehen oder Nicht-Bestehen einer Auskunftspflicht regeln, unberührt bleiben.[102]

Bsp.: Die Polizei sucht schon seit Längerem nach einem Kind – K –, das bereits eine Vielzahl von Ladendiebstählen begangen hat. Um ihm endlich das Handwerk legen zu können, lädt die Polizei den A für einen bestimmten Tag zur Dienststelle vor, weil Tatsachen vorliegen, welche die Annahme rechtfertigen, dass A über die Identität des K Bescheid weiß. A muss – unabhängig von der Frage, ob er gem. § 12 Abs. 2 HSOG auskunftspflichtig ist – der Vorladung gem. § 30 Abs. 1 S. 1 HSOG Folge leisten.

82 Die sog. **Meldeauflage** fällt nicht unter den Begriff der Vorladung, weil durch sie der Adressat nicht zu einem Erscheinen an einem bestimmten Ort, sondern zu einem bestimmten Verhalten veranlasst werden soll.[103] Mit dem Gesetz vom 25.6.2018[104] hat der Gesetzgeber folgerichtig § **30a HSOG** eine **Ermächtigungsgrundlage** zum Erlassen von Meldeauflagen normiert, so dass für sie ein Rückgriff auf § 11 HSOG weder erforderlich noch zulässig ist.

b) Voraussetzungen der Vorladung

83 Materiell setzt § 30 Abs. 1 S. 1 HSOG voraus, dass **Tatsachen die Annahme rechtfertigen**, dass die Person **sachdienliche Angaben** machen kann. Sachdienliche Angaben sind solche Informationen, die in Beziehung zum aufzuklärenden Sachverhalt stehend der Sache dienen, also der Gefahrenabwehr im konkreten Fall förderlich sein können.[105] Eine Ausforschung ins Blaue hinein ist also vom Gesetzeszweck nicht gedeckt. Die Angaben müssen zudem für die Erfüllung einer bestimmten **gefahrenabwehrrechtlichen oder polizeilichen Aufgabe**[106] erforderlich sein.[107]

Eine Vorladung zur Durchführung erkennungsdienstlicher Maßnahmen iSd § 30 Abs. 1 S. 2 HSOG wird sich sinnvollerweise regelmäßig auf § 19 Abs. 2 Nr. 2 oder Abs. 3 S. 1 HSOG beziehen; eine Vorladung mit Bezug auf § 19 Abs. 2 Nr. 1 HSOG scheidet wegen der bereits feststehenden Identität des Polizeipflichtigen aus. Voraussetzung jedenfalls ist, dass die beabsichtigten erkennungsdienstlichen Maßnahmen im konkreten Einzelfall rechtmäßig wären.

84 Die Ermächtigungsgrundlage des § 30 Abs. 1 S. 1 u. 2 HSOG enthalten sog. spezialgesetzlich geregelte **Normadressaten**. Das bedeutet, dass die Vorschrift die Regelungen der §§ 6, 7 und 9 HSOG verdrängt. Richtiger Adressat ist immer die Person, die sachdienliche Angaben machen kann (§ 30 Abs. 1 S. 1 HSOG) oder die Person, bei der erkennungsdienstliche Maßnahmen durchgeführt werden dürfen (§ 30 Abs. 1 S. 2 HSOG).

c) Verhältnismäßigkeit der Vorladung

85 Im Rahmen der Vorladung ist besonders auf die Verhältnismäßigkeit zu achten. Sie darf nicht angeordnet werden, wenn die erwarteten Informationen auf andere Weise leichter beschafft werden können, etwa im Wege der Amtshilfe. Ebenso soll qua ausdrücklicher Regelung (§ 30 Abs. 2

---

101 Das erfolgt über die §§ 12 ff. und 19 HSOG.
102 Fredrich, § 30 HSOG, Rn. 4.
103 Vgl. BeckOK PolR Hessen/Mühl/Fischer HSOG § 11 Rn. 6.2.
104 GVBl. 302.
105 Fredrich, § 30 HSOG, Rn. 2.
106 Das sind alle Aufgaben iSd § 1 HSOG.
107 Fredrich, § 30 HSOG, Rn. 3.

HSOG) bei der Bestimmung des Zeitpunkts der Vorladung auf die persönlichen Verhältnisse des Betroffenen, insbesondere auf den Beruf Rücksicht genommen werden.[108]

Bsp.: Wird die A vorgeladen, die normalerweise in Spätschicht arbeitet, so ist bei der Vorladung möglichst eine Uhrzeit zu wählen, die diesem Umstand Rechnung trägt, also zB nicht 18.00 Uhr, da A zu dieser Zeit arbeitet, sondern sinnvollerweise zu einer Uhrzeit, zu der A ihre berufliche Tätigkeit bereits beendet bzw. noch nicht begonnen hat, also etwa um 12.00 Uhr.

d) Besondere Verfahrens- und Formvorschriften

Als besondere Verfahrensvorschriften sind § 30 Abs. 1 S. 2 sowie Abs. 2 S. 1 HSOG zu beachten, wonach die Vorladung **mündlich**[109] **oder schriftlich** erfolgen kann und bei der Vorladung deren **Grund angegeben** werden soll; durch letztere Bestimmung unterstreicht der Gesetzgeber nochmals, dass eine Vorladung zum Zwecke der Ausforschung nicht zulässig ist. Die Vorladung – und damit auch die zwangsweise Vorführung – der Person ist nach hM nicht ohne Weiteres eine Freiheitsentziehung iSd Art. 104 Abs. 2 GG, sondern grundsätzlich eine Freiheitsbeschränkung iSd Art. 104 Abs. 1 GG.[110] Dennoch verlangt der Gesetzgeber grundsätzlich (außer bei Gefahr im Verzug, zum Begriff vgl. unten E Rn. 99) dazu eine richterliche Anordnung (§ 30 Abs. 4 HSOG).

86

e) Zwangsweise Durchsetzung der Vorladung

Gem. § 30 Abs. 3 HSOG kann die Vorladung aus den in Nr. 1 und 2 genannten Gründen zwangsweise durchgesetzt werden, wenn der Adressat ohne hinreichenden Grund nicht erscheint.[111] Wann ein solcher hinreichender Grund gegeben ist, um der Vorladung nicht nachzukommen, lässt sich nicht pauschal beantworten, sondern ist aufgrund einer Abwägung von konkreter zu erfüllender behördlicher Aufgabe und dem Grund für das Fehlen zu ermitteln. Ein hinreichender Grund kann beispielsweise eine Krankheit sein oder dringende berufliche oder persönliche Angelegenheiten.

87

Bsp.: Die schwere Erkältung des A könnte durchaus als hinreichender Grund angesehen werden, um den Termin einer Vorladung zum Zwecke erkennungsdienstlicher Maßnahmen im Rahmen der Erteilung von Ausweispapieren zu verschieben. Sie wäre es sicherlich nicht, wenn A vorgeladen würde, weil er sachdienliche Angaben zu einem dringend gesuchten Serientäter – zB Sexualstraftäter – machen könnte.

§ 30 Abs. 4 S. 1 HSOG schreibt für die Vorführung einen **Richtervorbehalt** fest. Auf die Einholung der richterlichen Entscheidung kann nur bei Gefahr im Verzug verzichtet werden. Ein solcher Fall liegt dann vor, wenn die vorherige Einholung der richterlichen Anordnung den Erfolg der Maßnahme gefährden würde.[112] Das kann dann der Fall sein, wenn ansonsten der Adressat der Vorladung nicht mehr greifbar wäre oder gegenwärtige Gefahren nach der richterlichen Entscheidung aus Zeitmangel nicht mehr abgewehrt werden könnten.

88

Des Weiteren gab es bis 2004 noch einen weiteren Absatz in der Vorschrift, der sich mit dem **Zeugengeld** bzw. dem Justizvergütungsentschädigungsgesetz (JVEG) beschäftigte. Mittlerweile verweist § 3 Abs. 2 HSOG für Maßnahmen zur Gefahrenabwehr sowie zur Verhütung und Verfolgung von Straftaten auf das JVEG. Allerdings dürfte die Entschädigung im Rahmen einer Vorladung immer noch der praktische Hauptanwendungsfall sein. Wird eine Person nach § 30 HSOG vorgeladen, steht ihr folglich gem. § 3 Abs. 2 HSOG nach dem JVEG Zeugengeld zu.

---

108 BeckOK, PolR, Hessen, Leggereit/ Müller J., § 30, Rn. 19.
109 Nach hM auch fernmündlich, vgl. Fredrich, § 30 HSOG, Rn. 6.
110 Vgl. BVerwG, NVwZ 1990, 69.
111 In Betracht kommen lediglich Zwangsgeld nach § 50 HSOG bzw. für die Verwaltungsbehörden § 76 HessVwVG sowie unmittelbarer Zwang iSd §§ 55, 52 HSOG bzw. § 79 HessVwVG.
112 Vgl. BVerfG NJW 2001, 1121 (1123).

Fichte

6. Meldeauflagen (§ 30a HSOG)

a) Begriff und Allgemeines zur Meldeauflage

89 Mit Gesetz vom 25.6.2018[113] hat der Gesetzgeber die sog. **Meldeauflagen in § 30a HSOG** aufgenommen. Unter einer Meldeauflage versteht man entsprechend der Legaldefinition des § 30a Abs. 1 S. 1 HSOG die Anweisung an eine Person, „sich an bestimmten Tagen bis zu zweimal zu bestimmten Zeiten bei einer bestimmten polizeilichen Dienststelle zu melden." Für Meldeauflagen sind nach dem Wortlaut des § 30a HSOG die Polizeibehörden exklusiv zuständig. Ein Eilfall iSd § 2 S. 1 HSOG und die Wahrung des Grundsatzes der Erstbefassung sind daher nicht zu prüfen.

Als Ermächtigungsgrundlage für Meldeauflagen kam bis zur Einführung des § 30a HSOG nur die Generalklausel (in Hessen also § 11 HSOG) in Betracht.[114] Da Meldeauflagen schon seit längerer Zeit im praktischen Polizeialltag verankert sind, hat sich der Gesetzgeber nunmehr für ihre rechtliche Einordnung als spezifische Maßnahme entschieden und sie folgerichtig als Standardmaßnahme normiert. Meldeauflagen sollen verhindern, dass der Adressat Straftaten begeht. Während sie ursprünglich in erster Linie dazu dienten, Reisen zu Fußballspielen und damit einhergehende Straftaten abzuwenden, dienen sie mittlerweile auch anderen Zwecken, wie zB der Verhinderung von Straftaten bei anderen Veranstaltungen, der Abwehr terroristischer Straftaten oder der Unterbindung häuslicher Gewalt.

Grundsätzlich ist mit einer Meldeauflage ein Eingriff in die **allgemeine Handlungsfreiheit** iSd Art. 2 Abs. 1 GG verbunden.[115] Das Grundrecht auf **Freizügigkeit** nach Art. 11 GG kann im Einzelfall betroffen sein, wenn Meldeauflagen über einen längeren Zeitraum verlängert oder wiederholt werden[116] und dadurch die freie Wahl des Aufenthaltes im gesamten Bundesgebiet beeinträchtigt wird, zumal der Wortlaut des § 30a S. 5 HSOG die Anzahl von Verlängerungen der Meldeauflagen nicht begrenzt.[117]

90 § 30a S. 1 HSOG enthält einen **normimmanenten Adressaten**. Die Meldeauflage hat sich stets gegen die Person zu richten, bei der Tatsachen die Annahme rechtfertigen, dass sie eine Straftat begehen wird. Eine Prüfung der allgemeinen Adressatenbestimmungen (§§ 6, 7, 9 HSOG) entfällt daher.

b) Voraussetzungen und Rechtsfolge des § 30a S. 1 HSOG

91 Eine Meldeauflage kann ergehen, wenn **Tatsachen die Annahme rechtfertigen**,[118] dass die betroffene Person **Straftaten in dem betroffenen Zeitraum** begehen wird. Die Annahme einer Ordnungswidrigkeit reicht also nicht aus. Die Zugehörigkeit zu einer bestimmten Gruppe kann dann in Verbindung mit bestimmten Indizien eine Tatsachengrundlage für die weitere Prognose darstellen. Hierbei ist zu berücksichtigen, dass die bestimmte Wahrscheinlichkeit für die Begehung von Straftaten für die gesamte Dauer der Maßnahme bestehen muss.[119]

Bsp.: A ist in der Vergangenheit immer wieder als Fußballfan bei Fußballspielen durch Gewalttaten gegen andere Fans aufgefallen und auch strafrechtlich verurteilt worden. Um seine Teilnahme als Zuschauer an einem bevorstehenden Risikospiel zu unterbinden und damit zu verhindern, dass A erneut Straftaten begehen wird, erlässt die Polizeibehörde eine Meldeauflage gem. § 30a HSOG.

---

113 GVBl. 302.
114 Vgl. zu solchen Fällen: BVerwG BeckRS 2007, 26860; VG Karlsruhe BeckRS 2006, 23878.
115 Vgl. BVerwG NVwZ 2007, 1439, 1441.
116 Vgl. auch LT-Drs., 19/6502, 45.
117 Vgl. zur Frage der Beeinträchtigung weiterer Grundrechte Schucht NVwZ 2011, 709, 711.
118 Der Begriff der Tatsachen wird bei den Ausführungen zum Aufenthaltsverbot, Kap. I Rn. 109 ff. näher erläutert.
119 VG Frankfurt a. M. NVwZ-RR 2022, 717.

Fichte

III. Einzelmaßnahmen

Rechtsfolge des § 30a S. 1 HSOG ist die im Ermessen der Polizeibehörde stehende Anweisung 92
an den Betroffenen, sich an bestimmten Tagen bis zu zweimal zu bestimmten Zeiten bei einer bestimmten polizeilichen Dienststelle zu melden. § 30a S. 2–8 HSOG enthält eine Reihe sachlicher und zeitlicher Einschränkungen dieser Rechtsfolge, die im Wesentlichen der Verhältnismäßigkeit der Maßnahme dienen. So betrifft S. 3 Meldeauflagen im Zusammenhang mit Veranstaltungen, wobei öffentliche und nicht-öffentliche gemeint sind.[120]

Insbesondere S. 4, 5, 7 und 8 regeln die Dauer der Maßnahme sowie mögliche Verlängerungen, ohne deren Anzahl zu begrenzen. Die Anzahl solcher Verlängerungen ist demzufolge am Grundsatz der Verhältnismäßigkeit, insbesondere dessen Ausprägung in Form des Grundsatzes der Erforderlichkeit, zu messen, vgl. dazu auch § 4 HSOG.

c) Besondere Verfahrensvorschriften

Für Verlängerungen von Meldeauflagen sind entsprechende **richterliche Anordnungen** einzu- 93
holen (vgl. dazu § 30a S. 6, 7, 9, 10 HSOG).

d) Zwangsweise Durchsetzung von Meldeauflagen

Werden Meldeauflagen nicht befolgt, so können sie mit Zwangsmitteln durchgesetzt werden. 94
In Betracht kommt namentlich die Festsetzung von Zwangsgeldern, wovon in der Praxis auch Gebrauch gemacht wird. Jeder einzelne Verstoß gegen eine Meldeauflage kann ein gesondertes Zwangsgeld zur Folge haben.

7. Platzverweis, Aufenthaltsverbot, Kontaktverbot (§ 31 HSOG)

a) Begriff und Allgemeines zum Platzverweis

Der **Platzverweis** iSd § 31 Abs. 1 S. 1 HSOG erlaubt den Gefahrenabwehr- und Polizeibehörden, 95
Personen vorübergehend von einem Ort zu verweisen (sog. Wegweisung) oder ihnen vorübergehend das Betreten eines Ortes zu verbieten (sog. Betretungsverbot). Damit rechtfertigt die Bestimmung Eingriffe in das Recht auf **Freiheit der Person iSd Art. 2 Abs. 2 S. 2, 104 Abs. 1 GG**, vor allem wegen des nur vorübergehenden Charakters allerdings nur in Form einer **Freiheitsbeschränkung**, nicht hingegen einer Freiheitsentziehung.[121] Ein Eingriff in die Freizügigkeit nach Art. 11 GG – dh die Niederlassungsfreiheit – ist bei Maßnahmen nach § 31 Abs. 1 HSOG regelmäßig zu verneinen, weil kurzfristige Eingriffe nach § 31 HSOG niemanden daran hindern werden, seinen Wohnsitz oder Aufenthalt an einem beliebigen Ort zu nehmen. Der Platzverweis iSd § 31 Abs. 1 HSOG ist demzufolge grundsätzlich kein tiefgreifender Rechtseingriff.[122]

Bsp.: Der A, der in der Fußgängerzone aggressiv bettelt und dabei Leute anpöbelt, kann zur Abwehr der Gefahr für die öffentliche Ordnung mit einer Platzverweisung nach § 31 Abs. 1 S. 1 HSOG belegt werden.

Gegen **Versammlungen**, auf die das Hessische Versammlungsfreiheitsgesetz Anwendung findet, 96
auch gegen solche, die nicht unter den Schutzbereich des Art. 8 GG fallen (zB unfriedliche Versammlungen), darf ein Platzverweis nur dann ausgesprochen werden, wenn die Versammlung bereits nach § 14 Hessisches Versammlungsfreiheitsgesetz aufgelöst wurde.[123] Das folgt aus der

---

120 Fredrich, § 30a HSOG, Rn. 4.
121 Vgl. zur Abgrenzung beider Begriffe oben Rn. 154 f.; vgl. zur Platzverweisung wg. Teilnahme an den „Chaostagen" BayObLG, NVwZ 2000, 467, 468; zur Platzverweisung gegen Nichtstörer VG Schleswig, NVwZ 2000, 464 ff.
122 Vgl. VG Neustadt, NVwZ-RR 2003, 277 ff.
123 Vgl. hierzu und zum Folgenden: BVerwG, NVwZ 1988, S. 250 f.

Fichte

sog. **Polizeifestigkeit des Versammlungsgesetzes**,[124] die sich aus § 3 Abs. 1 S. 2 HSOG ergibt. Vergleichbares gilt für einzelne Teilnehmer einer Versammlung; nur wenn diese – etwa nach § 15 Hessisches Versammlungsfreiheitsgesetz – rechtmäßig von der Versammlung ausgeschlossen wurden und ihrer Entfernenspflicht (vgl. § 15 Abs. 2 S. 2 iVm Hessisches Versammlungsfreiheitsgesetz) nicht nachkommen, kann gegen sie ein Platzverweis iSd § 31 Abs. 1 S. 1 HSOG ergehen.

b) Voraussetzungen des § 31 Abs. 1 S. 1 HSOG

97 Tatbestandsvoraussetzung des § 31 Abs. 1 S. 1 HSOG ist eine **konkrete Gefahr für die öffentliche Sicherheit oder Ordnung**, die mit dem Platzverweis abgewehrt werden soll. Häufige Anwendungsfälle sind Wegweisungen von **Alkoholkonsumenten** oder auch **Nichtsesshaften** im öffentlichen Bereich, zB in Fußgängerzonen. Eine konkrete Gefahr liegt bei diesen Personengruppen allerdings nur bei Hinzutreten weiterer relevanter Umstände vor – wie etwa bei **aggressivem Betteln**, illegalem **Drogenkonsum** oder -handel in der „offenen Drogenszene"[125] usw –, denn freiwillige Obdachlosigkeit und Alkoholkonsum stellen nach heute herrschender Auffassung für sich gesehen nicht ohne Weiteres eine konkrete Gefahr für die öffentliche Sicherheit und Ordnung dar, auch nicht über den „Umweg" straßen- und wegerechtlicher Bestimmungen.[126]

Weitere Anwendungsbereiche sind die **Sicherung von Amtshandlungen** wie auch Räumungen von Gaststätten wegen Bombendrohungen,[127] der Schutz des Bürgers bei Entschärfungen von Blindgängern oder bei offenen Gasleitungen, Hochwasserlagen, Platzverweise in Diskotheken zur ungestörten Befragung von Besuchern usw.

c) Rechtsfolge des Platzverweises nach § 31 Abs. 1 S. 1 HSOG

98 Die gesetzliche **Rechtsfolge** des Platzverweises sieht sowohl eine Wegweisung als auch ein Betretungsverbot vor. Die Verweisung an einen bestimmten Ort ist von der Rechtsfolge grundsätzlich nicht erfasst.[128] Sie ist auf **vorübergehende Maßnahmen** hinsichtlich eines **begrenzten Ortes** beschränkt.

99 Was unter dem Begriff Ort zu verstehen ist, lässt das HSOG offen.[129] Im Regelfall wird es genügen, dass der Platzverweis für ein bestimmtes Gebäude, einen bestimmten öffentlichen Platz oder einen Straßenteil ausgesprochen wird. Ein gesamtes Gemeindegebiet wird nach herrschender Auffassung von § 31 Abs. 1 HSOG jedenfalls nicht mehr erfasst.[130] Diese Auffassung überzeugt nicht bzw. ist zu pauschal. Sie wird dem Wortlaut des § 31 HSOG nicht gerecht, da dieser keine Beschränkungen bzgl. des örtlichen Geltungsbereichs des Platzverweises erfasst. Eine solche Auslegung wird in Fällen, in denen beispielsweise ein kleines Gemeindegebiet etwa von einer Überschwemmung, einer drohenden Feuersbrunst oder einer Giftgaswolke bedroht wird, den Anforderungen an eine effektive Gefahrenabwehr nicht gerecht.[131]

---

124 Grundlegend dazu: Bünningmann, Polizeifestigkeit im Versammlungsrecht, JuS 2016, 695; Lisken/Denninger, J, Rn. 24 ff., vgl. Kap. I, Rn. 568.
125 Vgl. dazu VG Göttingen, NVwZ 1999, S. 169 ff.; VG Stuttgart, NVwZ-RR 1998, S. 103 ff.
126 Vgl. zur Verneinung von Gefahren durch bloßen Alkoholgenuss: OVG Magdeburg BeckRS 2010, 47490.
127 Vgl. Götz/Geis, § 8, Rn. 3.
128 Zu möglichen Ausnahmen vgl. BeckOK PolR Hessen/Leggereit HSOG § 31 Rn. 14.
129 Anders als zB § 17 Abs. 4 S. 2 NPOG, der im Wege einer Legaldefinition immerhin unter den Begriff des örtlichen Bereiches – s. dazu § 31 Abs. 3 S. 1 HSOG – ausdrücklich auch ein gesamtes **Gemeindegebiet** fasst, was auf die Erfahrungen mit den Chaos-Tagen in Hannover 1995 zurückzuführen ist; vgl. Götz, NVwZ 1998, S. 679, 683.
130 NVwZ 1986, S. 862; anders nach der niedersächsischen Gesetzeslage, vgl. OVG Lüneburg, NVwZ 2000, 454; VG Göttingen, NVwZ-RR, 1999, 169.
131 Vgl. dazu weiterführend BeckOK PolR Hessen/Leggereit HSOG § 31 Rn. 15 f.; VG Göttingen, NVwZ 1999, S. 169 ff.; OVG Münster DVBl 2022, 538/ JuS 2022, 695.

Fichte

III. Einzelmaßnahmen

Auch was unter dem Begriff „**vorübergehend**" zu verstehen ist, ist bislang nicht abschließend geklärt.[132] Jedenfalls sind Platzverweise, die sich über **Wochen** oder länger erstrecken, nach hM von diesem Begriff **nicht mehr erfasst**.[133] Vielmehr darf für die Dauer der Gefahr ein Platzverweis ausgesprochen werden. IdR sind allerdings Lagen vorstellbar, in denen ein Platzverweis tatsächlich nur dann zum Erfolg führen kann, wenn er über mehrere Wochen ausgesprochen wird.[134] Ob dauerhafte Platzverweise (wie zB wochen- oder monatelange Aufenthaltsverbote gegen Angehörige der offenen Drogenszene oder randalierende Obdachlose usw) auf § 11 HSOG gestützt werden können[135] ist zweifelhaft und dürfte unter Berücksichtigung des Spezialitätsgrundsatzes (leges speciales derogat legi generali) sowie der Bestimmung des § 31 Abs. 3 HSOG zu verneinen sein.[136]

100

Das VG Berlin urteilte, dass ein Platzverweis dann rechtmäßig ist, wenn der Adressat sich während einer Versammlung weigerte eine **Mund-Nasen-Bedeckung** zu tragen, obwohl die SARS-CoV-2-Infektionsschutzmaßnahmenverordnung dazu verpflichtete. Nach Ausschluss aus der Versammlung traf den Adressaten die Pflicht das Versammlungsgeschehen unverzüglich zu verlassen. Auch ein ärztliches Attest, welches von der Tragepflicht einer Mund-Nasen-Bedeckung befreite, führte zu keinem anderen rechtlichen Ergebnis.[137] Ein objektiver, besonnener Amtswalter konnte auch hier in Kenntnis des Attests die Gefahr für die öffentliche Sicherheit rechtskonform bejahen.

Anders liegt der Fall bei der **Räumung „besetzter" Häuser**.[138] Hier verfolgen die Behörden nicht in erster Linie das Ziel, Personen eines bestimmten Ortes zu verweisen, sondern dem Berechtigten den uneingeschränkten Besitz an der Sache zu verschaffen, dem Adressaten der Maßnahme also die Sachherrschaft zu entziehen. Ein Rückgriff auf die Generalklausel in solchen Fällen ist somit zulässig. In solchen Fällen wäre eher zu prüfen, ob die Behörden zum Schutz privater Rechte tätig werden, insbesondere dann, wenn die Besetzung zunächst geduldet wurde und somit eine Straftat wegen Hausfriedensbruchs gem. § 123 StGB fraglich erscheint.

d) Richtiger Adressat iSd § 31 Abs. 1 S. 1 HSOG und die Bestimmungen der § 31 Abs. 1 S. 2 HSOG, § 164 StPO

Wer der richtige Adressat des Platzverweises ist, beantwortet **§ 31 Abs. 1 S. 1 HSOG** nicht ausdrücklich. Es ist daher auf die **allgemeinen Vorschriften der §§ 6 ff. HSOG** abzustellen. Aus der Formulierung „eine Person" herzuleiten, Platzverweise seien gegen jedermann zulässig, begegnete systematischen Bedenken, denn gerade für solche Personen, die also die Voraussetzungen der §§ 6, 7 und 9 HSOG nicht erfüllen, hat der Gesetzgeber die Spezialvorschrift des **§ 31 Abs. 1 S. 2 HSOG** geschaffen. Diese Bestimmung wendet sich an dort besonders gesetzlich geregelte Adressaten, nämlich alle Personen, die den Einsatz der Feuerwehr oder andere Hilfs- oder Rettungsmaßnahmen[139] behindern.

101

Der Gesetzgeber hat zu diesem Mittel gegriffen, weil derartige Behinderungen nicht nur in aktivem Tun, sondern auch in einem Unterlassen liegen können (zB Stehenbleiben auf der Fahrbahn bei Herannahen von Rettungskräften). Ein Rückgriff auf § 6 HSOG würde in solchen Fällen des bloßen Unterlassens Probleme bereiten, da aus einem Unterlassen nur dann eine

---

132 Vgl. dazu grundlegend Hecker, NVwZ 1999, 261 ff.
133 Vgl. VG Frankfurt, NVwZ-RR 2002, 575 f.
134 Vgl. weiterführend BeckOK PolR Hessen/Leggereit HSOG § 31 Rn. 16 f.
135 Vgl. dazu Möller/Warg /Klein, Rn. 354 f.
136 Vgl. VGH Kassel, NVwZ 2003, 1400 ff.; vgl. dazu umfassend: Hecker, NVwZ 2003, 1334 ff.
137 VG Berlin, COVuR 2022, 118.
138 Hornmann, § 31 HSOG, Rn. 10.
139 Aber auch Maßnahmen von Polizei- und Gefahrenabwehrbehörden, vgl. Hornmann, § 31 HSOG, Rn. 14.

Fichte

Verantwortlichkeit hergeleitet werden kann, wenn eine Rechtspflicht zur Gefahrenabwehr besteht. Auch ein Rückgriff auf § 9 HSOG hilft in Fällen des Unterlassens nicht unbedingt weiter, weil § 9 Abs. 1 Nr. 1 HSOG das Vorliegen einer gegenwärtigen, erheblichen Gefahr verlangt, die nicht immer gegeben sein muss. Deshalb hat der Gesetzgeber dem **§ 31 Abs. 1 S. 2 HSOG** einen sog. spezialgesetzlich geregelten **Normadressaten** (oder: normimmanenten Adressaten) hinzugefügt. Eine Prüfung der §§ 6 ff. HSOG entfällt daher in solchen Fällen.

Bsp.: Nach einem Verkehrsunfall kann die Polizei nicht zum Unfallgeschehen vordringen, weil die Fahrbahn von schaulustigen Passanten versperrt wird. Die Polizei erlässt deshalb per Lautsprecher einen Platzverweis.

102 Unter Verzicht auf eine kaum begründbare Heranziehung der §§ 6 ff. HSOG kann im Beispielsfall auf den **normimmanenten Adressaten** des § 31 Abs. 1 S. 2 HSOG zurückgegriffen werden. Das ist jede Person, die den Einsatz der Feuerwehr oder andere Hilfs- oder Rettungsmaßnahmen behindert. Allerdings ist hier zu beachten, dass ein Platzverweis auf der Grundlage des § 31 Abs. 1 S. 2 HSOG nur dann erlassen werden kann, wenn ein Einsatz der Feuerwehr oder andere Hilfs- oder Rettungsmaßnahmen behindert werden. Behinderung von Polizeieinsätzen fallen unter § 31 Abs. 1 S. 1 HSOG, da dies eine (konkrete) Gefahr für die öffentliche Sicherheit darstellt. Ungestörte Polizeieinsätze sind durch das Schutzgut des Funktionierens des Staates von der öffentlichen Sicherheit umfasst.

103 Nach **§ 164 StPO** kann eine Ermittlungsperson der Staatsanwaltschaft (oder diese selbst) eine Person festnehmen, welche die amtliche Tätigkeit vorsätzlich stört oder sich den innerhalb des Zuständigkeitsbereichs getroffenen Anweisungen widersetzt. Ein Platzverweis – als Minusmaßnahme gegenüber einer Festnahme – kann unter den dort genannten Voraussetzungen ausgesprochen werden. Dies gilt sowohl unmittelbar im Bereich der Strafverfolgung als auch im Rahmen der Verfolgung von Ordnungswidrigkeiten (vgl. § 46 Abs. 1 OWiG).

e) § 31 Abs. 2 HSOG – Eingriff in Art. 13 GG

104 § 31 Abs. 2 HSOG ermächtigt die Gefahrenabwehr- und die Polizeibehörden eine sog. **Wohnungswegweisung** oder auch **Wohnungsverweisung** zu erlassen. Diese Ermächtigungsgrundlage wurde 2002[140] in das HSOG zum effektiveren Schutz der Bevölkerung vor häuslicher Gewalt eingefügt. Die auf der Grundlage des § 31 Abs. 2 HSOG getroffenen Maßnahmen sind daher im Zusammenhang mit dem Gewaltschutzgesetz zu sehen. Das Gewaltschutzgesetz ermöglicht den gerichtlichen Erlass von Anordnungen zur Prävention (weiterer) häuslicher Gewalt, wie eine längerfristige Wohnungswegweisung, ein Kontaktverbot und der dauerhaften Überlassung der gemeinsamen Wohnung. Dies bedeutet, dass Maßnahmen auf der Grundlage des § 31 Abs. 2 HSOG nur solange Bestand haben, wie bzgl. desselben Sachverhalts über eine Anordnung nach dem Gewaltschutzgesetz entschieden worden ist.[141]

Die Wohnungswegweisung ist keine Sanktion für begangenes Unrecht, sondern setzt eine gegenwärtige Gefahr für das Leb, Leben oder Freiheit von Bewohnern derselben Wohnung, also Straftaten gegen die genannten Rechtsgüter in allernächster Zeit voraus. Bei wechselseitigen Körperverletzungsdelikten ist zu ermitteln, wer der Beteiligten den „größeren Anteil" an der Gefahr trägt. Bei gleichen Anteilen sollte abgewogen werden, wem ein kurzzeitiger Auszug am ehesten zugemutet werden kann. Die Polizei hat alle erkennbaren und ohne wesentlichen Verzug zu ermittelnden Umstände bei dieser Entscheidung zu berücksichtigen.[142]

---

140 GVBl. I S. 547.
141 Dies ergibt sich aus dem Gesetzestext des § 31 Abs. 2 HSOG.
142 OVG Greifswald, NordÖR 2004, 251.

III. Einzelmaßnahmen

Unstreitig ist das Recht auf **Unverletzlichkeit der Wohnung** betroffen, wenn die Beamten eine Wohnung betreten müssen, um dort eine Wohnungswegweisung auszusprechen. Umstritten ist die Frage, ob die Wohnungswegweisung als solche in das Recht auf Unverletzlichkeit der Wohnung iSd Art. 13 GG eingreift.[143] Verneint wird dies mit dem Argument, dass Art. 13 Abs. 1 GG nicht das Besitzrecht an der Wohnung schützt, sondern die Privatsphäre der eigenen Wohnung.[144] Allerdings gibt der Betroffene unfreiwillig – anders wäre der Fall zu beurteilen, wenn dies freiwillig geschähe – die Privatheit seiner Wohnung auf. Daher wird teilweise vertreten, dass die Privatheit, das Recht, vom Staat in seiner Wohnung in Ruhe gelassen zu werden, durch die vorübergehende Verpflichtung, die Wohnung zu verlassen, beeinträchtigt sein soll.[145]

Bsp.: A will in einem Wutanfall seine Ehefrau verprügeln. Nachdem Nachbarn die Polizei alarmiert haben, überlegen die Beamten, ob sie A aus seiner Wohnung schicken können, bis er sich wieder beruhigt hat.

Nach aktueller Rechtslage erlaubt § 31 Abs. 2 S. 1 f. HSOG in Anlehnung an die **Schrankenregelung des Art. 13 Abs. 7 GG** eine Wohnungswegweisung aus der eigenen Wohnung und des unmittelbar angrenzenden Bereichs, wenn dies erforderlich ist, um eine vom Polizeipflichtigen ausgehende **gegenwärtige Gefahr für Leib, Leben oder Freiheit** für Bewohner derselben Wohnung abzuwehren.[146] In solchen Fällen können auch **Kontaktverbote** angeordnet werden, die nach altem Recht auf § 11 HSOG zu stützen waren, vgl. § 31 Abs. 2 S. 2 HSOG. Adressat der Maßnahme nach § 31 Abs. 2 S. 1 HSOG ist immer diejenige Person, von der die Gefahren ausgehen, also ein **spezialgesetzlich geregelter Normadressat**. Eine Prüfung der §§ 6, 7, 9 HSOG entfällt somit.

105

Abzugrenzen ist § 31 Abs. 2 HSOG von den Fällen, in denen die Behörden eine Verfügung aussprechen wollen, wonach es dem Adressaten untersagt wird, sich bestimmten Gebäuden zu nähern (etwa Kindergarten, in dem sich das Kind tagsüber aufhält oder der Arbeitsplatz des Partners). Da hier schon nach der Bedeutung des Wortes Wohnung keine Wohnungswegweisung vorliegt und auch kein Eingriff in Art. 13 GG gegeben ist, muss der Platzverweis nach wie vor auf § 31 Abs. 1 S. 1 HSOG gestützt werden. Generelle **Annäherungsverbote** an Personen müssen unter Wahrung des Verhältnismäßigkeitsgrundsatzes auf § 11 HSOG gestützt werden, da Personen keinen Ort iSd Rechtsfolge des § 31 Abs. 1 S. 1 HSOG darstellen.

106

Bsp.: Im og Beispielsfall untersagt die Polizei über den Platzverweis hinaus dem A, sich der Ehefrau in den nächsten sieben Tagen zu nähern. Die Maßnahme wäre auf § 11 HSOG zu stützen.

Die **Verlängerungsmöglichkeit** gem. § 31 Abs. 2 S. 3 HSOG um weitere 14 Tage bedeutet, dass die gegenwärtige Gefahr für Leib, Leben oder Freiheit eines Bewohners/ Bewohnerin derselben Wohnung immer noch besteht. Unabhängig davon ist der Fall zu betrachten, dass eine neue gegenwärtige Gefahr für Leib, Leben oder Freiheit entstanden ist. Hier können, unabhängig von vorherigen Maßnahmen auf der Grundlage des § 31 Abs. 2 HSOG, weitere Maßnahmen zur Gefahrenabwehr getroffen werden. Wenn allerdings bereits eine Wohnungswegweisung besteht, die vom Adressaten nicht beachtet wird, wäre es nicht zielführend eine weitere Wohnungswegweisung auszusprechen. Hier müsste dann ggf. an einen Gewahrsam gem. § 32 Abs. 1 Nr. 3 HSOG gedacht werden.

107

---

143 Vgl. zur Frage der beeinträchtigten Grundrechte im Rahmen des § 31 HSOG BeckOK PolR Hessen/Leggereit HSOG § 31 Rn. 3 ff.
144 BVerfG NJW 1999, 2035, 2037.
145 BeckOK PolR Hessen, Leggereit/ Müller J., HSOG, § 31 Rn. 4.1.
146 Zur Platzverweisung aus der eigenen Wohnung ohne Rückkehrmöglichkeit und den damit verbundenen Eingriff in Art. 11 GG vgl. VGH Mannheim, NJW 2005, 88 f.

Fichte

f) § 31 Abs. 3 HSOG – Aufenthaltsverbot

108 Angesichts der nur vorübergehenden Rechtsfolgen des § 31 Abs. 1 und 2 HSOG hat der Gesetzgeber[147] für einzelne Fallkonstellationen die Ermächtigung zu einem längerfristigen **Aufenthaltsverbot** in § 31 Abs. 3 HSOG eingefügt. Anders als in der Rechtsfolgeregelung des § 31 Abs. 1 S. 1 HSOG wird hier statt der Formulierung „vorübergehend" die Umschreibung „für eine bestimmte Zeit" verwendet, die dann auf maximal drei Monate festgelegt wird. Solche Aufenthaltsverbote schaffen nunmehr die Möglichkeit, Gefahren zu begegnen, bei denen der klassische Platzverweis nach § 31 Abs. 1 HSOG versagte (zB bei Straftaten im Rahmen der offen Drogen-Szene, durch Fußball-Hooligans oder Prostituierte in Sperrbezirken, bei den Chaos-Tagen in Hannover oder verbotenem Glücksspiel in Form von Hütchen-Spielern uä).[148]

109 Voraussetzung für das Aufenthaltsverbot durch die Gefahrenabwehr- und die Polizeibehörden sind Tatsachen, welche die Annahme rechtfertigen, dass eine Person in einem bestimmten örtlichen Bereich innerhalb einer Gemeinde eine Straftat begehen wird. „**Tatsachen, die die Annahme rechtfertigen**" sind nicht bereits dann gegeben, wenn Indizien aufgrund polizeilicher Erfahrung die Möglichkeit einer bevorstehenden Straftat in Aussicht stellen, sondern es müssen **gewusste** (überprüfbare) **Fakten unter Einbeziehung des polizeilichen Erfahrungswissens** den Schluss auf die Möglichkeit einer bevorstehenden Straftat mit einer **gewissen Wahrscheinlichkeit** zulassen.

Die Voraussetzung der „Tatsachen, die die Annahme rechtfertigen" ist somit eine höhere Hürde, als „tatsächliche Anhaltspunkte". Das bedeutet, dass diese beiden Voraussetzungen strikt voneinander zu unterscheiden sind. Immer wenn eine Ermächtigungsgrundlage „Tatsachen" fordert, ist genau am Sachverhalt zu erarbeiten, ob es vorliegend beweisbare Fakten für den vom Gesetzgeber geforderten Schluss gibt.

Die Tatsachen müssen sich allerdings immer auf den Adressaten der Maßnahme beziehen. Die Teilnahme an Großveranstaltungen und die gewusste Zugehörigkeit zu einer Gruppierung (zB zur Ultra-Szene) begründen dann die hinreichende Wahrscheinlichkeit für die Begehung einer Straftat durch ein einzelnes Gruppenmitglied (ohne nachgewiesenen konkreten Tatbeitrag), wenn die Person bereits durch ihre Anwesenheit und Solidarisierung die aus der Gruppe heraus begangenen Straftaten unterstützt (Beihilfehandlung).[149] Dies ist insbesondere der Fall, wenn typischerweise Straftaten aus einer homogenen Gruppe heraus initiiert und gesteigert werden (Gleichgesinnte/ Gruppendynamik).

Bsp.: Die Polizei trifft im Bereich einer hessischen Großstadt mehrere Männer an, die Utensilien für das sogenannte Hütchenspiel mit sich führen. An diesem Ort finden üblicherweise solche Spiele auch statt. Die Polizei ordnet unter anderem ein einmonatiges Aufenthaltsverbot gem. § 31 Abs. 3 S. 1 HSOG gegenüber den Männern an, weil Tatsachen (die aufgefundenen Utensilien) die Annahme rechtfertigen (Ort, bisherige Geschehnisse), dass die Männer innerhalb eines örtlichen Bereichs einer Gemeinde eine Straftat (vgl. § 284 Abs. 1 ggf. iVm Abs. 3 StGB) begehen werden.

110 Das Aufenthaltsverbot darf nicht angeordnet werden, wenn die Person an dem Ort, auf welchen sich das Aufenthaltsverbot bezieht ihre Wohnung hat (vgl. für Deutsche insbesondere Art. 11 GG) oder aus einem vergleichbar wichtigen Grund **auf das Betreten des Bereiches angewiesen** ist (etwa Arbeitsstätte, Hausarzt, Kindergarten des Kindes, Wohnort der Eltern, die dringend der Hilfe ihres Kindes bedürfen).

Bei dieser Regelung handelt es sich um eine besondere Ausprägung des Verhältnismäßigkeitsgrundsatzes. Nach § 31 Abs. 3 S. 2 HSOG können die Polizeibehörden unter denselben Voraus-

---
147 Mit Gesetz vom 6.12.2003 – GVBl. I 308.
148 Vgl. Verweise auf weiterführende Literatur bei Ausführungen zum Platzverweis.
149 VGH Kassel, DÖV 2017, 560/ NVwZ 2017, 982 (Ls.).

setzungen auch **Kontaktverbote** anordnen. Verbote nach § 31 Abs. 3 HSOG dürfen nur für höchstens drei Monate ausgesprochen werden, vgl. § 31 Abs. 3 S. 4 HSOG.

Der **richtige Adressat** des Aufenthaltsverbotes ist **spezialgesetzlich** in § 31 Abs. 3 S. 1 HSOG geregelt; es ist immer diejenige Person, die möglicherweise Straftaten begehen wird. Ein Rückgriff auf die Adressatenbestimmungen der §§ 6 ff. HSOG ist somit ausgeschlossen.

111

Die Bestimmungen des **§ 31 Abs. 3 S. 3 u. 5 HSOG** verstehen sich von selbst. Erstgenannte Vorschrift ergibt sich bereits aus dem verfassungsrechtlich garantierten Grundsatz der Erforderlichkeit; letztgenannte Vorschrift ist lediglich ein deklaratorischer Hinweis auf den aus dem Spezialitätsgrundsatz folgenden Vorrang des Hessischen Versammlungsfreiheitsgesetzes.

112

8. Elektronische Aufenthaltsüberwachung – EAÜ (§ 31a HSOG)

a) Begriff und Grundsätzliches zur EAÜ

Die elektronische Aufenthaltsüberwachung, kurz **EAÜ** (landläufig auch als „elektronische Fußfessel" bekannt), wurde mit Gesetz v. 25.6.2018 erstmals in das HSOG eingefügt und in § 31a HSOG geregelt. Neben der eigentlichen EAÜ (§ 31a Abs. 1 HSOG) formuliert die Bestimmung zudem Ermächtigungsgrundlagen zur **Aufenthaltsvorgabe** und zum **Kontaktverbot** (§ 31a Abs. 2 HSOG).

113

§ 31a HSOG steht vor allem in Konkurrenz zu § 56 BKAG, wonach das Bundeskriminalamt eine Person dazu verpflichten kann, ein technisches Mittel, mit dem der Aufenthaltsort dieser Person elektronisch überwacht werden kann, ständig in betriebsbereitem Zustand am Körper bei sich zu führen, wenn bestimmte Tatsachen die Annahme rechtfertigen, dass diese Person innerhalb eines übersehbaren Zeitraums eine ihrer Art nach konkretisierte Straftat begehen wird. Im Verhältnis zur EAÜ nach § 56 BKAG soll § 31a HSOG dann Anwendung finden, wenn keine länderübergreifende Gefahr gegeben ist oder das BKA nicht tätig wird.[150] Maßnahmen nach § 31a HSOG können die Grundrechte auf **informationelle Selbstbestimmung** (Art. 2 Abs. 1 iVm Art. 1 Abs. 1 S. 1 GG), auf Freizügigkeit der Person (Art. 11 Abs. 1 GG), auf Freiheit der Person (Art. 2 Abs. 2 S. 2 GG) sowie auf Unverletzlichkeit der Wohnung (Art. 13 GG) beeinträchtigen.[151] Letztere Grundrechtseingriffe sind jedoch dann zu verneinen, wenn nur eine elektronische Aufenthaltsüberwachung angeordnet wird.[152] Zuständig sind exklusiv die Polizeibehörden.

b) Voraussetzungen des § 31a Abs. 1 HSOG

Eine EAÜ ist nach § 31a Abs. 1 Nr. 1 HSOG zulässig, wenn terroristische Straftaten zu befürchten zu sind oder diese Maßnahme zur Gefahrenabwehr erforderlich ist. Die Erweiterung der Ermächtigungsgrundgrundlage auf den Anwendungsbereich der Gefahrenabwehr ist mit dem Änderungsgesetz vom 13. Dezember 2024[153] in die Norm aufgenommen worden. Ziel der elektronischen Aufenthaltsüberwachung soll entweder das Abhalten von der Begehung der terroristischen Straftaten oder die Steigerung der Effektivität der Gefahrenabwehr sein.

114

Terroristische Straftaten sind in § 13 Abs. 3 S. 2 HSOG legaldefiniert. Gemeint sind beispielsweise Straftaten, die in § 129a Abs. 1, 2 StGB bezeichnet sind, wie zB Mord, Totschlag, Völkermord, Geiselnahme, Computersabotage, Zerstörung von Bauwerken oder Störung von Telekommunikationsanlagen. § 13 Abs. 3 S. 2 HSOG fordert zudem, dass die Straftaten dazu bestimmt sind,

---

150 Vgl. dazu BeckOK PolR Hessen Leggereit/ Müller J. HSOG § 31a Rn. 2.
151 Vgl. BeckOK PolR Hessen Leggereit/ Müller J. HSOG § 31a Rn. 3. mwN.
152 Vgl. BeckOK PolR Hessen, Leggereit/ Müller J., § 31a Rn. 3a.
153 GVBl. Nr. 83.

Fichte

„die Bevölkerung auf erhebliche Weise einzuschüchtern" oder „eine Behörde oder eine internationale Organisation rechtwidrig mit Gewalt oder durch Drohung mit Gewalt zu nötigen oder die politischen, verfassungsrechtlichen, wirtschaftlichen oder sozialen Grundstrukturen eines Staates oder einer internationalen Organisation zu beseitigen oder erheblich zu beeinträchtigen und durch die Art ihrer Begehung oder ihre Auswirkungen einen Staat oder eine internationale Organisation erheblich schädigen können".[154]

Ist eine solche Straftat zu befürchten, so müssen für § 31a Abs. 1 Nr. 1 HSOG bestimmte **Tatsachen die Annahme rechtfertigen**,[155] „dass diese Person innerhalb eines übersehbaren Zeitraums auf eine zumindest **ihrer Art nach konkretisierte Weise**" eine terroristische Straftat begehen wird. Das Gefahrenmoment ist hier also eher tatbezogen, nicht handlungsbezogen; die Straftat ist konkretisierbar, das individuelle Verhalten ist vielleicht noch nicht hinreichend ergiebig.[156]

Nach § 31a Abs. 1 Nr. 2 HSOG stellt auf das **individuelle Verhalten des Adressaten** der Maßnahme ab. Danach muss das individuelle Verhalten die konkrete Wahrscheinlichkeit begründen, dass die Person – gemeint ist der Adressat – innerhalb eines übersehbaren Zeitraums eine terroristische Straftat begehen wird. Hier ist das Gefahrenmoment also eher personenbezogen, das individuelle Verhalten des Adressaten gibt ausreichende Hinweise, die terroristische Straftat ist aber noch nicht hinreichend konkretisierbar.

Alternativ zu Nr. 1 und Nr. 2 kann eine elektronische Aufenthaltsüberwachung auch im Einzelfall verhangen werden, wenn bestimmte **Tatsachen die Annahme rechtfertigen**, dass diese Person innerhalb eines übersehbaren Zeitraums auf eine zumindest ihrer Art nach konkretisierte Weise Leben, Leib oder Freiheit einer Person erheblich gefährden oder eine Straftat gegen die sexuelle Selbstbestimmung, die im Mindestmaß mit wenigstens drei Monaten Freiheitsstrafe bedroht ist, begehen wird.

115 Die ersten beiden Varianten der elektronischen Aufenthaltsüberwachung, § 31a Abs. 1 Nr. 1 und Nr. 2 HSOG, beruhen auf einer Entscheidung des **Bundesverfassungsgerichts**[157] und wollen den Polizeibehörden ein Einschreiten in solchen Fällen ermöglichen, in denen sich der zum Schaden führende Kausalverlauf nicht mit hinreichender Wahrscheinlichkeit vorhersehen lässt, aber aufgrund bestimmter Tatsachen oder des individuellen Verhaltens einer Person die Verletzung wichtiger Rechtsgüter mit hinreichender Wahrscheinlichkeit in überschaubarer Zukunft eintreten wird.[158] Der für ein polizeiliches Einschreiten zu beurteilende Zeitpunkt der Sachlage wird hier im Vergleich zu einer konkreten Gefahr teilweise weit vorverlagert.[159]

Die dritte Variante ist mit dem Gesetz zur Stärkung der Inneren Sicherheit in Hessen vom 13.12.2024[160] in das HSOG aufgenommen worden.

Bsp.: A hat sich seit geraumer Zeit in einem Ausbildungslager für Terroristen im Ausland befunden, und ist anschließend in die Bundesrepublik Deutschland eingereist. Offensichtlich wurde A in dem Lager auf die Durchführung eines Sprengstoffattentats vorbereitet. A versucht, in Baumärkten an das nötige Material zur Begehung der Straftat zu gelangen. In einem solchem Fall lägen durch das individuelle Verhalten des A begründete Tatsachen vor, dass er innerhalb eines übersehbaren Zeitraums eine terroristische Straftat begehen wird, die zumindest ihrer Art nach konkretisiert wäre.

---

154 Vgl. BeckOK PolR Hessen Leggereit/ Müller J., § 31a, Rn. 6.
155 Der Begriff der Tatsachen wird bei den Ausführungen zum Aufenthaltsverbot, Kap. I Rn. 671 näher erläutert.
156 Vgl. die sehr gute Kommentierung zur vgl.baren Vorschrift § 34b PolG NRW: BeckOK PolR NRW/Barczak PolG NRW § 34b Rn. 12ff.
157 BVerfG, NJW 2016, 1781 (zur teilweisen Verfassungswidrigkeit des BKA-Gesetzes).
158 Vgl. BVerfG, NJW 2016, 1781, 1785; vgl. auch BGH, NStZ-RR 2022, 187/ NJW 2022, 2488 (Ls.) mit weiteren Aussagen bzgl. der erforderlichen Wahrscheinlichkeitsprognose zur EAÜ nach dem HSOG.
159 Vgl. OLG München, NJW 2019, 2404, 2406; vgl. BeckOK, PolR, Hessen, Leggereit/ Müller J. § 31a, Rn. 5ff.
160 GVBl. Nr. 83.

Bsp.: B hat in einem Telegram-Chat mit der Ermordung von Mitarbeitern des Verfassungsschutzes gedroht. Zudem gibt es Hinweise darauf, dass B in seinem Keller mit Chemikalien eine Bombe bauen wollte (handschriftliche Skizze, die auf einen solchen Bau schließen lässt). Auch wurde auf seinem Mobiltelefon ein „thumbnail" aus einem IS-Propagandavideo festgestellt. Zusätzlich sind auf dem Hintergrundbild seines Smartphones Schriftzeichen zu sehen, die auf eine radikalislamistische Ideologie schließen lassen, die das Töten sog. „Ungläubiger" befürwortet.

Auch in diesem Fall ist zwar der zum Schaden führende Kausalverlauf nicht mit hinreichender Wahrscheinlichkeit vorhersehbar, allerdings ist mit Tatsachen und dem individuellen Verhalten des B zumindest eine ihrer Art nach konkretisierte Weise belegbar, auf die B eine terroristische Straftat innerhalb eines übersehbaren Zeitraums begehen wird.[161] In diesem Fall könnte die EAÜ sowohl auf § 31a Abs. 1 Nr. 1 HSOG als auch auf § 31a Abs. 1 Nr. 2 HSOG gestützt werden.

c) Rechtsfolgen des § 31a Abs. 1, 2 HSOG

Rechtsfolge des § 31a Abs. 1 HSOG ist nicht nur die Verpflichtung des Adressaten, das technische Mittel zur EAÜ ständig in betriebsbereitem Zustand bei sich zu führen, sondern auch die Selbstverständlichkeit, dessen Funktionsfähigkeit nicht zu beeinträchtigen. Mit Gesetz vom 29.6.2023[162] hat der Gesetzgeber klargestellt, dass die Verpflichtung eine elektronische Aufenthaltsüberwachung zu dulden, auch mit der Verpflichtung einhergeht ein zur Verfügung gestelltes Mobiltelefon ständig in betriebsbereitem Zustand bei sich zu führen und dessen Funktionsfähigkeit nicht zu beeinträchtigen.

Weitere Rechtsfolgen ergeben sich aus § 31a Abs. 2 HSOG. Nach § 31a Abs. 2 Nr. 1 HSOG kann untersagt werden, einen bestimmten Bereich zu verlassen. Der Begriff „**Bereich**" soll dem Adressaten ein größtmögliches Gebiet für seinen Aufenthalt belassen. Dieses Erfordernis ergibt sich aus dem Grundsatz der Verhältnismäßigkeit. Nach § 31a Abs. 2 Nr. 2 HSOG kann dem Adressaten aufgegeben werden, sich nicht an bestimmten Orten aufzuhalten, die ihm die (objektive) Gelegenheit oder einen (subjektiven) Anreiz dafür geben, Straftaten zu begehen. Die Rechtsfolge des § 31a Abs. 2 Nr. 3 HSOG entspricht § 31 Abs. 2 S. 2 Hs. 2 HSOG. Das Kontaktverbot kann nach seinem Wortlaut unter Umständen auf alle Personen einer bestimmten Gruppe ausgedehnt werden. Die maximal zulässige Dauer für Maßnahmen nach § 31a Abs. 2 S. 1 HSOG beträgt **vier Monate** mit der Möglichkeit weiterer Verlängerungen.

d) Verfahren und Form

§ 31a Abs. 3 und 4 HSOG enthalten besondere Verfahrens- und Formvorschriften, die sich auf Maßnahmen nach § 31a Abs. 1 und 2 HSOG beziehen. Insbesondere besteht ein **Richtervorbehalt mit ausschließlichem Antragsrecht der Behördenleitung**, bei Gefahr im Verzug kann die Anordnung ohne richterliche Entscheidung ergehen (Näheres vgl. § 31a Abs. 3 S. 2 ff. HSOG). Dies bezieht sich auch auf eine mögliche Verlängerung der Anordnung. Die Anordnung und auch eine mögliche Verlängerung sind auf höchstens drei Monate zu befristen. Die Anordnung nach § 31a Abs. 3 HSOG ergeht schriftlich und muss bestimmte inhaltliche Mindestanforderungen erfüllen (vgl. dazu § 31a Abs. 4 HSOG).

e) Datenverarbeitung

§ 31a Abs. 5 HSOG ist die Ermächtigungsgrundlage für die **automatisierte Verarbeitung** der nach § 31a Abs. 1, 2 HSOG erhobenen **Daten**. Nach § 31a Abs. 5 S. 3 HSOG iVm § 21 HSOG-DVO ist auch die Gemeinsame elektronische Überwachungsstelle der Länder (GÜL) für die Verarbei-

---

161 Vgl. OLG München, NJW 2019, 2404.
162 Landtags-Drs. 20/8129 (Gesetzesentwurf).

tung zuständig. Nach § 31a Abs. 5 S. 5 HSOG ist insbesondere die genaue Ortung der betroffenen Person innerhalb der Wohnung aus Gründen der Verhältnismäßigkeit unzulässig.[163] Andernfalls sind die Daten unverzüglich nach Kenntnisnahme zu löschen (vgl. § 31a Abs. 5 S. 11 HSOG). Eine Verarbeitung der Daten ist grundsätzlich nur zu den in § 31a Abs. 5 S. 6 HSOG aufgezählten Zwecken zulässig, es sei denn, die betroffene Person hat auch in andere Zwecke eingewilligt.[164]

Weitere **datenschutzrechtliche Verfahrensvorschriften** enthält § 31a Abs. 5 S. 7–14 HSOG. Dazu zählen insbesondere Dokumentations- und Löschungspflichten.

f) Richtiger Adressat

119 Sämtliche Ermächtigungsgrundlagen des § 31a HSOG enthalten **normimmanente Adressaten**. Ein Rückgriff auf §§ 6 ff. HSOG ist somit ausgeschlossen.

9. Gewahrsam (§§ 32 ff. HSOG)

a) Begriff und Grundsätzliches zum Gewahrsam

120 Der **Gewahrsam** nach §§ 32 ff. HSOG ist neben § 18 Abs. 4 HSOG und § 25 Abs. 1 S. 4 HSOG die dritte Möglichkeit des HSOG, einer Person die Freiheit zu entziehen. Die Ermächtigungsgrundlage greift demnach in das Grundrecht des Art. 2 Abs. 2 S. 2 GG iVm Art. 104 Abs. 2 GG ein und stellt – von der ersten Sekunde an – eine **Freiheitsentziehung** dar. Während die Freiheitsentziehungsmaßnahmen iSd Festhaltens nach §§ 18 Abs. 4 und 25 Abs. 1 S. 4 HSOG die dort zugelassenen Eingriffe der Identitätsfeststellung bzw. des Datenabgleichs erst ermöglichen sollen, dient die Freiheitsentziehung iSv Gewahrsam nach § 32 HSOG den dort beschriebenen Zielen. Ist der Gewahrsam mit einer **Entkleidung verbunden**, so stellt dies – zusätzlich – einen besonders schwerwiegenden Eingriff in das Recht auf informationelle Selbstbestimmung dar.[165] Eine solche Maßnahme kann jedoch zulässig sein, wenn sie zum Schutz der in Gewahrsam genommenen Person oder zum Schutz der Beamten im Einzelfall unerlässlich ist.

Unter **Gewahrsam iSd §§ 32 ff. HSOG** ist ein mit polizeilicher Gewalt hergestelltes Rechtsverhältnis zu verstehen, kraft dessen einer Person die Freiheit dergestalt entzogen wird, dass sie von der Polizei in einer dem polizeilichen Zweck entsprechenden Weise verwahrt wird, dh daran gehindert wird, sich fortzubewegen.[166] Kein Grundrechtseingriff und somit kein Fall des § 32 HSOG liegt vor, wenn sich eine Person freiwillig in polizeiliche Obhut begibt, sie also zulässigerweise auf ihr Grundrecht aus Art. 2 Abs. 2 S. 2 GG iVm Art. 104 Abs. 2 GG verzichtet.

Bsp.: Der Jugendliche J, der sich der Obhut seiner Eltern entzogen hat, indem er von zu Hause weggelaufen ist, meldet sich nachts bei einer Polizeidienststelle und bittet darum, bis zum Eintreffen seiner Eltern dort bleiben zu dürfen.

121 Unerheblich ist es hingegen, ob die Freiheitsentziehung in einer speziellen Gewahrsamseinrichtung („das" Gewahrsam im Sinne einer Räumlichkeit) – etwa in der Polizeidienststelle – oder zB in einem Polizeifahrzeug[167] bzw. unter freiem Himmel („der" Gewahrsam im Sinne einer Freiheitsentziehung) erfolgt.[168]

---

163 Vgl. BeckOK PolR, Hessen, Leggereit/ Müller J., § 31a, Rn. 18.
164 Vgl. BeckOK PolR, Hessen, Leggereit/ Müller J., § 31a, Rn. 19.
165 BayOLG, NJW 2023, 1375.
166 Vgl. OLG München, NVwZ-RR 2008, S. 247 f.; Hornmann, § 32 HSOG,, Rn. 9 mwN.
167 Vgl. etwa VGH München, Urt. v. 27.1.2012 – 10 B 08.2849.
168 Vgl. dazu Hornmann, § 32 HSOG, Rn. 9 mwN, zum Ganzen auch BeckOK PolR Hessen/Leggereit HSOG § 32 Rn. 2 ff.

Fichte

III. Einzelmaßnahmen

Bsp.: Im Rahmen eines Staatsbesuchs des U.S.-amerikanischen Präsidenten befürchtet die Polizei Ausschreitungen durch Teilnehmer einer aufgelösten Versammlung. Die vor Ort anwesenden Polizeikräfte schließen die Menschenmenge ein und hindern sie so an der Verübung der sonst zu erwartenden Gewalttaten. Derartige Einschließungen – sog. Polizeikessel – stellen regelmäßig einen Gewahrsam dar und können unter bestimmten Voraussetzungen auf die entsprechende Ermächtigungsgrundlage des jeweiligen Polizeigesetzes gestützt werden.[169]

Entsprechend den übrigen Möglichkeiten der Freiheitsentziehungen nach dem HSOG (§ 18 Abs. 4 HSOG und § 25 Abs. 1 S. 4 HSOG) ist auch der Gewahrsam iSd § 32 HSOG nur den Polizei-, nicht hingegen den Gefahrenabwehrbehörden gestattet. Eine Ausnahme bildet hingegen nur § 32 Abs. 4 HSOG, der Gewahrsam zur Verbringung in einer psychiatrischen Unterbringung (gegen den Willen des Betroffenen). Dies ist auch den Ordnungsbehörden erlaubt. Das bedeutet, dass außerhalb des Gewahrsams nach § 32 Abs. 4 HSOG eine Zuständigkeit nach § 1 Abs. 1 S. 1 HSOG die Prüfungen des § 2 S. 1 HSOG und des Grundsatzes der Erstbefassung entfallen.

b) Schutzgewahrsam nach § 32 Abs. 1 Nr. 1 HSOG

Bei der Möglichkeit eine Person nach § 32 Abs. 1 Nr. 1 HSOG in Gewahrsam zu nehmen, handelt es sich um den sog. **Schutzgewahrsam**, der Gefahren für Leib oder Leben des Adressaten der Maßnahme abwehren soll. Dieser Gewahrsam dient ausschließlich dem Schutz der betroffenen Person.[170] Nach dem Wortlaut der Vorschrift darf nur die gefährdete Person selbst in Schutzgewahrsam genommen werden, nicht hingegen die die Gefahr verursachende Person. Gegen diese kann möglicherweise gem. § 32 Abs. 1 Nr. 2 HSOG vorgegangen werden.

Der Adressat dieser Ermächtigungsgrundlage ist spezialgesetzlich geregelt und geht den Bestimmungen der §§ 6–9 HSOG vor. Der Wortlaut der Bestimmung lässt es hingegen offen, ob die Gefahr für Leib oder Leben vom Adressaten selbst verursacht werden muss oder auch von Dritten herbeigeführt werden kann. Auch wenn der zweite Halbsatz des § 32 Abs. 1 Nr. 1 HSOG mit seinen Regelbeispielen den Schluss nahelegen könnte, nur die betroffene Person dürfe die Gefahr bewirken, so wird man nach Sinn und Zweck der Norm davon auszugehen haben, dass es auf den Verursacher der Gefahr nicht ankommt.[171] Allerdings muss die Polizeibehörde in solchen Fällen sehr genau prüfen, ob sie statt der Inanspruchnahme des Nichtstörers ihre Maßnahmen nicht eher gegen die Verursacher der Gefahr zu richten hat.

Bsp.: Der Ausländer A wird von mehreren „Skinheads" verfolgt, die mit Baseballschlägern bewaffnet sind. Die Polizei nimmt den A in Schutzgewahrsam, bis die „Skinheads" dingfest gemacht sind. Sodann sind weitere Maßnahmen der Gefahrenabwehr in erster Linie gegen die Skinheads zu richten.

Nach dem insoweit eindeutigen Wortlaut des § 32 Abs. 1 Nr. 1 HSOG kommt es ferner nicht darauf an, ob sich die betroffene Person in einem die freie Willensbestimmung ausschließenden Zustand oder sonst in **hilfloser Lage** befindet, auch wenn es sich in der Praxis dabei um die wohl häufigsten Fälle handeln wird.[172] Es handelt sich vielmehr um **Regelbeispiele** („insbesondere"), unter deren Voraussetzungen die Bestimmung in jedem Fall tatbestandlich greift. Die erste Alternative der Regelbeispiele ist dabei nur dann erfüllt, wenn sich die Person „erkennbar" in einem die freie

---

[169] Vgl. KG Berlin, NVwZ 2000, 468 ff.; LG Hamburg, NVwZ 1987, 833 ff.; VG Mainz, NVwZ – RR 1991, S. 242 ff.; VG Berlin, NVwZ-RR 1990, S. 188 ff.; BayObLG, BayVBl. 1990, S. 347 ff.; Hornmann, § 32 HSOG, Rn. 20.
[170] Vgl. VV HSOG zu § 32 Abs. 1 Nr. 1 HSOG; Fredrich, § 32 HSOG, Rn. 5 ff.
[171] Vgl. Hornmann, § 32 HSOG, Rn. 12.
[172] Vgl. nur VG Augsburg BeckRS 2006, 30370 und VG Augsburg BeckRS 2012, 51320, beide zu Alkoholmissbrauch; VG Berlin BeckRS 2012, 48774, Orientierungslosigkeit, Alkoholmissbrauch; VG Berlin BeckRS 2012, 48773, Alkoholmissbrauch, am Boden liegend, Angaben zur Person nicht möglich; VGH Mannheim NVwZ-RR 2012, 346, am Boden liegend, Alkoholmissbrauch.

Fichte

Willensbestimmung ausschließenden Zustand befindet, der also ohne langwierige Ermittlungen und Nachprüfungen für den Polizeibeamten feststellbar ist.[173]

Bsp.: Der A wird dabei beobachtet, wie er auf einer Autobahnbrücke die Absperrgitter überwindet und unbeholfen auf einem wenige Zentimeter schmalen Pfad über dem Abgrund balanciert.

Hier ist nicht ohne Weiteres erkennbar, ob sich A in einem die freie Willensbestimmung ausschließenden Zustand befindet. Dennoch kommt angesichts des Charakters eines bloßen Regelbeispiels ein Gewahrsam nach § 32 Abs. 1 Nr. 1 HSOG in Betracht.

125 Ein die **freie Willensbestimmung ausschließender Zustand** ist dann gegeben, wenn der Betroffene nicht in der Lage ist, einen Willensentschluss zu fassen oder der Willensentschluss durch Einflüsse wie Alkohol, Krankheit, Verletzung so erheblich beeinträchtigt wird, dass er nicht mehr frei in die Tat umgesetzt werden kann. Beispiele hierfür sind etwa Volltrunkenheit, epileptischer Anfall, Geisteskrankheit, Ohnmacht, schwerer Nervenschock uä[174]

Bsp.: Der sinnlos betrunkene A, der dermaßen unkontrolliert über den Gehweg torkelt, dass er jeden Moment auf die stark befahrene Straße geraten kann, wird bis zur Ausnüchterung von den Polizeibeamten mit zur Dienststelle genommen.

126 Ob sich der **Selbstmordwillige** in einem die freie Willensbestimmung ausschließenden Zustand befindet, ist zweifelhaft, wird aber von der hM in der Rechtsprechung und Literatur bejaht.[175] Danach sollen sich Suizidenten – jedenfalls vor Ort prima facie – in einem psychischen Ausnahmezustand und damit auch in einem die freie Willensbestimmung ausschließenden Zustand befinden.

Angesichts des oben bereits beschriebenen Charakters dieser Alternative lediglich als Regelbeispiel braucht dieser Frage jedoch nicht weiter nachgegangen zu werden, weil sich solche Personen jedenfalls hinsichtlich ihrer Rechtsgüter Leib und Leben selbst gefährden und die allgemeine Handlungsfreiheit (Art. 2 Abs. 1 GG) des Betroffenen hinter die aus Art. 2 Abs. 2 S. 1 GG resultierende Schutzpflicht des Staates zurücktreten muss, womit zugleich die nur subsidiäre öffentliche Ordnung[176] in solchen Fällen grundsätzlich nicht bemüht werden muss.

Es kann somit die Problematik dahinstehen, ob der einzelne Polizeibeamte überhaupt in der Lage ist, vor Ort die Motive für eine Selbsttötungsabsicht zu erkennen, um danach zu entscheiden, ob er einzuschreiten hat oder nicht. Zumal in der Praxis immer ein Einschreiten erforderlich ist, um nicht ggf. strafrechtlichen Vorwürfen bzgl. eines Unterlassens ausgesetzt zu sein. Allerdings sollte bei einer bestehenden Selbstmordabsicht eine Verbringung in ein psychiatrisches Krankenhaus angedacht werden, so dass wohl eher ein Gewahrsam gem. § 32 Abs. 1 Nr. 4 HSOG in Betracht kommt.

127 In **hilfloser Lage** befindet sich eine Person, die – auch ohne sich in einem die freie Willensbildung ausschließenden Zustand zu befinden – aus eigener Kraft nicht in der Lage ist, sich aus einer Gefahrenlage für ihre Rechtsgüter Leib und Leben zu befreien. Die Gründe hierfür sind unerheblich, auf ein Verschulden der betroffenen Person kommt es nicht an.[177] Beispiele sind gebrechliche, alte Leute oder kleine Kinder, die beispielsweise orientierungslos sind und die in polizeilichen Gewahrsam genommen werden, um sie wieder zu ihrem Wohnort zu verbringen.

128 Der **Gewahrsam** muss zum Schutz vor Gefahren für Leib und Leben des Betroffenen zudem **erforderlich** sein. Der Gesetzgeber wiederholt hier mit Blick auf die Intensität des Eingriffs den Grundsatz des mildesten Mittels als Bestandteil des Verhältnismäßigkeitsgrundsatzes. Gerade in den oben beschriebenen Fällen der Gefährdung des Betroffenen durch Dritte und deren

---

173 Hornmann, § 32 HSOG, Rn. 13.
174 Vgl. Fredrich, § 32 HSOG, Rn. 7; BeckOK, PolR, Hessen, Leggereit/ Müller J., § 32, Rn. 11.
175 Vgl. VerfGH Sachs BeckRS 2003, 12595; Fredrich, § 32 HSOG, Rn. 8 mwN.
176 Vgl. zum Begriff Sander, NVwZ 2002, 831 ff.; VGH Mannheim, NVwZ 1999, 560 ff.
177 Vgl. Hornmann, § 32 HSOG, Rn. 15.

Inanspruchnahme vor einem Gewahrsam des Betroffenen nach § 32 Abs. 1 Nr. 1 HSOG, muss insbesondere die Verhältnismäßigkeit der Maßnahme besonders geprüft werden.

Weiter ist auch in der Ausgestaltung des Gewahrsams der Verhältnismäßigkeitsgrundsatz stets zu wahren. So kommt als milderes Mittel, im Vergleich zu einer Verbringung auf die Polizeidienststelle ein kurzzeitiger Gewahrsam in Form einer Verbringung der gefährdeten Person zu Verwandten, in ein Krankenhaus oder Heim in Betracht (vgl. Ziff. 32.1.1 VVHSOG).

c) Sicherheitsgewahrsam nach § 32 Abs. 1 Nr. 2 HSOG

§ 32 Abs. 1 Nr. 2 HSOG – der sog. **Sicherheitsgewahrsam** oder **Unterbindungsgewahrsam** – kommt typischerweise bei anstehenden Straftaten im Zusammenhang mit links- oder rechtsextremen Versammlungen in Betracht (Gewalttaten, Blockadeaktionen usw). **129**

Die Bestimmung verlangt wie auch die beiden folgenden Ziffern dieses Absatzes zunächst, dass die Freiheitsentziehung **unerlässlich** ist. Das bedeutet, dass der Gewahrsam nur als ultima ratio zur Verhinderung einer Straftat oder Ordnungswidrigkeit mit besonderer Bedeutung für die Allgemeinheit, wobei sich dieser Zusatz nur auf Ordnungswidrigkeiten und nicht auf Straftaten bezieht, in Betracht kommt;[178] gleich geeignete, mildere Mittel als gerade das des Gewahrsams dürfen demnach von vornherein nicht in Betracht kommen.

Die Ingewahrsamnahme muss vielmehr **unerlässlich** sein,[179] also dem Polizeibeamten trotz vorheriger vergeblicher Maßnahmen nichts anderes übrigbleibt als gerade einen Gewahrsam durchzuführen.[180]

Zudem muss die Straftat oder Ordnungswidrigkeit **unmittelbar bevorstehen oder fortgesetzt** werden, was dem Erfordernis einer gegenwärtigen Gefahr entspricht.[181] Die Tat muss also in allernächster Zukunft mit an Sicherheit grenzender Wahrscheinlichkeit eintreten oder bereits begonnen haben (und fortdauern). Anhaltspunkte für die Begehung einer zukünftigen Straftat können deren Ankündigung sein, oder das Mitführen von Waffen oder Werkzeugen. Eine Gewissheit, dass eine Straftat – oder Ordnungswidrigkeit mit besonderer Bedeutung für die Allgemeinheit – begangen wird, ist nicht erforderlich.[182] Eine genaue Differenzierung zwischen den Tatbestandsmerkmalen „unmittelbar bevorstehen" und „fortgesetzt" ist nicht erforderlich. Der Gesetzgeber zielt mit letzterer Formulierung offensichtlich darauf ab, dass auch bereits begonnene oder vollendete Straftaten von § 32 Abs. 1 Nr. 2 HSOG erfasst sein können, wenn die Gefahrenlage nach wie vor besteht. Insbesondere Dauerdelikte wie zB ein Hausfriedensbruch nach § 123 StGB können davon erfasst sein.

Die in § 32 Abs. 1 Nr. 2 HSOG genannte **„erhebliche Bedeutung für die Allgemeinheit"** bezieht sich aus Gründen der Verhältnismäßigkeit lediglich auf die abzuwehrende Ordnungswidrigkeit, während Straftaten auch geringerer Intensität für einen Gewahrsam zumindest auf der Tatbestandsebene ausreichen. Wann eine solche erhebliche Bedeutung für die Allgemeinheit vorliegt, lässt der Gesetzgeber offen, in der Rechtsprechung ist es bislang noch zu keiner gefestigten Auffassung gekommen, und auch in der Literatur ist noch keine klare Linie hinsichtlich des Begriffs erkennbar. Einigkeit besteht hier wohl darin, dass geringfügige Ordnungswidrigkeiten iSd § 56 **130**

---

178 Fredrich, § 32 HSOG, Rn. 12 mwN.
179 Vgl. Hornmann, § 32 HSOG, Rn. 19; s. auch BayObLG, NVwZ 2000, 467, 468; a. A.: LG Hamburg, NVwZ 1997, 537, 539: Unerlässlich ist der Gewahrsam bereits dann nicht, wenn er auch bei kürzerer Dauer geeignet gewesen wäre, die Gefahr abzuwehren; dagegen Leggereit, NVwZ 1999, 263, 264.
180 Vgl. die Beispiele bei VG Augsburg BeckRS 2013, 49586: Körperverletzung, aggressiv und uneinsichtig; VG Schleswig NJW 2000, 970: wiederholte Ruhestörung.
181 Vgl. BeckOK PolR, Hessen, Leggereit/ Müller J., HSOG § 32 Rn. 20 mwN.
182 BGH, HRRS 2020, Nr. 495/ NstZ-RR 2020, 230.

Fichte

Abs. 1 OWiG nicht diese Voraussetzung des § 32 Abs. 1 Nr. 2 HSOG erfüllen.[183] Als mögliche in Betracht kommende **Ordnungswidrigkeiten** werden hingegen solche aus dem **Umweltschutzbereich** (etwa § 30 Abs. 1 Nr. 1–3 BNatG zum Schutz bestimmter Tiere und Pflanzen) genannt.[184] In jedem Fall wird man – nicht nur im Bereich zu bekämpfender Ordnungswidrigkeiten, sondern auch zur Verhinderung von Straftaten – sehr auf den Rechtsfolgenbereich des § 32 Abs. 1 HSOG zu achten und mit Blick auf den Einzelfall die Verhältnismäßigkeit des Gewahrsams sorgfältig zu prüfen haben.

So hat das BayObLG in einem Beschluss angenommen, Ordnungswidrigkeiten rechtfertigen jedenfalls dann einen Polizeigewahrsam, wenn ihre Duldung den Eindruck vermitteln würde, der Rechtsstaat könne sich nicht durchsetzen.[185] Für das Vorliegen der unmittelbar bevorstehenden Straftaten bzw. Ordnungswidrigkeiten müssen zumindest konkrete Anhaltspunkte vorliegen, bloße Verdachtsgründe oder Vermutungen reichen nicht aus.[186]

Weiter kann auch die beharrliche Weigerung einen **Mund-Nasen-Schutz** zu tragen, unter Beachtung des Verhältnismäßigkeitsgrundsatzes die Voraussetzungen für einen Unterbindungsgewahrsam – oder bei Nichtbeachtung eines vorangegangenen Platzverweises die Voraussetzungen eines Durchsetzungsgewahrsams – erfüllen.[187] Auch die beharrlichen und **vielfachen Verstöße** in wenigen Tagen gegen die **Ausgangsbeschränkung** rechtfertigen nach dem AG Hof eine Ingewahrsamnahme zur Verhinderung der Begehung weiterer Ordnungswidrigkeiten mit besonderer Bedeutung für die Allgemeinheit.[188]

131 Wer richtiger Adressat eines Unterbindungsgewahrsams ist, kann der Norm nicht ohne Weiteres entnommen werden. Es ist aber davon auszugehen, dass der Gesetzgeber den **Adressaten normimmanent** regeln wollte, denn ein Heranziehen von Personen, die keine Straftat oder Ordnungswidrigkeit zu begehen drohen, würde Art. 5 Abs. 1 S. 2 lit. c EMRK zuwiderlaufen.[189] Adressat der Norm ist also immer die Person, die die Straftat oder Ordnungswidrigkeit begehen wird (oder gerade begeht). Dieser normimmanente Adressat geht somit den allgemeinen Bestimmungen der §§ 6–9 HSOG vor.

d) Durchsetzungsgewahrsam nach § 32 Abs. 1 Nr. 3 HSOG

132 Der vom Gesetzgeber ermöglichte Gewahrsam nach § 32 Abs. 1 Nr. 3 HSOG wird auch als **Durchsetzungsgewahrsam** bezeichnet. Er setzt zunächst den Erlass einer Maßnahme nach § 31 oder § 31a HSOG voraus. In § 31 Abs. 1 Nr. 3 HSOG ist keine Zwangsvollstreckung der Maßnahme nach § 31 oder § 31a HSOG zu sehen. § 32 Abs. 1 Nr. 3 HSOG dient vielmehr dazu, der Maßnahme nach § 31 oder § 31a HSOG mehr Nachdruck zu verleihen.[190] Der Gewahrsam muss zudem **unerlässlich** sein (vgl. dazu oben Rn. 692).

Richtiger Adressat ist immer die Person, gegen die sich auch die Maßnahme nach §§ 31 f. HSOG richtet. Es handelt sich hier also um einen spezialgesetzlich geregelten Normadressaten, der den allgemeinen Regelungen der §§ 6–9 HSOG vorgeht.

---

183 Vgl. Hornmann, § 32 HSOG, Rn. 23 ff.
184 Vgl. Hornmann, § 32 HSOG, Rn. 25.
185 Vgl. NVwZ 1999, 106.
186 Vgl. OLG Hamm, NVwZ-RR 2008, 322 f.; Fredrich, § 32 HSOG, Rn. 13.
187 BGH, COVuR, 2022, 303.
188 AG Hof, COVuR 2020, 436.
189 S. dazu OVG Bremen NVwZ 2001, 221; vgl. allgemein zum Präventivgewahrsam Hoffmann NVwZ 2015, 720.
190 BeckOK PolR Hessen, Leggereit/ Müller J. § 32 Rn. 24.

Fichte

III. Einzelmaßnahmen

In Rechtsprechung und Literatur sehr umstritten ist der sogenannte **erweiterte Verbringungsgewahrsam**, dh die hoheitliche Verbringung polizeipflichtiger Personen und ihre Entlassung an einem anderen Ort – etwa anderen Stadtteilen bzw. am Stadtrand – der keine spezielle polizeiliche Gewahrsamseinrichtung ist, um Gefahren für die öffentliche Sicherheit und Ordnung abzuwehren.[191]

Bsp.: Die Drogenabhängigen X und Y kehren trotz bereits mehrfach ausgesprochener Platzverweisungen und wiederholter Ingewahrsamnahmen durch die Polizei immer wieder in den Bereich einer Grundschule zurück, wo sie Drogen konsumieren. Die Polizei verbringt X und Y daher an den Stadtrand und setzt sie dort aus, damit sie nicht ohne Weiteres an den Ort, an dem sie aufgegriffen wurden, zurückkehren können.[192]

133

Während die wohl herrschende Meinung in der Literatur einen solchen **erweiterten Verbringungsgewahrsam** ablehnt,[193] nimmt ein anderer Teil des Schrifttums[194] sowie mehr oder weniger deutlich auch der überwiegende Teil der Rechtsprechung[195] die Rechtmäßigkeit solcher Maßnahmen unter bestimmten Voraussetzungen an.

134

Bsp.: Die oben genannten Drogenabhängigen X und Y werden von den Beamten nicht zum Stadtrand, sondern lediglich einige hundert Meter weit weg verbracht, und bei dem Zielort handelt es sich um ein Gelände, dem X und Y auf Nachfrage zugestimmt haben. Die Witterungsverhältnisse sind angenehm, X und Y befinden sich in gesundheitlich stabilem Zustand, es besteht Anschluss an den öffentlichen Personennahverkehr, der Zielort ist eine Wohngegend mit Geschäften zum Einkaufen und X und Y verfügen über ausreichend Geld, um sich fortzubewegen und sich mit dem Nötigsten zu versorgen.

Oder: X, der sich an einem Samstagabend hoffnungslos betrunken hat und in gefährlicher Weise über die Straße torkelt, wird von den Beamten mehrfach aufgefordert, den gefährlichen Bereich des Straßenverkehrs zu verlassen. Da X kaum noch aufnahmefähig ist, fahren ihn die Beamten mit dem Streifenwagen nach Hause, wo sie ihn seiner Ehefrau übergeben.

Es erscheint evident, dass in derartigen Fällen der Rechtseingriff milder ist als bei einem Gewahrsam beispielsweise in einer Polizeidienststelle. Des Weiteren wird die Auffassung[196] vertreten, dass diese mildere Maßnahme in der Ermächtigungsgrundlage zur Ingewahrsamnahme enthalten ist, gerade weil sie milder im Vergleich zur eigentlich geregelten Standardmaßnahme ist. Es handelt sich allerdings immer noch um eine Ingewahrsamnahme, sodass ein **Rückgriff auf die Generalbefugnisnorm des § 11 HSOG** gesperrt ist. Daher spricht einiges für die generelle Zulässigkeit des erweiterten Verbringungsgewahrsams auf der Grundlage des § 32 Abs. 1 Nr. 3 (oder Nr. 2) HSOG.

135

Allerdings sollte insbesondere bei dem erweiterten Verbringungsgewahrsam penibel auf die **Umstände des konkreten Einzelfalls** geachtet werden. So müssen zwingend das Wetter und die Temperaturen beachtet werden. Des Weiteren sollte betrachtet werden, wie fit (körperlich und geistig) der Adressat ist und es sollte bei der Wahl des Ortes darauf geachtet werden, dass eine Anbindung an öffentliche Verkehrsmittel gegeben ist. Es muss vermieden werden, dass der Adressat körperlichen Risiken, die über das allgemeine Lebensrisiko hinausgehen, ausgesetzt ist und wohlmöglich noch (dauerhafte) Schäden davonträgt.

In der Praxis wird wegen des nicht unerheblichen **Strafrisikos des erweiterten Verbringungsgewahrsams** zunehmend auf dieses Mittel verzichtet. So steht in bestimmten Fallkonstellationen

136

---

191 Vgl. dazu insgesamt Leggereit, NVwZ 1999, S. 263.
192 Nach LG Hamburg, NVwZ-RR 1997, 537.
193 Vgl. umfassend: Kappeler, DÖV 2000, 227, 234 mwN.
194 Vgl. Götz, NVwZ 1998, 679, 682 f. mwN; offen gelassen von Leggereit NVwZ 1999, 263 ff.
195 Vgl. OVG Bremen, NVwZ 1987, 235, 236 (Obiter Dictum); offenbar auch VG Bremen, NVwZ 1986, 862; offen gelassen in BVerwG, NVwZ 1988, 250 f.; aA LG Hamburg, NVwZ-RR 1997, 537 ff.
196 Lisken/ Denninger, Kap. E, Rn. 551 f.

Fichte

durchaus die Möglichkeit im Raum, dass der Beamte wegen Freiheitsberaubung und Nötigung[197] oder Aussetzung[198] strafrechtlich belangt wird.

Im Gegensatz zur vormaligen Fassung der Ziff. **32.1.2 VVHSOG** darf seit dem 30.11.2015 nach dem Wortlaut der VVHSOG eine Person nur noch mit ihrem Einverständnis an Orte verbracht werden, zu denen ein persönlicher Bezug besteht oder hergestellt werden kann.

137 Fraglich ist, ob ein Gewahrsam nach § 32 Abs. 1 Nr. 3 HSOG auch bei einer **bloßen Gefahr für die öffentliche Ordnung** zulässig ist. Bei besonders renitentem und uneinsichtigem Verhalten sollte aber auch diese polizeiliche Maßnahme in Betracht gezogen werden dürfen.[199] Dies muss dann im Rahmen der Verhältnismäßigkeitsprüfung eine besonders Berücksichtigung finden.

e) Gewahrsam zum Schutz privater Rechte nach § 32 Abs. 1 Nr. 4 HSOG

138 § 32 Abs. 1 Nr. 4 HSOG bietet die Möglichkeit, Personen zum **Schutz privater Rechte** (also nur unter der Voraussetzung der sachlichen Zuständigkeit nach § 1 Abs. 3 HSOG) in Gewahrsam zu nehmen. Voraussetzung dieser Ermächtigungsgrundlage ist, dass es sich bei dem Schutzgut um **reines Privatrecht,** also nicht etwa um den Schutz von Strafrechts- bzw. anderen öffentlich-rechtlichen Normen handelt. Sie wird im Rahmen der Verhältnismäßigkeit regelmäßig nur bei wesentlichen Vermögensgütern in Betracht kommen, wie bereits die Tatbestandsvoraussetzung „unerlässlich" anzeigt.[200] Voraussetzung ist zudem, dass eine Festnahme und Vorführung des Störers nach §§ 229, 230 Abs. 3 BGB zulässig ist, wobei es, da im Falle des § 32 Abs. 1 Nr. 4 HSOG immer die Polizei handelt, schon aus sachlogischen Gründen unerheblich ist, ob die polizeiliche Hilfe im Sinne des § 229 BGB rechtzeitig zu erlangen ist oder nicht. Angesichts der Subsidiarität des Schutzes privater Rechte iSd § 1 Abs. 3 HSOG und der damit verbundenen primären Zuständigkeit der Zivilgerichte nach §§ 935 ff. ZPO erscheint diese Ermächtigungsgrundlage wenig praxisrelevant.[201] Denkbar sind etwa Fälle, in denen ein Gläubiger gegenüber der Polizei glaubhaft macht, dass sich sein Schuldner durch Absetzen ins Ausland dem zivilrechtlichen Zugriff entziehen will und die Polizei nur in letzter Minute zugreifen kann. Allerdings sollte auch hier ein erheblicher zivilrechtlicher Schaden in Betracht kommen, um dem Grundsatz der Verhältnismäßigkeit Genüge zu tun.

Der **richtige Adressat** dieser Gewahrsamsform ist **spezialgesetzlich** in § 32 Abs. 1 Nr. 4 HSOG geregelt. Es ist die Person, die die Voraussetzungen der §§ 229, 230 Abs. 3 BGB erfüllt. §§ 6–9 HSOG werden durch diese Bestimmung verdrängt.

f) Gewahrsam zur Abwehr bestimmter Gefahren nah § 32 Abs. 1 Nr. 5 HSOG

139 Mit dem Gesetz zur Stärkung der Inneren Sicherheit in Hessen vom 13.12.2024[202] hat der Gesetzgeber eine weitere Befugnis zur Ingewahrsamnahme in das HSOG aufgenommen. Nach § 32 Abs. 1 Nr. 5 HSOG können Polizeibehörden eine Person in Gewahrsam nehmen, wenn es unerlässlich ist zur Abwehr einer Gefahr für bestimmte Rechtsgüter. So ist eine Ingewahrsamnahme möglich, wenn sie zur Abwehr einer konkreten Gefahr für den Bestand oder die Sicherheit des Bundes oder eines Landes (a), Leib, Leben oder Freiheit einer Person (b), die sexuelle Selbstbestimmung, soweit sie durch Straftatbestände geschützt ist, die im Mindestmaß mit wenigstens drei Monaten Freiheitsstrafe bedroht sind (c), oder Anlagen der kritischen Infrastruktur sowie Kulturgüter von mindestens überregionalem Rang (d) unerlässlich ist.

---

197 §§ 239, 240 StGB; vgl. LG Hamburg NVwZ-RR 1997, 537 mAnm Leggereit.
198 § 221 StGB; BGH NStZ 2008, 395.
199 Vgl. BeckOK PolR Hessen, Leggereit/ Müller J., HSOG § 32 Rn. 25.
200 Hornmann, § 32 HSOG, Rn. 36; Fredrich, § 32 HSOG, Rn. 16.
201 BeckOK, PolR, Hessen, Leggereit/ Müller J., § 32, Rn. 30.
202 GVBl. Nr. 83.

Fichte

g) Gewahrsam Minderjähriger nach § 32 Abs. 2 HSOG

Der in § 32 Abs. 2 HSOG gemeinte **Minderjährige** (iSd § 2 BGB: unter achtzehn Jahren) muss sich, um in Gewahrsam genommen oder dem Jugendamt zugeführt zu werden, der Obhut der Sorgeberechtigten entzogen haben.[203] **Sorgeberechtigt** sind grundsätzlich die Eltern des Kindes (§§ 1626, 1629 BGB). Bei nichtehelichen Kindern ist in der Regel die Mutter sorgeberechtigt, s. § 1626a Abs., 3 BGB, es sei denn es sind andere Erklärungen oder Vereinbarungen getroffen worden. Da es sich bei dem in diesen Bestimmungen normiertenSorgerecht um reines Privatrecht handelt und Verstöße dagegen insbesondere nicht durch repressive Vorschriften des OWiG oder des StGB sanktioniert sind, ist die Ermächtigungsgrundlage des § 32 Abs. 2 HSOG eine **sinnvolle Ergänzung des § 8 JuSchG.** § 8 JuSchG greift nämlich dann, wenn sich der Jugendliche an jugendgefährdenden Orten aufhält. Dies geht nicht zwingend damit einher, dass sich das Kind oder der Jugendliche der elterlichen Sorge entzogen hat. Eher im Gegenteil: ein Sorgeberechtigter kann sich sogar mit dem Kind an einem jugendgefährdenden Ort aufhalten und seiner Personensorgeberechtigung und -verpflichtung momentan nicht nachkommen (zB bei starker Trunkenheit). Der Jugendliche hat sich der Obhut seiner Sorgeberechtigten entzogen, wenn er sich gegen ihren Willen für eine nicht unerhebliche Dauer aus ihrem Einflussbereich entfernt bzw. nicht in ihn zurückkehrt und den Sorgeberechtigten der Aufenthaltsort unbekannt ist. In diesen Fällen greift § 32 Abs. 2 HSOG.

Bsp.: Der 14-jährige X erklärt beim Frühstück an einem Sonntagmorgen gegen die Erziehungsmethoden seiner Eltern protestierend, er ziehe aus zu seiner Großmutter und werde nicht mehr nach Hause zurückkehren.

Die Eltern des X können die Polizei nicht in Anspruch nehmen, weil sich X der Obhut nicht entzogen hat im Sinne des § 32 Abs. 2 HSOG. Die Eltern müssen sich zunächst selbst um eine Heimkehr ihres Kindes kümmern, solange nicht weitere Umstände hinzutreten, die die öffentliche Sicherheit und Ordnung beeinträchtigen könnten, wie etwa ein kollusives Handeln der Großmutter mit ihrem Enkel. Bei der Wohnung der Großmutter handelt es sich auch nicht um einen jugendgefährdenden Ort, so dass § 8 JuSchG auch nicht greift. Kommt keine Einigung zu Stande, müsste letztlich das Familiengericht entscheiden.

Es ist nicht erforderlich, dass von dem Minderjährigen eine **konkrete Gefahr** ausgeht oder dass ihm eine solche droht.[204]

Richtiger Adressat der Ingewahrsamnahme ist immer die minderjährige Person. Insoweit verdrängt § 32 Abs. 2 HSOG die allgemeinen Adressatenvorschriften der §§ 6–9 HSOG.

h) Gewahrsam von Personen außerhalb der JVA

Die in § 32 Abs. 3 HSOG genannte Möglichkeit des Gewahrsams von **Personen, die sich ohne Erlaubnis außerhalb einer Justizvollzugsanstalt aufhalten**, enthält keine größeren rechtlichen Schwierigkeiten.[205] Eine **konkrete Gefahr** ist nicht erforderlich. Der vom Wortlaut des § 32 Abs. 3 HSOG geforderten Freiheitsstrafe muss eine richterliche Verurteilung nach §§ 38 f. StGB bzw. §§ 17 ff. JGG, der freiheitsentziehenden Maßregel der Besserung und Sicherung eine richterliche Entscheidung nach §§ 63, 64, 66 StGB zugrunde liegen. Für eine Untersuchungshaft im Sinne dieser Bestimmung muss ein richterlicher Haftbefehl nach §§ 114 ff. StPO iVm §§ 72 f. JGG ergangen sein. Haft aufgrund eines Vollstreckungshaftbefehls iSd § 457 StPO oder eine einstweilige Unterbringung aufgrund eines Unterbringungsbefehls nach § 126a StPO bzw. § 73 JGG reichen nicht aus.

---

203 BeckOK, PolR, Hessen, Leggereit/ Müller J., § 32, Rn. 34.
204 Vgl. BeckOK PolR, Hessen, Leggereit/ Müller J., HSOG § 32 Rn. 35.
205 Vgl. aber zu verfassungsrechtlichen Fragen BeckOK, PolR, Hessen, Leggereit/ Müller J., HSOG § 32 Rn. 39 ff.

Fichte

143 Die Person hält sich „sonst ohne Erlaubnis außerhalb der Justizvollzugsanstalt auf", wenn sie rechtmäßig die Justizvollzugsanstalt verlassen hat, aber trotz entsprechender rechtlicher Verpflichtung nicht wieder in sie zurückgekehrt ist (vgl. § 35 StVollzG).

Richtiger Adressat dieser Gewahrsamsform ist immer die Person, die aus dem Vollzug entwichen ist usw Es handelt sich hier also um eine spezialgesetzlich geregelte Adressatenbestimmung, die die allgemeinen Adressatenvorschriften der §§ 6–9 HSOG verdrängt.

i) Gewahrsam iVm dem HPsychKHG

144 Voraussetzung für einen Gewahrsam nach § 32 Abs. 4 S. 1 HSOG ist die Zulässigkeit einer **sofortigen vorläufigen Unterbringung** nach § 17 Abs. 1 S. 1 HPsychKHG in ein **psychiatrisches Krankenhaus** (§ 10 Abs. 1–3 HPsychKHG). Danach müssen die Voraussetzungen für eine Unterbringung nach § 9 Abs. 1 HPsychKHG, nämlich, dass bei der betroffenen Person infolge einer psychischen Störung eine erhebliche Gefahr für ihr Leben, ihre Gesundheit oder das Leben, die Gesundheit oder andere bedeutende Rechtsgüter Anderer besteht und diese nicht anders abgewendet werden kann, mit hoher Wahrscheinlichkeit vorliegen. Außerdem muss **Gefahr im Verzug** vorliegen. Gem. der Rechtsfolge des § 32 Abs. 4 S. 1 HSOG kann die Person vorläufig in Gewahrsam genommen und in ein psychiatrisches Krankenhaus verbracht werden; im Falle einer somatischen Erkrankung, welche vordinglich behandelt werden muss, kann auch vorübergehend eine **Verbringung in ein Allgemeinkrankenhaus** erfolgen. Problematisch kann dann eine sog. **Krankenhausbewachung** werden, wenn das somatische Krankenhaus und die Psychiatrie räumlich auseinanderfallen.

Ist eine Person mit dem Ziel der Verbringung in ein psychiatrisches Krankenhaus gem. § 32 Abs. 4 HSOG in Gewahrsam genommen worden, besteht die Ingewahrsamnahme während der Behandlung in einem Allgemeinkrankenhaus fort. Dies bedeutet allerdings auch, dass die Beamten verantwortlich sind für die Person, über die sie Gewahrsam haben. In der Regel bestehen allerdings im Allgemeinkrankenhaus die Voraussetzungen einer vorläufigen Unterbringung nach § 17 Abs. 1 iVm § 9 Abs. 1 HPsychKHG (in der Regel die Suizidgefahr) nach Ermessen der Beamten weiter fort. Dies bedeutet, dass die Beamten verpflichtet sind, weiter der staatlichen Schutzpflicht aus Art. 2 Abs. 2 S. 1 GG nachzukommen und weitere Suizidversuche zu verhindern. Adäquat können die Beamten dieser Pflicht nur vor Ort nachkommen.

In der Praxis kann dies jedoch in einem reinen Allgemeinkrankenhaus (ohne angeschlossene psychiatrische Abteilung) dazu führen, dass die Beamten den potentiellen Suizidenten während der Behandlung bewachen müssen. Unproblematisch dürfte dies bei kürzeren Behandlungsmaßnahmen, wie beispielsweise dem Schienen oder Eingipsen eines gebrochenen Beines sein. Problematischer wird es jedoch, wenn ein tagelanger oder sogar wochenlanger Aufenthalt erforderlich wird.

Da es sich bei der Verbringung in ein psychiatrisches Krankenhaus, falls notwendig über eine (kurzfristige) Verbringung in ein Allgemeinkrankenhaus, um eine Ingewahrsamnahme handelt, gilt auch hier der **Richtervorbehalt** für freiheitsentziehende Maßnahmen aus Art. 104 Abs. 2 S. 1 GG. Allerdings ist hier nicht der Richter zuständig, der gem. § 33 Abs. 2 HSOG für alle anderen Freiheitsentziehungen auf der Grundlage des HSOG zuständig ist, sondern der Richter, der gem. § 17 Abs. 1 S. 3 HPsychKHG zuständig ist. Insofern ist der Verweis im Gesetzestext des § 32 Abs. 4 HSOG falsch, da zum 1.1.2023 das HPsychKHG geändert wurde.

Weiter verweist § 32 Abs. 4 HSOG auf den § 33 Abs. 1 S. 2 HSOG, der entsprechend auch auf die die Freiheitsentziehungen nach § 32 Abs. 4 HSOG anzuwenden ist. Dies bedeutet, dass in der Regel die Hinzuziehung eines Richters obsolet wird, wenn die betroffene Person direkt in ein psychiatrisches Krankenhaus verbracht wird. Sollte ein Aufenthalt in einem

III. Einzelmaßnahmen

Allgemeinkrankenhaus notwendig sein, so muss ein Richter hinzugezogen werden, wenn nicht ersichtlich ist, dass die Ingewahrsamnahme endet bevor die richterliche Entscheidung ergeht. Die Ingewahrsamnahme nach § 32 Abs. 4 HSOG endet mit der Übergabe der betroffenen Person an einen nach dem HPsychKHG bestellten Arzt (einer Psychiatrie). Der dort zuständige Arzt (vgl. § 11 Abs. 2 HPsychKHG) wird im Falle der sofortigen vorläufigen Unterbringung (§ 17 Abs. 1 S. 3 HPsychKHG) unverzüglich die gerichtliche Entscheidung einholen.

§ 32 Abs. 4 S. 2 HSOG erlaubt darüber hinaus auch ein **Zurückbringen** von Personen in ein psychiatrisches Krankenhaus durch die Ordnungs- oder Polizeibehörden. Das ist zulässig, wenn die Person nach § 9 Abs. 1 oder § 17 Abs. 1 HPsychKHG untergebracht ist und sich ohne Erlaubnis außerhalb des Krankenhauses aufhält.

145

Für ein **bloßes Zurückbringen** nach § 32 Abs. 4 S. 2 HSOG gelten die Verweise auf § 17 Abs. 1 S. 2 HPsychKHG und § 33 Abs. 1 S. 2 HSOG nicht. Zum einen liegt in solchen Fällen regelmäßig kein Gewahrsam vor, zum anderen ist eine richterliche Entscheidung hinsichtlich der Unterbringung bereits ergangen.

146

j) §§ 33–35 HSOG

Die §§ 33, 34, 35 HSOG enthalten **besondere Verfahrens- und Formvorschriften**, die grundsätzlich alle Formen der Freiheitsentziehung nach dem HSOG betreffen (beachte aber insbesondere § 33 Abs. 1 S. 1, § 35 Abs. 1 Nr. 4 S. 2 und Abs. 2 HSOG), namentlich die §§ 18 Abs. 4, 25 Abs. 1 S. 4 und 32 Abs. 1 und 2 HSOG. Eine Verletzung dieser Bestimmungen führt zur Rechtswidrigkeit der freiheitsentziehenden Maßnahme.[206]

147

§ 33 HSOG regelt dabei den sogenannten **Richtervorbehalt** für Ingewahrsamnahmen nach dem HSOG (beachte die geschilderten Besonderheiten für eine Ingewahrsamnahme nach § 32 Abs. 4 HSOG). Nach § 33 Abs. 1 S. 1 HSOG ist unverzüglich eine richterliche Entscheidung über Zulässigkeit und Fortdauer der Freiheitsentziehung herbeizuführen. Wie oben dargestellt, gilt diese Regelung jedoch nicht für Freiheitsentziehungen nach § 32 Abs. 3 HSOG.

148

§ 33 Abs. 1 S. 1 HSOG wiederholt den Verfassungsgrundsatz des Art. 104 Abs. 2 GG, der den Richtervorbehalt grundsätzlich für jede Form der Freiheitsentziehung festschreibt. Gem. Art. 104 Abs. 2 S. 2 GG muss die richterliche Entscheidung „**unverzüglich**" eingeholt werden. Dies bedeutet nicht etwa entsprechend der sonst gängigen Legaldefinition des § 121 BGB „ohne schuldhaftes Zögern" (so aber etwa Ziffer 33.1.2 VVHSOG). Die Verzögerung muss vielmehr sachlich zwingend geboten sein, also „ohne vermeidbare Säumnis" eingetreten sein, wobei der praktische Unterschied beider Sichtweisen gering sein dürfte.[207] Allerdings kann es Fallgestaltungen geben, bei denen drei Stunden auch noch als „unverzüglich" angesehen werden kann.[208] Dies hängt davon ab, wie sich die Umstände der Ingewahrsamnahme gestalten und ob noch andere dringende Maßnahmen vor Ort getroffen werden müssen. Es dürfte zulässig sein, dass die Beamten zunächst zur Polizeistation zurückfahren, bevor der Richter kontaktiert wird.

Weiter kann es geboten sein, den Richter fernmündlich über den Sachverhalt zu informieren und den Antrag auf richterliche Entscheidung zu stellen. Allerdings ist eine richterliche Anhörung des Betroffenen gem. § 34 Abs. 2 2.Alt. FamFG nicht notwendig, wenn sich ein Betroffener in einem Zustand befindet, in dem er seinen Willen offensichtlich nicht kundtun kann. Bei **schwer alkoholisierten Betroffenen**, die in hilfloser Lage vorgefunden werden und bloß kurzzeitig

---

206 Vgl. dazu aber auch OLG Celle NVwZ-RR 2006, 254.
207 zur Auslegung des Begriffs „unverzüglich", s. Fredrich, § 33 HSOG, Rn. 4 mwN.
208 Vgl. OLG Rostock, NVwZ-RR 2008, 173 ff.

Fichte

in Schutzgewahrsam genommen werden, ist eine Anhörung nicht möglich.[209] Dieser Umstand allein macht jedoch die richterliche Entscheidung als solche nicht entbehrlich.

Ist der Betroffene dazu in der Lage, ist er gem. § 420 Abs. 1 FamFG zur Anordnung der Freiheitsentziehung **persönlich anzuhören**. Dies bedeutet, dass der Betroffene dem Richter vorgeführt werden muss. Eine fernmündliche Anhörung reicht nicht aus.[210]

149 Bei Nichtbeachtung des Richtervorbehalts ist die festgehaltene Person zur Vermeidung einer **strafbaren Freiheitsberaubung** sofort freizulassen. Eine Heilung von Verstößen gegen den Richtervorbehalt ist nicht nach § 45 HVwVfG möglich, denn das Gericht ist keine „andere Behörde" iSd HVwVfG (zum Begriff der Behörde vgl. § 1 Abs. 2 HVwVfG). Weiter muss an dieser Stelle darauf hingewiesen werden, dass es nicht ausreicht, zu vermerken, dass die üblichen Bürodienstzeiten verstrichen sind oder der zuständige Richter nicht mehr erreicht wurde. Dies gilt insbesondere dann, wenn Bereitschaftsregelungen eingerichtet worden sind.

Bsp.: Der Polizeibeamte P, der den X gem. § 32 Abs. 1 Nr. 2 HSOG festhält, kann den richterlichen Notdienst am Wochenende telefonisch nicht erreichen und geht deshalb davon aus, dass niemand dort anwesend ist. P weiß dabei nicht, dass der den Notdienst ausübende Richter zwar vor Ort ist, aber wegen eines technischen Mangels das Telefon nicht hören kann.

Die bzgl. der richterlichen Beteiligung eintretende Verzögerung ist von P nicht schuldhaft verursacht, sie war aber insofern sachlich nicht zwingend als auch ein persönliches Aufsuchen des Richters vor Ort denkbar gewesen wäre. Daher ist der Richtervorbehalt nicht gewahrt; die Ingewahrsamnahme des X ist rechtswidrig. (Selbstverständlich ist die Erfüllung des objektiven Tatbestandes der Freiheitsberaubung für P mangels Vorsatzes nicht strafbar.)

150 Die in § 33 Abs. 1 S. 2 HSOG ermöglichte **Entbehrlichkeit der richterlichen Entscheidung** über die Freiheitsentziehung verlangt vom entscheidenden Polizeibeamten eine prognostische Bewertung der zukünftigen Geschehnisse hinsichtlich des Festhaltens und zwar einerseits bezüglich der Dauer der Maßnahme, andererseits bezüglich des Zeitpunkts der richterlichen Entscheidung. Hier ist dem handelnden Beamten eine ernsthafte und realistische Einschätzung beider Gesichtspunkte abzuverlangen. Dabei kann die richterliche Entscheidung durch die Entfernung des Gerichts, die Dauer einer möglichen richterlichen Anhörung, Wartezeit, Dauer der Entscheidungsfindung und Fertigstellung der Gerichtsentscheidung beeinflusst werden. Die Gewahrsamsdauer kann ua vom Betroffenen abhängen, etwa von renitentem oder uneinsichtigem Verhalten. Regelmäßig dürfte eine Freiheitsentziehung ohne richterliche Entscheidung kaum über zwei bis drei Stunden liegen. Kann der Beamte für einen Verzicht auf die Hinzuziehung eines Richters keine (sachlichen) Gründe nennen, so hat eine gewissenhafte Prognose scheinbar nicht stattgefunden. Die Freiheitsentziehung ist dann rechtswidrig erfolgt.[211]

Ergibt eine fundierte Prognose, dass die richterliche Entscheidung erst nach Wegfall des Grundes für die freiheitsentziehende Maßnahme ergehen wird, so kann auf die richterliche Entscheidung verzichtet werden, weil es schon dem Grundsatz der Erforderlichkeit widersprechen würde, den Betroffenen allein wegen der richterlichen Entscheidung noch länger festzuhalten. Auch eine **nachträgliche Benachrichtigung des zuständigen Richters** wird von der Vorschrift des § 33 Abs. 1 S. 2 HSOG nicht verlangt. Bei alledem ist davon auszugehen, dass für eine richterliche Entscheidung – jedenfalls tagsüber – 2 bis 3 Stunden benötigt werden.[212]

151 Die im Grunde systemwidrige **Zuständigkeit des Amtsgerichts** (vgl. die abdrängende landesrechtliche Sonderzuweisung des § 33 Abs. 2 S. 1 HSOG) gilt lediglich bis zur Entlassung der festgehaltenen Personen. Die Herbeiführung einer amtsrichterlichen Entscheidung durch die

---

209 LG Karlsruhe, NVwZ-RR 2017, 970 (Ls.).
210 LG Stuttgart, NJW 2017, 3729.
211 Vgl. VG Gera BeckRS 2007, 23043.
212 Vgl. OLG Rostock, NVwZ-RR 2008, 173, 176, VG Gera BeckRS 2007, 23043.

III. Einzelmaßnahmen

Polizeibehörde nach § 33 HSOG ist auch dann nicht erforderlich, wenn sie noch während der laufenden Freiheitsentziehung beantragt werden könnte, aber wegen der kurz bevorstehenden Entlassung des Betroffenen erst nach dessen Entlassung ergehen würde.[213]

Begehrt der Festgehaltene auch nach seiner Freilassung eine gerichtliche Entscheidung, so lebt die Zuständigkeit der Verwaltungsgerichte nach § 40 Abs. 1 S. 1 VwGO wieder auf, dh, er kann – da sich der Verwaltungsakt mittlerweile erledigt hat – eine Fortsetzungsfeststellungsklage im Sinne des § 113 Abs. 1 S. 4 VwGO analog auf Feststellung der Rechtswidrigkeit der Ingewahrsamnahme erheben.[214]

Für das gerichtliche Verfahren vor dem Amtsgericht sind die Bestimmungen des Gesetzes über das Verfahren in Familiensachen und in den Angelegenheiten der freiwilligen Gerichtsbarkeit (FamFG) einschlägig (vgl. § 33 Abs. 2 S. 2 HSOG). Das bedeutet insbesondere, dass gem. § 420 Abs. 1 S. 1 FamFG der Betroffene persönlich vor Gericht anzuhören ist. Die Gelegenheit zur Stellungnahme vor der Polizeidienststelle reicht zur Erfüllung dieser Bestimmung grundsätzlich nicht. 152

Die Bestimmung des § 34 HSOG enthält besondere Verfahrensvorschriften für sämtliche Formen der Freiheitsentziehung nach dem HSOG. Umstritten ist, ob deren Nichtbeachtung zur formellen Rechtswidrigkeit der Maßnahme führt.[215] So ist der festgehaltenen Person insbesondere nach Abs. 1 der **Grund für die Freiheitsentziehung** unverzüglich[216] **bekannt zu geben**. Eine rechtliche Begründung ist hierfür nicht erforderlich, jedoch muss zumindest der Sachverhalt, der zur Freiheitsentziehung führt, hinreichend dargestellt werden. Dieser ist dann so detailliert darzustellen, dass die festgehaltene Person ihre Rechte sachgemäß wahrnehmen kann. Dabei ist ausweislich des Wortlauts von § 34 Abs. 1 HSOG eine Schriftform nicht erforderlich. Zur späteren Beweiserleichterung kann sich aber ein **schriftlicher Aktenvermerk** über die Bekanntgabe des Grundes empfehlen. Wenn sich der Betroffene weigert, das mit seiner Unterschrift zu bestätigen, so sollte dies mit dokumentiert werden (vgl. dazu auch die Parallelvorschrift § 114b Abs. 1 S. 4 StPO). 153

Kann der Betroffene nicht unverzüglich über den Grund des Festhaltens informiert werden (zB bei Volltrunkenheit, Bewusstlosigkeit oder starker Erregung), so ist seine Bekanntgabe unverzüglich nachzuholen.[217]

Bsp.: Der Drogenabhängige D wird gem. § 32 Abs. 1 Nr. 1 HSOG in einem Zustand in Gewahrsam genommen, in dem er nicht mehr ansprechbar ist. Sobald die Wirkung der von ihm eingenommenen Drogen nachgelassen hat, ist ihm der Grund für das Festhalten bekannt zu geben.

Gem. § 34 Abs. 2 HSOG ist der festgehaltenen Person unverzüglich (auch hier: ohne schuldhaftes Zögern im Sinne des § 121 BGB analog) **Gelegenheit zu geben, einen Angehörigen oder eine Person ihres Vertrauens zu benachrichtigen.** In bestimmten Fällen übernimmt die Polizeibehörde die Benachrichtigung, wenn die festgehaltene Person dazu selbst nicht in der Lage ist. Die Regelung soll verhindern, dass Personen „verschwinden" und niemand – insbesondere Angehörige und Freunde – weiß, wo sich die Person befindet und was mit ihr geschehen ist. Das **Mittel der Benachrichtigung** ist nicht näher vorgegeben. So kann sie telefonisch, per Fax oder anders erfolgen. Grundsätzlich ist die Benachrichtigung vom Betroffenen selbst vorzunehmen. 154

---

213 Das ist in der Literatur umstritten, vgl. im Einzelnen BeckOK, PolR, Hessen, Leggereit/ Müller J., HSOG § 33 Rn. 10 f. mwN.
214 Vgl. Hornmann, § 33 HSOG, Rn. 15.
215 A.A.: Fredrich, § 34 HSOG, Rn. 3, jedoch ohne nähere Begründung.
216 Dh hier: ohne schuldhaftes Zögern, vgl. § 121 BGB analog, BVerwG NJW 1974, 810.
217 So Hornmann, § 34 HSOG, Rn. 5.

Fichte

Unter Umständen ist es aber geboten, dass die Polizeibehörde aktiv an der Benachrichtigung mitwirkt, etwa indem sie ein Telefon oÄ zur Verfügung stellt.[218]

Der Begriff des **Angehörigen** iSd § 34 Abs. 2 S. 1 HSOG ist weit auszulegen. Er umfasst alle dem Betroffenen nahestehenden Personen. Das können neben den näheren auch entferntere Verwandte sein, zB Pflegeeltern, Schwager etc[219]

Unter einer „**Person des Vertrauens**" versteht man solche Menschen, die nach dem subjektiven Empfinden des Festgehaltenen für die Nachricht in Frage kommen, also sein besonderes Vertrauen genießen. Das können Freunde, Berufskollegen, Seelsorger, Vorgesetzte, Rechtsanwälte oder andere Personen sein.[220]

Ob mit der Formulierung „eine" Person die Benachrichtigungspflicht tatsächlich nur auf eine einzelne Person beschränkt werden sollte, mag bezweifelt werden. Die Vorschrift sollte vielmehr als eine Mindestanforderung verstanden werden, die die Polizeibehörden dazu verpflichtet, mindestens eine Person zu benachrichtigen. Das schließt nicht aus, dass der festgehaltenen Person auch die Benachrichtigung weiterer Personen gestattet wird.[221]

155 Wenn der **Zweck der Freiheitsentziehung** durch die Benachrichtigung **gefährdet** wird, besteht eine Ausnahme von der Benachrichtigungspflicht (vgl. § 34 Abs. 2 S. 1 Hs. 2 HSOG). Dies könnte beispielsweise der Fall sein, wenn durch die Benachrichtigung weitere zusammenhängende polizeiliche Maßnahmen gefährdet werden würden. Allerdings ist eine äußerst restriktive Auslegung dieser Ausnahmevorschrift zwingend.[222]

Bsp.: A wird verdächtigt Kinderpornographie auf seinem Rechner zu haben und am Handel damit auch beteiligt zu sein. Daher soll seine Wohnung, zusammen mit Wohnungen anderer Händler durchsucht werden. A stört die Maßnahme und wird nach erfolglosem Platzverweis in Gewahrsam genommen. So lange nicht sichergestellt werden kann, dass alle anderen Betroffenen der anderen Wohnungsdurchsuchungen schon über die Maßnahmen informiert worden sind, darf A keine Person über seine Ingewahrsamnahme benachrichtigen.

Nach § 34 Abs. 2 S. 2 HSOG ist die **polizeiliche Benachrichtigungspflicht** unabhängig von der des Richters. Die Polizei darf nicht unter Hinweis auf die richterliche Benachrichtigungspflicht auf die eigene Benachrichtigung verzichten (vgl. § 34 Abs. 2 S. 2 HSOG iVm Art. 104 Abs. 4 GG iVm § 432 FamFG; vgl. auch § 114 Abs. 2 Nr. 6 StPO).[223]

Nach § 34 Abs. 2 S. 3 HSOG kann die **Polizeibehörde** auch verpflichtet sein, **selbst die Benachrichtigung vorzunehmen**. Das kann vorkommen, wenn die betroffene Person unter starkem Drogen- oder Alkoholeinfluss steht, oder sich (sonst) in einem die freie Willensbestimmung ausschließenden Zustand befindet. Immer ist zudem der **mutmaßliche Wille** des Betroffenen zu berücksichtigen, der im Einzelfall gegen eine Benachrichtigung sprechen kann.[224]

Bei **minderjährigen Personen** oder bei solchen, für die ein Betreuer bestellt ist (vgl. §§ 1896 ff. BGB) muss die Polizeibehörde unverzüglich eine sorgeberechtigte Person iSd §§ 1626 ff. BGB oder den Betreuer (im Rahmen seines Aufgabenkreises) benachrichtigen, vgl. **§ 34 Abs. 2 S. 4 HSOG**. Einen Ermessensspielraum hat die Polizeibehörde in diesen Fällen nicht.[225]

Schließlich enthält Abs. 3 einige Bestimmungen, die die **Art der Unterbringung** der festgehaltenen Person betreffen. Soweit es sich bei ihnen um sogenannte Sollvorschriften handelt, darf

---

218 Vgl. BeckOK, PolR, Hessen, Leggereit/ Müller J., HSOG § 34 Rn. 3.
219 Vgl. Fredrich § 34 HSOG, Rn. 5.
220 Vgl. BeckOK, PolR, Hessen, Leggereit/ Müller J., HSOG § 34 Rn. 5.
221 BeckOK PolR Hessen, Leggereit/ Müller J., § 34 Rn. 6.
222 Hornmann, § 34 HSOG, Rn. 12.
223 So Hornmann, § 34 HSOG, Rn. 15.
224 Vgl. dazu auch BeckOK PolR Hessen/Leggereit HSOG § 34 Rn. 9 ff.
225 Fredrich, § 34 HSOG, Rn. 9.

von ihrer Wahrung abgesehen werden, wenn ein von der Regel abweichender Ausnahmefall vorliegt. Abweichungen sind aber regelmäßig auf unumgängliche Fälle zu beschränken und sollten dokumentiert werden.

Bsp.: Herr A und Frau B sollen zur Verhinderung gemeinsam geplanter Sachbeschädigungen gem. § 32 Abs. 1 Nr. 2 HSOG für einige Stunden in Gewahrsam genommen werden, es steht dazu jedoch nur ein Raum und keine Ausweichmöglichkeit zur Verfügung. Die beiden können, soweit keine durchgreifenden Bedenken dagegen bestehen, ausnahmsweise in demselben Raum untergebracht werden.

§ 34 Abs. 3 S. 3 HSOG schreibt vor, dass der festgehaltenen Person nur solche Beschränkungen auferlegt werden dürfen, die der Zweck der Freiheitsentziehung oder die Ordnung im Gewahrsam erfordert. Nach Ziff. 34.3 VVHSOG können zB Sachen einbehalten werden, ohne dass dafür die Voraussetzungen des § 40 Abs. 1 (Nr. 3) HSOG vorliegen müssten. 156

§ 34 Abs. 3 S. 4 HSOG erlaubt die Möglichkeit der **Beobachtung mittels offener Bildübertragung**. Die Regelung soll Selbstgefährdungen oder gar Selbsttötungen in polizeilichen Gewahrsamsräumen verhindern helfen. Voraussetzung für die Beobachtung in diesem Sinne sind tatsächliche Anhaltspunkte dafür, dass die Maßnahme zum Schutz der Person erforderlich ist. Eine routinemäßige Beobachtung mittels Bildübertragung ist dadurch ausgeschlossen. Entscheidend ist vielmehr stets der Einzelfall.

§ 35 HSOG regelt die **Höchstdauer der Freiheitsentziehung**. Abs. 1 S. 1 Nr. 1 ist dabei als Ausprägung des Verhältnismäßigkeitsprinzips zu verstehen, da eine belastende Maßnahme, für die es keinen Grund mehr gibt, den Grundsätzen dieses Prinzips nicht genügen kann. 157

Bsp.: A wird auf Gründen des Schutzes gem. § 32 Abs. 1 Nr. 1 HSOG in Gewahrsam genommen, da er so betrunken ist, dass er sich nicht mehr orientieren kann und ständig auf die Fahrbahn einer regelmäßig befahrenen Straße taumelt. Gem. § 35 Abs. 1 Nr. 1 HSOG ist A nicht erst zu entlassen, wenn er einen Promillewert von 0,0 erreicht hat, sondern dann, wenn er soweit ausgenüchtert ist, dass er sich orientieren kann und zu erwarten ist, dass er nicht unkontrolliert auf die Fahrbahn gerät, oder sich in sonstiger Art und Weise selbst gefährdet.

§ 35 Abs. 1 S. 1 Nr. 2 HSOG entspricht der Regelung des Art. 19 Abs. 2 S. 1 HessVerf., wonach jeder Ingewahrsamgenommene binnen 24 Stunden seinem **Richter zuzuführen** ist. Das bedeutet nicht, dass der Richter innerhalb dieser Frist über die Zulässigkeit und Fortdauer der Freiheitsentziehung zu entscheiden hat. Das ist eine durch § 35 Abs. 1 Nr. 4 HSOG bestimmte Frist, wonach die betroffene Person nach Ablauf des folgenden Tages zu entlassen ist, wenn nicht vorher eine richterliche Entscheidung ergangen ist. 158

Bsp.: A wird am Montag um 0.01 Uhr von der Polizei aufgegriffen und soll wegen unmittelbar bevorstehender Begehung einer Straftat im Gewahrsam gehalten werden. Nach Art. 104 Abs. 2 S. 3 GG dürfte er – wenn eine richterliche Entscheidung nicht eingeholt werden kann – maximal bis Dienstag 24 Uhr festgehalten werden. Nach der spezialgesetzlich geregelten Höchstdauer des § 35 Abs. 1 S. 1 Nr. 2 HSOG iVm Art. 19 Abs. 2 S. 1 HessVerf. müsste er aber spätestens bis Dienstag 0.00 Uhr dem Richter zugeführt werden.

Wegen des in Art. 104 Abs. 2 S. 1 GG, § 33 Abs. 1 S. 1 HSOG geregelten Richtervorbehalts bei Freiheitsentziehungen liegt nicht nur die Frage der Zulässigkeit, sondern gem. § 35 Abs. 1 S. 1 Nr. 3 HSOG insbesondere auch die Fortdauer einer Freiheitsentziehung in der Entscheidungskompetenz des Richters. Dem entsprechend muss die Freiheitsentziehung sofort beendet werden, wenn sie durch richterliche Entscheidung für unzulässig erklärt wird. 159

Die Zeitgrenze des § 35 Abs. 1 S. 1 Nr. 4 HSOG spiegelt die Regelung des Art. 104 Abs. 2 S. 3 GG wider. Danach muss spätestens bis zum Ablauf des Tages nach dem Ergreifen (also nach maximal 48 Stunden) die festgehaltene Person entlassen werden, wenn nicht vorher eine **Entscheidung des Richters** iSd Art. 104 Abs. 2 S. 1 oder 2 GG ergangen ist. Anders als in § 35 Abs. 1 Nr. 2 HSOG reicht hier also eine Zuführung zum Richter nicht aus. Es ist vielmehr auch dessen Entscheidung erforderlich, wenn die Polizeibehörde den Betroffenen – weiter – festhalten will. In der richterlichen Entscheidung ist dann die Dauer der Freiheitsentziehung zu 160

Fichte

bestimmen, wobei sie für einen Unterbindungsgewahrsam (§ 32 Abs. 1 Nr. 2) zwölf Tage, für einen Durchsetzungsgewahrsam für die Durchsetzung einer elektronischen Aufenthaltsüberwachung (§ 32 Abs. 1 Nr. 3) zwanzig Tage und in den übrigen Fällen des § 32 Abs. 1 vier Tage nicht überschreiten darf.

Bsp.: A wird am Freitag um 17 Uhr von der Polizei in Gewahrsam genommen. Gem. § 35 Abs. 1 Nr. 2 HSOG wäre er spätestens am Samstag um 17 Uhr zu entlassen, wenn er nicht zuvor einem Richter zugeführt werden konnte. Im Fall einer geglückten Zuführung müsste der Richter aber auch eine Entscheidung bis Samstag, 24 Uhr, treffen, denn ansonsten müsste die Polizei den Festgehaltenen gem. § 35 Abs. 1 Nr. 4 HSOG spätestens um diese Zeit, also am Samstag um 24 Uhr, entlassen.

161   Gem. § 35 Abs. 2 HSOG darf eine **Freiheitsentziehung, die** allein **einer Identitätsfeststellung dient**, nicht länger als zwölf Stunden dauern. Anderenfalls kann die Dauer einer Freiheitsentziehung nach dem HSOG je nach Fallgestaltung bis zu zehn Tage betragen (vgl. § 35 Abs. 1 S. 3 Nr. 2 HSOG), wenn der Richter dies anordnet.

Bsp.: A, dessen Identität der Polizei unbekannt ist, wird, nachdem er einen Platzverweis wiederholt nicht befolgt hat, wird von der Polizei am Montag um 3 Uhr nachts gem. § 32 Abs. 1 Nr. 3 HSOG in Gewahrsam genommen. Da die Freiheitsentziehung nicht allein der Identitätsfeststellung dient, muss A nicht bereits um 15 Uhr entlassen werden (§ 35 Abs. 2 HSOG), sondern kann im Extremfall bis zum Mittwoch um drei Uhr nachts festgehalten werden (§ 35 Abs. 1 Nr. 4 S. 2 HSOG).

10. Durchsuchung und Untersuchung von Personen (§ 36 HSOG)

a) Begriffe und Grundsätzliches zur Durchsuchung und Untersuchung nach § 36 HSOG

162   Die Ermächtigungsgrundlagen des § 36 HSOG gliedern sich in Eingriffe bezüglich zwei verschiedener Rechtsgüter: Während die Befugnisse nach den Absätzen 1–3 (Abs. 4 ist lediglich eine besondere Verfahrensvorschrift) allein eine **Durchsuchung** von Personen und damit einen Eingriff in das Recht auf informationelle Selbstbestimmung gem. Art. 2 Abs. 1 iVm Art. 1 GG erlauben, gestattet § 36 Abs. 5 HSOG eine **körperliche Untersuchung**, die bereits einen Eingriff in die körperliche Unversehrtheit nach Art. 2 Abs. 2 S. 1 GG darstellt.

Abzugrenzen sind die Ermächtigungsgrundlagen zum einen von den Durchsuchungen im Sinne des § 18 Abs. 4 HSOG, die lediglich auf eine Feststellung der Identität zielen dürfen sowie von Durchsuchungen von Sachen im Sinne des § 37 HSOG, der allein eine Durchsuchung von körperlichen Gegenständen (gleichgültig, ob beweglich oder unbeweglich) erlaubt, zum anderen aber auch von Durchsuchungen iSd § 38 HSOG, die sich allerdings nur auf Wohnungen iSd § 38 Abs. 1 HSOG beziehen dürfen.

Bsp.: Die **Untersuchung** von Personen im Sinne des § 36 Abs. 5 HSOG zielt namentlich darauf ab, Informationen über das Körperinnere des Adressaten zu erhalten, wobei das bloße Betrachten der Körperoberfläche (etwa das Suchen nach Muttermalen oder Narben) sowie Zugänge zum Körperinneren über Mund, Nase und Ohren noch nicht zur Unter-, sondern zur Durchsuchung zu zählen sind.[226] Zur **Durchsuchung** einer Person zählen auch die Fälle, in denen die von der betreffenden Person getragenen Kleidungsstücke durchsucht werden. Werden also die Taschen der von A getragenen Hose von der Polizei durchsucht, so handelt es sich dabei um die Durchsuchung einer Person nach § 36 Abs. 1–4 HSOG. Wird hingegen der über dem Arm des A hängende Mantel durchsucht, so handelt es sich um eine Durchsuchung von Sachen im Sinne des § 37 HSOG.

§ 37 HSOG greift auch bei der Durchsuchung von Leichen; nach § 36 Abs. 1–4 HSOG können nur lebende Menschen durchsucht werden. Die gleiche Ermächtigungsgrundlage, § 37 HSOG, greift, wenn die Beamten ein nicht befriedetes und/oder nicht mit Wohn- und Nebenräumen, Arbeits-, Betriebs- und Geschäftsräumen verbundenes Grundstück durchsuchen (hier gilt nicht etwa § 38 HSOG, vgl. dort die Legaldefinition der Wohnung gem. Abs. 1).

---

226   Vgl. OVG Saarlouis, Urt. v. 30.11.2007 – 3 R 9/06; VGH München, NVwZ-RR 1999, 310.

Fichte

b) Durchsuchung nach § 36 Abs. 1 Nr. 1 HSOG

Durchsuchen bedeutet das Suchen staatlicher Organe nach Personen, Sachen oder einem Sachverhalt, die/den der Gewahrsamsinhaber von sich aus nicht offenlegen will. Die Möglichkeit, Personen nach § 36 Abs. 1 HSOG zu durchsuchen, wird sowohl den Gefahrenabwehr-, als auch den Polizeibehörden eröffnet, so dass die sachliche Zuständigkeit der Polizei- und Ordnungsbehörden bei Anwendung des § 1 Abs. 1 S. 1 HSOG auch einen Eilfall iSd § 2 S. 1 HSOG bzw. die Beachtung des Grundsatzes der Erstbefassung verlangt.

Voraussetzung für einen Eingriff nach § 36 Abs. 1 Nr. 1 HSOG ist zunächst, dass die Durchsuchung auf eine **Sicherstellung von Sachen** (also körperlichen Gegenständen, vgl. § 90 BGB) nach § 40 Abs. 1 HSOG abzielt. Dabei verweist der Paragraf nicht nur auf eine Variante des § 40 Abs. 1 HSOG, sondern auf alle vier Ziffern. Die in § 36 Abs. 1 Nr. 1 HSOG genannten Tatsachen als wahr unterstellt, müssen sie selbstverständlich zu einer formell und materiell rechtmäßigen Sicherstellung der Sachen führen können (vgl. Gesetzestext „sichergestellt werden dürfen").

Sachen, die hingegen auch bei Bestätigung der in § 36 Abs. 1 Nr. 1 HSOG genannten Tatsachen nicht sichergestellt werden dürften, verbieten eine darauf gestützte Durchsuchung einer Person. „**Tatsachen, die die Annahme rechtfertigen**" sind nicht bereits dann gegeben, wenn Indizien aufgrund polizeilicher Erfahrung die Möglichkeit einer Sicherstellung in Aussicht stellen, sondern es müssen gewusste **(beweisbare)** Fakten unter Einbeziehung des polizeilichen Erfahrungswissens den Schluss auf die Möglichkeit einer Sicherstellung mit einer gewissen Wahrscheinlichkeit zulassen. Der Begriff „Tatsachen, die die Annahme rechtfertigen" ist somit enger als jener der „**tatsächlichen Anhaltspunkte**", etwa in § 13 Abs. 1 Nr. 1 HSOG. Da die Ermächtigungsgrundlage des § 36 Abs. 1 Nr. 1 HSOG „Tatsachen" erfordert, ist hier ein genaues Arbeiten am Sachverhalt erforderlich. Es muss – sowohl in der Klausur, als auch in der Praxis – deutlich gemacht werden, dass hier eben Tatsachen und keine tatsächlichen Anhaltspunkte vorliegen. Die Hürde der „Tatsachen" ist (deutlich) höher, als die der tatsächlichen Anhaltspunkte.

Bsp.: Der Polizei ist bekannt, dass die gewaltbereite rechte Szene plant, an einem bestimmten Tag massiv Ausländer zu bedrohen bzw. zu verfolgen. An diesem Tag trifft sie eine Gruppe von vier „Skinheads" an, die unter anderem Baseballschläger mit sich führen. Hier liegen Tatsachen vor (Zugehörigkeit zur rechten Szene, Mitführen von Baseballschlägern), die unter Einbeziehung des polizeilichen Erfahrungswissens (hier: konkrete Erkenntnisse der Polizei unter Berücksichtigung der bisherigen Erfahrungen mit „Skinheads") den Schluss auf die Möglichkeit einer Sicherstellung mit einer gewissen Wahrscheinlichkeit zulassen.

Die Voraussetzung, dass die Person Sachen „**mit sich führt**", ist erfüllt, wenn die zu durchsuchende Person einen direkten – also unmittelbaren und sofortigen – Zugriff auf die Sachen hat. Bei der hier in Rede stehenden Durchsuchung von Personen wird dies regelmäßig ohne Weiteres bejaht werden können. Im Rahmen von Durchsuchungen von Sachen kann sich die Feststellung des Merkmals „mit sich führen" als problematischer herausstellen. Dies wird relevant bei § 37 Abs. 1 Nr. 1 HSOG (Durchsuchung von Sachen).

c) Durchsuchung nach § 36 Abs. 1 Nr. 2 HSOG

Die Ermächtigungsgrundlage des § 36 Abs. 1 Nr. 2 HSOG, die sich an § 32 Abs. 1 Nr. 1 HSOG anlehnt, gibt den Gefahrenabwehr- und Polizeibehörden die Möglichkeit, Personen zu durchsuchen, die sich in **hilfloser Lage** befinden. Damit eröffnet das Gesetz insbesondere die Möglichkeit, Personen der genannten Gruppe nach Sachen zu durchsuchen, die zur Aufhebung der hilflosen Lage beitragen können. Hierbei ist in erster Linie an Medikamente zur Behandlung der hilflosen Person zu denken. Ob die Gefahr von der hilflosen Person selbst verursacht wurde oder nicht, ist für das Vorliegen der Voraussetzungen von § 36 Abs. 1 Nr. 2 HSOG ohne Belang.

Bsp.: Der A bricht ohne erkennbaren Grund auf offener Straße zusammen und ist nicht mehr ansprechbar. Nachdem der herbeigeeilte Polizeibeamte P den A in die stabile Seitenlage gebracht hat, durchsucht er ihn nach Medikamenten bzw. Hinweisen auf eine Krankheit des A. Die Maßnahme ist nach § 36 Abs. 1 Nr. 2 HSOG gerechtfertigt.

166 Der **richtige Adressat** einer Durchsuchung nach § 36 Abs. 1 Nr. 1 oder 2 HSOG ergibt sich nicht etwa aus den §§ 6, 7, 9 HSOG; vielmehr enthalten die Bestimmungen jeweils einen **spezialgesetzlich geregelten Normadressaten**, nämlich die Person, die die Sachen mit sich führt bzw. die sich in hilfloser Lage befindet.

d) Durchsuchung nach § 36 Abs. 2 Nr. 1 HSOG

167 § 36 Abs. 2 HSOG gestattet unter weiteren Voraussetzungen – nur – den Polizeibehörden die Durchsuchung von Personen.[227] Die Bestimmung grenzt solche Durchsuchungen eindeutig von der Zielrichtung des § 18 Abs. 4 HSOG ab, der Durchsuchungen von Personen lediglich zum Zwecke der Identitätsfeststellung erlaubt.

Bsp.: A, der des Nachts in einer Wohngegend herum randaliert, wird von der Polizei nach Ausweispapieren durchsucht. Als Ermächtigungsgrundlage kommt lediglich § 18 Abs. 4 HSOG, nicht jedoch § 36 HSOG in Betracht.

168 Maßnahmen nach § 36 Abs. 2 HSOG sind – anders als Maßnahmen nach § 36 Abs. 1 HSOG – nicht zum Zwecke der Identitätsfeststellung erlaubt. Darauf weist der Wortlaut des § 36 Abs. 2 HSOG hin („außer in den Fällen des § 18 Abs. 4 HSOG").

169 Nach § 36 Abs. 2 Nr. 1 HSOG kann eine Person durchsucht werden, wenn sie nach diesem Gesetz (vgl. § 18 Abs. 4, § 25 Abs. 1 S. 4, § 32 HSOG) oder nach anderen Rechtsvorschriften **festgehalten werden kann**. Liegen die Voraussetzungen für ein rechtmäßiges Festhalten nicht vor, so darf auch eine Durchsuchung der Person nicht durchgeführt werden. Zielrichtung der Bestimmung ist es insbesondere, gefährliche Gegenstände bei der Person aufzufinden, um zu verhindern, dass sich die Person während der freiheitsentziehenden Maßnahme verletzt, tötet, Polizeibeamte bzw. Dritte angreift oder mit dem Gegenstand fremde Sachen beschädigt bzw. die Flucht erleichtert. Die Bestimmung korreliert daher unmittelbar mit § 40 Abs. 1 Nr. 3 HSOG.

Bsp.: A, der zur Durchsetzung eines Platzverweises nach § 32 Abs. 1 Nr. 3 HSOG in Gewahrsam genommen werden soll, wird nach gefährlichen Gegenständen durchsucht, wobei die Polizeibeamten ein Messer mit einer 20 Zentimeter langen Klinge entdecken. Die Maßnahme ist von der Befugnisnorm des § 36 Abs. 2 Nr. 1 HSOG gedeckt, obwohl zum Zeitpunkt der Durchsuchung ein Festhalten noch nicht gegeben war, wohl aber die rechtlichen Voraussetzungen dafür vorlagen. In dieser Phase des bloßen Anhaltens ist die Durchsuchung als rechtmäßig anzusehen, weil sie auf ein rechtmäßiges Festhalten abzielt und nur so ein effektiver Schutz der oben genannten Rechtsgüter zu gewährleisten ist.

Allerdings kann auch anders argumentiert werden. Sofern dem A die geplante Ingewahrsamnahme eröffnet wurde, beginnt die freiheitsentziehende Maßnahme auch schon. Daher kann zum Zeitpunkt der Durchsuchung auch schon von einem Festhalten iSd § 32 HSOG bzw. des § 36 Abs. 2 Nr. 1 HSOG gesprochen werden.

e) Durchsuchung nach § 36 Abs. 2 Nr. 2 u. 3 HSOG

170 Die Nummern 2 und 3 des § 36 Abs. 2 HSOG entsprechen von den Voraussetzungen den Nummern 1, 3 und 4 des § 18 Abs. 2 HSOG (vgl. dazu näher oben Rn. 607 ff.). Während dort Sinn und Zweck der Durchsuchung immer auf eine Identitätsfeststellung gerichtet sein muss, zielt eine Durchsuchung nach § 36 Abs. 2 Nr. 2–3 HSOG auf ein Auffinden von Gegenständen ab, mit denen die dort genannten Personen und Sachen gefährdet werden könnten.

§ 36 Abs. 2 Nr. 2 HSOG knüpft an den **Aufenthalt einer Person an einem bestimmten Ort** an, ohne darüber hinaus Voraussetzungen zu verlangen, die auf eine besondere Gefährlichkeit

---

[227] Die sachliche Zuständigkeit hängt also im Falle des § 1 Abs. 1 S. 1 HSOG nicht vom Eilfall iSd § 2 S. 1 HSOG oder dem Grundsatz der Erstbefassung ab.

III. Einzelmaßnahmen

der Person schließen lassen. Es sind demzufolge an eine Durchsuchung nach § 36 Abs. 2 Nr. 2 HSOG im Vergleich zu einer Identitätsfeststellung auf der Ebene der Verhältnismäßigkeitsprüfung wesentlich gehobene Anforderungen zu stellen. Es ist in der Angemessenheitsprüfung herauszuarbeiten, dass es sich bei der Durchsuchung der Person um einen gravierenderen Grundrechtseingriff handelt im Vergleich zu der Durchführung einer Identitätsfeststellung.

Bsp.: A, der als Geschäftsreisender mit Gepäck am Kasseler Hauptbahnhof eintrifft, kann nicht ohne Weiteres nach § 36 Abs. 2 Nr. 2 HSOG durchsucht werden. Eine solche Maßnahme wäre unverhältnismäßig, weil für deren Notwendigkeit keine ausreichenden Anhaltspunkte zu erkennen sind.

Nr. 3 und 4 des § 36 Abs. 2 HSOG setzen für die Durchsuchung das Vorliegen von „**tatsächlichen Anhaltspunkte**" voraus, die auf die betroffene Person bezogen eine Durchsuchung erforderlich machen.

Auch Durchsuchungen nach § 36 Abs. 2 Nr. 5 HSOG dürfen exklusiv nur von Polizeibehörden durchgeführt werden. Nach dem Wortlaut dieser Ermächtigungsgrundlage muss die durchsuchte Person nach § 17 HSOG oder einer vergleichbaren Vorschrift zur **Gezielten Kontrolle** ausgeschrieben sein. Die Ermächtigungsgrundlage des § 17 hat der hessische Gesetzgeber mit Gesetz vom 28.9.2015[228] in das HSOG aufgenommen. Das war eine Reaktion auf die anwachsenden Gewalttaten extremistischer und terroristischer Straftäter.[229] Nach § 17 Abs. 3 HSOG sind Maßnahmen im Rahmen der Gezielten Kontrolle nur zulässig, wenn die besonderen rechtlichen Voraussetzungen für diese Maßnahmen erfüllt sind. Das hat zu den Ergänzungen der §§ 18 Abs. 2 Nr. 7, 36 Abs. 2 Nr. 5 und 37 Abs. 2 Nr. 5 HSOG geführt.

f) Durchsuchung nach § 36 Abs. 3 HSOG

Eine der für die **Eigensicherung** der Polizeibeamten wesentlichen Bestimmungen des HSOG ist die Ermächtigungsgrundlage des § 36 Abs. 3 HSOG. Auch wenn die Vorschrift neben den Polizeivollzugsbeamten ebenso Dritte vor Gefahren für Leib und Leben schützen will, so dürfte diese Ermächtigungsgrundlage insbesondere in der Praxis vorrangig im Rahmen der Eigensicherung Anwendung finden. Die Bestimmung befugt allein die Polizeibehörden zur Durchsuchung von Personen, im Rahmen der Zuständigkeitsprüfung nach § 1 Abs. 1 S. 1 HSOG kommt es also auf einen Eilfall iSd § 2 S. 1 HSOG und den Grundsatz der Erstbefassung nicht an.

Erste Voraussetzung für die Durchsuchung nach § 36 Abs. 3 HSOG ist, dass die **Identität** der zu durchsuchenden Person nach dem HSOG (vgl. § 18) oder anderen Rechtsvorschriften (zB § 163b StPO) **festgestellt werden soll**. Diese Voraussetzung beinhaltet selbstverständlich, dass die beabsichtigte Identitätsfeststellung formell und materiell rechtmäßig ergehen kann.

Bsp.: Die Polizeibeamten A und B wollen die Identität des C feststellen, obwohl keine Hinweise dafür bestehen, dass bei C die Voraussetzungen einer Ermächtigungsgrundlage zur Durchführung einer Identitätsfeststellung gegeben sind. Die vor der Identitätsfeststellung durch die Beamten durchgeführte Durchsuchung des C nach Waffen gem. § 36 Abs. 3 HSOG ist demzufolge rechtswidrig, auch wenn nach dem Plan der Beamten die Identität des C festgestellt werden „soll".

Fraglich ist, ob der auf die Zukunft der Identitätsfeststellung abstellende Wortlaut der Bestimmung auch auf die Fallgestaltungen auszudehnen ist, in denen die **Identitätsfeststellung bereits durchgeführt wurde** und sich erst durch sie der Anlass für eine Durchsuchung begründet.

Bsp.: Die Polizeibeamten A und B stellen die Identität des C nach § 18 Abs. 2 Nr. 4 HSOG fest, wobei sich C unerwartet als gesuchter Terrorist erweist.

Nach dem Wortlaut des § 36 Abs. 3 HSOG ist eine Durchsuchung des C nach Waffen zweifelhaft, weil dessen Identität nicht mehr „festgestellt werden soll", sondern bereits festgestellt

---

228 GVBl. I 355.
229 Vgl. Reg.-Begr. LT-Drs. 19/1979, 35.

Fichte

wurde. In derartig gelagerten Fällen, in denen die Durchsuchung der Person zum Zwecke der Eigensicherung gerade anlässlich einer bereits erfolgten Identitätsfeststellung geboten erscheint, kann vertreten werden, dass diese Ermächtigungsgrundlage noch Anwendung findet. Auf den **Zeitpunkt der** – rechtmäßigen – **Identitätsfeststellung** kommt es somit grundsätzlich nicht an.

176 Der Wortlaut des § 36 Abs. 3 HSOG könnte suggerieren, dass die Durchsuchung nur unter der Voraussetzung einer Gefahr für Leib und Leben von Polizeivollzugsbeamten oder Dritten, also lediglich bei Wahrscheinlichkeit des Schadenseintritts im Einzelfall zulässig sei. Die Durchsuchung ist jedoch bereits dann erlaubt, wenn sie nach den „**Umständen**" zum Schutz gegen eine Gefahr für Leib oder Leben erforderlich ist.[230] Bei der Beurteilung solcher Umstände hat der Polizeibeamte den **gesamten momentan verwertbaren Lebenssachverhalt** zu berücksichtigen, um die Erforderlichkeit der Durchsuchung zu beurteilen. In Betracht kommen zB unkooperatives Verhalten, schlechte, nächtliche, unübersichtliche Sichtverhältnisse, entlegene Orte, Ergebnisse eines Datenabgleichs, Mitnahme im Dienstfahrzeug usw Konkrete Tatsachen bzw. tatsächliche Anhaltspunkte werden für die Durchsuchung vom Gesetzgeber angesichts der hochrangigen zu schützenden Rechtsgüter von Leib und Leben sowie der in Situationen der Eigensicherung oftmals unklaren Sachlage nicht verlangt.

Bsp.: Die Polizeibeamten A und B wollen die Identität des C aufgrund eines bloßen Gefahrenverdachts feststellen, Anhaltspunkte dafür, dass C die Beamten oder Dritte mit gefährlichen Werkzeugen oder Explosivmitteln angreifen wird, sind nicht gegeben. Dennoch können die gegebenen Umstände eine Durchsuchung des C erforderlich machen: So mag etwa das äußere Erscheinungsbild des C, sein auffälliges Verhalten oder Ähnliches die Durchsuchung rechtfertigen, ohne dass tatsächliche Anhaltspunkte oder konkrete Tatsachen eine solche Maßnahme stützen würden.

177 Man wird allerdings eine Durchsuchung nach § 36 Abs. 3 HSOG jedenfalls dann für rechtswidrig zu erklären haben, wenn die durchsuchte Person unter realistischen Umständen keine ernst zu nehmende Gefahr für die Polizeibeamten oder Dritte darstellen kann.

Bsp.: A will seine Geldbörse, die von der Polizei gefunden und gem. § 40 Nr. 2 HSOG sichergestellt wurde, auf der Polizeidienststelle abholen. Zum Zwecke der Herausgabe an den Berechtigten wollen die Beamten zunächst die Identität des A feststellen. Eine vorausgehende Durchsuchung des A nach § 36 Abs. 3 HSOG wäre jedoch nach den Umständen nicht geboten.

178 **Rechtsfolge** des § 36 Abs. 3 HSOG ist die Durchsuchung der Person, also insbesondere der von ihr getragenen Kleidung, nach Waffen im Sinne des § 1 WaffG sowie nach anderen gefährlichen Werkzeugen und Explosivmitteln.
Der richtige Adressat der Durchsuchung ergibt sich aus dem Wortlaut des § 36 Abs. 3 HSOG. Es ist jeweils die Person, deren Identität festgestellt werden soll. Diese **spezialgesetzliche Adressatenbestimmung** verdrängt folglich die allgemeinen Regelungen der §§ 6–9 HSOG.

g) Besondere Verfahrens- und Formvorschriften für Durchsuchungen nach § 36 HSOG

179 § 36 Abs. 4 HSOG nimmt als **besondere Verfahrensvorschrift** Rücksicht auf das Schamgefühl des Betroffenen. Als Ausnahme von dem Gebot, dass Durchsuchungen von Personen lediglich von gleichgeschlechtlichen Personen oder von Ärztinnen oder Ärzten durchgeführt werden dürfen, nennt § 36 Abs. 4, 2. Hs. HSOG eine Gefahr für Leib oder Leben, welche die sofortige Durchsuchung erforderlich macht. Es reicht demzufolge nicht aus, dass im Zeitpunkt einer beabsichtigten Durchsuchung kein gleichgeschlechtlicher Polizeibeamter vor Ort ist; zur Not muss – wenn die **sofortige** Durchsuchung nicht zur Abwehr von Gefahren für Leib oder Leben erforderlich ist – eine entsprechende Beamtin bzw. ein entsprechender Beamter geordert werden. Für diese Ausnahme von der Regel ist festzustellen, dass die Durchsuchung sofort (!) durchgeführt werden muss, damit eine Gefahr für Leib oder Leben abgewendet werden kann.

---

230 Vgl. dazu zu § 14 Abs. 6 HSOG.

Fichte

Bsp.: A (weiblich) hält sich nachts an einem Platz auf an dem bekanntermaßen Drogen konsumiert werden. Sie wird von zwei männlichen Beamten angesprochen und soll durchsucht werden. Als Reaktion darauf verschluckt sie ein kleines Plastikpäckchen, in dem Drogen sein könnten. Um diesen Verdacht zu erhärten und dann weitere Maßnahmen, wie die Verbringung ins Krankenhaus, veranlassen zu können oder zu entkräften, durchsuchen die männlichen Beamten A.

Ist eine sofortige Durchsuchung zum Schutz gegen eine Gefahr für Leib oder Leben erforderlich, so gilt die Ausnahme von der Pflicht zur gleichgeschlechtlichen Durchsuchung dennoch nicht immer. Ist die **Durchsuchung mit einer Entkleidung verbunden**, so muss auch bei einer Gefahr für Leib oder Leben, die eine sofortige Durchsuchung erfordert, trotzdem eine gleichgeschlechtliche Durchsuchung stattfinden. Ein Verstoß gegen Abs. 4 führt zur Rechtswidrigkeit der Durchsuchung. Er ist nicht heilbar, weil die Rechtsverletzung im Nachhinein nicht mehr abwendbar ist.

Personen, die sich keinem Geschlecht zuordnen lassen möchten, sollten sich in der Praxis aussuchen dürfen, von welchem Beamten welchen Geschlechts sie sich durchsuchen lassen wollen. Dies gilt selbstverständlich nur für die Fälle, in denen eine sofortige Durchsuchung zur Abwehr einer Gefahr für Leib oder Leben nicht erforderlich ist.

Bsp.: Die männlichen Polizeibeamten A und B wollen die C nach möglichen Drogen in ihrer Kleidung durchsuchen. Da keine sofortige Durchsuchung zur Abwehr von Gefahren für Leib oder Leben erforderlich ist, muss sie von einer Kollegin des A und des B durchgeführt werden. Wenn C erklärt, sich eher dem männlichen Geschlecht zuzuordnen, dann dürften auch A und B C durchsuchen. Allerdings sollte dies dokumentiert werden, um hinterher den Vorwurf eines Verstoßes gegen § 36 Abs. 4 HSOG entkräften zu können.

h) Untersuchung und andere Eingriffe nach § 36 Abs. 5 HSOG

Die Ermächtigungsgrundlage des § 36 Abs. 5 S. 1 HSOG erlaubt die **körperliche Untersuchung** von Personen und andere Eingriffe, wie insbesondere die **Entnahme von Blutproben**. Die körperliche Untersuchung ist prinzipiell von der Durchsuchung zu unterscheiden. Allerdings umfasst die körperliche Untersuchung nicht nur das Blut abnehmen, sondern auch die „Durchsuchung" von intimeren Körperpartien, wie der Scheide und des Afters.[231]

Die im Jahr 2009[232] eingeführte Möglichkeit, auch Blutproben zu entnehmen und andere körperliche Eingriffe durchzuführen, dient hauptsächlich der Eigensicherung von Polizeivollzugsbeamten und soll eine Ermächtigungsgrundlage zur Überprüfung von Infektionen durch Angreifer (zB mit dem HI-Virus) bieten. Hauptanwendungsfall für ein präventives Blutabnehmen ist der Menschenbiss.

Die Norm findet aber auch Anwendung bei Verletzungen Dritter.

Voraussetzung für die Untersuchung von Personen, mit der insbesondere in das Recht auf körperliche Unversehrtheit im Sinne des Art. 2 Abs. 2 S. 1 GG eingegriffen wird, ist zunächst eine konkrete (d. h.: eine im einzelnen Falle bestehende) **Gefahr für Leib oder Leben** einer Person.

In der Praxis wird eine körperliche Untersuchung in aller Regel auf das Auffinden von im Körperinneren der betroffenen Person befindlichen Stoffen und Zubereitungen im Sinne des BtMG abzielen. Wenn dann intime Körperöffnungen, wie Scheide und After „durchsucht" werden sollen, ist § 36 Abs. 5 HSOG als Ermächtigungsgrundlage heranzuziehen. Allerdings ist zu beachten, dass es sich aller Regel um eine doppelfunktionale Maßnahme handelt, so dass § 36 Abs. 5 HSOG nur Anwendung findet, wenn die Maßnahme keinen repressiven Schwerpunkt hat.

---

231 Hornmann, § 36 HSOG, Rn. 4 f.; Vgl. OVG Saarlouis, Urt. v. 30.11.2007 – 3 R 9/06, vgl. zur Abgrenzung von Durchsuchung und Untersuchung VGH München, NVwZ-RR 1999, 310.
232 GVBl. I 635.

Fichte

Bsp.: A wird am Frankfurter Flughafen aufgegriffen, weil aufgrund polizeilicher Erkenntnisse die Gefahr besteht, dass A als Kurier für den Schmuggel von Heroin fungiert. Eine Untersuchung des A in Form einer Röntgenaufnahme seines Magen- und Darminhaltes wäre durch § 36 Abs. 5 S. 1 HSOG gerechtfertigt. Hier findet § 36 Abs. 5 HSOG Anwendung, da entweder ein präventiver Schwerpunkt begründet werden kann oder, falls dies nicht der Fall sein sollte, der Grundsatz des Vorrangs der Prävention greift.[233]

182 Der Eingriff muss zudem **aus ärztlicher Sicht erforderlich** sein. Dieses Erfordernis soll laienhafte, unbegründete Annahmen als Grundlage für den uU schwerwiegenden Eingriff ausschließen. Schließlich darf **kein Nachteil für die Gesundheit** des Betroffenen zu befürchten sein. Ein solcher muss mit an Sicherheit grenzender Wahrscheinlichkeit auszuschließen sein.[234] Ein Nachteil für die Gesundheit wird immer dann anzunehmen sein, wenn sich die Beeinträchtigung des körperlichen Wohlbefindens durch die Untersuchung erheblich über die Untersuchungs- oder Eingriffsdauer hinauswirkt.[235]

183 § 36 Abs. 5 S. 2–5 HSOG enthalten **besondere Verfahrens- und Formvorschriften** bzgl. des Vorgehens bei körperlichen Untersuchungen und anderen körperlichen Eingriffen. Nach § 36 Abs. 5 S. 2 HSOG bedürfen die Maßnahmen grundsätzlich einer **richterlichen Anordnung**. Die Ausnahme des § 36 Abs. 5 S. 4 HSOG, wonach auch die Polizeibehörden selbst die Anordnung der Maßnahmen treffen dürfen, setzt eine Gefahr im Verzug voraus, dh, dass eine solche Anordnung nur dann rechtmäßig ist, wenn die Beteiligung des Richters den Schutz von Leib oder Leben der Person möglicherweise in Frage stellt.

184 Nach § 36 Abs. 5 S. 4 HSOG dürfen die Maßnahmen stets nur von Ärztinnen oder Ärzten durchgeführt werden. Eine Ausnahme, wie sie § 36 Abs. 4, 2. Hs. HSOG in den Fällen der Erforderlichkeit einer sofortigen Durchsuchung vorsieht, enthält § 36 Abs. 5 S. 4 HSOG nicht. Dies kann im Einzelfall unbefriedigend sein, zumal die körperliche Untersuchung nach § 36 Abs. 5 S. 1 HSOG zumindest eine Gefahr für Leib, Leben oder Freiheit der zu untersuchenden Person voraussetzt.

Bsp.: Die B, die offensichtlich Heroin in völlig dilettantischer Weise in ihrer Scheide versteckt hat, sodass zu befürchten ist, dass das „Heroin-Päckchen" jeden Augenblick platzen könnte und es daher zu Gefahren für Leben oder körperliche Unversehrtheit der B kommen kann, dürfte nach dem Wortlaut des § 36 Abs. 5 S. 5 HSOG nicht durch Beamtinnen der Polizei von den gefährlichen Drogen befreit werden, sondern es müsste zunächst eine Ärztin oder ein Arzt angefordert werden.

185 § 35 Abs. 5 S. 6 HSOG regelt die Frage, wie die durch die Untersuchung gewonnenen höchst persönlichen Daten verwendet werden dürfen und konkretisiert daher den **Zweckbindungsgrundsatz des Datenschutzrechts**. Diese Regelung lässt eine Verwendung der nach § 36 Abs. 5 HSOG gewonnenen personenbezogenen Daten nur zu dem Zweck zu, zu dem sie erhoben wurden, wobei unter bestimmten Voraussetzungen Ausnahmen zur Abwehr schwerer Gesundheitsgefährdungen zugelassen werden. Dies muss jedoch im Rahmen der Verhältnismäßigkeitsprüfung besonders abgewogen werden.

186 **Richtiger Adressat** von Untersuchungen im Sinne des § 36 Abs. 5 S. 1 HSOG ist nach der Änderung des HSOG durch Gesetz vom 14.12.2009 nicht mehr ein spezialgesetzlich geregelter Normadressat, sondern es gelten die **allgemeinen Regelungen** der §§ 6, 7 oder 9 HSOG.

11. Durchsuchung von Sachen (§ 37 HSOG)

a) Begriffe und Grundsätzliches zur Durchsuchung von Sachen nach § 37 HSOG

187 Die Absätze 1 und 2 des § 37 HSOG enthalten Ermächtigungsgrundlagen für die Durchsuchung von Sachen, die nicht zum Zwecke der Identitätsfeststellung durchsucht werden (vgl. dann

---

233 Vgl. Hornmann, § 36 HSOG, Rn. 18 ff.
234 Vgl. Meyer-Goßner/Schmitt/Schmitt StPO § 81a Rn. 17.
235 Vgl. Meyer-Goßner/Schmitt/Schmitt StPO § 81a Rn. 17.

Fichte

§ 18 Abs. 4 HSOG). Wenn die von der zu durchsuchenden Person getragene Kleidung durchsucht wird, geschieht dies nach § 36 HSOG. Wohnungen (einschließlich des dort genannten anderen befriedeten Besitztums) werden auf der Grundlage von § 38 HSOG durchsucht. Die Ermächtigungsgrundlagen lassen in erster Linie Eingriffe in das Recht auf informationelle Selbstbestimmung (Art. 1 Abs. 1 iVm Art. 2 Abs. 1 GG) zu, aber auch in Besitz und Eigentum (Art. 14 Abs. 1 GG).

Unter einer **Durchsuchung** versteht man ein ziel- und zweckgerichtetes Suchen durch staatliche Organe nach Sachen, Personen oder zur Ermittlung eines Sachverhaltes, um etwas aufzuspüren.[236] Unter dem Begriff „**Sache**" versteht man jeden körperlichen Gegenstand iSd § 90 BGB. Das können Taschen, Koffer, Rucksäcke oder andere Behältnisse sein, aber auch Kfz und deren Inhalte. Wohnwagen, Wohnmobile, Zelte oder Schiffe fallen unter § 37 HSOG, wenn sie nicht bewohnt werden,[237] andernfalls unter § 38 HSOG. Grundstücke fallen unter § 37 HSOG, wenn sie nicht unter den **Wohnungsbegriff des § 38 Abs. 1 HSOG zu subsumieren sind**, also etwa dann, wenn sie nicht eingefriedet sind.

Weiter stellt die Mitnahme eines Datenträgers keine Sicherstellung oder Beschlagnahme dar, wenn der Datenträger lediglich zum zeitnahen Auslesen mitgenommen wird. Diese Maßnahme bildet noch den Teil einer Durchsuchung ab, so dass sie auf § 37 HSOG gestützt werden kann.[238]

§ 37 Abs. 1 HSOG erlaubt sowohl den Gefahrenabwehr-[239] sowie den Polizeibehörden die Durchsuchung von Sachen. Für die sachliche Zuständigkeit der Polizeibehörden müssen im Falle des § 1 Abs. 1 S. 1 HSOG grundsätzlich die Eilfallregelung iSd des § 2 S. 1 HSOG sowie der Grundsatz der Erstbefassung geprüft werden.

Der **richtige Adressat** der Durchsuchung von Sachen richtet sich in keinem der drei Fälle des § 37 Abs. 1 HSOG nach den §§ 6, 7, 9 HSOG. Mit Blick auf diese systematische Interpretation der Nr. 2 und 3 des § 37 Abs. 1 HSOG ist somit davon auszugehen, dass richtiger Adressat **immer der Inhaber der tatsächlichen Gewalt über die Sache** ist, weil regelmäßig allein in dessen Besitzrecht (Art. 14 Abs. 1 GG) und sein Recht auf informationelle Selbstbestimmung (Art. 2 Abs. 1 iVm Art. 1 Abs. 1 GG)[240] eingegriffen wird. Dies bestätigt auch ein Blick auf § 37 Abs. 3 HSOG, der als zu schützenden Adressaten lediglich auf den Inhaber der tatsächlichen Gewalt (und nicht etwa auch auf den Eigentümer) abstellt. Diese Gedanken sind entsprechend auf den Adressaten nach § 37 Abs. 1 Nr. 1 HSOG anzuwenden, der immer die Person ist, die nach § 36 HSOG durchsucht werden darf.

b) Durchsuchung von Sachen nach § 37 Abs. 1 Nr. 1 HSOG

§ 37 Abs. 1 Nr. 1 HSOG setzt zunächst voraus, dass die zu durchsuchende Sache von einer Person **mitgeführt** wird. Die Person muss somit **unmittelbaren Zugriff** auf die Sache haben.[241]

Bsp.: A wird gem. § 36 HSOG rechtmäßig nach Waffen durchsucht. Sein Kraftfahrzeug steht einige Kilometer entfernt vor seinem Wohnhaus. Da A keinen unmittelbaren Zugriff auf das Fahrzeug hat, es somit auch nicht mitgeführt wird im Sinne des § 37 Abs. 1 Nr. 1 HSOG, darf eine zeitgleich von den Kollegen durchgeführte Durchsuchung des Kraftfahrzeugs nicht auf § 37 Abs. 1 Nr. 1 HSOG gestützt werden.

Weitere Voraussetzung für die Durchsuchung nach § 37 Abs. 1 Nr. 1 HSOG ist es, dass die die Sache mitführende Person **nach § 36 HSOG durchsucht werden darf**. Das setzt selbstverständlich auch voraus, dass die Durchsuchung der Person nach § 36 HSOG formell und materiell rechtmäßig wäre. Hinsichtlich der Frage, ob die Person erst durchsucht werden

---

236 Vgl. BeckOK, PolR, Hessen, Leggereit/ Müller J., § 37, Rn. 2.
237 BeckOK, PolR, Hessen, Leggereit/ Müller J., § 37, Rn. 2.
238 VGH Mannheim, NVwZ-RR 2019, 901.
239 Dh den Verwaltungs- und Ordnungsbehörden, vgl. § 1 Abs. 1 S. 1 HSOG.
240 iVm Vgl. BeckOK, PolR, Hessen, Leggereit/ Müller J., HSOG § 37 Rn. 3 f.
241 Vgl. Fredrich, § 36 HSOG, Rn. 4.

Fichte

soll oder bereits durchsucht wurde, erfasst der Wortlaut des § 37 Abs. 1 Nr. 1 HSOG wohl noch beide Fallkonstellationen. Allerdings wird man verlangen müssen, dass bei einer bereits durchgeführten Durchsuchung der Person nach § 36 HSOG die Durchsuchung der Sache nach § 37 HSOG im engen zeitlichen und sachlichen Zusammenhang zu erfolgen hat.

Bsp.: A erleidet auf der Straße einen epileptischen Anfall. Um A zu helfen, durchsucht der Polizeibeamte B die Kleidung des A nach Medikamenten (vgl. § 36 Abs. 1 Nr. 2 HSOG). Führt A eine Tasche mit sich, so ist die Durchsuchung der Tasche nach Medikamenten ebenfalls durch das HSOG gerechtfertigt (vgl. § 37 Abs. 1 Nr. 1). Eine Durchsuchung der Tasche am darauffolgenden Tag bei gesundheitlich stabilem Zustand des A wäre indes rechtswidrig, weil ein enger zeitlicher und sachlicher Zusammenhang mit der vorangegangenen Durchsuchung nach § 36 HSOG nicht herzustellen ist.

c) Durchsuchung von Sachen nach § 37 Abs. 1 Nr. 2 HSOG

192   Die Ermächtigungsgrundlage des § 37 Abs. 1 Nr. 2, 1. Alt. HSOG rechtfertigt die Durchsuchung von Sachen, um dort gegen ihren Willen sich befindende **Personen zu befreien.** Sie korreliert daher mit der Bestimmung des § 38 Abs. 4 HSOG, wobei sich die letztgenannte Vorschrift allein auf Wohnungen im Sinne des § 38 Abs. 1 HSOG bezieht, während sich die Person im Sinne des § 37 Abs. 1 Nr. 2 HSOG in einer Sache aufhalten muss, also zB in einem Kfz, einem ausgemusterten Wohnwagen oder sonst in einem Behältnis (Kiste, Erdloch usw), das nicht als Wohnung zu qualifizieren ist.

193   § 37 Abs. 1 Nr. 2 HSOG erfordert „**Tatsachen, die die Annahme rechtfertigen**". Solche Tatsachen sind nicht bereits dann gegeben, wenn Indizien aufgrund polizeilicher Erfahrung die Möglichkeit eines bestimmten Sachverhalts in Aussicht stellen, sondern es müssen gewusste Fakten unter Einbeziehung des polizeilichen Erfahrungswissens den Schluss auf einen solchen Sachverhalt mit einer gewissen Wahrscheinlichkeit zulassen. Der Begriff „Tatsachen, die die Annahme rechtfertigen" ist somit enger als der im HSOG auch verwendete Begriff der „**tatsächlichen Anhaltspunkte**".

194   Voraussetzung für eine Durchsuchung nach § 37 Abs. 1 Nr. 2 HSOG ist weiterhin, dass die Person **widerrechtlich festgehalten wird oder hilflos** ist. Die Bestimmung erfasst mithin nicht nur Fälle, in denen eine Person Opfer einer in der Regel strafrechtlich relevanten Freiheitsberaubung wird, sondern auch Sachverhalte, in denen eine Person sich aus eigener Kraft nicht selbst befreien kann, wobei es hier auf ein (Mit-) Verschulden der Person nicht ankommt.

Bsp.: Die Polizei erfährt durch einen anonymen Hinweis, dass auf einem Schrottplatz in einem der dort gelagerten Zugwaggons eine Person als Geisel gehalten werde. Die Polizei darf gem. § 37 Abs. 1 Nr. 2 HSOG die Waggons durchsuchen, um die Geisel zu befreien.

d) Durchsuchung von Sachen nach § 37 Abs. 1 Nr. 3 HSOG

195   Nach § 37 Abs. 1 Nr. 3 HSOG ist die Durchsuchung einer Sache darüber hinaus dann rechtmäßig, wenn **Tatsachen die Annahme rechtfertigen**,[242] dass sich in ihr oder an ihr eine andere Sache befindet, die **sichergestellt** werden darf. Die Bestimmung ist erforderlich, um Sachen aufzufinden, die gem. § 40 Abs. 1 HSOG von den Gefahrenabwehr- und Polizeibehörden in Verwahrung genommen werden sollen.

196   Voraussetzung für die Durchsuchung ist insbesondere, dass eine Sicherstellung der gesuchten Sache formell und materiell rechtmäßig wäre. Dabei ist davon auszugehen, dass sich die Sicherstellung allein auf die präventive Ermächtigungsgrundlage des § 40 HSOG zu stützen hat;

---

[242] Der Begriff der Tatsachen wird bei den Ausführungen zum Aufenthaltsverbot, Kap. I Rn. 671 näher erläutert.

Fichte

eine Durchsuchung nach repressiv sicherzustellenden Sachen hat indes nach den Bestimmungen der StPO (§§ 102 ff.) zu erfolgen.

Bsp.: Die Polizeibeamten A und B nehmen den volltrunkenen C gem. § 32 Abs. 1 Nr. 1 HSOG in Gewahrsam. Aus der von ihm mitgeführten Tasche ragen mehrere Griffe heraus, die offenbar zu Werkzeugen gehören. Damit C sich während des Gewahrsams nicht verletzen bzw. Sachen beschädigen kann, durchsuchen A und B die Tasche, um die Werkzeuge für die Dauer des Gewahrsams nach § 40 Abs. 1 Nr. 3 HSOG sicherzustellen. Da die Sicherstellung hier eindeutig präventive Zielrichtung besitzt und somit auf das HSOG zu stützen ist, ist die Durchsuchung der Tasche durch § 37 Abs. 1 Nr. 3 HSOG gedeckt.

e) Zuständigkeit, Voraussetzungen und Adressaten nach § 37 Abs. 2 HSOG

Die Ermächtigungsgrundlagen des § 37 Abs. 2 Nr. 1–4 HSOG kennzeichnen zwei Besonderheiten: Zum einen ermächtigen sie allein die Polizeibehörden zur Durchsuchung von Sachen. Dh, die sachliche Zuständigkeit richtet sich im Falle des § 1 Abs. 1 S. 1 HSOG allein nach dieser Bestimmung, und ein Rückgriff auf § 2 S. 1 HSOG (sogenannter Eilfall) oder den Grundsatz der Erstbefassung ist entbehrlich. Zum andern enthalten alle vier Ziffern eine Erlaubnis zum Einschreiten dann, wenn Tatsachen eine bestimmte Annahme rechtfertigen (vgl. § 37 Abs. 2 Nr. 1 und 3 HSOG) oder wenn tatsächliche Anhaltspunkte für einen bestimmten Sachverhalt die Durchsuchung erlauben (vgl. § 37 Abs. 2 Nr. 2 und 4 HSOG).

197

Folgerichtig normiert der Gesetzgeber in allen Ermächtigungsgrundlagen des § 37 Abs. 2 HSOG spezielle **Normadressaten**, sodass eine Prüfung der §§ 6, 7, 9 HSOG hier nicht erforderlich ist.

f) Durchsuchung von Sachen nach § 37 Abs. 2 HSOG

§ 37 Abs. 2 Nr. 1 HSOG verlangt **Tatsachen, die die Annahme rechtfertigen**,[243] dass sich in der Sache eine Person befindet, die in **Gewahrsam** genommen werden darf. Voraussetzung ist deshalb zunächst, dass auch der Gewahrsam durchgeführt werden darf. Die Ermächtigungsgrundlage erlaubt demzufolge nicht nur die Durchsuchung von Sachen, in denen sich Personen im Sinne des § 32 Abs. 1 Nr. 1 HSOG (Schutzgewahrsam) aufhalten, so wie es eine Fallgestaltung des § 37 Abs. 1 Nr. 2 HSOG („hilflos") sein kann, sondern es kommen hier durchaus auch Polizeipflichtige in Betracht, die eine Gefahr selbst unmittelbar herbeiführen (Fälle des § 32 Abs. 1 Nr. 2 – 4, Absätze 2, 3 und 4 HSOG).

198

In Betracht kommen auch Personen, die nach § 18 Abs. 4 HSOG oder § 25 Abs. 1 S. 4 HSOG oder aufgrund von Vorschriften außerhalb des HSOG festgehalten werden dürfen (vgl. etwa § 62 AufenthG für die Abschiebungshaft). Die Durchsuchung und der Gewahrsam müssen aber eine **präventive Zielrichtung** haben. Deshalb kommen freiheitsentziehende Maßnahmen, wie zB nach § 127 StPO, nicht als Grundlage für § 37 Abs. 2 Nr. 1 HSOG in Betracht. Durchsuchungen von Sachen zu repressiven Zwecken sind auf repressive Ermächtigungsgrundlagen – namentlich auf §§ 102 ff. StPO – zu stützen.

Bsp.: Der zwölfjährige A, der von der Polizei gesucht wird, weil er seinen Eltern davongelaufen ist, wird von den Beamten aufgrund von glaubhaften Hinweisen aus der Bevölkerung in einer Bauruine vermutet. Da A von der Polizei gem. § 32 Abs. 2 HSOG in Gewahrsam genommen werden darf, ist auch eine Durchsuchung des Gebäudes rechtlich nicht zu beanstanden.

§ 37 Abs. 2 Nr. 2 HSOG erlaubt die Durchsuchung von Sachen, wenn sie sich an einem der in § 18 Abs. 2 Nr. 1 HSOG genannten **gefährlichen Orten** befindet (zu diesen siehe oben die Erläuterungen zu § 18 Abs. 2 Nr. 1 HSOG, Kap. I Rn. 42 ff.). Es reichen somit **tatsächliche Anhaltspunkte** für die in § 18 Abs. 2 Nr. 1 HSOG genannten Fallkonstellationen aus. Damit

199

---

243 Der Begriff der Tatsachen wird bei den Ausführungen zum Aufenthaltsverbot, Kap. I, Rn. 671 näher erläutert.

ist gewährleistet, dass die Polizeibehörden die erforderlichen Maßnahmen auch mittels einer Durchsuchung von Sachen an den gefährlichen Orten ergreifen können, ohne dass bereits die Schwelle einer konkreten Gefahr überschritten sein muss.

200 Ähnlich wie § 37 Abs. 2 Nr. 2 HSOG arbeitet auch die Nr. 3 dieser Bestimmung mit einem Verweis auf 18 Abs. 2 (hier: Nr. 3) HSOG. Die Polizeibehörden können danach Sachen durchsuchen, wenn sie sich in einem sogenannten **gefährdeten Objekt** oder in dessen unmittelbarer Nähe befinden. Allerdings verlangt § 37 Abs. 2 Nr. 3 HSOG über die „tatsächlichen Anhaltspunkte" iSd Nr. 2 hinaus sogenannte „**Tatsachen, die die Annahme rechtfertigen**", dass mit diesen Sachen Straftaten begangen werden sollen.

201 Die Bestimmung des § 37 Abs. 2 Nr. 4, 1. Hs. HSOG erlaubt über die Durchsuchung von **Fahrzeugen** in Fallkonstellationen des § 18 Abs. 2 Nr. 5 HSOG (Identitätsfeststellung an Kontrollstellen) hinaus nun auch die Durchsuchung von Fahrzeugen in den Fällen des § 18 Abs. 2 Nr. 6 HSOG (Identitätsfeststellung auf Verkehrswegen mit erheblicher Bedeutung für die grenzüberschreitende Kriminalität). Im Falle des § 37 Abs. 2 Nr. 4, 1. Hs. HSOG müssen aber über die Voraussetzungen des § 18 HSOG hinaus **tatsächliche Anhaltspunkte die Annahme rechtfertigen**, dass sich in oder an dem Fahrzeug eine Sache befindet, die **sichergestellt** werden darf. Der Gesetzgeber hat hier also hinsichtlich der Voraussetzungen über die Verhältnismäßigkeit hinaus ein Korrektiv für die nur vagen Tatbestandsvoraussetzungen des § 18 Abs. 2 Nr. 5 und 6 HSOG geschaffen.[244] Zudem müssen im Falle angenommener grenzüberschreitender Kriminalität (Fälle des § 18 Abs. 2 Nr. 6 HSOG) Lageerkenntnisse und die polizeiliche Erfahrung, durch ein dokumentiertes Verfahren nachvollziehbar gemacht werden.[245]

202 Nach § 37 Abs. 2 Nr. 5 HSOG kann – exklusiv – die Polizeibehörde eine Sache durchsuchen, wenn sie von einer Person mitgeführt wird, die zur **Gezielten Kontrolle** nach § 17 HSOG oder vergleichbaren Vorschriften ausgeschrieben ist. Die Befugnis erstreckt sich auch auf ausgeschriebene Kraftfahrzeuge. In einem solchen Fall können auch die sich an oder in dem Fahrzeug befindlichen Sachen durchsucht werden.

g) Besondere Verfahrens- und Formvorschriften für Durchsuchungen von Sachen

203 § 37 Abs. 3 HSOG normiert **besondere Verfahrens- und Formvorschriften**, indem die Bestimmung zum einen das Recht des Besitzers der zu durchsuchenden Sachen auf **Anwesenheit während der Durchsuchung** statuiert und im Falle seiner Abwesenheit nach Möglichkeit das Hinzuziehen von vertretungsberechtigten Personen oder anderen Zeugen bestimmt. Beamte der Gefahrenabwehr- und Polizeibehörden scheiden für diesen Zweck aber aus, da sie selbst durch die Norm geschützt werden sollen. Das Anwesenheitsrecht kann allerdings durch einen Platzverweis iSd § 31 HSOG beschränkt werden, soweit die Voraussetzungen dieser Vorschrift erfüllt sind.

Darüber hinaus ist dem Besitzer auf dessen Verlangen hin gem. § 37 Abs. S. 3 HSOG eine **Bescheinigung über die Durchsuchung** und ihren Grund zu erteilen.

Ähnlich wie die Vorschrift des § 39 Abs. 4 HSOG soll § 37 Abs. 3 HSOG über die Rechte des von der Durchsuchung betroffenen Bürgers hinaus auch die durchsuchenden Beamten rechtlich absichern, indem diesen für den Fall von Anschuldigungen durch den polizeipflichtigen Zeugen ein Nachweis des Sachverhalts der Durchsuchung zur Seite steht.

Bsp.: Die Polizeibeamten A und B durchsuchen in Anwesenheit von Zeugen das Fahrzeug des C. Später behauptet C wahrheitswidrig, die Beamten hätten sein Fahrzeug schwer beschädigt, und verlangt dafür

---

244 Vgl. dazu näher BeckOK, PolR, Hessen, Leggereit/ Müller J., HSOG § 37 Rn. 14.
245 Vgl. dazu näher BeckOK, PolR, Hessen, Leggereit/ Müller J., HSOG § 37 Rn. 1.

Fichte

Schadensersatz. Hier können A und B auf die von ihnen hinzugezogenen Zeugen im Sinne des § 37 Abs. 3 S. 2 HSOG zurückgreifen und damit den von C behaupteten Sachverhalt widerlegen.

12. Betreten und Durchsuchen von Wohnungen (§§ 38 f. HSOG)

a) Begriffe und Grundsätzliches

§ 38 HSOG ist eine spezialgesetzlich geregelte Ermächtigungsgrundlage für Eingriffe in das als hochrangig anzusiedelnde Recht auf **Unverletzlichkeit der Wohnung** iSd Art. 13 Abs. 1 GG. Vom **Wohnungsbegriff** erfasst werden alle in der **Legaldefinition des § 38 Abs. 1 HSOG** genannten Räume einschließlich befriedeter Grundstücke, die mit den Räumen in Verbindung stehen. Das bedeutet, dass der vom Landesgesetzgeber gewählte Wohnungsbegriff in Übereinstimmung mit der Rechtsprechung des Bundesverfassungsgerichts[246] über den sogenannten „engen Wohnungsbegriff" hinausgeht. Dieser definiert die Wohnung als jede tatsächlich bewohnte Räumlichkeit, die zum Aufenthalt von Menschen bestimmt und geeignet ist.[247] Unter diesen Wohnungsbegriff können zunächst Küche, Wohnzimmer, Schlafzimmer usw. auch Wohnwagen, Hotelzimmer, bewohnte Garagen, Schiffe, Hausboote usw fallen.

204

Darüber hinaus fallen unter den in der Legaldefinition des § 38 Abs. 1 HSOG deklaratorisch wiedergegebenen verfassungsrechtlichen Wohnungsbegriff des Art. 13 GG Nebenräume wie Dachspeicher, Keller, Flure und Ähnliches.

Von der Rechtsprechung des BVerfG ebenfalls anerkannt sind die in § 38 Abs. 1 HSOG genannten **Arbeits-, Betriebs- und Geschäftsräume**, also solche Räume, die regelmäßig in weniger eindeutiger Weise von der Öffentlichkeit abgeschottet sind als die Wohnräume im engeren Sinne. Sie sind aber verfassungsrechtlich auch nicht so intensiv geschützt wie die anderen oben erwähnten Wohnungen; sie orientieren sich in ihrer Einschränkbarkeit vielmehr an den weiten Schranken des Art. 2 Abs. 1 GG.[248] Das ist zB bei Kaufhäusern, Gaststätten, Kinos, Schwimmbädern, aber auch den Räumlichkeiten der Hochschule, uÄ der Fall.

Art. 13 Abs. 1 GG schützt die **Unverletzlichkeit der Wohnung**. Damit ist nicht die Wohnung als solche und deren materieller Bestandsschutz gemeint. Art. 13 Abs. 1 GG schützt vielmehr die Privatsphäre, die die Wohnräume bieten soll.

205

Schrankenregelungen zur Unverletzlichkeit der Wohnung für staatliche Eingriffe iSv Durchsuchungen enthält **Art. 13 GG in den Absätzen 2 und 7**. Während Art. 13 Abs. 7 GG Einschränkungen insbesondere in Form eines Betretens der Wohnung im Wesentlichen nur in den Fällen einer dringenden Gefahr oder einer gemeinen Gefahr für die öffentliche Sicherheit und Ordnung oder einer Lebensgefahr erlaubt, lässt der Wortlaut des Art. 13 Abs. 2 GG ein Durchsuchen von Wohnungen ohne materiell-rechtliche Voraussetzungen zu. Vom Richter anzuordnende Durchsuchungen von Wohnungen sind danach also insbesondere dann materiell-rechtlich nicht zu beanstanden, wenn im Rahmen der Anordnung die sogenannten verfassungsrechtlichen Schranken-Schranken wie insbesondere der Verhältnismäßigkeits- und der Bestimmtheitsgrundsatz[249] hinreichend Berücksichtigung finden.

Diese Interpretation der Gesetzesvorbehalte des Art. 13 GG würde indes dazu führen, dass nach dem Wortlaut des Art. 13 GG Eingriffe in Form von Durchsuchungen als der intensiveren Beeinträchtigung des Grundrechts unter geringeren Voraussetzungen zulässig wären als das bloße Betreten von Wohnungen, obwohl der erstgenannte Eingriff letzteren zwangsläufig

---

246 Vgl. BVerfGE 32, 54 ff.
247 Vgl. Fredrich, § 38 HSOG, Rn. 2 ff.; Hornmann, § 38 HSOG, Rn. 4.
248 Vgl. Graulich in: Lisken/Denninger, E Rn. 504 ff.; Hornmann, § 38 HSOG, Rn. 5.
249 Vgl. BVerfGE 51, 97, 113; 57, 346, 356; 71, 64, 65; Maunz/Dürig/Papier GG Art. 13 Rn. 21; 25 ff.

Fichte

beinhalten muss. Es wird daher zutreffend der Standpunkt vertreten, dass beim Durchsuchen von Wohnungen erst recht die Voraussetzungen des Art. 13 Abs. 7 GG für ein Betreten vorliegen müssen.[250]

Beide Eingriffe im Sinne des § 38 HSOG sind somit grundsätzlich allein unter der Voraussetzung einer dringenden Gefahr oder gemeinen für die öffentliche Sicherheit und Ordnung oder Lebensgefahr verfassungskonform.

> **Bsp.:** Polizeibeamter P hat beobachtet, wie der minderjährige M Süßigkeiten von geringem Wert an einem Kiosk gestohlen hat. P gelingt es, M bis zu dessen Wohnungseingang verfolgen. Da aus präventiver Sicht jedoch keine dringende Gefahr für die öffentliche Sicherheit und Ordnung gegeben ist, scheidet nicht nur ein Betreten der Wohnung, sondern erst recht eine Durchsuchung nach § 38 HSOG zum Zwecke der Rückführung der Sachen an ihren Eigentümer bereits wegen der Schrankenregelungen des Art. 13 GG aus.

206 Unter Berücksichtigung dieser Schrankenregelung hat der Gesetzgeber im Anschluss an die Legaldefinition des Wohnungsbegriffs (§ 38 Abs. 1 HSOG) in den **Absätzen 2–4 und 6–7 unterschiedliche Ermächtigungsgrundlagen** zur Verfügung gestellt, die in ihren Voraussetzungen und Rechtsfolgen jeweils weitestgehend aufeinander abgestimmt sind. Dabei ist zunächst zu beachten, dass der Gesetzgeber die Eingriffsbestimmungen einerseits nach der zuständigen Behörde, andererseits nach der Rechtsfolge des jeweiligen Absatzes differenziert. So sind Eingriffe nach den Absätzen 3 und 4 ausdrücklich den Polizeibehörden vorbehalten,[251] und Maßnahmen nach Absätzen 6 und 7 haben sich wegen ihrer gesetzlich eingeräumten geringeren Eingreifschwelle auf das bloße Betreten zu beschränken, was auch die Pflicht zum Öffnen der Wohnung umfasst.

207 Daher ist es zwingend erforderlich zwischen dem Betreten von Wohnungen und dem Durchsuchen zu unterscheiden. Dabei versteht man unter dem **Begriff des Betretens** das Eintreten einschließlich des Verweilens und Umschauens, während ein darüber hinaus gehendes ziel- und zweckgerichtetes Suchen nach Personen, Sachen oder Zuständen, das also dem Auffinden von etwas Verborgenem dient, bereits als ein **Durchsuchen** zu qualifizieren ist.[252]

> **Bsp.:** Der Polizeibeamte P tritt in eine Wohnung ein, um sich nach einem gefährlichen Serientäter zu erkundigen. Solange der Beamte etwa im Wohnungskorridor steht und lediglich einen Blick durch die geöffnete Tür in die Küche wirft, handelt es sich noch nicht um eine Durchsuchung, sondern lediglich um ein Betreten. Öffnet der Beamte hingegen die Toilettentür, weil er dahinter verdächtige Geräusche vernommen hat, so ist die Schwelle zur Durchsuchung bereits überschritten.
>
> Betritt die Polizei eine Wohnung, um Nachschau zu halten, ob sich dort Verletzte befinden oder einen Lebensmittelverarbeitenden Betrieb zur Brand- oder Seuchenbekämpfung oder ein Bordell zum Auffinden einer Person, die sich gerade dort als Kunde aufhält, so liegt regelmäßig lediglich ein Betreten, aber keine Durchsuchung vor, solange die Nachschau nicht dem Auffinden einer verborgenen Person oder einer verborgenen Sache dient.[253]

208 **Adressat** der Maßnahmen ist jeweils der Inhaber der Wohnung, wie sich bereits aus dem Wortlaut des § 38 Abs. 2, 3 u. 4 HSOG ergibt (was sinngemäß auch für die Absätze 6 und 7 gilt). §§ 6, 7 und 9 HSOG sind demzufolge als Vorschriften über die polizeipflichtige Person nicht zu prüfen, die Gefahr muss nicht vom in seinen Rechten beeinträchtigten Wohnungsinhaber ausgehen, sondern bei ihm handelt es sich um einen gegenüber den allgemeinen Adressatenbestimmungen spezialgesetzlich geregelten **Normadressaten**.

> **Bsp.:** In Abwesenheit des Wohnungsinhabers W dringen aus seiner Wohnung seltsame Geräusche, die nach dem Verüben von Gewalttaten klingen. Die herbeigeeilte Polizei durchsucht die Wohnung, findet

---

250 Vgl. etwa OLG Frankfurt a. M., Beschl. v. 21.11.219, BeckRS 2019 32264; HessPolFHa-Wittgruber, § 38 HSOG Rn. 9.
251 Sodass in diesen Fällen für die Begründung der sachlichen Zuständigkeit nach § 1 Abs. 1 S. 1 HSOG kein Eilfall iSd § 2 S. 1 HSOG erforderlich ist.
252 Vgl. BVerfGE 51, 97;76, 83; BVerwGE 47, 31;; OLG Celle, NVwZ 2003, 894.
253 Vgl. dazu etwa VGH München BeckRS 2015, 50370 Rn. 40; VG Frankfurt, NVwZ-RR 2004, 748.

Fichte

III. Einzelmaßnahmen

allerdings lediglich ein Liebespaar (A und B) im Schlafzimmer des W vor, das sich dort – die unverschlossene Wohnungstür ausnutzend – für ein Stündchen „gemütlich" gemacht hat. Hier ist W unabhängig von den Voraussetzungen der §§ 6, 7, 9 HSOG richtiger Adressat der polizeilichen Maßnahme (Eingriff in den Schutzbereich des Art. 13 Abs. 1 GG).

Gemeint ist mit dem **Inhaber der Wohnung** der jeweilige unmittelbare Besitzer iSd § 854 BGB, wobei es auf eine Rechtmäßigkeit des Besitzes oder gar den Unterzeichner eines Mietvertrages nicht ankommt. Vielmehr ist entscheidend, wer in der jeweiligen Wohnung faktisch wohnt. Bei mehreren Inhabern der Wohnung müssen grundsätzlich alle dem Betreten bzw. Durchsuchen der Wohnung zustimmen, anderenfalls wird die Ermächtigungsgrundlage des § 38 HSOG benötigt.

Bsp.: Die Polizei möchte die Wohnung eines Ehepaares wegen einer Familienstreitigkeit betreten. Die Ehefrau stimmt dem zu, der Ehemann, der sich auf der Toilette eingeschlossen hat, widerspricht dem lautstark. Hier greifen die Beamten in das Grundrecht der Ehefrau aus Art. 13 Abs. 1 GG nicht ein, da sie durch ihre ausdrückliche Einwilligung wirksam darauf verzichtet hat. Entsprechend dem Grundsatz vom Vorbehalt des Gesetzes ist somit mangels Grundrechtseingriffs weder eine Ermächtigungsgrundlage erforderlich noch überhaupt das Erlassen eines belastenden Verwaltungsakts möglich.

Bezüglich des Mannes – hinsichtlich dessen die Ehefrau im konkreten Fall keine Einwilligung und damit erst recht keinen Grundrechtsverzicht erklären konnte – liegt ein Grundrechtseingriff in Art. 13 Abs. 1 GG vor; die Beamten benötigen deshalb für den Grundrechtseingriff gegenüber dem Ehemann eine Ermächtigungsgrundlage aus § 38 HSOG.[254]

Wenn **Kinder** in der Wohnung mitwohnen, kann, unter der Voraussetzung, dass nichts Gegenteiliges bekannt ist, die Zustimmung angenommen werden, wenn die Eltern zugestimmt haben. Dies ist allerdings anders zu bewerten, wenn es explizit um das Betreten und ggf. Durchsuchen des Kinderzimmers geht. Hier sollte die explizite Zustimmung des Kindes eingeholt werden, zumindest dann, wenn es schon alt genug ist, um seine Zustimmung zu erteilen.

b) Betreten und Durchsuchen nach § 38 Abs. 2 Nr. 1 HSOG

Nach der Legaldefinition des Wohnungsbegriffs im HSOG in § 38 Abs. 1 HSOG, enthält § 38 HSOG in Abs. 2–7 (mit Ausnahme des Abs. 5, der eine besondere Verfahrensvorschrift darstellt) Ermächtigungsgrundlagen, die teilweise den Gefahrenabwehr- und den Polizeibehörden, teilweise nur den Polizeibehörden, teilweise nur das Betreten und teilweise das Betreten und Durchsuchen erlaubt. Das bedeutet, dass hier (wie sonst auch) besonders sorgfältiges Lesen der Ermächtigungsgrundlagen angezeigt ist.

§ 38 Abs. 2 Nr. 1 HSOG ermächtigt die Gefahrenabwehr- und die Polizeibehörden zum Betreten und Durchsuchen einer Wohnung, wenn **Tatsachen die Annahme rechtfertigen**, dass sich in ihr eine Sache befindet, die nach § 40 (Abs. 1) Nr. 1 HSOG sichergestellt werden darf. Damit lehnt sich diese Ermächtigungsgrundlage an § 37 Abs. 1 Nr. 3 HSOG an, was jedoch wegen der Bedeutung der Unverletzlichkeit der Wohnung aus Art. 13 GG und den dort statuierten Schranken nicht unproblematisch ist.

Durch den Verweis auf § 40 Abs. 1 Nr. 1 HSOG erfordert diese Ermächtigungsgrundlage „nur" Tatsachen, die die Annahme rechtfertigen, dass eine gegenwärtige Gefahr vorliegt. Die Schranke des Art. 13 Abs. 7 erfordert jedoch eine dringende Gefahr, eine gemeine Gefahr oder eine Lebensgefahr. Daher erfüllt die Ermächtigungsgrundlage die Erfordernisse der verfassungsrechtlichen Schranke nicht.

Dies bedeutet, dass § 38 Abs. 2 Nr. 1 HSOG **verfassungskonform ausgelegt** werden muss. Falls § 38 Abs. 2 Nr. 1 HSOG zur Anwendung kommen soll, muss entgegen des Wortlauts aus § 40 Abs. 1 Nr. 1 HSOG keine gegenwärtige Gefahr, sondern eine dringende Gefahr, eine gemeine Gefahr

---

[254] Zur Problematik: Fredrich, § 38 HSOG, Rn. 8.

Fichte

oder eine Lebensgefahr vorliegen. Gerade bei letzterem wird die Wohnungsdurchsuchung wohl eher auf § 38 Abs. 2 Nr. 2 HSOG gestützt werden.

c) Betreten und Durchsuchen nach § 38 Abs. 2 Nr. 2 HSOG

211 Angesichts der Schrankenregelung des Art. 13 Abs. 7 GG ist die **„klassische" Ermächtigungsgrundlage des § 38 HSOG** dessen Abs. 2 Nr. 2. Diese Ermächtigungsgrundlage setzt eine **gegenwärtige Gefahr für Leib, Leben oder Freiheit einer Person oder für Sachen von bedeutendem Wert** voraus. Das bedeutet, dass in der Anwendung dieser Ermächtigungsgrundlage auch hier bei der Auslegung des Gefahrenbegriffs die Schranken des Art. 13 Abs. 7 GG beachtet werden müssen. Die „Gefahr für Leib, Leben oder Freiheit einer Person oder für Sachen von bedeutendem Wert" muss auch hier eine gewisse, mit Art. 13 Abs. 7 GG **vergleichbare Qualität** aufbringen.

Dabei ist die Gegenwärtigkeit der Gefahr nach gängiger Auffassung dann gegeben, wenn die Gefahr für die genannten Rechtsgüter mit hoher (bzw. an Sicherheit grenzender) Wahrscheinlichkeit unmittelbar bevorsteht bzw. in allernächster Zukunft zu erwarten ist. Dazu gehören selbstverständlich auch Fälle, in denen sich die Gefahr bereits realisiert hat und noch andauert.[255]

Ein konkreter Zeitrahmen lässt sich angesichts der Vielzahl denkbarer Fälle nicht bestimmen, der Begriff ist vielmehr flexibel zu handhaben. Entscheidend ist angesichts des Willens des Gesetzgebers, nur eilbedürftige Fälle der Ermächtigungsgrundlage des § 38 Abs. 2 Nr. 2 HSOG zuzuweisen, indem geprüft wird, ob im konkreten Einzelfall die Behörde mit ihrem Eingriff noch hätte warten können, ohne den Zweck der Maßnahme zu gefährden. Daher sind auch Anwendungsfälle denkbar, in denen eine gegenwärtige Gefahr bejaht werden kann, obwohl der Eintritt des Schadens noch Stunden, oder sogar vielleicht Tage in der Zukunft liegt.

Bsp.: Terroristen haben in einer Wohnung nach eigenen Angaben eine hochexplosive Bombe mit Zeitzünder versteckt, und drohen mit der Zündung in drei Tagen, wenn nicht bestimmte Forderungen erfüllt würden. Wenn die Polizei hier mit hinreichender Wahrscheinlichkeit von einer ganz bestimmten Wohnung ausgeht, in der die Bombe liegen könnte, so darf sie diese Wohnung sicherlich sofort betreten und durchsuchen, um den Sprengsatz zu entschärfen. Hier wäre von einer gegenwärtigen Gefahr auszugehen, da mit dem gefahrenabwehrenden Handeln nicht mehr gewartet werden konnte, ohne die Maßnahme selbst zu gefährden: Hätten die Beamten mit dem Betreten und Durchsuchen gewartet und hätte sich dann die Annahme der Polizei bzgl. der „richtigen" Wohnung als falsch herausgestellt, so wäre die Durchsuchung anderer Wohnungen möglicherweise zu spät gekommen.

212 **§ 38 Abs. 3 u. 4 sowie 6 u. 7 HSOG** halten weitere Ermächtigungsgrundlagen bereit, die aber angesichts des Gesetzesvorbehalts des Art. 13 Abs. 7 GG allesamt rechtlich umstritten sind, wie § 38 Abs. 2 Nr. 1 HSOG auch.[256] Dies wird bezüglich der Abs. 2 Nr. 1, Abs. 3 u. 4 sowie 6 daraus hergeleitet, dass Art. 13 Abs. 7 GG eine dringende Gefahr voraussetze, während die genannten Ermächtigungsgrundlagen Tatsachen ausreichen lassen, die eine gewisse Annahme rechtfertigen,[257] also unterhalb der Schwelle der von der Verfassung verlangten konkreten, dringenden Gefahr anzusiedeln sind. Bezüglich des § 38 Abs. 2 Nr. 1 HSOG kommt hinzu, dass dieser nicht einmal eine Gefahr für ein besonders wichtiges Rechtsgut verlangt, sondern eine gegenwärtige Gefahr iSd § 40 Nr. 1 HSOG ausreichen lässt. Angesichts der oben dargestellten Schranken des Art. 13 Abs. 7 GG erscheint die Kritik an diesen Ermächtigungsgrundlagen berechtigt.

213 § 38 Abs. 3 HSOG ermächtigt die Polizeibehörden zur Durchsuchung einer Wohnung, wenn **Tatsachen die Annahme rechtfertigen**, dass sich in ihr eine Person aufhält, die nach § 30 Abs. 4

---

255 Vgl. OVG Münster, Beschl. v. 30.10.2012 – 5 B 669/12; Fredrich, § 1 HSOG, Rn. 14; Graulich in: Lisken/Denninger, E Rn. 148.
256 Vgl. dazu: Hornmann, § 38 HSOG, Rn. 27 ff. (für § 38 Abs. 6 HSOG).
257 Der Begriff der Tatsachen wird bei den Ausführungen zum Aufenthaltsverbot, Kap. I Rn. 671 näher erläutert.

vorgeführt oder nach § 32 in Gewahrsam genommen werden darf. Allerdings muss auch hier wieder eine **dringende Gefahr**, eine gemeine Gefahr oder eine Lebensgefahr vorliegen.

Das AG Bonn entschied, dass eine Wohnungsdurchsuchung rechtmäßig ist, wenn die betroffenen Inhaber der Wohnung, sowie deren Gäste fortwährend und erheblich gegen das Verbot von Feierlichkeiten und die Corona-Kontaktbeschränkungsverordnungen verstoßen.[258] Personen die beharrlich gegen die **Kontaktbeschränkungsverordnung verstoßen**, dürfen auf der § 32 Abs. 1 Nr. 2 2. Alt. HSOG vergleichbaren Vorschrift in NRW in Gewahrsam genommen werden, um die Fortsetzung einer Ordnungswidrigkeit mit besonderer Bedeutung für die Allgemeinheit zu verhindern. Daher wären die Voraussetzungen der zu § 38 Abs. 3 HSOG vergleichbaren Vorschrift erfüllt, sodass eine Wohnungsdurchsuchung rechtmäßig ist.

Nach Abs. 4 darf die Polizeibehörde mehrere (!) in einem Gebäude befindlichen Wohnungen durchsuchen, wenn **Tatsachen die Annahme rechtfertigen**, dass sich dort eine Person befindet, die widerrechtlich festgehalten wird oder hilflos ist und für die dadurch Gefahr für Leib oder Leben besteht. Diese Ermächtigungsgrundlage zielt auf Entführungsfälle ab.[259] Die Besonderheit dieser Vorschrift besteht darin, dass mehrere Wohnungen in einem Gebäude durchsucht werden können. So muss beispielsweise in einem Mehrparteienhaus nicht für jede einzelne Wohnung begründet werden können, dass eine gegenwärtige Gefahr für Leib, Leben oder Freiheit einer Person oder Sachen von bedeutendem Wert (vgl. § 38 Abs. 2 Nr. 2 HSOG) vorliegt. Es reicht vielmehr aus, dass es Tatsachen[260] gibt, die die Annahme rechtfertigen, dass sich in dem Gebäude beispielsweise eine entführte Person befindet. Selbstverständlich muss auch hier die Schranke aus Art. 13 Abs. 7 GG eingehalten werden. Weiter muss im Rahmen der **Verhältnismäßigkeitsprüfung** dem Umstand Rechnung getragen werden, dass hier auch (wahrscheinlich) mehrere unbeteiligte Wohnungsinhaber (im Sinne von Bewohnern einer Wohnung) betroffen sind.

214

Abs. 6 richtet sich wieder an die Gefahrenabwehr- und die Polizeibehörden und ermächtigt „nur" zum Betreten von Wohnungen, nicht jedoch zum Durchsuchen. Weiter ist hier zu bemerken, dass die **Nachtzeitschranke** aus Abs. 5 nicht gilt, da die Wohnungen unter den in Abs. 6 festgesetzten Voraussetzungen jederzeit betreten werden dürfen. Voraussetzung des Abs. 6 ist, dass es sich bei dem Zielobjekt um einen **verrufenen bzw. gefährlichen Ort** handelt (vgl. § 18 Abs. 2 Nr. 1 HSOG). § 38 Abs. 6 HSOG ist die logische Folge aus § 18 Abs. 2 Nr. 1 HSOG und dient als Ermächtigungsgrundlage für **Razzien**.

215

d) Sonstige Eingriffe nach § 38 HSOG

Umstritten ist mit Blick auf Art. 13 Abs. 7 GG zudem die Ermächtigungsgrundlage des **§ 38 Abs. 7 HSOG**, die für ein Betreten eine **abstrakte Gefahr** (vgl. § 1 Abs. 1 S. 1 HSOG: „Gefahrenabwehr") ausreichen lässt. Diese Kritik erscheint indes überzogen.[261] § 38 Abs. 7 HSOG ermächtigt die Gefahrenabwehr- und die Polizeibehörden „nur" zum Betreten von Arbeits-, Betriebs- und Geschäftsräume sowie andere Räume und Grundstücke, die der Öffentlichkeit zugänglich sind. Das bedeutet, dass die Räumlichkeiten zudem nicht dazu gedacht sind, die Privatheit bzw. Privatsphäre zu schützen, auf die Art. 13 Abs. 1 GG abzielt.

216

Soweit es sich dabei überhaupt um von Art. 13 GG geschützte Räume handelt, kommt diesen im Falle des Betretens – und nur dazu ermächtigt § 38 Abs. 7 HSOG – ohnehin nur ein

---

258 AG Bonn, COVuR 2021, 444.
259 BeckOK PolR Hessen, Leggereit/ Müller J. § 38, Rn. 22.
260 Der Begriff der Tatsachen wird bei den Ausführungen zum Aufenthaltsverbot, Kap. I Rn. 671 näher erläutert.
261 So wohl auch: Fredrich, § 38 HSOG, Rn. 21 ff.; a. A.: Rachor/Graulich in: Lisken/Denninger E Rn. 510; Hornmann, § 38 HSOG, Rn. 35, der eine verfassungskonforme Auslegung der Bestimmung vorschlägt.

reduzierter Grundrechtsschutz des Art. 13 GG zugute.[262] Die vom BVerfG[263] dafür genannten Voraussetzungen können als von § 38 Abs. 7 HSOG erfüllt angesehen werden. Insbesondere die immer wieder gegen die Verfassungsmäßigkeit von § 38 Abs. 7 HSOG ins Feld geführte 3. Voraussetzung des BVerfG wird durch die Beschränkung auf Fälle der Gefahrenabwehr erfüllt. Zur wesentlichen Voraussetzung der öffentlichen Zugänglichkeit von Räumen und Grundstücken iSd § 38 Abs. 7 HSOG vgl. OVG Berlin.[264] So ist eine öffentlich zugängliche Teestube (Vereinslokal) zwar von Art. 13 Abs. 1 GG geschützt. Die Schranken des Art. 13 Abs. 7 GG sind jedoch nicht einschlägig, sodass es ausreicht, wenn eine Aufgabe zur Gefahrenabwehr begründet werden kann.[265]

e) Besondere Verfahrens- und Formvorschriften für das Betreten und Durchsuchen von Wohnungen

217 Besondere Verfahrens- bzw. Formvorschriften enthalten **§ 38 Abs. 5** und **§ 39 HSOG**. § 38 Abs. 5 HSOG regelt die **sog. Nachtzeitschranke** in dem die Regelung auf § 104 Abs. 3 der Strafprozessordnung verweist. Früher regelte § 104 Abs. 3 StPO eine Nachtzeitschranke dergestalt, dass es unterschiedliche Zeiträume im Sommer und im Winter gab. Diese Unterscheidung, der kein offensichtlicher sachlicher Grund zu Grunde lag, ist aufgegeben worden. Nunmehr gilt die Nachtzeitschranke **von 21 bis 6 Uhr morgens**. Das bedeutet, dass die Gefahrenabwehr- und die Polizeibehörden, wenn sie in diesem Zeitraum Wohnungen betreten und durchsuchen wollen, ihre Maßnahmen auf § 38 Abs. 2 Nr. 2 oder Abs. 4, stützen müssen. Wenn Sie sie lediglich betreten wollen, reicht Abs. 6 oder Abs. 7 HSOG aus.

218 § 39 HSOG findet nur Anwendung, wenn die Wohnung auch **durchsucht** werden soll (beachte die Überschrift im Gesetz). Hier ist neben dem **Anwesenheitsrecht des Wohnungsinhabers**, der **Bekanntgabe des Grundes** und der **Niederschrift** über die Wohnungsdurchsuchung insbesondere der auf Art. 13 Abs. 2 GG beruhende **Richtervorbehalt** des § 39 Abs. 1 HSOG zu beachten. Danach bedürfen Durchsuchungen von Wohnungen in der Regel einen richterlichen Durchsuchungsbeschluss. Nur ausnahmsweise, bei **Gefahr im Verzug**, kann eine Wohnungsdurchsuchung ohne richterliche Anordnung durchgeführt werden.

Der Richtervorbehalt begründet eine Pflicht der Gerichte, tagsüber uneingeschränkt erreichbar zu sein. Das gilt auch außerhalb der Dienstzeiten. Während der Nachtzeiten besteht diese Pflicht nur dann, wenn dafür grundsätzlich ein praktischer Bedarf besteht.[266] Daher ist in der Praxis zu prüfen, ob für den jeweiligen Zuständigkeitsbereich ein richterlicher Bereitschaftsdienst eingerichtet wurde. Ob dies der Fall ist, oder nicht, ist bei der Anwendung der Ausnahme der Gefahr im Verzug zu berücksichtigen.

Nach der Rechtsprechung des BVerfG ist der Begriff der **Gefahr im Verzug eng auszulegen**.[267] Sie ist immer dann anzunehmen, wenn die vorherige Einholung der richterlichen Anordnung den Erfolg der Maßnahme – hier also der Durchsuchung – gefährden würde.[268] Sie muss mit Tatsachen begründet werden, die auf den Einzelfall bezogen sind. Reine Spekulationen, hypothetische Erwägungen oder lediglich auf polizeiliche Alltagserfahrung gestützte, fallunabhängige Vermutungen reichen nicht aus. Weiter muss deutlich darauf hingewiesen werden, dass zur Begründung einer „Gefahr im Verzug" nicht mehr die bloße Feststellung ausreicht,

---

262 Vgl. BVerwG, NJW 2005, 454.
263 BVerfGE 32, 54, 77.
264 OVG Berlin, Urt. v. 10.9.2009 – 1 B 29.09.
265 BVerwG, NJW 2005, 2004; NVwZ 2005, 604.
266 Vgl. dazu BVerfG NJW 2001, 1121 (1123); Hornmann, § 39 HSOG, Rn. 8.
267 BVerfG, NJW 2001, 1121; Fredrich, § 39 HSOG, Rn. 1; Hornmann, § 39 HSOG, Rn. 4.
268 BVerfG, NJW 2002, 1333 ff., 2303 ff.; BVerfGE 51, 97, 111.

dass die üblichen Bürodienstzeiten verstrichen sind oder ein Richter nicht mehr erreicht wurde, insbesondere wenn Bereitschaftsregelungen für den jeweilig zuständigen Richter erlassen worden sind. Der Begriff „Gefahr im Verzug" wird vom Gesetzgeber als Ausnahme von der Einhaltung bestimmter Verfahrensvorschriften genutzt. Daher ist bei der Auslegung des Begriffs, also bei der Bestimmung, wann im konkreten Einzelfall Gefahr im Verzug angenommen werden und als Folge daraus auf die Einhaltung einer bestimmten Verfahrensvorschrift verzichtet werden kann, immer auf die konkrete Maßnahme bzw. auf den konkreten Verfahrensschritt abzustellen, der deswegen ausgelassen werden kann. Die Einholung eines richterlichen Durchsuchungsbeschlusses dauert länger als eine Anhörung zu einem belastenden (mündlichen) Verwaltungsakt, auf die wegen Gefahr im Verzug gem. § 28 Abs. 2 Nr. 1 1.Alt HVwVfG verzichtet werden kann. Das bedeutet, dass der Begriff der Gefahr im Verzug einen anderen zeitlichen Maßstab hat, wenn deswegen auf einen richterlichen Durchsuchungsbeschluss verzichtet wird, als wenn deswegen auf die Anhörung verzichtet wird.

Bsp.: Im Kühlhaus einer Fleischerei hängen nach Angaben eines Beschäftigten schon seit längerer Zeit Teile von Rindern, die gesetzeswidrig nicht auf BSE untersucht wurden. Über ein Durchsuchen der Räume nach dem fraglichen Fleisch darf grundsätzlich nur der Richter entscheiden. Ohne Tatsachen, die die Befürchtung begründen könnten, dass das Fleisch abhandenkommt, bevor der Richter entschieden hat, liegt keine Gefahr im Verzug vor.

Eine Gefahr im Verzug liegt nicht vor, wenn die Behörde deren Voraussetzungen selbst herbeiführt. Das ist etwa dann der Fall, wenn sie bei der Herbeiführung der richterlichen Entscheidung unnötig zögert[269] oder sich ohne Not dem Betroffenen zu erkennen gibt und deshalb keine Zeit mehr für Einholung der richterlichen Entscheidung bleibt.[270]. Die Behörde darf zudem den Versuch, das Gericht zu erreichen, nicht vorzeitig abbrechen.[271] Weiter sollte ein Nachweis über den Kontaktversuch des Gerichts geführt werden. 219

Nach § 39 Abs. 2 HSOG hat der Wohnungsinhaber das Recht während der Durchsuchung anwesend zu sein. Sinn und Zweck des **Anwesenheitsrechts** können aber nur erreicht werden, wenn nicht mehrere Räume gleichzeitig durchsucht werden, es sei denn, es sind ein oder sogar mehrere Vertreter des Betroffenen anwesend.[272] Dies kann ein erwachsener Angehöriger, Mitbewohner oder der rechtliche Vertreter des Betroffenen sein. Die Hinzuziehung einer zur Vertretung befugten Person oder einer der oa Personen ist auch dann erforderlich, wenn der Inhaber wegen Behinderung der Durchsuchung entfernt worden ist.[273] 220

13. Sicherstellung (§§ 40 ff. HSOG)

a) Begriffe und Grundsätzliches

Das **Wesen der Sicherstellung** iSd §§ 40 ff. HSOG liegt zunächst darin, dem Eigentümer bzw. Besitzer einer Sache (vgl. § 90 BGB oder eines Tieres, vgl. § 7 Abs. 1 S. 2 HSOG) die **Verfügungsgewalt zu entziehen**[274] oder die Sache für den Berechtigten zu sichern und ein neues, öffentlich-rechtliches Verwahrungsverhältnis zu begründen.[275] Dabei reicht es – wie bei anderen Standardmaßnahmen auch – aus, die Sicherstellung anzuordnen. Ob sie dann auch faktisch durchgeführt wird oder gar zwangsweise durchgesetzt werden muss, spielt für die rechtliche Einordnung des Grundverwaltungsaktes zunächst keine Rolle. 221

---

269 Vgl. BVerfG NJW 2001, 1121 (1123); Hornmann, § 39 HSOG, Rn. 5.
270 Vgl. OLG Düsseldorf, Beschl. v. 23.6.2016 – 3 RVs 46/16.
271 OLG Düsseldorf, Beschl. v. 23.6.2016 – 3 RVs 46/16: 15 Minuten lang zur Mittagszeit sind zu kurz.
272 Fredrich, § 39 HSOG, Rn. 3; Hornmann, § 39 HSOG, Rn. 17 f.
273 39.2.2. VVHSOG.
274 So: VGH Kassel NVwZ 1987, 909; zur Sicherstellung eines Radarwarngeräts vgl. VGH Mannheim, NVwZ-RR 2003, 117 f.
275 Vgl. Fredrich, § 40 HSOG, Rn. 3.

Fichte

Bsp.: Der Polizeibeamte fordert die Jugendlichen auf, ihm die Ecstasy-Pillen auszuhändigen (Sicherstellung durch Anordnung). Begründet der Polizeibeamte die Verwahrung, indem er die Pillen vom Tisch an sich nimmt, so ist dies ebenfalls von der Rechtsfolge des § 40 HSOG erfasst. Muss er die Pillen mit Gewalt den Jugendlichen entreißen, so hat er die Sicherstellung (Grundverwaltungsakt) mit unmittelbarem Zwang (§§ 52 Abs. 1 S. 1 iVm § 55 Abs. 1, 2 HSOG) durchgesetzt.

222 Auch wenn durch die Sicherstellung zwar die (momentanen) Besitz-, grundsätzlich aber nicht die Eigentumsverhältnisse an der Sache verändert werden, liegt ein **Eingriff in den Schutzbereich des Art. 14 Abs. 1 GG** vor.

Bsp.: Dem volltrunkenen A nimmt die Polizei seinen Autoschlüssel weg, damit er nicht mit dem Auto am Straßenverkehr teilnehmen kann. Den Schlüssel erhält A am nächsten Tag zurück. Da auch der Besitz vom Schutzbereich des Art. 14 Abs. 1 S. 1 GG erfasst wird, liegt ein Eingriff in das Eigentum iSd dieser Verfassungsnorm vor.

223 **Auch unbewegliche Sachen** – wie Gebäude – können sichergestellt werden. So können zB Personen durch Versiegelung eines Hauses gehindert werden, dieses zu betreten.[276]

Presseerzeugnisse dürfen wegen Art. 5 Abs. 1 S. 2, 3 GG nur dann nach dem HSOG sichergestellt werden, wenn es sich um eine nicht pressespezifische Gefahr handelt, also die Gefahr nicht vom Inhalt des Presseerzeugnisses ausgeht.

Bsp.: Ein offensichtlich vom Lieferanten auf einem Autobahnrastplatz vergessener Karton mit Büchern wird von der Polizei sichergestellt, um die Sachen dem Berechtigten zurückzugeben.

224 § 40 Abs. 2 HSOG erlaubt es den Gefahrenabwehr- und Polizeibehörden darüber hinaus, unter den Voraussetzungen des § 40 Abs. 1 Nr. 1, 2 und 4 HSOG **schuldrechtliche Forderungen** sicherzustellen. Diese Möglichkeit war vor Einführung des § 40 Abs. 2 HSOG umstritten.[277] Bei solchen Forderungen kann es sich sowohl um Buchgeld als auch um virtuelle Währungen handeln.

225 Die Ermächtigungsgrundlage für die Sicherstellung steht sowohl den Gefahrenabwehr- wie auch den Polizeibehörden zur Verfügung, so dass für die sachliche Zuständigkeit der Polizei- und Ordnungsbehörden nach § 1 Abs. 1 HSOG der Eilfall iSd § 2 S. 1 HSOG, ggf. auch der Grundsatz der Erstbefassung zu prüfen ist.

226 Beim von der Polizei angeordneten **Abschleppen von Kraftfahrzeugen** liegt **regelmäßig keine Sicherstellung** vor, sondern es handelt sich – zumindest nach hessischem Polizeirecht – bei dem Vorgang des Entfernens um eine sog. **unmittelbare Ausführung iSd § 8 HSOG**, jedenfalls dann, wenn der Fahrzeugführer nicht erreichbar ist.[278] Ist der KfZ-Führer zum Zeitpunkt des Erlasses der Grundverfügung oder zum Zeitpunkt des Abschleppens vor Ort, so ist von einer Ersatzvornahme iSd § 49 HSOG auszugehen (vgl. VGH Kassel, aaO).

In beiden Fällen ist nämlich das Handeln des Polizeibeamten nicht auf eine Entziehung der Sachherrschaft des Fahrzeugführers über die Sache oder die Sicherung des Fahrzeugs gerichtet, sondern auf die Abwehr einer Gefahr für Leib und Leben anderer Verkehrsteilnehmer bzw. das geschriebene Recht.[279]

227 Nur ausnahmsweise liegt eine Sicherstellung des KfZ vor, insbesondere dann, wenn das KfZ abgeschleppt wird, um es vor dem Zugriff – unberechtigter – Dritter zu schützen.[280]

---

276 Vgl. Fredrich, § 40 HSOG, Rn. 5; Hornmann, § 40 HSOG, Rn. 9 mwN.
277 Vgl. zur Problematik OVG Lüneburg BeckRS 2015, 48112 Rn. 30; VGH München NVwZ-RR 2016, 779 dagegen OVG Lüneburg BeckRS 2013, 58805.
278 Vgl. VGH Kassel, NVwZ-RR 99, 24 ff. und NVwZ 2000, 102; vgl. zur Rspr. des VGH Kassel: Remmert, NVwZ 2000, 642 ff.; s. auch VG Bayreuth, Urt. v. 25.9.2012 – B 1 K 10.551; VG Gießen, NVwZ-RR 2003, 212 ff.
279 Straßenverkehrsvorschriften; zum Abschleppen von Hinterhöfen als „öffentlichem Verkehrsgrund" vgl. OVG Münster, NVwZ 2000, 460; zum Abschleppen wegen Behinderung der Grundstückszufahrt vgl. OVG Koblenz, NJW 1999, 3573.
280 Möller/Warg/Klein, Rn. 410 ff. mit zT abw. Meinung; VG Frankfurt, NJW 2000, 3224; s. auch VG Darmstadt, NVwZ-RR 2001, 796 f.

Fichte

Bsp.: Ein Mercedes, neueres Modell, wird von einem Passanten mit eingeschlagener Scheibe in der Fahrertür in der Nähe des Fernbahnhofs – in einem eher „dunklen" Viertel der Stadt aufgefunden. Auf dem Beifahrersitz befindet sich ein teurer Laptop. Der Eigentümer des Fahrzeugs kann ermittelt, aber telefonisch nicht erreicht werden. Daher wird das Fahrzeug polizeilich sichergestellt und durch einen beauftragten Abschleppunternehmer abgeschleppt und verwahrt.

Gerade bei einer präventiven **Sicherstellung zur Sicherung der Eigentumsverhältnisse**, ist auf den Wert des Fahrzeugs zu achten. Der Eigentümer muss bei einer solchen Sicherstellung nämlich die Kosten des Abschleppens und der Verwahrung zahlen. Eine solche Sicherstellung ist allerdings rechtmäßig, wenn sie den Zweck verfolgt, den Eigentümer oder rechtmäßigen Inhaber vor Verlust der Sache zu schützen und die Beamten davon ausgehen können, dass dies auch der maßgebliche Wille des Eigentümers oder rechtmäßigen Inhabers ist. Auf den tatsächlichen Willen – auch die Kosten hinterher tragen zu müssen – kommt es nicht an. Gerade wegen dieses Aspekts gibt es in der Rechtsprechung eine Vielzahl an Urteilen hierzu.[281]

b) Sicherstellung nach § 40 Abs. 1 Nr. 1 HSOG

Die wohl gebräuchlichste Ermächtigungsgrundlage für die Sicherstellung ist § 40 Abs. 1 Nr. 1 HSOG. Sie setzt eine **gegenwärtige** (und konkrete) **Gefahr** voraus. Das heißt, dass eine Sache nur dann sichergestellt werden darf, wenn die Gefahr unmittelbar bevorsteht oder der Schaden schon eingetreten ist und noch andauert.

Bsp.: Ein Jugendlicher läuft durch die Kasseler Innenstadt und schwenkt dabei eine Reichskriegsflagge (ohne Hakenkreuz). Da hier die öffentliche Ordnung bereits gestört ist (und die Störung noch andauert), liegt eine gegenwärtige Gefahr iSd § 40 Abs. 1 Nr. 1 HSOG vor. Die Flagge kann sichergestellt werden.

Dabei spielt es keine Rolle, ob die Gefahr bereits von der Sache selbst ausgeht – ausgebüxte giftige Schlange – oder ob erst ihr Gebrauch durch den Menschen sie gefährlich macht – sichergestellter Autoschlüssel.[282]

Auch hier gilt (wie bereits im Rahmen des § 38 HSOG ausgeführt),[283] dass die **Gegenwärtigkeit der Gefahr** dann gegeben ist, wenn mit der Maßnahme nicht mehr gewartet werden kann, ohne dass die Abwehr der Gefahr in Frage gestellt würde. Die Gefahr kann also durchaus bereits gegenwärtig sein, wenn der Eintritt des Schadens noch Stunden, möglicherweise sogar Tage in der Zukunft liegt.

Bsp.: Polizeibeamte finden in einem Pkw Bauteile für einen Sprengsatz, der nach ihren Informationen erst in zwei Tagen gezündet werden soll. Die Teile können (unbeschadet des § 40 Abs. 1 Nr. 4 HSOG) nach § 40 Abs. 1 Nr. 1 HSOG sichergestellt werden; es liegt eine gegenwärtige Gefahr vor, weil mit der Maßnahme nicht mehr gewartet werden kann, ohne dass die Abwehr der Gefahr in Frage gestellt würde. Vgl. auch zur Bejahung einer gegenwärtigen Gefahr in Fällen, in denen **Radarwarngeräte** geschäftlich angeboten wurden, deren Verwendung nur zu rechtswidrigen Zwecken infrage kam.[284]

Allerdings wurde eine Sicherstellung wegen einer vermeintlichen gegenwärtigen Gefahr abgelehnt, wegen einer „optischen Belästigung" bei vor dem Bahnhofsgebäude abgestellten Fahrrädern. Dies stellt weder eine Gefahr gegen § 1 Abs. 2 StVO noch eine Gefahr für die öffentliche Ordnung dar.[285]

---

281 Beispielhaft: OLG Hamm, NZV 1998, 374/ DAR 1998, 237; OVG Münster, NVwZ-RR 2023, 28.
282 Vgl. Möller/Warg/Klein Rn. 401.
283 Die gegenwärtige Gefahr ist bei den Ausführungen zur Wohnungsdurchsuchung, Kap. I Rn. 773 näher bestimmt.
284 VGH Mannheim NVwZ-RR 2003, 117; VGH München NJW 2008, 1549: bereits im Kfz angebrachtes Gerät, auch unverkabelt.
285 OVG Lüneburg, NordÖR 2010, 82.

c) Sicherstellung nach § 40 Abs. 1 Nr. 2 HSOG

231 Die zweite Möglichkeit der Sicherstellung bietet § 40 Abs. 1 Nr. 2 HSOG, um den Berechtigten vor **Beschädigung oder Verlust einer Sache** zu schützen. Trotz der subjektiven Formulierung (um... zu...) bleibt es nicht allein der Willensrichtung der handelnden Beamten überlassen, ob die Tatbestandsvoraussetzungen des § 40 Abs. 1 Nr. 2 HSOG erfüllt sind; vielmehr muss die Wahrscheinlichkeit (konkrete Gefahr iSd § 11 HSOG) bestehen, dass es ohne das Einschreiten der Behörde zu einem Schaden oder Verlust kommen wird.[286] Hierbei handelt es sich um einen gesondert geregelten Fall der Geschäftsführung ohne Auftrag (§ 677 BGB).[287]

Bsp.: Die Beamten entdecken an einem verkaufsoffenen Samstag in der belebten Frankfurter Innenstadt ein Cabriolet mit offenem Verdeck. Sie befürchten, dass das Fahrzeug gestohlen wird und lassen es abschleppen. Die Maßnahme ist von § 40 Abs. 1 Nr. 2 HSOG nicht gedeckt: Es ist nicht wahrscheinlich, dass das Fahrzeug in der konkreten Situation gestohlen wird, nur weil das Verdeck offen ist.

232 Im Rahmen des § 40 Abs. 1 Nr. 2 HSOG sind durchaus Fälle denkbar, in denen die Beamten zum **Schutz privater Rechte** handeln, nämlich dann, wenn der Verlust oder die Beschädigung der Sache nicht durch einen Straftatbestand herbeigeführt wird. In solchen Fällen müssen im Rahmen der sachlichen Zuständigkeit die erschwerten Voraussetzungen des **§ 1 Abs. 3 HSOG** erfüllt sein.[288]

Bsp.: Das kleine Hündchen des Modezaren M ist ausgebüxt. Die Beamten fangen es ein und nehmen es zunächst mit zur Dienststelle, damit dem zarten Geschöpf im Straßenverkehr nichts zustößt. Es liegt hier ein Fall des Schutzes privater Rechte vor, wobei die Voraussetzungen des § 1 Abs. 3 HSOG für die Zuständigkeit der Beamten eindeutig erfüllt sind.

233 **Richtiger Adressat** iSd § 40 Abs. 1 Nr. 2 HSOG ist grundsätzlich die Person, die die Gefahr für Besitz oder Eigentum herbeigeführt hat, also der Verhaltensstörer nach § 6 HSOG. Rührt die Gefahr aus dem Zustand der Sache, kommt auch § 7 HSOG in Betracht, ggfs. kann auch auf den Nichtstörer nach § 9 HSOG zurückgegriffen werden.[289]

d) Sicherstellung nach § 40 Abs. 1 Nr. 3 HSOG

234 § 40 Abs. 1 Nr. 3 HSOG soll insbesondere im **polizeilichen Gewahrsam** gehaltenen Personen die Möglichkeit nehmen, mit gefährlichen Gegenständen sich selbst oder Andere an Leben oder Gesundheit oder auch nur Sachen zu beschädigen. Die Aufnahme dieser Ermächtigungsgrundlage in das HSOG war erforderlich, weil Personen im polizeilichen Gewahrsam nicht lückenlos beaufsichtigt werden können und daher immer zu befürchten ist, dass sie mit gefährlichen Sachen Gefahren verursachen können.

235 Voraussetzung des § 40 Abs. 1 Nr. 3 HSOG ist einerseits, dass die Person **festgehalten** wird, wobei es keine Rolle spielt, ob die Rechtsgrundlage aus dem HSOG (hier abschließend: § 18 Abs. 4, § 25 Abs. 1 S. 4, § 32 HSOG) oder anderen Gesetzen entnommen wird (zB § 127 StPO).[290]

Bsp.: A wird von der Polizei zum Zwecke der Identitätsfeststellung angehalten. Schon nach einigen Sekunden zieht A plötzlich einen sog. Totschläger und bedroht die Beamten. Geistesgegenwärtig entreißt einer der Beamten sofort dem A die Sache.
Hier wäre eine Sicherstellung nach § 40 Abs. 1 Nr. 1 HSOG einschlägig, § 40 Abs. 1 Nr. 3 HSOG scheidet als Ermächtigungsgrundlage aus, weil A im Zeitpunkt der Sicherstellung noch nicht festgehalten wird.

---

286 Fredrich, § 40 HSOG, Rn. 9a.
287 Hornmann, § 40 HSOG, Rn. 19.
288 Hornmann, § 40 HSOG, Rn. 19.
289 Vgl. dazu auch BeckOK, PolR, Hessen, Leggereit/ Müller J., HSOG § 40 Rn. 14.
290 Nähere Ausführungen zu dem Unterschied von Anhalten und Festhalten sind bei den Ausführungen zur Befragung, Kap. I Rn. 579 ff. zu finden.

Fichte

III. Einzelmaßnahmen

Auf die Rechtmäßigkeit des Festhaltens kommt es nicht an.[291] Es kommt vielmehr darauf an, dass die Person festgehalten wird. Dass sie festgehalten werden soll, reicht hingegen nicht aus.[292] Weitere Voraussetzung des § 40 Abs. 1 Nr. 3 HSOG ist es, dass die festgehaltene Person oder ein anderer die Sache zu einem der genannten Zwecke „verwenden kann". Der Verzicht des Gesetzgebers auf jegliche Gefahrenbegriffe macht deutlich, dass es nicht auf eine Wahrscheinlichkeit des Schadenseintritts ankommt, sondern es vielmehr entscheidend ist, ob die Sache zur Verwirklichung eines der Zwecke **objektiv geeignet** ist (zB Gürtel zum Strangulieren, Stecknadeln zur Verletzung, Mobiltelefone zum Verständigen von Fluchthelfern usw).[293] Das führt konsequenterweise dazu, hier den Adressaten der Maßnahme nicht nach den allgemeinen Bestimmungen der §§ 6, 7, 9 HSOG zu prüfen, sondern von einem **spezialgesetzlich geregelten Normadressaten**, nämlich der Person, die festgehalten wird, auszugehen.

236

Letztlich läuft der offene Tatbestand darauf hinaus, bei objektiver Eignung der Sachen zu einem der genannten Zwecke deren Sicherstellung bereits im Rahmen einer abstrakten Gefahr zuzulassen, dh schon dann, wenn der Beamte zum Zwecke der Gefahrenabwehr handelt.

237

Bsp.: Beim nach § 32 Abs. 2 HSOG Festgehaltenen dessen Comic-Heft sicherzustellen, wäre sicherlich nicht ohne Weiteres von § 40 Abs. 1 Nr. 3 HSOG gedeckt.

Schließlich setzt § 40 Abs. 1 Nr. 3 HSOG voraus, dass die Sache von der festgehaltenen Person **mitgeführt** wird, das heißt, dass sie jederzeit und ohne große Schwierigkeit auf sie zugreifen kann. Diese Voraussetzung dürfte in Fällen des § 40 Abs. 1 Nr. 3 HSOG regelmäßig erfüllt sein.

238

Bsp.: A wird gem. § 32 Abs. 1 Nr. 2 HSOG in Gewahrsam genommen. Es besteht kein Grund, sein Messer, das in seinem Kfz deponiert ist, nach § 40 Abs. 1 Nr. 3 HSOG sicherzustellen, da er es während der Dauer des Gewahrsams nicht mit sich führt.

e) Sicherstellung nach § 40 Abs. 1 Nr. 4 HSOG

§ 40 Abs. 1 Nr. 4 HSOG erlaubt schließlich eine Sicherstellung, wenn **tatsächliche Anhaltspunkte** die Annahme rechtfertigen, dass sie zur Begehung einer **Straftat oder Ordnungswidrigkeit** gebraucht oder verwertet werden soll. Ob der Adressat der Maßnahme schuldhaft handelt, ist unerheblich.[294] Die Eingreifschwelle der Polizei wird demzufolge bei bevorstehenden Straftaten und Ordnungswidrigkeiten deutlich herabgesetzt; ein Einschreiten erfordert keine konkrete Gefahr. Demzufolge ist auch ein Adressat nicht nach §§ 6, 7, 9 HSOG erforderlich, sondern er ergibt sich als **spezialgesetzlich geregelter Normadressat** unmittelbar aus der Ermächtigungsgrundlage des § 40 Abs. 1 Nr. 4 HSOG (jede Person, die Eigentümer und/oder Besitzer der Sache ist). Unter Gebrauch iSd Ermächtigungsgrundlage ist der Einsatz der Sache zur Verwirklichung, unter Verwertung die Verwendung der Sache zur Vorbereitung der Tat zu verstehen.

239

Bsp.: In letzter Zeit kam es in der Stadt KS vermehrt zu Wohnungseinbrüchen in der frühen Abendzeit. Eines Tages im Dezember gegen 17 Uhr trifft die Polizei drei Jugendliche an, die eine Brechstange und einen Bolzenschneider mit sich führen und dafür widersprüchliche Erklärungen abgegeben haben. Die Polizei stellt die Sachen nach § 40 Abs. 1 Nr. 4 HSOG sicher, weil tatsächliche Anhaltspunkte die Annahme rechtfertigen, dass die Gegenstände für eine Straftat nach § 244 Abs. 1 Nr. 3 StGB evtl. iVm § 244a StGB gebraucht werden sollen. Im Rahmen der Verhältnismäßigkeit und unter Berücksichtigung der Umstände des Einzelfalles könnte evtl. auch eine Taschenlampe sichergestellt werden, da sie zur Begehung der Straftat zumindest verwertet, also zur Vorbereitung der Tat verwendet werden soll.

---

291 Argumentum ad absurdum, vgl. BeckOK, PolR, Hessen, Leggereit/ Müller J., HSOG § 40 Rn. 11.
292 BeckOK, PolR, Hessen, Leggereit/ Müller J., § 40, Rn. 11.
293 Fredrich, § 40 HSOG, Rn. 10.
294 Vgl. Fredrich, § 40 HSOG, Rn. 11.

f) Sicherstellung nach § 40 Abs. 2 HSOG

240 § 40 Abs. 2 HSOG erlaubt unter anderem die Sicherstellung schuldrechtlicher Forderungen. Da es sich bei Forderungen nicht um Sachen iSd § 90 BGB handelt, ist eine Sicherstellung vom Wortlaut des § 40 Abs. 1 HSOG nicht erfasst. Der hessische Gesetzgeber hat die Ermächtigungsgrundlage des § 40 Abs. 1 HSOG um Abs. 2 ergänzt.[295]

Nach § 40 Abs. 2 HSOG ist die Sicherstellung von Forderungen unter den Voraussetzungen des § 40 Abs. 1 Nr. 1, 2 und 4 HSOG zulässig. § 40 Abs. 1 Nr. 3 HSOG scheidet als Grundlage für die Sicherstellung von Forderungen aus, weil die dort genannten abschließend aufgeführten Varianten der Zielrichtung einer Sicherstellung von Forderungen nicht entsprechen können.

Bsp.: A ist im Besitz von ca. 200.000 EUR, die er sich offenbar durch Straftaten verschafft hat. Deshalb wird das Geld von der Staatsanwaltschaft im Rahmen eines Strafverfahrens beschlagnahmt und auf ein Konto der Landesjustizkasse eingezahlt. Die Polizeibehörde ordnet die Sicherstellung und öffentliche Verwahrung der beschlagnahmten Gelder an für den Fall, dass die Staatsanwaltschaft die Beschlagnahme aufhebt. Die Staatsanwaltschaft stellt einige Zeit später das Strafverfahren gegen A ein, der auf Herausgabe des Geldes pocht.[296]

241 Vor Einführung des § 40 Abs. 2 HSOG wäre eine Sicherstellung des Buchgeldes rechtlich schwierig gewesen, weil Forderungen gegen die Landesjustizkasse – anders als zB Bargeld – keine körperlichen Gegenstände und somit keine Sachen sind.[297] Nach § 40 Abs. 2 HSOG wäre die Sicherstellung grundsätzlich möglich. Allerdings müssten die Voraussetzungen des § 40 Abs. 1 Nr. 1, 2 oder 4 HSOG erfüllt sein, was nach der Einstellung des Strafverfahrens und ohne die Einziehung des Geldes auf Grundlage strafprozessualer Normen, genauestens zu prüfen und zu begründen wäre.

g) Besondere Verfahrens- und Formvorschriften für die Sicherstellung und § 43a HSOG

242 Als **besondere Verfahrens- und Formvorschriften** sind die zahlreichen Bestimmungen der §§ 41–43 HSOG zu beachten.[298] Insbesondere sind danach sichergestellte Sachen grundsätzlich in **Verwahrung** zu nehmen.[299] **Wertminderungen** ist grundsätzlich vorzubeugen.[300] Grundsätzlich sind sichergestellte Sachen herauszugeben, sobald der Grund für die Sicherstellung weggefallen ist (vgl. § 43 Abs. 1 S. 1 HSOG). Dies gilt aber insbesondere dann nicht, wenn durch die Herausgabe erneut die Voraussetzungen für eine Sicherstellung eintreten würden (vgl. § 43 Abs. 1 S. 3 HSOG; s. auch § 42 Abs. 4 HSOG).

Bsp.: Stellt die Polizei Reichskriegsflaggen sicher und ist zu besorgen, dass der Eigentümer sie nach Herausgabe wieder in der Öffentlichkeit zeigen wird, so ist eine Herausgabe der Flaggen nach § 43 Abs. 1 S. 3 HSOG ausgeschlossen.

Die sichergestellten Sachen sind prinzipiell wieder an den herauszugeben, bei dem sie sichergestellt wurden (Gedanke des actus contrarius). Kann die Sache an denjenigen nicht herausgegeben werden, so ist sie an die Person herauszugeben, die das stärkste Besitzrecht glaubhaft macht.[301]

---

295 Gesetz v. 23.8.2018, HessGVBl. 374.
296 Fall nach VGH München NVwZ-RR 2016, 779.
297 Vgl. § 90 BGB, vgl. zum Streit um eine analoge Anwendbarkeit auf Forderungen: VGH München NVwZ-RR 2016, 779 gegen OVG Lüneburg BeckRS 2013, 58805.
298 Vgl. dazu im Einzelnen die ausführlichen VVHSOG und BeckOK, PolR, Hessen, Leggereit/ Müller J., HSOG § 41–43.
299 Vgl. § 41 Abs. 1 S. 1 HSOG; siehe zu den Ausnahmen § 41 Abs. 1 S. 2 und 3 HSOG etwa bei großen Tieren – zB Elefanten –, vgl. zu ihnen aber auch die systemfremd anmutende repressive Möglichkeit der Einziehung iSd § 43a Abs. 4 S. 3 HSOG bei gefährlichen Tieren.
300 Vgl. § 41 Abs. 3 HSOG; vgl. zu etwaigen Amtshaftungsansprüchen OLG Schleswig, NVwZ 2000, 234 ff.
301 BeckOK, PolR, Hessen, Leggereit/ Müller J., § 40, Rn. 4.

III. Einzelmaßnahmen

Die **Kosten** für die Sicherstellung einschließlich der Kosten der Verwertung, Unbrauchbarmachung und Vernichtung sichergestellter Sachen fallen dem Verhaltens- bzw. Zustandsstörer zur Last (vgl. § 43 Abs. 3 HSOG). 243

h) § 43a HSOG – Halten gefährlicher Tiere

§ 43a HSOG enthält ein repressives Verbot mit Befreiungsvorbehalt und einen Bußgeldtatbestand für das nicht gewerbsmäßige **Halten gefährlicher Tiere wild lebender Arten**. Eine eigene Ermächtigungsgrundlage für gefahrenabwehrende Rechtseingriffe enthält § 43a HSOG nicht. Insoweit ist auf die Bestimmung der §§ 11 ff. HSOG zurückzugreifen. 244

Von der in § 43a Abs. 1 S. 2 HSOG gegebenen Legaldefinition werden laut einer vom Land Hessen herausgegebenen Liste bspw. folgende Tiere erfasst: bestimmte Insekten, Spinnentiere (zB Skorpione), Spinnen (zB Vogelspinnen), Froschlurche, Reptilien (alle Krokodile, bestimmte Echsen, Schlangen und Schildkröten), Menschenaffen (Gorillas, Orang-Utans, Schimpansen) und Raubtiere (insbes. Großkatzen und Bären).

Ein Rückgriff auf §§ 41–43 HSOG ist ausdrücklich erlaubt. Somit kann ein gefährliches Tier iSd § 43a HSOG auch sichergestellt werden (vgl. § 43a Abs. 3 HSOG). Als ultima ratio kommt auch eine Tötung des Tieres in Betracht, vgl. § 42 Abs. 4 Nr. 1 HSOG.[302] Zuständig ist für solche Maßnahmen die Bezirksordnungsbehörde (das Regierungspräsidium), im Eilfall nach § 2 S. 1 HSOG auch die Polizeibehörde. § 43a Abs. 4 HSOG bestimmt Fehlverhalten als Ordnungswidrigkeiten, die mit einer Geldbuße bis zu 5.000 EUR geahndet werden können. Tiere und bestimmte Gegenstände können nach § 43a Abs. 4 S. 4 HSOG eingezogen werden.

i) § 43b HSOG – Strafvorschrift zu § 31 und § 31a HSOG

§ 43b HSOG stellt **wiederholte Zuwiderhandlungen** gegen behördliche Anordnungen nach § 31 Abs. 3 S. 1 HSOG, gegen gerichtliche Anordnungen nach § 31a Abs. 3 S. 1 oder behördliche Anordnungen nach § 31a Abs. 3 S. 2 HSOG unter **Strafe**. Die Vorschrift ist neben § 32 Abs. 1 Nr. 3 HSOG eine Möglichkeit, Maßnahmen nach § 31 Abs. 3 und nach § 31a HSOG zur Geltung zu verhelfen. § 43b HSOG orientiert sich dabei an § 145a StGB, der Weisungen im Rahmen der Führungsaufsicht unterstützen soll. Das Land Hessen ist verfassungsrechtlich befugt, die Strafvorschrift zu erlassen, denn der Bundesgesetzgeber hat von seiner Kompetenz zum Schaffen von Straftatbeständen keinen abschließenden Gebrauch gemacht.[303] Mit § 87 BKAG gibt es eine vergleichbare Vorschrift, die Verstöße gegen § 55 BKAG zum Gegenstand hat. 245

Die Strafbestimmung des § 43b HSOG ist als **abstraktes Gefährdungsdelikt** formuliert. Geringfügige Verstöße dürften somit straflos bleiben, solange sie den Zweck der Anordnung nicht gefährden.[304] Das Erfordernis eines **Strafantrags** ist unter einen Behördenleitervorbehalt gestellt, ohne, wie dies an anderen Stellen des HSOG möglich ist, eine andere Person damit zu beauftragen.[305] Dieser Vorbehalt gibt der Behördenleitung die Möglichkeit, Einfluss darauf auszuüben, dass nur ausreichend strafwürdige Verstöße gegen die Anordnungen strafrechtlich verfolgt werden.[306]

---

302 Hornmann, § 43a HSOG, Rn. 23.
303 Vgl. Art. 72 Abs. 1 Nr. 1 GG; LT-Drs. 19/6502,44; Fredrich, § 43b HSOG, Rn. 1.
304 Vgl. Fredrich, § 43b HSOG, Rn. 2.
305 Fredrich, § 43b HSOG, Rn. 2.
306 Vgl. BeckOK, PolR, Hessen, Leggereit/Müller J., HSOG § 43b, Rn. 5.

Fichte

j) Opferschutzmaßnahmen nach § 43c HSOG

246 Mit dem Änderungsgesetz vom 13.12.2024[307] wird § 43c HSOG in das Gesetz aufgenommen. Danach können die Polizeibehörden Schutzmaßnahmen für Personen, die Opfer einer Straftat wurden bzw. bei der davon auszugehen ist, dass sie in absehbarer Zeit Opfer einer Straftat werden können – nach Abs. 2 wird dieser Personenkreis noch auf Angehörige und nahestehende Personen erweitert – erlassen. Konkret können Urkunden und sonstige Dokumente zum Aufbau und zur Aufrechterhaltung einer vorübergehend geänderten Identität hergestellt oder verändert werden, sofern dies zu deren Schutz vor einer Gefahr für Leib, Leben, Freiheit oder für die sexuelle Selbstbestimmung erforderlich ist, die Person für diese Schutzmaßnahme geeignet ist und ihr zustimmt. Die geänderten Dokumente dürfen dann im Rechtsverkehr gebraucht werden.

Abs. 3 statuiert für diese Maßnahme einen Behördenleitervorbehalt bzw. ermächtigt die Behördenleitung eine Bedienstete oder einen Bediensteten damit zu beauftragen, solche Maßnahmen anzuordnen.

14. Moderne Datenerhebung

a) Begriffe und Grundsätzliches

247 Mit dem sogenannten **Volkszählungsurteil** vom 15.12.1983[308] hat das BVerfG entschieden, dass dem Bürger ein **Recht auf informationelle Selbstbestimmung** zusteht. Es leitet sich aus dem allgemeinen Persönlichkeitsrecht aus Art. 2 Abs. 1 GG iVm iVm Art. 1 Abs. 1 GG ab.[309] Der Inhaber des Grundrechts kann grundsätzlich selbst über die Preisgabe und Verwendung seiner personenbezogenen Daten entscheiden. Seitdem finden sich datenschutzrechtliche Bestimmungen in immer mehr Gesetzen, die insbesondere dem Vorbehalt des Gesetzes und dem Prinzip der Verhältnismäßigkeit Rechnung tragen sollen.[310]

248 Während bis zu der Entscheidung des BVerfG die Verarbeitung personenbezogener Daten im Allgemeinen als eingriffsloses Verwaltungshandeln des Staates eingeordnet wurde,[311] ist seitdem anerkannt, dass ein solches Verhalten der öffentlichen Verwaltung einer gesetzlichen Ermächtigungsgrundlage bedarf.[312] Es wurden neben dem **Bundesdatenschutzgesetz** (Geltungsbereich grds.: Eingriffe durch öffentliche Stellen des Bundes sowie durch nicht öffentliche Stellen) insbesondere die **Datenschutzgesetze der einzelnen Bundesländer** geschaffen, die vor allem allgemeine Regelungen sowie Begriffsbestimmungen enthalten.[313] Der sogenannte **bereichsspezifische Datenschutz** regelt weiter spezifische Bereiche des Handelns von Behörden und öffentlichen Stellen und ist damit vorrangig anzuwenden (leges speciales vor leges generales).

Für das allgemeine Polizeirecht in Hessen finden sich solche speziellen Bestimmungen in §§ 13–29 HSOG.[314]

249 Dabei ist eine gewisse Überinterpretation des Volkszählungsurteils nicht zu verkennen, wenn man etwa bedenkt, dass der Datenschutz im HSOG über 20 Paragrafen vereinnahmt (mit seit Jahren steigender Tendenz), äußerst umstrittene Eingriffe, wie die des Verbringungsgewahrsams, allenfalls in den Verwaltungsvorschriften des HSOG ihren Niederschlag finden (vgl. dort etwa

---

307 GVBl. Nr. 83.
308 Vgl. BVerfGE 65, 1 ff.
309 Vgl. insbes. zu polizeilichen Maßnahmen BayVerfGH, NVwZ 2006, 1284 ff.; VG Freiburg, NVwZ-RR 2006, 322 ff.
310 Vgl. dazu OVG Hamburg, NVwZ-RR 2009, 878, 880.
311 Vgl. Götz/Geis, § 7 Rn. 9.
312 Vgl. Götz/Geis, § 7, Rn. 9.
313 Vgl. in Hessen das HDSIG; s. auch § 3 Abs. 4 HSOG.
314 Wichtig für die Gefahrenabwehr sind zB auch § 3 Hess. MeldDüVO sowie §§ 14, 16, 22 AZRG.

Ziffer 32.1.2) und selbst der sog. finalen Rettungsschuss (§ 60 Abs. 2 S. 2 HSOG) jahrelang in Hessen nicht explizit geregelt war.

Neben den genannten nationalen Datenschutzbestimmungen sind als **europäische Rechtsnormen** insbesondere die Regelungen der **DS-GVO** zu nennen, die in den Mitgliedsstaaten der Europäischen Union, also auch in Deutschland, unmittelbare Rechtswirkung entfalten (vgl. auch § 3 Abs. 4 HSOG). Der weite Anwendungsbereich der DS-GVO gilt grundsätzlich für sämtliche „ganz oder teilweise automatisierte(n) Verarbeitung(en) personenbezogener Daten sowie für nichtautomatisierte Verarbeitung(en) personenbezogener Daten, die in einem Dateisystem gespeichert sind oder gespeichert werden sollen".[315]

Die DS-GVO regelt insbesondere die Grundsätze der Verarbeitung personenbezogener Daten (Art. 5 ff. DS-GVO), eine Rechtsschutzgarantie für betroffene Personen (Art. 77 ff. DS-GVO), einen Schadensersatz für materielle und immaterielle Schäden (Art. 82 Abs. 1 DS-GVO) sowie Geldbußen bis zu 20 Mio. EUR oder bis zu 4 % des Jahresumsatzes bei Unternehmen (Art. 83 DS-GVO).

Die DS-GVO findet jedoch **keine Anwendung** auf die Datenverarbeitung bei Polizei und Justiz im Zusammenhang mit **Straftaten**.[316] Hierfür wurde die Richtlinie zum Schutz natürlicher Personen bei der Verarbeitung personenbezogener Daten durch die zuständigen Behörden zum Zwecke der Verhütung, Ermittlung, Aufdeckung oder Verfolgung von Straftaten oder der Strafvollstreckung sowie zum freien Datenverkehr und zur Aufhebung des Rahmenbeschlusses 2008/977/JI des Rates erlassen, die auch im Rahmen polizeilicher Datenerhebung berücksichtigt werden muss (hier kurz JI-RL genannt).

Gemäß Art. 2 Abs. 1 der JI-RL findet sie Anwendung auf die Verarbeitung personenbezogener Daten durch Behörden zum Zwecke der Verhütung, Ermittlung, Aufdeckung oder Verfolgung von Straftaten oder der Strafvollstreckung, einschließlich des Schutzes vor und der Abwehr von Gefahren für die öffentliche Sicherheit. Damit erfasst sie sowohl die Datenverarbeitung zu präventiven als auch zu repressiven Zwecken mit Ausnahme der **Datenverarbeitung zum Schutz privater Rechte**.

Umstritten ist der Anwendungsbereich auch bei der **Verfolgung von Ordnungswidrigkeiten**, da der europäische Begriff der Straftat nicht eindeutig definiert ist. Das Ordnungswidrigkeitenverfahren ist jedoch weitgehend dem Strafverfahren nachgebildet, sodass mit Blick auf die Einheit der Rechtsordnung die Verfolgung von Ordnungswidrigkeiten wohl auch in den Anwendungsbereich der JI-RL fällt.

Die JI-RL und die DS-GVO enthalten in vielen Bereichen einheitliche Regelungen, wie zB die sogenannten Grundsätze der Datenverarbeitung inklusive der Voraussetzungen für eine wirksame Einwilligung zur Datenverarbeitung. Spezialgesetzliche Tatbestandsvoraussetzungen bezogen auf einzelne Maßnahmen der Polizei (weder im gefahrenabwehrrechtlichen und im strafprozessualen Bereich) enthält die JI-RL nicht.

Gem. Art. 2 Abs. 1 der JI-RL findet sie Anwendung auf die Verarbeitung von personenbezogenen Daten der zuständigen Behörden. Die Polizei fällt sowohl mit ihrem präventiven, als auch mit ihrem repressiven Handeln unter den Anwendungsbereich der JI-RL und ist damit eine zuständige Behörde iSd Artikels.

Unter **personenbezogenen Daten** versteht man alle Informationen, die sich auf eine identifizierte oder identifizierbare natürliche Person beziehen (vgl. § 41 Nr. 1 HDSIG; s. dort auch zum Begriff „identifizierbar").

---

315 Vgl. im Einzelnen, auch zum Anwendungsbereich und zu den Ausnahmen, Art. 2 DS-GVO; vgl. dazu genauer Petri in: Lisken/Denninger G Rn. 461 ff.
316 Vgl. Art. 2 Abs. 2 lit. D DS-GVO.

Bsp.: Der Polizeibeamte P ermittelt die Telefonnummer des A, den er zu einer bestimmten polizeilichen Angelegenheit befragen möchte. P holt (wenn auch relativ harmlose) Informationen ein, die sich auf eine identifizierte Person beziehen.

252 **Datenverarbeitung** ist „jeder mit oder ohne Hilfe automatisierter Verfahren ausgeführte Vorgang oder jede solche Vorgangsreihe im Zusammenhang mit personenbezogenen Daten". Das sind insbesondere das Erheben, die Speicherung, die Veränderung, die Bereitstellung oder das Löschen, wobei jeder dieser Tätigkeiten im HSOG besondere Regelungen zugewiesen sind (vgl. §§ 13 ff. HSOG; zum Begriff § 41 Nr. 2 HDSIG). Daher ist der Begriff der **Datenverarbeitung** sehr weit auszulegen und umfasst prinzipiell alle Vorgänge bezogen auf personenbezogene Daten. Weitere Begriffsbestimmungen finden sich in Art. 3 der JI-RL.

b) Allgemeine datenschutzrechtliche Grundsätze

253 Die **Grundsätze der Datenverarbeitung** sind in Art. 4 der JI-RL festgesetzt worden. Sie haben auch Einklang in diverse Normen des HSOG, den bereichsspezifischen Datenschutzvorschriften, §§ 13 ff. HSOG, gefunden.[317]

Diese Grundsätze in der Form, wie sie Einklang ins HSOG gefunden haben, werden im Folgenden dargestellt. Bezogen auf die Datenerhebung, die auch unter die „Verarbeitung" von (personenbezogenen) Daten fällt, gibt es **folgende Grundsätze:**

den **Zweckbindungsgrundsatz**, der Niederschlag in § 13 Abs. 5 HSOG gefunden hat, den **Unmittelbarkeitsgrundsatz**, der in § 13 Abs. 6 HOG Eingang gefunden hat, den **Offenheitsgrundsatz**, den § 13 Abs. 7 HSOG geprägt hat, der **Hinweispflicht**, die in § 13 Abs. 8 HSOG Eingang eingefunden und den Regelungen über die **Freiwilligkeit der Datenerhebung** und der **Einwilligung** aus § 13 Abs. 9 HSOG.

254 Der **Zweckbindungsgrundsatz** aus der JI-RL (Art. 4 Abs. 1 lit.b) erlaubt den Mitgliedsstaaten für festgelegte, eindeutige und rechtmäßige Zwecke Daten zu erheben und zu verarbeiten. Dies bedeutet, dass den Gefahrenabwehr- und den Polizeibehörden prinzipiell – vorausgesetzt, die Voraussetzungen der jeweiligen Ermächtigungsgrundlage der Datenerhebungsmaßnahme liegen vor – die Erhebung personenbezogener Daten für deren Aufgabenerfüllung, erlaubt ist. Dies bedeutet, dass eine Datenerhebung **ins Blaue hinein** prinzipiell unzulässig ist. Für Maßnahmen nach dem HSOG müssen die Daten für die Abwehr der jeweiligen konkreten Gefahr bzw. generell zur Gefahrenabwehr erforderlich sein. Dies bedeutet auch, dass die erhobenen Daten nur für diese Aufgabe und für keine anderen Zwecke außerhalb der Gefahrenabwehr verwendet werden dürfen.

§ 13 Abs. 5 S. 1 HSOG erlaubt insoweit eine erweiterte Anwendung von personenbezogenen Daten, die nicht gefahren- oder tatbezogen sind nur, wenn dies zu bestimmten gefahrenwehrenden Zwecken erforderlich ist. In Betracht kommt die Erhebung von Merkmalen zur Identifizierung (zB Name, Wohnort, Narbe, Muttermal o. ä.) oder zum Schutz der Person (zB Orientierungslosigkeit, Taubheit gesuchter Personen) oder von Bediensteten der Gefahrenabwehr- und der Polizeibehörden (Gewaltbereit, Inhaber eines Waffenscheins).[318]

Strenge Anforderungen gelten bei Erhebung besonderer Kategorien personenbezogener Daten iSd § 41 Nr. 15 HDSIG. Es geht dabei um besonders sensible Daten, wie zB solche über religiöse Überzeugungen, Gesundheitsdaten oder Daten zur sexuellen Orientierung. Sie dürfen nur erhoben werden, wenn ihre Erhebung unbedingt erforderlich ist, vgl. § 13 Abs. 5 S. 2

---

[317] Vgl. einen allgemeinen Überblick über die Grundlagen des Datenschutzrechts geben Leeb/Liebhaber, JuS 2018, S. 534.
[318] ZB Ansteckungsgefahr, Gewalttätigkeit; vgl. dazu auch BeckOK, PolR, Hessen Möstl/Bäuerle HSOG § 13 Rn. 146 ff.

Fichte

HSOG. Dies bezieht sich im polizeilichen Kontext beispielsweise auf die Erhebung des Datums „**HIV-positiv**" und der Verwendung solcher Daten zum Schutz Bediensteter. Die Verarbeitung dieser personenbezogenen Daten für andere Zwecke ohne Zustimmung der betroffenen Person ist unzulässig (absolute Zweckgebundenheit).[319]

Der in § 13 Abs. 5 S. 3 HSOG formulierte **Zweckbindungsgrundsatz** bezieht sich auf alle in § 13 Abs. 5 S. 1 und 2 HSOG genannten Daten. Die Zustimmung der betroffenen Person muss vor der Verarbeitung erfolgen.[320]

§ 13 Abs. 6 HSOG schreibt darüber hinaus den sogenannten **Unmittelbarkeitsgrundsatz** bei der Datenerhebung vor. Danach sind personenbezogene Daten grundsätzlich bei der betroffenen Person zu erheben. § 13 Abs. 6 HSOG verweist auf § 13 Abs. 1 Nr. 1 und 2 HSOG. In diesen Fällen kann von dem Grundsatz der Unmittelbarkeit der Datenerhebung eine Ausnahme gemacht werden. Dies ist immer dann der Fall, wenn die Person in Kenntnis des Zwecks der Erhebung in diese nach Abs. 9 eingewilligt hat, tatsächliche Anhaltspunkte die Annahme rechtfertigen, dass dies im Interesse der Person liegt und sie in Kenntnis des Zwecks einwilligen würde (Nr. 1) oder die Daten allgemein zugänglichen Quellen entnommen werden können oder die betroffene Person die Daten offensichtlich öffentlich gemacht hat (Nr. 2).

255

Bsp.: Der Polizeibeamte P möchte gern wissen, ob der A ein Muttermal am Oberschenkel hat. P muss sich grundsätzlich bei A selbst erkundigen, nicht bei dessen Nachbarn, Arbeitskollegen oder Arzt.

Dieser Grundsatz findet weiter dann keine Anwendung, wenn aufgrund von Erfahrungswerten prognostiziert werden kann, dass sonst die **Erfüllung** der gefahrenabwehrbehördlichen oder **polizeilichen Aufgaben** gefährdet oder erheblich erschwert würde. In diesen Fällen können personenbezogene Daten des Betroffenen auch bei Behörden (zB Ausländerbehörden, Meldebehörden, Zulassungsbehörden), öffentlichen Stellen (zB Gebühreneinzugszentrale, Industrie- und Handelskammer, Versorgungsunternehmen) oder bei Dritten (zB Arbeitgeber, Nachbarn, Telekommunikationsanbieter) erhoben werden (mittelbare Datenerhebung).[321]

256

Bsp.: Der Polizeibeamte möchte wissen, ob A noch in der X-Straße 10 wohnt und schaut zu diesem Zwecke auf das Klingelschild oder in das Telefonbuch. Der Unmittelbarkeitsgrundsatz wäre dann nicht verletzt.

Die Polizeibehörde hat für die Wohnung des B einen Durchsuchungsbeschluss, den sie vollstrecken möchte. Aus dem Vorgang, weswegen letztlich auch der Durchsuchungsbeschluss erlassen wurde, geht hervor, dass B Waffen haben könnte. Daher wird bei der zuständigen Behörde nachgefragt, ob B Inhaber einer Waffenbesitzkarte ist und falls ja, welche Waffen darauf verzeichnet sind.

Zu beachten ist weiter der sogenannte **Offenheitsgrundsatz** des § 13 Abs. 7 HSOG. Danach müssen sich die Gefahrenabwehr- und Polizeibehörden bei der Datenerhebung zu erkennen geben, sie müssen also grundsätzlich mit „offenem Visier" arbeiten. Nach der Idealvorstellung des Gesetzgebers soll die Kenntnis des Betroffenen von der Datenerhebung eine präventive Wirkung entfalten und ihn zukünftig von gesetzwidrigem Verhalten abhalten (zB Videoaufnahmen gewaltbereiter Versammlungsteilnehmer).[322]

257

Verdeckt ist eine Datenerhebung, die sowohl für den Betroffenen als auch für den Dritten nicht als polizeiliche Maßnahme erkennbar ist, sei es, dass sie unter einem Vorwand erfolgt (der Betroffene oder Dritte also getäuscht wird), sei es, dass sie ohne Täuschung so verschleiert wird, dass sie dem Betroffenen und Dritten verborgen bleibt.[323]

Bsp.: Der Polizeibeamte P möchte gern von A wissen, ob er Beobachtungen gemacht habe, die zum Ergreifen eines Serienmörders führen könnten. Er ruft deshalb unter einem Vorwand bei A an und befragt diesen, ohne

---

319 PdK He K-30, Pöhlker, Hoja, Weingarten, § 13 Abs. 5 HSOG, 6.1.
320 Str., vgl. Näheres bei BeckOK, PolR, Hessen Möstl/Bäuerle HSOG § 13 Rn. 151.
321 PdK He K-30, Pöhlker, Hoja, Weingarten, § 13 Abs. 6 HSOG, 6.2.
322 PdK He K-30, Pöhlker, Hoja, Weingarten, § 13 Abs. 7 HSOG, 6.3.
323 PdK He K-30, Pöhlker, Hoja, Weingarten, § 13 Abs. 7 HSOG, 6.3.

Fichte

dass er sich als Polizeivollzugsbeamter zu erkennen gibt. Die Befragung wäre rechtswidrig, weil ein Verstoß gegen den Offenheitsgrundsatz nach § 13 Abs. 7 HSOG vorliegt und keine Ausnahme ersichtlich ist.

258 Der Offenheitsgrundsatz lässt gerade im Rahmen der polizeilichen Aufgabenerfüllung auch zahlreiche Ausnahmen zu. **Verdeckte Datenerhebungen** sind immer dann zulässig, wenn bei offenem Vorgehen die Erfüllung der behördlichen Aufgaben erheblich gefährdet würde oder wenn anzunehmen ist, dass dies dem überwiegenden Interesse des Betroffenen entspricht.

Bsp.: Polizeibeamte wollen während eines Fußballspiels herausfinden, wie sich eine Hooligangruppe, von der wahrscheinlich Gewalttaten ausgehen werden, in den nächsten Minuten verhalten wird. Einer der Polizeibeamten stellt sich in Zivilkleidung zu den Hooligans und belauscht diese. Die Maßnahme verstößt nicht gegen den Offenheitsgrundsatz, denn anders wäre die Datenerhebung kaum möglich.

259 Abweichungen von den allgemeinen Grundsätzen der Datenerhebung sind selbstverständlich dann gegeben, wenn dies spezialgesetzlich geregelt ist (Lex specialis derogat Legi generali). Das HSOG lässt unter engen Voraussetzungen in den § 15 ff. HSOG diverse Arten der verdeckten Datenerhebung zu, zB die Telekommunikationsüberwachung gem. § 15a und b HSOG, oder die sog. Onlinedurchsuchung gem. § 15c HSOG. Viele dieser Maßnahmen stehen zusätzlich entweder unter einem Behördenleitervorbehalt oder einem Richtervorbehalt.

260 Gem. § 13 Abs. 8 HSOG muss der Betroffene entweder auf die **Freiwilligkeit der Auskunft** hingewiesen werden, oder auf das Bestehen einer **Auskunftspflicht** (zum Bestehen oder Nicht-Bestehen einer Auskunftspflicht vgl. Auskunftspflicht bei der Befragung gem. § 12 HSOG, Kap. I, Rn. 22 ff.). So müsste zB ein Hinweis auf die Freiwilligkeit der Auskunft dann erfolgen, wenn eine Auskunftspflicht im Rahmen einer Befragung nicht bestehen würde.[324]

§ 13 Abs. 8 HSOG gilt allerdings nicht bei verdeckten Maßnahmen.[325] Ausnahmen von der sonst bestehenden Hinweispflicht gelten zudem nach § 13 Abs. 8 S. 2 HSOG im Einzelfall nur dann, wenn die Erfüllung der gefahrenabwehrbehördlichen oder polizeilichen Aufgaben sonst gefährdet oder erheblich erschwert würde.

Erfolgt die Datenerhebung bei der betroffenen Person, ist auch die beabsichtigte Verarbeitung mitzuteilen. Als solche kommt insbesondere die Speicherung und Datenweitergabe nach §§ 20 ff. HSOG in Betracht.[326] Dies umfasst – logischerweise – nur die Auskünfte, die aufgrund einer bestehenden Auskunftspflicht gemacht werden. Bei einer freiwilligen Auskunft bleibt es dem Bürger allerdings unbenommen, nach der weiteren Datenverarbeitung, sowie den einschlägigen Rechtsgrundlagen zu fragen. Allerdings umfasst die Mitteilungspflicht keine Verpflichtung zur Mitteilung der Rechtsgrundlagen.[327]

261 Schließlich nimmt **§ 13 Abs. 9 HSOG** Bezug auf eine Datenerhebung aufgrund einer **Einwilligung** (§ 13 Abs. 1 Nr. 1 HSOG). § 13 Abs. 9 S. 1 HSOG schreibt vor, dass Datenerhebungen nach § 13 Abs. 1 Nr. 1 HSOG nur dann zulässig sind, wenn der Betroffene eine echte **Wahlfreiheit** hat und nicht angewiesen wird, einer rechtlichen Verpflichtung nachzukommen. Keine Freiwilligkeit wäre zB im Falle einer Auskunftspflicht nach § 12 Abs. 2 HSOG gegeben.[328] § 46 HDSIG – auf den in § 13 Abs. 9 HSOG verwiesen wird – enthält zusätzliche **Voraussetzungen für eine wirksame Einwilligung** in die Datenverarbeitung.

Danach muss der Verantwortliche, also die Behörde, welche die Daten erhebt, die Existenz der Einwilligung in die Datenerhebung nachweisen können. Sollte in schriftlicher Form nach dem Erteilen einer Einwilligung gefragt werden und würde diese Einwilligung bzw. die bewilligte Datenerhebung mehrere Sachverhalte erfassen, muss das Ersuchen um eine Einwilligung in

---

324 Vgl. dazu § 12 Abs. 2 HSOG; näher dazu BeckOK, PolR, Hessen Möstl/Bäuerle HSOG § 13 Rn. 170 ff.
325 Vgl. BeckOK, PolR, Hessen, Möstl/Bäuerle HSOG § 13 Rn. 171.
326 BeckOK PolR Hessen, Möstl/Bäuerle, § 13 Rn. 172.
327 BeckOK PolR, Möstl/Bäuerle, § 13 Rn. 174.
328 Vgl. BeckOK, PolR, Hessen, Möstl/Bäuerle HSOG § 13 Rn. 177.

Fichte

III. Einzelmaßnahmen

leicht verständlicher Sprache erfolgen. Es muss deutlich werden für welche Sachverhalte die Einwilligung erteilt wird bzw. es muss die Möglichkeit bestehen, die Einwilligung auch nur für einen oder mehrere, aber nicht alle Sachverhalte zu erteilen.

Weiter muss die einwilligende Person belehrt werden, dass es möglich ist, jederzeit die Einwilligung **zu widerrufen**. Durch den Widerruf werden allerdings die bis dahin – also mit Einwilligung – erhobenen Daten nicht unrechtmäßig. Die Einwilligungserklärung muss aufgrund der **freien Entscheidung der Person** beruhen und darf nicht durch Drohung oder Kollusion erlangt werden. Ferner muss die Person im Vollbesitz ihrer geistigen Kräfte sein. So kann beispielsweise eine betrunkene oder unter dem Einfluss von Drogen stehende Person, keine rechtmäßige Einwilligung erteilen.

Werden **besondere Kategorien von Daten** erhoben und verarbeitet, wie zB Gesundheitsdaten, Daten über die sexuelle Orientierung oder religiöse Überzeugung, so muss sich die Einwilligung explizit auf diese beziehen.

Für die – seltenen – Fälle, dass nach dem HSOG Daten erhoben werden, die nicht der Verhütung, Ermittlung, Aufdeckung, Verfolgung oder Ahndung von Straftaten oder Ordnungswidrigkeiten, einschließlich des Schutzes vor und der Abwehr von Gefahren für die öffentliche Sicherheit (§ 40 HDSIG), gelten die unmittelbar anwendbaren Regelungen der Art. 6 Abs. 1 lit. a DS-GVO, Art. 7 DS-GVO, Art. 9 Abs. 2 lit. a DS-GVO. Dies stellt der letzte Hs. der Vorschrift klar.[329] Die Datenerhebung verfolgt weder die Verhütung, Ermittlung, Aufdeckung, Verfolgung oder Ahndung von Straftaten oder Ordnungswidrigkeiten oder zur Abwehr von Gefahren für die öffentliche Sicherheit, wenn die Beamten zum **Schutz privater Rechte** tätig werden.

c) Wesentliche Eingriffsbefugnisse

Zu den **wichtigsten Eingriffsgrundlagen des modernen Datenschutzes** im Rahmen des hessischen Polizeirechts zählen zunächst die allgemeinen Bestimmungen zur Erhebung personenbezogener Daten aus § 13 HSOG.[330] Von hervorzuhebender Bedeutung sind weiterhin die Vorschriften über die Datenerhebung an öffentlichen Orten und Einrichtungen (§ 14 HSOG), die Observation und den Einsatz technischer Mittel (§ 15 HSOG), die Telekommunikationsüberwachung (§ 15a und b HSOG) und die sogenannte Online-Durchsuchung (§ 15c HSOG).

d) Datenerhebung nach § 13 HSOG

§ 13 HSOG ist dabei die **Generalbefugnisklausel für die Datenerhebung**. § 13 Abs. 5–9 HSOG enthalten die **allgemeinen Grundsätze der Datenerhebung** (vgl. Kap. I). § 13 HSOG enthält allerdings auch Ermächtigungsgrundlagen zur Datenerhebung und Begriffsbestimmungen. Der Aufbau der Ermächtigungsgrundlagen aus Abs. 1 und Abs. 2 erinnert an den Aufbau des § 18 (Abs. 1 und Abs. 2) HSOG.

§ 13 Abs. 1 Nr. 1 HSOG erlaubt die **Erhebung personenbezogener Daten** dann, wenn Einwilligung des Betroffenen vorliegt oder zumindest fingiert werden kann. In diesem Fall ist § 13 Abs. 9 HSOG neben den anderen besonderen Verfahrensvorschriften zusätzlich zu beachten.

Die Voraussetzungen für eine Datenerhebung nach § 13 Abs. 1 Nr. 2 HSOG sind dann erfüllt, wenn die Erhebung personenbezogener aus **allgemein zugänglichen Quellen** erfolgt oder die betroffene Person die Daten offensichtlich öffentlich gemacht hat, beispielsweise wenn Daten von einem öffentlich zugänglichen Social-Media-Profil entnommen werden.

---

329 BeckOK, PolR, Hessen, Möstl/Bäuerle, § 13 Rn. 178.
330 § 13 Abs. 1 und 2 HSOG, seit 2015 ergänzt um Regelungen zur Zuverlässigkeitsprüfung nach §§ 13a und b HSOG.

Fichte

266 § 13 Abs. 1 Nr. 3 HSOG erlaubt die Datenerhebung, wenn die dort genannten, § 18 Abs. 1 HSOG gleichenden Voraussetzungen – insbesondere die **einer (konkreten) Gefahr** für die öffentliche Sicherheit oder Ordnung – erfüllt sind, auch über andere, als die in §§ 6 und 7 HSOG genannten Personen, zB Hinweisgeber oder Zeugen.

267 Zudem können personenbezogene Daten nach dem mit der Bestimmung des § 18 Abs. 2 HSOG vergleichbaren § 13 Abs. 2 HSOG auch unterhalb der Schwelle einer konkreten Gefahr erhoben werden. Die für § 13 Abs. 2 Nr. 1 HSOG bestimmte Legaldefinition des Begriffs „erheblicher Straftaten" enthält § 13 Abs. 3 HSOG.

e) Datenerhebung nach § 14 HSOG

268 § 14 HSOG regelt zunächst Datenerhebungen bei oder im Zusammenhang mit öffentlichen Veranstaltungen oder Ansammlungen (Abs. 1), Versammlungen oder Aufzügen (Abs. 2) unterhalb der Schwelle einer konkreten Gefahr. Die Vorschrift enthält darüber hinaus neuere Bestimmungen zur Datenerhebung mittels Bildübertragung an öffentlich zugänglichen Orten und besonders gefährdeten öffentlichen Einrichtungen sowie zur Lenkung oder Regelung des Straßenverkehrs.[331] § 14 Abs. 5 HSOG, der ursprünglich zur Verwendung sog. Kennzeichenlesesysteme ermächtigte, wurde vom BVerfG durch Urteil v. 11.3.2008[332] für nichtig erklärt. Abs. 6 enthält die Ermächtigungsgrundlage zum Einsatz einer **sog. Bodycam**.

269 § 14 Abs. 1 HSOG setzt für die **offene Datenerhebung** bei **öffentlichen Veranstaltungen** oder **Ansammlungen** voraus, dass tatsächliche Anhaltspunkte, die Annahme rechtfertigen Straftaten oder nicht geringfügige Ordnungswidrigkeiten drohen. Gem. § 56 Ordnungswidrigkeitengesetz handelt es sich bei Letzteren um solche, bei denen der Betroffene nicht mehr verwarnt werden kann und auch kein Verwarngeld mehr erhoben werden kann. Die Straftaten oder Ordnungswidrigen müssen aber in einem räumlichen und zeitlichen Zusammenhang mit der Veranstaltung oder Ansammlung stehen.

Die **Datenerhebung** kann auch **mit technischen Mitteln (Kamera)** erfolgen, dies stellt die Ergänzung des Abs. 1 klar, die durch die Gesetzesänderung vom 13.12.2024[333] in das HSOG eingearbeitet wurde. Insofern müssen für eine offene Datenerhebung mittels Kamera nicht mehr die Voraussetzung des ohnehin vollständig geänderten Abs. 3 hinzutreten. Für eine verdeckte Datenerhebung (mittels Kamera) müssen dennoch die Voraussetzungen der jeweils einschlägigen Ermächtigungsgrundlage der § 15 ff. HSOG vorliegen. Bei der offenen Datenerhebung muss die Kamera den Verantwortlichen, als den Leiter der Behörde, für deren Aufgabenerfüllung die Daten erhoben werden und die verantwortlich für die Kamera(führung) ist, erkennen lassen.

Die Daten unterliegen – selbstverständlich – den oben dargestellten datenschutzrechtlichen Grundsätzen aus § 13 Abs. 5–8 HSOG. Sie sind frühestmöglich, spätestens jedoch nach zwei Monaten zu löschen, wenn sie nicht zur Abwehr einer Gefahr, zur Verfolgung einer Straftat oder Ordnungswidrigkeit oder zur Strafvollstreckung (mehr) gebraucht werden. Eine Ausnahme hiervon lässt der Verweis auf § 20 Abs. 8 HSOG zu. Danach können die Polizeibehörden und die Hochschule für öffentliches Management und Sicherheit gespeicherte personenbezogene Daten zu polizeilichen Aus- und Fortbildungsbildungszwecken oder zu statistischen Zwecken weiterverarbeiten.

---

[331] Abs. 3 und 4; vgl. ausführlich zur Baden-Württembergischen Parallelvorschrift VGH Mannheim, NVwZ 2004, 498 ff.
[332] BVerfGE 120, 378.
[333] GVBl. Nr. 83.

Systemfremd wirkt die Ermächtigungsgrundlage des § 14 Abs. 2 HSOG, der die Polizeibehörden 270
dazu ermächtigt im Zusammenhang mit **Versammlungen** und **Aufzügen Daten zu erheben**,
wenn tatsächliche Anhaltspunkte die Annahme rechtfertigen das Straftaten im Zusammenhang
damit drohen. Es bestehen jedoch Fragen in Bezug auf den Anwendungsbereich der Norm,
da nach dem Grundsatz der „**Polizeifestigkeit der Versammlung**" polizeiliche Maßnahmen
gegenüber Versammlungen und Versammlungsteilnehmern im Hinblick auf den hohen Rang
des Grundrechts auf Versammlungsfreiheit nicht auf das allgemeine Polizeirecht, sondern nur
auf das Hessische Versammlungsfreiheitsgesetz gestützt und nach Maßgabe der dort geltenden
– regelmäßig strengeren – tatbestandlichen Voraussetzungen ergriffen werden dürfen. Um diese
allgemein-polizeiliche Norm im Einklang mit diesem Grundsatz und den abschließenden Regeln
des Hessischen Versammlungsfreiheitsgesetz zu bringen, kann sie nur so verstanden werden, als
dass sie nur dann angewendet werden kann, wenn es sich um **nicht versammlungsspezifische
Gefahren** handelt.[334]

§ 14 Abs. 3 HSOG erlaubt den Gefahrenabwehr- und den Polizeibehörden die Überwachung 271
öffentlich zugänglicher Orte mittels Bildübertragung offen beobachten und aufzeichnen, wenn
tatsächliche Anhaltspunkte die Annahme rechtfertigen, dass Straftaten drohen. Neu ist mit
der Gesetzesänderung vom 13.12.2024[335] die Möglichkeit hinzugekommen, auch zur Abwehr von
Gefahren öffentlich zugängliche Orte mittels Bildübertragung offen zu beobachten. Als weiterer
Anwendungsbereich ist die Zulässigkeit der offenen Datenerhebung mittels Bildübertragung
an Orten hinzugekommen, die aufgrund ihrer konkreten Lage, Einsehbarkeit und Frequentie-
runggünstige Tatgelegenheiten für Straftaten mit erheblicher Bedeutung bieten und sie deshalb
gemieden werden.

Dabei ist der Begriff des Ortes nicht zu beengt zu verstehen. Es kann sich auch um eine
zusammenhängende Fläche handeln, die wieder begrenzt sein muss.[336] Allerdings sollte die
Befugnis zur offenen Videoüberwachung restriktiv ausgelegt werden, so dass bloße Vermutungen
und allgemeine Erfahrungssätze nicht ausreichen.[337] Auch wenn das VG Frankfurt dies nur für
den Anwendungsbereich des § 14 Abs. 3 Nr. 2 HSOG (neu) festgestellt hat, muss dies wohl auf
Grund des erheblichen Grundrechtseingriffs bei allen drei Varianten gelten.

Die polizeiliche Videoüberwachung einer § 14 Abs. 3 Nr. 2 HSOG (neu) entsprechenden Örtlichkeit war auch während eines Corona-Lockdowns zulässig. Dem steht auch nicht die Pflicht zum
Tragen einer **Mund-Nase-Bedeckung** und der damit einhergehenden erschwerten Identifizier-
barkeit von Straftätern entgegen, da die Live-Betrachtung die Einsatzkräfte zumindest zeitnah in
das Geschehen eingreifen und eine (weitere) Straftatenbegehung verhindern können.[338]

Der Umstand der Überwachung sowie der Name und die Kontaktdaten der oder des Verantwortlichen sind durch geeignete Maßnahmen zum frühestmöglichen Zeitpunkt erkennbar
zu machen. Fest installierte Anlagen sind alle zwei Jahre daraufhin zu überprüfen, ob die
Voraussetzungen für ihren Betrieb weiterhin vorliegen.

Der mit Änderungsgesetz vom 23.6.2023, in Kraft seit dem 1.11.2023, eingeführte § 14 Abs. 3a 272
HSOG erweitert den Anwendungsbereich der offenen Datenerhebung mittels Bildübertragung
(Kamera) für Flughäfen, Personenbahnhöfe, Sportstätten, Einkaufzentren und Packstationen.
An solchen Orten darf vermutet werden, dass tatsächlicher Anhaltspunkte vorliegen, die die

---

334 VG Berlin, LKV 2022, 427/ CR 2022, R114; Vertiefend hierzu: BeckOK, PolR, Hessen, Möstl/Bäuerle, § 14 Rn. 17 ff.
335 GVBl. Nr. 83.
336 OVG, Münster, NVwZ-RR 2022, 720; OVG Münster NVwZ-RR 2023, 237 mit vergleichbarer Vorschrift in NRW.
337 VG Frankfurt aM; ZD 2023, 123.
338 VG Köln, ZD 2021, 395/ CR 2021, R101.

Annahme rechtfertigen, dass Straftaten drohen. Damit ist keine offene Datenerhebung per se zulässig. Jedoch sind die Eingriffsvoraussetzungen für die genannten Örtlichkeiten erheblich gesenkt worden. Das Änderungsgesetz vom 13.12.2024 erweitert diese Befugnis auch Videoaufnahmen für öffentlich zugängliche Bereiche in unmittelbarer Nähe von Flughäfen.

273 Gem. § 14 Abs. 4 HSOG können auch mittels der offenen Datenerhebung Daten **zum Schutz öffentlicher gefährdeter Einrichtungen** oder zum **Zwecke der Verkehrslenkung** erhoben werden. Für eine Videoüberwachung zum Schutz besonders gefährdeter öffentlicher Einrichtungen, zu denen ua öffentliche Bibliotheken, Museen, Schwimmbäder, aber auch Amtsgebäude, Schulen und Hochschulen zählen können, einschließlich ihres umfriedeten Besitztums, normiert der Gesetzestext an sich keine weitere Voraussetzung. Das Änderungsgesetz vom 13.12.2024 erweitertet diesen Anwendungsbereich explizit auf besonders gefährdete Religionsstätten. Angesichts des Grundrechtseingriffs muss jedoch eine der konkreten Gefahr angenäherte Gefährdungssituation gegeben sein, die deutlich über das allgemeine Risiko einer Begehung von Straftaten wie Diebstählen oder Sachbeschädigungen hinausreicht.[339]

274 § 14 Abs. 6 HSOG regelt den Einsatz der **sog. Bodycams**. Er wurde durch das Änderungsgesetz vom 13.12.2024 überarbeitet. Demnach können nun auch die Gefahrenabwehrbehörden mittels Bild- und Tonübertragung durch den Einsatz körpernah getragener Mittel Daten erfassen. Damit wird der Einsatz der sog. Bodycam deutlicher gefasst. Des Weiteren wird die Anwendungsbeschränkung auf an „öffentlich zugänglichen Orten" gestrichen.

§ 14 Abs. 6 Nr. 1 erfasst das **sog. Prerecording**. Dies bedeutet, dass, sobald die Bodycam angeschaltet wird, diese 30 Sekunden Bild und Ton der Umgebung aufzeichnet. Diese Aufzeichnungen werden als sog. „Dauerschleife" dauernd überspielt und nicht gespeichert. Im Gegensatz dazu, ermächtigt § 14 Abs. 6 Nr. 2 HSOG die Beamten der Gefahrenabwehr- und Polizeibehörden diese Dauerschleife zu unterbrechen und die Aufzeichnung zu speichern. Gespeichert wird dann das Geschehen ab dem Zeitpunkt des Starts der Aufnahme, sowie 30 Sekunden vorher.[340]

Neu ist, dass die Anwendung der Bodycam, nun auch in Wohnungen zulässig ist, allerdings nur von Polizeibeamten und nur zur Abwehr einer dringenden Gefahr für Leib, Leben oder Freiheit einer Person. Diese Regelung dürfte auch mit den Schranken aus Art. 13 Abs. 7 GG vereinbar sein, da auf eine dringende Gefahr abgestellt wird. Gem. Art. 13 Abs. 4 GG dürfen zur Abwehr dringender Gefahren für die öffentliche Sicherheit, insbesondere einer gemeinen Gefahr oder einer Lebensgefahr, technische Mittel zur Überwachung von Wohnungen nur auf Grund **richterlicher Anordnung** eingesetzt werden. Allerdings kann bei **Gefahr im Verzuge** gem. Art. 13 Abs. 4 S. GG die richterliche Anordnung durch eine Anordnung einer anderen gesetzlich bestimmten Stelle angeordnet werden; eine richterliche Entscheidung ist unverzüglich nachzuholen. Eine gesetzlich bestimmte Stelle wird explizit in der Norm jedoch nicht genannt.

Die Änderung des Abs. 6 trägt dem Verhältnismäßigkeitsgrundsatz insoweit Rechnung, als dass in S. 5 ff. auch explizite Regelungen getroffen wurden, falls eine solche Datenerhebung den **Kernbereich der privaten Lebensgestaltung** betrifft.

275 Als **besondere Verfahrensvorschrift** regelt § 14 Abs. 6 S. 3 HSOG bzgl. der Aufbewahrung der gespeicherten Daten, dass diese unverzüglich zu löschen sind, wenn sie zum Zweck der Eigensicherung oder zur Verfolgung von Straftaten nicht mehr benötigt werden. Abs. 6 S. 5 ff. trifft ergänzende Löschfristen für Daten aus dem Kernbereich der privaten Lebensgestaltung. Die Verwertung solcher Erkenntnisse ist nur dann zum Zweck der Gefahrenabwehr zulässig, wenn zuvor die Rechtmäßigkeit der Maßnahme richterlich festgestellt wurde. Diese Regelung wahrt die Schranken aus Art. 13 GG.

---

339 Vgl. v. Zezschwitz DuD 2000, 670; BVerfG NVwZ 2007, 688; Hornmann § 14 HSOG, Rn. 46 mit Bsp.
340 Vgl. zum sog. Pre-Recording BeckOK, PolR, Hessen Möstl/Bäuerle HSOG § 14 Rn. 102 ff.

Fichte

Drüber hinaus muss auf Datenerhebung nach Abs. 1 oder Abs. 6 in geeigneter Weise hingewiesen werden, soweit diese nicht offenkundig sind oder Gefahr im Verzug besteht.

Nach Abs. 8 sind auch bei Datenerhebungen nach Abs. 1, 3, 3a und 4 dürfen **automatisierte Anwendungen** zur Erkennung und Auswertung von Bewegungsmustern, die auf die Begehung einer Straftat hindeuten, oder Mustern bezogen auf Waffen im Sinne des § 1 Abs. 2 des Waffengesetzes, Messer und gefährliche Gegenstände verwendet werden, zulässig. Wenn Muster erkannt werden, dass **Straftaten mit erheblicher Bedeutung** nach § 13 Abs. 3 S. 1 in absehbarer Zeit mit hinreichender Wahrscheinlichkeit begangen werden könnten, finden sich in Abs. 8 weitere Befugnisse, wie zB die **biometrische Echtzeit-Fernidentifizierung.**

Eine biometrische Echtzeit-Fernidentifizierung ist gem. Abs. 9 auch zur Abwehr einer tatsächlichen und bestehenden oder tatsächlichen und vorhersehbaren Gefahr einer **terroristischen Straftat** bei den Maßnahmen nach Abs. 1, 3, 3a und 4 zulässig; so auch zur **gezielten Suche nach** im Datenbestand der polizeilichen Auskunfts- und Fahndungssysteme gespeicherten bestimmten **Opfern von Entführung, Menschenhandel oder sexueller Ausbeutung** und **vermissten Personen** durchführen, soweit die Suche auf diese Weise unbedingt erforderlich ist.

Die biometrische Echtzeit-Fernidentifizierung darf nur zeitlich und örtlich auf das unbedingt erforderliche Maß begrenzt erfolgen und unterliegt gem. Abs. 10 der ständigen Protokollierung. Näheres zu den Erfordernissen der Protokollierung und der Begründung der biometrischen Echtzeit-Fernidentifizierung ist in einer zu veröffentlichenden Verwaltungsvorschrift geregelt.

Abs. 11 enthält einen **Richtervorbehalt**, der sich aus Art. 5 Abs. 3 UAbs. 2 der Verordnung (EU) 2024/1689 des Europäischen Parlaments und des Rates vom 13.6.2024 (KI-VO) ergibt. Bei **Gefahr im Verzug** dürfen die Maßnahmen nach Abs. 8 S. 4 und Abs. 9 S. 1 und 2 durch die Polizeibehörden angeordnet werden, wobei die Anordnung der Maßnahmen nach Abs. 9 S. 1 und 2 durch die Behördenleitung oder eine von dieser beauftragte Bedienstete oder einen von dieser beauftragten Bediensteten erfolgt. Die Beantragung der richterlichen Bestätigung ist innerhalb von 24 Stunden nachzuholen. Weitere Regelungen finden sich in Abs. 11. Zuständig für die richterliche Entscheidung ist das Amtsgericht, in dessen Bezirk die Polizeibehörde ihren Sitz hat.

f) Datenerhebung durch automatisierte Kennzeichenlesesysteme

§ 14a HSOG wurde mit Gesetz vom 14.12.2009[341] als Nachfolger von § 14 Abs. 5 HSOG formuliert, nachdem dieser vom BVerfG mit Urteil vom 11.3.2008[342] für nichtig erklärt wurde, weil er mit Art. 2 Abs. 1 iVm iVm Art. 1 Abs. 1 GG unvereinbar sei. § 14 Abs. 5 HSOG erlaubte die **automatisierte Erhebung personenbezogener Daten – nämlich die von KFZ-Kennzeichen –** zum Zwecke des Abgleichs mit dem Fahndungsbestand (§ 25 Abs. 1 S. 3 HSOG).

So wünschenswert eine solche Eingriffsbefugnis aus Sicht der Polizeibehörden auch gewesen sein mag, darf nicht übersehen werden, dass sowohl die Erhebung als auch der anschließende Abgleich der personenbezogenen Daten praktisch voraussetzungslos und rein routinemäßig erlaubt wurden.[343] Insoweit begegnete die Ermächtigungsgrundlage des § 14 Abs. 5 HSOG von Anfang an auch dann verfassungsrechtlichen Bedenken, wenn sie in S. 2 das unverzügliche Löschen der Daten vorschrieb und somit die Eingriffstiefe der auf diese Norm gestützten Maßnahmen gering war.

---

341 GVBl. I S. 635.
342 Beschl. V. 18.12.2018, 1 BvR 2795/09; 1 BvR 3187/10.
343 Vgl. zu diesem Komplex auch OVG Hamburg, NVwZ-RR 2009, 878, 881.

278 § 14a HSOG lässt erneut das Auslesen „**automatischer Kennzeichenlesesysteme**" zu. Mit Gesetz vom 23.6.2023[344] wurden große Teile dieser Ermächtigungsgrundlage neu gefasst. Dies erklärt sich daraus, dass die erste Fassung des § 14a HSOG durch das **Bundesverfassungsgericht zum Teil für verfassungswidrig** erklärt wurde.[345] Das gilt namentlich für die Fälle, in denen § 14a Abs. 1 S. 1 HSOG auf § 18 Abs. 2 Nr. 5 HSOG verweist, soweit Kontrollstellen zur Verhütung versammlungsrechtlicher Straftaten eingerichtet wurden;[346] des Weiteren für Fälle des § 14a Abs. 1 S. 1 iVm iVm § 18 Abs. 1 HSOG, soweit die Kennzeichenkontrollen sich nicht auf den Schutz von Rechtsgütern von zumindest erheblichem Gewicht beschränken; darüber hinaus für Fälle des § 14a Abs. 1 S. 1 iVm iVm § 18 Abs. 2 Nr. 6 HSOG, soweit der Grenzbezug der Kontrollorte nicht hinreichend bestimmt wird; schließlich für Fälle des § 14a Abs. 4 S. 4 HSOG, soweit die Verarbeitung der Kennzeichen nicht auf erhebliche Rechtsgüter o. ä. beschränkt wird. Diese Kritik hat der Gesetzgeber nun im Gesetz vom 23.6.2023 umgesetzt und § 14a Abs. 1 neugefasst und Abs. 1a eingeführt.

279 Die Polizeibehörden können nun unter den Voraussetzungen des § 18 Abs. 1, Abs. 2 S. 1 Nr. 1, 3–6 HSOG durch den **Einsatz technischer Mittel automatisch Bilder von Fahrzeugen aufzeichnen und deren Kennzeichen** erfassen. Angesichts des Grundrechtseingriffs und der Vielzahl der Betroffenen, mussten die Eingriffsvoraussetzungen in Bezug auf § 18 Abs. 1 angepasst werden. Insofern wurden der Gefahrenbegriff bzw. das Tätigwerden um Pflichten aus anderen Rechtsvorschriften nachzukommen dem Eingriff angepasst. So darf nur zur Abwehr einer Gefahr für den Bestand oder die Sicherheit des Bundes oder eines Landes oder Leib, Leben oder Freiheit einer Person oder Sachen von bedeutendem Wert, deren Erhalt im öffentlichen Interesse geboten ist (Nr. 1), wenn gleichwichtige Schäden für die Umwelt zu erwarten sind (Nr. 2), oder zur Durchsetzung der Versicherungspflicht (Nr. 3) eine Bildaufzeichnung nach § 14a HSOG erfolgen.

Die Bildaufnahmen dürfen **nicht flächendeckend** und bezüglich mancher Anwendungsbereiche **nicht dauerhaft**, bzgl. anderer Anwendungsbereiche nicht längerfristig und in den Fällen des § 18 Abs. 2 Nr. 6 HSOG nur auf Bundesautobahnen und Europastraßen stattfinden. Soweit möglich sollen keine Personen außerhalb der Fahrzeuge erfasst werden. Falls solche Personen erfasst werden, sind diese technisch unkenntlich zu machen. Weiter ist sicherzustellen, dass kein Zugriff unbefugter Dritter auf die Daten erfolgen kann.

Die ermittelten Kennzeichen dürfen automatisch mit dem Fahndungsbestand des BKA, LKA und den zulässigen Ausschreibungen von Fahrzeugkennzeichen im Schengener Informationssystem abgeglichen werden. Der **Abgleich mit dem Fahndungsbestand** von BKA und LKA beschränkt sich auf Fahrzeuge, die die Voraussetzungen des § 14a Abs. 2 S. 3 Nr. 1–4 HOG erfüllen. Der Paragraph enthält weitere Regelungen zur Verarbeitung bzw. den Abgleich der erlangten Daten. Die explizite Erlaubnis zur Weiterverarbeitung der Daten zum Zwecke der Gefahrenabwehr, wurde ersatzlos gestrichen. Damit ist eine Weiterverarbeitung nicht mehr zulässig.

g) Datenerhebung mittels Abschnittskontrolle

280 Mit dem Gesetz vom 23.6.2023[347] wurde der § 14b HSOG neu eingeführt. Damit hat eine neue Maßnahme der offenen Datenerhebung Eingang in die Standardmaßnahmen des HSOG gefunden. § 14b HSOG regelt die **Abschnittkontrolle** und ermächtigt die Polizeibehörden dazu,

---

344 HessGVBl. 456.
345 Vgl. BVerfG, NJW 2019, S. 842 ff.; ZD 2019; 222; EuGRZ 2019, 94; CR 2019; 162 (Ls.); JuS 2019, 504; DÖV 2019, 365.
346 § 18 Abs. 2 Nr. 5 2. Alt HSOG wurde mit dem gleichen Urteil des Bundesverfassungsgerichts für verfassungswidrig erklärt. Diese Alternative bezog sich auf die Verhütung versammlungsrechtlicher Straftaten.
347 GVBl. 426.

im öffentlichen Verkehrsraum offen Bildaufzeichnung anzufertigen, um die **Überschreitung der zulässigen Höchstgeschwindigkeit** zu verhüten und damit auf einer festgelegten Wegstrecke die Durchschnittsgeschwindigkeit eines Fahrzeugs zu ermitteln, § 14b S. 1 HSOG. § 14b S. 2–4 HSOG enthalten weitere Regelungen in Form von besonderen Verfahrensvorschriften.

Wie der Wortlaut des § 14b HSOG erkennen lässt, finden sich dort keine Voraussetzungen. § 14b HSOG ermächtigt vielmehr zu einer anlasslosen Kontrolle.[348] Diese Kontrolle muss lediglich im öffentlichen Verkehrsraum, also an allen Örtlichkeiten, die aufgrund entsprechender straßenverkehrsrechtlicher Widmung Verkehrszwecken dienen und an denen Straßenverkehr stattfindet,[349] zum Zwecke der Verhütung der Überschreitung der zulässigen Höchstgeschwindigkeit von Fahrzeugen stattfinden. Aus dem Gesetzeswortlaut des S. 1 direkt ergibt sich, dass die Daten **offen – also auch erkennbar als gefahrenabwehrbehördliche oder polizeiliche Maßnahme –** erhoben werden müssen. Dies steht auch im Einklang mit § 13 Abs. 7 HSOG und insbesondere dem Zweck der Datenerhebung.

Zusätzlich muss technisch sichergestellt werden, dass die Insassen der erfassten Fahrzeuge nicht erkennbar sind. Aus S. 3 ergibt sich, dass die Daten, die über Kraftfahrzeugen erhoben wurden, bei denen nach Feststellung der Durchschnittsgeschwindigkeit eine Überschreitung der zulässigen Höchstgeschwindigkeit nicht vorliegt, sofort automatisch zu löschen sind.[350]

h) Rechtsgrundlagen der verdeckten Datenerhebungen

§§ 15 ff. HSOG decken die rechtlich nach dem HSOG zulässigen **verdeckten Datenerhebung** ab. Im Verhältnis zu den offenen Datenerhebungen sind diese Eingriffe in das Recht auf informationelle Selbstbestimmung als deutlich intensivere Maßnahmen zu bewerten. Dies ergibt sich zum einen daraus, dass der Betroffene zunächst nichts von dem Eingriff in seine Grundrechte weiß und folglich keinen Rechtsschutz dagegen anstreben kann. Zum Anderen sollte das rechtsstaatliche Handeln immer, wenn möglich, offen erfolgen.

Diese Bewertung sollte in jedem Fall im Rahmen der Verhältnismäßigkeitsprüfung mit bedacht werden und findet sich auch schon in der Ausgestaltung der einzelnen Tatbestände wieder.

§ 15 HSOG regelt die Datenerhebung durch **die längerfristige Observation und den Einsatz technischer Mittel**. § 15 Abs. 1 HSOG enthält Begriffsbestimmungen. So ist eine längerfristige Observation gem. § 15 Abs. 1 Nr. 1 HSOG dann gegeben, wenn eine planmäßig angelegte Beobachtung einer Person vorliegt, die durchgehend länger als 24 Stunden dauert oder an mehr als zwei Tagen stattfinden soll. Der Einsatz technischer Mittel liegt im Sinne des § 15 Abs. 1 Nr. 2 HSOG dann vor, wenn die Anwendung für die betroffene Person nicht erkennbar ist. Dies umfasst insbesondere die Anfertigung von Bildaufnahmen oder -aufzeichnungen, sowie das Abhören oder Aufzeichnen des gesprochenen Wortes.

Die in § 15 HSOG genannten Maßnahmen sind zum Teil bereits unterhalb der Schwelle einer konkreten Gefahr zulässig. Die Einschreitschwelle wird dann aber dadurch angehoben, dass es sich um Fälle handeln muss, in denen es um hochrangige Rechtsgüter geht, die durch die Abwehr gravierender Straftaten iSd § 13 Abs. 3 HSOG zu schützen sind. Eine besonders grundrechtsrelevante Ermächtigungsgrundlage bildet § 15 Abs. 4 HSOG (sog. großer Lauschangriff). Sie erlaubt eine Datenerhebung durch den Einsatz technischer Mittel in oder aus Wohnungen. Das ist nur unter engsten Voraussetzungen zulässig, insbesondere wenn es unerlässlich ist zur Abwehr einer dringenden Gefahr für Leib, Leben oder Freiheit einer Person oder zum Schutz des Bestandes des Bundes oder eines Landes oder der Existenzgrundlagen der Menschen.

---
348 BeckOK PolR Hessen/Bäuerle HSOG § 14b, Rn. 18.
349 BeckOK PolR Nds/Albrecht/Seidl NPOG § 32 Rn. 210.
350 BeckOK PolR Hessen/Bäuerle HSOG § 14b, Rn. 32.

Fichte

283 Von den zahlreichen besonderen Verfahrens- und Formvorschriften des § 15 HSOG sind insbesondere die Vorbehalte **richterlicher Entscheidungen** hervorzuheben. Sie befinden sich in § 15 Abs. 5 S. 1, 8, Abs. 6 S. 4, Abs. 7 S. 2, 3, Abs. 9 S. 1, 7, 8 HSOG.

284 **§ 15a HSOG** erlaubt in seinen Absätzen 1–4 präventive Eingriffe in das Recht auf das Brief-, Post- und Fernmeldegeheimnis iSd Art. 10 GG (vgl. auch § 10 HSOG). Diese Eingriffsbefugnis (vgl. zu den repressiven Möglichkeiten insbesondere § 100a StPO) gestattet den Polizeibehörden den Zugang insbesondere zu **Inhalten von Telefonaten** inklusive des **Standortes der Telefonierenden** (§ 15a Abs. 1 HSOG) sowie **Auskunft über Verkehrsdaten** und über Inhalte im Kommunikationsnetz (noch) gespeicherter Daten, insbesondere aus Mailboxen oder E-Mails.[351]

Formen der Telekommunikation sind nicht nur Verbindungen per Festnetz- oder Mobiltelefon, sondern insbesondere auch Bild- und Textübermittlungen per Mobiltelefon, Fax und Telex sowie digitale Nachrichtenübermittlungen über das Internet, beispielsweise per E-Mail. Inhalte der Telekommunikation sind insbesondere Gesprächsinhalte, Töne, Bilder oder Zeichen.[352] Unter **Verkehrsdaten** versteht man insbesondere die Zeitpunkte von Beginn und Ende, die Nummern der Anschlüsse sowie bei mobilen Geräten die Standortkennung.[353] **Bestandsdaten**, also solche, die zur Begründung oder Änderung des Vertragsverhältnisses erhoben werden, sind insbesondere Name, Anschrift und Rufnummern.[354]

285 Nach § 15a Abs. 2a HSOG ist auch die Erhebung solcher Daten zulässig, die nicht dem **Telekommunikationsgesetz (TKG)**, sondern dem **Telemediengesetz (TMG)** unterfallen. Unter Telemedien sind alle elektronischen Informations- und Kommunikationsdienste zu fassen, soweit sie nicht Telekommunikationsdienste oder Rundfunk sind (vgl. § 1 TMG). Dazu können Dienste zählen wie Internetshops (zB Amazon), Online-Auktionshäuser (zB Ebay), Internet-Banking (zB ING), Web-Zeitungen (zB Spiegel-Online), Video-on-Demand (zB Netflix) usw[355] Die Zuordnung von Daten zum TKG oder zum TMG kann im Einzelfall zu Abgrenzungsschwierigkeiten führen. Immerhin sind beide Arten von Daten in § 15a HSOG erfasst.

286 Zulässig ist zudem ein von der Polizeibehörde selbst betriebenes Gerät – sogenannter **IMSI-Catcher** (International Mobile Subscriber Identity) –,das die Ortung von Mobiltelefonen und die Ermittlung von Geräte- und Kartennummern zulässt (§ 15a Abs. 3 HSOG). Mit der Kartennummer können die Telefonnummer und die Identität des Nutzers beim Netzbetreiber ermittelt werden. Die Gerätenummer kann dann von Interesse sein, wenn ein Mobiltelefon mit wechselnden SIM-Karten betrieben wird.[356]

287 Für diese Maßnahmen nach § 15a Abs. 1–3 HSOG gelten die Voraussetzungen des § 15a Abs. 1 HSOG. Danach sind die Maßnahmen nur zulässig, wenn sie zur Abwehr einer dringenden Gefahr für Leib, Leben oder Freiheit einer Person oder für solche Güter der Allgemeinheit, deren Bedrohung die Grundlagen oder den Bestand des Bundes oder eines Landes oder die Grundlagen der Existenz der Menschen berührt, unerlässlich ist.

288 Nach § 15a Abs. 4 HSOG ist es zulässig, zur Abwehr einer gegenwärtigen Gefahr für Leib, Leben oder Freiheit einer Person Telekommunikationsverbindungen durch den Einsatz technischer Mittel zu unterbrechen oder zu verhindern. Diese Möglichkeit besteht ebenfalls im Falle einer Bedrohung der Grundlagen oder des Bestandes des Bundes oder eines Landes oder der Existenzgrundlagen der Menschen. Mit der Unterbrechung der Telekommunikationsverbindung kann zB

---

351 § 15a Abs. 2 HSOG, vgl. im einzelnen HessPolFHa-Wittgruber, § 15a HSOG, Rn. 26.
352 Vgl. HessPolFHa-Wittgruber, § 15a HSOG, Rn. 6.
353 Vgl. HessPolFHa-Wittgruber, § 15a HSOG Rn. 7.
354 Vgl. zur Verfassungswidrigkeit des § 113 TKG: BVerfG NJW 2020, 2699 ff.
355 Vgl. dazu BeckOK, PolR Hessen, Möstl/Bäuerle, § 15a, Rn. 102 m. w.Verweisungen.
356 Vgl. zum Ganzen HessPolFHa-Wittgruber, § 15a HSOG Rn. 35.

Fichte

die Kommunikation eines Täters mit seinen Gehilfen unterbunden werden. § 15a Abs. 5–7 enthält besondere Verfahrensvorschriften, insbesondere in Abs. 5 einen **Richtervorbehalt**.

§ 15b HSOG enthält die Ermächtigung, eine **Telekommunikationsüberwachung an informationstechnischen Systemen** durchzuführen. Auch hier erlaubt der Gesetzgeber präventive Eingriffe in das Recht auf das Brief-, Post- und Fernmeldegeheimnis iSd Art. 10 GG (vgl. auch § 10 HSOG; zur repressiven Parallelbestimmung vgl. § 100a StPO). Es kann sein, dass im Zusammenhang mit dem Installieren der Überwachungssoftware auf einem Rechner auch ein Eingriff in das Recht auf Unverletzlichkeit der Wohnung iSd Art. 13 GG vorliegt, wenn nämlich dazu ein vorheriges Betreten der Wohnung erfolgt.[357] Mit § 15b HSOG wurde die Möglichkeit geschaffen, ohne Wissen der betroffenen Person durch Überwachung und Aufzeichnung laufender Telekommunikationsvorgänge in informationstechnische Systeme einzugreifen. Eine Eingriffsnorm für **sog. Online-Durchsuchungen** stellt § 15b HSOG **nicht** dar.[358]

289

Die Rechtsgrundlage war erforderlich geworden, um gerade den technischen Neuerungen um die **sog. Voice-over-IP-Telefonie** gerecht zu werden. Mit ihr soll nicht nur der Nutzung moderner Kommunikationstechnologien im Terrorismusbereich, sondern auch in der organisierten Kriminalität und anderen Segmenten der Schwerstkriminalität entgegengetreten werden. Insbesondere durch die Verwendung von Verschlüsselungen oder Anonymisierungen wurden die bisher gängigen Telekommunikationsüberwachungen erschwert oder unmöglich gemacht.

290

Die Maßnahme ist unter den Voraussetzungen des § 15a Abs. 1 HSOG zulässig. Zu beachten sind zudem die zahlreichen Verfahrensvorschriften des § 15b HSOG, insbesondere der in Abs. 3 S. 2 enthaltene **Richtervorbehalt**.

291

§ 15c HSOG regelt verdeckte Eingriffe in informationstechnische Systeme (auch „Online-Durchsuchung" genannt vgl. § 100b StPO). Diese Ermächtigungsgrundlage erlaubt also verdeckte Zugriffe auf Daten dieser Systeme (gemeint sind zum Beispiel PC, Notebook, Tablet oder auch Smartphone). Der Zugriff kann durch Infiltration mittels sogenannter Remote Forensic Software geschehen oder durch Installation einer Überwachungssoftware, nachdem die Polizeibehörden sich physischen Zugriff auf das System verschafft haben.[359]

292

Die Voraussetzungen für einen Eingriff nach § 15c Abs. 1 HSOG sind identisch mit denen des § 15a Abs. 1 S. 1 HSOG. § 15c Abs. 2 HSOG enthält Bestimmungen zu den möglichen Adressaten des Eingriffs. Nach § 15c Abs. 3 S. 1 HSOG gilt § 15b Abs. 2 HSOG entsprechend. Zudem enthält § 15c Abs. 3 HSOG eine Reihe von besonderen Verfahrens- und Formvorschriften, insbesondere **Richtervorbehalte** (vgl. § 15c Abs. 3 S. 3, 4 HSOG).

293

Mit dem Änderungsgesetz vom 13.12.2024[360] wurde mit der Einführung des § 15d HSOG der polizeiliche Einsatz von unbemannten Luftfahrtsystemen und mit Einführung des § 15e HSOG der Einsatz technischer mittel gegen unbemannte Fahrzeugsysteme geregelt.

294

§ 15d Abs. 1 HSOG stellt klar, dass unter den jeweiligen Voraussetzungen bei der offenen Beobachtung und Aufzeichnung mittels Bildübertragung nach § 14 Abs. 1, 3 und 4 S. 1 und 3 (Nr. 1), bei der Datenerhebung durch Observation und Einsatz technischer Mittel nach § 15 Abs. 1 und 2 (Nr. 2), bei der Datenerhebung durch Einsatz technischer Mittel in Wohnungen nach § 15 Abs. 4 (Nr. 3), bei der Datenerhebung durch Telekommunikationsüberwachung nach § 15a (Nr. 4), bei der Telekommunikationsüberwachung an informationstechnischen Systemen nach § 15b (Nr. 5) und bei dem verdeckter Eingriff in informationstechnische Systeme nach § 15c (Nr. 6) auch unbemannte Luftfahrtsysteme eingesetzt werden dürfen.

---

357 Vgl. HessPolFHa-Wittgruber, § 15b HSOG Rn. 2.
358 Vgl. § 15b Abs. 1 Nr. 1 HSOG; HessPolFHa-Wittgruber, § 15b HSOG Rn. 1; vgl. zur Online-Durchsuchung aber § 15c HSOG.
359 Vgl. BeckOK, PolR, Hessen, Möstl/Bäuerle HSOG § 15c Rn. 3 f.
360 GVBl. Nr. 83.

Fichte

Abs. 2 weist explizit darauf hin, dass bei der offenen Beobachtung und Aufzeichnung mittels Bildübertragung nach § 14 Abs. 1, 3 und 4 S. 1 und 3 HSOG auch der Einsatz eines unbemannten Luftfahrtsystems für den Bürger erkennbar sein muss. Der Hinweis der Datenerhebung muss dann auch auf den Einsatz der unbemannten Luftfahrtsysteme hinweisen.

Soweit ein richterlicher Beschluss erforderlich ist, muss dieser auch den Einsatz unbemannter Luftfahrtsysteme umfassen.

§ 15e HSOG erlaubt den polizeilichen Einsatz technischer Mittel gegen unbemannte Fahrzeugsysteme, soweit die Abwehr einer Gefahr aussichtslos oder wesentlich erschwert wäre.

15. Moderne Datenweiterverarbeitung

295   Einen logischen Aufbau folgend, hat der Landesgesetzgeber die **Vorschriften zur Datenweiterverarbeitung** im Anschluss zu den Ermächtigungsgrundlagen der Maßnahmen zur Datenerhebung gesetzt. §§ 20–24 HSOG beinhalten die Vorschriften zur **Weiterverarbeitung, Kennzeichnung, Übermittlung** und **Speicherung** der rechtlich zulässig erlangten personenbezogenen Daten. Diese Regelungen beziehen sich sowohl auf (Papier-)Akten, als auch auf automatisierte Verfahren. Die Vorschrift gibt die Ermächtigung für die Anlegung (Speicherung) und Fortführung (Veränderung in Form der Aktualisierung) von Kriminalakten sowie die Verarbeitung der in Sammlungen gespeicherten personenbezogenen Daten.[361] Erfasst werden auch sog. **aufgedrängte Daten** ohne Rücksicht darauf, ob diese Daten durch die betroffene Person selbst oder durch andere Personen zur Kenntnis gebracht wurden.[362]

Das Bundesverfassungsgericht stellte nicht nur fest, dass die Datenerhebung einen Eingriff in das Recht auf informationelle Selbstbestimmung darstellt, sondern auch die Weiterverarbeitung und die Speicherung.[363] Daher muss es nach dem Vorbehalt des Gesetzes auch für die Vorgänge formell-gesetzliche Ermächtigungsgrundlagen geben. Diesem Erfordernis kommt der Landesgesetzgeber in den §§ 20–24 HSOG nach.

a) § 20 HSOG als „Generalklausel" der Datenweiterverarbeitung

296   Dabei stellt **§ 20 HSOG** für die Datenverarbeitung – wie § 13 HSOG für die Datenerhebung – die **„Generalklausel"** dar. Dies zeigt sich schon daran, dass die **Datenweiterarbeitung** tatbestandlich allein begrenzt ist durch die Voraussetzung der Erforderlichkeit der weiteren Verarbeitung. Dabei ist der **Begriff der Weiterverarbeitung** nicht gesetzlich definiert. Er ist aber weit zu fassen und umfasst alle Handlungen, die mit personenbezogenen Daten (sinnvollerweise) durchgeführt werden können, so auch die Speicherung, das Abfragen, die Verwendung, die Übermittlung, der Abgleich die „Sperrung" sowie die Löschung. Weiterverarbeitung ist also jedweder Gebrauch der und jedweder Umgang mit erhobenen und / oder gespeicherten Daten für die gefahrenabwehrbehördliche und polizeiliche Aufgabenerfüllung.[364]

Auf die Weiterverarbeitung personenbezogener Daten durch die Polizeibehörden findet § 20 HSOG nur Anwendung, soweit sie nicht ausschließlich zu **Zwecken der Strafverfolgung** tätig werden.[365] In diesem Fall gelten die speziellen Regelungen des **§ 161 Abs. 2 und Abs. 3 StPO**. Des Weiteren gibt es – selbstverständlich – im HSOG auch speziellere Normen zur Weiterverarbeitung der erlangten Daten, die der Generalklausel des § 20 HSOG vorgehen (leges speciales vor leges generales).

---

361   Vgl. VVHSOG zu § 20 HSOG.
362   Vgl. VVHSOG zu § 20 HSOG.
363   vgl. etwa BVerfG NJW 2016, 1781 Rn. 276 ff.; BVerwG NJW 2005, 2330; BVerfGE 110, 33 (56).
364   BeckOK PolR, Hessen, Möst/Bäuerle, § 20, Rn. 20.
365   BeckOK, PolR, Hessen, Möstl/Bäuerle, § 20 Rn. 29.

III. Einzelmaßnahmen

Die Datenweiterverarbeitung kann gem. § 20 Abs. 1 HSOG zur Erfüllung derselben Aufgabe, § 20 Abs. 1 Nr. 1 HSOG, oder zum Schutz derselben Rechtsgüter oder sonstigen Rechte oder zur Verhütung derselben Straftaten oder Ordnungswidrigkeiten, § 20 Abs. 1 Nr. 2 HSOG, geschehen. Das bedeutet, dass die Weiterverarbeitung der Daten zu demselben Zweck erfolgt, zu dem die Daten behördlich erhoben wurden. Des Weiteren umfasst diese Regelung auch Daten, die den Behörden aufgedrängt wurden, vgl. § 20 Abs. 1 S. 2 HSOG. Für Daten, die gem. § 15 Abs. 4 oder § 15c HSOG erlangt wurden, muss für die Weiterverarbeitung auch eine Gefahrenlage vorliegen, wie sie § 15 Abs. 4 HSOG und § 15c HSOG erfordert.

297

§ 20 Abs. 2 HSOG regelt die Datenweiterverarbeitung zu einem anderen Zweck, als der Zweck, zu dem die Daten ursprünglich erhoben worden sind (sog. zweckändernde Weiterverarbeitung). Dies war prinzipiell auch schon vor Einführung der JI-RL zulässig. Auch die JI-RL gibt hier nur Mindeststandards vor, so dass der hessische Landesgesetzgeber den Grundsatz der hypothetischen Datenneuerhebung einführen konnte (ohne damit gegen geltendes europäisches Recht zu verstoßen).[366]

298

Nach dem **Grundsatz der hypothetischen Datenneuerhebung** dürfen dann Daten zu einem anderen Zweck weiterverarbeitet werden, als zu dem, zudem sie erhoben worden sind, wenn sie zu dem Zweck, zu dem sie weiterverarbeitet werden sollen, auch hätten erhoben werden dürfen.

Beispiel: Der Polizeibeamte A befragt bei der Evakuierung einer Bombenentschärfung einen Bewohner eines Hauses, ob er wisse, ob alle Bewohner das Haus verlassen haben. Dabei fällt ihm auf, dass in dem Haus exotische Tiere nicht artgerecht gehalten werden. Er informiert die Veterinärbehörde.
Hier hat A zum Zwecke der Abwehr von möglichen Gefahren bzgl. der Hausbewohner Daten auf der Grundlage des § 12 Abs. 1 HSOG erhoben. Er übermittelt die dabei zufällig erlangten Daten gem. § 22 Abs. 1 HSOG an eine andere Gefahrenabwehrbehörde zum Schutz anderer Rechtsgüter der öffentlichen Sicherheit. Zu diesem Zweck hätte er allerdings auch die Daten auf der Grundlage des § 12 Abs. 1 HSOG erheben können. Daher wäre die Weiterverarbeitung der Daten in Form der Übermittlung rechtmäßig.

Die Prüfung der hypothetischen Datenneuerhebung darf allerdings nicht schematisch verlaufen.[367] Die **zweckändernde Weiterverarbeitung** ist insbesondere am **Verhältnismäßigkeitsgrundsatz** zu messen, wobei sich die Abwägung am Gewicht des Eingriffs durch die Datenerhebung zu orientieren hat. Informationen, die durch (besonders) eingriffsintensive Maßnahmen erlangt wurden, können auch nur zu (besonders) gewichtigen anderen Zwecken verwendet werden.[368] Es müssen mindestens vergleichbar schwerwiegende Straftaten oder Ordnungswidrigkeiten verhütet oder vergleichbar bedeutsame Rechtsgüter oder sonstige Rechte geschützt werden. Eine Ausnahme bildet Abs. 2 S. 2, wonach Daten, die zur Identifizierung dienen auch zum Zwecke der Identifikation weiterverarbeitet werden können. Weitere Ausnahmen bilden die Weiterverarbeitung zur polizeilichen Aus- und Fortbildung (Abs. 8), zur Vorgangsverwaltung und befristeten Dokumentation polizeilichen Handelns (Abs. 9) und zu wissenschaftlichen oder historischen Forschungszwecken oder archivarischen oder statistischen Zwecken (§ 20b, §§ 24, 25, 45 HDSIG).

299

Gem. **Abs. 2 S. 4** gelten diese Regelungen auch für die **aufgedrängten Daten**.

Abs. 3 enthält speziellere Regelungen, die durch einen verdeckten Einsatz technischer Mittel in oder aus Wohnungen oder einen verdeckten Einsatz in informationstechnische Systeme erlangt wurden.

Abs. 6, der den Polizeibehörden erlaubt Daten, die sie im Rahmen der Strafverfolgung erhoben haben, weiterzuverarbeiten, soweit Regelungen der Strafprozessordnung dem nicht entgegenste-

---
366 BeckOK, PolR, Hessen, Möstl/Bäuerle, § 20, Rn. 69.
367 BVerfG NJW 2016, 1781 Rn. 288; Beck OK, PolR, Hessen, Möstl/ Bäuerle, § 20, Rn. 70.
368 Vgl. SGR/Ruthig BKAG § 12 Rn. 14, BeckOK, PolR, Hessen, Möstl/Bäuerle, § 20, Rn. 71.

Fichte

hen, ist mit Gesetz vom 23.6.2023[369] neugefasst worden. Diese Weiterverarbeitung wird unter den Vorbehalt gestellt, dass sie zur Abwehr von Gefahren oder zur vorbeugenden Bekämpfung von Straftaten erforderlich ist. Bei den Daten von Personen, die verdächtig sind, eine Straftat begangen zu haben, ist die Weiterverarbeitung nur dann zulässig, wenn **tatsächliche Anhaltspunkte die Annahme rechtfertigen**, dass zukünftig Strafverfahren gegen die betroffenen Personen zu führen sein werden; entfällt der Verdacht, sind die Daten zu löschen. Näheres zur Übermittlung von Verfahrensausgängen und Einstellungsbegründungen seitens der Staatsanwaltschaft an die Polizei wird in einer gemeinsamen Verwaltungsvorschrift des Ministeriums des Innern und für Sport und des Ministeriums der Justiz geregelt.

Nach **§ 20 Abs. 7 HSOG** sind die Polizeibehörden auch dazu ermächtigt, personenbezogene Daten zur vorbeugenden Bekämpfung von Straftaten weiterzuverarbeiten. Diese Aufgabe zählt gem. § 1 Abs. 4 HSOG zu den gesetzlichen Aufgaben der hessischen Polizei, so dass diese spezielle Ermächtigung obsolet ist. Denn § 20 Abs. 5 HSOG stellt klar, dass die Gefahrenabwehr- und die Polizeibehörden zur Erfüllung ihrer Aufgaben Daten weiterverarbeiten können. Und selbst diese Ermächtigung scheint obsolet zu sein, da der Gesetzgeber in den Abs. 1–4 spezielle, zumindest speziellere als die generalklauselartig abgefasste Ermächtigung in Abs. 5, Rechtsgrundlagen setzt. Mit dem Verweis auf die gesetzlichen Aufgaben aus § 1 HSOG wird zumindest klar, dass eine **Datenweiterverarbeitung zum Schutz privater Rechte** auch zulässig ist, soweit diese in den Abs. 1–4 noch nicht miterfasst ist.[370]

Abs. 8–12 regeln besondere Formen der polizeilichen Datenweiterverarbeitung.

b) Kennzeichnungspflicht nach § 20a HSOG

300 § 20a HSOG normiert die **Kennzeichnungspflicht der personenbezogenen Daten**, wenn in einem polizeilichen Informationssystem gespeichert werden. Anders als der heutige Sprachgebrauch vermuten lässt, sind wegen der Technologieneutralität des Datenschutzrechts nicht nur technische Datenbanken, wie zB **Polas, ComVor** und **Crime**, mit diesem Begriff gemeint. Auch die noch **händische Kriminalaktensammlung** ist von diesem Begriff umfasst.[371] Auch hier findet § 20a HSOG nur auf die personenbezogenen Daten Anwendung, die nicht ausschließlich zum **Zweck der Strafverfolgung** erhoben wurden. Bei Letzteren finden die **Vorschriften der StPO, 483 ff.**, Anwendung.

So muss bei der Speicherung in den polizeilichen Informationssystemen der hessischen Polizei, die Angabe enthalten sein, ob die Daten offen oder verdeckt erhoben wurden und zu welchen Zweck sie erhoben wurden (Nr. 1). Dies ist schon allein deswegen folgerichtig, als dass der spätere Verwender in die Lage versetzt werden muss, selbstständig zu überprüfen, ob ein Fall der **hypothetischen Datenneuerhebung** vorliegt.

301 Nr. 2 regelt, dass, wenn Daten zur Identifizierung angelegt werden, gekennzeichnet werden muss, in welche Kategorie die Person, deren Daten zur Identifizierung gespeichert wurden, gehört. Diese Regelung ist in sich schwer verständlich und ergibt erst mit dem Verweis auf die Kategorien des Art. 6 der JI-RL Sinn. **Art. 6 der JI-RL** regelt, dass die Mitgliedstaaten der Europäischen Union Vorkehrungen treffen, dass der Anwender der Daten zwischen den personenbezogenen Daten verschiedener Kategorien betroffener Personen klar unterscheidet. Weiter schafft Art. 6 JI-RL vier Kategorien: a) Personen, gegen die ein begründeter Verdacht besteht, dass sie eine Straftat begangen haben oder in naher Zukunft begehen werden; b) verurteilte Straftäter, c) Opfer einer Straftat oder Personen, bei denen bestimmte Fakten darauf hindeuten, dass sie

---

369 HessGVBl. 2023, 456.
370 BeckOK, PolR, Hessen, Möstl/Bäuerle, § 20, Rn. 112,113.
371 BeckOK, PolR, Hessen, Möstl/Bäuerle, § 20a, Rn. 11.

Fichte

Opfer einer Straftat sein könnten, und d) andere Parteien im Zusammenhang mit einer Straftat, wie Personen, die bei Ermittlungen in Verbindung mit der betreffenden Straftat oder beim anschließenden Strafverfahren als Zeugen in Betracht kommen, Personen, die Hinweise zur Straftat geben können, oder Personen, die mit den unter den Buchstaben a und b genannten Personen in Kontakt oder in Verbindung stehen.

Nach Nr. 3 ist anzugeben, welchen Schutz welcher Rechtsgüter die Speicherung der personenbezogenen Daten dient. Weiter ist nach Nr. 4 anzugeben, welche Stelle die Daten erhoben hat.Weiter kann die Rechtsgrundlage der Datenerhebung angegeben werden. Daten, die diesen Regelungen nicht genügen, dürfen nicht weiterverarbeitet werden, bis eine Kennzeichnung gem. diesen Anforderungen erfolgt ist. 302

Abs. 4 sieht für zwei Gruppen von personenbezogenen Daten **Ausnahmen von der Kennzeichnungspflicht** vor; nämlich, wenn die Kennzeichnung tatsächlich oder technisch unmöglich ist; dies soll etwa der Fall sein, wenn nicht bekannt oder feststellbar ist, welche Stelle oder Person die Daten erhoben hat oder zu welchem Zweck sie ursprünglich erhoben wurden.[372] 303

c) Allgemeine Regeln zur Datenübermittlung

§ 21 HSOG setzt **allgemeine Regeln** zur **Datenübermittlung**, **Übermittlungsverbote** und **Verweigerungsgründe** fest. § 21, wie §§ 22 und 23 HSOG, ist nicht anzuwenden, wenn Daten auf Strafakten oder Bußgeldakten übermittelt werden sollen. Hier gelten wieder die spezielleren Vorschriften aus der StPO. 304

Die Regelungen des HSOG erfassen Übermittlungen an andere Gefahrenabwehr- oder Polizeibehörden, andere Behörden und andere öffentliche Stellen. In Ausnahme hiervon regelt § 22 Abs. 3 HSOG dann noch die Übermittlung an private Stellen. Die Datenübermittlungsvorschriften des HDSIG finden ergänzende Anwendung.[373]

Erfolgt eine **Datenübermittlung** zu Zwecken außerhalb der von der JI-RL erfassten Zwecke, also hauptsächlich **zum Schutz privater Rechte**, finden – wie auch § 3 Abs. 4 S. 2 HDSIG deklaratorisch feststellt – unmittelbar die Art. 44–50 DS-GVO Anwendung, die für die dort nicht geregelte Datenübermittlung durch öffentliche Stellen im nationalen Raum durch § 22 HDSIG ergänzt werden.[374]

Durch die Datenübermittlung wird der Kreis der Stellen erweitert, die von den Daten des Betroffenen Kenntnis haben und sie nutzen können.[375] Gerade deswegen ist in der Datenübermittlung ein Eingriff in das Recht auf informationelle Selbstbestimmung zu sehen. Daher sind nach dem Vorbehalt des Gesetzes Ermächtigungsgrundlagen für die Datenübermittlung notwendig. Ermächtigungsgrundlagen für die konkret anzuwendenden Fälle sind §§ 22 und 23 HSOG. § 21 HSOG enthält eine allgemeine Ermächtigung sowie Grundsätze. 305

Bei der Datenübermittlung sind, wie auch bei der Datenverarbeitung, die betroffenen Grundrechte zu beachten, in die bei der Erhebung der Daten eingegriffen wurden. Dieser Umstand ist zur **Einhaltung des Verhältnismäßigkeitsgrundsatzes** auch bei der Datenübermittlung zu berücksichtigen.

§ 21 Abs. 1 HSOG verweist auf § 20 Abs. 1–3 HSOG. Demnach können die Gefahrenabwehr- und die Polizeibehörden Daten an andere Stellen übermitteln, wenn der **Grundsatz der hypothetischen Datenneuerhebung** eingehalten wird. Ferner sind die empfangene Stelle, Tag und 306

---

372 vgl. LT-Drs. 19/5728, 189.
373 Vgl. § 3 Hessisches Datenschutz- und Informationsfreiheitsgesetz.
374 BeckOK, PolR, Möstl/Bäuerle, § 21, Rn. 3.
375 BeckOK, PolR, Möstl/Bäuerle, § 21, Rn. 8.

Fichte

wesentlicher Inhalt der Übermittlung festzuhalten. Dies gilt allerdings nicht für automatisierte Abrufverfahren gem. § 24 HSOG.

307 **Bewertungen** dürfen, anders als personenbezogene Daten, nicht anderen Gefahrenabwehr- und Polizeibehörden übermittelt werden. Daher ist streng zwischen einem Datum (Fakt) und einer Bewertung (zB „gefährlich") zu unterscheiden. Ausgenommen hiervon sind Fahndungsaufrufe, die mit einer Warnung (wie zB „gefährlich", „rücksichtslos") verbunden sind.

308 Abs. 2 regelt **Übermittlungsverbote.** Danach ist eine Übermittlung von personenbezogenen Daten zu unterlassen, wenn für die übermittelnde Behörde erkennbar ist, dass schutzwürdige Interessen der betroffenen Person das (Allgemein-)Interesse an der Datenübermittlung überwiegen oder gesetzliche Verwendungsregelungen entgegenstehen.

Bsp.: Die Übermittlung, dass A an einer seltenen, nicht übertragbaren Erbkrankheit leidet, darf nach § 21 Abs. 2 1. Alt HSOG nicht der Führerscheinbehörde (oder eine andere Behörde) übermittelt werden.
Gegen B wurde einmal wegen sexueller Nötigung ermittelt. Das Verfahren wurde eingestellt. Diese Daten sind nicht seinem neuen Arbeitgeber, dem städtischen Bauhof, zu übermitteln.

Die Gefahrenabwehr- oder Polizeibehörde hat für eine Datenübermittlung insoweit eine **gerichtlich überprüfbare Güterabwägung** auf Tatbestandsebene vorzunehmen. Dabei hat sie bei Indizien, dass schützenswerte Interessen des Betroffenen die Allgemeinwohlbelange überwiegen, mit Blick auf das Tatbestandsmerkmal „erkennbar" ggf. nach § 24 HVwVfG von Amts wegen weiter aufzuklären.

Nach Abs. 2 S. 1 Alt. 2 hat eine Übermittlung des Weiteren zu unterbleiben, wenn ihr **besondere gesetzliche Verwendungsregelungen** entgegenstehen. Als solche kommen etwa die der § 12 Abs. 2 S. 4, § 15 Abs. 9, § 15a Abs. 5 S. 6, § 15b Abs. 3 S. 3, § 15c Abs. 3 S. 4, § 31a Abs. 5 S. 9, S. 11 in Betracht sowie diejenigen in § 27 Abs. 2 S. 3, Abs. 5 S. 5, § 27a Abs. 4 S. 4, S. 5, § 28 Abs. 4 S. 1. Des Weiteren sind auch Verwendungsbeschränkungen außerhalb des HSOG erfasst, wie diejenigen in § 88 AufenthG oder in § 100e Abs. 6 StPO (iVm § 20 Abs. 6).[376] Weiter bleibt die Verpflichtung zur Wahrung gesetzlicher Geheimhaltungspflichten oder von Berufs- oder besonderen Amtsgeheimnissen, die nicht auf Rechtsvorschriften beruhen, unberührt.

309 Abs. 3 regelt weitere Einschränkungen, wann von einer Datenübermittlung abzusehen ist.

310 Abs. 5 setzt fest, dass die übermittelnde Behörde verpflichtet ist, die Zulässigkeit der Übermittlung zu überprüfen. Bei einem **Übermittlungsersuchen einer anderen Stelle**, hat die übermittelnde Behörde lediglich eine Plausibilitätsprüfung dahingehend vorzunehmen, dass das Übermittlungsersuchen im Rahmen der Aufgaben der empfangenen Stelle liegt. Besteht Anlass zur Besorgnis, hat die übermittelnde Behörde die Zulässigkeit zu prüfen. Systemfremd statuiert § 21 Abs. 5 S. 4 HSOG, dass die anfragende Stelle die erforderlichen Angaben zu machen hat. Dies kann der Landesgesetzgeber zumindest für Bundesbehörden und Landesbehörden außerhalb Hessens nicht festsetzen. Allerdings sollte eine Übermittlung unterbleiben, wenn keine oder nur unvollständige Angaben gemacht werden.[377] Des Weiteren sollte, für eine spätere Überprüfung auf ein schriftliches Datenübermittlungsersuchen bestanden werden.

311 Abs. 6 S. 1 bestimmt, dem **Zweckbindungsgrundsatz** folgend, dass die empfangende Stelle die übermittelten personenbezogenen Daten, soweit gesetzlich nichts anderes bestimmt ist, nur zu dem Zweck verarbeiten darf, zu dem die Daten übermittelt worden sind.[378] Weiter ist eine Weiterverarbeitung der personenbezogenen Daten durch die empfangende Stelle zu einem anderen Zweck als dem, für den die Daten übermittelt worden sind unter der Beachtung **des Grundsatzes der hypothetischen Datenneuerhebung** zulässig. Allerdings bedürfen private

---

376 Vgl. BeckOK, PolR, Hessen, Möstl/Bäuerle, § 21, Rn. 43.
377 BeckOK PolR, Hessen, Möstl/Bäuerle, § 21 Rn. 67.
378 BeckOK, PolR, Hessen, Möstl/Bäuerle, § 21, Rn. 68.

Fichte

III. Einzelmaßnahmen

empfangene Stellen hierfür die Zustimmung der übermittelnden Gefahrenabwehr- oder Polizeibehörde. Weiter sind private empfangene Stellen sowie Stellen im internationalen Bereich (also außerhalb der europäischen Union), die personenbezogene Daten übermittelt bekommen, darauf hinzuweisen, dass sie die Daten nur zu dem Zweck verwenden dürfen, zu dem ihnen die Daten übermittelt worden sind.

Sind personenbezogene **Daten von unbeteiligten Dritten** untrennbar mit den zu übermittelnden Daten verbunden und würde eine Trennung dieser Daten einen unzumutbaren Aufwand bedeuten, so ist eine Übermittlung auch dieser Daten zulässig, wenn nicht berechtigte Interessen des betroffenen Dritten oder andere Geheimhaltungspflichten der Übermittlung entgegenstehen.[379]

d) konkrete Anwendungsfälle der Datenübermittlung

§ 22 HSOG regelt **konkrete Anwendungsfälle der Datenübermittlung** im innerstaatlichen Bereich und im Bereich der Europäischen Union, während **§ 23 HSOG** die Datenübermittlung im internationalen Bereich regelt.

§ 22 HSOG Absatz 1 regelt die Datenübermittlung zwischen den Polizeibehörden und den Gefahrenabwehr- und Polizeibehörden, Abs. 2 regelt die Datenübermittlung an andere Behörden und Stellen des öffentlichen Rechts und Abs. 3 regelt die Datenübermittlung an andere, also an Private.

Gem. § 22 Abs. 1 S. 1 HSOG können **zwischen den Polizeibehörden** Daten übermittelt werden, wenn sie im Rahmen ihres Aufgabenbereichs erlangt wurden und die Datenübermittlung erforderlich ist. Der Gesetzgeber verlangt hier eine konkrete Überprüfung, ob die empfangene Polizeibehörde die übermittelten Daten für die Erfüllung ihrer Aufgaben benötigt. Da sich die Aufgaben der unterschiedlichen Polizeibehörden größtenteils decken, sollte eine solche Prüfung auch vorgenommen werden können. S. 2 stellt klar, dass im Sinne dieser Ermächtigungsgrundlage auch eine Datenübermittlung an die Bundespolizei und an die Polizeidienststellen anderer Mitgliedsstaaten der Europäischen Union gemeint ist.

Gem. S. 3 können Daten auch **an Gefahrenabwehrbehörden** übermittelt werden, wenn die Übermittlung der Daten zu deren Aufgabenerfüllung erforderlich erscheint. Hier ist nach dem Willen des Gesetzgebers nur eine Plausibilitätsprüfung erforderlich. Etwas anderes wäre mangels vertiefter Kenntnisse auch nicht abzuleisten.

Abs. 2 HSOG ist missverständlich ausgedrückt, indem es heißt „liegen die Voraussetzungen des Abs. 1 nicht vor". Es sollte vielmehr heißen: „Liegt ein Anwendungsfall des Abs. 1 nicht vor", können die Gefahrenabwehr- und die Polizeibehörden auch **an andere Behörden** und **öffentliche Stellen** überwiegen, wenn die Voraussetzungen der Ziffern 1–5 vorliegen, wobei die Ziffern nur alternativ und nicht kumulativ zur Anwendung kommen.

So können personenbezogene Daten an andere Behörden oder öffentlich Stellen zur Erfüllung gefahrenabwehrbehördlicher oder polizeilicher Aufgaben übermittelt werden, Nr. 1; zur Abwehr einer Gefahr für die empfangene Stelle, Nr. 2; aufgrund tatsächlicher Anhaltspunkte zur Wahrnehmung einer sonstigen Gefahrenabwehraufgabe durch die empfangene Stelle, Nr. 3; zur Verhütung oder Beseitigung erheblicher Nachteile für das Gemeinwohl, Nr. 4; oder zur Verhütung oder Beseitigung einer schwerwiegenden Beeinträchtigung der Rechte einer anderen Person, Nr. 5. Bei einer Übermittlung nach Nr. 5 ist die betroffene Person, deren Daten übermittelt wurden, über die Übermittlung der Daten zu benachrichtigen, sobald der Zweck der Datenübermittlung nicht mehr entgegensteht.

---

[379] Vgl. § 21 Abs. 7 HSOG.

Fichte

Beim Studieren der einzelnen Ziffern sollte auffallen, dass die Ziffern sich teilweise in ihren Anwendungsbereichen überschneiden. Eine Datenübermittlung gem. § 22 Abs. 2 S. 1 Nr. 1 HSOG erfolgt regelmäßig von Amtswegen durch die Gefahrenabwehr- oder die Polizeibehörde, während bei den anderen Ziffern (Nr. 2–5) der Datenübermittlung auch ein Ersuchen einer anderen Stelle zu Grunde liegen kann.[380] Dies bedeutet, dass Nr. 1 auch eine **Datenübermittlung zum Schutz privater Rechte** für zulässig erklärt. Voraussetzung ist, dass die Übermittlung zur Erfüllung einer Aufgabe (vgl. § 1 HSOG) erforderlich ist. Das Vorliegen weiterer Voraussetzungen ist nicht erforderlich.

Die Datenübermittlung nach Nr. 2 setzt eine konkrete Gefahr für die, die Daten empfangene Stelle voraus. Nr. 3 bleibt unterhalb der Gefahrenschwelle, da hier lediglich tatsächliche Anhaltspunkte dafür erforderlich sind, dass die die Daten empfangene Stelle eine sonstige Gefahrenabwehraufgabe wahrnimmt. Der Fall einer Datenübermittlung zur Verhütung oder Beseitigung erheblicher Nachteile für das Gemeinwohl nach Abs. 2 Nr. 4 dürfte in vielen Fällen schon von den Alternativen in Nr. 1–3 erfasst sein. Gleiches gilt für die Verhütung oder Beseitigung einer schwerwiegenden Beeinträchtigung der Rechte einer anderen Person als Übermittlungszweck nach Abs. 2 Nr. 5.[381] Auch hier wäre eine **Datenübermittlung zum Schutz privater Rechte** denkbar. Bei der letztgenannten Alternative ist weiterhin eine besondere Verfahrensvorschrift aus § 22 Abs. 2 S. 2 HSOG zu beachten. Die Person, deren Daten übermittelt wurden, ist über die Übermittlung zu informieren, sobald der Zweck der Übermittlung der Benachrichtigung nicht mehr im Weg steht. Diese Vorschrift geht als lex specialis den generellen Regelungen des § 29 HSOG, wonach betroffene Personen auf Antrag Informationen oder Auskünfte erhalten oder benachrichtigt werden, vor.

314 § 22 Abs. 3 HSOG regelt die **Datenübermittlung an Personen** oder Stellen **außerhalb des öffentlichen Bereichs**. Hierbei unterscheidet die Vorschrift nicht danach, ob es sich bei dem Empfänger um natürliche oder juristische Personen des Privatrechts oder um nicht-rechtsfähige Personenvereinigungen handelt; auch ist es unerheblich, ob eine Anfrage des Privaten vorliegt.[382] Wenn es sich jedoch bei den Empfängern der Daten um Subjekte handelt, die der Pressefreiheit unterliegen, so muss **§ 3 Abs. 1 HPresseG** als lex specialis beachtet werden. Im Hinblick auf die schlechthin konstituierende Bedeutung der Pressefreiheit für die demokratische Grundordnung gehen die **Auskunftsansprüche der Presseorgane** deutlich weiter. Dies bedeutet, dass die Gefahrenabwehr- und die Polizeibehörden Auskünfte nur auf Grund der im HPresseG geregelten Tatbestände verweigern können.

Richtet sich die Datenübermittlung zum Schutz privater Rechte auch an private Dritte, gem. § 22 Abs. 3 S. 1 iVm § 22 Abs. 2 S. 1 Nr. 1, Nr. 2, Nr. 4 oder Nr. 5 HSOG, so ist hier wieder zu beachten, dass die JI-RL keine Anwendung findet. Hier sind die Regelungen der DS-GVO anzuwenden.[383]

315 Umstritten ist, ob § 22 Abs. 3 HSOG auch als Ermächtigungsgrundlage für die **präventive Öffentlichkeitsfahndung** fungieren kann. Festzustellen ist, dass dem HSOG, auch nach der letzten Einarbeitung neuer Vorschriften, weiter eine konkrete Ermächtigungsgrundlage für die Durchführung von präventiven Öffentlichkeitsfahndungen fehlt. Teilweise wird vertreten, dass unter verfassungskonformer Auslegung – nämlich unter der Voraussetzung dass eine (gegenwärtige) Gefahr für Leib oder Leben angenommen werden kann – eine präventive Öffentlichkeitsfahndung auf Grundlage der Regelung des § 22 Abs. 3 HSOG zulässig ist.

Unabhängig davon, ob dieser Auffassung gefolgt wird, sollte bei der präventiven Öffentlichkeitsfahndung stets strikt der Verhältnismäßigkeitsgrundsatz beachtet werden. Unter der Prämisse,

---

380 BeckOK, PolR, Hessen, Bäuerle, § 22 Rn. 39.
381 BeckOK, PolR, Hessen, Bäuerle, § 22 Rn. 44 f.
382 BeckOK PolR, Hessen, Bäuerle, § 22 Rn. 47.
383 Vgl. Art. 9 Abs. 1 JI-RL.

Fichte

III. Einzelmaßnahmen

dass einmal veröffentlichte Daten, auch wenn sie nach Ende der Öffentlichkeitsfahndung diese Daten wieder aus den entsprechenden Internetportalen entfernt werden, dem Zugriff von Unbefugten ausgesetzt waren und damit missbraucht werden können. Daher ist zu überlegen, welche Daten einer Person im Rahmen der präventiven Öffentlichkeitsfahndung veröffentlicht werden. Es darf nicht vergessen werden, dass es sich um einen erheblichen Eingriff in das Recht auf informationelle Selbstbestimmung handelt.

§ 22 Abs. 3 S. 2–4 enthalten **besondere Verfahrensvorschriften** um die Übermittlung von personenbezogenen Daten an private Dritte. So ist beispielsweise ein **Nachweis** über die Übermittlung zu führen, so dass im Beschwerdefall nachgeprüft werden kann, wann, welche konkreten Daten zu welchem Grund an wen übermittelt wurden. Des Weiteren kann und darf der **Hessische Datenschutzbeauftragte** Stichproben über die Einhaltung der datenschutzrechtlichen Vorschriften machen und sich zB solche Nachweise zeigen lassen. Diese Nachweise sind am Ende des der Übermittlung folgenden Kalenderjahres zu vernichten, es sei denn, dass der Löschung Gründe der **Datenschutzkontrolle** oder Verhinderung oder Verfolgung einer Straftat mit erheblicher Bedeutung entgegenstehen.

Die Regelung des Abs. 6 enthält eine systemwidrige Datenübermittlungsbefugnis, indem sie statuiert, dass andere Behörden und andere öffentliche Stellen personenbezogene Daten an die Gefahrenabwehr- und die Polizeibehörden übermitteln können, soweit dies zur Aufgabenerfüllung der empfangenen Behörden erforderlich erscheint und keine Rechtsvorschriften der Übermittlung entgegenstehen. Die anderen Behörden und öffentlichen Stellen sind sogar gem. § 22 Abs. 6 S. 2 HSOG zur Übermittlung verpflichtet, wenn dies zur Abwehr von Gefahren für Leib, Leben oder Freiheit einer Person erforderlich ist. Fraglich ist hier, wieweit die Befugnis des Hessischen Landesgesetzgebers geht, andere Behörden des Bundes und anderer Länder zu verpflichten Daten zu übermitteln. Des Weiteren ist fraglich, ob die Vorschrift den Empfängern, an diese sie gerichtet ist, überhaupt zur Kenntnis kommt.

So sei hier verwiesen, dass es zahlreiche speziellere und damit vorrangig anzuwendende Vorschriften für die Übermittlung von personenbezogenen Daten an die hessischen Gefahrenabwehr- und Polizeibehörden gibt. So kann beispielsweise auf die §§ 68 ff. und 72 SGB X oder § 34 Abs. 1 BMG, § 38 Abs. 1 BMG verwiesen werden.[384] Derartige Sondervorschriften verdrängen dann die nach Abs. 6 S. 1 gegebene Befugnis zur Datenübermittlung an die Gefahrenabwehr- und Polizeibehörden, denn diese kann – wie auch Abs. 6 S. 1 Hs. 2 verdeutlicht – nur nach Maßgabe und vorbehaltlich von Spezialregelungen greifen.[385]

§ 23 HSOG regelt die **Datenübermittlung an Drittstaaten**, also nicht an die Mitgliedsstaaten der Europäischen Union, da dieser Übermittlungsvorgang in § 22 Abs. 5 HSOG erfasst ist.

e) Einrichtung automatisierter Abrufverfahren

Die Vorschrift des § 24 HSOG stellt die Rechtsgrundlage für **die Einrichtung automatisierter Abrufverfahren** dar. Sie regelt unter welchen Voraussetzungen für welche Stellen und in welchem Umfang die Möglichkeit zum Online-Abruf der von den Polizeibehörden gespeicherten personenbezogenen Daten geschaffen werden darf.[386] Danach ist eine automatisierte Abfrage dann zulässig, soweit diese Form der Datenübermittlung unter Berücksichtigung der schutzwürdigen Belange der betroffenen Person und der Erfüllung von Aufgaben der beteiligten Stellen angemessen ist. Zugelassen werden (zu unterschiedlichen Abrufverfahren) Polizeibehörden, die Hochschule für öffentliches Management und Sicherheit, soweit dies für die Aus- und

---

384 Für weitere Datenübermittlungsvorschriften vgl. BeckOK, PolR, Hessen, Möstl/ Bäuerle, § 21 Rn. 78.
385 BeckOK, PolR, Hessen, Möstl/Bäuerle, § 22 Rn. 81.
386 BeckOK, PolR, Hessen, Möstl/Bäuerle, § 24, Einf.

Fortbildung im Polizeidienst erforderlich ist, Polizeibehörden und -dienststellen des Bundes und anderer Länder, Gefahrenabwehrbehörden und sonstige öffentliche Stellen im Verfahren, die Zulässigkeitsüberprüfungen zum Gegenstand haben, Ausländerbehörden in Verfahren, die die Erteilung von Aufenthaltsgenehmigungen und Aufenthaltsbeendigungen zum Gegenstand haben, Einbürgerungsbehörden in Verfahren, die die Ermittlungen von Einbürgerungsvoraussetzungen zum Gegenstand haben und die Allgemeinheit, soweit es sich um personenbezogene Daten handelt, die für die Öffentlichkeit bestimmt sind.

Angesichts des Umstandes, dass es sich auch bei der Betätigung eines automatisierten Abrufverfahrens um einen Grundrechtseingriff in das Recht auf informationelle Selbstbestimmung handelt, ist die **Aufzählung** als **abschließend** zu verstehen. Sollen andere Behörden oder öffentliche oder nicht-öffentliche Stellen Zugang zu einem automatisierten Abrufverfahren bekommen, müssen sie in diese Aufzählung oder in eine vergleichbare Regelung aufgenommen werden. Auch hier gilt der Grundsatz des Vorbehalts des Gesetzes.

In den Fällen der Verfahren um die **Zuverlässigkeitsüberprüfung**, der **Erteilung von Aufenthaltsgenehmigungen** oder -**beendigungen** und der **Einbürgerung** nur Negativauskünfte erteilt werden. Dies bedeutet, dass automatisiert nur die Kenntnis erlangt werden kann, dass über die abgefragte Person keine Daten gespeichert sind. Weiter muss die speichernde Stelle, außer in den Fällen der Nr. 7, gewährleisten, dass eine Abfrage und Übermittlung nachvollzogen und überprüft werden kann.

f) Datenabgleich

319 Um einen weiteren Fall der Datenübermittlung, der in der Praxis eine sehr bedeutende Rolle spielt, handelt es sich bei dem **Datenabgleich gem. § 25 HSOG**. Auch mit dieser Maßnahme wird in das Recht auf informationelle Selbstbestimmung eingegriffen, so dass es nach dem Vorbehalt des Gesetzes einer Ermächtigungsgrundklage hierfür bedarf.

Die Ermächtigungsgrundlage des § 25 HSOG erlaubt lediglich den Abgleich bereits vorhandener Daten.[387] Dies bedeutet, dass dem Datenabgleich eine separat zu betrachtender Datenerhebungsvorgang vorgeschaltet sein muss. In der Praxis wird es sich hierbei in der Regel um eine Identifikationsfeststellung nach § 18 HSOG handeln. § 25 HSOG ermächtigt nur zum Abgleich, nicht zur Erhebung, so dass auch, sollten die Daten im Rahmen einer Identifikationsfeststellung erhoben werden, die gesetzlichen Voraussetzungen hierfür vorliegen müssen.

Weiter darf ein Abgleich personenbezogener Daten nach dieser Bestimmung nur mit den Dateien der Polizei erfolgen. Das bedeutet, dass die Daten im positiven Fall der Polizei demnach ohnehin schon bekannt waren, so dass der Eingriff in das Recht auf informationelle Selbstbestimmung als gering zu bewerten ist. Entsprechend niedrig ist die tatbestandliche Eingreifschwelle der Vorschrift. Der Abgleich personenbezogener Daten ist daher den Polizeibehörden schon dann erlaubt, wenn es sich bei der betroffenen Person um einen Verhaltens- oder Zustandsstörer iSd §§ 6, 7 HSOG oder um eine Person iSd § 13 Abs. 2 Nr. 1 HSOG handelt.

Bsp.: Die Polizei stoppt einen Raser, der mit 100 km/h sein Fahrzeug durch eine geschlossene Ortschaft lenkte. Der Fahrzeugführer ist Verhaltensstörer, die über ihn vor Ort erhobenen personenbezogenen Daten (Personalien) können gem. § 25 Abs. 1 S. 1 HSOG mit den polizeilichen Dateien abgeglichen werden.

320 Darüber hinaus erlaubt § 25 Abs. 1 S. 2 HSOG den Polizeibehörden den Datenabgleich bereits bei tatsächlichen Anhaltspunkten, die für die Erfüllung einer bestimmten polizeilichen Aufgabe sprechen. Schließlich dürfen die Polizeibehörden routinemäßig, dh ohne weitere tatbestandliche Voraussetzungen sämtliche im Rahmen ihrer Aufgabenerfüllung erlangten Daten mit dem sogenannten Fahndungsbestand abgleichen, § 25 Abs. 1 S. 3 HSOG.

---

387 Vgl. Fredrich, § 25 HSOG, Rn. 3.

Fichte

Bsp.: Die Polizeibeamten erheben im Rahmen einer routinemäßigen Kontrolle personenbezogene Daten eines Kraftfahrers (Personalien). Diese dürfen sie ohne weitere Voraussetzungen mit den polizeilichen Dateien abgleichen, allerdings nach § 25 Abs. 1 S. 3 HSOG nur mit dem Fahndungsbestand.

Über den Datenabgleich selbst hinaus, erlaubt § 25 Abs. 1 S. 4 HSOG (neben § 18 Abs. 4 und § 32 HSOG) den Polizeibehörden eine Freiheitsentziehung, indem sie die angehaltenen Personen für die Dauer des Datenabgleichs auch **festhalten** darf.

321

Auch die Gefahrenabwehrbehörden sind – unter den Voraussetzungen des § 20 HSOG – zum Datenabgleich, nicht aber zu freiheitsentziehenden Maßnahmen befugt, § 25 Abs. 2 HSOG.

322

Zu beachten ist allerdings, dass § 25 HSOG nur den Datenabgleich mit dem **polizeilichen Informationssystem (POLAS)** zu gefahrenabwehrrechtlichen Zwecken vorsieht. § 98c S. 1 StPO und § 53 Abs. 1 S. 2 OwiG ermächtigen die Polizeibehörden zu einem Datenabgleich mit den im polizeilichen Informationssystem zu repressiven Zwecken.

323

Andere Ermächtigungsgrundlagen für einen polizeilichen Datenabgleich mit Daten aus anderen Datenbanken, für die andere Behörden für deren Bestand und Pflege, sowie die Richtigkeit der enthaltenen Daten verantwortliche Person ist, sind beispielsweise § 36 Abs. 2 S. 1 Nr. 1 StVG für einen Halterabgleich im ZEVIS, § 38 Abs. 2 BMG iVm § 3 Abs. 1 und 2 HMeldDüV für einen Abgleich in EWO, § 22 Abs. 1 S. 1 Nr. 4 AZRG für einen Abgleich im AZR, § 24 Abs. 2 S. 1 Nr. 1 iVm § 25 Abs. 2 S. 4 PAuswG für einen Abgleich im Personalausweisregister.

g) Automatisierte Anwendung zur Datenanalyse

§ 25a HSOG wurde mit Gesetz vom 23.6.2023[388] vollständig neu gefasst. 2018 war mit dieser Vorschrift eine Ermächtigungsgrundlage für den Betrieb von sog. **Analyseplattformen** geschaffen worden, die die vorhandenen Daten in den polizeilichen Informationssystemen verbinden und unter bestimmten bzw. bestimmbaren Kriterien automatisiert auswerten. Die ursprünglich geschaffene Ermächtigungsgrundlage war jedoch nach dem Bundesverfassungsgericht nicht mit dem verfassungsrechtlich geschütztem Recht auf informationelle Selbstbestimmung vereinbar.[389]

324

Die neue Fassung des § 25a HSOG ermächtigt die Polizeibehörden dazu, dass sie rechtmäßig erhobene personenbezogene Daten auf einer Analyseplattform automatisiert zusammenführen, diese verknüpfen, aufbereiten, auswerten und für statistische Zwecke anwenden dürfen. Zweck der Anwendung einer solchen Analyseplattform ist das **sog. predictive policing**. Das bedeutet, dass die zusammengeführten Daten mit Hilfe von Algorithmen ausgewertet werden umso im Wege der „vorausschauenden Polizeiarbeit", künftige Ereignisse, Ereignishäufungen oder Lagen als Wahrscheinlichkeitsprognosen vorherzusagen. Neu ist hier, dass hier Wahrscheinlichkeitsprognosen nicht mehr von dem Beamten direkt vorgenommen werden, sondern aufgrund einer deutlich umfassenderen Analyse vorhandener Daten. Geschieht dies im Gefahrenvorfeld, ist besonders zu beachten, mit welcher Streubreite Personen erfasst werden, ob diese für polizeiliche Maßnahmen einen Anlass gegeben haben und welche Folgen diese potenziell zu befürchten haben.[390] Dies erfordert spezifische Rechtsgrundlagen.

Der hessische Landesgesetzgeber stellt nun mehr klar, dass unter Anwendung des § 25a HSOG polizeiliche Bewertungen, Prognosen und Entscheidungen auf der Grundlage möglichst verlässlicher Tatsachenfeststellungen zu treffen sind. Die automatisierte Anwendung zur Datenanalyse erfolgt immer anhand anlassbezogener und zielgerichteter Suchkriterien. Sie wird manuell ausgelöst. Eine direkte Anbindung an Internetdienste ist ausgeschlossen.

---

388 HessGVBl. 456.
389 Urteil des BVerfG vom 16.2.2023, Az.: 1 BvR 1547/19 und 1 BvR 2634/20; DÖV 2023, 353 (Ls.); EuGRZ 2023, 137; NJW 2023, 1196; NJW 2023, 1174.
390 Arzt in Lisken/ Denninger; Handbuch des Polizeirechts, Kapitel G, Rn. 1293 ff. mwN.

Fichte

325 § 25a Abs. 2 HSOG regelt die Anwendungsfälle der automatisierten Anwendung zur Datenanalyse. Eine solche ist nur zulässig, wenn dies zur Abwehr einer Gefahr für den Bestand oder die Sicherheit des Bundes oder eines Landes oder Leib, Leben oder Freiheit einer Person oder Sachen von bedeutendem Wert, deren Erhaltung im öffentlichen Interesse geboten ist, oder wenn gleichgewichtige Schäden für die Umwelt zu erwarten sind, erforderlich ist (Abwehr konkreter Gefahren), Nr. 1; wenn tatsächliche Anhaltspunkte die Annahme rechtfertigen, dass innerhalb eines übersehbaren Zeitraumes auf eine zumindest ihrer Art nach konkretisierte Weise Straftaten mit erheblicher Bedeutung begangen werden und dies zur Verhinderung dieser Straftaten erforderlich ist (Abwehr konkretisierter Gefahren), Nr. 2; oder wenn tatsächliche Anhaltspunkte die Annahme rechtfertigen, dass schwere oder besonders schwere Straftaten begangen werden sollen, und die Weiterverarbeitung erforderlich ist, um diese Straftaten zu verhüten (Vorbeugende Bekämpfung von Straftaten) Nr. 3.

Die folgenden Absätze des neugefassten § 25a HSOG enthalten ein detailliertes Regelwerk zur Anwendung dieser Plattform.

h) Rasterfahndung

326 § 26 HSOG gestattet den Polizeibehörden „besondere Formen des Datenabgleichs", die sogenannte **Rasterfahndung,** wonach die Übermittlung personenbezogener Daten bestimmter Personengruppen von öffentlichen – nicht notwendigerweise polizeilichen – oder nicht öffentlichen Stellen verlangt werden kann. Die übermittelten Daten werden dann mit anderen Datenbeständen – wiederum nicht notwendigerweise polizeilichen – automatisiert abgeglichen. Hier liegt gegenüber dem Datenabgleich iSd § 25 HSOG ein deutlich intensiverer Eingriff vor, da zum einen nicht nur einzelne Personen, sondern ganze Personengruppen vom Datenabgleich betroffen sind und darüber hinaus der Abgleich nicht allein innerhalb der polizeilichen Dateien vorgenommen wird. Infolgedessen sind die tatbestandlichen Anforderungen des § 26 Abs. 1 HSOG – sowie die der besonderen Verfahrens- und Formvorschriften der Abs. 2–4 – entsprechend hoch.

Allerdings ist das ursprünglich in der Vorschrift enthaltene Tatbestandsmerkmal der Gegenwärtigkeit der Gefahren bereits nach dem 11.9.2001 (Anschlag auf das New Yorker World Trade Center) vom Gesetzgeber gestrichen worden, nachdem die Rechtsprechung zT die Gegenwärtigkeit iSd des § 26 Abs. 1 HSOG aF aufgrund weiterer Gefahren durch extremistische Islamisten und damit die Zulässigkeit der Anforderung von Daten bei hessischen Hochschulen verneint hatte.[391]

327 Mit seiner Entscheidung vom 4.4.2006 hat das Bundesverfassungsgericht entschieden, dass eine Rasterfahndung materiell nur bei Vorliegen einer konkreten Gefahr für **hochrangige Rechtsgüter** wie den Bestand oder die Sicherheit des Bundes oder eines Landes oder für Leib, Leben und Freiheit einer Person zulässig sei.[392] Im Vorfeld der Gefahrenabwehr scheide eine solche Rasterfahndung aus.[393]

Die nunmehr geltende Fassung des § 26 Abs. 1 S. 1 HSOG erlaubt den Polizeibehörden die Rasterfahndung zur Abwehr einer konkreten Gefahr für den Bestand oder die Sicherheit des Bundes oder eines Landes oder Leib, Leben oder Freiheit einer Person oder Sachen von bedeutendem Wert, deren Erhaltung im öffentlichen Interesse geboten ist oder wenn gleichwertige Schäden für die Umwelt zu erwarten sind. Diese hohen Anforderungen an die Rechtsfolgen der Ermächtigungsgrundlagewerden der Eingriffstiefe des § 26 HSOG gerecht.

---

391 Vgl. OLG Frankfurt, NVwZ 2002, 626, 627; anders mE zu Recht OLG Düsseldorf, NVwZ 2002, 629, 630; vgl. zur Prüfungspflicht der Hochschulen VGH Kassel, NVwZ 2003, 755; vgl. zur Antragsbefugnis angeblich von der Rasterfahndung Betroffener HessStGH, NVwZ 2006, 685 ff.
392 BVerfG, 4.4.2006; NJW 2006, 1939; DVBl 2006, 899.
393 BVerfGE 115, 320 ff.

Nach § 26 Abs. 1 S. 2 HSOG ist die Maßnahme auch dann gerechtfertigt, wenn konkrete Vorbereitungshandlungen die Annahme rechtfertigen, dass **terroristische Straftaten** begangen werden sollen. Der Begriff der „terroristischen Straftaten" ist in § 13 Abs. 3 S. 2 HSOG legal definiert und umfasst insbesondere Straftaten im Sinne des § 129a Abs. 1 und 2 StGB. § 26 Abs. 2–4 HSOG enthält eine Reihe von besonderen Verfahrens- und Formvorschriften. Einer besonderen Erwähnung bedarf hier der **Richtervorbehalt** gemäß § 26 Abs. 4 Abs. 1 HSOG. Den Antrag auf richterliche Anordnung hat danach die Behördenleitung zu stellen.

Bsp.: Am 24. 9. 2001, also kurz nach den Terroranschlägen vom 11. 9. 2001, beantragte das Hessische LKA beim AG Wiesbaden eine Anordnung zum Zwecke einer Rasterfahndung nach § 26 HSOG. Das LKA verfolgte damit das Ziel der Herausgabe automatisiert gespeicherter Daten zur Identität näher bestimmter Personengruppen durch verschiedene hessische Behörden und Hochschulen. Der Antrag wurde hauptsächlich auf die Terroranschläge vom 11. 09. 2001 und die dadurch zu befürchtende Gefährdungssituation begründet.
Das OLG Frankfurt hat die Voraussetzungen für eine Rasterfahndung im Beschwerdeverfahren verneint.[394] Es liege keine – damals noch erforderliche – gegenwärtige Gefahr für den Bestand oder die Sicherheit des Bundes oder eines Landes oder für Leib, Leben oder Freiheit einer Person vor. Die Anschläge und die deswegen vom LKA angenommene Gefährdungslage reichten dem Gericht nicht aus.

Auch nach der heutigen Fassung des § 26 Abs. 1 HSOG wären die Voraussetzungen mit der damaligen Begründung des LKA kaum erfüllt. Zwar verlangt § 26 Abs. 1 S. 1 HSOG heute keine Gegenwärtigkeit der Gefahr mehr, aber selbst eine konkrete Gefahr setzt eine hinreichende, mit Tatsachen zu belegende Wahrscheinlichkeit des Schadenseintritts im Einzelfall voraus, deren Begründung einige Schwierigkeiten bereiten würde.[395] Selbst die Voraussetzungen nach § 26 Abs. 1 S. 2 HSOG, wonach konkrete Vorbereitungshandlungen ausreichen würden, wenn sie die Annahme rechtfertigen, dass terroristische Straftaten begangen werden sollen, müssten im Einzelfall substantiiert dargelegt werden.

Weiter hat ein Betroffener wegen des datenschutzrechtlichen Transparenzgebots einen Anspruch darauf, sich nachträglich rekonstruieren zu lassen, mit welchen Datenbeständen bei welcher Behörde seine personenbezogenen Daten abgeglichen wurden.[396]

---

394 Vgl. OLG Frankfurt, NVwZ 2002, 626.
395 Zum Eingriffscharakter der Rasterfahndung: BerlVerfGH, NVwZ-RR 2004, 746.
396 OVG Bremen, NordÖR 2002, 372.

J. Zwang

I. Grundlagen

1   Gesetzliche Gebote oder Verbote werden regelmäßig, aber keineswegs immer befolgt. Auch wenn Normverletzungen mit Sanktionen bedroht sind – so ist beispielsweise eine Körperverletzung strafbar (§§ 223 ff. StGB) und unzulässiger Lärm als Ordnungswidrigkeit bußgeldbewehrt (§ 117 OWiG) –, garantiert dies keineswegs normkonformes Verhalten. Hier kommen die gem. § 1 Abs. 1 S. 1 HSOG zur Gefahrenabwehr verpflichteten Behörden ins Spiel: Um drohende Rechtsverstöße zu verhindern und damit für normkonformes Verhalten im Einzelfall zu sorgen, kann, ggf. muss die zuständige Behörde gesetzliche und damit abstrakt-generelle Gebote oder Verbote in konkret-individuelle Verhaltensanweisungen „übersetzen" und an den potenziellen Rechtsbrecher adressieren. Die rechtliche Handlungsform für diese Rechtsdurchsetzung – man kann auch von Rechtsverwirklichung sprechen – ist der **befehlende Verwaltungsakt**. Doch auch befehlende Verwaltungsakte – beispielsweise die an den Messerangreifer gerichtete Aufforderung, das Messer sofort fallen zu lassen – werden nicht immer befolgt. Daher muss es möglich sein, die zum Zweck der Gefahrenabwehr erlassenen behördlichen Verfügungen erforderlichenfalls **zwangsweise durchzusetzen**, mit anderen Worten: zu vollstrecken, wenn das Frieden und Freiheit sichernde prinzipielle **staatliche Gewaltmonopol**[1] seine Wirkung nicht verlieren soll.

2   So wie sich wegen des Grundsatzes der Gesetzmäßigkeit der Verwaltung (Art. 20 Abs. 3 GG) ein Schluss von der behördlichen Aufgabe auf die behördliche Befugnis zum Grundrechtseingriff verbietet, so verbietet sich aus demselben Grund auch ein Schluss von der Befugnis zum Erlass eines befehlenden Verwaltungsaktes (Anordnungs- bzw. Primärebene) auf die Befugnis zur zwangsweisen Durchsetzung desselben (Vollstreckungs- bzw. Sekundärebene).[2] Zwischen dem Erlass von Geboten oder Verboten und der Entscheidung, diese Gebote und Verbote mit Zwangsmitteln durchzusetzen, ist vielmehr strikt zu unterscheiden (Trennungsgebot). Die Anwendung von Zwang begründet einen **eigenständigen**, unter Umständen sehr schweren **Grundrechtseingriff**. Auch insoweit heiligt der Zweck keineswegs jedes Mittel. Mag der gefahrenabwehrende Verwaltungsakt auch noch so rechtmäßig sein – seine zwangsweise Durchsetzung ist erst gestattet, wenn die Voraussetzungen der insoweit einschlägigen Normen erfüllt sind. Zu diesen zählt zum einen die Befugnis, **überhaupt Zwang anzuwenden** und zum anderen die Befugnis zum Einsatz eines **konkreten Zwangsmittels**.

3   Die einschlägigen Normen hält das so genannte **Zwangsrecht** bereit, das auch als **(Verwaltungs-)Vollstreckungsrecht** bezeichnet wird. Das HSOG normiert die entsprechende Rechtsmaterie unter der Überschrift „Zwang"[3] und spricht zudem von „Verwaltungszwang".[4] Einschlägig sind insoweit die **§§ 47–63 HSOG**.

---

1   Zu den historischen Grundlagen des staatlichen Gewaltmonopols näher Fischer, insbes. S. 239 ff.
2   Anders vor über 70 Jahren noch die Gesetzesbegründung zum VwVG des Bundes, siehe BT-Drs. 1/3981 v. 29.12.1952, S. 6: „Nach herrschender Auffassung ist die Vollstreckungsbefugnis ein der Verwaltung innewohnendes Recht, dessen Ausübung unabhängig von dem Vorhandensein einer besonderen gesetzlichen Befugnis ist".
3   Amtliche Überschrift des vierten Abschnitts des ersten Teils des HSOG.
4   Amtliche Überschrift von § 47 HSOG.

Fischer

I. Grundlagen

1. Verwaltungszwang nach dem HSOG oder nach dem HVwVG?

Das hessische Verwaltungsvollstreckungsrecht ist – auch insoweit es um Gefahrenabwehr geht – nicht abschließend im HSOG geregelt. Daneben tritt das Hessische Verwaltungsvollstreckungsgesetz (HVwVG), so dass die Anwendungsbereiche beider Gesetze geklärt werden müssen.

Für die Durchsetzung **von polizeilichen und ordnungsbehördlichen Verwaltungsakten mit Gebots-, Verbots- oder Duldungscharakter** – das Gesetz spricht von Verwaltungsakten, „die auf die Vornahme einer Handlung oder auf Duldung oder Unterlassung gerichtet" sind (siehe § 47 Abs. 1 HSOG) –, ist das Zwangsrecht **abschließend** in den **§§ 47–63 HSOG** geregelt (vgl. auch § 1 Abs. 2 S. 1 HVwVG).

Die zwangsweise Durchsetzung von gefahrenabwehrenden Verwaltungsakten der (allgemeinen) **Verwaltungsbehörden** (vgl. § 1 Abs. 1 S. 1 HSOG), also der Behörden der Landkreise und Gemeinden (siehe § 82 HSOG), richten sich demgegenüber nach den Vorschriften des **HVwVG**.

Geht es um öffentlich-rechtliche **Geldforderungen**, so werden auch die entsprechenden Verwaltungsakte der Polizei- und Ordnungsbehörden nach den Vorschriften des HVwVG vollstreckt (§ 1 Abs. 2 S. 2 HVwVG). Derartige vollstreckbare Geldforderungen ergeben sich aus den Kosten für die unmittelbare Ausführung gem. § 8 Abs. 2 HSOG, die Kosten des unmittelbaren Zwangs gem. § 52 Abs. 1 S. 3 in Verbindung mit § 8 Abs. 2 HSOG, den Kosten für die Sicherstellung gem. § 43 Abs. 3 HSOG, den Kosten für die Ersatzvornahme gem. § 49 HSOG oder aus dem Zwangsgeld gem. § 50 Abs. 3 HSOG.

Angesichts der herausgehobenen praktischen Bedeutung, die den **polizeilichen und ordnungsbehördlichen befehlenden Verwaltungsakten** für das gesamte Gefahrenabwehrrecht zukommt, wird im Folgenden ausschließlich das insoweit abschließend in den §§ 47–63 HSOG geregelte Zwangsrecht behandelt.[5]

2. Überblick über Inhalt und Aufbau des Zwangsrechts im HSOG (§§ 47–63)

Das Zwangsrecht wird im HSOG vergleichsweise knapp geregelt, wie insbesondere ein Vergleich mit dem Umfang der datenschutzrechtlichen Normen zeigt. Einstiegsnorm ist **§ 47 HSOG**, der unter der Überschrift „Zulässigkeit des Verwaltungszwanges" die **beiden zentralen Befugnisnormen** enthält (§ 47 Abs. 1 und Abs. 2 HSOG) und damit regelt, unter welchen Voraussetzungen Zwang überhaupt Anwendung finden darf. In **§ 47 Abs. 1 HSOG** ist das so genannte **gestreckte Zwangsverfahren** normiert, dem das **verkürzte Zwangsverfahren** nach § 47 Abs. 2 HSOG gegenübersteht, auch **sofortiger Zwang** oder **Sofortvollzug** genannt. „Gestreckt" ist das Verfahren nach § 47 Abs. 1 HSOG deshalb, weil insoweit als zentrale Voraussetzung ein bereits erlassener vollstreckbarer Verwaltungsakt verlangt wird, bevor Zwang überhaupt in Betracht gezogen werden darf. Beim verkürzten Verfahren nach § 47 Abs. 2 HSOG entfällt ein solcher vorangegangener Verwaltungsakt, das Verfahren ist deshalb „verkürzt" bzw. „abgekürzt".[6]

In welchen Formen eine Zwangsanwendung in Betracht kommt, ist Gegenstand der folgenden Bestimmungen. In **§ 48 Abs. 1 HSOG** werden die drei möglichen **Zwangsmittel** aufgezählt, verbunden mit dem Hinweis, in welchen **Befugnisnormen** der Einsatz dieser Zwangsmittel näher geregelt ist. So finden sich die Voraussetzungen der **Ersatzvornahme** in § 49 HSOG, des **Zwangsgeldes** in § 50 HSOG, und hinsichtlich des **unmittelbaren Zwangs** wird auf § 52 HSOG verwiesen. Die **Ersatzvornahme** ist die Vornahme einer vertretbaren Handlung an Stelle und auf Kosten des Pflichtigen. Das **Zwangsgeld** dient der Durchsetzung vertretbarer und vor allem unvertretbarer Handlungen sowie der Erzwingung von Duldungen und Unterlassungen.

---

5 Zur Verwaltungsvollstreckung nach dem HVwVG näher Hermes, in: Hermes/Reimer, § 3 Rn. 65–70.
6 Zu den Begrifflichkeiten siehe Reimer, in: Hermes/Reimer, § 5 Rn. 234.

Unmittelbarer Zwang ist eine rechtstechnische Umschreibung der Einwirkung auf Personen oder Sachen durch unterschiedliche Formen körperlicher Gewalt. In **§ 48 Abs. 2 HSOG** wird bestimmt, dass alle Zwangsmittel „nach Maßgabe der §§ 53 und 58 **anzudrohen**" sind.

10   Besonders **schwere Grundrechtseingriffe** ermöglicht der **unmittelbare Zwang**. Er schließt den Schusswaffengebrauch mit ein; im äußersten Fall ermöglicht er sogar einen „Schuss, der mit an Sicherheit grenzender Wahrscheinlichkeit tödlich wirken wird" (so genannter finaler Rettungsschuss, § 60 Abs. 2 S. 2 HSOG). Angesichts dieser hohen Grundrechtsrelevanz wundert es nicht, dass die Voraussetzungen für den Einsatz körperlicher Gewalt nicht nur in der einschlägigen Befugnisnorm (§ 52 HSOG) geregelt sind, wie § 48 Abs. 1 Nr. 3 HSOG suggerieren könnte. In § 52 Abs. 1 S. 1 HSOG findet sich zunächst die zentrale Vorgabe, dass **körperliche Gewalt** nur **als letztmögliches Zwangsmittel** eingesetzt werden darf (Ultima Ratio). Sodann bestimmt § 52 Abs. 1 S. 2 HSOG, dass für „die Art und Weise der Anwendung unmittelbaren Zwanges" die **§§ 54–63 HSOG** zu beachten sind. Damit hat die überwiegende Anzahl der zwangsrechtlichen Normen die Regelung des unmittelbaren Zwangs zum Inhalt, wobei die §§ 60–62 HSOG den **Schusswaffengebrauch** regeln.

11   Wie insbesondere die Ausgestaltung der Befugnis zur Anwendung des unmittelbaren Zwangs als Ultima Ratio (§ 52 Abs. 1 S. 1 HSOG), das Erfordernis, Zwangsmittel vor ihrer Anwendung grundsätzlich anzudrohen (§ 48 Abs. 2 HSOG) und die Bestimmungen über die Art und Weise der Anwendung des unmittelbaren Zwangs (§§ 54–63 HSOG) zeigen, stellt das Zwangsrecht in seinen zentralen Regelungen eine **normative Konkretisierung des Verhältnismäßigkeitsprinzips** dar. Dessen ungeachtet ist die Verhältnismäßigkeit jeder konkreten Zwangsmaßnahme gem. § 4 HSOG stets gesondert zu prüfen.[7]

3. Der Begriff des (Verwaltungs-)Zwangs und seine Abgrenzung zu Verwaltungsakten, die bereits Zwangselemente enthalten

12   Die für die Rechtsanwendung wichtige Frage, was unter Zwang[8] bzw. Verwaltungszwang[9] zu verstehen ist, wird in den Lehrbüchern zum Gefahrenabwehrrecht oft nicht näher behandelt. Zwang bleibt regelmäßig undefiniert. Eine Legaldefinition des Begriffs findet sich im HSOG nicht. Das Gesetz nennt lediglich die drei zulässigen Zwangs*mittel* (§ 48 Abs. 1 HSOG) und umschreibt diese teilweise näher. Immerhin kann damit zunächst festgehalten werden, dass der gefahrenabwehrrechtliche Begriff des Zwangs jedenfalls so verstanden werden muss, dass er alle Zwangsmittel erfasst und zudem einen bestimmten *Zweck* zum Ausdruck bringt, der mit den Zwangsmitteln verfolgt werden soll.

13   Der **Zweck** des Zwangs ist fraglos **Rechtsdurchsetzung**, wie auch der Wortlaut von § 47 Abs. 1 HSOG zeigt („Der ... Verwaltungsakt ... kann mit Zwangsmitteln durchgesetzt werden"). Man spricht auch von Rechtsverwirklichung.[10]

14   Damit ist der Zwang allerdings noch nicht hinreichend definiert. Denn der durchzusetzende Verwaltungsakt dient selbst bereits der Rechtsdurchsetzung, so dass es sich beim Zwang um eine besondere, von den Zwangs*mitteln* geprägte Form der Rechtsdurchsetzung handeln muss. Das alle drei Zwangsmittel verbindende Element ist das der **Gewalt**: Bei der Ersatzvornahme (§ 49 HSOG) und dem unmittelbaren Zwang (§§ 52, 55 HSOG) geht es um körperliche (physische) Gewalt, beim Zwangsgeld (§ 50 HSOG) um psychische („mittelbare") Gewalt.[11]

---

7   Vgl. Erichsen/Rauschenberg, Jura 1998, 31/32.
8   Amtliche Überschrift des vierten Abschnitts des ersten Teils des HSOG.
9   Amtliche Überschrift von § 47 HSOG.
10 Rasch, DVBl. 1980, 1017/1017; Schoch, JuS 1995, 307/307.
11 VG Köln, Urt. v. 12.8.2010, 20 K 3188/09, Rn. 34 („psychischer Zwangszustand").

Fischer

I. Grundlagen

Dieser Gewaltbezug spiegelt sich wider im umgangssprachlichen Verständnis von Zwang als Synonym für Gewalt.[12] Zwang ist **gewaltsame Rechtsdurchsetzung**.

Doch auch damit ist der polizeirechtliche Zwangsbegriff noch unzureichend definiert. Beachtet werden muss nämlich, dass im Polizeirecht ein **weiter Gewaltbegriff** zum Ausdruck kommt. So wird unmittelbarer Zwang und damit körperliche Gewalt als „jede unmittelbare körperliche Einwirkung auf Personen oder Sachen" umschrieben (§ 55 Abs. 2 HSOG). Folglich muss bereits ein Wegführen[13] oder Wegschieben als Gewalt im Sinne dieser Norm verstanden werden. Einige Standardmaßnahmen, die unabdingbar mit Körperkontakt oder dem Einwirken auf Sachen verbunden sind – typisches Beispiel ist die Durchsuchung von Personen (§ 36 HSOG) oder Sachen (§ 37 HSOG) – wären damit von vornherein ohne Beachtung des Zwangsrechts gar nicht durchführbar.[14] Die gesetzliche Verortung dieser Maßnahmen bei den „Befugnissen"[15] und nicht etwa im Abschnitt „Zwang"[16] zeigt aber, dass Zwang im Sinne des Polizeirechts in diesen Fällen noch nicht vorliegen, also die Vollstreckungsebene noch nicht tangiert sein soll. 15

Um insoweit zu einer klaren **Abgrenzung** zwischen Standardmaßnahmen, die bereits Zwangselemente enthalten und Zwangsmaßnahmen gem. §§ 47 ff. HSOG zu gelangen, kann auf umgangssprachliche Verständnisse des Zwangsbegriffs zurückgegriffen werden, welche die Zwangs*handlung* näher umschreiben.[17] „Zwingen" bedeutet die – gewaltsame – Überwindung eines **entgegenstehenden Willens**, der sich regelmäßig in einem tatsächlichen **Widerstand** manifestiert. Dieses umgangssprachliche Verständnis spiegelt sich in der Rechtssprache wider, denn die Zwangsmittel werden auch als **Beugemittel** bezeichnet.[18] Es geht um Willensbeugung, letztlich darum, den Widerstand gegen ein Gebot oder Verbot zu brechen. 16

Daher ist Zwang im Sinne des Polizeirechts abschließend als gewaltsame **Rechtsdurchsetzung durch Überwindung eines entgegenstehenden Willens** zu verstehen. Der entgegenstehende Wille muss erkennbar sein und drückt sich typischerweise in einem tatsächlichen **Widerstand** gegen eine Maßnahme aus.[19] 17

Bsp.: Wird der Körper einer Person im Rahmen einer Durchsuchung abgetastet und lässt die Person diese Maßnahme ohne weiteres über sich ergehen, bildet ungeachtet der polizeirechtlichen Definition des unmittelbaren Zwangs allein die Befugnis zur Durchsuchung von Personen (§ 36 HSOG) die einschlägige Rechtsgrundlage. Wehrt sich die Person gegen die Durchsuchung, kann die Maßnahme nur unter Beachtung der zwangsrechtlichen Voraussetzungen (§§ 47 ff. HSOG) durchgeführt werden.

Die **Gegenauffassung**, nach der es auf einen entgegenstehenden Willen und den darin begründeten Widerstand nicht ankommt, Zwang also auch dann zur Anwendung kommen soll, wenn es um Maßnahmen gegen gleichgültige, bewusstlose oder abwesende Pflichtige geht (weiter 18

---

12 Vgl. Göttert, S. 1054 (Eintrag „Zwang"); siehe auch Rottmann, S. 319 (Zwang „bezeichnet die gewaltsame Einwirkung auf eine Person oder eine Sache").
13 Fredrich, HSOG, § 55, Rn. 4.
14 Weitere Standardmaßnahmen mit Elementen des unmittelbaren Zwangs sind die Durchsuchung zum Zweck der Identitätsfeststellung (§ 18 Abs. 1 bzw. Abs. 2 iVm Abs. 4 HSOG), erkennungsdienstliche Maßnahmen gem. § 19 Abs. 1 HSOG, die Ingewahrsamnahme gem. § 32 HSOG und die Sicherstellung gem. § 40 HSOG.
15 Amtliche Überschrift des zweiten Abschnitts des ersten Teils des HSOG.
16 Amtliche Überschrift des vierten Abschnitts des ersten Teils des HSOG.
17 Vgl. Göttert, S. 1056 (Eintrag „zwingen").
18 Vgl. nur BVerwG, Urt. v. 14.3.2006, 1 C 11.05, Rn. 9; VGH Kassel, Beschl. v. 8.9.2021, 3 E 1270/21, Rn. 6; Erichsen/Rauschenberg, Jura 1998, 31/36.
19 So im Ergebnis auch Götz, Allgemeines POR, 11. Aufl. 1993, Rn. 300 („Überwindung eines entgegenstehenden Willens"; die Textpassage fehlt in späteren Auflagen); Hornmann, HSOG, § 47 Rn. 2; Kramer, Rn. 275, 278; Denninger, in: Meyer/Stolleis, S. 267/343; Finger, JuS 2005, 116/118; Kästner, JuS 1994, 361/364; Dienelt, NVwZ 1994, 664/665; Oldiges, JuS 1989, 616/619.

Fischer

Zwangsbegriff),²⁰ **überzeugt nicht.** Ein solches weites Begriffsverständnis verdunkelt den Umstand, dass Zwang im Kern (Gegen-)Gewalt bedeutet. Vor allem aber lässt diese Auffassung eine klare Abgrenzung zwischen „zwanglosen" (Standard-)Maßnahmen und Zwangsmaßnahmen gem. §§ 47 ff. HSOG nicht zu. Zudem ist es widersprüchlich, Zwangsmittel zwar als Beugemittel zu bezeichnen, aber das Erfordernis eines entgegenstehenden Willens zu verneinen. Schließlich geht auch der hessische Gesetzgeber implizit von dem hier vertretenen engen Zwangsbegriff aus, wie die Einführung der (nicht zwangsrechtlichen!) Rechtsfigur der unmittelbaren Ausführung im Jahr 1988 zeigt (§ 8 HSOG), um damit Maßnahmen auch gegen abwesende Pflichtige zu ermöglichen.²¹ Die Normierung der unmittelbaren Ausführung ist nur erforderlich, wenn Verwaltungszwang als Handeln gegen den Willen des Betroffenen verstanden wird.²²

II. Das gestreckte Zwangsverfahren gem. § 47 Abs. 1 HSOG

19 Das klassische Zwangs- bzw. Vollstreckungsverfahren, das die zwangsweise Rechtsdurchsetzung ermöglicht, ist das **gestreckte Zwangsverfahren**. Für dieses Verfahren stellt **§ 47 Abs. 1 HSOG** die einschlägige **Befugnisnorm** dar. Nach dieser Norm darf Zwang **nicht unmittelbar** zur Anwendung kommen; vielmehr ist zunächst der Erlass eines vollstreckbaren (Grund-)Verwaltungsakt erforderlich. Deshalb wird von einem „gestreckten" Verfahren gesprochen. Zwangsmittelandrohung und Zwangsmittelanwendung auf der Grundlage des § 47 Abs. 1 HSOG ist die „Normalfall-Vollstreckung" im Unterschied zur „Eilfall-Vollstreckung" des verkürzten Verfahrens (sofortiger Zwang bzw. Sofortvollzug) gem. § 47 Abs. 2 HSOG. Letzteres gestattet die unmittelbare Zwangsanwendung; der Erlass eines vorangegangenen Verwaltungsaktes darf entfallen.²³

20 Die Befugnisnorm des § 47 Abs. 1 HSOG hat **zwei** geschriebene **Voraussetzungen.**²⁴ Verlangt wird – erstens – ein vollstreckbarer Verwaltungsakt. Dieser muss – zweitens – unanfechtbar sein (§ 47 Abs. 1 Alt. 1 HSOG) oder Rechtsbehelfe gegen den Verwaltungsakt dürfen keine aufschiebende Wirkung haben (§ 47 Abs. 1 Alt. 2 HSOG). Wenn die Voraussetzungen des § 47 Abs. 1 HSOG vorliegen, gestattet dies allerdings noch nicht den konkreten Einsatz eines bestimmten Zwangsmittels oder auch nur dessen Androhung. Deren Voraussetzungen sind gesondert zu prüfen.

1. Vollstreckbarer (= befehlender) Verwaltungsakt

21 Die Androhung und Anwendung von Zwang nach dem getreckten Zwangsverfahren gem. § 47 Abs. 1 HSOG setzt zunächst einen ordnungsbehördlichen oder polizeilichen **Verwaltungsakt**²⁵ voraus, „der **auf die Vornahme einer Handlung oder auf Duldung oder Unterlassung gerichtet** ist". Praktische Beispiele derartiger **befehlender Verwaltungsakte** sind die Aufforderung, sich von einem bestimmten Ort zu entfernen oder einen Gegenstand herauszugeben (Handlung), die (implizite) Aufforderung, eine Durchsuchung oder erkennungsdienstliche Maßnahmen

---

20 So Kingreen/Poscher, § 24 Rn. 43, die aber an anderer Stelle (§ 11 Rn. 15) dem hier vertretenen engen Zwangsbegriff folgen (Zwang als Brechen von Widerstand). Widersprüchlich auch der VGH Kassel, der in seinen Entscheidungen einerseits offenbar den engen Zwangsbegriff vertritt (NJW 1995, 2123/2123 f.; NVwZ-RR 1995, 29/29 f.), andererseits von einem weiten Zwangsbegriff ausgeht, ohne darin ein Abweichen von seiner bisherigen Rspr. zu sehen (NVwZ-RR 1999, 23/25).
21 Dazu näher Kap. H Rn. 51 ff.; siehe auch Kap. J Rn. 52 ff.
22 Vgl. dazu auch die Begründung zu § 5a Abs. 1 MEPolG (abgedruckt bei Heise/Riegel, Musterentwurf eines einheitlichen Polizeigesetzes, 2. Aufl. 1978).
23 Dazu näher Kap. J Rn. 36 ff.
24 Zu einer weiteren ungeschriebenen Voraussetzung siehe Kap. J Rn. 32.
25 Die Vollstreckung von Verwaltungsakten der allgemeinen Verwaltungsbehörden erfolgt nach dem HVwVG.

Fischer

über sich ergehen zu lassen (Duldung) oder die Aufforderung, eine Schlägerei oder lärmende Partymusik zu beenden (Unterlassung). Der den Ausgangspunkt einer Zwangsandrohung oder -anwendung bildende Verwaltungsakt wird als **Grundverwaltungsakt** bzw. Grundverfügung bezeichnet. Feststellende oder rechtsgestaltende Verwaltungsakte – etwa die ordnungsbehördliche Erlaubnis für die Haltung eines gefährlichen Hundes – können nicht vollstreckt werden, weil sie die angestrebte Rechtswirkung unmittelbar selbst herbeiführen. Der Grundverwaltungsakt muss schließlich auch **wirksam** und insbesondere **inhaltlich hinreichend bestimmt** sein, um vollstreckt werden zu können.[26]

2. Unanfechtbarkeit des Grundverwaltungsakts oder Entfallen der aufschiebenden Wirkung von Rechtsbehelfen

Um mit Zwangsmitteln durchgesetzt werden zu können, muss der vollstreckbare Grundverwaltungsakt sodann **unanfechtbar** sein (§ 47 Abs. 1 Alt. 1 HSOG) **oder Rechtsbehelfe** dürfen „**keine aufschiebende Wirkung**" haben (§ 47 Abs. 1 Alt. 2 HSOG).

Unanfechtbarkeit gem. **§ 47 Abs. 1 Alt. 1 HSOG** tritt ein, wenn ein Verwaltungsakt bestandskräftig geworden ist, also nicht mehr mit förmlichen Rechtsbehelfen (Rechtsmitteln) angegriffen werden kann – etwa nach Ablauf der Widerspruchsfrist und/oder der Klagefrist. Je nachdem ob vor der (Anfechtungs-)Klage noch ein Widerspruchsverfahren erforderlich ist oder nicht (siehe dazu §§ 68–70 VwGO), kann die Unanfechtbarkeit jedenfalls nicht früher als nach **einem Monat** nach Bekanntgabe des Grundverwaltungsaktes eintreten (siehe § 74 Abs. 1 S. 2 VwGO). Bei gefahrenabwehrenden, insbesondere polizeilichen Verwaltungsakten, die typischerweise zeitkritisch durchgesetzt werden müssen, kommt diese Alternative praktisch nicht in Betracht.

Umso wichtiger ist **§ 47 Abs. 1 Alt. 2 HSOG**, der die Rechtsdurchsetzung mit Zwangsmitteln gestattet, „wenn ein Rechtsbehelf **keine aufschiebende Wirkung**" hat". In § 80 Abs. 1 S. 1 VwGO wird bestimmt, dass Widerspruch und Anfechtungsklage grundsätzlich eine solche aufschiebende Wirkung zukommt (so genannter Suspensiveffekt). Das bedeutet, dass jegliche Maßnahmen zur Durchsetzung (Vollziehung) des Verwaltungsaktes, insbesondere Vollstreckungs- bzw. Zwangsmaßnahmen, unzulässig sind. In **§ 80 Abs. 2 VwGO** sind Ausnahmen von dieser aufschiebenden Wirkung normiert; sie regeln, in welchen Fällen ungeachtet möglicher Widersprüche oder Klagen gegen den Grundverwaltungsakt dieser dennoch sofort durchsetzbar (vollziehbar) ist.

Einen wichtigen Fall regelt **§ 80 Abs. 2 S. 1 Nr. 4 VwGO**, nach dem ein Verwaltungsakt sofort vollziehbar ist, wenn die Behörde „die sofortige Vollziehung im öffentlichen Interesse oder im überwiegenden Interesse eines Beteiligten" ausdrücklich **anordnet**, wobei das besondere Interesse nach § 80 Abs. 3 VwGO grundsätzlich **schriftlich zu begründen** ist.

Bsp.: Die Polizeibehörde ordnet gem. § 42 Abs. 1 HSOG die Verwertung eines sichergestellten Fahrzeugs und die sofortige Vollziehung dieser Maßnahme schriftlich an.[27]

In der Praxis kommt **§ 80 Abs. 2 S. 1 Nr. 2 VwGO** herausragende Bedeutung zu: Demnach entfällt die aufschiebende Wirkung ausnahmsweise bei „**unaufschiebbaren Anordnungen und Maßnahmen von Polizeivollzugsbeamten**". In diesem Fall ist der Verwaltungsakt kraft Gesetzes sofort vollziehbar; eine behördliche Anordnung der sofortigen Vollziehung entfällt. Wegen der ausdrücklichen Begrenzung auf Polizeivollzugsbeamte bleibt Ordnungsbehörden

---

26 Dazu näher Kap. J Rn. 30.
27 Instruktiv hierzu – nach rheinland-pfälzischem Recht – OVG Rheinland-Pfalz, Urt. v. 3.9.2019, 7 A 10049/19. Die Verwertung ist allerdings keine Maßnahme der Verwaltungsvollstreckung, da sie nicht der Durchsetzung der vorausgegangenen Sicherstellung dient.

dieser Weg versperrt.[28] Unaufschiebbarkeit bedeutet, dass **sofortiges Handeln** notwendig ist. Davon ist insbesondere dann auszugehen, wenn **keine Zeit** mehr bleibt, einen **schriftlichen** Verwaltungsakt zu erlassen.[29]

Bsp.: Nach einer ernst zu nehmenden Bombendrohung verweisen Polizeibeamte Passanten von einem Platz. Wird die Aufforderung nicht befolgt, können die Beamten zu ihrer Durchsetzung erforderlichenfalls unmittelbaren Zwang androhen und anschließend auch anwenden.

27   Ein schriftlich erlassener polizeibehördlicher Verwaltungsakt begründet die – widerlegbare – Vermutung, dass die sofortige Vollziehung allein über eine **Anordnung gem. § 80 Abs. 2 S. 1 Nr. 4, Abs. 3 VwGO** herbeigeführt werden kann;[30] eine Heranziehung von § 80 Abs. 2 S. 1 Nr. 2 VwGO scheidet aus. Vor diesem Hintergrund ist die zwangsweise Durchsetzung einer schriftlichen Vorladung, also eine **Vorführung** gem. § 30 Abs. 3 und 4 HSOG, grundsätzlich nur über § 80 Abs. 2 S. 1 Nr. 4, Abs. 3 VwGO möglich.[31]

28   Nach der ständigen Rechtsprechung des Bundesverwaltungsgerichts[32] und des Hessischen Verwaltungsgerichtshofs[33] ist § 80 Abs. 2 S. 1 Nr. 2 VwGO analog auf **Verkehrszeichen**[34] anzuwenden, soweit diese Gebote oder Verbote enthalten.

Bsp.: Das Halteverbotsschild nach Zeichen 283 (Nr. 62 der Anlage 2 zu § 41 Abs. 1 StVO) enthält nicht nur das Verbot, an der gekennzeichneten Stelle zu halten, sondern zugleich ein entsprechend § 80 Abs. 2 S. 1 Nr. 2 VwGO sofort vollziehbares Wegfahrgebot für unerlaubt haltende Fahrzeuge.

29   Die nach § 47 Abs. 1 Alt. 2 HSOG in Verbindung mit § 80 Abs. 2 S. 1 Nr. 2 VwGO gestattete zwangsweise Rechtsdurchsetzung ohne die Möglichkeit einer vorherigen gerichtlichen Überprüfung bedeutet, dass die betroffene Person einen etwaigen **rechtswidrigen** Grundverwaltungsakt zunächst **hinnehmen** muss. Das ist gewissermaßen der – verfassungsrechtlich anerkannte[35] – Preis für eine effektive Gefahrenabwehr. Die Frage, ob und inwieweit der Grundverwaltungsakt über die in § 47 Abs. 1 HSOG explizit formulierten Anforderungen hinaus **rechtmäßig** sein muss und diesbezüglich neben der Androhung bzw. Anwendung des Zwangsmittels einer eigenständigen (nachträglichen) **gerichtlichen Überprüfung** unterliegt, wird nicht einheitlich beantwortet.[36] Vieles spricht dafür, jedenfalls bei einer polizeilichen Rechtsdurchsetzung gem. § 47 Abs. 1 Alt. 2 HSOG in Verbindung mit § 80 Abs. 2 S. 1 Nr. 2 VwGO, die dazu führt, dass sich der Grundverwaltungsakt bereits vor Eintritt seiner Unanfechtbarkeit (Bestandskraft) **erledigt** hat, eine uneingeschränkte gerichtliche Überprüfung (auch) der Rechtmäßigkeit des Grundverwaltungsaktes zu verlangen.[37] Erledigt ist ein Verwaltungsakt, wenn er tatsächlich durchgesetzt wurde (Bsp.: Tatsächliche Auflösung einer Versammlung).

30   Unbestritten ist, dass die Vollstreckung im gestreckten Zwangsverfahren nur dann gestattet ist, wenn ein **wirksamer** Grundverwaltungsakt vorliegt.[38] Unwirksam sind nicht bekannt gegebene

---

28   Ordnungsbehörden sind deshalb im gestreckten Zwangsverfahren nach § 47 Abs. 1 HSOG auf eine Anordnung der sofortigen Vollziehbarkeit gem. § 80 Abs. 2 S. 1 Nr. 4, Abs. 3 VwGO angewiesen.
29   VG Mainz, Urt. v. 8.6.2017, 1 K 4/14.MZ, Rn. 64 (juris); Lambrecht, in: BeckOK PolR Hessen, 33. Ed. 1.6.2024, HSOG, § 47 Rn. 23.
30   VG Frankfurt/Oder, Beschl. v. 13.11.2019, 3 L 373/19.
31   Vgl. dazu – allerdings bezüglich einer (vergleichbaren) Vorladung zur erkennungsdienstlichen Behandlung gem. § 81b Alt. 2 StPO – VG München, Beschl. v. 27.1.2021, M 23 S 20.3112, Rn. 33 (juris).
32   Vgl. nur BVerwG, Urt. v. 24.5.2018, 3 C 25.16, Rn. 14.
33   Grundlegend VGH Kassel, Urt. v. 25.8.1987, 11 UE 904/86, Rn. 21 ff. (juris).
34   Verkehrszeichen sind Verwaltungsakte in Form von Allgemeinverfügungen gem. § 35 S. 2 HVwVfG (vgl. nur VGH Kassel, NVwZ-RR 1999, 23/24).
35   Vgl. BVerfG, NVwZ 1999, 290/292; BVerfGE 87, 399/409 f.
36   Dazu näher Geier, BayVBl. 2004, 389 ff.; Brühl, JuS 1997, 1021/1023 ff.; Schoch, JuS 1995, 307/309.
37   Schoch, JuS 1995, 307/309; VG Stuttgart, Urt. v. 18.11.2015, 5 K 1265/14, Rn. 57 ff.; VG Berlin, Urt. v. 25.8.2016, 1 K 318/14, Rn. 38; offen gelassen bei OVG Nds., Beschl. v. 23.4.2009, 11 ME 478/08, Rn. 34. Siehe dazu auch die instruktive Fallbearbeitung von Traulsen, JuS 2004, 414/416.
38   Vgl. Schoch, JuS 1995, 307/309.

(§ 43 Abs. 1 HVwVfG) und – im Hinblick auf die Praxis wichtig – **nichtige** Verwaltungsakte (§ 43 Abs. 3 HVwVfG).[39] Die Wirksamkeit ist uneingeschränkt gerichtlich überprüfbar. Die Nichtigkeit eines Verwaltungsakts gem. § 44 Abs. 1 HVwVfG kommt insbesondere dann in Betracht, wenn ein Verstoß gegen das **Bestimmtheitsgebot** aus § 37 Abs. 1 HVwVfG vorliegt. Jedenfalls dürfen inhaltlich unbestimmte Verwaltungsakte nicht zwangsweise durchgesetzt werden.[40]

Bsp.: Polizeibeamte sprechen gegenüber einem aggressiven Bettler einen Platzverweis aus, der „für die gesamte Innenstadt" von Kassel gelten soll. So formuliert, verstößt die Maßnahme gegen das Bestimmtheitsgebot aus § 37 Abs. 1 HVwVfG, da unklar ist, welche Straßen und Plätze tatsächlich betroffen sind. Eine gewaltsame Durchsetzung dieses Platzverweises wäre deshalb von vornherein rechtswidrig – auch ganz unabhängig davon, ob die Voraussetzungen der Befugnisnorm (§ 31 Abs. 1 S. 1 HSOG) erfüllt sind oder nicht.

Darüber hinaus sollte unbestritten sein, dass die Ordnungs- oder Polizeibehörde die **Rechtmäßigkeitsvoraussetzungen** des Grundverwaltungsaktes stets so **sorgfältig** wie möglich **prüfen und bejahen** muss, bevor sie diesen erlässt. Die zwangsweise Durchsetzung eines offensichtlich rechtswidrigen Verwaltungsaktes ist aus rechtsstaatlichen Gründen nicht akzeptabel.

Die Zulässigkeit des Zwangs nach § 47 Abs. 1 HSOG verlangt als – ungeschriebene, weil selbstverständliche – Voraussetzung schließlich, dass der vollstreckbare Verwaltungsakt (nach wie vor) **nicht befolgt** wird, wie sich implizit auch aus § 48 Abs. 3 HSOG ergibt.

Vor einer tatsächlichen Zwangsanwendung im gestreckten Zwangsverfahren sind also zusammengefasst die folgenden **fünf Prüfungspunkte** zu beachten: Liegen die Voraussetzungen von § 47 Abs. 1 HSOG vor **(1)**, wird der Grundverwaltungsakt gem. § 48 Abs. 3 HSOG nach wie vor nicht befolgt und hat sich auch nicht auf andere Weise erledigt **(2)**, so ist – wenn nicht schon in Verbindung mit dem Grundverwaltungsakt geschehen – das zielführende Zwangsmittel auszuwählen **(3)** und grundsätzlich anzudrohen **(4)**, bevor es – wenn der Grundverwaltungsakt noch immer nicht befolgt wird – unter den in §§ 49–62 HSOG normierten Voraussetzungen und unter Beachtung des Verhältnismäßigkeitsprinzips sowie den Bestimmungen über die Ermessensausübung tatsächlich zur Anwendung kommen kann **(5)**.

3. Die sachliche Zuständigkeit für die Androhung und Anwendung von Zwang im getreckten Zwangsverfahren

Die **sachliche Zuständigkeit** für die Androhung und Anwendung von Zwang im getreckten Zwangsverfahren gem. § 47 Abs. 1 HSOG liegt bei der Ordnungs- oder Polizeibehörde, die den Grundverwaltungsakt erlassen hat, wie § 47 Abs. 3 S. 1 HSOG ausdrücklich bestimmt. Erforderlich ist also eine **Identität** von anordnender und Zwang anwendender Behörde.

Bsp.: Für die Aufstellung eines Halteverbotsschilds nach Zeichen 283 (Nr. 62 der Anlage 2 zu § 41 Abs. 1 StVO) – ein Verwaltungsakt in Form einer Allgemeinverfügung gem. § 35 S. 2 HVwVfG – ist grundsätzlich die Straßenverkehrsbehörde zuständig. Nach § 47 Abs. 3 S. 1 HSOG darf dementsprechend nur die Straßenverkehrsbehörde das in dem Halteverbotsschild zum Ausdruck gebrachte und entsprechend § 80 Abs. 2 S. 1 Nr. 2 VwGO sofort vollziehbare Wegfahrgebot für unerlaubt haltende Fahrzeuge zwangsweise mittels einer Ersatzvornahme durchsetzen. Eine zwangsweise Rechtsdurchsetzung durch die Polizeibehörde wäre in diesem Fall rechtswidrig.[41]

Eine von § 47 Abs. 3 S. 1 HSOG geforderte Identität von anordnender und Zwang anwendender Behörde ist in den Fällen von **Vollzugshilfe**, wie sie in §§ 44–46 HSOG geregelt sind, von

---

39 Vgl. VGH Kassel, Urt. vom 29.11.2013, 6 A 2210/12, Rn. 23. – Zu möglichen Nichtigkeitsgründen siehe § 44 HVwVfG.
40 VGH Kassel, Urt. vom 29.11.2013, 6 A 2210/12, Rn. 24; VGH Mannheim, Urt. v. 10.1.2013, 8 S 2919/11, Rn. 22 f. (juris); Rasch, DVBl. 1980, 1017/1019.
41 VGH Kassel, NVwZ-RR 1999, 23/25; instruktiv bei vergleichbarer Rechtslage VGH Baden-Württemberg, Urt. v. 17.6.2003, 1 S 2025/01, Rn. 24 ff.; vgl. dazu auch Haurand/Vahle, DVP 2016, 231/231.

Fischer

vornherein ausgeschlossen. Deshalb bestimmt § 47 Abs. 3 S. 2 HSOG, dass die Verpflichtung der Polizeibehörden zur Vollzugshilfe von der Zuständigkeitsregelung des § 47 Abs. 3 S. 1 HSOG unberührt bleibt. Die sachliche Zuständigkeit der Polizeibehörden für die Vollzugshilfe folgt damit abschließend aus **§ 1 Abs. 5 HSOG**.

III. Das verkürzte Zwangsverfahren gem. § 47 Abs. 2 HSOG (sofortiger Zwang)

36 Dem gestreckten Zwangsverfahren steht das **verkürzte Zwangsverfahren** gem. **§ 47 Abs. 2 HSOG** gegenüber. Auch dieses Verfahren regelt die allgemeinen Voraussetzungen einer Zwangsmittelanwendung, verlangt aber im Unterschied zum gestreckten Verfahren (§ 47 Abs. 1 HSOG) **keinen vorausgehenden** vollstreckbaren **Verwaltungsakt**. Deshalb ist das Verfahren „verkürzt". Man spricht auch von **Sofortvollzug**[42] oder (besser[43]) von **sofortigem Zwang**. Zwang auf der Grundlage des § 47 Abs. 2 HSOG ist die „Eilfall-Vollstreckung".

37 Zwischen gestrecktem und verkürztem Zwangsverfahren besteht **keine Wahlfreiheit**, sondern ein striktes **Regel-Ausnahme-Verhältnis**.[44] Das ergibt sich bereits aus dem Verhältnismäßigkeitsprinzip. So nimmt die unvermittelte Zwangsanwendung dem Pflichtigen die Möglichkeit, einem befehlenden Verwaltungsakt Folge zu leisten und damit den Verwaltungszwang noch abzuwenden. Damit ist das gestreckte Zwangsverfahren das vergleichsweise mildere Mittel.[45] Der sofortige Zwang gem. § 47 Abs. 2 HSOG kommt also nur in Betracht, wenn eine effektive Gefahrenabwehr mittels der „Normalfall-Vollstreckung", also auf der Grundlage eines zunächst zu erlassenden vollstreckbaren Verwaltungsakts, unmöglich ist (Subsidiarität des verkürzten Zwangsverfahrens).

38 Die Befugnisnorm des **§ 47 Abs. 2 HSOG** hat **zwei Voraussetzungen**. Verlangt wird – erstens – eine Situation, in der die sofortige Zwangsanwendung (also die Zwangsanwendung ohne vorausgehenden Verwaltungsakt) zur Abwehr einer (gegenwärtigen) Gefahr erforderlich ist und – zweitens –, dass die Behörde dabei innerhalb ihrer Befugnisse handelt. Wenn die Voraussetzungen des § 47 Abs. 2 HSOG vorliegen, sind anschließend die Rechtmäßigkeitsvoraussetzungen des Einsatzes des ausgewählten Zwangsmittels zu prüfen, bevor dieses tatsächlich zur Anwendung kommen kann.

1. Situation, in der die sofortige Zwangsanwendung zur Abwehr einer (gegenwärtigen) Gefahr erforderlich sein muss

39 Das verkürzte Verfahren verlangt nach § 47 Abs. 2 HSOG zunächst eine Situation, in der die **sofortige Zwangsanwendung** ohne vorausgehenden vollstreckbaren (Grund-)Verwaltungsakt **zur Abwehr einer Gefahr erforderlich** ist, „insbesondere weil Maßnahmen gegen Personen nach den §§ 6–9 nicht rechtzeitig möglich sind oder keinen Erfolg versprechen". Damit geht es im Kern um Situationen, in denen die **Gefahr** so **akut** ist, dass selbst für den Erlass eines (mündlichen) Verwaltungsakts keine Zeit mehr bleibt („nicht rechtzeitig möglich").

40 In dieser Tatbestandsvoraussetzung kommt – wenn auch etwas verhalten – die **Subsidiarität des verkürzten Zwangsverfahrens** zum Ausdruck. Schon aufgrund des geringen Zeitaufwands, den das Aussprechen eines Verwaltungsakts verlangt, kann eine Erforderlichkeit im Sinne des

---

[42] Der Sofortvollzug darf nicht mit der Anordnung der „sofortigen Vollziehbarkeit" gem. § 80 Abs. 2 Nr. 4 VwGO verwechselt werden, durch welche ein vorher tatsächlich ergangener (Grund-)Verwaltungsakt vorzeitig vollstreckbar gemacht wird – siehe dazu Kap. J Rn. 25.
[43] Vgl. Erichsen/Rauschenberg, Jura 1998, 31/40 mit Fn. 140.
[44] BVerwG, Urt. v. 12.1.2012, 7 C 5/11, Rn. 23 (juris); VGH München, Urt. v. 20.3.2015, 10 B 12.2280, Rn. 87.
[45] BVerwG, Urt. v. 12.1.2012, 7 C 5/11, Rn. 23 (juris).

§ 47 Abs. 2 HSOG praktisch nur dann angenommen werden, wenn eine **gegenwärtige Gefahr**[46] vorliegt,[47] auch wenn die Norm nur von einer (einfachen) Gefahr spricht. Wenn demgegenüber in anderen Landespolizeigesetzen für das verkürzte Zwangsverfahren ausdrücklich eine gegenwärtige Gefahr verlangt wird,[48] bedeutet dies also nicht, dass die Eingriffsschwelle im HSOG insoweit abgesenkt ist.

Bsp.: Eine Polizeibeamtin sieht, wie ein Hund, der auf einen Mann gehetzt wurde, diesen bereits angreift und kann schwerere Verletzungen verhindern, indem sie den Hund sofort mit ihrer Dienstwaffe erschießt.

Der Wortlaut von § 47 Abs. 2 HSOG lässt den sofortigen Zwang auch dann zu, wenn der Erlass eines (mündlichen) Verwaltungsakts zur Abwehr einer (gegenwärtigen) Gefahr „**keinen Erfolg**" verspricht. Diese Variante greift in Ausnahmefällen – etwa dann, wenn der Erfolg des geplanten Zwangsmitteleinsatzes zwingend ein Überraschungsmoment verlangt. Das Schulbeispiel ist der so genannte **finale Rettungsschuss** (§ 60 Abs. 2 S. 2 HSOG). 41

2. Die Behörde muss innerhalb ihrer Befugnisse handeln

Der verhaltenssteuernde rechtliche Rahmen für gefahrenabwehrendes Handeln wird durch die **Befugnisnormen** (insbesondere die Standardbefugnisse und die polizeirechtliche Generalklausel gem. §§ 11 ff. HSOG) abgesteckt. Die Befugnisnormen zeigen mit ihren Regelungen zu den jeweils gestatteten **Rechtsfolgen** den zulässigen Inhalt befehlender Verwaltungsakte auf (Anordnungs- bzw. Primärebene). Damit stecken die Befugnisnormen zugleich den Handlungsrahmen für Maßnahmen zur zwangsweisen Durchsetzung von Verwaltungsakten ab (Vollstreckungs- bzw. Sekundärebene). Die **Vollstreckungsebene** hat gegenüber der Anordnungsebene eine ausschließlich **dienende Funktion**.[49] 42

Bsp.: Einer Person wird ein Platzverweis erteilt (§ 31 Abs. 1 S. 1 HSOG). Wenn die Person der Anordnung tatsächlich nachkommt, indem sie den fraglichen Ort verlässt, ist für Zwangsmaßnahmen kein Raum mehr; dann darf die Person auch nicht weggeschoben werden – auch nicht zur vermeintlichen „Unterstützung" der Befolgung des Platzverweises.

Der **Verwaltungszwang ist** insoweit also **akzessorisch** und darf über den durch den Grundverwaltungsakt bestimmten Rahmen nicht hinausgehen.[50] Dies gilt selbstverständlich nicht nur für den Fall, dass tatsächlich ein (Grund-)Verwaltungsakt erlassen wurde (gestrecktes Zwangsverfahren), sondern auch für die Situation, in der ein Erlass eines entsprechenden Verwaltungsakts (nur) nicht rechtzeitig möglich ist oder kein Erfolg verspricht (verkürztes Zwangsverfahren). 43

Um insoweit keinerlei Missverständnisse aufkommen zu lassen, verlangt § 47 Abs. 2 HSOG als zweite Tatbestandsvoraussetzung, dass die Behörde auch in der Situation des sofortigen Zwangs „**innerhalb ihrer Befugnisse handelt**". Das bedeutet, dass die Voraussetzungen für den Erlass eines konkreten Grundverwaltungsakts als Grundlage des Verwaltungszwangs auch dann vorliegen müssen, wenn der Erlass aus den dargelegten Gründen unterbleibt. Zu prüfen ist damit die Rechtmäßigkeit eines hinzuzudenkenden, also **fiktiven Grundverwaltungsakts**;[51] dieser wird auch als hypothetischer Grundverwaltungsakt bezeichnet.[52] Darüber hinaus muss 44

---

46 Zu diesem Gefahrenbegriff näher Kap. E Rn. 99.
47 So auch VG Frankfurt/Main, Urt. v. 20.5.2015, 5 K 2214/14.F, Rn. 18 (juris); Hornmann, HSOG, § 47, Rn. 24; Lambrecht, in: BeckOK PolR Hessen, 33. Ed. 1.6.2024, HSOG, § 47 Rn. 31.
48 Siehe etwa § 64 Abs. 2 S. 1 Nr. 1 NPOG oder § 50 Abs. 2 PolG NRW.
49 Schoch, JuS 1995, 307/307.
50 Diese Akzessorietät kommt in den §§ 48 Abs. 3, 49 Abs. 2 S. 3 und 50 Abs. 3 S. 2 HSOG zum Ausdruck.
51 VG Frankfurt/Main, Urt. v. 20.5.2015, 5 K 2214/14.F, Rn. 19 (juris).
52 OVG Schleswig-Holstein, Urt. v. 13.12.2019, 4 LB 42/17, Rn. 59 (juris).

dieser fiktive Verwaltungsakt auch **vollziehbar** gem. § 80 Abs. 2 VwGO sein, wobei insoweit regelmäßig § 80 Abs. 2 S. 1 Nr. 2 VwGO einschlägig sein wird.[53]

45 Der fiktive Grundverwaltungsakt muss sowohl **formell** als auch **materiell rechtmäßig** sein.[54] Hinsichtlich der formellen Rechtmäßigkeit genügt die Prüfung der sachlichen, örtlichen und instanziellen Zuständigkeit, wobei insoweit gegebenenfalls auf die Prüfung der Zuständigkeit für den sofortigen Zwang gem. § 47 Abs. 2 HSOG[55] verwiesen werden kann. Ein **Eingehen auf Verfahrens- und Formvorschriften entfällt** wegen der Fiktivität der Anordnung.

46 Erfolgt der Verwaltungszwang im verkürzten Verfahren, schränkt dies die Auswahl der Zwangsmittel insofern ein, als dann das **Zwangsgeld** schon aus Zeitgründen von vornherein **nicht in Betracht kommt**.

47 Wenn für den Erlass eines Grundverwaltungsaktes keine Zeit mehr bleibt, um die Gefahr effektiv abzuwehren, so bleibt auch keine Zeit für den Verwaltungsakt der Androhung.[56] Im verkürzten Zwangsverfahren kann also regelmäßig von der **Entbehrlichkeit der Androhung** ausgegangen werden.[57] Allerdings sind die Voraussetzungen des § 47 Abs. 2 HSOG und die Voraussetzungen der Entbehrlichkeit der Androhung (§ 53 Abs. 1 S. 4 bzw. § 58 Abs. 1 S. 2, Abs. 2 HSOG) nicht völlig deckungsgleich.[58] Schon deshalb ist die Entbehrlichkeit der Androhung auch bei der sofortigen Zwangsanwendung **explizit zu prüfen**. Dies insbesondere auch deshalb, weil die Entbehrlichkeit der Androhung im Fall des **Schusswaffengebrauchs** gem. § 58 Abs. 2 HSOG erhöhten Anforderungen unterliegt.

48 Für die Rechtmäßigkeit einer Zwangsanwendung im verkürzten Zwangsverfahren sind zusammengefasst die folgenden **vier Prüfungspunkte** beachtlich: Liegen die beiden Voraussetzungen des verkürzten Zwangsverfahrens nach § 47 Abs. 2 HSOG vor **(1)**, so ist (nur) zwischen Ersatzvornahme und unmittelbarem Zwang das zielführende Zwangsmittel auszuwählen **(2)** und die Entbehrlichkeit der Androhung zu prüfen **(3)**, bevor das Zwangsmittel unter den in § 49 HSOG (Ersatzvornahme) oder §§ 52–62 HSOG (unmittelbarer Zwang) normierten Voraussetzungen unter Beachtung des Verhältnismäßigkeitsprinzips und der Bestimmungen über die Ermessensausübung tatsächlich zur Anwendung kommen kann **(4)**.

49 Die Rechtmäßigkeit des sofortigen Zwangs setzt damit theoretisch eine ähnlich anspruchsvolle und umfangreiche Prüfung voraus wie die Rechtmäßigkeit der Zwangsanwendung im gestreckten Verfahren. In den realen Einsatzsituationen, die sofortiges Handeln erfordern, haben die Beamten aber **kaum Überlegungs- und Bedenkzeit**. Sofortiger Zwang erscheint äußerlich nicht als Ergebnis eines rechtlichen Verfahrens aus vier verschiedenen Akten, sondern als ein **einziger Akt unvermittelter Gewaltanwendung**. Umso wichtiger ist es, dass typische Handlungsszenarien des sofortigen Zwangs in der – vor allem polizeilichen – Aus- und Fortbildung erfasst, in ihre rechtlichen Bestandteile zerlegt, regelmäßig besprochen und praktisch geübt werden.[59] Die rechtlichen Voraussetzungen sind uneingeschränkt zu verinnerlichen, und die Prüfung dieser Voraussetzungen in der konkreten Einsatzsituation kann durch das **Einsatztraining** anhand typischer Szenarien deutlich beschleunigt und teilweise antizipiert, also vorweggenommen werden, so dass rechtmäßiger sofortiger Zwang auch praktisch durchführbar ist.

---

53 VG Frankfurt/Main, Urt. v. 20.5.2015, 5 K 2214/14.F, Rn. 22 (juris).
54 VG Frankfurt/Main, Urt. v. 20.5.2015, 5 K 2214/14.F, Rn. 18 (juris); Lambrecht, in: BeckOK PolR Hessen, 33. Ed. 1.6.2024, HSOG, § 47 Rn. 31.
55 Zur Prüfung der sachlichen Zuständigkeit beim verkürzten Zwangsverfahren siehe unten Rn. 936.
56 Zur Androhung näher Kap. J Rn. 66 ff.
57 Vgl. Rasch, DVBl. 1980, 1017/1020.
58 Vgl. Fredrich, HSOG, § 53 Rn. 3.
59 Dazu umfassend neuerdings Staller/Koerner.

III. Das verkürzte Zwangsverfahren (§ 47 Abs. 2 HSOG, sofortiger Zwang)

Dass sofortiger Zwang nicht nach reiflicher Überlegung vom sicheren Schreibtisch aus, sondern vor Ort in akuten Einsatzlagen unter Zeitdruck bei oft auch erheblicher Eigengefährdung der Beamtinnen und Beamten zur Anwendung kommt, ist bei der **nachträglichen Bewertung der Rechtmäßigkeit** einer Maßnahme zu berücksichtigen.[60] Dabei sind naturgemäß die Umstände des konkreten Falles maßgebend. Im Allgemeinen lässt sich zumindest festhalten, dass **keine wirklichkeitsfernen überhöhten Anforderungen** an die Erfüllung der gesetzlichen Voraussetzungen zu stellen sind.[61]

50

Die **sachliche Zuständigkeit** für das **verkürzte Zwangsverfahren** ist – anders als für das gestreckte Verfahren – nicht ausdrücklich normiert. Die Zuständigkeitsregelung in § 47 Abs. 3 S. 1 HSOG setzt einen erlassenen Verwaltungsakt voraus, an dem es beim sofortigen Zwang gerade fehlt. Teilweise wird die Auffassung vertreten, § 47 Abs. 3 S. 1 HSOG sei analog anwendbar. Dagegen spricht, dass es bereits an der entscheidenden Voraussetzung jeder Analogie fehlt: einer planwidrigen Regelungslücke bzw. Unvollständigkeit des Gesetzes,[62] die mit der entsprechenden Heranziehung einer anderen Norm zu schließen wäre. Die besondere Zuständigkeitsnorm des § 47 Abs. 3 S. 1 HSOG für das gestreckte Zwangsverfahren existiert deshalb, weil durch den Erlass eines Grundverwaltungsakts bereits eine (zuständige) Behörde gehandelt hat und damit die Frage im Raum steht, ob diese Behörde auch die zwangsweise Durchsetzung des Verwaltungsakts übernehmen soll – oder eine andere Behörde. Beim sofortigen Zwang fehlt es mangels eines realen Grundverwaltungsakts gerade an einer solchen potenziellen „Zuständigkeitskollision", so dass die sachliche Zuständigkeit hier nach den **allgemeinen Regeln (§§ 1, 2 HSOG)** zu prüfen ist.[63] Im Fall der Anwendung unmittelbaren Zwangs muss für die Prüfung der sachlichen Zuständigkeit beachtet werden, dass unmittelbarer Zwang gem. 52 Abs. 1 S. 1 HSOG grundsätzlich den Polizeibehörden vorbehalten bleibt; insoweit ist die Polizei also originär und nicht subsidiär zuständig.

51

3. Abgrenzung zur unmittelbaren Ausführung gem. § 8 HSOG

Das HSOG ermöglicht es den Gefahrenabwehr- und Polizeibehörden, „eine Maßnahme selbst oder durch eine beauftragte dritte Person **unmittelbar auszuführen**, wenn der Zweck der Maßnahme durch Inanspruchnahme der nach den §§ 6 oder 7 Verantwortlichen nicht oder nicht rechtzeitig erreicht werden kann" (§ 8 Abs. 1 S. 1). „Unmittelbare Ausführung" bedeutet, dass tatsächliches behördliches Handeln an die Stelle des befehlenden Verwaltungsakts tritt. Letzteres erfolgt auch bei einem Vorgehen der Behörde nach § 47 Abs. 2 HSOG, so dass sich die Frage der **Abgrenzung** des sofortigen Zwangs **zur unmittelbaren Ausführung** stellt. Praktisch relevant wird diese Abgrenzung vor allem in Situationen, in denen an sofortiges Handeln in Form der **Ersatzvornahme** zu denken ist – typischerweise geht es dabei um das Abschleppen rechtswidrig geparkter Fahrzeuge.

52

Die Koexistenz beider Rechtsinstitute ist nur vor dem Hintergrund des Verständnisses des Verwaltungszwangs als Rechtsdurchsetzung durch Überwindung eines entgegenstehenden Willens[64] nachzuvollziehen. Der entgegenstehende Wille drückt sich typischerweise in einem tatsächlichen Widerstand gegen eine Maßnahme aus. Der **sofortige Zwang** gem. § 47 Abs. 2 HSOG verlangt also einen **entgegenstehenden Willen des (anwesenden) Betroffenen**, während ein

53

---

60 Vgl. OLG Karlsruhe, Urt. v. 18.6.2015, 9 U 23/14, Rn. 22 (juris).
61 Vgl. OVG NRW, Beschl. v. 29.8.2024, 5 A 2042/23, Rn. 41. Das LG Köln thematisiert in einer Entscheidung die „Kürze der zur Überlegung zur Verfügung stehenden Zeit" im Rahmen der Verhältnismäßigkeitsprüfung (Urt. v. 27.2.2018, 5 O 487/14, Rn. 59).
62 Zu den Voraussetzungen der Analogie allgemein Vogel, S. 133 ff.
63 So im Ergebnis auch Schnur, S. 17.
64 Dazu oben Kap. J Rn. 17.

solcher für ein behördliches Handeln nach § 8 Abs. 1 S. 1 HSOG gerade nicht erforderlich ist.[65] Die unmittelbare Ausführung stellt im Unterschied zum sofortigen Zwang **keine zwangsrechtliche Maßnahme** dar, wie schon ihr Regelungsstandort im Gesetz deutlich macht.[66]

54 Die **unmittelbare Ausführung** kommt typischerweise dann in Betracht, wenn **der Betroffene abwesend** ist,[67] und sich dementsprechend auch kein entgegenstehender Wille manifestieren kann, wie § 8 Abs. 1 S. 2 HSOG zeigt, der verlangt, dass die von der Maßnahme betroffene (abwesende!) Person anschließend unverzüglich unterrichtet werden muss. Zwang scheidet in solchen Situationen schon begrifflich aus.

Bsp.: Ein Pkw wird an einem Samstagabend so geparkt, dass der Durchgangsverkehr nicht mehr möglich ist; Halteverbotsschilder existieren nicht. Da Fahrer bzw. Halter nicht erreichbar sind, lässt die Polizei den Pkw abschleppen. Als Rechtsgrundlage kommt hier nicht der sofortige Zwang (§ 47 Abs. 2 HSOG), sondern die unmittelbare Ausführung (§ 8 Abs. 1 S. 1 HSOG) in Betracht.

55 Im Übrigen verlangt der Wortlaut von § 47 Abs. 2 HSOG, dass eine Zwangsanwendung ohne vorausgehenden Grundverwaltungsakt zur Abwehr einer Gefahr erforderlich ist, „insbesondere weil Maßnahmen gegen Personen nach den **§§ 6–9** nicht rechtzeitig möglich sind oder keinen Erfolg versprechen". Daraus kann abgeleitet werden, dass **sofortiger Zwang** gem. § 47 Abs. 2 **HSOG nur** zur Anwendung kommen soll, **wenn die unmittelbare Ausführung** nach § 8 Abs. 1 S. 1 HSOG **nicht zielführend ist**.[68] Damit bringt das Gesetz nicht nur eine Subsidiarität des verkürzten gegenüber dem gestreckten Zwangsverfahren, sondern auch eine Subsidiarität des verkürzten Zwangsverfahrens gegenüber der unmittelbaren Ausführung zum Ausdruck (doppelte Subsidiarität des sofortigen Zwangs). Hervorzuheben bleibt allerdings: Ist eine Zwangsmaßnahme erforderlich, kommt die unmittelbare Ausführung von vornherein nicht in Betracht.

IV. Die Möglichkeit eines Wechsels zwischen den beiden Zwangsverfahren

56 Gefahrenlagen sind selten statischer, sondern regelmäßig dynamischer Natur. Auf Veränderungen in der Dynamik muss das Gefahrenabwehrrecht adäquate Reaktionsmöglichkeiten bereithalten. Wie aufgezeigt wurde, entscheidet im Kern die zeitliche Nähe des drohenden Schadenseintritts darüber, ob Zwangsmaßnahmen im gestreckten Zwangsverfahren gem. § 47 Abs. 1 HSOG oder im verkürzten Zwangsverfahren gem. § 47 Abs. 2 HSOG ergriffen werden dürfen bzw. müssen. Ändert sich die zeitliche Dynamik, so muss demzufolge auch ein fliegender Wechsel zwischen den beiden Verfahren möglich sein. So kann **von einem** bereits eingeleiteten **gestreckten in ein verkürztes Zwangsverfahren übergegangen** werden.[69] Es wäre widersinnig und in der konkreten Einsatzlage unter Umständen hoch gefährlich, den sofortigen Zwang nur deshalb auszuschließen, weil bereits ein Grundverwaltungsakt erlassen wurde und die (Polizei-)Beamten sich damit (zunächst) für das gestreckte Zwangsverfahren entschieden haben.[70] Auch ein Wechsel zu einem anderen Zwangsmittel ist zulässig. Der umgekehrte Weg vom sofortigen Zwang zum gestreckten Verfahren ist theoretisch ebenfalls möglich, praktisch aber bedeutungslos.

Bsp.: Ein Mann, der eine Machete (also eine dem Verbot aus § 42a Abs. 1 Nr. 3 WaffG unterliegende Waffe) in der Öffentlichkeit offen unter dem Arm trägt, wird von Polizeibeamten dazu aufgefordert, sofort stehen zu bleiben. Kaum haben die Beamten den (Grund-)Verwaltungsakt ausgesprochen, nimmt der Mann die

---

65 Knemeyer/Schmidt, S. 112.
66 Erichsen/Rauschenberg, Jura 1998, 31/41 („polizei- und ordnungsrechtliche Maßnahme eigener Art"); vgl. auch Kästner, JuS 1994, 361/363 f.
67 Knemeyer/Schmidt, S. 112.
68 Vgl. VGH Kassel, NVwZ-RR 1999, 23/25.
69 Vgl. Horn, Jura 2004, 597/599; Erichsen/Rauschenberg, Jura 1998, 31/41.
70 Erichsen/Rauschenberg, Jura 1998, 31/41.

Fischer

Machete in die Hand und will die Beamten angreifen. Ohne Worte wird der Mann daraufhin von weiteren Beamten von hinten zu Boden gerissen.

V. Die allgemeinen Voraussetzungen und Grenzen des Zwangsmitteleinsatzes

Zwangsmitteleinsätze stellen **keine Sanktionen** (Strafen, Geldbußen) für begangenes Unrecht dar, sondern dienen wie die ihnen zugrunde liegenden (fiktiven) Grundverwaltungsakte der gefahrenabwehrenden **Rechtsdurchsetzung**. Zwangsmittelandrohung und Zwangsmitteleinsatz sollen als **Beugemittel** bevorstehende Rechtsverletzungen verhindern[71] und damit rechtstreues Verhalten erzwingen[72] oder bei bereits eingetretenen Rechtsverletzungen den noch fortwirkenden Gefahrenzustand beenden. Auf ein **schuldhaftes** (§§ 46, 17–21 StGB) bzw. **vorwerfbares** (§§ 1, 12 OWiG) **Verhalten** der betroffenen Person **kommt es** – wie bei jeder gefahrenabwehrenden Maßnahme – gerade **nicht an**. 57

Bsp.: Zwischen strafunmündigen Kindern kommt es zu einer Schlägerei, wobei ein Kind bereits am Boden liegt und weiter mit Fußtritten traktiert wird. Die herbeigerufenen Polizeibeamten dürfen die Beteiligten erforderlichenfalls gewaltsam trennen, um weitere Körperverletzungen zu verhindern.

Aus der gefahrenabwehrenden Zielrichtung ergibt sich bereits, dass die Zwangsmittel auch **neben einer Strafe oder Geldbuße** angewendet werden können, wie § 48 Abs. 3 HSOG ausdrücklich klarstellt, denn bei den Sanktionen geht es um Repression, nicht um Prävention. 58

Bsp.: Die Beendigung einer gegen § 43a Abs. 1 HSOG verstoßenden Haltung eines gefährlichen Tieres kann mit (der Androhung von) Zwangsmitteln – etwa mit einem Zwangsgeld – durchgesetzt werden, und unabhängig davon kann die zuständige Bezirksordnungsbehörde den Verstoß gegen das Haltungsverbot gem. § 43a Abs. 4 HSOG mit einem Bußgeld ahnden.[73]

Aus der gefahrenabwehrenden Zielrichtung ergibt sich zudem, dass die Zwangsmittel **so lange** bzw. so oft **wiederholt und gewechselt werden** können, bis der durchzusetzende ordnungsbehördliche oder polizeiliche Verwaltungsakt **befolgt** worden ist oder sich **auf andere Weise erledigt** hat (§ 48 Abs. 3 HSOG). So darf beispielsweise ein Zwangsgeld zur Beendigung der rechtswidrigen Haltung eines gefährlichen Tieres (§ 43a Abs. 1 HSOG) mehrfach hintereinander angedroht und festgesetzt werden und – wenn der rechtswidrige Zustand damit nicht zu beenden ist – im Anschluss zur Ersatzvornahme gewechselt werden. Zwangsmittel dürfen allerdings **nicht nebeneinander** Anwendung finden oder auch nur angedroht werden.[74] 59

Bsp.: Wenn die Ordnungsbehörde sich dazu entscheidet, die Beendigung einer gegen § 43a Abs. 1 HSOG verstoßenden Haltung eines gefährlichen Tieres mit einem Zwangsgeld durchsetzen zu wollen, darf sie nicht zeitgleich – gewissermaßen „um ganz sicher zu gehen" – eine Ersatzvornahme einleiten.

Ebenfalls aus § 48 Abs. 3 HSOG sowie aus dem Verhältnismäßigkeitsprinzip folgt, dass der Zwangsmitteleinsatz **sofort beendet** werden muss, wenn die **Gefahr** durch die Befolgung des durchzusetzenden Verwaltungsakts oder auf andere Weise – etwa durch den plötzlichen Tod des gefährlichen Tieres im zuletzt genannten Beispiel – **beseitigt** ist. Ab diesem Zeitpunkt ist jeder weitere Zwang rechtswidrig.[75] In einem in den 1950er- und 1960er-Jahren an den westdeutschen Polizeischulen verbreiteten Polizeirechtslehrbuch findet sich dazu ein anschauliches Beispiel: „Ein Polizeibeamter ist bei einem sich widersetzenden Störer gezwungen, den Polizeiknüppel zu gebrauchen. Mit dem dritten Hieb hat er sein Ziel erreicht. Ein vierter Schlag wäre somit eine Überschreitung seiner Befugnis."[76] Es darf **nicht mehr Zwang** (Gewalt) ausgeübt werden, 60

---

71 Vgl. BVerwG, Urt. v. 14.3.2006, 1 C 11.05, Rn. 9.
72 BVerwG, Urt. v. 21.1.2003, 1 C 5.02; OVG Nds, Urt. v. 23.2.2017, 11 LB 94/16, Rn. 47.
73 Vgl. dazu unter Zugrundelegung des bayerischen Rechts VG Augsburg, Urt. v. 22.11.2022, Au 8 K 22.377.
74 Fredrich, HSOG, § 48 Rn. 8; Rasch, DVBl. 1980, 1017/1020.
75 Instruktiv hierzu hinsichtlich körperlicher Gewalt gegenüber Personen LG Frankfurt/Main, Urt. v. 26.2.2020, 2–04 O 289/19.
76 Nölle/Werner, S. 120.

als zur Rechtsdurchsetzung erforderlich ist.[77] Der Einsatz eines Zwangsmittels mit dem Ziel der „Erziehung" oder „Bestrafung" wegen eines vorangegangenen Verhaltens der betroffenen Person stellt einen schwerwiegenden **Missbrauch** zwangsrechtlicher Befugnisse dar (Ermessensmissbrauch oder -fehlgebrauch).

61 Auch wenn das Zwangsrecht insgesamt als normative Konkretisierung des Verhältnismäßigkeitsprinzips zu verstehen ist, muss die **Verhältnismäßigkeit** jeder Zwangsmaßnahme stets gesondert **einzelfallbezogen** geprüft werden.[78] Gerade vor intensiven Grundrechtseingriffen wie etwa dem **Schusswaffengebrauch** sind die Erforderlichkeit und insbesondere auch die Angemessenheit der konkreten Maßnahme (§ 4 Abs. 2 HSOG) in der **konkreten Einsatzlage** genau im Blick zu behalten – auch dann, wenn schnell gehandelt werden muss. Und nicht immer muss der – schwere – Grundrechtseingriff sofort erfolgen. Statische Lagen sind anders zu bewerten als dynamische. Zu prüfen ist auch, inwieweit ein vorübergehendes „Einfrieren" der Situation in Betracht kommt. Das Verhältnismäßigkeitsprinzip kann je nach Situation auch, „ein kurzfristiges **Zurückweichen**" verlangen,[79] wenn die Gefahrenlage dies zulässt. Im Übrigen ist stets zu versuchen, auf **kommunikativem Weg** eine **Deeskalation** des Geschehens herbeizuführen.[80]

62 Wie die zwangsrechtlichen Befugnisnormen zeigen, „kann" Verwaltungszwang angewendet werden. Die zwangsweise Rechtsdurchsetzung liegt also im (pflichtgemäßen, siehe § 5 Abs. 1 HSOG) **Ermessen** der Vollzugsbehörde. Das im HSOG geregelte allgemeine Gefahrenabwehrrecht kennt damit – im Unterschied zum besonderen Gefahrenabwehrrecht[81] – **keine allgemeine Vollstreckungspflicht**. Das darf allerdings nicht darüber hinwegtäuschen, dass die Gefahrenabwehr – wie § 1 Abs. 1 S. 1 HSOG zeigt – als **Pflichtaufgabe** verstanden werden muss.[82] Schon von Verfassungs wegen sind die Sicherheitsbehörden dazu verpflichtet, „das Leben, die körperliche Unversehrtheit und die Freiheit des Einzelnen zu schützen, das heißt vor allem, auch vor rechtswidrigen Eingriffen von Seiten anderer zu bewahren".[83] Besteht im konkreten Fall eine solche Schutzpflicht, so **müssen** die Behörden die nötigen Gefahrenabwehrmaßnahmen erforderlichenfalls auch **zwangsweise durchsetzen**.

VI. Der Rechtscharakter zwangsrechtlicher Maßnahmen

63 Die Frage, in welcher öffentlich-rechtlichen **Handlungsform** – Verwaltungsakt oder Realakt – einzelne Maßnahmen des Verwaltungszwangs erfolgen, ist je nach Maßnahme unterschiedlich zu beantworten. Nach der Handlungsform richten sich der Umfang der zu prüfenden Verfahrens- und Formvorschriften und der statthafte Rechtsbehelf gegen die Maßnahme. Bei der **Androhung** von Zwangsmitteln handelt es sich um einen selbstständigen **Verwaltungsakt** gem. § 35 S. 1 HVwVfG.[84] Auch die **Festsetzung** eines **Zwangsgeldes** und dessen Anwendung, **Beitreibung** genannt, stellen **Verwaltungsakte** dar.[85]

---

77 VGH München, Urt. v. 17.4.2008, 10 B 07.219, Rn. 21.
78 Vgl. Erichsen/Rauschenberg, Jura 1998, 31/32.
79 So ausdrücklich VGH München, Urt. v. 20.3.2015, 10 B 12.2280, Rn. 96.
80 Dazu etwa Zaiser/Staller/Koerner, Kommunikation in der Anwendung, in: Staller/Koerner, S. 257 ff.; dies., Polizeiliche Kommunikationsfähigkeit und deeskalative Handlungskompetenz – Grundlagen und Potenzial des Einsatztrainings, aaO, S. 279 ff.
81 Siehe beispielsweise § 30 Abs. 2 S. 1 IfSG (Absonderung bzw. Quarantäne) oder § 58 Abs. 1 S. 1 AufenthG (Abschiebung).
82 Dazu näher Kap. E Rn. 3.
83 BVerfGE 141, 220/268.
84 BVerwG, DVBl. 1989, 362/363; Erichsen/Rauschenberg, Jura 1998, 31/38; Rasch, DVBl. 1980, 1017/1020.
85 Vgl. nur VGH Kassel, Beschl. v. 12.12.1996, 4 TG 481/96, Rn. 20; Erichsen/Rauschenberg, Jura 1998, 31/40.

Fischer

In der Anwendung der **Ersatzvornahme** und des **unmittelbaren Zwangs** werden heute ganz 64
überwiegend und überzeugend **Realakte** gesehen.[86] Allerdings hatte das Bundesverwaltungsgericht in einem Urteil aus dem Jahr 1967 eine Maßnahme des unmittelbaren Zwangs – im konkreten Fall ging es um den Einsatz eines Schlagstocks – als Verwaltungsakt klassifiziert.[87] Zum Zeitpunkt dieser Entscheidung galten freilich die Verwaltungsverfahrensgesetze des Bundes und der Länder mit ihren Legaldefinitionen des Verwaltungsaktes noch nicht, und die Auffassung des Bundesverwaltungsgerichts geht auf eine Zeit zurück, in der gerichtlicher Rechtsschutz praktisch nur gegen Verwaltungsakte möglich war,[88] so dass die Gerichte möglichst für und nicht gegen das Vorliegen eines Verwaltungsaktes votierten. In den tatsächlichen Schlag mit dem Schlagstock eine „Regelung" iSd § 35 S. 1 HVwVfG hineinzulesen, nach welcher der Schlag geduldet werden muss, erscheint jedenfalls wirklichkeitsfremd. Geradezu abwegig mutet es an, in der tatsächlichen Abgabe eines Schusses aus der Dienstpistole die an die Zielperson gerichtete Aufforderung zu sehen, den beabsichtigten Treffer zu dulden.

Das Abschleppen eines Pkws (Ersatzvornahme oder unmittelbare Ausführung) oder die 65
Ausübung körperlicher Gewalt (unmittelbarer Zwang) sind rein tatsächliche Handlungen, denen **der für Verwaltungsakte erforderliche Regelungscharakter fehlt**.[89] Für anderslautende Rechtskonstruktionen besteht auch keinerlei Bedürfnis mehr, denn der verwaltungsgerichtliche Rechtsschutz ist heutzutage einschränkungslos gegenüber allen öffentlich-rechtlichen Handlungsformen gewährleistet (vgl. Art. 19 Abs. 4 GG und § 40 VwGO).[90]

VII. Die Androhung

In **§ 48 Abs. 2 HSOG** wird bestimmt, dass alle Zwangsmittel „nach Maßgabe der §§ 53 und 58 66
anzudrohen" sind. Die Thematisierung der **Androhung** in insgesamt drei Normen zeigt, wie bedeutsam diese Voraussetzung der Zwangsanwendung ist. Bei der Androhung handelt es sich um einen eigenständigen **Verwaltungsakt** gem. § 35 S. 1 HVwVfG.[91] Fehlt es an einer rechtmäßigen Androhung, ist die Zwangsmaßnahme insgesamt rechtswidrig.

Als **Androhung** wird die Erklärung verstanden, dass die adressierte Person mit dem Einsatz 67
von Zwang zu rechnen hat, falls sie dem befehlenden Grundverwaltungsakt nicht (endlich) nachkommt,[92] also die verlangte Handlung vornimmt, eine bestimmte Handlung unterlässt oder eine gefahrenabwehr- oder polizeibehördliche Maßnahme duldet.

Die Androhung hat **zwei Funktionen**: Zum einen schafft sie **Transparenz** hinsichtlich der 68
bevorstehenden behördlichen Maßnahme und erfüllt damit die aus dem Rechtsstaatsprinzip (Art. 20 Abs. 3 GG) herzuleitende Forderung, dass staatliches Handeln voraussehbar und berechenbar sein muss. Zum anderen – und das ist die **zentrale Funktion** – soll der pflichtigen Person mit der Androhung vor Augen geführt werden, welche Folgen der (weitere) Widerstand gegen eine bestimmte behördliche Anordnung haben wird.[93] Die Androhung hat folglich eine

---

86 Vgl. etwa OVG NRW, Urt. v. 17.6.2004, 7 A 4492/99, Rn. 57 (Ersatzvornahme); OVG Nds., Urt. v. 11.6.2018, 11 LC 147/17, Rn. 41 (unmittelbarer Zwang in Form körperlicher Gewalt gegen Personen); Horn, Jura 2004, 597/600; Erichsen/Rauschenberg, Jura 1998, 31/40; Schoch, JuS 1995, 215/218; Kästner, JuS 1994, 361/364.
87 BVerwGE 26, 161/164 f.
88 Dazu näher Meyer, BRJ 2016, 47/47 f.
89 Horn, Jura 2004, 597/600; Erichsen/Rauschenberg, Jura 1998, 31/40.
90 Dazu Kästner, JuS 1994, 361/364.
91 BVerwG, DVBl. 1989, 362/363; Erichsen/Rauschenberg, Jura 1998, 31/38; Schoch, JuS 1995, 307/311; Rasch, DVBl. 1980, 1017/1020.
92 Vgl. Schnur, S. 42.
93 VG Kassel, Urt. v. 12.10.2022, 6 K 1915/19.KS.

Warnfunktion.[94] Letztlich geht es darum, dass der pflichtigen Person eine letzte Möglichkeit eröffnet wird, durch Erfüllung der Verpflichtung die Zwangs- und damit Gewaltanwendung doch noch abzuwenden. Damit ist die Zwangsmittelandrohung im Verhältnismäßigkeitsprinzip verankert.[95]

69 Bedeutsam ist, dass bereits **zum Zeitpunkt der Androhung** ausnahmslos **alle Voraussetzungen für die Anwendung** des angedrohten Zwangsmittels vorliegen müssen.[96] Diese Voraussetzung findet sich nicht ausdrücklich im Gesetz, folgt allerdings aus dem Rechtsstaatsprinzip (Art. 20 Abs. 3 GG).[97] Käme es auf diese Voraussetzung nicht an, so könnten etwa Polizeibeamte stets den Schusswaffengebrauch androhen – ganz unabhängig von der Gefahrenlage und sei es auch nur, um etwa einem Platzverweis oder der Aufforderung nach der Herausgabe des Personalausweises Nachdruck zu verleihen. Die Absicht, in solchen Fällen tatsächlich gar nicht zur Schusswaffe greifen zu wollen, könnte verdeckt bleiben. Es ist auch unzulässig, zunächst „ins Blaue hinein" oder „auf Verdacht" anzudrohen, um erst unmittelbar vor dem tatsächlichen Einsatz des angedrohten Zwangsmittels dessen Rechtmäßigkeit zu klären.

70 In § 53 HSOG sind die **allgemeinen** Voraussetzungen einer rechtmäßigen Androhung geregelt, während **§ 58 HSOG** die Androhung des **unmittelbaren Zwangs** normiert. Das bedeutet allerdings nicht, dass für die Androhung des unmittelbaren Zwangs allein § 58 HSOG einschlägig wäre (gelegentlicher Fehler in Übungsarbeiten). Bereits nach dem Wortlaut von § 48 Abs. 2 HSOG sind die Zwangsmittel nach Maßgabe der „§§ 53 **und** 58" anzudrohen, nicht etwa nach Maßgabe der „§§ 53 oder 58". Die Regelungen des § 58 HSOG sind also als **Ergänzungen** bzw. Modifikationen zu verstehen.[98]

71 Das bedeutet insbesondere, dass **jede** Androhung – also auch die Androhung unmittelbaren Zwangs – „sich **auf bestimmte Zwangsmittel beziehen**" muss (§ 53 Abs. 3 S. 1 HSOG). Eine Androhung mit den Worten „Wenn Sie nicht sofort stehen bleiben, wende ich Zwang an", ist also von vornherein rechtswidrig. Das HSOG äußert sich hinsichtlich des **unmittelbaren Zwangs** nicht dazu, ob in der Androhung auch die **Art und Weise** der beabsichtigen Ausübung **körperlicher Gewalt** konkret benannt werden muss. Zu erinnern ist insoweit an die aus dem Rechtsstaatsprinzip (Art. 20 Abs. 3 GG) herzuleitende Forderung, dass staatliches Handeln voraussehbar und berechenbar sein muss – zumal dann, wenn das staatliche Handeln zu schwersten Grundrechtseingriffen führen kann. Dieses Transparenzgebot wird nicht erfüllt, wenn völlig unklar bleibt, ob die pflichtige Person mit einem bloßen Wegschieben oder dem Gebrauch der Schusswaffe rechnen muss. Zu beachten ist auch, dass die Anforderungen des für alle Verwaltungsakte und damit auch für die Androhung geltenden **Bestimmtheitsgebots** nach **§ 37 Abs. 1 HVwVfG** durch § 53 Abs. 3 S. 1 HSOG nicht abgesenkt werden.[99]

72 Eine Androhung mit den Worten „Wenn Sie nicht sofort stehen bleiben, wende ich unmittelbaren Zwang an", ist vor diesem Hintergrund nicht unproblematisch. Schon angesichts der besonderen Schwere des Grundrechtseingriffs wird jedenfalls hinsichtlich des **Schusswaffengebrauchs** zu verlangen sein, dass in der Androhung explizit auf diesen hingewiesen werden muss.[100]

Bsp.: Ein uniformierter Polizeibeamter wehrt den Messerangriff eines Mannes mit den Worten ab: „Messer sofort fallen lassen – oder ich schieße!"

---

94 Erichsen/Rauschenberg, Jura 1998, 31/38.
95 Vgl. Neuwirth, S. 96.
96 Siehe dazu Nr. 53.1 VVHSOG; ferner Bäuerle, in: BeckOK PolR Hessen, 33. Ed. 1.6.2024, HSOG, § 58 Rn. 19 ff.; Neuwirth, S. 96.
97 Vgl. Neuwirth, S. 96.
98 Vgl. Schnur, S. 42.
99 Vgl. dazu OVG Nds., Urt. v. 28.10.2016, 11 LB 209/15; Bäuerle, in: BeckOK PolR Hessen, 33. Ed. 1.6.2024, HSOG, § 58 Rn. 27 und Schoch, JuS 1995, 307/311.
100 So auch Schnur, S. 46.

VII. Die Androhung

Im Übrigen ist fraglich, ob jede adressierte Person die Bedeutung des verwaltungstechnischen Begriffs „unmittelbarer Zwang" überhaupt versteht. „Gewalt" wäre insoweit der verständlichere Begriff. Aus guten Gründen bestimmt die Verwaltungsvorschrift hinsichtlich der Androhung unmittelbaren Zwangs: „Die Androhung muss **unmissverständlich** sein".[101] 73

Das OVG Niedersachsen verlangt zur Erfüllung des Bestimmtheitsgebots, dass immer dann, wenn **Hilfsmittel** der körperlichen Gewalt (§ 55 Abs. 3 HSOG) oder **Waffen** (§ 55 Abs. 4 HSOG) zum Einsatz kommen sollen, diese in der Androhung **explizit** zu benennen sind (so genannte qualifizierte Androhung).[102] 74

Bsp.: Ein uniformierter Polizeibeamter wehrt den Angriff eines Mannes mit den Worten ab: „Wenn Sie nicht sofort stehen bleiben, setzte ich das Pfefferspray ein!"

Entsprechendes soll für so genannte **Schmerzgriffe** gelten: Auch „die bewusste und gewollte Zufügung von nicht lediglich unerheblichen Schmerzen durch die Anwendung einer **Nervendrucktechnik** im Rahmen des unmittelbaren Zwangs" sei „gesondert anzudrohen" – so das OVG Niedersachsen.[103] Im zu entscheidenden Fall waren die Schmerzgriffe allgemein als „Anwendung unmittelbaren Zwangs" angedroht worden. Diese Androhung hätte nach Auffassung des Gerichts durch die Ankündigung ergänzt werden müssen, es werde eine Nervendrucktechnik eingesetzt, die schmerzhaft sein könne.[104] 75

Allerdings sind die **Anforderungen** an die Bestimmtheit auch **nicht** zu **überspannen**. Wird beispielsweise zunächst explizit der Schusswaffengebrauch angedroht, dann aber ohne weitere verbale Kommunikation entschieden, dass stattdessen „nur" das Pfefferspray – eine Waffe gem. § 55 Abs. 4 S. 1 HSOG – zum Einsatz kommen soll, so liegt darin kein Verstoß gegen das Bestimmtheitsgebot. Denn beim Pfefferspray handelt es sich um eine gegenüber der Schusswaffe weniger eingriffsintensive Form des unmittelbaren Zwangs. Zudem darf die Kommunikation in der Situation der Androhung auch nicht auf verbale Aspekte reduziert werden. Soll Pfefferspray eingesetzt werden, muss das Reizstoffsprühgerät gezogen und positioniert werden; soll der Teleskop-Schlagstock (TKS) – eine Waffe gem. § 55 Abs. 4 S. 1 HSOG – eingesetzt werden, so muss auch dies erkennbar vorbereitet werden. Diese nonverbale Kommunikation hat ihren eigenen Erklärungswert und kann zusammen mit einer allgemeinen verbalen Androhung von Gewalt zu einer hinreichenden Bestimmtheit der Maßnahme im Sinne der aufgezeigten rechtlichen Vorgaben führen. Schließlich bleibt Folgendes zu bedenken: Je höhere Anforderungen an eine verbale Androhung gestellt werden, desto komplexer und auch zeitintensiver wird die Maßnahme – und desto einfacher wird es in der Konsequenz, eine Ausnahmesituation zu begründen, die es zulässt, gänzlich von der Androhung abzusehen.[105] 76

In § 53 Abs. 1 S. 2 HSOG wird bestimmt, dass die Androhung „**möglichst schriftlich**" erfolgen soll. Erfolgt sie schriftlich, so ist sie **zuzustellen** (§ 53 Abs. 6 HSOG). **Polizeibehördliche** Zwangsmaßnahmen, zumal solche des unmittelbaren Zwangs werden – wie auch die zugrundeliegenden (Grund-)Verwaltungsakte – wegen ihrer typischen Eilbedürftigkeit regelmäßig **mündlich** angedroht.[106] 77

Hinsichtlich des **Schusswaffengebrauchs** lässt das HSOG ausdrücklich auch die Abgabe eines **Warnschusses** als Androhung zu (§ 58 Abs. 1 S. 3 HSOG). Polizeibeamte haben aber keineswegs die freie Wahl, den Schusswaffengebrauch entweder verbal oder mittels Warnschusses anzudro- 78

---

101 Nr. 58.1.1 VVHSOG.
102 OVG Nds., Urt. v. 28.10.2016, 11 LB 209/15; vgl. auch VG Göttingen, Urt. v. 12.5.2021, 1 A 130/16.
103 OVG Nds., Urt. v. 28.10.2016, 11 LB 209/15.
104 AaO.
105 Zur Entbehrlichkeit einer Androhung näher Kap. J Rn. 81 ff.
106 Vgl. dazu Nr. 53.1 VVHSOG.

hen. Vor allem wegen des hohen Gefahrenpotenzials einer jeden Schussabgabe,[107] aber auch wegen des nicht immer klaren Erklärungswertes[108] etwa eines Schusses in die Luft[109] kommt ein Warnschuss nur dann in Betracht, wenn eine mündliche Androhung von vornherein als nicht zielführend ausscheidet[110] oder wenn eine tatsächlich erfolgte mündliche Androhung – etwa aufgrund unklarer akustischer Verhältnisse – durch das akustische Signal des Schusses ergänzt oder durch die Schockwirkung des Geschossknalls bekräftigt werden soll. Auch insoweit gilt das Verhältnismäßigkeitsprinzip. Im Übrigen ist selbstverständlich auch die Abgabe eines Warnschusses nur zulässig, wenn die Voraussetzungen für den Schusswaffengebrauch selbst gegeben sind.[111]

79 Mit der Androhung muss sodann eine (letzte) **angemessene Erfüllungsfrist** gesetzt werden (§ 53 Abs. 1 S. 3 Hs. 1 HSOG). Das damit eröffnete Zeitfenster soll der betreffenden Person die tatsächliche Möglichkeit eröffnen, ihre Pflicht (doch noch) zu erfüllen. Diese (explizite!) Fristsetzung **kann entfallen**, wenn keine Handlungspflicht, sondern eine Duldung- oder Unterlassungspflicht erzwungen werden soll (§ 53 Abs. 1 S. 3 Hs. 2 HSOG). Damit die Androhung ihre **Warnfunktion** tatsächlich erfüllen kann, muss allerdings zwischen der Androhung (jeder!) Zwangsmaßnahme und ihrer Anwendung „eine den Umständen nach angemessene Zeitspanne liegen".[112] Anderenfalls läge keine Androhung, sondern nur eine bloße Ankündigung vor.[113] Die **Dynamik des Geschehens** kann freilich dazu führen, dass die Anwendung des Zwangsmittels unmittelbar auf die Androhung folgt, ja folgen muss, wenn eine wirksame Gefahrenabwehr dies verlangt.

80 Da es sich bei der Androhung um einen eigenständigen **Verwaltungsakt** gem. § 35 S. 1 HVwVfG[114] handelt, sind die allgemeinen Verfahrens- und Formvorschriften des HVwVfG einschlägig, die beim Erlass aller Verwaltungsakte beachtet werden müssen. Aus **§ 28 Abs. 2 Nr. 5 HVwVfG** folgt, dass anlässlich einer Androhung von einer **Anhörung** abgesehen werden kann, da es sich um eine Maßnahme „in der Verwaltungsvollstreckung" handelt. Schriftliche Androhungen sind nach § 39 Abs. 1 HVwVfG zu begründen. Als eigenständiger belastender Verwaltungsakt kann die Androhung mit Rechtsbehelfen angegriffen werden (Anfechtungsklage). Rechtsbehelfe gegen die Androhung haben aber keine aufschiebende Wirkung, wie aus § 18 HessAG VwGO folgt.

81 Die Androhung darf **ausnahmsweise**[115] **entfallen** – und zwar dann, „wenn die Umstände sie nicht zulassen, insbesondere wenn die sofortige Anwendung des Zwangsmittels zur Abwehr einer Gefahr notwendig ist" (§ 53 Abs. 1 S. 4 HSOG). Wegen des geringen Zeitaufwands, den eine (mündliche) Androhung verursacht, ist insoweit praktisch eine **gegenwärtige Gefahr** zu verlangen, wenn die geforderten Umstände sich aus der zeitlichen Dringlichkeit ergeben sollen.[116] Insoweit gilt das zu § 47 Abs. 2 HSOG Gesagte.[117] Dementsprechend knüpfen andere Landespolizeigesetzte nicht nur den sofortigen Zwang, sondern auch die Entbehrlichkeit der Androhung wegen zeitlicher Dringlichkeit ausdrücklich an das Vorliegen einer gegenwärtigen

---

107 Zum Gefahrenpotenzial des Warnschusses näher Rulinski/Barthold, Die Polizei 2023, 52 ff.
108 Vgl. Nr. 58.1.5 VVHSOG.
109 Warnschüsse „sind nach Möglichkeit steil in die Luft zu richten", so Nr. 58.1.4 VVHSOG; zum besonderen Gefahrenpotenzial gerade dieser Vorgehensweise näher Rulinski/Barthold, Die Polizei 2023, 52/53 f.
110 Vgl. Nr. 58.1.3 VVHSOG.
111 So ausdrücklich Nr. 58.1.4 VVHSOG.
112 So ausdrücklich Nr. 58.1.6 VVHSOG zur Androhung unmittelbaren Zwangs; vgl. auch Neuwirth, S. 101.
113 Zu dieser Unterscheidung Bäuerle, in: BeckOK PolR Hessen, 33. Ed. 1.6.2024, HSOG, § 58 Rn. 7.
114 BVerwG, DVBl. 1989, 362/363; Erichsen/Rauschenberg, Jura 1998, 31/38; Schoch, JuS 1995, 307/311; Rasch, DVBl. 1980, 1017/1020.
115 Vgl. OVG Nds., Urt. v. 11.6.2018, 11 LC 147/17, Rn. 51.
116 Ebenso Hornmann, HSOG, § 53 Rn. 10; Fredrich, HSOG, § 58 Rn. 3.
117 Siehe dazu Kap. J Rn. 40.

Gefahr.[118] Da die Entbehrlichkeit der Androhung an die auffällig unbestimmt formulierte Voraussetzung gebunden ist, dass „**die Umstände**" diese nicht zulassen, kann nicht nur die zeitliche Dringlichkeit zur Entbehrlichkeit der Androhung führen, auch wenn dies praktisch den Regelfall darstellt. Vielmehr kommen auch andere Gründe in Betracht. So können entsprechende „Umstände" darin zu sehen sein, dass eine wirksame Gefahrenabwehr die Anwendung von (unmittelbarem) Zwang unter Ausnutzung eines **Überraschungsmoments** verlangt.[119]

Der Ausnahmetatbestand des § 53 Abs. 1 S. 4 HSOG findet sich gleichlautend in **§ 58 Abs. 1 S. 2 HSOG** wieder, so dass die Entbehrlichkeit der Androhung aller drei Zwangsmittel an diese Voraussetzung gebunden ist. Allerdings gibt es eine wichtige **Sonderregelung**, die insbesondere in Übungsarbeiten nicht selten übersehen wird und die einmal mehr aus dem Verhältnismäßigkeitsprinzip folgt: **Schusswaffen** dürfen nur dann ohne Androhung gebraucht werden, „wenn dies zur Abwehr einer gegenwärtigen **Gefahr für Leib und Leben** erforderlich ist" (§ 58 Abs. 2 HSOG). 82

Schließlich kann nach § 58 Abs. 3 S. 3 HSOG bei Gebrauch von **technischen Sperren** (§ 55 Abs. 3 HSOG) und **Dienstpferden** (§ 55 Abs. 3 HSOG) von der Androhung **abgesehen** werden. 83

Geht es um die Frage der **Rechtmäßigkeit** eines tatsächlichen **Zwangsmitteleinsatzes**, etwa dem Abschleppen eines Kraftfahrzeugs (Ersatzvornahme)[120] oder dem Gebrauch der Schusswaffe gegen Personen (unmittelbarer Zwang),[121] kann die nach Maßgabe der §§ 53 und 58 HSOG erforderliche Androhung den **besonderen Verfahrens- und Formvorschriften** zugerechnet werden, die im Rahmen der **formellen** Rechtmäßigkeit des Zwangsmitteleinsatzes zu prüfen sind.[122] 84

Erfüllt die Androhung ihre Warnfunktion, so dass es nicht mehr zum tatsächlichen Zwangsmitteleinsatz kommt, stellt sich allein die Frage der **Rechtmäßigkeit** der **Androhung**. Die Androhung ist dann als **eigenständige zwangsrechtliche Maßnahme** zu prüfen. Auch wenn es „nur" bei der Androhung bleibt, muss beachtet werden, dass schon zum Zeitpunkt der Androhung ausnahmslos alle Voraussetzungen für die Anwendung des angedrohten Zwangsmittels vorliegen müssen.[123] Die Befugnis für die Androhung, ein Kraftfahrzeug abzuschleppen (Ersatzvornahme), ergibt sich dann folglich aus den §§ **53**, 47 Abs. 1, 49 Abs. 1 S. 1 HSOG, und die Befugnis für die Androhung des Schusswaffengebrauchs gegen Personen (unmittelbarer Zwang) folgt aus §§ **53, 58**, 47 Abs. 1, 52 Abs. 1 S. 1 in Verb. mit 55 Abs. 1, 2, 4 S. 1, 60, 61, ggf. 62 HSOG. Für **Übungsarbeiten** wird empfohlen, die Rechtmäßigkeit „nur" einer Androhung genauso wie die Rechtmäßigkeit eines tatsächlichen Zwangsmitteleinsatzes zu prüfen und zu Beginn der Prüfung darauf hinzuweisen, dass zum Zeitpunkt der Androhung bereits alle Voraussetzungen für die Anwendung des Zwangsmittels vorliegen müssen. 85

VIII. Die drei Zwangsmittel

Die Aufzählung der drei Zwangsmittel in § 48 Abs. 1 HSOG ist abschließend. Das Zwangsrecht kennt die **Ersatzvornahme**, das **Zwangsgeld** und den **unmittelbaren Zwang**. Andere Versuche, den Willen bzw. Widerstand einer Person zu überwinden – etwa durch Hypnose – sind damit von vornherein rechtswidrig. 86

---

118 Siehe etwa § 70 Abs. 1 S. 3 NPOG oder § 56 Abs. 1 S. 3 PolG NRW.
119 Vgl. Lambrecht, in: BeckOK PolR Hessen, 33. Ed. 1.6.2024, HSOG, § 53 Rn. 17; Neuwirth, S. 94.
120 Die Befugnis ergibt sich dann aus §§ 47 Abs. 1 oder 2, 49 Abs. 1 S. 1 HSOG.
121 Die Befugnis ergibt sich dann aus §§ 47 Abs. 1 oder 2, 52 Abs. 1 S. 1 in Verb. mit 55 Abs. 1, 2, 4 S. 1, 60, 61, ggf. 62 HSOG.
122 Vgl. VGH Mannheim, Urt. v. 3.5.2021, 1 S 512/19, Rn. 38 (juris); Lambrecht, in: BeckOK PolR Hessen, 33. Ed. 1.6.2024, HSOG, § 48 Rn. 6.
123 Dazu näher oben Kap. J Rn. 69.

1. Ersatzvornahme

87 Die **Ersatzvornahme** ist nach § 49 Abs. 1 S. 1 HSOG die Vornahme einer **vertretbaren Handlung** an Stelle und auf Kosten der pflichtigen Person. Dieses Zwangsmittel setzt also zunächst eine **Handlungspflicht** voraus. Auf Duldung oder Unterlassung gerichtete Verwaltungsakte – etwa das Verbot nächtlicher Ruhestörung – können von vornherein nur mittels Zwangsgeld oder unmittelbarem Zwang durchgesetzt werden.[124] Zudem muss die Handlung **vertretbar** sein. Vertretbar sind Handlungen, wenn diese von einer anderen als der pflichtigen Person vorgenommen werden können;[125] der **Handlungserfolg** muss von der anderen Person unmittelbar zu realisieren sein.[126]

Bsp.: Kommt der Fahrer eines Kraftfahrzeugs der mündlichen Aufforderung eines Polizeibeamten nicht nach, sein in einer Feuerwehrzufahrt rechtswidrig abgestelltes Fahrzeug zu entfernen, so kann es mittels Ersatzvornahme abgeschleppt oder umgesetzt werden.

88 Handlungen wie die Erfüllung einer Auskunftspflicht, die Erfüllung der Aufforderung, einen bestimmten Ort zu verlassen oder der Aufforderung, das Messer fallen zu lassen können nur von der verpflichteten Person selbst vorgenommen werden. Diese (höchst-)**persönlichen** Handlungen sind **nicht vertretbar**; die Durchsetzung mittels der Ersatzvornahme scheidet aus. Dass Personen zur Durchsetzung eines Platzverweises auch **weggetragen** werden können, ändert nichts daran, dass die zugrundeliegende Verpflichtung eine unvertretbare Handlung darstellt,[127] denn (nur) die betreffende Person ist und bleibt dazu aufgefordert, den betreffenden Ort zu verlassen – und zwar selbstständig, also auf eigenen Füßen gehend. Anordnungen, bei denen der Pflichtige selbst Gegenstand der Maßnahme ist, sind nicht vertretbar.[128] Wird zur Durchsetzung eines Verwaltungsakts körperlich auf Personen eingewirkt – das ist bei einem Wegtragen der Fall –, so handelt es sich stets um unmittelbaren Zwang.[129]

89 Die Ordnungs- oder die Polizeibehörden können die vertretbare Handlung selbst durchführen – das ist die Ersatzvornahme in ihrer Variante der **Selbstvornahme** (§ 49 Abs. 1 S. 1 Alt. 1 HSOG).

Bsp.: Weigert sich ein Straßenblockierer, eine aus Mülltonnen errichtete illegale Straßenblockade zu beseitigen, kann das Wegräumen der Tonnen mittels Ersatzvornahme durch Polizeibeamte erfolgen.

90 Oder die Behörden beauftragen eine dritte Person – das ist die Ersatzvornahme in ihrer Variante der **Fremdvornahme** (§ 49 Abs. 1 S. 1 Alt. 2 HSOG).

Bsp.: Kommt der Fahrer eines Kraftfahrzeugs der mündlichen Aufforderung eines Polizeibeamten nicht nach, sein in der Feuerwehrzufahrt rechtswidrig abgestelltes Fahrzeug zu entfernen, so kann der Beamte ein Abschleppunternehmen mit dem Abschleppen oder Umsetzen des Fahrzeugs beauftragen.

91 Zwischen dem privatrechtlich mit der Ersatzvornahme beauftragten Dritten (Ersatzunternehmer) und der pflichtigen Person bestehen grundsätzlich **keine Rechtsbeziehungen**.[130] Für Schäden, die der Ersatzunternehmer als so genannter **Verwaltungshelfer** bei der Ausführung der Ersatzvornahme verursacht, haftet dementsprechend der Staat nach § 839 BGB iVm Art. 34 GG.[131]

---

124 Horn, Jura 2004, 447/450.
125 VGH Kassel, NVwZ-RR 1994, 89 (90).
126 Vgl. Muckel, JA 2012, 272/278 f.; Schoch, JuS 1995, 307/309.
127 VG Schwerin, Urt. v. 28.2.2018, 7 A 550/17 SN, Rn. 16 (juris).
128 Kjellsson, S. 112 mwN.
129 Zur Abgrenzung der Ersatzvornahme von unmittelbarem Zwang siehe Kap. J Rn. 114 ff.
130 Erichsen/Rauschenberg, Jura 1998, 31/35.
131 Dazu grundlegend BGH, Urt. v. 31.1.1993, 3 ZR 189/91; ferner Erichsen/Rauschenberg, Jura 1998, 31/35.

Fischer

VIII. Die drei Zwangsmittel

Die **Kosten** einer – rechtmäßigen[132] – Ersatzvornahme hat die pflichtige Person zu tragen („auf Kosten", § 49 Abs. 1 S. 1 HSOG). Die Kosten sind nach dem Hessischen Verwaltungskostengesetz (HVwKostG) zu erheben[133] und setzen sich nach § 1 Abs. 1 S. 1 HVwKostG aus (Verwaltungs-)Gebühren und Auslagen zusammen; zu Letzteren zählen etwa die Kosten des Abschleppunternehmens. Wie jedes Zwangsmittel ist auch die Ersatzvornahme grundsätzlich **anzudrohen** (§§ 48 Abs. 2, 53 HSOG); nur ausnahmsweise kann von der Androhung abgesehen werden (§ 53 Abs. 1 S. 4 HSOG).[134] Wird die Ersatzvornahme angedroht, „so sollen in der Androhung die voraussichtlichen **Kosten angegeben** werden" (§ 53 Abs. 4 HSOG). Auch kann bestimmt werden, „dass die betroffene Person die voraussichtlichen Kosten der Ersatzvornahme im Voraus zu zahlen hat" (§ 49 Abs. 2 S. 1 HSOG). Da es nur um die „voraussichtlichen" Kosten geht, kommt der Kostenangabe keine Garantiefunktion zu; die tatsächlichen Kosten dürfen also (allerdings nicht erheblich[135]) höher,[136] müssen aber in jedem Fall verhältnismäßig sein. Die Kostentragungspflicht gilt als essenzielles Merkmal der Ersatzvornahme, „weil sie auch der Willensbeugung des Polizeipflichtigen dient".[137] Die Kostentragungspflicht ist von einer Kostenerhebungspflicht zu unterscheiden;[138] die Kostenerhebung steht grundsätzlich im **Ermessen** der Behörde.[139]

92

Bei der Ersatzvornahme kann sich die Frage der Abgrenzung zur **unmittelbaren Ausführung** gem. § 8 HSOG stellen.[140] Als Zwangsmittel setzt die Ersatzvornahme einen **entgegenstehenden Willen** des (anwesenden) Betroffenen voraus.

93

Praxisrelevant sind vor allem **Abschleppfälle**.[141] Kommt der Fahrer eines Kraftfahrzeugs der mündlichen Aufforderung nicht nach, sein rechtswidrig abgestelltes Fahrzeug zu entfernen, so kann es im gestreckten Zwangsverfahren (§ 47 Abs. 1 HSOG) mittels Ersatzvornahme abgeschleppt werden (dazu bereits Kap. J Rn. 34). Ein solcher Fall kommt aber selten vor. Denn regelmäßig ist die verpflichtete Person in potenziellen Abschleppfällen nicht vor Ort. Insbesondere dann stellt sich das Problem der Abgrenzung zur unmittelbaren Ausführung. Dabei kommt es darauf an, ob ungeachtet der Abwesenheit der verpflichteten Person ein realer **Grundverwaltungsakt** im Sinne eines **Wegfahrgebots** vorliegt oder nicht.[142] Liegt ein solcher Grundverwaltungsakt vor, kann im Wege der Ersatzvornahme abgeschleppt werden.[143] Anderenfalls wird das Abschleppen eines rechtswidrig geparkten Kraftfahrzeugs wegen des fehlenden entgegenstehenden Willens (Abwesenheit der pflichtigen Person!) regelmäßig mittels unmittelbarer Ausführung gem. § 8 HSOG zu realisieren sein.

94

Bsp.: Die Aufstellung eines Halteverbotsschilds nach Zeichen 283 (Nr. 62 der Anlage 2 zu § 41 Abs. 1 StVO) ist als Verwaltungsakt in Form einer Allgemeinverfügung (§ 35 S. 2 HVwVfG) anzusehen und begründet ein nach § 80 Abs. 2 S. 1 Nr. 2 VwGO sofort vollziehbares Wegfahrgebot für unerlaubt haltende Fahrzeuge. Dieses Wegfahrgebot kann grundsätzlich auch bei Abwesenheit des Verpflichteten im gestreckten Zwangsverfahren (§ 47 Abs. 1 HSOG) mittels einer Ersatzvornahme durchgesetzt werden. Fehlt es aber an einer solchen

---

132 OVG NRW, Beschl. v. 9.4.2008, 11 A 1386/05, Rn. 21 f. (juris); Lambrecht, in: BeckOK PolR Hessen, 33. Ed. 1.6.2024, HSOG, § 49 Rn. 7.
133 Vgl. Kjellsson, S. 291.
134 Zur Androhung näher Kap. J Rn. 66 ff.
135 Großzügiger Erichsen/Rauschenberg, Jura 1998, 31/39.
136 Lambrecht, in: BeckOK PolR Hessen, 33. Ed. 1.6.2024, HSOG, § 49 Rn. 7.
137 So Würtenberger, Polizei- und Ordnungsrecht, in: Achterberg/Püttner/Würtenberger, § 21, Rn. 336; ähnlich Erichsen/Rauschenberg, Jura 1998, 31/39 und Haurand/Vahle, DVP 2016, 231/234.
138 Reimer, in: Hermes/Reimer, § 5 Rn. 274.
139 Reimer, in: Hermes/Reimer, § 5 Rn. 274; mit Einschränkungen auch Lambrecht, in: BeckOK PolR Hessen, 33. Ed. 1.6.2024, HSOG, § 49 Rn. 12.
140 Dazu näher oben Kap. J Rn. 52 ff.
141 Siehe zum Abschleppen von Kraftfahrzeugen auch den Exkurs in der Vorauflage, Kap. L, Rn. 87–140.
142 Vgl. dazu VGH Kassel, Urt. v. 11.11.1997, 11 UE 3450/95, Rn. 16 ff. (juris).
143 Vgl. Kjellsson, S. 134 mwN und S. 259–284.

Allgemeinverfügung und ist der Fahrzeugführer bzw. Halter nicht vor Ort, kommt das Abschleppen eines rechtswidrig geparkten Fahrzeugs (nur) auf der Grundlage von § 8 HSOG in Betracht.[144]

95 Wird ein ursprünglich erlaubt geparktes Kraftfahrzeug aus einer **nachträglich** eingerichteten **Halteverbotszone** abgeschleppt, muss die pflichtige Person die **Kosten** dieser Ersatzvornahme nur tragen, wenn das Verkehrszeichen mit einer **Vorlaufzeit** von mindestens **drei vollen Tagen** aufgestellt wurde.[145]

2. Zwangsgeld

96 Das **Zwangsgeld** dient der Durchsetzung von **Duldungs- und Unterlassungsverfügungen** sowie der Durchsetzung von vertretbaren und vor allem **unvertretbaren Handlungen**. Es kann von den Ordnungs- oder den Polizeibehörden in einer Höhe von **mindestens zehn** und **höchstens fünfzigtausend Euro** angedroht und festgesetzt werden (§ 50 Abs. 1 HSOG).

97 Wie alle Zwangsmittel zielt auch das Zwangsgeld als **Beugemittel** darauf ab, dass sich die betroffene Person zukünftig rechtstreu verhält.[146] Aus dem gefahrenabwehrenden Charakter des Zwangsgeldes folgt, dass es – wie alle Zwangsmittel[147] – auch **neben einer Strafe oder Geldbuße** Anwendung finden kann (siehe § 48 Abs. 3 HSOG).

98 Die (drohende!) Zahlungsverpflichtung soll als Druckmittel, als **psychischer Zwang**[148] wirken und dadurch rechtskonformes Verhalten erzeugen. In die Verhaltens- bzw. Handlungsfreiheit (Art. 2 Abs. 1 GG) kann das Zwangsgeld also nur mittelbar bzw. indirekt eingreifen; im Unterschied zu unmittelbarem Zwang geht es „bloß" um **mittelbaren Zwang**.[149] Beim Zwangsgeld kommt der Androhung „die eigentliche Beugefunktion" zu.[150]

99 Da das verlangte Verhalten durch die Auferlegung eines Zwangsgeldes nicht unmittelbar herbeigeführt werden kann, ist dieses Zwangsmittel in **akuten Gefahrenlagen** von vornherein **ungeeignet**.[151] Im polizeibehördlichen Alltag hat das Zwangsgeld deshalb nur eine vergleichsweise geringe Bedeutung.

100 Typische **Anwendungsfälle** des Zwangsgeldes auf dem Gebiet der Gefahrenabwehr sind **Standardmaßnahmen mit Dauerwirkung**, so beispielsweise Wohnungsverweisungen (§ 31 Abs. 2 S. 1 HSOG), Betretungs- und Kontaktverbote (§ 31 Abs. 2 S. 2 HSOG), Aufenthaltsverbote (§ 31 Abs. 3 S. 1 HSOG) oder Meldeauflagen (§ 30a HSOG). Auch bei sonstigen Unterlassungs- bzw. **Verbotsverfügungen**, die **längere Zeiträume** betreffen oder bei **Erklärungs- bzw. Auskunftspflichten** kommt eine Rechtsdurchsetzung durch das Zwangsgeld in Betracht.

101 (Nur) bei vertretbaren Handlungen ist **alternativ** zum Zwangsgeld auch eine **Ersatzvornahme** (und – subsidiär(!) – unmittelbarer Zwang, § 52 Abs. 1 S. 1 HSOG) möglich; die Entscheidung zwischen diesen beiden Zwangsmitteln steht im durch das Verhältnismäßigkeitsprinzip begrenzten **Ermessen** der Vollstreckungsbehörde.[152] Stets ist von mehreren gleich wirksamen Zwangsmitteln dasjenige einzusetzen, welches die pflichtige Person am wenigsten belastet.

---

144 VGH Kassel, NVwZ-RR 1999, 23/25.
145 BVerwG, Urt. v. 24.5.2018, 3 C 25.16.
146 BVerwG, Urt. v. 21.1.2003, 1 C 5.02; OVG Nds, Urt. v. 23.2.2017, 11 LB 94/16, Rn. 47.
147 Dazu oben Kap. J Rn. 57 ff.
148 Das VG Köln, Urt. v. 12.8.2010, 20 K 3188/09, Rn. 34, spricht von einem psychischen Zwangszustand; Erichsen/Rauschenberg, Jura 1998, 31/39, nennen das Zwangsgeld ein psychisches Druckmittel.
149 Waldhoff, JuS 2012, 1151/1151.
150 Erichsen/Rauschenberg, Jura 1998, 31/36.
151 Vgl. OVG Berlin, NVwZ-RR 1998, 412/413.
152 Vgl. Erichsen/Rauschenberg, Jura 1998, 31/35.

Das Zwangsgeld muss in einer **bestimmten Höhe**, also mit einem genauen Betrag unter Beachtung des durch § 50 Abs. 1 HSOG gesetzten Rahmens **angedroht** werden (§ 53 Abs. 5 HSOG). Es genügt nicht, einen Höchstbetrag („bis zu") anzudrohen.[153] Die konkrete **Höhe** des Zwangsgeldes ist nach pflichtgemäßem Ermessen zu bestimmen und richtet sich nach den Umständen des Einzelfalls. Maßgebliche **Entscheidungskriterien** sind insoweit die Dringlichkeit und Bedeutung der Sache, das bisherige Verhalten der pflichtigen Person und deren finanzielle Leistungsfähigkeit.[154]

102

Soll eine Duldungs- oder Unterlassungspflicht (Verbot) erzwungen werden, kann ein Zwangsgeld zur Effektivierung der Gefahrenabwehr **für jeden Fall der Zuwiderhandlung** angedroht werden,[155] „bis der ordnungsbehördliche oder polizeiliche Verwaltungsakt befolgt worden ist oder sich sonst erledigt hat" (§ 48 Abs. 3 HSOG). Die bundesrechtliche Regelung, dass eine „neue Androhung" erst „dann zulässig" ist, „wenn das zunächst angedrohte Zwangsmittel erfolglos ist" (§ 13 Abs. 6 S. 2 VwVG), aus der teilweise die Unzulässigkeit einer Zwangsgeldandrohung für jeden Fall der Zuwiderhandlung abgeleitet wird,[156] findet sich in § 53 HSOG gerade nicht.[157] Auch die Androhung, das Zwangsgeld von Verstoß zu Verstoß zu **erhöhen**, ist möglich.[158]

103

Bsp.: Die Polizei verfügt gegenüber einem polizeibekannten und wegen zahlreicher Messerdelikte bereits mehrfach verurteilten Intensivtäter für die Dauer von zwölf Monaten ein Waffentrageverbot und droht für jeden Fall eines festgestellten Verstoßes ein Zwangsgeld in Höhe von 250,– Euro an. Zugleich wird angedroht, das Zwangsgeld bei jedem weiteren Verstoß um 100,– Euro zu erhöhen.

Ihre Beugefunktion kann die Androhung des Zwangsgeldes nur erfüllen, wenn das Zwangsgeld bei Zuwiderhandlungen auch zu realisieren ist. Kommt die pflichtige Person dem Grundverwaltungsakt nicht oder nicht rechtzeitig nach, so wird das Zwangsgeld der Androhung entsprechend **festgesetzt**. Dabei kann das festgesetzte Zwangsgeld hinter dem angedrohten zurückbleiben; mit der Androhung wird lediglich eine Obergrenze bestimmt. Dass eine Überschreitung des angedrohten Betrags in der Festsetzung unzulässig ist, versteht sich von selbst. Die Festsetzung muss **schriftlich** erfolgen (§ 50 Abs. 1 HSOG) – durch den Erlass eines Leistungsbescheides. In diesem ist der betroffenen Person „eine bestimmte **Frist zur Zahlung** einzuräumen" (§ 50 Abs. 2 HSOG). Unterbleibt die Zahlung, so wird das Zwangsgeld im Verwaltungsvollstreckungsverfahren **beigetrieben** (§ 50 Abs. 3 S. 1 HSOG). Die Beitreibung unterbleibt, sobald die betroffene Person die gebotene Handlung ausführt oder die zu duldende Maßnahme gestattet (§ 50 Abs. 3 S. 2 HSOG).

104

Ein angedrohtes Zwangsgeld kann grundsätzlich auch dann noch festgesetzt und beigetrieben werden, wenn die pflichtige Person zwar gegen ein Unterlassungsgebot **verstoßen** hat, die **Gefahr weiterer Zuwiderhandlungen** aber nicht mehr besteht. Entscheidend ist insoweit, dass der Verstoß nach der Androhung und noch während der Geltungsdauer des Grundverwaltungsakts erfolgte.[159]

105

---

153 Lambrecht, in: BeckOK PolR Hessen, 33. Ed. 1.6.2024, HSOG, § 50 Rn. 4.
154 Vgl. VGH Kassel, NVwZ-RR 1995, 118/119; Nr. 50.1 VVHSOG.
155 Rasch, DVBl. 1980, 1017/1020; aA Lambrecht, in: BeckOK PolR Hessen, 33. Ed. 1.6.2024, HSOG, § 53 Rn. 6; aA für die Zwangsgeldandrohung auf der Grundlage des HVwVG VG Kassel, Beschl. v. 1.2.2024, 5 L 2089/23.KS.
156 BVerwG, Gerichtsbescheid v. 26.6.1997, 1 A 10/95, Rn. 34 f.; siehe auch BVerwG, Beschl. v. 22.2.2022, 4 A 8.21, Rn. 6.
157 Im nordrhein-westfälischen allgemeinen Verwaltungsvollstreckungsrecht (§ 57 Abs. 3 S. 2 VwVG NRW) ist ausdrücklich geregelt, dass alle Zwangsmittel bei „Erzwingung einer Duldung oder Unterlassung (…) für jeden Fall der Nichtbefolgung festgesetzt werden" können.
158 VGH Kassel, Beschl. v. 12.4.1995, 3 TH 2470/94, Rn. 34 (juris).
159 VGH Kassel, NVwZ-RR 1995, 118/120; Erichsen/Rauschenberg, Jura 1998, 31/36 (mwN).

Fischer

106 Die in § 51 HSOG geregelte **Ersatzzwangshaft** ist **kein selbstständiges Zwangsmittel**, sondern eine akzessorische Ergänzung des Zwangsgeldes[160] für den Fall, dass sich das Zwangsgeld als „**uneinbringlich**" im Sinne des § 51 Abs. 1 S. 1 HSOG erweist. Das ist dann der Fall, wenn das verfügte Zwangsgeld nicht gezahlt wird und auch dessen **Beitreibung**, die mindestens einmal fruchtlos versucht worden sein muss,[161] letztlich **scheitert**. Uneinbringlichkeit kommt auch dann in Betracht, wenn die Beitreibung des Zwangsgeldes offensichtlich keinen Erfolg haben wird.[162] Die Anordnung der Ersatzzwangshaft setzt nach § 51 Abs. 1 S. 1 HSOG voraus, dass bei der Androhung des Zwangsgeldes auf die Möglichkeit ihrer Verhängung hingewiesen worden ist. Als zwangsrechtliches Instrument und damit Beugemittel hat auch die Anordnung der Ersatzzwangshaft keineswegs die Freiheitsentziehung zum Ziel, sondern die Rechtsdurchsetzung. Mit der Erfüllung ihrer Rechtspflicht bleibt der betroffenen Person also ohne weiteres die Möglichkeit, die tatsächliche Freiheitsentziehung abzuwenden.[163]

107 Als Freiheitsentziehung nach Art. 2 Abs. 2 S. 2, 104 Abs. 2 GG und damit **schwerwiegender Grundrechtseingriff** setzt Ersatzzwangshaft eine richterliche Entscheidung voraus; § 51 Abs. 1 S. 1 HSOG sieht insoweit die Zuständigkeit des Verwaltungsgerichts vor. Nach § 51 Abs. 1 S. 2 HSOG beträgt die Ersatzzwangshaft „mindestens einen Tag, höchstens zwei Wochen."

Bsp.: Eine alleinerziehende Mutter weigert sich, ihren schulpflichtigen Sohn an einer öffentlichen Schule oder einer Ersatzschule anzumelden und für die Unterrichtsteilnahme des Kindes zu sorgen. Nach mehrfacher Zwangsgeldandrohung, nach Androhung der Ersatzzwangshaft und nach erfolglosem Vollstreckungsversuch beantragt die zuständige Behörde beim Verwaltungsgericht, gegen die Mutter zum Zweck der Durchsetzung der Schulpflicht Ersatzzwangshaft anzuordnen. Das Gericht ordnet daraufhin Ersatzzwangshaft für die Dauer von drei Tagen an, und zum Zweck des Vollzugs der Ersatzzwangshaft wird Haftbefehl erlassen.[164]

3. Unmittelbarer Zwang

108 Unmittelbarer Zwang kommt als Zwangsmittel zur Durchsetzung von vertretbaren und insbesondere unvertretbaren **Handlungen** sowie zur Durchsetzung von **Duldungs-** und **Unterlassungsverfügungen** in Betracht.

a) Grundlagen

109 Unmittelbarer Zwang ist nach der gesetzlichen Definition, die alle einschlägigen Bundes- und Landesgesetze eint, „die Einwirkung auf Personen oder Sachen durch körperliche Gewalt, durch ihre Hilfsmittel und durch Waffen" (§ 55 Abs. 1 HSOG). Unter körperlicher Gewalt versteht das Gesetz „jede **unmittelbare körperliche Einwirkung auf Personen oder Sachen**" (§ 55 Abs. 2 HSOG). Unmittelbarer Zwang stellt damit eine rechtstechnische Umschreibung für **drei** verschiedene **Formen der körperlichen (physischen) Gewalt** dar. Sie kann (1) unter dem Einsatz (nur) eigener Körperkräfte, (2) mit Hilfsmitteln wie beispielsweise Fesseln oder (3) mit Waffen, etwa der Dienstwaffe, ausgeübt werden.

110 Das Polizeirecht geht ausweislich der Legaldefinition von einem **weiten Begriff der körperlichen Gewalt** aus; bereits ein Wegführen[165] oder ein Wegschieben einer Person oder die bloße Wegnahme einer Sache fallen unter den Gewaltbegriff aus § 55 Abs. 2 HSOG. Die verlangte **Einwirkung** muss immer als eine zweckgebundene erfolgen: Es darf stets nur um Rechtsdurchsetzung gehen.

---

160 VGH Kassel, Beschl. v. 8.9.2021, 3 E 1270/21.
161 VG Düsseldorf, Beschl. v. 18.12.2012, 6 M 27/12, Rn. 29 (juris).
162 Siehe Nr. 51.1 VVHSOG; dazu auch OVG NRW, Beschl. v. 16.2.2005, 18 E 703/03, Rn. 9 (juris).
163 Vgl. OVG NRW, Beschl. v. 20.4.2012, 13 E 64/12, Rn. 59 f. (juris).
164 VG Schleswig, Beschl. v. 26.1.2024, 9 E 4/23.
165 Fredrich, HSOG, § 55 Rn. 4.

aa) Die Grundrechtsrelevanz des unmittelbaren Zwangs

Unmittelbarer Zwang stellt das **schwerwiegendste Zwangsmittel** dar; es ermöglicht intensivste **Grundrechtseingriffe** in das Recht auf **körperliche Unversehrtheit** (Art. 2 Abs. 2 S. 1 Alt. 2 GG) und sogar Eingriffe in das Recht auf **Leben** (Art. 2 Abs. 2 S. 1 Alt. 1 GG).[166] Allerdings wäre es verkürzt, Grundrechtseingriffe, auch schwere Grundrechtseingriffe aufgrund der Anwendung unmittelbaren Zwangs nur dann anzunehmen, wenn eines dieser beiden Grundrechte betroffen ist. Angesichts des weiten Begriffsverständnisses von körperlicher Gewalt in § 55 Abs. 2 HSOG führt ohnehin nicht jede Anwendung von unmittelbarem Zwang gegen Personen zu einem Eingriff in das Grundrecht auf körperliche Unversehrtheit.[167] Wird beispielsweise ein Mann, der im Türrahmen stehend den Zugang zu seiner Wohnung versperrt, „nur" zur Seite geschoben, so kommt es zwar nicht zu Eingriffen in die Grundrechte aus Art. 2 Abs. 2 S. 1 GG. Aber mit dieser Maßnahme wird ihm sein konkretes Verhalten (das Versperren) unmittelbar und uneingeschränkt verunmöglicht. Nur das Zwangsmittel der körperlichen Gewalt gegen Personen vermag die **Freiheitsausübung total** zu **negieren**.[168] Die Androhung des Wegschiebens hätte dem Mann demgegenüber noch die Wahl gelassen, zur Seite zu gehen oder – jedenfalls zunächst – weiterhin seinem Willen entsprechend den Zugang zu versperren. Auch mit einem Zwangsgeld kann nur mittelbar auf eine Person eingewirkt werden, und die Ersatzvornahme lässt unmittelbare körperliche Einwirkungen auf Personen von vornherein nicht zu.[169] Deshalb handelt es sich bei jeder Form des unmittelbaren Zwangs gegen Personen um einen intensiven Eingriff in die allgemeine **Verhaltens- bzw. Handlungsfreiheit** (Art. 2 Abs. 1 GG);[170] ggf. liegt – wie etwa bei der Fesselung – ein Eingriff in das Grundrecht der **Freiheit der Person** aus Art. 2 Abs. 2 S. 2 GG vor. Gewalt ist der Urgegensatz zur Freiheit. Führt die Anwendung des unmittelbaren Zwangs über den Eingriff in die Freiheitsrechte aus Art. 2 Abs. 1 oder Abs. 2 S. 2 GG hinaus zu Eingriffen in die Grundrechte aus Art. 2 Abs. 2 S. 1 GG – auch Eingriffe in das Eigentumsgrundrecht aus Art. 14 Abs. 1 GG sind möglich –, so wird aus einem bereits intensiven ein noch intensiverer Grundrechtseingriff.

bb) Die Befugnis(norm) zur Anwendung unmittelbaren Zwangs

In **§ 52 Abs. 1 S. 1 HSOG** ist die **Befugnisnorm** für den unmittelbaren Zwang zu sehen. Wegen der beschriebenen hohen Grundrechtsrelevanz körperlicher Gewalt bestimmt § 52 Abs. 1 S. 1 HSOG, dass dieses Zwangsmittel nur zur Anwendung kommen darf, wenn die anderen beiden Zwangsmittel „nicht in Betracht kommen oder keinen Erfolg versprechen oder unzweckmäßig sind". Jegliche Form körperlicher Gewalt ist damit – als normative Konkretisierung des Verhältnismäßigkeitsprinzips – **Ultima Ratio**: Kann die Rechtsdurchsetzung effektiv mittels **Ersatzvornahme** oder **Zwangsgeld** erfolgen, bleibt unmittelbarer Zwang ausgeschlossen. Nach § 52 Abs. 1 S. 1 HSOG muss also geprüft werden, ob im konkreten Fall die Ersatzvornahme oder das Zwangsgeld zielführend wäre. Dabei ist insbesondere zu beachten, dass die Ersatzvornahme gem. § 50 Abs. 1 S. 1 HSOG eine vertretbare Handlung verlangt. Das Zwangsgeld kommt zwar sowohl zur Durchsetzung vertretbarer als auch nicht vertretbarer Handlungen und auch zur Erzwingung von Duldungen und Unterlassungen in Betracht. Da aber das verlangte Verhalten durch das Zwangsgeld nicht unmittelbar herbeigeführt werden kann, ist dieses Zwangsmittel in akuten Gefahrenlagen von vornherein ungeeignet.

---

166 Siehe dazu § 10 HSOG, der die Grundrechte aufzählt, die durch Maßnahmen nach dem HSOG eingeschränkt werden können.
167 Anders offenbar Fredrich, HSOG, § 52 Rn. 1.
168 Die Ingewahrsamnahme gem. § 32 HSOG führt abgesehen davon, dass sie kein Zwangsmittel im Sinne des HSOG ist, nicht zur totalen Freiheitsentziehung.
169 Erichsen/Rauschenberg, Jura 1998, 31/37.
170 Zu diesem Freiheitsverständnis näher BVerfGE 6, 32/36 f.; 80, 137/152 f.

113 Die Anwendung des unmittelbaren Zwangs ist gem. § 52 Abs. 1 S. 1 HSOG grundsätzlich „den Polizeibehörden" und damit den **Polizeivollzugsbeamtinnen und -beamten** vorbehalten.[171] Welche weiteren Bedienstete unmittelbaren Zwang ausüben dürfen, regelt § 63 HSOG. Verfügen Behörden nicht über die Befugnis zur Anwendung unmittelbaren Zwangs, ist dieser aber zur Rechtsdurchsetzung erforderlich, so leisten die Polizeibehörden auf Ersuchen **Vollzugshilfe** (§ 44 Abs. 1 und 2 HSOG). Nach dem Gesetzeswortlaut („leisten ... Vollzugshilfe") sind die Polizeibehörden zur Vollzugshilfe grundsätzlich **verpflichtet** (siehe aber § 44 Abs. 1 S. 2 und Abs. 2 S. 2 HSOG).

cc) Abgrenzung des unmittelbaren Zwangs zur Ersatzvornahme

114 Da unmittelbarer Zwang nicht nur zur Durchsetzung von unvertretbaren, sondern auch von vertretbaren Handlungen in Betracht kommt und mit der Ersatzvornahme ebenfalls unmittelbar körperlich eingewirkt wird, stellt sich die Frage der **Abgrenzung des unmittelbaren Zwangs zur Ersatzvornahme**. Zunächst ist festzuhalten, dass die unmittelbare körperliche **Einwirkung auf Personen** stets **unmittelbarer Zwang** bedeutet, denn dabei geht es ausnahmslos um die Erzwingung höchstpersönlicher und damit unvertretbarer Handlungen.[172]

Bsp.: Demonstrierende errichten eine Sitzblockade und werden nach Auflösung der Versammlung von Polizeibeamten von der Fahrbahn weggetragen. Hier liegt unmittelbarer Zwang vor.

115 Hinsichtlich der unmittelbaren körperlichen **Einwirkung auf Sachen** gilt Folgendes: Werden private **Dritte** durch die Ordnungs- oder Polizeibehörde beauftragt und führen diese die Maßnahme eigenverantwortlich durch, so handelt es sich stets um eine **Ersatzvornahme** in ihrer Variante der Fremdvornahme (§ 49 Abs. 1 S. 1 Alt. 2 HSOG), denn durch Privatpersonen kann unmittelbarer Zwang im Sinne des Polizeirechts niemals ausgeübt werden.

Bsp.: Eine Straßenbarrikade wird durch ein beauftragtes Bauunternehmen beseitigt. Hier handelt es sich um eine Ersatzvornahme in ihrer Variante der Fremdvornahme.

116 Von einer **Ersatzvornahme** in ihrer Variante der Selbstvornahme (§ 49 Abs. 1 S. 1 Alt. 1 HSOG) ist auszugehen, wenn die Behörde den beabsichtigten **Handlungserfolg selbst unmittelbar herbeiführt**,[173] ohne die Sache dabei zu beschädigen.

Bsp.: Der Besitzer eines freilaufenden aggressiven Hundes weigert sich, diesen anzuleinen. Um die Gefahr zu beseitigen, fangen herbeigerufene Polizeibeamte das Tier ein. Hier handelt es sich um eine Ersatzvornahme in ihrer Variante der Selbstvornahme.

117 Führt die Maßnahme zu einer **Beschädigung der Sache** oder/und werden **Hilfsmittel der körperlichen Gewalt** (§ 55 Abs. 3 HSOG) oder **Waffen** (§ 55 Abs. 4 HSOG) eingesetzt, so liegt stets **unmittelbarer Zwang** vor.[174]

Bsp.: Der Besitzer eines freilaufenden aggressiven Hundes weigert sich, diesen anzuleinen. Herbeigerufene Polizeibeamte versuchen, das Tier einzufangen, doch das gelingt nicht. Als der Hund eine Frau angreift, wird er von den Beamten erschossen. Hier liegt unmittelbarer Zwang vor.

---

171 Siehe dazu im Hinblick auf den Schusswaffengebrauch auch § 60 Abs. 4 S. 1 HSOG.
172 VG Berlin, Beschl. v. 21.9.2023, 1 L 363/23; VG Schwerin, Urt. v. 28.2.2018, 7 A 550/17 SN, Rn. 16 (juris); VG Gelsenkirchen, Urt. v. 19.9.2017, 17 K 5544/15, Rn. 157 (juris); Erichsen/Rauschenberg, Jura 1998, 31/37; Schoch, JuS 1995, 307/309.
173 Vgl. Muckel, JA 2012, 272/278 f.; Schoch, JuS 1995, 307/309; Kjellsson, S. 113.
174 Vgl. Kjellsson, S. 114.

Fischer

dd) Verbot der Anwendung unmittelbaren Zwangs zur Abgabe einer Erklärung

Unmittelbarer Zwang zur **Abgabe einer Erklärung** ist unzulässig (§ 52 Abs. 2 HSOG). Dieses Verbot gilt uneingeschränkt und konkretisiert einfachgesetzlich die Unantastbarkeit der Menschenwürde (Art. 1 Abs. 1 S. 1 GG), das Misshandlungsverbot (Art. 104 Abs. 1 S. 2 GG) und das Folterverbot (Art. 3 EMRK). Der Mensch, auch ein Mensch, der Leib und Leben anderer Menschen bedroht, soll nicht „als Träger von Wissen behandelt werden können, das der Staat aus ihm herauspressen will, und sei es auch im Dienste der Gerechtigkeit".[175] Das Zwangsrecht (Sekundärebene) spiegelt hier die Primärebene, denn verbotene Vernehmungsmethoden nach § 136a StPO dürfen (auch) bei präventiv-polizeilichen Befragungen nicht eingesetzt werden (§ 12 Abs. 4 HSOG). Das Verbot des § 52 Abs. 2 HSOG umfasst auch eine entsprechende **Androhung**, denn angedroht werden dürfen nur Zwangsmittel, die auch tatsächlich zur Anwendung kommen dürfen.[176] Erklärungs- bzw. Auskunftspflichten können folglich nur mit dem **Zwangsgeld** (§ 50 HSOG) durchgesetzt werden.

Bsp.: Ein Kind wird entführt. Die Polizei fasst eine Person, die den Aufenthaltsort des Kindes offensichtlich kennt, sich aber weigert, diesen zu nennen. Daraufhin droht ein Polizeibeamter der Person erhebliche Schmerzen an, wenn sie den Aufenthaltsort des Entführungsopfers nicht preisgibt. Die Androhung verstößt gegen § 52 Abs. 2 und gegen § 12 Abs. 4 HSOG.[177]

ee) Die Kostentragungspflicht bei Maßnahmen des unmittelbaren Zwangs

Entstehen bei der (präventiven) – rechtmäßigen[178] – Anwendung des unmittelbaren Zwangs **Kosten**, sind die Verantwortlichen (§§ 6, 7 HSOG) **zum Ersatz verpflichtet**.[179] Die Kosten sind nach dem Hessischen Verwaltungskostengesetz (HVwKostG) zu erheben und setzen sich nach § 1 Abs. 1 S. 1 HVwKostG aus (Verwaltungs-)Gebühren und Auslagen zusammen. Diese Kostentragungspflicht folgt aus **§ 52 Abs. 1 S. 3 HSOG**, der auf § 8 Abs. 2 HSOG verweist. Die Kostentragungspflicht ist von einer Kostenerhebungspflicht zu unterscheiden;[180] die Kostenerhebung steht grundsätzlich im **Ermessen** der Behörde.[181]

Auf die Kostentragungspflicht kann bereits in der grundsätzlich erforderlichen **Androhung** des unmittelbaren Zwangs (§§ 48 Abs. 2, 53, 58 HSOG)[182] **hingewiesen** werden. Auch dieser Hinweis kann der Willensbeugung der pflichtigen Person und damit der effektiven Rechtsdurchsetzung dienen,[183] indem er den psychischen Druck auf den Pflichtigen erhöht, den zugrundeliegenden Verwaltungsakt doch noch zu befolgen.

Bsp.: Demonstrierende errichten eine Sitzblockade auf einer Ausfallstraße. Nach Auflösung der Versammlung werden die Demonstrierenden von der Polizei dazu aufgefordert, die Blockade zu beenden und die Fahrbahn zu verlassen (Platzverweis). Kommen die Demonstrierenden der Aufforderung nicht nach, kann die gewaltsame Durchsetzung des Platzverweises angedroht und dies mit dem Hinweis verbunden werden, dass die Demonstrierenden die Kosten der Zwangsmaßnahme zu tragen haben.

---

175 LG Frankfurt/Main, NJW 2005, 692/694 (Fall Daschner).
176 Dazu näher oben Kap. J Rn. 69.
177 LG Frankfurt/Main, NJW 2005, 692/693 (Fall Daschner); instruktiv dazu die Urteilsbesprechung von Kudlich, JuS 2005, 376 ff.
178 VGH Mannheim, Urt. v. 3.5.2021, 1 S 512/19, Rn. 31 (juris).
179 Zur Bedeutung und zum verfassungsrechtlichen Rahmen von Regelungen zur Kostentragungspflicht bei der Anwendung unmittelbaren Zwangs näher Fischer, Schriftliche Stellungnahme vom 11.9.2024 zum Entwurf eines Gesetzes zur Änderung des Niedersächsischen Polizei- und Ordnungsbehördengesetzes, LT-Drs. 19/3369 = Niedersächsischer Landtag, Vorlage 8 zu Drs. 3369, S. 2 ff.
180 Reimer, in: Hermes/Reimer, § 5 Rn. 274.
181 Reimer, in: Hermes/Reimer, § 5 Rn. 274; Mühl/Fischer, in: BeckOK PolR Hessen, 33. Ed. 1.6.2024, HSOG, § 8 Rn. 21.
182 Zur Androhung näher Kap. J Rn. 66 ff.
183 Zu diesem (zulässigen) Zweck der Kostentragungspflicht Schenke, NJW 1983, 1882/1888.

ff) Die Pflicht zur Hilfeleistung für verletzte Personen

121 Führt die Anwendung unmittelbaren Zwangs zu **Verletzungen** von Personen, sind die Beamten dazu **verpflichtet, Beistand zu leisten** und **ärztliche Hilfe zu verschaffen** (§ 57 HSOG). Es genügt also nicht, erforderlichenfalls den Rettungswagen zu rufen; vielmehr müssen die Beamten auch selbst so kompetent wie möglich **Erste Hilfe** leisten und damit die **Erstversorgung** sicherstellen.[184] Der konkrete Hilfebedarf richtet sich naturgemäß nach Art und Schwere der Verletzung.

122 Auch wenn grundsätzlich nicht davon auszugehen ist, dass aus einer Zwangsanwendung Verletzungen resultieren, aber ausnahmsweise Gesundheitsschäden auftreten können, besteht eine – abgeschwächte – Pflicht zur Beistands- und Hilfeleistung. So sind Personen, die mit **Pfefferspray** besprüht werden – ein Eingriff in das Grundrecht auf körperliche Unversehrtheit aus Art. 2 Abs. 2 S. 1 Alt. 2 GG[185] –, bis zum erkennbaren Nachlassen der Wirkung des Reizstoffes (siehe § 55 Abs. 4 S. 1 HSOG) möglichst zu **beobachten**, um im Fall auftretender Komplikationen erforderlichenfalls ärztliche Hilfe anfordern zu können.

123 Die Pflicht zur Beistands- und Hilfeleistung stellt eine besondere Verfahrens- und Formvorschrift dar und besteht, soweit „die Lage es zulässt" (§ 57 HSOG). Das bedeutet, dass grundsätzlich **sofort gehandelt werden muss**, die Beistands- und Hilfeleistung aber einstweilen zurücktreten darf, solange etwa von der verletzten Person noch eine erhebliche Gefahr ausgeht. Die Pflicht zur Beistands- und Hilfeleistung hat im Zweifel Vorrang vor der Strafverfolgung.[186] Insgesamt sind die Umstände des Einzelfalls maßgeblich. Wenn die Person bei vergleichsweise geringfügigen Verletzungen ausdrücklich erklärt, selbst einen Arzt aufsuchen zu wollen oder ausdrücklich auf ärztliche Behandlung verzichten will, kann von der Verschaffung ärztlicher Hilfe abgesehen werden.

gg) Die Regelungen zur Art und Weise der Anwendung unmittelbaren Zwangs in §§ 54–63 HSOG

124 Während die Befugnisnormen **§§ 47 Abs. 1 und 2 HSOG** bestimmen, unter welchen Voraussetzungen Zwang überhaupt zur Anwendung kommen darf und **§ 52 Abs. 1 S. 1 HSOG** als Befugnisnorm des unmittelbaren Zwangs bestimmt, wann dieses Zwangsmittel (im Unterschied zu den anderen beiden Zwangsmitteln) in Betracht kommt, regeln die **§§ 54–63 HSOG** die **Art und Weise** der Anwendung des unmittelbaren Zwangs (§ 52 Abs. 1 S. 2 HSOG). Diesbezüglich bestimmt das Gesetz insbesondere, dass **drei** verschiedene **Formen der körperlichen (physischen) Gewalt** möglich sind. Sie kann (1) unter dem Einsatz (nur) **eigener Körperkräfte**, (2) mit **Hilfsmitteln** wie beispielsweise Fesseln (§ 55 Abs. 3 HSOG) oder (3) mit **Waffen**, etwa der Dienstwaffe (§ 55 Abs. 4 HSOG), ausgeübt werden.

hh) Die Anwendung repressiven Zwangs nach Maßgabe der §§ 55–62 HSOG

125 Die Normen des HSOG über die **Art und Weise** der Anwendung des unmittelbaren Zwangs (§§ 55–62 HSOG) sind auch bei der Durchsetzung **strafprozessualer Maßnahmen** zu beachten. Das kann durchaus verwundern. Denn nach der gesetzlich vorgegebenen grundsätzlichen Trennung zwischen Gefahrenabwehr und Strafverfolgung ist eine umfassende und abschließende Regelung der Möglichkeiten des **repressiven** unmittelbaren **Zwangs** in der **StPO** zu erwarten. **Befugnisnormen**, die den (unmittelbaren) Zwang den §§ 47 Abs. 1 oder 2 und 52 Abs. 1 S. 1

---

184 Zum entsprechenden Handlungsspektrum näher Roelecke/Voller.
185 VG Kassel, Urt. v. 12.10.2022, 6 K 1915/19.KS.
186 Fredrich, HSOG, § 57 Rn. 2.

VIII. Die drei Zwangsmittel

HSOG entsprechend allgemein regeln, kennt die StPO aber nicht. Auch in den einzelnen Ermittlungsbefugnissen wird die Möglichkeit der Zwangsanwendung allenfalls angedeutet (§ 81b StPO: „gegen seinen Willen"). Und Normen zur zulässigen **Art und Weise** der Zwangsanwendung fehlen völlig.[187]

Diese aus rechtsstaatlicher Perspektive problematischen Leerstellen[188] werden zum einen dahingehend ausgefüllt, dass man die **Befugnis** zum unmittelbaren Zwang als **in den StPO-Maßnahmen** implizit **enthalten** verstehen will. Zum anderen hat der Landesgesetzgeber in § 3 Abs. 3 HSOG bestimmt, dass bei der „Erforschung und Verfolgung von Straftaten" und auch von Ordnungswidrigkeiten „die Vorschriften der §§ 55–62 HSOG über die **Art und Weise** der Anwendung unmittelbaren Zwanges anzuwenden" sind, „soweit die Strafprozessordnung keine abschließende Regelungen enthält".[189] So wird etwa für die in diesem Zusammenhang praktisch wichtige repressiv-polizeiliche **Festnahme** die Befugnis zur Anwendung unmittelbaren Zwangs direkt aus **§ 127 Abs. 1 und 2 StPO** herausgelesen, während die Frage, wie und in welchem Umfang im konkreten Fall einer Festnahme Gewalt ausgeübt werden darf – in Form von „einfacher" körperlicher Gewalt, durch Hilfsmittel der körperlichen Gewalt, durch Waffen oder sogar durch den Gebrauch von Schusswaffen – nach den **§§ 55–62 HSOG** und selbstverständlich unter Beachtung des Verhältnismäßigkeitsprinzips bestimmt werden muss.[190] Aus **§ 58 HSOG** in Verbindung mit dem Verhältnismäßigkeitsprinzip folgt dementsprechend, dass auch repressiver unmittelbarer Zwang vor seiner Anwendung grundsätzlich **anzudrohen** ist.[191] Dass der repressive Zwang tatsächlich (auch) im HSOG geregelt wird, zeigen schließlich Normen wie § 59 Hs. 2 Nr. 2 HSOG – dort geht es um das **Fesseln** zur Verhinderung der **Flucht** – und § 61 Abs. 1 Nr. 3 HSOG – dort geht es um den **Schusswaffengebrauch** zur Ermöglichung der **Festnahme** einer Person.

b) Der Einsatz „einfacher" körperlicher Gewalt

Unter „einfacher" körperlicher Gewalt versteht das Gesetz jede unmittelbare körperliche Einwirkung auf Personen oder Sachen (§ 55 Abs. 2 HSOG), ohne dass dabei Hilfsmittel oder Waffen verwendet werden. Es geht also um den **Einsatz** (nur) **eigener Körperkräfte**.[192] Beispiele zulässiger „einfacher" körperlicher Gewalt sind das Festhalten, Wegführen oder Abdrängen von Personen – auch mittels des so genannten Polizeigriffs, Faustschläge, das Wegschieben oder Wegtragen von Personen oder Sachen und das Eintreten einer Tür oder das Einschlagen einer Fensterscheibe.[193] Auch der Einsatz „einfacher" körperlicher Gewalt kann zu **schwersten Grundrechtseingriffen** führen, so etwa das Anspringen und Zu-Fall-Bringen oder das Würgen einer Person.[194]

Zwang so grundrechtsschonend wie möglich auszuüben, bedeutet nicht, dass die unbedingte **Akzessorietät der Zwangsmaßnahme** ignoriert werden muss. Der Vollstreckung kommt bekanntlich gegenüber der Anordnung eine ausschließlich dienende Funktion zu; die Zwangsausübung hat sich einzig und allein an dem durchzusetzenden (fiktiven) Grundverwaltungsakt auszurichten.[195] Beispielsweise kann die Behörde eine Person nach § 31 Abs. 1 S. 1 HSOG

---

187 Siehe aber § 81c Abs. 6 S. 2 StPO: „Unmittelbarer Zwang darf nur auf besondere Anordnung des Richters angewandt werden."
188 Auf diesbezügliche Regelungsdefizite hat bereits Rasch, DVBl. 1980, 1017/1023 f., hingewiesen.
189 Beachte dazu auch Nr. 3.3 VVHSOG und § 54 Abs. 1 HSOG mit Nr. 54.0 VVHSOG.
190 Instruktiv dazu OLG Karlsruhe, Urt. v. 18.6.2015, 9 U 23/14, Rn. 20 ff. (juris); das dort beschriebene Zusammenspiel von Bundesrecht (StPO) und Landespolizeirecht ist auf die hessische Rechtslage übertragbar.
191 So zutreffend OLG Karlsruhe, Urt. v. 18.6.2015, 9 U 23/14, Rn. 30 (juris).
192 Bäuerle, in: BeckOK PolR Hessen, 33. Ed. 1.6.2024, HSOG, § 55, Rn. 13.
193 Zur Abgrenzung des unmittelbaren Zwangs zur Ersatzvornahme siehe oben Kap. J Rn. 114 ff.
194 Dazu BGH, Urt. v. 10.2.2000, 4 StR 558/99.
195 Dazu näher oben Kap. J Rn. 42 f.

Fischer

von einem Ort „verweisen" (Platzverweis). Das bedeutet, dass die betroffene Person dazu verpflichtet ist, den betreffenden Ort zu verlassen – und zwar selbstständig, also auf eigenen Füßen gehend. Weigert sich die Person, verlangt die Verhältnismäßigkeit der Maßnahme nicht, sie wegzutragen, ihr also aus der Anordnungsperspektive betrachtet überobligatorisch den Bewegungsvorgang abzunehmen. Eine allgemeine **Wegtragepflicht besteht** schon deshalb **nicht**. Muss eine Ortsveränderung zwangsweise durchgesetzt werden, ist es grundsätzlich verhältnismäßig, die Person wegzuziehen oder wegzuschieben, erforderlichenfalls etwa den so genannten **Polizeigriff** anzuwenden, die pflichtige Person weiterzuschieben und den Griff zu verstärken, wenn sie sich gegen die Fortbewegung stemmt.

129 Die Zufügung von **Schmerzen** – beispielsweise durch so genannte **Schmerzgriffe** mittels Nervendrucktechniken oder Hebel- bzw. Beugetechniken, die zu schweren Eingriffen in das Grundrecht auf körperliche Unversehrtheit aus Art. 2 Abs. 2 S. 1 Alt. 2 GG führen können – darf allerdings **nicht Selbstzweck** sein, sondern kommt nur insoweit in Betracht, als die Rechtsdurchsetzung diese erforderlich macht.[196]

c) Der Einsatz nicht näher geregelter Hilfsmittel der körperlichen Gewalt

130 Hilfsmittel der körperlichen Gewalt gem. § 55 Abs. 1 und Abs. 2 HSOG sind Gegenstände, welche die menschliche Körperkraft unterstützen, ergänzen oder verstärken, ohne Waffen zu sein; für Letztere gilt § 55 Abs. 4 HSOG. **Fesseln, Wasserwerfer, technische Sperren, Diensthunde, Dienstpferde, Dienstfahrzeuge** sowie zum Sprengen bestimmte explosionsfähige Stoffe (Sprengmittel) werden in § 55 Abs. 2 HSOG beispielhaft („insbesondere") als zulässige Hilfsmittel der körperlichen Gewalt genannt. Die Aufzählung ist also nicht abschließend. So sind etwa auch **Nachschlüssel** oder **Brechstangen** als zulässige Hilfsmittel anzusehen.[197] Als einziges Hilfsmittel wird die **Fesselung** in § 59 HSOG näher geregelt.[198]

131 Der Einsatz von **Wasserwerfern** kommt insbesondere dann in Betracht, wenn eine unfriedliche Menschenmenge aufgelöst werden soll.[199] **Technische Sperren** dienen dem Absperren von Straßen, Plätzen oder anderen Orten; hierzu können beispielsweise Fahrzeuge, Container, Sperrgitter, Sperrzäune, Seile, Stacheldraht, Nagelböden oder Nagelbänder eingesetzt werden.[200] **Diensthunde** und **Dienstpferde** müssen für ihre polizeilichen Aufgaben besonders abgerichtet sein und dürfen nur von besonders ausgebildeten Polizeivollzugsbeamtinnen oder -beamten eingesetzt werden.[201] Ein **Diensthund** muss zunächst auf Abstand („passiv") eingesetzt werden. Erst wenn die Drohkulisse des Tieres nicht wirkt, kann eine direkte, aber durch den Hundeführer stets kontrollierte Konfrontation mit der pflichtigen Person zur Rechtsdurchsetzung zulässig sein, die zu einem Hundebiss führen kann.[202] **Dienstfahrzeuge** können nicht nur als technische Sperren eingesetzt werden, sondern kommen beispielsweise auch als Hilfsmittel zur Räumung von Straßen, Plätzen oder anderen Orten[203] oder zum Abdrängen von Personen, Tieren oder anderen Fahrzeugen[204] in Betracht. **Sprengmittel** dürfen, wie aus § 61 Abs. 3 HSOG folgt, nur gegen Sachen und damit auch gegen Tiere,[205] nicht aber gegen Personen angewendet werden.

---

196 Vgl. OVG Nds., Urt. v. 28.10.2016, 11 LB 209/15; VG Kassel, Urt. v. 12.10.2022, 6 K 1915/19.KS.
197 Vgl. Nr. 55.3.1 VVHSOG.
198 Dazu unten Kap. J Rn. 133 ff.
199 Vgl. Nr. 55.3.3 VVHSOG.
200 Vgl. Nr. 55.3.4 VVHSOG.
201 Vgl. Nr. 55.3.5 VVHSOG und VG Lüneburg, Urt. v. 27.7.2004, 3 A 124/02, Rn. 37 (juris).
202 Dazu instruktiv VG Lüneburg, Urt. v. 27.7.2004, 3 A 124/02, Rn. 39 ff. (juris) einerseits und OLG Karlsruhe, Urt. v. 18.6.2015, 9 U 23/14, Rn. 22 ff. (juris) andererseits.
203 Vgl. Nr. 55.3.6 VVHSOG.
204 Die Problematik des Rammens von Fahrzeugen thematisiert LG Köln, Urt. v. 27.2.2018, 5 O 487/14, Rn. 45.
205 Gem. § 7 Abs. 1 S. 2 HSOG sind die für Sachen geltenden Vorschriften auch auf Tiere anzuwenden.

Wie alle Formen des unmittelbaren Zwangs müssen auch Einsätze von Hilfsmitteln der körperlichen Gewalt **verhältnismäßig** sein. Da ihre Kraft- und damit Eingriffswirkung regelmäßig größer ist als die der „einfachen" körperlichen Gewalt, kommen Hilfsmittel grundsätzlich erst dann in Betracht, wenn eine effektive Rechtsdurchsetzung durch „einfache" körperliche Gewalt nicht gelingen kann.[206]

132

d) Die Fesselung von Personen

Die **Fesselung** von Personen wird als einziges Hilfsmittel der körperlichen Gewalt in § 59 HSOG näher geregelt. Als **Fesseln** gem. § 55 Abs. 3 HSOG kommen nicht nur die zur dienstlichen Ausrüstung zählenden Stahlhandschellen, sondern auch Einweg-Handschellen, Fußfesseln und sonstige Fesselungsmittel wie Stricke oder Bänder in Betracht. In der Regel geht es um eine **Handfesselung**; dabei sind „die Arme auf dem Rücken mit den Handflächen nach außen" zu fesseln.[207]

133

Jede Fesselung von Personen begründet einen Eingriff in das Grundrecht der **Freiheit der Person** aus Art. 2 Abs. 2 S. 2 GG. Ob es sich dabei um eine Freiheitsbeschränkung (Art. 104 Abs. 1 GG) oder um eine Freiheitsentziehung (Art. 104 Abs. 2 GG) handelt, hängt vom konkreten Einzelfall, insbesondere von der Art und Weise der Fesselung und ihrer zeitlichen Dauer ab. Geht man mit dem Bundesverfassungsgericht davon aus, dass eine Freiheitsentziehung nur dann vorliegt, wenn durch eine staatliche Maßnahme die körperliche Bewegungsfreiheit nach jeder Richtung hin aufgehoben wird,[208] so spricht dies dafür, die **Handfesselung** im Regelfall als **Freiheitsbeschränkung** zu bewerten,[209] denn sie lässt ein weiteres Fortbewegen mit den Füßen grundsätzlich zu. Der Richtervorbehalt des Art. 104 Abs. 2 GG greift insoweit also nicht.

134

Nicht jede Fesselung begründet einen Eingriff in das Grundrecht auf **körperliche Unversehrtheit** aus Art. 2 Abs. 2 S. 1 Alt. 2 GG;[210] allerdings können Handschellen auch bei sachgerechter Handhabung zu Verletzungen der Handgelenke führen.[211] Insoweit kommt es auf den konkreten Einzelfall an. Nach den Umständen des Einzelfalls richtet sich auch, ob und inwieweit die Fesselung zudem einen Eingriff in das **allgemeine Persönlichkeitsrecht** aus Art. 2 Abs. 1 iVm Art. 1 Abs. 1 GG bedeutet. Problematisch ist das Fesseln einer Person oder ihr Ab- oder Vorführen mit Handschellen in der Öffentlichkeit, denn Augenzeugen gehen regelmäßig davon aus, dass es sich bei der betreffenden Person um eine besonders gefährliche und/oder kriminelle Person handelt. Diese Wahrnehmung führt nach der Rechtsprechung des Bundesverfassungsgerichts zu einer **Stigmatisierung**, die „einen bereits für sich genommen gewichtigen Eingriff" in das allgemeine Persönlichkeitsrecht begründen kann.[212]

135

Ungeachtet der Anzahl der konkret betroffenen Grundrechte ist nach einem Urteil des Bundesverwaltungsgerichts mit **jeder (Hand-)Fesselung** „schon für sich genommen" ein „**äußerst schwerwiegende[r] Grundrechtseingriff**" in das Grundrecht der Freiheit der Person aus Art. 2 Abs. 2 S. 2 GG verbunden[213] – unabhängig auch von der zeitlichen Dauer der Maßnahme. Sind weitere Grundrechte tangiert, liegt ein noch schwererer Eingriff vor. Aus Gründen der

136

---

206 Vgl. OLG Karlsruhe, Urt. v. 18.6.2015, 9 U 23/14, Rn. 31 (juris).
207 So Nr. 59.2 VVHSOG.
208 BVerfG, Urt. des Zweiten Senats v. 24.7.2018, 2 BvR 309/15, Rn. 67 mwN.
209 So auch VGH München, Urt. v. 20.3.2015, 10 B 12.2280, Rn. 88.
210 Vgl. VGH Mannheim, Urt. v. 18.11.2021, 1 S 803/19, Rn. 85 f. (juris); bestätigend BVerwG, Urt. v. 27.3.2024, 6 C 1.22, Rn. 88 (juris).
211 Vgl. OVG NRW, Beschl. v. 29.8.2024, 5 A 2042/23, Rn. 41.
212 BVerfG, Beschl. der 3. Kammer des Zweiten Senats v. 3.8.2011, 2 BvR 1739/10, Rn. 23.
213 BVerwG, Urt. v. 27.3.2024, 6 C 1.22, Rn. 72 (juris); vgl. auch VGH München, Urt. v. 20.3.2015, 10 B 12.2280, Rn. 95, der (nur) von einem „schweren Eingriff" in die persönliche Freiheit spricht. Das VG Karlsruhe nimmt für jede Handfesselung einen „starken Eingriff sowohl in die Freiheit der Person nach Art. 2 Abs. 2 S. 2

Verhältnismäßigkeit und ggf. im Hinblick auf Art. 104 Abs. 2 GG muss nicht zuletzt der **Dauer der Fesselung** ein besonderes Augenmerk gelten; ihr kommt bei der Bewertung der Intensität des konkreten Grundrechtseingriffs besondere Bedeutung zu.[214]

137 Schon angesichts dieser hohen Grundrechtsrelevanz, aber auch wegen der großen praktischen Bedeutung der Maßnahme ist es nachvollziehbar, dass die Fesselung von Personen in **§ 59 HSOG** besonders geregelt wird. In dieser Norm kann – wie schon die §§ 52 Abs. 1 S. 2 und 54 Abs. 1 HSOG zeigen – aber **keine Befugnisnorm** gesehen werden,[215] sondern sie zählt zu den Bestimmungen, welche die Art und Weise der Zwangsanwendung regeln. Deshalb setzt die materielle Rechtmäßigkeit einer jeden Fesselung (und aller anderen Zwangsmittel) zunächst voraus, dass Zwang gem. § 47 Abs. 1 oder Abs. 2 HSOG überhaupt zulässig ist und verlangt sodann, dass unmittelbarer Zwang angewendet werden darf (so ausdrücklich auch § 59 Hs. 1 HSOG); die diesbezügliche Befugnisnorm des allgemeinen Polizeirechts ist § 52 Abs. 1 S. 1 HSOG.[216] Zu beachten ist ferner, dass die Fesselung als eine Form des unmittelbaren Zwangs gem. §§ 48 Abs. 2, 53, 58 HSOG grundsätzlich **angedroht** werden muss.[217] Dieses Erfordernis gerät in der polizeilichen Praxis nicht selten aus dem Blick.

> **Bsp.:** Nach Beendigung einer körperlichen Auseinandersetzung zwischen zwei Männern droht ein Polizeibeamter: „Verhalten Sie sich ruhig, sonst werden wir Sie fesseln!"

Ein **aggressives Vorverhalten** insbesondere gegenüber Polizeibeamten kann die Gefahr (weiterer) gewaltsamer Übergriffe und damit die **Entbehrlichkeit einer Androhung** nach § 58 Abs. 1 S. 2 HSOG begründen.

138 Jede rechtmäßige Fesselung setzt voraus, dass (beweisbare!) **Tatsachen** die Annahme rechtfertigen, dass alternativ eine der in **§ 59 Hs. 2 Nr. 1–3 HSOG** genannten Voraussetzungen vorliegen; Vermutungen reichen nicht aus. Demnach müssen Tatsachen dafür sprechen, dass die betreffende Person entweder Menschen angreifen, Widerstand gegen Polizeivollzugsbeamtinnen oder -beamte leisten oder Sachen beschädigen wird (Nr. 1), fliehen wird oder befreit werden soll (Nr. 2) oder sich töten oder verletzen wird (Nr. 3). **Positive Kenntnis** hinsichtlich einer dieser Absichten ist oft nicht möglich, aber auch **nicht** erforderlich.

139 Widerstand iSd § 59 Hs. 2 Nr. 1 HSOG setzt **aktiven Widerstand** voraus, wie ihn auch § 113 StGB verlangt; passives Verhalten wie ein bloßes Stehen- oder Sitzenbleiben genügt insoweit nicht.[218] Das **aggressive Vorverhalten** einer Person kann eine Tatsache bedeuten, die dafürspricht, dass mit (weiteren) gewaltsamen Übergriffen zu rechnen ist[219] und insoweit eine Fesselung gem. § 59 Hs. 2 Nr. 1 HSOG rechtfertigen; ein sich nur in verbalen Aggressionen (Beleidigungen) äußerndes Vorverhalten genügt in der Regel nicht.[220]

140 Die beschriebene hohe Grundrechtsrelevanz verlangt nicht nur eine sorgfältige Prüfung der in § 59 Hs. 2 HSOG genannten Voraussetzungen, sondern auch eine gewissenhafte Prüfung der **Verhältnismäßigkeit** einer Fesselung. Verhältnismäßig muss nicht nur die Entscheidung für die Fesselung als solche und über ihrer Dauer sein, sondern auch die Entscheidung hinsichtlich der Art und Weise der Maßnahme. So muss insbesondere auf ein möglichst **schmerz- und**

GG als auch in das allgemeine Persönlichkeitsrecht nach Art. 2 Abs. 1 GG iVm Art. 1 Abs. 1 GG" an (Urt. v. 10.12.2018, 1 K 6428/16, Rn. 89 (juris)).
214 BVerwG, Urt. v. 27.3.2024, 6 C 1.22, Rn. 72 (juris).
215 Vgl. Bäuerle, in: BeckOK PolR Hessen, 33. Ed. 1.6.2024, HSOG, § 54, Rn. 3 f.
216 Dazu oben Kap. J Rn. 112.
217 Zur Androhung näher Kap. J Rn. 66 ff.
218 Vgl. Nr. 59.1 VVHSOG.
219 VGH Mannheim, Urt. v. 18.11.2021, 1 S 803/19, Rn. 82 f. (juris).
220 Vgl. VGH München, Urt. v. 20.3.2015, 10 B 12.2280, Rn. 101.

Fischer

VIII. Die drei Zwangsmittel

verletzungsfreies Vorgehen geachtet werden,[221] und ein **öffentlichkeitswirksames Abführen oder** gar **Vorführen** der gefesselten Person sollte **vermieden** werden.

e) Der Einsatz nicht näher geregelter Waffen

Als zulässige **Waffen** sieht § 55 Abs. 4 S. 1 HSOG ausdrücklich **Reiz- oder Betäubungsstoffe** an. Unter die „Reizstoffe" fallen neben dem **Pfefferspray** auch das **Tränengas** (CS-Reizgas[222]). Andere Landespolizeigesetze ordnen die Reiz- und Betäubungsstoffe den Hilfsmitteln der körperlichen Gewalt zu.[223] Darüber hinaus nennt § 55 Abs. 4 S. 1 HSOG den **Schlagstock** als zulässige Hiebwaffe. Als zulässige **Schusswaffen** führt § 55 Abs. 4 S. 1 HSOG Pistolen, Revolver, Gewehre und Maschinenpistolen an. Damit sind nicht alle möglichen (Schuss-)Waffen zugelassen, wie § 55 Abs. 5 HSOG zeigt, der von weiteren **besonderen Waffen** spricht, die der Bundespolizei vorbehalten sind. Das HSOG bezeichnet diese – eingriffsintensiveren – besonderen Waffen nicht näher; darunter sollen jedenfalls Maschinengewehre und Handgranaten fallen.[224]

141

Nur der **Gebrauch von Schusswaffen** wird in den §§ 60–62 HSOG näher bestimmt. Hinsichtlich der anderen zugelassenen Waffen, für die nähere Regelungen im HSOG fehlen, ergeben sich die konkreten Anwendungsvoraussetzungen vor allem aus dem **Verhältnismäßigkeitsprinzip**. Alle nach § 55 Abs. 4 HSOG zugelassenen Waffen sind grundsätzlich erst dann einzusetzen, wenn eine effektive Rechtsdurchsetzung durch die prinzipiell als grundrechtsschonender anzusehende „einfache" körperliche Gewalt und die Hilfsmittel der körperlichen Gewalt nicht gelingen kann; auch das folgt aus dem Verhältnismäßigkeitsprinzip. Allerdings gilt insoweit **keine strenge** bzw. formale **Subsidiarität des Waffengebrauchs**. Entscheidend sind die Umstände des Einzelfalls; die Art und Weise des konkreten Zwangsmitteleinsatzes spielt eine wichtige Rolle. Zu berücksichtigen ist, dass bestimmte Hilfsmittel der körperlichen Gewalt zu schwereren Grundrechtseingriffen führen können als in § 55 Abs. 4 S. 1 HSOG genannte Waffen,[225] wenn man beispielsweise den Einsatz von Pfefferspray dem Einsatz eines beißenden Diensthundes gegenüberstellt. Für den Einsatz von **Schusswaffen** bleiben auch insoweit die besonderen Bestimmungen der §§ 60–62 HSOG maßgeblich.

142

Pfefferspray oder/und **Schlagstock** kommen nur dann in Betracht, wenn besonders hartnäckiger oder gewaltsamer Widerstand zu brechen ist.[226] Sofern Schläge mit dem **Schlagstock** zur konkreten Rechtsdurchsetzung als solche nicht nur geeignet, sondern auch erforderlich und angemessen sind, sollen diese „gegen Arme und Beine gerichtet werden, um schwerwiegende Verletzungen zu vermeiden".[227] Gezielte **Schläge gegen Kopf, Nierengegend oder Unterleib** sind wegen des hohen Risikos irreversibler Schäden grundsätzlich **unzulässig**. An dieser Stelle sei im Übrigen noch einmal an ein anschauliches Beispiel aus einem älteren Polizeirechtslehrbuch erinnert, das nicht nur die strenge Akzessorietät eines jeden Schlagstockeinsatzes, sondern jeder Zwangsmaßnahme gegenüber dem (fiktiven) Grundverwaltungsakt verdeutlicht: „Ein Polizeibeamter ist bei einem sich widersetzenden Störer gezwungen, den Polizeiknüppel zu

143

---

221 Vgl. Nr. 59.2 VVHSOG.
222 Die Rechtmäßigkeit einer konkreten Anwendung des CS-Reizgases hat der VGH München festgestellt (Urt. v. 16.5.1988, 21 B 87.02889).
223 Siehe etwa § 69 Abs. 3 NPOG, § 58 Abs. 3 PolG NRW.
224 Fredrich, HSOG, § 55 Rn. 9.
225 Vgl. Ley, in: Ley/Burkart, S. 76.
226 VG Gelsenkirchen, Urt. v. 19.9.2017, 17 K 5544/15, Rn. 174 ff.(juris).
227 So Nr. 55.4.3 VVHSOG.

Fischer

gebrauchen. Mit dem dritten Hieb hat er sein Ziel erreicht. Ein vierter Schlag wäre somit eine Überschreitung seiner Befugnis."[228]

144 Das Bundesverfassungsgericht leitet aus dem Demokratie- (Art. 20 Abs. 1 und 2 GG) und dem Rechtsstaatsprinzip (Art. 20 Abs. 3 GG) ab, dass die Regelung bedeutsamer („wesentlicher") Rechtsfragen, insbesondere auch solcher, die für die Verwirklichung der Grundrechte entscheidend sind, hinreichend durch Parlamentsgesetze geregelt werden müssen (sogenannte Wesentlichkeitstheorie).[229] Vor diesem Hintergrund ist es schon nicht unproblematisch, dass das HSOG den Einsatz von eingriffsintensiven Hilfsmitteln der körperlichen Gewalt (zB von Diensthunden) mit Ausnahme der Fesselung und auch die Verwendung von eingriffsintensiven explizit zugelassenen Waffen (Reiz- und Betäubungsstoffe, Schlagstock) mit Ausnahme der Schusswaffen nicht näher regelt. Noch kritischer muss gesehen werden, dass § 55 Abs. 4 S. 2 Hs. 1 HSOG bestimmt, dass **andere Waffen** als die in § 55 Abs. 1 S. 1 HSOG ausdrücklich genannten **durch Verwaltungsvorschriften zugelassen** werden können. Damit ist noch nicht einmal eine parlamentsgesetzliche Nennung von Einsatzmitteln erforderlich, die zu schwersten Grundrechtseingriffen führen können. Insoweit unterscheidet sich das HSOG von den Polizeigesetzen zahlreicher anderer Bundesländer. Die Zulassung des als Waffe anzusehenden[230] **Distanz-Elektroimpulsgeräts** (DEIG)[231] – auch **Taser** genannt – allein durch Verwaltungsvorschriften schafft also große Rechtsunsicherheiten, so sinnvoll die Ausstattung der Polizei mit dieser Waffe zur **Vermeidung des Schusswaffengebrauchs** auch sein mag.[232] Die in § 55 Abs. 4 S. 2 Hs. 2 HSOG getroffene Regelung, dass andere Waffen „keine größeren Wirkungen" als die in § 55 Abs. 4 S. 1 HSOG zugelassenen Schusswaffen haben dürfen, ergibt sich schon aus der Gesetzessystematik; § 55 Abs. 4 S. 2 Hs. 2 HSOG hat insofern nur deklaratorische Bedeutung. Diese Norm ist allerdings insofern besonders problematisch, als sie zulässt, sogar Waffen mit **schusswaffengleicher Wirkung** durch Verwaltungsvorschriften einzuführen[233] und es zugleich unterlässt, den Einsatz solcher Waffen auch explizit an die für Schusswaffen geltenden, vor allem in den §§ 60, 61 HSOG normierten einschränkenden Voraussetzungen zu binden.[234] Hier liegt ein Verstoß gegen die Vorgaben der Wesentlichkeitstheorie auf der Hand.

f) Der Einsatz von Schusswaffen

145 **Jeder Schusswaffengebrauch** trägt ein hohes Gefahrenpotenzial in sich; jeder Schusswaffengebrauch gegen Personen birgt das **Risiko der Tötung**, wie der Bundesgerichtshof in einem wichtigen Urteil aus dem Jahr 1975 ausdrücklich festgestellt hat.[235] Deshalb ist der Einsatz einer Schusswaffe schon von Verfassungs wegen **an sehr restriktive Voraussetzungen** gebunden.[236] Insoweit einschlägige Normen finden sich in den **§§ 60–62 HSOG**. Hinsichtlich der grundsätzlich vor jeder Zwangsmittelanwendung erforderlichen **Androhung** müssen die speziell für Schusswaffen geltenden Bestimmungen beachtet werden (§ 58 Abs. 1 S. 2, Abs. 2 und Abs. 3 S. 2

---

228 Nölle/Werner, S. 120.
229 Vgl. etwa BVerfGE 150, 1/96 ff. (mwN).
230 Siehe etwa § 69 Abs. 4 NPOG, § 58 Abs. 4 PolG NRW, 18 Abs. 4 SOG Hmb.
231 Vgl. die instruktive Zusammenstellung der in Bund und Ländern bestehenden Rechtsgrundlagen zum Distanz-Elektroimpulsgerät durch den Wissenschaftlichen Dienst des Deutschen Bundestages v. 30.3.2023 (WD 3 – 3000 – 030/23).
232 Zur Verwendungspraxis des in Hessen seit 2019 auch im Streifendienst eingesetzten Distanz-Elektroimpulsgeräts näher LT-Drs. 20/6656 v. 6.1.2022.
233 Dies verkennend Fredrich, HSOG, § 55 Rn. 8.
234 Das Bundesverfassungsgericht deutet in einer Entscheidung (BVerfG, NVwZ 1999, 290/291) mindestens an, dass Zwangsmittel, die über ein ähnliches Gefährdungspotenzial verfügen wie Schusswaffen, auch genauso bestimmt geregelt werden müssen wie der Schusswaffengebrauch.
235 BGH, Urt. v. 20.3.1975, 4 StR 7/75, Rn. 15 (juris); siehe auch OLG Karlsruhe, Beschl. v. 10.2.2011, 2 Ws 181/10; ferner Ley, in: Ley/Burkart, S. 83.
236 Zur Praxis des polizeilichen Schusswaffengebrauchs instruktiv Lorei.

Fischer

VIII. Die drei Zwangsmittel

HSOG). Als **zulässige Schusswaffen** nennt § 55 Abs. 4 S. 1 HSOG Pistolen, Revolver, Gewehre und Maschinenpistolen.

aa) Die allgemeinen Voraussetzungen des Schusswaffengebrauchs (§ 60 HSOG)

In **§ 60 HSOG** sind die **zentralen Voraussetzungen** für **jeden Schusswaffengebrauch**, also sowohl gegen Sachen als auch gegen Personen, geregelt. Jedem Schusswaffengebrauch muss eine besonders sorgfältige Prüfung **aller** in den vier Absätzen des § 60 HSOG genannten Voraussetzungen vorausgehen,[237] die ausnahmslos als normative **Konkretisierungen des Verhältnismäßigkeitsprinzips** anzusehen sind. Unmittelbar am Verhältnismäßigkeitsprinzip gem. § 4 HSOG zu messen ist die **Anzahl der** abgegebenen **Schüsse**.[238]

(1) Schusswaffengebrauch als Ultima Ratio des unmittelbaren Zwangs

Nach **§ 60 Abs. 1 S. 1 HSOG** dürfen Schusswaffen nur gebraucht werden, „wenn andere Maßnahmen des unmittelbaren Zwanges erfolglos angewendet sind oder offensichtlich keinen Erfolg versprechen". Für den Schusswaffengebrauch gilt also eine **strenge Subsidiarität**. Nur dann, wenn sowohl „einfache" körperliche Gewalt (§ 55 Abs. 2 HSOG) als auch Hilfsmittel der körperlichen Gewalt (§ 55 Abs. 3 HSOG) und auch Waffen (§ 55 Abs. 4 HSOG), die keine Schusswaffen sind, zu keiner erfolgreichen Rechtsdurchsetzung führen, ist der Griff zur Schusswaffe überhaupt rechtmäßig.

Bsp.: Der Gebrauch der Schusswaffe kann nicht damit begründet werden, dass Schläge mit dem Schlagstock oder ein Einsatz eines beißenden Diensthundes im Einzelfall zu schwereren Grundrechtseingriffen führen kann.

Es spielt insoweit auch keine Rolle, ob die Schusswaffe gegen Personen oder gegen Sachen eingesetzt werden soll. **Schusswaffen sind** nach § 60 Abs. 1 S. 1 HSOG nicht nur „das letzte polizeiliche Zwangsmittel",[239] sondern gewissermaßen **das allerletzte Mittel**.

Damit stellt § 60 Abs. 1 S. 1 HSOG den entscheidenden „Türöffner" und zugleich das entscheidende **Nadelöhr eines jeden Schusswaffengebrauchs** dar. Der Wortlaut und die Bedeutung dieser Norm werden völlig verkannt, wenn (wie gelegentlich in Übungsarbeiten) aus ihr lediglich eine Nachrangigkeit gegenüber den anderen beiden Zwangsmitteln (Ersatzvornahme und Zwangsgeld) herausgelesen wird; eine solche Subsidiarität folgt im Übrigen für alle Formen des unmittelbaren Zwangs bereits aus § 52 Abs. 1 S. 1 HSOG.

Der Schusswaffengebrauch setzt voraus, dass andere Maßnahmen des unmittelbaren Zwangs entweder bereits „**erfolglos angewendet**" worden sind (§ 60 Abs. 1 S. 1 Alt. 1 HSOG) oder diese „**offensichtlich keinen Erfolg versprechen**" (§ 60 Abs. 1 S. 1 Alt. 2 HSOG). Beseitigt etwa ein zunächst erfolgter Einsatz von Pfefferspray die Gefahr nicht, so ist § 60 Abs. 1 S. 1 **Alt. 1** HSOG einschlägig. Soll die Schusswaffe sofort zum Einsatz kommen, kann nur § 60 Abs. 1 S. 1 **Alt. 2** HSOG Anwendung finden. Das in dieser Norm enthaltene Wort „**offensichtlich**" wird oft überlesen, erhöht aber die Anforderungen: Es bedeutet, dass andere Mittel als die Schusswaffe **zweifellos** nicht genauso erfolgversprechend sein dürfen. Bestehen aber „rechtliche oder tatsächliche Zweifel", so „ist von der Schusswaffe kein Gebrauch zu machen", wie es in den Verwaltungsvorschriften ausdrücklich heißt.[240] Nach § 60 Abs. 1 S. 1 Alt. 2 HSOG gilt also der Grundsatz: **Im Zweifel kein Schusswaffeneinsatz**. Ob Zweifel bestehen (müssen) – diese Frage ist gerichtlich voll überprüfbar –, richtet sich selbstverständlich nach den Umständen

---

237 Vgl. Nr. 60.1.1 VVHSOG.
238 Vgl. BGH NJW 1999, 2533/2534; Schnur, S. 61.
239 LG München, Urt. v. 19.4.2023, 15 O 14153/21, Rn. 36 (juris).
240 Nr. 60.1.1 VVHSOG.

Fischer

des Einzelfalls.²⁴¹ Bedeutsam ist in diesem Zusammenhang oft, ob es sich um eine statische oder dynamische Lage handelt. Selbstgefährdende Fehlversuche mit anderen Mitteln werden allerdings nicht verlangt.²⁴² Bei einem **Messerangriff**, also in einer dynamischen Lage, in der ein bereits abstrakt lebensgefährlicher Gegenstand verwendet wird, sind Schlagstock oder Pfefferspray zweifellos und damit offensichtlich keine Alternativen, wenn die Beamten sich zur Angriffsabwehr auf einen Nahkampf mit dem Angreifer einlassen müssten, bei dem sie der akuten Gefahr einer schwerwiegenden Verletzung oder gar Tötung ausgesetzt wären.²⁴³

(2) Vorrang des Schusswaffengebrauchs gegen Sachen

150 Nach **§ 60 Abs. 1 S. 2 HSOG** ist der Schusswaffengebrauch **gegen Personen nur zulässig, wenn** der Zweck der Maßnahme **nicht** durch einen Schusswaffengebrauch **gegen Sachen** erreicht werden kann. **Tiere** sind gefahrenabwehrrechtlich wie Sachen zu behandeln (§ 7 Abs. 1 S. 2 HSOG).

> **Bsp.:** Ein Mann hetzt seinen Hund auf eine Frau. Polizeibeamte schießen auf den Hund. Ein Schusswaffengebrauch gegen den Hundebesitzer wird durch § 60 Abs. 1 S. 2 HSOG untersagt, wäre allerdings auch nicht zwecktauglich.

151 Bei einem **Schusswaffengebrauch gegen Sachen** ist neben § 60 Abs. 1 S. 1 auch § 60 Abs. 4 HSOG zu beachten; die §§ 61, 62 HSOG sind von vornherein nicht einschlägig. Bei einem Schusswaffeneinsatz gegen mit Personen besetzte **Kraftfahrzeuge** muss regelmäßig von einer hohen Gefährdung der Insassen ausgegangen werden, so dass in diesem Fall neben § 60 Abs. 1 S. 1 und Abs. 4 HSOG auch die Voraussetzungen des Schusswaffengebrauchs **gegen Personen** (§§ 60 Abs. 2, Abs. 3, 61 HSOG) zu beachten sind. Grundsätzlich ist auf die **Bereifung** des Fahrzeugs zu zielen, um dessen Fahruntüchtigkeit herbeizuführen.²⁴⁴ Ein Schusswaffengebrauch (nur) gegen Sachen kommt bei einem mit Insassen besetzten Kraftfahrzeug allenfalls dann in Betracht, wenn das Fahrzeug steht oder wenn aus geringer Entfernung auf ein sich gerade in Bewegung setzendes Fahrzeug geschossen und nicht auf die Fahrgastzelle gezielt wird. Beim Schusswaffengebrauch gegen **fahrende Fahrzeuge** ist stets von einem Schusswaffengebrauch **gegen Personen** auszugehen, sofern es sich nicht um ein selbstfahrendes Fahrzeug ohne Insassen handelt.

(3) Angriffs- oder Fluchtunfähigkeit als Ziel des Schusswaffengebrauchs gegen Personen

152 Nach **§ 60 Abs. 2 S. 1 HSOG** dürfen Schusswaffen gegen Personen nur gebraucht werden, um **angriffs- oder fluchtunfähig** zu machen. Das bedeutet: Es darf **nicht mit dem Ziel** geschossen werden, **jemanden zu töten**. Die Norm regelt nicht etwa abschließend die Tatbestandsvoraussetzungen eines Schusswaffeneinsatzes gegen Personen – insoweit sind zudem die §§ 61, 62 HSOG einschlägig –, sondern „nur" die Art und Weise dieses Schusswaffeneinsatzes; § 60 Abs. 2 S. 1 HSOG verpflichtet zu einer möglichst lebensschonenden Vorgehensweise. Die Norm hat damit (wie alle Absätze des § 60 HSOG) auch den Charakter einer **Verfahrensvorschrift**.

153 Um angriffs- oder fluchtunfähig zu machen, ist möglichst auf die **Beine** und Füße zu zielen,²⁴⁵ denn die Gefahr tödlicher Verletzungen ist so vergleichsweise geringer. Zur Abwehr gefährlicher **Angriffe** können unter Beachtung des Verhältnismäßigkeitsprinzips aber auch gezielte Schüsse

---

241 Vgl. dazu Ley, in: Ley/Burkart, S. 76 f.
242 Vgl. Bäuerle, in: BeckOK PolR Hessen, 33. Ed. 1.6.2024, HSOG, § 60, Rn. 14.
243 OLG Frankfurt/Main, Beschl. v. 14.11.2012, 2 Ws 122/12, Rn. 18 (juris); LG München, Urt. v. 19.4.2023, 15 O 14153/21, Rn. 47 (juris); allerdings geht es in beiden Entscheidungen primär um eine strafrechtliche Bewertung. Zum Messerangriff aus polizeirechtlicher Sicht näher Burkart, in: Ley/Burkart, S. 158 ff.
244 Zum Schusswaffengebrauch gegen Kraftfahrzeuge näher Nr. 60.1.1 VVHSOG.
245 Vgl. Nr. 60.2 VVHSOG.

VIII. Die drei Zwangsmittel

auf Arme, Rumpf (Bauch und Brust) oder sogar den Kopf zulässig sein[246] – dies insbesondere auch deshalb, weil der Schuss auf die Beine (und auch Arme) einer sich schnell bewegenden Personen ein hohes Fehlschussrisiko aufweist.[247] Hinzu kommt, dass bei einem Schuss auf die Beine (oder Arme) auch bei einem Treffer die sofortige Angriffsunfähigkeit nicht sicher erreicht werden kann.[248] In (zeit-)kritischen Situationen können zur akuten Angriffsabwehr auch ungezielte Schüsse – so genannte Deutschüsse – zulässig sein.[249] Letztlich ist insoweit die konkrete Angriffssituation maßgeblich.[250] Hervorzuheben bleibt, dass § 60 Abs. 2 S. 1 den **gezielten Todesschuss nicht gestattet**.[251]

Will der Pflichtige **nicht angreifen**, sondern **flüchten** und soll die Schussabgabe folglich (nur) eine **Festnahme** ermöglichen, so sind **gezielte Schüsse auf Rumpf oder Kopf** wegen ihrer besonderen Lebensgefährlichkeit von vornherein unverhältnismäßig und damit **unzulässig**.[252] Entsprechendes wird auch für Deutschüsse gelten müssen. Geht es ausschließlich darum, eine Festnahme zu ermöglichen, sind also nur gezielte Schüsse rechtmäßig, und es darf nur auf die Beine gezielt werden. 154

(4) Der so genannte finale Rettungsschuss

In **§ 60 Abs. 2 S. 2 HSOG** wird der so genannte **finale Rettungsschuss** geregelt. Bei schnellem Lesen kann die Norm leicht darüber hinwegtäuschen, dass es sich dabei um eine **Ausnahmeregelung** für absolute Ausnahmesituationen handelt.[253] Ein „Schuss, der mit an Sicherheit grenzender Wahrscheinlichkeit tödlich wirken wird", ist ein **gezielter Todesschuss**.[254] Damit enthält § 60 Abs. 2 S. 2 HSOG die **eingriffsschwerste** Regelung des gesamten Gesetzes.[255] Hervorzuheben ist, dass auch der finale Rettungsschuss letztlich nicht auf die Tötung des Aggressors als solche abzielt, sondern auf dessen **sofortige Handlungsunfähigkeit**. Die Tötung darf „nur" Mittel zum Zweck sein. Einziger Zweck ist die Gefahrenabwehr. Ein gezielter Todesschuss ist nach § 60 Abs. 2 S. 2 HSOG zulässig, wenn er „das einzige Mittel zur Abwehr einer gegenwärtigen Lebensgefahr oder einer gegenwärtigen Gefahr einer schwerwiegenden Verletzung der körperlichen Unversehrtheit" darstellt. Ein gezielter Todesschuss kommt damit nur zur **Abwehr akuter schwerster Personenschäden** in Betracht. Zu Zwecken der **Strafverfolgung** ist er von vornherein **ausgeschlossen**. Als schwerwiegende Verletzungen der körperlichen Unversehrtheit sind schwere Körperverletzungen im Sinne des § 226 Abs. 1 StGB anzusehen. 155

Die Regelung des finalen Rettungsschusses macht in aller Drastik deutlich, dass die **Gefahrenabwehr** letztlich **Vorrang vor der Strafverfolgung** hat, denn ein gezielter (gefahrenabwehrender) Todesschuss, der den Tod des Aggressors tatsächlich herbeiführt, vereitelt dessen Strafverfolgung. Die Tötung des Aggressors muss das **einzige Mittel** zur Abwehr der in § 60 Abs. 2 S. 2 HSOG beschriebenen gegenwärtigen Gefahr sein. 156

Bsp.: Ein wegen mehrfachen Mordes zu lebenslanger Freiheitsstrafe verurteilter Mann, der der Polizei auch wegen anderer begangener Delikte als äußerst gewaltbereit und skrupellos bekannt ist, bricht aus dem

---

246 OLG Frankfurt/Main, Beschl. v. 14.11.2012, 2 Ws 122/12, Rn. 19 (juris); Bäuerle, in: BeckOK PolR Hessen, 33. Ed. 1.6.2024, HSOG, § 60, Rn. 25.
247 Vgl. OLG Frankfurt/Main, Beschl. v. 14.11.2012, 2 Ws 122/12, Rn. 19 (juris).
248 Dazu LG Bonn, Urt. v. 15.4.2011, 23 KLs 5/11, Rn. 105 (juris).
249 Vgl. Ley, in: Ley/Burkart, S. 82 f.
250 Denninger, in: Meyer/Stollleis, S. 267/346.
251 Denninger, in: Meyer/Stollleis, S. 267/347 f.; Schnur, S. 66. Siehe dazu auch die immer noch lesenswerten Ausführungen von Erbel, Öffentlich-rechtliche Klausurenlehre mit Fallrepetitorium, Bd. 2, 2. Aufl. 1983, S. 307–309.
252 BGH NJW 1999, 2533/2533 f.; OLG Karlsruhe, Beschl. v. 10.2.2011, 2 Ws 181/10.
253 Von einer Ausnahmeregelung sprechen BGH, NJW 1999, 2533/2533 und OLG Karlsruhe, Beschl. v. 10.2.2011, 2 Ws 181/10.
254 So ausdrücklich BGH, NJW 1999, 2533/2533.
255 Vgl. Graulich, NVwZ 2005, 271/274.

Gefängnis aus und nimmt einen Mann als Geisel, um einen Fluchtwagen und eine hohe Geldsumme zu erpressen. Der Häftling hatte zuvor einem Justizvollzugsbeamten die Dienstwaffe entwendet und dann auf den Beamten geschossen. Die Polizei hält es angesichts des bekannten Charakters des Straftäters für sehr wahrscheinlich, dass dieser die Geisel früher oder später töten wird. Auf Fluchtwagen und Geld wartend, wird der Geiselnehmer trotz professioneller polizeilicher Verhandlungsversuche zunehmend aggressiver, hält der Geisel immer wieder die Pistole an die Schläfe und droht dann mit den Worten: „Wenn Ihr jetzt nicht sofort liefert, dann schieße ich das Magazin leer und bringe uns beide um. Ich habe nichts mehr zu verlieren". Einer SEK-Beamtin gelingt es, sich in eine gute Schussposition zu bringen. Sie zielt auf den Kopf des Geiselnehmers und gibt mehrere Schüsse ab. Der Mann wird mehrfach am Kopf getroffen und bricht sofort tot zusammen.

157 Der in § 60 Abs. 2 S. 2 HSOG beschriebene „Schuss, der mit an Sicherheit grenzender Wahrscheinlichkeit tödlich wirken wird", setzt voraus, dass der Schütze aufgrund seiner Fähigkeiten und in der konkreten Einsatzsituation tatsächlich dazu in der Lage ist, einen solchen (sofort) tödlich wirkenden und damit zur sofortigen Handlungsfähigkeit der Zielperson führenden Schuss abzugeben. Der Schütze muss auf **Kopf oder Herz** zielen[256] und mit an Sicherheit grenzender Wahrscheinlichkeit auch Kopf oder Herz treffen. Folglich wird der finale Rettungsschuss möglichst von eigens dafür ausgebildeten Beamten abzugeben sein.

158 Die Normierung des finalen Rettungsschusses – im Jahr 2004 wurde die Regelung in das HSOG aufgenommen – ist **verfassungskonform**. Ein gezielter Todesschuss bewirkt zwar einen äußerst schweren Eingriff in das Grundrecht auf Leben (Art. 2 Abs. 2 S. 1 Alt. 1 GG) – er nimmt das Leben. Aber auch dieses Grundrecht steht unter einem ausdrücklichen Gesetzesvorbehalt (Art. 2 Abs. 2 S. 3 GG). Dass Rechtsnormen, die im äußersten Fall gezielte Tötungen von Personen zulassen, die ihrerseits akut lebensbedrohliche Situationen zu verantworten haben, verhältnismäßig und damit verfassungskonform sein können, hat das Bundesverfassungsgericht in seinem Urteil zum Luftsicherheitsgesetz aufgezeigt.[257] Einmal mehr muss an die grundrechtliche Pflicht (und nicht nur das Recht) staatlicher Gewalt erinnert werden, „das Leben, die körperliche Unversehrtheit und die Freiheit des Einzelnen zu schützen, das heißt vor allem, auch vor rechtswidrigen Eingriffen von Seiten anderer zu bewahren".[258] Im Anwendungsfall des finalen Rettungsschusses geht es auch keineswegs um ein gleichgewichtiges „Leben gegen Leben", sondern darum, (mindestens) ein Menschenleben, das dem Angriff eines Aggressors ausgeliefert ist, zu retten – wenn auch um den Preis des Todes des Aggressors. Dieser ist es, der „die Notwendigkeit des staatlichen Eingreifens herbeigeführt" hat, indem er sich selbstbestimmt für die „Verwirklichung [seines] verbrecherischen Plans" entschieden hat – und deshalb die Konsequenzen tragen muss.[259] Sein Verhalten mindert das Gewicht des Eingriffs in sein Recht auf Leben, so das Bundesverfassungsgericht.[260] **Diskussionswürdig** ist aus Gründen der hinreichenden Bestimmtheit der Norm und insbesondere aus Gründen der Verhältnismäßigkeit nur, ob der gezielte Todesschuss angesichts der grundgesetzlichen Ausgestaltung des menschlichen Lebens als „Höchstwert"[261] ausschließlich zur Abwehr einer gegenwärtigen Lebensgefahr zulässig sein sollte und nicht – wie in § 60 Abs. 2 S. 2 HSOG aber vorgesehen – auch schon zur Abwehr einer gegenwärtigen „Gefahr einer schwerwiegenden Verletzung der körperlichen Unversehrtheit".[262]

---

256 Vgl. OLG Karlsruhe, Beschl. v. 10.2.2011, 2 Ws 181/10.
257 BVerfGE 115, 118/160 ff.
258 BVerfGE 141, 220/268. Daher wird darauf hingewiesen, dass die Regelung des finalen Rettungsschusses der „Realisierung der grundrechtlichen Schutzpflichten" diene, so Würtenberger, Polizei- und Ordnungsrecht, in: Achterberg/Püttner/Würtenberger, § 21, Rn. 347.
259 BVerfGE 115, 118/164.
260 BVerfGE 115, 118/164.
261 BVerfGE 39, 1/42; 46, 160/164; 115, 118/139.
262 Zu Regelungsfragen beim finalen Rettungsschuss näher Fischer, Schriftliche Stellungnahme vom 31.10.2020 zum Entwurf eines Gesetzes zur Änderung polizei- und ordnungsrechtlicher Vorschriften im Landesverwaltungsgesetz Schleswig-Holstein, LT-Drs. 19/2118 = Schleswig-Holsteinischer Landtag, Umdruck 19/4759, S. 16 ff.

(5) Der Schusswaffengebrauch gegen Kinder

Gegen Personen, „die dem äußeren Eindruck nach noch nicht vierzehn Jahre alt sind" – also gegen **Kinder** (siehe § 1 Abs. 1 Nr. 1 JuSchG) – dürfen Schusswaffen nach **§ 60 Abs. 3 HSOG** grundsätzlich nicht (S. 1), aber doch dann eingesetzt werden, „wenn der Schusswaffengebrauch das **einzige Mittel** zur Abwehr einer **gegenwärtigen Gefahr für Leib oder Leben** ist" (S. 2). Der Gesetzgeber geht davon aus, dass gegen gefahrenverursachende Kinder zur Gefahrenabwehr grundsätzlich mildere Mittel des unmittelbaren Zwangs ausreichen. Der Schusswaffengebrauch gegen Kinder ist damit limitiert, aber nicht ausgeschlossen.

Die Norm zeigt den **Unterschied zwischen Gefahrenabwehr und Strafverfolgung** deutlich auf: Die Sanktionierung einer Tat durch Bestrafung wird zu Recht an die Fähigkeit geknüpft, das Unrecht der Tat einzusehen und/oder nach dieser Einsicht zu handeln (vgl. § 20 StGB). Kindern wird diese (Schuld-)Fähigkeit unwiderleglich gesetzlich abgesprochen; Kinder sind nicht strafmündig (§ 19 StGB). Soll die Schusswaffe gegen **Kinder** zur **Strafverfolgung** eingesetzt werden, ist das also unter allen Umständen **rechtswidrig**. Bei dem nach **§ 60 Abs. 3 S. 2 HSOG** zulässigen Schusswaffengebrauch gegen Kinder geht es aber nicht um die Sühne bereits begangen Unrechts, die Einsichtsfähigkeit im Sinne von Schuldfähigkeit voraussetzt, sondern allein darum, einen Angriff auf hochwertige Rechtsgüter abzuwehren. **Angriffsabwehr** ist **keine Frage der Einsichtsfähigkeit** des Aggressors. Die wirksame Abwehr etwa eines lebensgefährlichen (terroristischen) Messerangriffs darf nicht davon abhängig sein, ob der Angreifer ein Kind, ein Jugendlicher oder ein Erwachsener ist.[263] **Jugendliche**, also Personen, die 14, aber noch nicht 18 Jahre alt sind (§ 1 Abs. 1 Nr. 2 JuSchG) fallen nicht unter die Regelung des § 60 Abs. 3 HSOG und sind damit normtextlich den Erwachsenen gleichgestellt. Allerdings „gebietet der Grundsatz der Verhältnismäßigkeit" auch gegenüber Jugendlichen „besondere Zurückhaltung im Schusswaffengebrauch" – so der Bundesgerichtshof.[264]

Praktisch wirkt sich die Privilegierung von Kindern kaum aus, denn der Schusswaffengebrauch gegen Personen ist unabhängig davon, ob sich dieser gegen Kinder, Jugendliche oder Erwachsene richtet, stets auch an die in **§§ 61, 62 HSOG** normierten Voraussetzungen[265] und das Verhältnismäßigkeitsprinzip gebunden. Die Frage, ob es sich bei der betroffenen Person um ein Kind handelt, kann nur schätzend aufgrund äußerer Merkmale (Größe, Statur) beantwortet werden; § 60 Abs. 3 S. 1 HSOG spricht vom „äußeren Eindruck". Im Zweifel ist von einem Kind auszugehen.[266]

(6) Der Schusswaffengebrauch bei einer Gefährdung unbeteiligter Personen

Nach **§ 60 Abs. 4 HSOG** ist der Schusswaffengebrauch unzulässig, wenn „erkennbar **Unbeteiligte** mit hoher Wahrscheinlichkeit **gefährdet** werden" (S. 1) – es sei denn, der Schusswaffengebrauch ist „das **einzige Mittel** zur Abwehr einer **gegenwärtigen Lebensgefahr**" (S. 2). Diese Norm stellt die im Rahmen von § 60 HSOG weitreichendste Limitierung des Schusswaffengebrauchs dar, denn der finale Rettungsschuss ist nach § 60 Abs. 2 S. 2 HSOG auch zur Abwehr einer gegenwärtigen schwerwiegenden Verletzung der körperlichen Unversehrtheit und der Schusswaffengebrauch gegen Kinder nach § 60 Abs. 3 S. 2 HSOG auch zur Abwehr einer gegenwärtigen Leibesgefahr zulässig. Diese Limitierung erklärt sich damit, dass Unbeteiligte die Gefahrenlage nicht (mit-)verursacht haben. Deshalb haben Unbeteiligte Anspruch auf

---

263 Zur gestiegenen Bedeutung einer Norm, die den Schusswaffengebrauch auch gegen Kinder zulässt, näher Fischer, Schriftliche Stellungnahme vom 31.10.2020 zum Entwurf eines Gesetzes zur Änderung polizei- und ordnungsrechtlicher Vorschriften im Landesverwaltungsgesetz Schleswig-Holstein, LT-Drs. 19/2118 = Schleswig-Holsteinischer Landtag, Umdruck 19/4753, S. 15 f.
264 BGH, Urt. v. 20.3.1975, 4 StR 7/75, Rn. 14 (juris).
265 Dazu unten Kap. J Rn. 166 ff.
266 Vgl. Nr. 60.3 VVHSOG.

größtmöglichen Schutz und dürfen ausschließlich dann der (hohen) Wahrscheinlichkeit einer Gefährdung ausgesetzt werden, wenn nur der Schusswaffengebrauch ein akut gefährdetes Menschenleben zu retten vermag; zum Schutz des Lebens ist der Staat besonders verpflichtet.

163 **Unbeteiligte** im Sinne des § 60 Abs. 4 S. 1 HSOG sind also Personen, die die **Gefahrenlage** nicht **(mit-)verursacht** haben, mit anderen Worten: alle **Nichtstörer** im Sinne des Polizeirechts. Das können Passanten, Gaffer, Insassen fahrender und haltender Fahrzeuge, Gäste einer Bar, Kunden eines Geschäfts, Mitbewohner oder Geiseln[267] sein. Es wäre allerdings zu weit reichend, als Unbeteiligte alle Personen anzusehen, bei denen die Voraussetzungen für einen Schusswaffengebrauch in der konkreten Situation nicht vorliegen.[268] Das bedeutete im Umkehrschluss, dass man selbst Angreifer sein muss, um Beteiligter zu sein. **Beteiligte** sind aber auch Personen, die offensichtlich **aktiv** zur Unterstützung des Gefahrenverursachers in das Geschehen **eingreifen, ohne** selbst **anzugreifen**.

Bsp.: Ein Mann tritt aus einer Gruppe von Personen heraus und schlägt offenbar mit einem Ast auf eine Frau ein. Als Polizeibeamte herbeieilen, versuchen alle Personen der Gruppe, den Angreifer möglichst abzuschirmen, damit dieser weiter ungestört auf die Frau einschlagen kann. Damit sind die Personen der Gruppe nicht mehr Unbeteiligte im Sinne des § 60 Abs. 4 S. 1 HSOG.

164 Unbeteiligte müssen nach § 60 Abs. 4 S. 1 HSOG durch den Schusswaffengebrauch erkennbar **mit hoher Wahrscheinlichkeit gefährdet** sein, um die Limitierung des Schusswaffengebrauchs auszulösen. Die bloße Möglichkeit einer Gefährdung, auch die hinreichende Wahrscheinlichkeit im Sinne einer „einfachen" Gefahr[269] genügt nicht.[270] Bei der Anwesenheit unbeteiligter Personen in **geschlossenen Räumen** (Wohnungen) oder auf **belebten Straßen**, **Plätzen** oder **Parkanlagen** liegt eine hohe Wahrscheinlichkeit der Gefährdung regelmäßig vor. Auch wenn wegen der örtlichen Verhältnisse oder wegen Dunkelheit das Schussfeld nicht überblickt werden kann, aber an dem betreffenden Ort erfahrungsgemäß mit einer Gefährdungslage im Sinne des § 60 Abs. 4 S. 1 HSOG gerechnet werden muss, ist von einer **Erkennbarkeit** dieser Lage auszugehen.

165 Soll der Schusswaffengebrauch ausschließlich der **Strafverfolgung** dienen, kann er von vornherein nicht das einzige Mittel zur Abwehr einer gegenwärtigen Lebensgefahr nach **§ 60 Abs. 4 S. 2 HSOG** sein. Sind Unbeteiligte erkennbar mit hoher Wahrscheinlichkeit gefährdet, ist der „nur" repressive Schusswaffengebrauch also von vornherein **unzulässig**. Bedeutet die hohe Wahrscheinlichkeit der Gefährdung im konkreten Fall, dass nicht nur mit einer (schweren) Verletzung, sondern mit dem **Tod eines Unbeteiligten** gerechnet werden muss, so ist der Schusswaffengebrauch auch dann, wenn er das einzige Mittel zur Abwehr einer gegenwärtigen Lebensgefahr (§ 60 Abs. 4 S. 2 HSOG) darstellt, gem. § 4 Abs. 2 HSOG unverhältnismäßig und damit **unzulässig**.

bb) Der Schusswaffengebrauch gegen Personen (§§ 61, 62 HSOG)

166 In den §§ 61, 62 HSOG wird der präventive und repressive **Schusswaffengebrauch gegen Personen** geregelt. Beide Paragrafen enthalten **keine** eigenständigen **Befugnisnormen**, sondern betreffen die **Art und Weise** des Schusswaffengebrauchs.[271] Sie sind – wenn es um **präventive** Maßnahmen nach dem HSOG geht – erst nach vorheriger Prüfung der grundsätzlichen Zulässigkeit des Zwangs gem. §§ 47 Abs. 1 oder Abs. 2 HSOG, 52,[272] 55 Abs. 4 S. 1, 60 HSOG

---

267 Nicht überzeugend werden Geiseln teilweise als Beteiligte angesehen, so Rupprecht, JZ 1973, 263/266.
268 So aber Bäuerle, in: BeckOK PolR Hessen, 33. Ed. 1.6.2024, HSOG, § 60, Rn. 34 f.; Ley, in: Ley/Burkart, S. 86.
269 Zur diesem Gefahrenbegriff siehe oben Kap. E Rn. 54 f.
270 Bäuerle, in: BeckOK PolR Hessen, 33. Ed. 1.6.2024, HSOG, § 60, Rn. 32 f.
271 Siehe §§ 52 Abs. 1 S. 2, 54 Abs. 1 Hs. 1 HSOG.
272 (Nur) in § 52 Abs. 1 S. 1 HSOG ist die Befugnisnorm für **alle** Formen des präventiven unmittelbaren Zwangs zu sehen.

Fischer

VIII. Die drei Zwangsmittel

zu thematisieren und schließen das normative Prüfprogramm für den Einsatz der Schusswaffe gegen Personen ab. Die Befugnis für die grundsätzliche Zulässigkeit des **repressiven** (unmittelbaren) Zwangs wird aus den „Zwangsbefugnissen" der StPO (etwa aus § 127 Abs. 1 S. 1 oder Abs. 2 StPO) herausgelesen; repressiver Schusswaffengebrauch gegen Personen setzt gem. **§ 3 Abs. 3 HSOG** sodann zunächst die Prüfung der §§ 55 Abs. 4 S. 1, 60 HSOG voraus, bevor auch insoweit abschließend die §§ 61, 62 HSOG zu thematisieren sind. Zudem sind – sowohl für den präventiven als auch den repressiven Schusswaffeneinsatz – die Bestimmungen zur vorherigen **Androhung** beachtlich (§§ 53, 58 HSOG).[273]

In **§ 61 Abs. 1 HSOG** werden **fünf** verschiedene **Möglichkeiten** des Schusswaffengebrauchs aufgezeigt: Die Nr. 1, 2 und 5 betreffen den Einsatz der Schusswaffe zu – jedenfalls primär – **präventiven** Zwecken; in Nr. 3 und 4 geht es primär um **Repression**.[274]

167

Nach **§ 61 Abs. 1 Nr. 1 HSOG** dürfen Schusswaffen gegen Personen nur gebraucht werden, um eine **gegenwärtige Gefahr für Leib oder Leben** – also entsprechende Angriffe auf Personen – abzuwehren. Diese Regelung soll nicht zuletzt auch die polizeiliche Eigensicherung ermöglichen. Ein Schusswaffengebrauch zum **Schutz von Sachgütern** kann auf § 61 Abs. 1 Nr. 1 HSOG nicht gestützt werden, wohl aber auf § 61 Abs. 2 Nr. 2 HSOG.

168

Eine **Lebensgefahr** ist eine Gefahr, bei der der Tod einzutreten droht – so die (unproblematische) Definition.[275] Nicht unproblematisch ist aber das Verständnis der alternativ geforderten **Leibesgefahr**. Üblicherweise wird eine Leibesgefahr im Sinne des Polizeirechts als Gefahr einer nicht nur leichten Körperverletzung definiert.[276] Als Tatbestandsvoraussetzung des § 61 Abs. 1 Nr. 1 HSOG soll unter einer Leibesgefahr aber aus Gründen der Verhältnismäßigkeit „mindestens die Gefahr einer **schwerwiegenden Körperverletzung**" verstanden werden – so die Verwaltungsvorschrift.[277] Normtextlich muss dann allerdings irritieren, dass das Gesetz an anderer Stelle, nämlich bei der Regelung des finalen Rettungsschusses (§ 60 Abs. 2 S. 2 HSOG), explizit die Gefahr (mindestens) „einer schwerwiegenden Verletzung der körperlichen Unversehrtheit" verlangt, auf diese Formulierung aber in § 61 Abs. 1 Nr. 1 HSOG gerade verzichtet. Ungeachtet dieser normtextlichen Problematik wäre mit Blick auf die **Praxis** zu fragen, ob und inwieweit sich die Gefahr einer „nicht nur leichten Körperverletzung" von der Gefahr einer „schwerwiegenden Körperverletzung" unterscheidet. Verlangt man für die Gefahr einer schwerwiegenden Körperverletzung die Gefahr mindestens einer schweren Körperverletzung im Sinne des § 226 Abs. 1 StGB, so ist zu bedenken, dass dies angesichts der Strafdrohung des § 226 Abs. 1 StGB die Gefahr der Begehung eines Verbrechens bedeutet (§ 12 Abs. 1 StGB). Für diesen Fall findet sich in § 61 Abs. 1 Nr. 2 Alt. 1 HSOG aber bereits eine ausdrückliche Regelung des Schusswaffengebrauchs, so dass § 61 Abs. 1 Nr. 1 HSOG praktisch kaum einen eigenständigen Anwendungsbereich mehr hätte, denn auch Straftaten gegen das Leben stellen grundsätzlich Verbrechen im Sinne des § 12 Abs. 1 StGB dar (§§ 211, 212, 227 StGB).

169

Unter der Prämisse einer möglichst gesetzestreuen Rechtsanwendung wird daher empfohlen, die **Leibesgefahr** der bekannten Definition entsprechend auch in der Verwendung des Begriffs in § 61 Abs. 1 Nr. 1 HSOG als **Gefahr einer nicht nur leichten Körperverletzung** zu verstehen. Damit sind (drohende) Körperverletzungen, die sich in ihrer Begehungsweise als gefährliche Körperverletzungen nach §§ 223, 224 StGB (Vergehen, § 12 StGB) darstellen und als solche auch als „schwerwiegende Körperverletzungen" begriffen werden können, von § 61 Abs. 1 Nr. 1 HSOG grundsätzlich miterfasst. Dieser Ansatz steht im Übrigen der – zutreffenden –

170

---

273 Zur Androhung näher Kap. J Rn. 66 ff.
274 Vgl. Schnur, S. 68.
275 Vgl. zB die Legaldefinition in § 2 Nr. 5 NPOG.
276 Vgl. zB die Legaldefinition in § 2 Nr. 5 NPOG.
277 Siehe Nr. 61.1.1 VVHSOG; so auch Bäuerle, in: BeckOK PolR Hessen, 33. Ed. 1.6.2024, HSOG, § 61, Rn. 15; Burkart, in: Ley/Burkart, S. 151 f.

Fischer

Überlegung, dass jeder Schusswaffengebrauch schon wegen der Gefährlichkeit dieser Form des unmittelbaren Zwangs einer besonders **„scharfen" Verhältnismäßigkeitsprüfung** unterzogen werden muss, nicht entgegen. Denn die Verhältnismäßigkeit und damit insbesondere auch die Angemessenheit des Schusswaffengebrauchs (§ 4 Abs. 2 HSOG) ist ungeachtet aller speziellen normativen Vorgaben in jedem konkreten Anwendungsfall gesondert zu prüfen.

Bsp.: Zwei Streifenbeamte werden von drei Männern mit Baseballschlägern sehr aggressiv angegriffen. Ein Beamter droht mit den Worten „Sofort aufhören oder ich schieße!", woraufhin die drei Männer ihren Angriff abbrechen.[278]

171 Nach **§ 61 Abs. 1 Nr. 2 HSOG** dürfen Schusswaffen gebraucht werden, um die **unmittelbar bevorstehende** Begehung oder Fortsetzung eines **Verbrechens** (Alt. 1) oder eines **Vergehens** (Alt. 2) zu verhindern. Die bevorstehende Begehung oder Fortsetzung eines Vergehens muss allerdings „**unter Anwendung oder Mitführung von Schusswaffen oder Explosivmitteln**" erfolgen; nur dann wird der Einsatz der Schusswaffe gestattet. Unter den Voraussetzungen des § 61 Abs. 1 Nr. 2 HSOG ist ein Schusswaffengebrauch auch zum **Sachgüterschutz** möglich, den § 61 Abs. 1 Nr. 1 HSOG gerade ausschließt.

172 Die Begehung oder Fortsetzung der Straftat muss **unmittelbar bevorstehen**. Damit wird – ähnlich wie bei dem polizeirechtlichen Begriff der gegenwärtigen Gefahr oder der Gegenwärtigkeit eines Angriffs gem. § 32 StGB – eine besonders große zeitliche Nähe und hohe Wahrscheinlichkeit der Tatbegehung oder -fortsetzung gefordert. Ein Begehen oder Fortsetzen der Straftat bleibt bis zu ihrer **Beendigung** möglich;[279] bis zu diesem Zeitpunkt kann es noch um **Gefahrenabwehr** und damit um die Verhinderung eines (noch größeren) Schadens gehen. Ein Diebstahl ist beispielsweise erst abgeschlossen und damit beendet, wenn der Täter den Gewahrsam an den entwendeten Gegenständen gefestigt und gesichert hat.[280] Nach Beendigung der Tat kommt nur noch **Strafverfolgung** in Betracht; zur Durchsetzung des staatlichen Strafanspruchs ist ein Schusswaffengebrauch nur unter den Voraussetzungen von § 61 Abs. 1 Nr. 3 und 4 HSOG möglich.

173 Ob es sich bei der zu verhindernden oder zu unterbindenden Straftat um ein **Verbrechen** oder um ein **Vergehen** handelt, richtet sich nach **§ 12 StGB**. Verbrechen sind rechtswidrige Taten, die im Mindestmaß mit Freiheitsstrafe von einem Jahr oder darüber bedroht sind (§ 12 Abs. 1 StGB). Vergehen sind rechtswidrige Taten, die im Mindestmaß mit einer geringeren Freiheitsstrafe oder mit Geldstrafe bedroht sind (§ 12 Abs. 2 StGB). Dabei ist der Regelstrafrahmen maßgebend (§ 12 Abs. 3 StPO).[281] **Beispiele** für **Verbrechen** sind Mord (§ 211 StGB), Totschlag (§ 212 StGB), schwere Körperverletzung (§ 226 StGB), gewaltsamer sexueller Übergriff (§ 177 Abs. 5 Nr. 1 StGB), Menschenraub (§ 234 StGB), Geiselnahme (§ 239b StGB), Raub (§ 249 StGB), Brandstiftung (§ 306 StGB), Herbeiführen einer Sprengstoffexplosion (§ 308 StGB) oder Angriffe auf den Luft- und Seeverkehr (§ 316c StGB). **Beispiele** für **Vergehen** sind Körperverletzung (§ 223 StGB), gefährliche Körperverletzung (§ 224 StGB), Freiheitsberaubung (§ 239 Abs. 1 StGB), Diebstahl (§ 242 StGB) oder Sachbeschädigung (§ 303 StGB).

174 Es kommt auf eine **objektive**, von Fakten getragene **Einschätzung** an, ob ein Verbrechen oder Vergehen bevorsteht. Da es um Gefahrenabwehr geht, ist die **rechtswidrige Tatbestandsverwirklichung** maßgeblich; auf die Schuldfähigkeit der Zielperson kommt es also nicht an.

175 Das bei zu verhindernden oder zu unterbindenden Vergehen nach § 61 Abs. 1 Nr. 2 Alt. 2 HSOG erforderliche **Anwenden** oder **Mitführen von Schusswaffen oder Explosivmitteln** steht für ein besonderes Gefahrenpotenzial der Zielperson im Hinblick auf die Tatbegehung – und zwar nicht

---
278 Fallbeispiel nach Burkart, in: Ley/Burkart, S. 152.
279 Vgl. Nr. 61.1.2 VVHSOG.
280 BGH, Beschl. v. 13.2.2024, 5 StR 580/23.
281 Dazu auch Nr. 61.0 VVHSOG.

Fischer

nur in Bezug auf Sachen, sondern auch auf Personen. Der **Sachgüterschutz** darf insoweit also **nicht das alleinige Motiv** des polizeilichen Schusswaffengebrauchs sein. Eine „Anwendung" ist offensichtlich; der Beamte muss aber auch von einer „Mitführung" **positive Kenntnis** haben. Es genügt nicht, dass nur Tatsachen die Annahme rechtfertigen, dass Schusswaffen oder Explosivmittel mitgeführt werden, wie auch eine Gegenüberstellung der Norm mit § 61 Abs. 1 Nr. 3 b) HSOG deutlich macht. Das **Mitführen** kann wie das Beisichführen in § 244 Abs. 1 Nr. 1 a) StGB verstanden werden. Diese Voraussetzung bildet praktisch das **Nadelöhr** eines auf § 61 Abs. 1 Nr. 2 Alt. 2 HSOG zu stützenden Schusswaffengebrauchs.

Nach **§ 61 Abs. 1 Nr. 3 HSOG** ist der Schusswaffengebrauch gestattet, um eine Person **anzuhalten**, die sich der Festnahme (§§ 127, 163c StPO) oder Identitätsfeststellung (§§ 111, 163b StPO) durch **Flucht** zu entziehen versucht. Hier geht es um **Strafverfolgung**: Die Zielperson muss entweder eines Verbrechens (Buchstabe a) oder eines Vergehens (Buchstabe b) **dringend verdächtig** im Sinne des § 112 Abs. 1 S. 1 StPO sein. Dringender Tatverdacht liegt vor, wenn die hohe Wahrscheinlichkeit besteht, dass der Flüchtende der Täter ist. Bezieht sich der dringende Tatverdacht (nur) auf ein Vergehen, so müssen zusätzlich Tatsachen die Annahme rechtfertigen, dass die Person **Schusswaffen oder Explosivmittel mit sich führt**.

176

Die **Flucht** muss bereits versucht (siehe § 22 StGB), praktisch also **begonnen** worden sein.[282] Ziel des Schusswaffengebrauchs nach § 61 Abs. 1 Nr. 3 HSOG darf nur die **Fluchtunfähigkeit** der betroffenen Person sein. Deshalb sind ungezielte Schüsse (Deutschüsse) sowie gezielte Schüsse auf Rumpf oder Kopf wegen ihrer besonderen Lebensgefährlichkeit von vornherein unverhältnismäßig und damit unzulässig.[283] Es darf ausschließlich auf die **Beine** und Füße gezielt werden. Im Übrigen wird die Rechtmäßigkeit eines Schusswaffengebrauchs (nur) zur Strafverfolgung angesichts des tödlichen Risikos eines jeden Schusswaffengebrauchs[284] praktisch häufig an dessen in § 60 HSOG normieren allgemeinen Voraussetzungen und/oder an den hohen Hürden des Verhältnismäßigkeitsprinzips (Erforderlichkeit, Angemessenheit) scheitern. Der Schusswaffengebrauch zum Zweck der Ergreifung eines flüchtigen Rechtsbrechers ist „nur gerechtfertigt, wenn von diesem eine **nicht unerhebliche Gefahr für die Allgemeinheit** ausgeht" – so der Bundesgerichtshof.[285]

177

Auf die weiteren Möglichkeiten eines Schusswaffengebrauchs nach **§ 61 Abs. 1 Nr. 4 und 5 HSOG** wird hier nur verwiesen, da diesen Bestimmungen, zu denen auch einschlägige Verwaltungsvorschriften fehlen, kaum praktische Bedeutung zukommt.

178

In **§ 62 HSOG** wird schließlich der Schusswaffengebrauch gegen Personen in einer **Menschenmenge** geregelt. Unter einer Menschenmenge – dieser Begriff findet sich auch in den §§ 124, 125 StGB – ist eine räumlich zusammengeschlossene, nicht auf den ersten Blick zählbare Personenvielzahl zu verstehen.[286] Eine Versammlung im Sinne des Versammlungsrechts[287] muss nicht vorliegen. Die Norm lässt den Schusswaffengebrauch in **Ausnahmesituationen** und dann auch nur „gegen Personen in einer Menschenmenge" zu; ein Schusswaffengebrauch **gegen die Menschenmenge als solche** bleibt damit von vornherein **ausgeschlossen**.[288] Nur einzelne Personen dürfen Zielpersonen sein. Der Einsatz etwa von **Wasserwerfern** (§ 55 Abs. 3 HSOG) ist hingegen auch gegen die Menschenmenge als solche möglich.

179

---

282 Fredrich, HSOG, § 61 Rn. 8.
283 BGH NJW 1999, 2533/2533 f.; OLG Karlsruhe, Beschl. v. 10.2.2011, 2 Ws 181/10.
284 BGH, Urt. v. 20.3.1975, 4 StR 7/75, Rn. 15 (juris).
285 BGH, Urt. v. 20.3.1975, 4 StR 7/75, Rn. 12 (juris).
286 Vgl. VG Göttingen, Urt. v. 12.5.2021, 1 A 130/16.
287 Siehe dazu die Definition in § 2 Abs. 1 HVersFG.
288 Bäuerle, in: BeckOK PolR Hessen, 33. Ed. 1.6.2024, HSOG, § 62, Rn. 2.

180 Der Schusswaffengebrauch gegen Personen in einer Menschenmenge ist **unzulässig**, wenn für die Polizeibeamten „erkennbar Unbeteiligte mit hoher Wahrscheinlichkeit gefährdet werden" (§ 62 Abs. 1 S. 1 HSOG). Diese Formulierung findet sich auch in § 60 Abs. 4 S. 1 HSOG. Seine besondere Bedeutung erhält § 62 HSOG durch die eingrenzende Definition der **Unbeteiligten** in **§ 62 Abs. 2 HSOG**. Demnach sind Personen, die nicht gewalttätig sind, sich aber in einer gewalttätigen Menschenmenge befinden und „sich aus der Menschenmenge trotz wiederholter Androhung nach § 58 Abs. 3 nicht entfernen", **nicht** als Unbeteiligte anzusehen. Nach § 58 Abs. 3 S. 1 HSOG ist gegenüber einer (gewalttätigen) Menschenmenge die **Anwendung** jeglichen **unmittelbaren Zwanges** „möglichst so rechtzeitig anzudrohen, dass sich Unbeteiligte noch entfernen können." Vor dem Gebrauch von **Schusswaffen** ist diese Androhung zu wiederholen (§ 58 Abs. 3 S. 2 HSOG).[289] Entfernen sich die – zunächst – Unbeteiligten trotz mehrfacher Androhung nicht, so werden diese Personen rechtlich zu einem Teil der gewaltsamen Menschenmenge.

181 Auch wenn solche Beteiligten im Sinne des § 62 Abs. 2 HSOG durch einen Schusswaffengebrauch gegen (andere!) Personen in einer Menschenmenge mit hoher Wahrscheinlichkeit gefährdet werden, schließt das einen solchen Schusswaffengebrauch, für den allerdings alle übrigen Voraussetzungen aus §§ 47 Abs. 1 oder 2, 52, 55 ff. und insbesondere **auch aus § 61 HSOG** erfüllt sein müssen,[290] nicht aus. Darüber hinaus ist der Schusswaffengebrauch gegen Personen in einer Menschenmenge unter Einhaltung aller übrigen Voraussetzungen auch dann gestattet, wenn er „**das einzige Mittel zur Abwehr einer gegenwärtigen Lebensgefahr** ist" (§ 62 Abs. 1 S. 2 HSOG). Zur Abwehr einer solchen Gefahr kann unter Umständen sogar auf die Androhung gänzlich verzichtet werden.

IX. Notwehr- und Notstandsrechte als zwangsrechtliche Befugnisnormen?

182 Immer wieder wird darüber diskutiert, ob nicht nur den eingriffsrechtlichen, insbesondere polizeirechtlichen Normen,[291] sondern auch den Vorschriften über **Notwehr und Notstand** (§§ 32, 34 StGB) Befugnisse zur Anwendung unmittelbaren Zwangs entnommen werden können.[292] Polizeibeamte befinden sich regelmäßig in Situationen der Selbst- oder Dritt- bzw. Fremdverteidigung (Notwehr bzw. Nothilfe); diese Situationen prägen den Polizeialltag. Die so genannten Notrechte sind „Jedermannsrechte"; sie unterliegen weniger strengen Voraussetzungen als polizeiliche Befugnisse. So muss jede einzelne grundrechtrelevante polizeiliche Handlung angemessen im Sinne des **Verhältnismäßigkeitsprinzips** sein; alle polizeirechtlichen Vorschriften zur Anwendung des unmittelbaren Zwangs sind normative Konkretisierungen des Verhältnismäßigkeitsprinzips. Demgegenüber stellt die Angemessenheit im Sinne des Verhältnismäßigkeitsgrundsatzes keine Voraussetzung der Notwehr dar;[293] auch wertvolle Sachgüter können erforderlichenfalls mit lebensgefährlichen Mitteln verteidigt werden.

183 Es muss also geklärt werden, ob gerade für so eingriffsintensive polizeiliche Maßnahmen wie insbesondere auch den **Schusswaffengebrauch** die Bindung an die einschlägigen eingriffsrechtlichen Normen und zentrale polizeirechtliche Grundsätze entfallen darf. Dafür spricht auf den ersten Blick tatsächlich, dass nach **§ 54 Abs. 2 HSOG** die „zivil- und strafrechtlichen Wirkungen

---

289 Zur Androhung unmittelbaren Zwangs gegenüber einer Menschenmenge näher Nr. 58 3 VVHSOG und Bäuerle, in: BeckOK PolR Hessen, 33. Ed. 1.6.2024, HSOG, § 58, Rn. 47 ff.
290 Die Regelung des § 62 **ergänzt** § 61 HSOG lediglich, ersetzt sie also nicht, vgl. Nr. 62 VVHSOG und Bäuerle, in: BeckOK PolR Hessen, 33. Ed. 1.6.2024, HSOG, § 62, Rn. 3.
291 Es sei daran erinnert, dass die Anwendung unmittelbaren Zwangs polizeirechtlich die Beachtung der §§ 47 Abs. 1 oder 2, 52, 54–62 HSOG verlangt und grundsätzlich erst nach einer Androhung der Maßnahme (§§ 48 Abs. 2, 53, 58 HSOG) gestattet ist.
292 Dazu noch immer instruktiv Kühl, Jura 1993, 233/236 ff.
293 BGH, Urt. v. 12.2.2003, 1 StR 403/02.

nach den Vorschriften über Notwehr und Notstand" ausdrücklich „unberührt" bleiben. Dieser so genannte **Notrechtsvorbehalt** bedeutet aber „nur", dass polizeirechtswidriges Handeln – also die Nichtbeachtung zwangsrechtlicher Normen (§§ 47 ff. HSOG) und des Verhältnismäßigkeitsgrundsatzes (§ 4 HSOG) – nicht „automatisch" zur **strafrechtlichen** Rechtswidrigkeit und Schuld führt[294] – mit der Folge einer strafrechtlichen Verurteilung. Die strafrechtlichen (und zivilrechtlichen) Rechtfertigungs- und Schuldausschließungsgründe gelten auch für Polizeibeamte.[295] Die Normen über Notwehr und Notstand begründen aber **keine** zusätzlichen **polizeilichen Befugnisse**;[296] ein solches Verständnis wäre letztlich grundrechts- und damit verfassungswidrig.[297] Polizeirechtswidriges Handeln bleibt also auch dann, wenn Notrechte greifen, polizeirechtswidrig und kann dementsprechend disziplinarrechtliche Folgen haben.[298]

Bsp.: Zwei Männer, mit Baseballschlägern bewaffnet, versuchen einen Stromverteilerkasten gewaltsam zu öffnen, um offenbar einen Stromausfall herbeizuführen. Ein Polizeibeamter überrascht die Männer, zieht seine Dienstwaffe, zielt auf die Beine einer der Männer und schießt. Der Mann wird am Oberschenkel getroffen, und die beiden brechen ihr Vorhaben ab. Solange die Männer den Beamten nicht angreifen, geht es hier „nur" um eine (drohende) Straftat aus § 316b StGB. Diese stellt kein Verbrechen dar, und die Männer führen auch keine Schusswaffen oder Explosivmittel mit sich, so dass der Schusswaffengebrauch rechtswidrig ist. Einer strafrechtlichen Verurteilung des Beamten können allerdings Notrechte zugunsten des Schutzes gemeinschaftswichtigen Eigentums des Energieversorgers entgegenstehen.

X. Rechtsschutz

Der Rechtsschutz gegen Zwangsmaßnahmen hängt vom **Rechtscharakter** der jeweiligen Maßnahme ab. **Androhung** von Zwangsmitteln und **Festsetzung** des Zwangsgeldes sind **Verwaltungsakte**, gegen die zunächst **Widerspruch und Anfechtungsklage** zulässig sind. Dies gilt auch für Kostenforderungen für die Kosten einer Ersatzvornahme. Dabei ist zu beachten, dass nach § 16 Hess AG VwGO den Rechtsbehelfen keine aufschiebende Wirkung zukommt. 184

Sieht man in der **Anwendung** der Ersatzvornahme und des unmittelbaren Zwangs richtigerweise **Realakte**,[299] kommt als Rechtsbehelf eine **Leistungsklage** (auf Unterlassen der Zwangsanwendung) in Betracht. 185

In der Praxis, insbesondere im Bereich polizeilicher Zwangsanwendung, geht es oft um eine **nachträgliche Überprüfung** der Rechtmäßigkeit, da der Zwang regelmäßig bereits vollzogen ist und sich die Maßnahme unter Umständen erledigt hat. In diesen Fällen sind weder Widerspruch und Anfechtungsklage (bei erledigten Verwaltungsakten) noch eine Leistungsklage (bei Realakten) zulässig. Spricht man – wenig überzeugend – der zugrundeliegenden Zwangsmaßnahme Verwaltungsaktscharakter zu, kommt für den Rechtsschutz die sog. **Fortsetzungsfeststellungsklage** (§ 113 Abs. 1 S. 2 VwGO analog) in Betracht. Geht man mit der überzeugenden hM von einem Realakt aus, ist eine allgemeine **Feststellungsklage** nach § 43 VwGO einschlägig. 186

Gegenstand einer gerichtlichen Überprüfung kann nach einer verbreiteten Auffassung grundsätzlich nur die Zwangsmaßnahme, die Rechtmäßigkeit (auch) des Grundverwaltungsakts wird nur unter bestimmten Voraussetzungen als anfechtbar angesehen.[300] 187

---

294 So aber Pielow, Jura 1991, 482/487 f.
295 BGH, Urt. v. 30.6.2004, 2 StR 82/04; OLG Karlsruhe, Beschl. v. 10.2.2011, 2 Ws 181/10; OLG Düsseldorf, Urt. v. 8.12.2021, 18 U 226/20; Kühl, Jura 1993, 233/238. Ob die Notrechte **uneingeschränkt** für Polizeibeamte gelten, ist sehr umstritten; teilweise wird gefordert, dass diese verfassungskonform durch das umfassend geltende Verhältnismäßigkeitsprinzip einzuschränken seien, so Würtenberger, Polizei- und Ordnungsrecht, in: Achterberg/Püttner/Würtenberger, § 21, Rn. 348.
296 Vgl. Nr. 54.2 VVHSOG.
297 Das Grundgesetz lässt auch kein übergesetzliches Notrecht des Staates zu, vgl. Fischer, JZ 2004, 376/383 f.
298 So Nr. 54.2 VVHSOG; anders offenbar Graulich, NVwZ 2005, 271/275.
299 Sie dazu oben Kap. J Rn. 64.
300 Dazu näher Kap. J Rn. 29.

188 Damit kann in der Regel nicht mehr geltend gemacht werden, dass der der Vollstreckung zugrunde liegende Verwaltungsakt fehlerhaft gewesen sei. Dies würde die Anfechtungsfristen der VwGO und die Bestandskraft von Verwaltungsakten gegenstandslos machen. Ausnahmen bestehen dort, wo es an einer Bestandskraft fehlt und dem Betroffenen die Möglichkeit einer Überprüfung der Rechtmäßigkeit des Grundverwaltungsaktes bisher nicht möglich war.

K. Erstattungs- und Ersatzansprüche

I. Allgemeines

Gefahrenabwehrmaßnahmen können zu Beeinträchtigungen von Rechtspositionen und zu Personen- und Sachschäden führen.

Bsp.: Einweisung von Obdachlosen in eine Privatwohnung; Körperschaden infolge einer polizeilichen Zwangsmaßnahme

In solchen Fällen ist zu klären, ob und in welchem Umfang Erstattungs- oder Ersatzansprüche bestehen.

Die Maßnahmen der Gefahrenabwehr sind durchweg hoheitliche Maßnahmen. Infolgedessen geht es um **„Staatshaftung"**. Damit ist an Ansprüche aus Amtshaftung, sog. enteignungsgleichem bzw. enteignenden Eingriff und Aufopferungsansprüche zu denken. Das hessische Gefahrenabwehrrecht enthält daneben in den **§§ 64 ff. HSOG** eigene Ausgleichsregeln.

In § 64 HSOG ist eine Entschädigung für die Inanspruchnahme Nichtverantwortlicher und eine Eingriffshaftung bei rechtswidrigen Eingriffen vorgesehen. Dementsprechend muss zwischen rechtmäßigen und rechtswidrigen Maßnahmen unterschieden werden.

II. Ausgleich bei rechtmäßigen Maßnahmen

1. Ansprüche des Verantwortlichen

Rechtmäßige Maßnahmen der Gefahrenabwehr gegen den Verantwortlichen (Störer) lösen grundsätzlich keine Entschädigungs- oder Ersatzansprüche aus, da der zu Recht in Anspruch genommene Verantwortliche kein sogenanntes Sonderopfer bringt, sondern lediglich in die Schranken seiner Rechte verwiesen wird.

Geht von einer Sache oder einem Grundstück eine Gefahr aus, so wird mit der Inanspruchnahme des Eigentümers die Sozialbindung des Eigentums konkretisiert.[1]

Allerdings können Entschädigungsansprüche auch für verantwortliche Personen ausdrücklich gesetzlich begründet werden. Entsprechenden Regelungen sind oft wirtschaftspolitisch motiviert und betreffen vor allem die **Zustandsverantwortlichkeit**.

So wird gem. **§ 15 TierGesG** für Tiere, die auf behördliche Anordnung – etwa aufgrund eines Seuchenverdachts – getötet worden sind, auf Antrag eine Entschädigung in Geld nach Maßgabe der §§ 16 ff. TierGesG geleistet. Die Bundesländer regeln, wer die Entschädigung gewährt und wie sie aufzubringen ist (§ 20 Abs. 1 S. 1 TierGesG).

2. Ansprüche Nichtverantwortlicher

§ 64 Abs. 1 S. 1 HSOG gewährt einen Ausgleich bei rechtmäßigem Verwaltungshandeln nur in Fällen der Inanspruchnahme nach § 9 HSOG, also bei der **Inanspruchnahme Nichtverantwortlicher** (Nichtstörer).

Es wird deutlich, dass § 64 HSOG insoweit eine gesetzliche Ausgestaltung des allgemeinen Aufopferungsgedankens darstellt. Der in Anspruch genommene Nichtverantwortliche bringt ein **Opfer für die Allgemeinheit**. „Inanspruchnahme" verlangt nach einer zielgerichteten hoheitlichen Verpflichtung; der zufällig Betroffene fällt also nicht darunter.

---
1 Vgl. BVerwGE 38, 209 ff.

11 § 64 Abs. 3 HSOG gewährt diesen Anspruch auch Personen, die mit Zustimmung der Behörde **freiwillig** bei der Aufgabenerfüllung mitgewirkt und dadurch einen Schaden erlitten haben (Polizeihelfer).

> **Bsp.:** Ein Passant beteiligt sich bei Rettungsmaßnahmen.
> Ein Passant erklärt sich bereit, einen Verletzten ins Krankenhaus zu fahren.

3. Ansprüche des Anscheinsstörers

12 In der Rechtsprechung wird § 64 Abs. 1 S. 1 HSOG in analoger Anwendung auch bei der **Inanspruchnahme des sog. Anscheinsstörers** herangezogen.[2] Dieser wird in der ex-post-Betrachtung einem Nichtverantwortlichen gleichgesetzt – allerdings nur in den Fällen, in denen die betreffenden Person den **Anschein nicht in zurechenbarer Art und Weise gesetzt** hat.

> **Bsp.:** Aufgrund falscher Zeugenangaben hat es den Anschein, A sei verantwortlich, was sich nachträglich als falsch herausstellt.

13 Hat der sog. Anscheinsstörer hingegen den Anschein verschuldet, wird er auch in der ex-post-Betrachtung als Verantwortlicher angesehen und bleibt ohne Entschädigung.[3]

> **Bsp.:** A spielt laut Tonaufnahmen ab und erwirkt damit den Eindruck, in seiner Wohnung geschehe eine Straftat.

14 Eine analoge Anwendung des § 64 Abs. 1 S. 1 HSOG kommt auch in den Fällen des **Gefahrenverdachts** in Betracht. Wenn sich der Gefahrenverdacht im Nachhinein (ex-post-Betrachtung) nicht bestätigt und damit deutlich wird, dass der Adressat der Maßnahme tatsächlich ein Nichtstörer war, besteht ein Erstattungs- oder Ersatzanspruch.

15 Verlangt man bereits auf der Eingriffsebene für die Annahme einer Anscheinsverantwortlichkeit, dass der Anschein durch eigenes Verhalten gesetzt wird,[4] braucht es auf der Ausgleichsebene keiner entsprechenden Anwendung. Derjenige, der den Anschein nicht selbst gesetzt hat, ist Nichtverantwortlicher iS von § 9 HSOG und hat damit den Erstattungsanspruch als Nichtverantwortlicher.[5]

16 Umgekehrt soll nach dieser Auffassung für den Fall, dass die Anscheinsgefahr bzw. der Anschein unmittelbar verursacht wurde, der Verursacher auch als Verantwortlicher behandelt werden.

17 Für den in der Praxis besonders relevanten Bereich des Bodenschutzes gilt die spezielle Regelung des **§ 24 Abs. 1 S. 2 BBodSchG**. Nach § 9 Abs. 2 BBodSchG kann zB der Grundstückseigentümer bereits bei Verdachtsfällen in Anspruch genommen werden. Bestätigt sich der Verdacht nicht, sind dem zu Unrecht Herangezogenen die Kosten nach § 24 Abs. 1 BBodSchG zu erstatten, wenn er die den Verdacht begründeten Umstände nicht zu vertreten hat.

III. Ausgleich bei rechtswidrigen Maßnahmen

18 § 64 Abs. 1 S. 2 HSOG gewährt Ersatzansprüche bei **rechtswidrigen Maßnahmen** der Gefahrenabwehr- oder Polizeibehörden. Dabei ist es unerheblich, ob der Schaden beim Verantwortlichen, Nichtverantwortlichen oder bei einer sonstigen Person eintritt. Der Ausgleichsanspruch besteht **verschuldensunabhängig** und tritt insoweit neben den verschuldensabhängigen Amtshaftungsanspruch.

---

2 VGH Mannheim, NVwZ RR 1991, 24/26; BGH, NJW 1994, 2355.
3 Vgl. Drews/Wacke/Vogel/Martens, S. 668, 669; OLG Köln, DÖV 1996, 86.
4 So etwa Schenke, Rn. 256.
5 Vgl. Schenke, Rn. 679, 685.

III. Ausgleich bei rechtswidrigen Maßnahmen

Das Gesetz verwendet in § 64 Abs. 1 S. 2 HSOG den Begriff der **Maßnahme**. Dieser Begriff ist weit zu fassen.[6] Darunter fallen sowohl Verwaltungsakte als auch Realakte. Dagegen soll behördliche **Untätigkeit** (Unterlassen) nach hM keine Haftung nach dieser Norm auslösen.[7]

Dafür spricht, dass im allgemeinen Sprachgebrauch mit einer Maßnahme aktives Tun verbunden wird. Auf der anderen Seite ist eine derartige Differenzierung aus Sicht des Geschädigten kaum verständlich. Sie widerspricht auch der sonst im Rechtsleben vorgenommenen Gleichstellung zwischen Tun und Unterlassen bei Vorliegen einer Garantenpflicht.[8]

Die Maßnahme muss **rechtswidrig** sein. Dabei ist unerheblich, worauf die Rechtswidrigkeit beruht, so dass sowohl formelle als auch materielle Fehlerhaftigkeit von Bedeutung ist.

Für die Rechtswidrigkeit der Maßnahme kommt es zunächst darauf an, ob die getroffene Entscheidung bzw. das Handeln fehlerhaft ist (sog. Handlungsunrecht). Zum Teil wird vertreten, dass das sog. **Erfolgsunrecht** im Vordergrund stehe, wonach auf einen zu missbilligenden Erfolg abzustellen sei.[9]

Bsp.: Ein Polizeibeamter macht unter Beachtung aller Rechtsvorschriften von der Schusswaffe Gebrauch. Die Kugel prallt ab und trifft einen zufällig vorbeikommenden Passanten.

In diesem Fall stellt sich der Schusswaffengebrauch zunächst als rechtmäßig dar, wohl aber nicht der Erfolg, die Verletzung eines unbeteiligten Dritten.

Hier bieten sich drei Lösungswege an:

- Analoge Anwendung von § 64 Abs. 1 S. 1 HSOG;[10]
- Anwendung von § 64 Abs. 1 S. 2 HSOG unter Abstellen auf das sog. Erfolgsunrecht;[11]
- Rückgriff auf den allgemeinen Aufopferungsanspruch bzw. Ansprüche aus enteignenden/enteignungsgleichem Eingriff.

Liegt nicht nur rechtswidriges Handeln, sondern auch **schuldhaftes Verwaltungshandeln** vor, ist in der Regel von einer Amtspflichtverletzung auszugehen. Diese kann **Ansprüche aus Amtshaftung** nach § 839 BGB iVm Art. 34 GG begründen. Der Amtshaftungsanspruch steht neben dem Anspruch aus § 64 Abs. 1 S. 2 HSOG; es besteht **Anspruchskonkurrenz**, vgl. § 64 Abs. 4 HSOG. Über die Amtshaftung kann auch Schadensersatz bei pflichtwidriger Untätigkeit in Betracht kommen.[12]

Dagegen werden Ansprüche aus enteignungsgleichem Eingriff bzw. aus allgemeiner Aufopferung von der speziellen Regelung des § 64 HSOG verdrängt, die letztlich Ausfluss dieser Rechtsgedanken ist.[13] Bleiben die Ansprüche aus § 64 HSOG allerdings hinter den allgemeinen Grundsätzen zurück, ist ein Rückgriff auf diese möglich.

Zielt das Begehren nicht auf einen Geldausgleich, sondern auf **Wiederherstellung des früheren Zustandes**, kommt ein **Folgenbeseitigungsanspruch** in Betracht. Dieser ist von § 64 HSOG nicht erfasst und auch an anderer Stelle nicht explizit normiert. Er findet seinen Rechtsgrund letztlich in den Grundrechten[14] und ist als solcher jedenfalls gewohnheitsrechtlich anerkannt.[15]

Bsp.: Anspruch eines wegen drohender Obdachlosigkeit in Anspruch genommenen Wohnungseigentümers auf Aufhebung einer rechtswidrigen Einweisungsverfügung eines Obdachlosen.

---

6 BGH, NJW 1987, 1945; Fredrich, HSOG, § 64 Rn. 5.
7 Vgl. BGH, NJW 1971, 1172/1173.
8 Vgl. Schenke, NJW 1991, 1777/1788.
9 So Vahle, DVP 1989, 379.
10 Möller/Warg, S. 220.
11 Vahle, DVP 1989, 379.
12 BGHZ 130, 332.
13 BGH, DVBl. 1979, 116.
14 Vgl. BVerwGE 94, 100/103 f.
15 Dazu näher Maurer/Waldhoff, § 30 Rn. 1 ff.

IV. Inhalt, Art und Umfang des Ausgleichs

27 Der Anspruch nach § 64 HSOG zielt grundsätzlich auf den Ersatz des unmittelbaren **Vermögensschadens** (§ 65 HSOG). Daneben sieht § 65 Abs. 1 S. 2 HSOG einen Ausgleich für entgangenen Gewinn (§ 252 BGB) und Nutzungsausfälle vor, beschränkt diese aber gleichzeitig auf den Ausfall des gewöhnlichen Verdienstes oder des gewöhnlichen Nutzungsentgeltes. Darüber hinausgehende **mittelbare Schäden** sollen nur in Fällen unbilliger Härte ausgeglichen werden.

28 **Schmerzensgeld** wird unter den Voraussetzungen des § 65 Abs. 2 HSOG gewährt, setzt also eine Körper- bzw. Gesundheitsverletzung oder eine freiheitsentziehende Maßnahme voraus.

29 Der Ausgleich ist nicht auf Naturalrestitution, sondern gem. § 65 Abs. 3 HSOG auf **Geldausgleich** gerichtet, wobei unter den Voraussetzungen von § 65 Abs. 3 S. 2–5 HSOG auch eine **Rente** möglich ist. Eine ergänzende Sonderregelung für mittelbar Geschädigte findet sich in § 66 HSOG, wobei es um **Bestattungskosten und Unterhalt** geht. Im Übrigen sind nach § 65 Abs. 5 HSOG bei der Ausgleichsbemessung die Umstände des Einzelfalles zu berücksichtigen.

30 Der Ausgleichsanspruch **verjährt** gemäß § 67 HSOG in **drei Jahren** seit Kenntniserlangung des Schadens und der entschädigungspflichtigen Körperschaft, spätestens in 30 Jahren nach Kenntnis vom Eintritt des schädigenden Ereignisses.

31 § 65 Abs. 5 HSOG enthält Bemessungsgrundsätze für die Ermittlung der Ausgleichszahlung.

32 Der **Anspruch** aus § 64 HSOG ist **ausgeschlossen**, soweit die Maßnahme zum Schutz der Person oder des Vermögens des Geschädigten getroffen wurde (§ 64 Abs. 2 HSOG). Entscheidend ist dafür nicht die Absicht der Behörde; die Maßnahme muss objektiv zum Schutz der Rechtsgüter geeignet sein und darf diese nicht rechtswidrig verletzen, womit sich der Ausschluss vorrangig auf Fälle des § 64 Abs. 1 S. 1 HSOG bezieht.

Bsp.: Muss die Polizei zur Rettung eines Wohnungseigentümers die Wohnungstür gewaltsam öffnen, so kann dieser keinen Ersatz für die beschädigte Tür verlangen.

V. Anspruchsgegner

33 Ausgleichspflichtig und damit Anspruchsgegner ist nach § 68 Abs. 1 HSOG grundsätzlich die Körperschaft, in deren Dienst die handelnde Amtsperson steht, also die sog. **Anstellungskörperschaft**.

34 Bei polizeilichem Handeln ist dies das Land Hessen, bei Handlungen der allgemeiner Verwaltungsbehörden die Gemeinde bzw. der Landkreis. Handeln Bürgermeister, Oberbürgermeister oder Landrat als Ordnungsbehörde, verbleibt es bei der Haftung der Gemeinde, der Stadt bzw. des Landkreises. Zwar nehmen Bürgermeister und Landräte in diesen Fällen ihre Aufgaben als Auftragsangelegenheiten wahr (siehe § 4 Abs. 2 HGO bzw. HKO), sie agieren aber als kommunale Behörden. Ihr Handeln ist deshalb den Kommunen bzw. Landkreisen zuzurechnen.

35 Anders liegt der Fall, wenn ein Bediensteter für die Behörde einer anderen Körperschaft handelt. In diesem Fall ist die andere Körperschaft ausgleichspflichtig (§ 68 Abs. 2 HSOG).

36 Handelt die Polizei beispielsweise im Rahmen der Vollzugshilfe gem. § 44 HSOG, ist grundsätzlich die ersuchende Behörde ausgleichspflichtig. Sie hat unter den Voraussetzungen des § 68 Abs. 3 HSOG einen eventuellen **Erstattungsanspruch** gegenüber der Anstellungskörperschaft (Land Hessen).

Bsp.: Polizeibeamte räumen unter Anwendung unmittelbaren Zwangs ein besetztes Haus. Ist die Räumungsverfügung vom Magistrat der Stadt ergangen, ist diese für eventuelle Schäden, die unter den Voraussetzungen des § 64 HSOG ausgleichspflichtig wären, gegenüber dem Geschädigten ausgleichspflichtig.

Ggf. hat die Stadt einen Erstattungsanspruch gegen das Land, wenn die Schäden allein aus einer rechtswidrigen Anwendung des unmittelbaren Zwangs durch die handelnden Polizeibeamten resultieren.

VI. Rechtsweg

Der ausgleichspflichtigen Körperschaft steht nach § 69 HSOG auch ein **Rückgriff gegen den Verantwortlichen** zu, wenn sie in den Fällen des § 64 Abs. 1 S. 1 oder Abs. 3 HSOG Ausgleich geleistet hat.

Bsp.: Rückgriff gegen in eine Wohnung eingewiesene Obdachlose bei Zahlung von Nutzungsentgelten an den Vermieter.

Dabei haften mehrere nebeneinander verantwortliche Personen gesamtschuldnerisch (vgl. § 69 Abs. 2 HSOG).

VI. Rechtsweg

In § 70 HSOG wird klargestellt, dass bei Ansprüchen auf Schadensausgleich (§§ 64–67 HSOG) der **ordentliche Rechtsweg** zu den Zivilgerichten gegeben ist (vgl. auch Art. 14 Abs. 3 S. 4 und Art. 34 S. 3 GG; § 40 Abs. 2 VwGO). Dabei hängt es von der Höhe des Streitwertes ab, ob das Amtsgericht oder das Landgericht zuständig ist (vgl. § 23 Nr. 1 GVG).

Anders sieht es bei dem Erstattungsanspruch nach § 68 Abs. 3 HSOG und dem Rückgriffsanspruch nach § 69 HSOG aus, die beide vor den **Verwaltungsgerichten** zu verhandeln sind. Als zulässige Klageart kommt die allgemeine **Leistungsklage** in Betracht.

L. Kosten der Gefahrenabwehr

I. Kosten und Kostenträger

1   Wie bei jeder Verwaltungstätigkeit, so entstehen auch bei der Gefahrenabwehr Kosten. Das HSOG enthält in den §§ 104 ff. dazu einschlägige Regelungen.

2   **Kosten** iS dieser Vorschriften sind die **Personal- und Sachkosten** für die Gefahrenabwehr sowie die **Ausgaben**, die durch die Tätigkeiten der zuständigen Behörden entstehen (siehe § 104 HSOG).

3   Hinsichtlich der Kosten stellen sich zwei zentrale Fragen: Wer ist **Kostenträger**, dh welcher Verwaltungsträger trägt die Kosten, und kann der Verwaltungsträger **Kostenersatz von Dritten** verlangen?

4   Die §§ 104 ff. HSOG regeln die **Kostenträgerschaft**. Sie ordnen die Kosten grundsätzlich den Aufgabenträgern zu. Danach fallen die bei den allgemeinen **Verwaltungsbehörden** (vgl. § 2 S. 2 HSOG) entstehenden Kosten den sie tragenden Gemeinden, Städten und Landkreisen zu (vgl. § 105 HSOG). Die **Kosten der Polizei** trägt das Land (§ 108 HSOG). Bei den **allgemeinen Ordnungsbehörden** fallen die Kosten den hinter den Behörden (vgl. § 85 Abs. 1 HSOG) stehenden Verwaltungsträgern zur Last. Handeln Bürgermeister, Oberbürgermeister bzw. Landräte als örtliche bzw. Kreisordnungsbehörde, sind Kostenträger die Gemeinden und Städte bzw. die Landkreise; Kosten, die bei den Regierungspräsidien oder den Ministerien entstehen, trägt das Land (vgl. § 106 HSOG).

II. Kostenersatz

5   Zur Frage, ob und in welchem Umfang ein Kostenträger **Kostenersatz von Dritten**, insbesondere von den für Maßnahmen Verantwortlichen verlangen kann, enthalten die §§ 104 ff. HSOG keine Aussagen.

6   Bei Kostenersatzansprüchen ist zu unterscheiden zwischen den Kosten bestimmter Maßnahmen mit entsprechenden Kostenregelungen im HSOG und der Erhebung allgemeiner Verwaltungskosten (Verwaltungsgebühren, Auslagen).

7   Ersatzpflichtig für Kosten ist grundsätzlich der Verantwortliche, nicht die durch eine behördliche Maßnahme geschützte Person. Für „Opfer" ist eine behördliche Leistung grundsätzlich kostenlos.[1] Die Geltendmachung der Kosten setzt allerdings eine gesetzliche Befugnis voraus.

1. Kostenersatz nach dem HSOG

8   Das HSOG begründet Kostenersatzansprüche für **Kosten der unmittelbaren Ausführung** (**§ 8 Abs. 2 HSOG**), Kosten einer **Ersatzvornahme** (§ 49 HSOG), Kosten einer **Sicherstellung** einschließlich Verwertungs- bzw. Verwahrungskosten (§ 43 Abs. 3 HSOG) und **Kosten des unmittelbaren Zwangs** (§ 52 Abs. 1 S. 3 HSOG).

9   Die Behörden bzw. Verwaltungsträger können die ihnen durch die genannten Maßnahmen entstandenen Kosten von den Verantwortlichen bzw. der durch die Ersatzmaßnahme betroffenen Person ersetzt verlangen. Voraussetzung ist die Rechtmäßigkeit der jeweiligen Maßnahme.

10 Es handelt sich bei diesen Ansprüchen um öffentlich-rechtliche Ansprüche gegen Kostenverursacher außerhalb des Abgabenrechts, die kraft Gesetzes entstehen.

---

1 Vgl. Götz/Geis, § 14 Rn. 2.

II. Kostenersatz

Dabei müssen die **Kosten durch die Maßnahmen verursacht** sein. Dies sind insbesondere Kosten für beauftragte Dritte (zB Abschleppunternehmer), aber auch eigene Kosten bei besonderem Personal- und Sachaufwand.[2]

Bei den Kosten der unmittelbaren Ausführung und über die Verweisung in § 52 Abs. 1 HSOG für Kosten des unmittelbaren Zwangs haften mehrere Verantwortliche gesamtschuldnerisch. Gerade bei der Ausübung von Zwang gegenüber mehreren Verantwortlichen können aber hohe Kosten anfallen. Um hier das Kostenrisiko für den Einzelnen nicht unberechenbar werden zu lassen, ist eine gesamtschuldnerische Inanspruchnahme für die Gesamtkosten regelmäßig abzulehnen.

Nicht zu diesen Kosten zählt der allgemeine Verwaltungsaufwand.[3] Dieser kann nur über Gebühren abgerechnet werden, wofür es entsprechender gebührenrechtlicher Grundlagen bedarf.

Die genannten Maßnahmekosten können im Verwaltungsvollstreckungsverfahren nach den Vorschriften des HVwVG beigetrieben werden, womit klargestellt ist, dass die Kosten gegenüber dem Kostenschuldner durch Verwaltungsakt festgesetzt werden können. Widerspruch und Anfechtungsklage gegen solche Kostenbescheide haben nach der hM[4] aufschiebende Wirkung. Es sind keine Kosten iS von § 80 Abs. 2 S. 1 Nr. 1 VwGO, sie dienen nicht der Deckung des allgemeinen Finanzbedarfs.

Die genannten Kostenvorschriften sind für die relevanten Maßnahmekosten abschließend. Liegen die Voraussetzungen nicht vor, können diese Kosten nicht auf anderer Grundlage geltend gemacht werden.[5]

2. Ersatz von Verwaltungskosten, Gebühren

Wie dargestellt, bietet das HSOG für die Erhebung allgemeiner Verwaltungskosten keine Grundlage. Einschlägig ist insoweit das **Verwaltungskostengesetz** (HVwKostG). Es dient als Grundlage sowohl für Amtshandlungen von Landesbehörden als auch kommunaler Gefahrenabwehrbehörden (vgl. § 2 HVwKostG). Um für Amtshandlungen im Rahmen der Gefahrenabwehr Gebühren erheben zu können, müssen gebührenpflichtige Tatbestände vorhanden sein.

Grundlage für die Gebührenerhebung ist die **VwKostO** für Amtshandlungen im Geschäftsbereich des Hessischen Ministerium des Innern und Sport mit einem **Verwaltungskostenverzeichnis**,[6] das für Gefahrenabwehrbehörden entsprechende Anwendung finden soll.[7] Nur die Amtshandlungen, die im Kostenverzeichnis enthalten sind, können eine Gebührenerhebung auslösen.

---

2 ZB Überstunden, Gutachterkosten, vgl. VGH Kassel, NVwZ 1988, 655/656.
3 ZB anteilige Dienstbezüge der Beamten, vgl. Fredrich, HSOG, § 8 Rn. 14.
4 Vgl. VGH Kassel, NJW 1980, 1248; Götz/Geis, § 14 Rn. 6 mwN.
5 Vgl. Fredrich, HSOG, § 8 Rn. 17 (mwN); dazu auch BGH, NJW 2004, 513.
6 GVBl. 2012 S. 356.
7 Vgl. Fredrich, HSOG, § 8 Rn. 14.

Stichwortverzeichnis

Die Angaben verweisen auf die Kapitel des Buches (**fette Buchstaben**) sowie die Randnummern innerhalb des jeweiligen Kapitels (magere Zahlen).

Abfallwesen D 36
Abschleppen von Fahrzeugen I 226, 231, G 40 f., J 52, 54, 64, 94
– Mitteilung H 58
– Rechtsgrundlagen H 51
Absolute Zweckgebundenheit I 254
Abstrakte Gefahr I 216
Abstrakte Normenkontrolle H 111
Adressat H 38
Alkoholkonsum H 83
Alkoholverbote H 83 ff.
Allgemeine Hilfe C 50 ff.
Allgemeine Ordnungsbehörden C 35 ff.
Allgemeine Verwaltungsbehörden C 30 ff.
– Aufgabenzuweisungen D 33 ff.
Allgemeinkrankenhaus I 144
Allgemeinverfügung H 17 ff.
Altlasten F 59 ff.
Altlastenverdacht E 95
Amtshaftung G 58
Analyseplattform I 324
Androhung J 66 ff.
– Bestimmtheitsgebot J 71 ff.
– Menschenmenge J 180
– Warnfunktion J 68
Anfechtungsklage H 44, J 184
Angehörige I 154 f.
Anhalten I 17 ff. 62
– Unterscheidung Festhalten I 19
Anhaltspunkte, tatsächliche I 14 ff. 51, 163, 170, 239
Anhörung H 28
Annäherungsverbot I 106
Annexkompetenz des Bundes A 9
Ansammlung I 268
Anscheinsgefahr E 76 ff.
Anscheinsstörer, Inanspruchnahme F 84 ff.
Anspruch auf Einschreiten G 58
Arzt I 180 f.
Aufenthaltsrecht D 30
Aufenthaltsüberwachung, elektronische I 113 ff.

Aufenthaltsverbot I 5 f.
– Abgrenzung Platzverweis I 108
– Dauer I 108 ff.
Aufgabenzuweisungen I 1, D 13 ff.
Aufgedrängte Daten I 12
Auftragsangelegenheiten C 38 f.
Auskunftspflicht I 14, 21 ff. 260
Auskunftsverweigerungsrecht
– Belehrung I 24
– Nicht-Störer I 22
Ausländerwesen D 55
Austauschmittel G 52
Auswahl der Mittel G 52
Ausweispapiere I 63

Bauaufsicht D 49
Befragung I 11 ff.
– Normadressat I 21
Befugnisgeneralklausel, Generalbefugnisnorm I 3 ff.
Befugnisnorm G 1
– Ermächtigungsgrundlage I 1 f.
Belehrung, Auskunftsverweigerungsrecht I 24
Beliehene C 58
Benachrichtigungsrecht, Gewahrsam I 154 f.
Berechtigungsscheine I 32
Bereichsspezifischer Datenschutz I 247
Bescheinigung, Durchsuchung I 203
Besondere Gefahrenlagen A 11 ff.
Bestattungswesen D 44
Bestimmtheit H 38, 107
Betäubungsmittel D 42
Betreten von Wohnungen I 204 ff.
Betretungsverbot I 95
Betteln I 97
Beugemittel J 16, 57
Bezirksordnungsbehörden C 37
BImSchG D 37
Bodenschutz D 39
Body-Cam I 268 ff.
Brandschutz C 50 ff.
Bundesamt für Logistik und Mobilität B 9

Bundesamt für Verfassungsschutz B 18
Bundesanstalt für Finanzdienstleistungsaufsicht (BaFin) B 11
Bundeskriminalamt B 6
Bundesnachrichtendienst B 19
Bundespolizei B 2 ff.
Bundeswehr B 20
Datenabgleich I 319 ff.
- festhalten I 321
Datenerhebung I 247 ff.
- allgemeine Grundsätze I 263 ff.
- allgemein zugängliche Quellen I 263
- Generalbefugnisklausel I 263 ff.
- Grundsätze, der I 253 ff.
Datenerhebung mittels Kamera I 269
Datenneuerhebung, hypothetisch I 295 ff.
Datenträger I 187
Datenübermittlung I 304
- Behörden und öffentliche Stellen I 312 ff.
- Bewertungen I 304 ff.
- Drittstaaten I 317
- Grundsatz der hypothetischen Datenneuerhebung I 304 ff.
- Identitätsfeststellung I 60
- Polizei und Gefahrenabwehrbehörden I 312 ff.
- Private Stellen I 312 ff.
- Schutz privater Rechte I 304
- Übermittlungsersuchen I 304 ff.
- Übermittlungsverbote I 304 ff.
- Zweckbindungsgrundsatz I 304 ff.
Datenverarbeitung I 247 ff. 252
- Schutz privater Rechte I 261 ff.
Datenweiterverarbeitung
- Begriff I 295 ff.
- Schutz privater Rechte I 295 ff.
- zweckändernde I 295 ff.
Deeskalation J 61
Diensthund J 130 f.
Digitalfunk C 24
Distanz-Elektroimpulsgerät J 144
DNA-Analyse, richterliche Anordnung I 78
DNA-Identifizierungsmuster I 76
Dominanzentscheidung E 13
Doppelfunktionale Maßnahmen E 13 ff.
DS-GVO
- Verfolgung von Ordnungswidrigkeiten I 250 f.
- Verfolgung von Straftaten I 250 f.

Durchführungsverordnung HSOG D 53 ff.
Durchsetzungsgewahrsam I 132 ff.
Durchsuchen, Definition I 163
Durchsuchung I 67
- Adressat I 189
- Definition I 187 ff.
- Eigensicherung I 172
- gefährlicher Ort I 199
- Gewahrsam I 198
- gezielte Kontrolle I 171, 202
- Kontrollstelle I 201
- non-binär I 179
- öffentliche Räumlichkeiten I 216
- Schamgefühl I 179
- Sicherstellung I 195
- Umstände I 172 ff.
- verrufener Ort I 199
Durchsuchungszeuge I 203
Durchsuchung von Personen I 162 ff.
Durchsuchung von Wohnungen I 204 ff.
EAÜ I 245
- Dauer I 113 ff.
Eichdirektion C 46
Eigensicherung I 268
Eilfallkompetenz D 6
Eingriffsrecht E 6
Eingriffsschwelle E 14
Einsatz technischer Mittel I 281
Einsatztraining J 49
Eintrittswahrscheinlichkeit E 63 ff.
Einwilligung I 253
- Voraussetzungen I 261 f.
Elektronische Aufenthaltsüberwachung
- Datenverarbeitung I 118
- Richtervorbehalt I 117
Entwichene, Justizvollzugsanstalt I 142 f.
Erfahrungssätze E 64 f.
Erforderlichkeit der Maßnahme G 33
Erkennungsdienstliche Behandlung I 70
- Aufbewahrung Unterlagen I 78
- Person unter 14 Jahren I 76
Erkennungsdienstliche Maßnahmen I 64, 72 ff.
Ermächtigungsgrundlage, Befugnisnorm I 1 f.
Ermessen G 43 ff.
- Ausübung G 47 ff.
- Auswahlermessen G 45
- Entschließungsermessen G 45
- Ermessensarten G 46

- Ermessensfehler G 50 ff.
- Fehler G 47
- Mittelwahl G 52
- Reduzierung G 54
- Zwang J 62

Ernährungssicherstellung und -vorsorge D 70

Ersatzvornahme J 87 ff.
- Abschleppen von Fahrzeugen J 94
- Fremdvornahme J 90 f.
- Kostentragungspflicht J 92
- Selbstvornahme J 89

Ersatzzwangshaft J 106 f.

Erstattungs- und Ersatzansprüche K 1 ff.

Erstbefassung D 9

Ewigkeitshaftung F 10

Exklusivzuständigkeit der Polizei D 10

Feiertagsgesetz D 73

Fesseln J 133

Fesselung J 133 ff.
- Grundrechtseingriff J 134 ff.

Festhalten I 17 ff. 62
- Unterscheidung Anhalten I 19

Feststellungsklage J 186

Folgenbeseitigungsanspruch K 26, F 99

Forderung, Sicherstellung I 240

Fortsetzungsfeststellungsklage H 44, J 186

Freiheitsbeschränkung I 17, 62, 95

Freiheitsentziehung I 65, 120 ff.
- Datenabgleich I 321
- Dauer I 160
- Richtervorbehalt I 17

Freiheitsentziehungen, Zeitgrenze I 66

Freiwilliger Polizeidienst C 25 ff.

Freiwilligkeit I 260

Freiwilligkeit der Datenerhebung I 253

Friedhofswesen D 44

Funktionsvorbehalt C 28

Fußfessel, elektronische I 113 ff.

Gaststätten D 45

Gebühren, Ersatz L 16 ff.

Geeignetheit der Maßnahme G 27

Gefahr
- abstrakte I 7 f., H 78, E 68 ff.
- Anscheinsgefahr I 7 f., E 76 ff.
- Definition E 54
- dringende E 99
- drohende E 104

- erhebliche E 99
- Gefahrenverdacht I 7 f.
- gegenwärtige E 99
- gemeine E 99
- konkrete I 7 ff., E 68 ff.
- Scheingefahr/Putativgefahr I 7 f.

Gefahr, gegenwärtige I 104, 228

Gefährderanschreiben I 7 f.

Gefährderansprache I 7 f.

Gefährdete Objekte I 47

Gefährdete Objekte und Orte I 47, 200

Gefährdete Person I 52

Gefährdungsanschreiben G 7 f.

Gefährdungsansprache G 7 f.

Gefahrenabwehr E 60 ff.
- Kosten L 1 ff.
- Kostenersatz L 5 ff.
- Kostenträger L 1
- Maßnahmen H 1 ff.
- vorbeugende E 100 ff.

Gefahrenabwehr als staatliche Aufgabe C 1

Gefahrenabwehrbehörden C 29 ff.
- Zuständigkeiten D 1 ff.

Gefahrenabwehr durch Private C 57 ff.

Gefahrenabwehrrecht E 1

Gefahrenabwehrverfügung H 13 f.
- Prüfungsschema H 21 ff.
- Rechtsschutz H 44 ff.

Gefahrenabwehrverordnung I 9, H 76 ff., E 105
- Alkoholkonsum H 101
- Alkoholverbot H 83 ff.
- Begriff H 77
- Betteln H 101
- Rechtmäßigkeitsanforderungen H 95
- Rechtsschutz H 111

Gefahrenbegriffe E 106

Gefahrenerforschung, Identitätsfeststellung I 34

Gefahrenstufen E 98 f.

Gefahrenverdacht E 79 ff. 89

Gefahrenvorsorge E 100 ff. 105

Gefahrgutbeförderung D 32

Gefahrgutüberwachung D 63

Gefahr im Verzug E 99
- Wohnungsdurchsuchung I 218 ff.

Gefährlicher Ort I 41 ff. 212

Gefährliche Tiere I 244

Gemengelage E 11

Generalbefugnisnorm, Befugnisgeneralklausel I 3 ff.
Gesamtschuldnerische Haftung H 64
Geschlecht I 179
Gesetzesvorbehalt I 1, G 1
Gesetzgebungskompetenzen A 4 ff.
Gesundheitsamt D 40 f.
Gesundheitsdaten I 254
Gesundheitswesen D 40
Gewahrsam I 120 ff.
- Benachrichtigung I 154 f.
- Beobachtung I 156
- Minderjähriger I 140 f.
Gewahrsam, das I 121
Gewahrsam, der I 121
Gewalt J 14 ff.
- einfache körperliche J 127
- Grundrechtsrelevanz J 111 f.
Gewalt, körperliche J 108 ff.
Gewerberecht D 45
Grenzüberschreitende Kriminalität I 55
Grund der Freiheitsentziehung I 153
Grundrechte, Schutzgutrelevanz E 30 ff.
Grundrechtsverzicht, Wohnungsdurchsuchung I 209
Grundsatz der Erstbefassung D 9
Grundsatz der Subsidiarität, Subsidiaritätsgrundsatz I 7
Grundverwaltungsakt J 21

Hafenbehörde D 72
Heilung von Verfahrensfehlern H 28
Hessen Mobil C 46
Hessische Datenschutzbeauftragte I 312
Hessische Hochschule für öffentliches Management und Sicherheit C 15 ff.
Hessisches Polizeipräsidium Einsatz C 11 ff.
Hessisches Versammlungsfreiheitsgesetz D 18 ff.
Hilfeleistungspflicht J 121 ff.
Hilflos I 194
Hilflose Lage I 124, 127, 165
Hilfsmittel der körperlichen Gewalt J 130 ff.
Hilfspolizeibeamtinnen und -beamte C 20 ff.
Hinweispflicht I 253, 260
HIV I 180
Höchstdauer der Freiheitsentziehung I 157 ff.
Hoheitsträger, Inanspruchnahme F 91 ff.

HPsychKHG I 144 ff.
- Richtervorbehalt I 144
HSOG-DVO D 53 ff.
Hundeverordnung H 79 ff., D 71
- Kampfhunde H 79 f.
Hypnose J 86

Identitätsfeststellung I 172
- Datenübermittlung I 60
- Dauer I 62
- Gefahrenerforschung I 34
- gezielte Kontrolle I 56 f.
- Hinweispflicht I 71
- Mittel zur Abschreckung I 34
- Ortshaftung, gefährliche Orte I 41
- Personalien I 31 ff.
- Razzien I 62
- Recht am eigenen Bild I 40
- Schutz privater Rechte I 37
- Zeuge I 37
Identitätsfeststellung bei Dritten I 61
Immissionsschutz D 37
IMSI-Catcher I 284
- Richtervorbehalt I 286
Inanspruchnahme Nichtverantwortlicher K 9
Individualrechtsgüter E 35
Informationelle Selbstbestimmung I 33, 247
Informationspflichten E 17
Informationssystem Polas I 319
Instanzielle Zuständigkeit D 92 ff.

JI-Richtlinie
- Verfolgung von Ordnungswidrigkeiten I 250 f.
- Verfolgung von Straftaten I 250 f.
Jugendschutz D 48
Jugendschutzrecht D 24 ff.
JuSchG I 36
JVEG I 88

Kampfmittelbeseitigung D 68
Katastrophenschutz C 50 ff.
Kausalität(stheorien) F 12
- Adäquanztheorie F 15
- Äquivalenttheorie F 13 f.
- Theorie der rechtswidrigen Verursachung F 16 f.
- Theorie der unmittelbaren Verursachung F 18 ff.
Kennzeichenlesesysteme I 268, 277

Kennzeichnungspflicht
- Ausnahmen I 300 ff.
- personenbezogener Daten I 300
Kinder J 159
Kommunikation J 61
Kontakt-und Annäherungsverbot G 21
Kontaktverbot I 5 f. 105, 110
Kontrollstelle I 201
- Gefahr im Verzug I 54
- tatsächliche Anhaltspunkte I 54
Körperöffnungen I 180
Kosten der unmittelbaren Ausführung H 64
Kostenerhebung durch die Polizei C 14
Kostenersatz L 5 ff.
Krankenhausbewachung I 144
Kreisordnungsbehörden C 38
Kreisverwaltungsbehördenbezirk C 34
Kriminalpolizei C 19
Künstlicher Stau I 7 ff.

Ladenöffnung D 47
Landesamt für Verfassungsschutz B 18
Landeskriminalamt C 10
Landesordnungsbehörden C 36
Landespolizeipräsidium C 4
Lärmbekämpfung D 64
Lauschangriff I 281
Lebensmittel-, Bedarfsgegenstände- und Futtermittelgesetzbuch D 31
Lebensmittelüberwachung D 70
Legalitätsprinzip D 15, G 43
Leistungsklage G 58, J 185 f.

Meldeauflage I 7 ff. 82
- Legaldefinition I 89
- Tatsachen I 91
- Verhältnismäßigkeit I 91
- Verlängerung I 93
Meldewesen D 50
Menschenmenge J 179
Menschenwürde I 179
Messerangriff J 149
Militärischer Abschirmdienst B 19
Mitführpflicht I 32
Mitgeführte Sachen I 67
Mit sich führen I 163, 190
Mittelbare Datenerhebung I 255

Möglichkeit der Maßnahme H 41, G 27 f.
Nachrichtendienste B 16 ff.
Nachträgliche Benachrichtigung I 150
Nachtzeitschranke I 212, 217
Nationalparkamt C 46
Naturereignisse E 36
Naturschutz D 35
Nicht-Störer, Auskunftsverweigerungsrecht I 22
Nichtverantwortliche F 97 ff.
Non-binär, Durchsuchung I 179
Normadressat, Befragung I 21
Normenkontrollverfahren H 111
Notrechtsvorbehalt J 182 f.
Notwehr, Notstand J 182 f.

Obdachlosigkeit F 99, 101, 107
- freiwillige E 41
- unfreiwillige E 36
Oberste Polizeibehörde C 4
Observation I 281 f.
Offenheitsgrundsatz I 253, 257 ff.
Öffentliche Ordnung E 46 ff.
- Reservefunktion E 52
Öffentliche Sicherheit, Teilschutzgüter E 24
Öffentlich-rechtliche Verträge H 9
Online-Durchsuchung I 292
Opportunitätsprinzip G 43 ff.
Ordnung, öffentliche E 46 ff.
Ordnungsamt C 47
Ordnungsbehörden
- Aufgabenzuweisungen D 51 ff.
- Aufsichtsbeziehungen C 40 ff.
Ordnungsbehördenbezirke C 44
Ordnungspolizei C 22
Ordnungswidrigkeiten D 75
Ordnungswidrigkeiten, Verfolgung von E 6
Örtliche Ordnungsbehörden C 39
Örtliche Zuständigkeit D 92 ff.
Ortshaftung I 41

Pass- und Personalausweiswesen D 54
Personalausweis I 63
Personalien
- Abgrenzung personenbezogene Daten I 11 f.
- Identitätsfeststellung I 31
Person des Vertrauens I 154 f.

Personenbezogene Daten I 251 f.
- Abgrenzung Personalien I 11 f.
- Kennzeichnungspflicht I 300

Pfefferspray J 141 ff.

Platzverweis I 5 f. 95 ff.
- Aggressives Betteln I 97
- Alkoholkonsum I 97
- Dauer I 100
- Häuserräumung I 100
- Ort I 99
- Rechtsfolge I 98 f.
- Verstoß Infektionsschutzmaßnahmenverordnung I 100

Polas I 319

Polizeibegriff A 2

Polizeibehörden C 5 ff.
- Aufgabenzuweisungen D 14 ff.
- Zuständigkeiten D 1 ff.

Polizeibehörden des Bundes B 1 ff.

Polizei beim Deutschen Bundestag B 7

Polizeidirektionen C 7

Polizeifestigkeit
- Presse I 6 ff.
- Versammlungen I 6 ff.

Polizeigriff J 127 f.

Polizeiorganisation C 3 ff.

Polizeipflicht F 3
- formelle F 92 ff.
- materielle F 92 ff.

Polizeiposten C 9

Polizeipräsidien C 6

Polizeipräsidium für Technik C 14

Polizeireviere C 8

Polizeistationen C 8

Prävention E 4
- Vorrang vor der Repression E 15, 19

Präventive Öffentlichkeitsfahndung I 312 ff.

Predictive policing I 324, 326

Pre-Recording I 268

Primärebene J 2, 42

Private Sicherheitsdienste C 61 ff.

Privatrechtsklausel E 38

Prostituiertenschutzgesetz D 69

Prostitution I 41, D 66

Psychiatrisches Krankenhaus I 144

PsychKHG D 28, 41, 74

Radarkontrolle E 44

Rasterfahndung I 326

Razzia I 44, 212

Realakt H 2 ff., J 63 f.

Recht am eigenen Bild, Identitätsfeststellung I 40

Recht auf informationelle Selbstbestimmung I 162

Rechte, subjektive E 35 ff.

Rechtsakt H 2 ff.

Rechtsanwälte, Auskunftspflicht I 22

Rechtsdurchsetzung J 13

Rechtsgüter des Einzelnen E 35 ff.

Rechtsgüterschutz E 4

Rechtsordnung, E 25

Rechtsschutz
- bei unmittelbarer Ausführung H 72
- bei Verordnungen H 111
- bei Zwangsmaßnahmen J 184

Repression E 10

Rettungsdienst C 55

Rettungsschuss, finaler J 155 ff.

Richterliche Entscheidung I 66

Richtervorbehalt I 113, 148 ff. 281, 284, 289, 326
- Amtsgericht I 151
- Freiheitsentziehung I 17
- Wohnungsdurchsuchung I 218 ff.

Rückführungsgewahrsam I 142, 144 f.

S G 33

Sachbezogene Daten I 11 f.

Sachdienliche Angaben I 14 f.
- Vorladung I 83

Sache, Definition I 187

Schaden E 60 ff.

Schamgefühl, Durchsuchung I 179

Scheingefahr (Putativgefahr) E 96

Schlagstock J 141 ff.

Schleierfahndung I 55 f.

Schmerzgriff J 129

Schusswaffen J 141 f.

Schusswaffengebrauch J 145 ff.
- Angriffs- und Fluchtunfähigkeit J 152 f.
- Deutschuss J 153
- finaler Rettungsschuss J 155 ff.
- gegen Personen J 146 ff. 150 ff. 166 ff.
- gegen Sachen J 146 ff. 150 ff.
- gegen Tiere J 150 ff.
- Kinder J 159 ff.

- Menschenmenge J 179 ff.
- Messerangriff J 149
- Subsidiarität J 147
- Unbeteiligte J 162 ff.

Schutzgewahrsam I 123
Schutzgut E 21
Schutzpflichten, grundrechtliche E 3
Schutzpolizei C 19
Schutz privater Rechte I 138, 231, D 77 ff., E 37 ff.
- Identitätsfeststellung I 37
- Sicherstellung I 227

Schwerpunkttheorie E 16
Sekundärebene J 2, 42
Selbsteintritt C 43
Selbstmord I 126
Sicherheit
- absolute E 27
- relative E 27

Sicherheit, öffentliche E 22 ff.
Sicherheitsgewahrsam I 129 ff.
Sicherstellung I 221 ff.
- Forderung I 224, 239 f.
- Gebäude I 223
- Herausgabe I 242
- Kosten I 243
- Presseerzeugnisse I 223
- Schutz privater Rechte I 227
- Straftat, Ordnungswidrigkeit I 239
- Verwahrung I 242
- virtuelle Währungen I 224
- Wertminderung I 242

Sofortvollzug J 36 ff.
- Zuständigkeit J 51

Sondernutzung H 89
Sonderordnungsbehörden C 45 f., D 76
Sorgeberechtigter I 140
Sperrbezirk D 66
Sperrzeit D 65
Spezialeinheiten C 11
Spezialermächtigung I 3
Spezialität G 11 ff.
Spielhallen D 46
Staat
- Bestand E 43 ff.
- Einrichtungen E 43 ff.
- ungestörtes Funktionieren E 44 f.
- Veranstaltungen E 43

Stadtpolizei C 22

Standardmaßnahme I 3
Standardmaßnahmen, Verhältnis zur Generalklausel G 21
Störer F 7
Störerauswahl G 34
Störung, Beseitigung der E 60 ff.
Straftatenverhütung E 5, 28
Strafverfolgung E 6
Strafverfolgungsvorsorge D 87
Straßenverkehr D 17, 58 ff.
Subjektiv öffentliches Recht auf Einschreiten G 58
Subsidiarität, Grundsatz der G 14
Subsidiarität der Generalklausel I 3
Subsidiaritätsgrundsatz I 3 ff.
- Grundsatz der Subsidiarität I 7

Suizidgefahr I 144
Suizidversuch E 42

Taser J 144
Tatsachen I 14 ff. 108 f. 113, 163, 193, 198, 200, 212, E 63
Tatsächliche Anhaltspunkte I 41 ff.
Terroristische Straftaten I 113, 245, 326
Tiergesundheit D 43
TKÜ I 284
- an informationstechnischen Systemen I 289

Todesschuss, gezielter J 155 ff.
Trennungsgebot B 16

Umweltschäden F 54
Umweltschutz D 34 ff.
Unanfechtbarkeit J 23 ff.
Unbeteiligte J 162
Unmittelbare Ausführung H 51 ff.
- Abgrenzung zum Sofortvollzug J 52 ff.
- Begriff H 51
- Rechtmäßigkeit H 58
- Rechtscharakter H 54 ff.
- Rechtsschutz H 72

Unmittelbarer Zwang J 108 ff.
- Abgrenzung Ersatzvornahme J 114 ff.
- Grundrechtsrelevanz J 111 f.
- Hilfeleistungspflicht J 121 ff.
- Kostentragungspflicht J 119 f.
- Notrechtsvorbehalt J 182 f.
- repressiv J 125 f.
- ultima ratio J 112

Unmittelbarkeitsgrundsatz I 253, 255 f.

Untätigkeit der Behörde G 58
Untätigkeitsklage G 58
Unterbindungsgewahrsam I 129 ff.
Untersuchung I 180 ff.
– Datenweiterverarbeitung I 185
– Richtervorbehalt I 183
Untersuchungsgrundsatz H 28
Untersuchung von Personen I 162 ff.
Unverletzlichkeit der E 25
Unverletzlichkeit der Rechtsordnung E 25
Unverletzlichkeit der Wohnung I 104 ff. 205
– Schranken I 204 ff.
Unverzüglich I 148
Verantwortlichkeit F 1 ff. 110
– Mehrheit von Verantwortlichen F 65 ff.
– Rechtsnachfolge F 74 ff.
– Verhaltensverantwortlichkeit F 30 ff.
– Zustandsverantwortlichkeit F 39 ff.
Verbotene Vernehmungsmethoden I 28
Verbringungsgewahrsam, erweiterter I 132 ff.
Verdeckte Datenerhebung I 257
Verfassungsschutz B 18
Verfolgung von Straftaten und Ordnungswidrigkeiten D 15 f.
Verhaltensstörer F 7
Verhältnismäßigkeit I 85, G 26 ff. 58 ff., J 61
Verhütung von Straftaten D 85 f.
Verkehrsdaten I 284
Verkehrsmittel I 47
Verkehrsüberwachung D 61 f.
Verkehrszeichen J 28 f.
Verrufener Ort I 42 f. 212
Versammlung I 96, 268 f.
– Verantwortlichkeit F 99
Versammlungsgesetze, Hessisches Versammlungsfreiheitsgesetz I 6
Versammlungsrecht D 18 ff.
Versammlungswesen D 56
Verursachung F 11 ff.
Verwaltungsakt H 10, J 63
– befehlender J 1, 21
– fiktiver J 44 f.
– Gebot H 13 ff.
– hypothetischer J 44
– Legaldefinition H 11
– Prüfungsschema H 20
– Verbot H 13 ff.
– vollstreckbarer J 21
Verwaltungsakte, Rechtsschutz H 44
Verwaltungsbehördenbezirk C 34
Verwaltungsgericht H 44
Verwaltungshelfer C 59 f.
Verwaltungskompetenzen A 10
Verwaltungskosten, Ersatz L 16 f.
Verwaltungskostenverzeichnis L 17
Verwaltungszwang
– Rechtsschutz J 184
Veterinärwesen D 70
Voice-over-IP I 290
Volkszählungsurteil I 247
Vollstreckungsrecht J 3
– Geldforderungen J 6
– Verwaltungsbehörden J 4
Vollzugshilfe D 88 ff.
– Identitätsfeststellung, Abschiebung I 46
Vorbehalt des Gesetzes I 1
Vorbeugende Bekämpfung von Straftaten D 84 ff.
Vorführung J 27 f.
Vorladung, Richtervorbehalt I 81 ff. 88
Vorübergehender Platzverweis I 98
Wachpolizei C 24
Waffen J 141 ff.
Waffenbehörde D 57
Waffenverbotszone I 42 f.
Waffenwesen D 57
Wahrscheinlichkeit, hinreichende E 55 f. 67
Warnungen G 6
Wasserbehörde D 38
Wasserstraßen- und Schifffahrtsverwaltung B 10
Wegtragen J 127 f.
Wegtragepflicht J 128
Wegweisung I 95
Weisungsaufgaben C 31 ff.
Weisungsbefugnisse C 42
Wenn-dann-Formel I 2
Wesentlichkeitstheorie J 144
Widerrechtlich festgehalten I 194
Widerspruch H 44, J 184
Widerstand J 16 f.
Wohnung I 204 ff.
Wohnungsbegriff I 187, 204

Wohnungsdurchsuchung
- gegenwärtige Gefahr I 211
- Grundrechtsverzicht I 209
- Verfassungskonforme Auslegung I 209 ff.
- Zustimmung I 209

Wohnungsinhaber I 208 ff.

Wohnungswegweisung, Gewaltschutzgesetz
 I 104 ff.

Zeugengeld I 88

Zivile Verteidigung C 56

Zivilschutz C 56

Zollverwaltung B 12 ff.

Zugewiesene Aufgaben D 13 ff.

Zugewiesene weitere Aufgaben I 36

Zurückweichen J 61

Zuständigkeit, örtliche und instanzielle D 92 ff.

Zuständigkeiten D 1 ff.

Zustandsstörer F 7

Zustimmung, Wohnungsdurchsuchung I 209

Zwang J 1 ff.
- Akzessorietät J 43
- Androhung J 66 ff.
- Begriff J 12 ff.
- Deeskalation J 61
- Ermessen J 62 ff.
- Kommunikation J 61
- repressiv J 159, 166
- Schmerzgriffe J 129
- sofortiger J 36 ff.
- Trennungsgebot J 2
- Verhältnismäßigkeit J 11, 61
- Wegtragepflicht J 128
- Zurückweichen J 61

Zwang, unmittelbarer J 108 ff.
- Hilfsmittel J 130 ff.

Zwangsgeld J 96 ff.

Zwangsmaßnahme, Rechtscharakter J 63 f.

Zwangsmittel
- Missbrauch J 60
- Sanktionen J 57

Zwangsrecht J 1 ff.
- Inhalt und Aufbau J 8 ff.

Zwangsverfahren, gestrecktes J 19 ff.
- Zuständigkeit J 34

Zwangsverfahren, verkürztes J 36 ff.
- Abgrenzung zur unmittelbaren Ausführung
 J 52 ff.
- Zuständigkeit J 51

Zweckbindungsgebot, Auskünfte I 22

Zweckbindungsgrundsatz I 185, 253 ff.

Zweckveranlasser F 21 ff.